U0133361

"十二五"国家重点图书规划项目　　第4卷

国际可持续发展百科全书　　　　　主任　倪维斗

自然资源和
可持续发展

Natural Resources and Sustainability

【美】丹尼·E·瓦齐 等 主编

殷 杉 王志民 高 岩 吴亚妮 袁运生 等 译

刘春江 周 培 刘群录 校

上海交通大学出版社
SHANGHAI JIAO TONG UNIVERSITY PRESS

中国低碳经济发展促进会

内容提要

本书是"国际可持续发展百科全书"第4卷。全书以条目的形式，综述了世界重要自然资源储藏量、空间分布格局和利用现状，叙述了全球可持续发展理论和自然资源利用历史，讨论了国际和多个国家污染防控技术和政策，介绍了当地社区参与资源利益分享和保护的方式和重要意义。本书内容丰富，叙事风格深入浅出，适合有关研究人员、决策机构和公众的阅读和获取信息。

上海市版权局著作权合同登记章图字：09-2013-911

图书在版编目（CIP）数据

自然资源和可持续发展 /（美）丹尼·E. 瓦齐等主编；
殷杉等译. — 上海：上海交通大学出版社，2017
（国际可持续发展百科全书；4）
ISBN 978-7-313-14186-6

Ⅰ.①自⋯　Ⅱ.①丹⋯ ②殷⋯　Ⅲ.①自然资源—可
持续性发展—研究　Ⅳ.①F062.1

中国版本图书馆CIP数据核字（2017）第164278号

自然资源和可持续发展

主　　编：[美] 丹尼·E. 瓦齐 等　　　　　　译　　者：殷 杉 等
出版发行：上海交通大学出版社　　　　　　地　　址：上海市番禺路951号
邮政编码：200030　　　　　　　　　　　　电　　话：021-64071208
出 版 人：谈　毅
印　　制：苏州市越洋印刷有限公司　　　　经　　销：全国新华书店
开　　本：787mm×1092mm　1/16　　　　　印　　张：47.5
字　　数：939千字
版　　次：2017年9月第1版　　　　　　　　印　　次：2017年9月第1次印刷
书　　号：ISBN 978-7-313-14186-6/F
定　　价：588.00元

版权所有　侵权必究
告读者：如发现本书有印装质量问题请与印刷厂质量科联系
联系电话：0512-68180638

国际可持续发展百科全书
编译委员会

顾 问

郭树言

主 任

倪维斗

委 员（按姓氏笔画顺序）

王文华　朱婳玥　刘春江　孙承兴

李　鹏　张天光　张　靓　周伟民

周伟丽　周　培　赵　旭　董启伟

支持单位

中国长江三峡集团公司

中国中煤能源集团有限公司

神华集团有限责任公司

英文版编委会

主编

丹尼·E. 瓦齐（Daniel E. Vasey）	圣言学院
萨拉·E. 弗雷德里克斯（Sarah E. Fredericks）	北得克萨斯州大学
沈磊（SHEN Lei）	中国科学院
雪莉·汤普森（Shirley Thompson）	曼尼托巴大学

副主编

帕特丽夏·伍特斯（Patricia Wouters）	邓迪大学水法律、政策和科学中心

咨询委员会

雷·C. 安德森（Ray C. Anderson）	英特飞公司
莱斯特·R. 布朗（Lester R.Brown）	地球政策研究所
约翰·埃尔金顿（John Elkington）	可持续性战略咨询公司
埃里克·弗雷福格尔（Eric Freyfogle）	伊利诺伊大学香槟分校
路易斯·戈麦斯–埃切韦里（Luis Gomez-Echeverri）	联合国开发计划署
布伦特·哈达德（BrentHaddad）	加州大学圣克鲁兹分校
丹尼尔·M. 卡门（Daniel M.Kammen）	加州大学伯克利分校
阿肖克·寇斯勒（Ashok Khosla）	世界自然保护联盟
陆恭蕙（Christine Loh）	香港思汇政策研究所
谢丽尔·奥克斯（Cheryl Oakes）	杜克大学

序　言

　　随着世界人口膨胀、资源能源短缺、生态环境恶化、社会矛盾加剧,可持续发展已逐步成为整个人类的共识。我国在全球化浪潮下,虽然经济快速发展、城市化水平迅速提高,但可持续问题尤为突出。党中央、国务院高度重视可持续发展,并提升至绿色发展和生态文明建设的高度,更首度把生态文明建设写入党的十八大报告,列入国家五年规划——十三五规划。

　　如何进行生态文明建设,实现美丽中国? 除了根据本国国情制定战略战术外,审视西方发达国家走过的道路,汲取他们的经验教训,应对中国面临的新挑战,也是中国政府、科技界、公众等都需要认真思考的问题。因而,介绍其他国家可持续发展经验、自然资源利用历史、污染防控技术和政策、公众参与方式等具有重要的现实意义。

　　"国际可持续发展百科全书"是美国宝库山出版社(Berkshire Publishing Group LLC)出版的,由来自耶鲁大学、哈佛大学、波士顿大学、普林斯顿大学、多伦多大学、斯坦福大学、康奈尔大学、悉尼大学、世界可持续发展工商理事会、国际环境法中心、地球政策研究所、加拿大皇家天文学会、联合国开发计划署和世界自然保护联盟等众多国际顶尖思想家联合编撰,为"如何重建我们的地球"提供了权威性的知识体系。该系列丛书共6卷,分别讲述了可持续发展的精神;可持续发展的商业性;可持续发展的法律和政治;自然资源和可持续发展;生态管理和可持续发展;可持续性发展的度量、指标和研究方法等六方面的内容。从宗教哲学、法律政策、社会科学和资源管理学等跨学科的角度阐述了可持续发展的道德和价值所在、法律政策保障所需以及社会所面临的商业挑战,并且列举了可持续研究的度量、指标和研究方法,提出了一些解决环境问题的方法。总而言之,这套书以新颖的角度为我们阐述了21世纪环境保护所带来的挑战,是连接学术研究和解决当今环境问题实践的桥梁。

　　这套书的引进正值党的十八大召开,党中央和国务院首度把"生态文明建设"写入工作报告重点推进，上海交通大学出版社敏锐地抓住这一时机，瞄准这套具有国际前瞻性的"国际可持续发展百科全书"。作为在能源与环境领域从事数十年研究的科研工作者，我十分欣赏上海交通大学出版社的眼光和社会担当，欣然接受他们的邀请担任这套丛书的编译委员会主任，并积极促成中国低碳经济发展促进会参与推进这套书的翻译出版工作。中国低碳经济发展促进会一直以来致力于推进国家可持续发展与应对气候变化等方面工作，在全国人大财政经济委员会原副主任委员、中国低碳经济发展促进会主席郭树言同志领导下，联合全国700多家企业单位，成功打造了"中国低碳之路高层论坛"、"中国低碳院士行"等多个交流平台，并以创办《低碳经济杂志》等刊物、创建低碳经济科技示范基地等多种形式为积极探索中国环境保护的新道路、推动生态文明建设贡献绵薄之力。我相信有"促进会"的参与，可以把国际上践行的可持续理论方法和经验教训，更好地介绍给全国的决策者、研究者和执行者，以及公众。

本系列丛书的翻译者大多来自著名高校、科研院所的教师或者翻译专家，他们都有很高的学术造诣、丰富的翻译经验，熟悉本领域的国内外发展，能准确把握全局，保证了丛书的翻译质量，对丛书的顺利出版发挥了不可替代的作用，我在此对他们表示衷心的感谢。

这套丛书由上海交通大学出版社和中国低碳经济发展促进会两单位共同组织人员编译，在中国长江三峡集团公司、中国中煤能源集团公司、神华集团有限责任公司的协助下，在专家学者的大力支持下，历时三年，现在终于要面世了。我希望，该书的出版，能为相关决策者和参与者提供新的思路和看待问题新的角度；该书的出版，能真正有益于高等学校，不论是综合性大学的文科、理科、工科还是研究院所的研究工作者和技术开发人员都是一部很好的教学参考资料，将对从事可持续发展的人才培养起很大的作用；该书的出版，能为刚刚进入该领域的研究者提供一部快速和全面了解西方自然资源开发史的很好的入门书籍；该书的出版，能使可持续发展的观念更加深入人心、引发全民思考，也只有全民的努力才可能把可持续发展真正付诸实施。

（中国工程院院士　清华大学教授）

译者序

如何避免自然资源过度开发和利用、防治环境污染、走可持续发展道路,是人类面临的重要问题。目前,在全球化浪潮下,我国经济快速发展、城市化水平迅速提高,因而,这些问题在我国也更加突出。审视西方发达国家走过的道路,汲取他们的经验教训,应对中国面临的新挑战,是中国政府、科学界、公众等都需要认真思考的问题。因而,介绍其他国家的可持续发展经验、自然资源利用历史、污染防控技术和政策、公众参与方式等,具有重要现实意义。

应上海交通大学出版社之邀,上海交通大学农业与生物学院的师生组织翻译了宝库山出版社"国际可持续发展百科全书"的《自然资源和可持续发展》卷。该书适合高等学校、研究院所的研究工作者和技术开发人员参考;对刚刚进入该领域的研究生而言,快速和全面了解西方自然资源开发历史、存在问题和今后发展方向,则是一部很好的入门书籍。由于该书深入浅出的叙述风格,丰富多彩的内容,令人反思的环境事件,并且涉及了许多国际机构和国家的环境政策,因而也是政府工作人员和公众开卷有益之读本。

周培、刘春江、殷杉和朱鹏华负责翻译的组织工作,刘春江、刘群录和周培对翻译条目进行了校对工作。最后由周培对各个条目进行了统稿和润色工作。章旭毅对索引部分进行了整理加工。

在本书中,条目排列顺序按照原书的顺序而定。各个条目翻译分工如下(按译者的姓氏笔画排列):

丁济娜:制冷供暖;氢燃料;室内照明;天然气

王志民:农业——遗传工程化作物;农业—有机与生物动力学;苜蓿;咖啡;棉花;粮食作物;水稻;大豆;甘蔗

王鲁梅:蜜蜂;昆虫的益处;昆虫的害处;有害生物综合管理

王舒婷：矿砂；太阳能；水能；风能

杜红梅：草原；大麻；球根类作物；橡胶

杜高尚：煤

朱顺英：渔业；食品历史；食品安全；食品和冷冻；食品及其附加值；牧场

吴雅妮：地下蓄水层；生物能源与生物燃料；产品和工业设计；毒品的生产和贸易；地热能；黄金；药用植物；纳米技术；银；茶

刘娇月：钶钽铁矿；电子产品的原材料；石油；铂族金属

刘群录：前言；铝；铜；水淡化处理；重金属；铁矿石；铅；镍；食盐；沙子和二氧化硅；钍；铀

陈　丹：保护的价值；生态旅游；山地；海洋公园和保护区；国家公园和保护区；荒野区域公园和保护；偷猎；户外游憩；旅游；湿地

秦娇龙：藻类；竹；丛林肉；可可；粪；纤维作物

初少华：水坝与水库；大洋与海；河流；水（综述）

杨　达：采矿业——金属矿床开采；非金属矿业；锡

姬华伟：铬；冲突矿物；矿产资源稀缺性；稀土元素；钛

高　岩：发展中国家的农业；绿色革命；本土与传统资源管理；工业生态学；自然资源经济学；自然资源法；回收利用；合理利用运动

袁　婧：施肥/肥料；氮；磷；钾；硫；废物处理

袁运生：畜牧；锂；本地化食品运动；营养失调；锰；动物粪肥；人的粪便；替代材料

殷　杉：碳的捕获和固定；森林产品——非木材林产品；森林产品——木材；绿化带；温室气体；土壤

蔡施泽：冰川；鸟粪肥

由于我们翻译水平有限，交稿时间较紧，译文中不妥之处在所难免。欢迎大家批评指正。

前　言

在19世纪和20世纪，全球范围内人类消耗的自然资源成倍增加，且多以不可持续的方式进行。如果我们现在开发可再生资源，而不是耗尽诸如化石能源这样的不可再生资源，那么现有资源可以供养多少人？供养到何种程度？可供养多长时间呢？本书是"国际可持续发展百科全书"第4卷，对每个从事相关行业的人或对可持续发展感兴趣的人来讲，这是一部非常重要的工具书。

本书约2/3的章节涉及特定的初级资源，即那些我们用作原材料或能源的资源，比如"矿产资源稀缺性"一章就综述了采矿业的生产实践、生产技术、矿藏可及性经济学（economics of mineral accessibility）、21世纪初期矿产资源的供求情况（特别是亚洲，尤其是中国的）以及采矿限制对矿产地理供应（geological supplies）的影响。另一方面，在"天然气"一章则详细分析了这种世界消费量第3、最近得以广泛应用的化石能源，由于开采、加工和运输方法的改进，是如何变得越来

越易于开发的。本卷中涉及的初级资源分为可再生和不可再生资源，两者中，可再生资源看起来更有利于资源的可持续性利用。但是我们也需要考虑其他一些因素，比如资源的利用方式对生物圈的影响。

本卷其他章节所涉及的范畴仅列举了一两个例子，其中包括生产方法（如畜牧业）、终端产品与服务（如食品安全、替代材料）、天然地貌和生态系统（如海洋）、技术及促进资源可持续利用的运动（如生态旅游、循环利用）或者缓解资源消耗的不利影响（如碳捕获与碳储存、废物处理）。

资源消耗何时才能可持续？

人类长期以来以不可持续的方式消耗着自然资源，以至于森林砍伐殆尽，矿产资源枯竭。考古学家们发现几个世纪前还是植被繁茂的土地已被侵蚀得沟壑纵横、寸草不生，人们流离失所，城池荒废。

为了避免重蹈前人的覆辙，不使那些人

类引以为傲的摩天大楼和工厂变成空空荡荡的废墟，专家们一直呼吁工业文明的发展历程必须做出改变，其中包括人类生态学家威廉·卡顿（William Catton），他于1980年出版了他的经典著作《超越：革命性变化的生态基础》；还有贾雷德·戴蒙德（Jared Diamond），他于2005年出版了畅销书《崩溃：社会如何选择成败》。这两本书中都列举了一些例子，他们的人口和文明兴盛一时，而随后衰落，如复活节岛和古典玛雅文明。像我们一样，他们拥有精巧的技术和集约的生产形式，然而他们无法维持那样的消费水平。

从技术上讲，所有不可再生资源的消耗都是不可持续的。但是资源消耗是否会引起我们的关注取决于资源的储量。对于那些储量巨大的资源，通常意味着或我们认为这种消耗是不足为虑的。的确有些不可再生资源的储量远超过人类的需求。比如石灰岩构成了整个山脉，占据了广袤无垠的土地。采石活动也许是不可持续的，因为那会对堆放地的土地产生不利影响；但是对资源本身影响甚微。"没有免费的午餐"这句谚语适用于所有的资源。目前，我们在获取大部分资源时都不可避免地消耗其他不可再生的资源。例如，风力涡轮机和水利大坝建设，油井钻探，矿石开采等项目所需的设备及工业生产中所用的燃料都会需要不可再生的资源。如用柴油拖网渔船捕鱼就是一个例子。

资源更新不一定能完全弥补资源开发所造成的损失。当然，也有些更新是可以的。如阳光照耀和风吹拂，这些自然力量会减轻我们以前对生态造成的危害。比如我们从大气中获取氮元素用于制作化肥和其他工业品，这些氮元素通过降解作用又能重新回到大气中。另一方面，人类破坏生态系统，过度捕捞，滥砍滥伐，不合理耕作造成土地贫瘠，这些损害则难以完全恢复。

那些被人类过度开发利用的资源或许能够恢复，但是需要经历漫长的过程。遭到严重破坏的森林会转变为退化的生态系统，并持续几十年，甚至数百年。如果土壤侵蚀造成岩石裸露，恢复所需的时间可能与最初形成土壤一样长。在某些环境下，这可能需要几千年的时间。

然而需求量的不断增加对于那些我们曾经认为几乎可以无限供应的资源也构成了威胁。煤炭就是一个很好的例子。根据世界煤炭协会网站2011年的数据，全球煤炭储量是目前年销量的119倍。有些研究者认为煤炭储量比这要多，并考虑其他煤炭供应的可能性。然而多少煤炭储量在经济上才具有开采价值，大家在这一问题上还有很大的分歧。众多估测值中的中间值认为可开采储量为目前年消耗量的175倍。

如果这一估计值是正确的话，也并不意味着在未来175年中我们一直有充足的煤炭供应。因为我们还要考虑到消耗量会逐年增加。美国能源信息署在他出版的《国际能源展望2010》中预测在2007年到2030年间，煤炭的消耗量平均每年将会增加1.6%。如果这种增长趋势一直延续到2030年以后，那么煤炭175年的供应期将缩减到仅有的83年。在现实世界中，可开采煤炭也不会一直有增无减地供应，直到全部资源耗竭的那一刻。而在这83年流逝之前，煤炭的年消耗量会出现一个峰值或平台期，随后是漫长的下降期。因为老矿采空后，新矿不能弥补空缺，当今的人们就能感到煤炭短缺所造成的影响。

其他从地下开采的资源也有类似的问题。大众媒体和博客圈中充斥着宣称某种资源将可持续供应多少多少年的故事。但是仔细审查这些消息的来源，就会发现这些研究都是以当前资源的消耗率计算的。报告中所称剩余的资源供应年限，错误地暗示这些资源可一直如常供应这么多年。

资源供应的"峰值"

几种开采于地下的重要资源与现在的消耗量相比似乎供应充足。但是有预测表明这些资源供应的峰值将在未来数十年中出现。当然也有人对此持不同意见。除了煤炭外，开采于地下的重要资源包括石油、天然气、铁矿石和磷矿石。这些都是本卷中所要阐述的主题。

乐观主义者认为峰值的概念没有意义，或者认为峰值只会出现在遥远的未来，现在无须杞人忧天。他们坚信资源探查和技术进步将会扩大已探明石油，天然气和煤炭的储量，认为诸如铁矿石这些非燃料矿产资源大量存在于地壳中，人类的消耗量显得微不足道。而那些预计峰值会更早到来的人反驳说，易于探测的资源储量正在急剧下降。随着资源开采转向那些低品级、难以企及或地处偏远的矿藏，资源供应流将会变慢。开采成本的上升和能耗的增加，将会使这些资源变得不具开采价值。

如果资源真的变得短缺，或短缺发生之前想采取一些行动，那么我们能采取哪些措施呢？可能的措施就是资源替代和回收利用。显然化石能源一经燃烧就灰飞烟灭了，只能用核能、可再生能源或其他化石能源代替。

尽管对短缺程度意见不一，但是大部分的专家一致认为，在所有化石能源中，石油供应相对来说是最短缺的。使用另一种化石能源作为替代品将会更容易一些。已有成千上万的汽车使用压缩天然气。工厂已经可以将煤炭或天然气转变为液体燃料。与装备等量的太阳能、风能和核能生产设施，以及改变相应的终端利用方式相比，这些技术的成本更为低廉。但是合成液体燃料的效率低下。如果以煤炭为原料，加工过程中将会损失原来能量的一半以上。那么这种转化方式将会使所有化石能源短缺之日提前到来。但是有一个例外，就是将难以开采的煤矿在原位转变为气体，再将气体转为液体。不过这一过程的净效率很低，煤矿的潜在能源供应能力也会相应地降低。

铁是可以回收利用的，在许多应用中都可以用其他金属代替。废钢的回收率随着铁矿石价格的起伏而波动。收集大块儿的废钢是可行的，这种回收利用也是高效的。但是有些铁，比如掉落的铁锈和散落的小件难以回收就最终消耗了。因此如果没有了铁矿石的供应，现代工业经济还能否为继，这很值得怀疑。替代金属的性价比较低。铝是铁的主要替代品，其生产需要消耗大量的能源。

如果没有磷矿石，农业生产将受到很大的限制。90%的磷矿石用以生产磷肥。磷是植物生长必需的元素，无可替代。来源于磷矿的磷肥对于当今农业的高产是不可或缺的。在磷的循环过程中会有大量的损失。只要我们还利用土壤进行种植，这一过程就无可避免，并最终耗尽磷矿资源。磷可通过化肥、粪肥或堆肥的形式施入到土壤中,并能持续供应数年。但是随着水土流失,磷元素会进入水体中。庄稼从土壤中吸收的大部分磷进入了收获的粮食中。最终粮食中的磷散落到各处的垃圾场中,或者沉积在消费这些粮食的家畜和人的骨骼中,排泄物中。

关于那些处于压力下的可更新资源,本卷中包括土壤和渔业各一章,涉及林业产品的有两章。如果我们复垦那些坡度大和风蚀严重的土地,那么这些土壤最终将会被冲入大海,或者沉降在那些不可耕种的土地上。随着自然渔业的衰落,人们代之以人工养殖,原来免费的鱼食现在需要用粮食来生产了。纸张是一项重要的林产品,其循环利用正在取得进展。人工合成的纸张替代品充斥在我们周围。其中最常见的是塑料,而其主要原料是不可再生的石油。这是此类纸张替代品的缺憾。

可持续资源消耗的经济学

许多自由经济学家的观点认为,当资源需求超过供应时,资源价格就会上升,随后是充分的调整。已有的经验支持这一观点。当资源价格上升时,金矿就会重新开始开采,石油和天然气公司就会探索和应用强化的开采技术,使老矿区焕发新的活力,并开发新的矿区。

正因为这些原因,过去认为的许多资源极限值都被证明是虚幻的。在 19 世纪中期英国经济学家威廉·斯坦利·杰文斯(William Stanley Jevons)出版了《煤的问题》。在这部书中,他告诫说如果国内已探明的煤炭资源耗尽将会抑制英国的经济增长。相反,英国成功地利用了国内不易开采的煤炭资源和国内外资源石油和天然气资源成功渡过了难关。然而在现实世界中,资本不能无限制地解决资源问题。这套百科全书的第 2 卷《可持续发展的商业性》(*The Business of Sustainability*)中有两个章节"生态经济学"(Ecological Economics)和"自然资本主义"(Natural Capitalism)说明了这种解决方式只会存在于工业革命的早期。

如果某种至关重要的资源出现短缺,又没有可用的替代品,资源的进口国将会面临供应量降低,或价格上升,也可能两者兼而有之。出口国终将损失一些收入,但也不一定。因为那些重要的、全球交易的资源价格会上升,完全可以弥补甚至超过供应量降低带来的损失。过去的石油危机就是很好的例子。这样那些出口紧俏资源的国家就会积累大量的资本。一个有趣又有些令人不安的猜测是如果这些出口国的资源枯竭后,他们何以自处呢?

即将到来的时代：可持续发展的不确定预测

家庭、社区和生活方式可采取哪些形式实现可持续性呢? 未来并非完全不可预知。从人口和基本需求的角度出发,利用我们现有的知识可以对未来进行一定的预测。联合国经济和社会事务部人口司 2010 年出版的《世界人口展望》2010 版预计,到 21 世纪末世界人口将由如今的 70 亿增加至 100 亿。死亡率和出生率的微小变化使估计值产生巨大偏离,但是这一估计值给我们提供了一个参考。

乍看起来,这 100 亿人的基本需求似乎很容易满足。如今一些可耕土地变得荒芜,一些有效的耕作方式也被放弃。尽管如此,现在诸如渔业和畜牧业提供的食物足够供养两倍于当今的人口。这在《可持续发展的商业性》一卷中的"农业"一章中阐述了这一观点。在本卷中讨论了食物的生产和供应,相关的章节包括"发展中国家的农业"、"农业——遗传工程化作物"、"农业——有机和生物动力学"、"食品历史"、"食品安全"、"食品和冷冻"、"食品及其附加值"和"本地化食品运动"。

如果仔细分析的话就会发现很多问题。粮食得以高产的手段是不可持续的,并且越来越多的粮食不是直接用作食物。农业生产及杀虫剂、除草剂和化肥的生产都依赖于化石能源。磷肥生产源于磷矿石,其储量备受争议。谷物和甘蔗被用于生产乙醇生物能源,粮食还用以饲喂牲畜,在此过程中其原材料中所含的能量和蛋白质都会有所损失。对肉和奶制品的需求增长超出了生产的增长。食物与生物能源的竞争已经扩展到了对荒地的利用。柳枝稷是一种很受吹捧的生物质能源,因为它可以在不适宜种植一年生农作物的土地上旺盛地生长。同时柳枝稷也是一种很好的牧草,这些牧草可以减少对粮食的需求。

除了满足人的基本需求以外,各种的现代设施也需要消耗越来越多的资源,这些设施对维持我们的生活方式必不可少。资源消耗最多的行业包括重型工业、建筑(包括供暖)、农业和交通等,如今几乎我们做任何事情都会消耗一些资源。如果100亿人都要住宽房大屋、周游世界,成为一个现代的能源消费者,这将使世界上的资源供不应求。

充足的能源为建筑、交通、农业和工业提供动力,从而为所有人提供了便利。有了充足

的能源就可以支持一定范围内的金属回收利用和低品矿的开采,从而延长金属资源的供应期。一些环保主义者设想建立大型的水培农场,以基本消除粮食生产过程中磷的损失,这需要投入巨额资本和大量的能量。但是从哪里获得如此多的能源?又如何持续供应呢?

高能源未来的设想大多集中在核能上,但是当今主流核反应堆的原料铀能量转化率不到1%,即使将使用过的核燃料棒再加工,总的转化率也仅有2%。如果不改变这种状况,未来的核能设想也只能是水中月。如果21世纪末的100亿人口的人均能耗与2011年美国、加拿大和澳大利亚的人均能耗持平,并且2/3的能量来源于核能,那时我们所需的核能约是现在核产能的60倍。切尔诺贝利和福岛核事故,及其规模较小的三哩岛核事故引起了人们对大规模使用核能的疑虑。除非使用增殖反应堆,否则核燃料很快就会消耗殆尽。而投入运营的增殖反应堆目前还寥寥无几,并且成本高昂。但是这种反应堆可以将几乎全部的铀转化为能量,并且可以利用储量更为丰富的放射性元素——钍作为燃料。相关的说明和进一步的讨论请参阅本卷中"铀"和"钍",以及《可持续发展的商业性》一卷中的"能源工业——核能"。

另一个极端就是逆增长。持这种观点的人并不排斥所有的现代技术,他们强调清心寡欲的生活方式和简单的解决方案;平均地权,建立自给自足的社区,而不是城市;保护自然而不是征服自然;建立手工业和轻工业而不是重工业。许多人提倡降低人口数量。这项运动的根源包括圣雄甘地的简单生活哲学和E. J. 密山(E. J. Mishan)和尼古拉斯·乔治斯

库-罗根（Nicholas Georgescu-Roegen）等人撰写的《增长的极限》（第1卷《可持续发展的精神》中"可持续性理论"一章讨论了1972年罗马国际智囊团俱乐部发表的报告《增长的极限》，"增长极限"的理念在第6卷《可持续性的度量、指标和研究方法》中也有论及）。

在基于核能的大型城市和自力更生的村落之间的解决方案是提倡能源高效利用，并强调可再生能源的作用。支持者认为可再生能源能在现有能耗水平上甚至更高水平上代替化石能源。至于可再生能源的效率，那些坚定的支持者甚至认为可再生能源可以同时实现社会的可持续发展和民众生活水平的普遍提高。诸如乌帕塔尔气候和环境研究所（the Wuppertal Institute for Climate, Environment）与落基山研究所（the Rocky Mountain Institute）的研究人员设想了一款超轻型的汽车，强调了被动式太阳能和地热的利用，构想了舒适、节能的建筑，设计了缩短原料运输距离的方法。当然，世界各地的文明自古以来就会利用太阳能和地热资源了。本卷中，"太阳能"一章探究了太阳能收集、储存和传输方面的创新，以及这些技术革新如何使某些原来认为不切实际的应用现在变得切实可行了。"地热能"一章描述了地表下的热水是如何发现的，比如温泉和间歇泉，或者将水注入炽热的岩石中形成。这些热水被导入加热和制冷系统中可用以发电。"制冷与供暖"一章阐述了许多这方面的应用和面临的挑战。

无论何种能量来源，系统最终都必须能够自我维持，能够产生另一种形式的能量。核能和可再生能源产生的电能能够产生高温用以加工金属、粉碎岩石，将其烧结成水泥。电能还可以将水分解为氢气，用以熔化金属。但是这一系统的建造费用和运行费用是多少？需要消耗多少电能？这些问题都有待解决。

一些尚需进一步实证的新兴技术，或许可以改变人们对可再生能源或核能的预期。例如通过生产气态或液态能源，人工光合作用可以浓缩和存储丰富但是分散而易变的太阳能，从而消除发展太阳能的障碍。如果以钍为燃料的熔盐增殖反应堆证明经济可行，它将比现在的反应堆更安全，其产生的废料中长半衰期的放射性同位素含量也较低，同时还可将钍转化为大量的能源。最后，可实用的核聚变还在遥远的地平线上，在过去的60年中一直在那里徘徊不前。

转变消耗化石能源和可能出现短缺的资源现状需要一个过程。利用现有的技术，如建造核反应堆、风电场、钢铁厂等需要耗时数年。更换基础设施和开发新技术则可能要经历几十年。为了尽快利用可再生能源而采取的应急措施可能会带来严重的后果。许多设备的使用寿命都达到10至30年之久，如果将其提前替换将会使成本升高。如果价格飙升的化石能源推高了水泥、钢铁，以及太阳能电厂、风力发电机和核反应堆组件的价格，那么替代能源的建设步伐可能会推迟。

然而，研究者和科学家还在致力于研究（或构想）革命性的技术以节约和保护自然资源。纳米技术就是这样一个引发了无数遐想的领域。正如迈克尔·斯泰因费尔特（Michael Steinfeldt）在本卷中所阐述的那样，"激进的绿色愿景"认为纳米技术是解决所有环境污染的关键因素，但是另一些人则预测会出现"地球全部生命被疯狂的纳米机器人摧毁"的"极端恐怖的场景"。斯泰因费尔特承认制造和（或）操纵"原子和介观层次间的尺度上"的物体的确存在一定的风险。但是他提供的证据也表明基于纳米科技的产品和加工工艺有潜力减轻对环境的压力。

人们对适时启动可再生资源利用的愿望从来没有如此的强烈。1999年的畅销书《自然资本主义》的作者保罗·霍肯（Paul Hawken）、埃默里·罗文斯（Amory Lovins）和亨特·罗文斯（Hunter Lovins）指出，单靠市场的

力量就可以推动企业家和消费者对资源的高效和可持续地利用。其他方面的努力还有政府的行动以及各国的各种补贴，包括从可再生能源、核能到住房保暖和自然资源勘探。

如果过去的预测具有一定的指导意义，那么现在对未来可持续发展和过渡期的预测则没有一个是完全正确的。宝库山出版社策划的这一百科全书纵览了一些最新的有关信息和观点。如果学者们在2050年或2250年检验这套百科全书时，希望他们能看到在通往可持续发展的道路上我们采取了正确的步骤。

致　谢

我们首先要感谢莫纳什大学的加文·M.穆多(Gavin M. Mudd)，皇后大学的J. 安德鲁·格兰特(J. Andrew Grant)和戴安娜·巴尔拉杰(Dianne Balraj)，以及世界银行的约翰·巴菲斯(John Baffes)，感谢他们能在极短的期限内承担了多项文章的撰写任务。我们非常感谢他们的辛勤工作以及奉献精神。我们同时需要感谢以下诸位在各种问题中提供的帮助和建议：

莱斯特·R.布朗(Lester R. Brown)地球政策研究所

戴维·克里斯蒂安(David Christian)麦考瑞大学

菲利浦·查尔斯·弗朗西斯·克劳森(Phillip Charles Francis Crowson)邓迪大学

迈克尔·L.多尔蒂(Michael L. Dougherty)伊利诺伊州立大学

凯文·福布斯(Kevin Forbes)美国天主教大学

里德·J.利弗赛特(Reid J. Lifset)耶鲁大学

朱莉·纽曼(Julie Newman)耶鲁大学

欧拉德勒·奥根塞坦(Oladele Ogunseitan)加州大学欧文分校

马丁·罗伊斯(Martin Reuss)美国陆军工程部队(已退休)

比约恩·桑登(Björn Sandén)查尔姆斯理工学院

约翰·E.蒂尔顿(John E. Tilton)科罗拉多矿业大学

大卫·冯·太舍(David Van Tassel)土地研究所

德克·冯·齐尔(Dirk Van Zyl)英属哥伦比亚大学

目 录

发展中国家的农业

发展中国家的农业需要生产更多的粮食、饲料、原料及生物燃料,以满足人口增长和工业化的需求,同时还要设法满足对日益减少的自然资源的多种需求。绿色革命曾经对大幅度提高农业产量有所帮助,但是,这种自上而下、专家主导的方式在地方层面上正逐渐被"可持续集约化"的农业生产所替代。后者注重的是在提高效率的同时保护环境。

对于多数发展中国家,特别是不发达国家的绝大多数居民来讲,国内农业是食物、农产品和生计的主要来源。在这些国家,农业占国内生产总值(Gross Domestic Product, GDP)的比重高达60%,同时有多达70%的劳动力从事农业生产(UNDP & FAO 2007)。由于没有既定的规范可以用发展状况对国家进行分类,这里的"发展中"包括了那些在物质生活、经济发展和人类发展指数方面表现出较低水平的国家。

行之有效的、可持续的、适应性强的农业在发展中国家受到了很大关注,因为世界上10.2亿营养不良人口中的绝大多数生活在发展中国家(Lele et al. 2010)。发展中国家的农业在种养的物种和品种上、在种养规模和方法上、在资源可用性上呈现出多样化的特征。以水稻这种发展中国家的主要粮食作物为例,中国种植在低洼的灌溉稻田里、孟加拉和泰国种在深水中、柬埔寨种在山坡旱地上,而马拉维的水稻是种在池塘里的,作为鱼稻共生系统的一部分(Naylor 2009)。种植规模也从单个家庭所有的、面积总和不足一公顷的多个小块田地,到巨大的商业种植园不等。有些地方的农业生产具有季节性,仅在每年一次或每年两次的雨季种植;而其他区域则种植多年生作物和养殖动物,需要全年不间断地管理。

发展中国家农业的另一个重要特点是农业生产与野生环境间具有重叠性,特别是在作物的耕作上。这一特点在小规模生产的自给型农民身上表现得尤为突出。人工养殖的和野生的物种间存在一系列连续变化的类型,从完全驯化的，到很少驯化的，再到完全野生的都有（Harris 1989）。发展中国家的农民会用传统方式管理自己农场周边，以促进野生植物和动物的繁殖，将其用作食物、饲料、药材和建筑材料，既可以自家使用，也可以用来销售（Bharucha & Pretty 2010）。

发展中国家除了几个重要作物和产品外，农业综合企业的直接参与度很低。然而，发展中国家经济的全球化正逐步扩大各级私营部门的作用。

绿色革命

发展中国家的农业最具深远影响的变化来自绿色革命。这是发生在20世纪60年代和70年代之间的一系列研究和技术转让的举措，其目的是为了实现发展中国家农业的工业化以提高产量，尤其是粮食产量。

绿色革命创新有几大特点：

● 技术的普适性。生态学家朱尔斯·普莱蒂（Jules Pretty 1995, 28）指出，绿色革命发展中所推崇的产品和政策，在不同的发展中国家、不同的背景下都非常相似，这表明"技术的普适性"是核心。

● 技术开发和转让。农业科技发展的重点从农民自身转移到由农业科学家、植物育种专家、灌溉工程师组成的研究组织，并通过捐赠机构（特别是洛克菲勒和福特基金会）和各国政府提供资金支持。将受控条件下开发出来并通过测试的技术随后通过推广和培训项目转移给农民。

● 主要产品。新开发的高产品种（High-Yielding Varieties, HYVs）使每公顷产量增加，同时也使农民能够通过增加收获而获益。

● 关键支持机制。高产品种需要更多的投入，以将它们的潜力发挥到极致。因此，引进高产品种要伴随着灌溉面积的扩大以及无机肥和农药的开发和推广应用。

技术推广支持了农业的迅速发展，尤其是改善了饥饿和贫困状况。1961年至2007年，全球产量普遍提高，其中，小麦增产256%、水稻增产222%、玉米增产256%、马铃薯增产136%、木薯增产165%（FAOSTAT 2009）。1961年至1999年间，南亚农业产值增长的80%来源于产量的增加（Dixon, Gulliver & Gibbon 2001）。

批评者指出，绿色革命带来的益处在不同地区间分布不均（如非洲）。在特定的地域，主要是那些拥有大量土地、地处优势区位（土地肥沃，集中灌溉和交通基础设施能辐射到的地区）的农场主才能得以利用绿色革命技术。同时，密集的灌溉和非有机投入品的应用如化肥，也造成严重的资源退化。强调单一高产品种的种植以及对多样化的传统品种的依赖减少，导致虫害和养分流失的发生率和严重程度均有所增加。

资源使用与消耗

发展中国家固有的资源短缺是由多种因素的共同作用造成的，包括本身的物理生物限制、不可持续过度利用的累积效应、气候变化的影响以及社会经济和政治的发展趋势。

1. 水

2000年，据世界银行估计，低收入国家87%抽取的水被用于灌溉（MEA 2005a）。过度灌溉对环境有严重的而且经常是不可恢复的后果，还对进一步开发灌溉潜力造成困难，因为容易获取的淡水资源都已经被利用了。同时，大型集中灌溉系统的建设和使用对社会、文化和环境有着深远的影响，世界水坝委员会（World Commission on Dams, WCD）开创性的评论中就详细地谈到了这个问题（WCD 2000）。

2. 土地

发展中国家用于农业生产的土地正在与城镇化和工业化竞争，同时还受到盐碱化、渍涝、养分流失和水土流失的影响。在可预见的未来，最实际的策略可能是"可持续集约化"（Royal Society 2009），而不是耕地扩张。

3. 生物多样性

小规模的自给农民实行资源节约，无论在农场内外都特别依赖生物多样性获得食物和饲料。联合国粮农组织（the Food and Agricultural Organization, FAO）估计，约10亿人依赖于野生食物作为他们饮食的一部分（Bharucha & Pretty 2010）。对于最容易受到饥饿和营养不良威胁的社区来讲，这些野生物种是营养和能量的重要来源。大多数野生食物是从农田或农田周边获取的，然而，逐步的农业现代化和农业景观的同质化，持续侵蚀着农业经营所赖以生存的生物多样性基底。

各地区主要生产系统

千禧年生态系统评估（The Millennium Ecosystem Assessment, MEA 2005）援引"2001年耕作制度和贫困"（Dixon, Gulliver & Gibbon 2001）作为"至今发展中国家农业系统最全面的方法"（MEA 2005a, 750）。下面的段落和表格总结了发展中国家六个主要地区的资源利用、限定性特征、主要制约因素、发展机遇和驱动因素。

1. 撒哈拉以南非洲

农业在撒哈拉以南非洲（Sub-Saharan Africa, SSA）养活了大约3.84亿人（总人口的61%）。农产品出口中的国际贸易，主要是从撒哈拉以南非洲出口的可可、棉花、咖啡和橡胶，占该地区出口总额的16%（Dixon, Gulliver & Gibbon 2001）。然而，在过去的30年，不利的贸易条件导致该地区在世界贸易中的比重下降。

以小规模和自给型农业为主的粮食生产，是这里重要的传统土地利用方式，但是，大范围的土地退化和来自人口增加对食物不断增长的需求，给该地区的粮食供给能力施加了巨大压力。谷物构成该地区进口的11%，这个百分比将会继续上升，除非区域内的生产效率可以提高。

尽管农业历来是大多数撒哈拉以南非洲居民生计的主要来源，其份额占国内生产总值的比重在一些国家却随着经济不断向非农生活转型而下降。

利用模式：撒哈拉以南的农场系统，同时包含了专供出口贸易的大规模土地利用（比如木本作物的商业化种植），也有特别小规模的种植（例如山丘高地常年种植系统，一般以上耕作面积都小于0.5公顷）。大多数系统中都存在一定程度的种养结合，用作传统肥料投入的来源，或在季节性农闲期起到缓冲的作用。浇灌的方式也从完全水利灌溉到完全依靠雨水——在一些地区，同样的体系有不同的水的利用模式。

严重制约撒哈拉以南农业的几个因素：

（1）生物物理环境。占主导地位的非洲草原农业生态系统的特点是水少土贫。

（2）土地退化。由土地使用权定义不清造成的无序放牧、土地休耕时间变短（由于人口数量增加）所引起的严重的营养流失、化肥使用带来的巨大代价，以及种植出口经济作物造成持续的营养流失，这些都导致了土地退化。

（3）劳动力生产率降低。艾滋病毒/艾滋病正在毁掉该地区的劳动力，对小规模和自给农户的打击最大，因为他们主要依赖家庭劳动力从事农业经营。

撒哈拉南部非洲耕作系统的规模、主要机遇、推动因素和限制条件如表A-1所示。

表A-1 撒哈拉南部非洲耕作系统的规模及主要机遇、推动因素和限制条件

系　　统	规　　模		主要机遇，推动因素及限制条件
	土地面积/%	人口/%	
灌溉	1.4	2.0	受阶段性缺水和水利设施故障限制
木本作物	3.0	6.0	易受价格波动影响
森林为主	11.0	7.0	人口增加及对食物需求的增加导致休耕变短或农民向新的土地转移。未来发展需要治理对环境的威胁，包括土壤肥力降低、水土流失和生境丧失
水稻与木本作物	1.0	2.0	受土地规模小，市场、科技发育不良以及缺乏非农生计机会的限制
多年高地种植	1.0	8.0	受土地规模小，缺乏扩大化经营，技术、基础设施、市场发育不良以及缺少非农劳动力的限制
高地适度混合种植	2.0	7.0	生长季节受限，阶段性寒流及干旱威胁产量
块根作物	11.0	11.0	技术发展水平差，但油椰子、块根作物市场发展前景好，有望发展非农生计
谷物块根混种	13.0	15.0	牲畜数量相对多，发展机遇多，可能促进出口增长，但易受干旱影响
玉米混种	10.0	15.0	最重要的粮食生产体系，但由于减少重要投入品，如种子和农用化肥价格上涨，正"经历危机"，土地肥力和产量下降导致粗放而非集约经营
大型商业和小型种植	5.0	4.0	受土地贫瘠、干旱频发限制
农牧小米高粱	8.0	8.0	干旱导致减产或歉收，牲畜多病，产品销售不畅
牧业	14.0	7.0	牲畜易遭频繁干旱和偷盗
稀疏种植	17.0	1.0	频繁干旱
沿海手工渔业	2.0	3.0	多元化耕种(捕鱼，畜牧养殖及木本作物园)农业劳动与非农就业相结合
城市	未提供	3.0	良好的市场与工业发展潜力为发展提供机遇

数据来源：Dixon, Gulliver & Gibbon 2001.

2. 中东和北非

绵延穿过该地区的肥沃月弯（The Fertile Crescent）是早期农业发展的重要场所。正是在这里，许多谷物和豆类品种、绵羊和山羊最早得到驯化。水利灌溉基础设施也是最早在这里开发起来的，这些设施与许多资源节约型技术一起，发展起最早定居河谷的文明。结果是，该地区的饥饿在历史上主要都是由干旱导致的粮食歉收造成的。而在现今时代，低死亡率带来的人口增长（特别是儿童低死亡率）正威胁着这片"史上均衡发展"地区（Dixon, Gulliver & Gibbon 2001）。截至 2011 年，有 8 400 万人在该地区依靠农业生活。

利用模式：该地区以干旱和半干旱生态系统为主，高度依赖畜牧（有些时候人与牲畜共同进行季节性迁徙称为游牧，使用集体所有的牧场）和水利设施。这里种养相结合是主要的特征，木本作物、谷物和豆类的混合种植也是明显特征。比如在北非，绵羊的饲养是与橄榄树的栽种以及小麦、大麦、豌豆、扁豆的种植结合在一起的（MEA 2005a）。

旱作农业支持了季节性农作物，然而灌溉农业却由于所产生的效益一直处于重要的地位。灌溉系统差异较大，从小型、集体所有的系统到使用地表水（例如尼罗河谷的运河水系）或地下水资源的中央网络（如该地区普遍使用的传统坎儿井系统）都有。

该地区农业的主要限制因素就是农业用水的可获性和对水利灌溉的依赖，使得该地区的国家转而利用其他土地相关资源获得收入，比如石油开采、采矿或制造业以及贸易。灌溉需求加剧了淡水的提取，目前已不可持续地提取了可再生总径流量的 115%（MEA 2005b）。

中东与北非耕作系统的规模、主要机遇、推动因素和限制条件如表 A-2 所示。

表 A-2　中东与北非耕作系统的规模及主要机遇、推动因素和限制条件

系　统	规　模		主要机遇、推动因素及限制条件
	土地面积/%	人口/%	
灌溉	2.0	17.0	大型灌溉网络支持具有较高出口值的商业化生产。容易受到不合理的水价和集中管理等低效用水的影响。地下水过度抽取和过度灌溉导致大面积的盐碱化。传统小规模灌溉主要支持自给农业，尤其是在最干旱的地区。有限的水资源，导致农民之间的激烈竞争
高地混种	7.0	30.0	不同旱作谷物和豆类一起与木本作物和藤类共同栽培。在一些地区，畜牧养殖占主导地位。受严重的土地退化和较差的当地市场以及基础设施限制
旱作混种	2.0	18.0	新的灌溉技术，向补充灌溉冬小麦和充分灌溉夏收作物的转变。通过季节性劳动力流动提供更多的机会
旱地混种	4.0	14.0	旱作作物与年度休耕交替，但频繁干旱带来的风险持续存在，粮食安全性不高。本地大麦品种适应性好。其他作物如高价值的水果和蔬菜的种植受低降雨量和不良市场联系的约束

（续表）

系　　统	规　模		主要机遇、推动因素及限制条件
	土地面积/%	人口/%	
农牧	23.0	9.0	季节性迁移减轻了饥饿的季节性风险，取决于周边农作系统的可用性，如牧场、水和剩余作物，因此对周边其他农作系统的依赖性非常大，最近也取决于城市资本来资助放牧。少量种植已经发展起来，补贴牲畜饲养的收入
稀疏种植	62.0	5.0	就土地面积而言是最广泛的系统，该系统通过零星的和季节性降雨为畜牧业提供牧场
沿海手工渔业	1.0	1.0	小规模的种植及牲畜饲养补充了沿海捕鱼收入。现代渔业技术和离岸捕鱼的发展导致了这种传统系统的衰落
城市为基础	<1.0	6.0	支持少数小规模农学家；重要性会随着技术的发展增强

数据来源：Dixon, Gulliver & Gibbon 2001.

3. 东欧和中亚

该地区的国家农业人口占10%到55%不等。农业增加值占国内生产总值的5%到54%。20世纪末和21世纪初的重要经济和政治改革，在不同程度上推动了各国农业从传统集体生产向市场方向的转变。总体而言，政治和经济转型的确导致了20世纪90年代农业产量的下降。然而，20世纪80至90年代，中亚地区却经历了农田的大量增加。

利用模式：该地区许多国家保持了具有苏联时代特征的传统的集体生产系统，因为在市场和农业服务不健全的背景下，合作社和商业单位保障了生产的相对安全。长期的过度灌溉破坏了咸海（The Aral Sea）周围的环境和社会经济。

东欧与中亚耕作系统的规模、主要机遇、推动因素和限制条件如表A–3所示。

表A–3　东欧与中亚耕作系统的规模及主要机遇、推动因素和限制条件

系　　统	规　模		主要机遇、推动因素及限制条件
	土地面积/%	人口/%	
灌溉	1.0	4.0	传统市场的消失和以往能源补贴的取消对该系统影响巨大。在一些地区，棉花种植受益于市场供应状况，为乌兹别克斯坦、土库曼斯坦和哈萨克斯坦带来可观的外贸收入。然而，严峻的环境约束，尤其是长期以来水的过度使用导致了普遍的盐渍化和土地退化。小型灌溉系统支持了家庭农场产出各种粮食和经济作物。农民视家庭规模、灌溉面积和供应市场而定，通常产出足以用于市场销售的盈余。市场缺失使贫困加剧，农民尽管耕种小规模土地，但是仍在逐步恢复中

（续表）

系　　统	规　　模		主要机遇、推动因素及限制条件
	土地面积/%	人口/%	
混合	4.0	18.0	该地区农村人口普遍下降，尽管如此，大型国有或集体农场的私有化导致出现许多新家庭经营的农场。还出现了许多新型组织和所有制形式。少数民族、边缘地带的农民、失业和非技术工人最容易陷入贫困
林地养殖	3.0	5.0	合作社或国有制仍然存在。宏观经济形势导致很少或没有来自生产现金的收入。用来维持生计的通常是物物交换。然而，私有化与非集体化的盛行很可能导致转向家庭生产
园艺混合	3.0	11.0	技术的发展（如大棚和其他保护设施）提高了生产率和收益。问题主要来自武装冲突带来的贫困，边缘土地所有者、少数民族和社会弱势群体（妇女、老年人、失业者、失地者）中问题突出
大规模谷物蔬菜	4.0	16.0	整个地区受政治和经济改革推动，个体所有制在崛起，但是多数农场仍然较大，合作拥有或公司拥有。在一些地区（如俄罗斯北部），这样的农场仍然很少或没有现金收入，所以他们依靠易货贸易和自给式种植
小规模谷物牲畜	1.0	4.0	私有化使农场管理得到优化，劳动力使用强化、多样化，私有化、小型土地持有规模和现有的租约安排不允许租户制定长期的资源管理计划，也不需要采取短期提高生产力的措施
广泛的谷物和畜牧	18.0	15.0	传统农业以游牧和整个草原放牧为主，但广大的领域已经转为栽培。小麦生产与饲料作物和牛羊饲养同步进行，因此畜牧仍然重要。与其他地区类似，所有制模式和生产规模随着经济和政治的改革正处于转型期
农牧	3.0	10.0	农牧业在自给型栽种的优势地区得到支持。公共草场可以在春秋两季放牧。畜群管理不当，过度放牧和载畜过量引起了环境约束（水土流失和自然植被贫化）。曾经占主导地位的羊毛生产已经让位于肉类生产，导致农民转回到传统的、以生产优质肉类为主的畜牧品种
稀疏种植（严寒）	52.0	2.0	生物气候条件限制种植；包括生长期短、气温低、土壤差，更易受到严重淋溶和酸化。饲养驯鹿（原住民社区）提供了更稳定的生计
稀疏种植（干旱）	6.0	8.0	游牧民族位于干旱地区，在条件更优越的地区可以种植谷物和养羊。通过传统的两年耕种一年休耕的方式土壤湿度得以保持。大规模生产仍然占主导地位，但是由于经济和政治改革中补贴缺乏的原因，大规模生产负担着沉重的债务，金融资本匮乏。如果种植业持续不可行，移民到城市和/或回归农牧业的可能性都存在（移民已经成为该地区某些地方的特点）。主要的环境制约因素是缺乏灌溉用水；现有的供应被过度开发
城市为基础	<1.0	7.0	受失业和贫困的影响，城市农业生产的重要性日益凸显。因此对城市农民来说种植是以自给为主，只是偶尔有些盈余用于出售

数据来源：Dixon, Gulliver & Gibbon 2001.

4. 南亚

绿色革命给该地区农业带来了大幅度的增长,1961年到1999年之间,单产的增加使农业产量增长了80%。尽管如此,饥饿和营养不良的发生率仍然是所有发展中地区最高的。依然有约7.51亿农业人口。乡村人口密度高,给聚居区的资源带来巨大压力。在整个地区(尤其是印度和巴基斯坦),农业一直支持着经济增长和多样化。

利用模式:水资源的大量利用部分是由于绿色革命,部分由于长期过度利用集中灌溉项目,导致河流的枯竭和水位下降、内涝以及大面积盐渍化。巴基斯坦的印度河盆地估计有630万公顷受到影响,其中一半依靠灌溉农业(Qureshi et al. 2007)。

南亚耕作系统的规模、主要机遇、推动因素及限制条件如表A-4所示。

表A-4 南亚耕作系统的规模及主要机遇、推动因素和限制条件

系　　统	规　　模		主要机遇、推动因素及限制条件
	土地面积/%	人口/%	
稻	7.0	17.0	湿地密集种植,只有不到一半的稻田得到灌溉。畜牧养殖支持农业(提供有机肥和畜力)补充食物和生计(如通过提供牛奶)。贫困是土地极少的农户特别关心的问题,对于他们来说,非农业劳动是维持生计的重要方式
沿海手工捕鱼	1.0	2.0	粮食作物种植、自给产品和经济作物的销售,以及牲畜饲养是对渔业的补充。过度捕捞、人口密度高和扩大现代资本密集型水产养殖都威胁着资源和生计
稻麦	19.0	33.0	重要的种养结合支持了水稻小麦的种植,并提供了牛奶用于自给和销售。算上水稻,种植占全区域耕种面积的40%,并产出了该地区的城市所需的大多数口粮。大量持续的对技术开发和投入品的投资(开始于绿色革命)是主要特征
高地混合	12.0	7.0	谷类、豆类、薯类、蔬菜、水果等种植与家畜饲养同步,前者种植粮食和饲料作物支持了后者。地处偏远和缺乏农村服务更易加剧贫困
旱作混合	29.0	30.0	谷物、豆类、油籽、甘蔗、蔬菜、水果等的种植部分与家畜饲养结合。近来,管道井灌溉弥补了一些水库灌溉的不足,促进了种植业的增长和稳定发展,但主要依靠季节性季风降雨。零星的、不可预知的季风与经济变化(市场价格和成本投入)的共同作用造成了农业的脆弱性。已广泛存在的贫困由于周期性干旱而加剧
旱地旱作	4.0	4.0	类似于旱作混合系统的种植模式,由更多的灌溉支持,在干燥的气候下依然能保持系统的稳定性。种植依赖于能否得到灌溉
农牧	11.0	3.0	游牧养殖的牛羊,通过分散种植的小片土地和非农机会加以补充维持生计,缓解放牧季节性威胁

（续表）

系　　统	规　　模		主要机遇、推动因素及限制条件
	土地面积/%	人口/%	
稀疏种植（干旱）	11.0	1.0	主要以分散灌溉的土地支持牧民生计，并提供机会放牧。周期性的干旱是关键限制因素
稀疏种植（山地）	7.0	0.4	小型的、孤立的定居点是由种植（其中很少一部分得到灌溉）和牛群与牦牛的饲养决定的。夏季的牧场、季节性迁移的非农生计、贸易和当地旅游都可以补充收入
木本作物	分散的	1.0	大型商业种植园与小型私有土地上都种植大量的多年生和一年生树木。农业工人是最弱势的居民
城市为基础	<1.0	1.0	小型集约生产的易腐商品，如牛奶，新鲜水果和蔬菜

数据来源：Dixon, Gulliver & Gibbon 2001.

5. 东亚和太平洋

在这一地区尤其值得关注的是中国，由于对研发（以及其他部门）的长期投入，中国已经设法使农业生产力的提高大于需求。这种生产率的提高意味着经历了过去300年的扩张以后，目前耕地面积在减少。

东亚及太平洋地区耕作系统的规模、主要机遇、推动因素和限制条件如表A-5所示。

表A-5　东亚及太平洋地区耕作系统的规模及主要机遇、推动因素和限制条件

系　　统	规　　模		主要机遇、推动因素及限制条件
	土地面积/%	人口/%	
低地稻	12.0	42.0	良好的灌溉；种植水稻的强度取决于每个区域雨量分布、生长季节的长短和灌溉的可获性。多种多样的谷类、豆类、纤维作物（棉花）、水果和经济作物（甘蔗和大豆）与畜牧养殖和非农生产机会一起对水稻生产形成补充。区域粮食安全主要依赖此系统
木本作物混合	5.0	3.0	在进行畜牧养殖和利用非农生计机会的同时开展工业化木本作物种植（如橡胶、油棕、椰子、咖啡、茶、可可）。传统上极大促进了出口收入，并且获得良好的私人和公共投资收益
根块茎作物	2.0	<1.0	在太平洋地区占主导地位的种植，尽管从地区来看具有边际显著性。生产完全旱作，并通过广泛的狩猎和森林采集得以补充
高地密集混合	19.0	27.0	最异质性系统，根据地理区域、农业气候条件、坡度、梯田和水情不同，生产各种多年生作物。大面积灌溉从地表水体而来，如河流、溪流，种植依赖于维持自然水流的洁净。牲畜养殖范围广，居民有机会从事非农就业支持农业生计

（续表）

系　　统	规　　模		主要机遇、推动因素及限制条件
	土地面积/%	人口/%	
高地广泛混合	5.0	4.0	畜牧业依靠广阔的、相对未受破坏的森林放牧。森林还提供了自给和销售的重要产品。原住民特别依赖该系统
温带混合	6.0	14.0	谷物、经济作物（如棉花、甘蔗、油菜）与畜牧业和水果种植一起发展
放牧	20.0	4.0	在养蚕（丝养殖）和种植棉花、谷物、豆类和块茎的同时开展游牧畜牧，骆驼、牛、绵羊和山羊等畜群大量混杂，靠广袤的天然牧草喂养。气候压力（主要是干旱和恶劣的冬季）减少牲畜数量，从而导致农牧区和灌溉区都存在贫困
稀疏种植（森林）	10.0	1.0	小而散的定居点依赖于多种农作物，主要用于自给。在马来西亚、印度尼西亚和巴布亚新几内亚的森林地区，狩猎和森林采集提供重要食物和生计补充
稀疏种植（干旱）	20.0	2.0	大多为牲畜饲养，只有少量的种植，一些通过大规模的水利灌溉，另外一些通过小规模灌溉补充牧民的生计。长期的贫困因周期性的干旱而加剧
沿海手工渔业	1.0	2.0	小规模捕鱼得到粮食生产（一些地方种水稻，另一些种块茎作物）的支持，同时还有重要的经济作物种植
城市为基础	<1.0	1.0	城市内的小型生产单位生产易腐的高价值产品，如牛奶和蔬菜。对这种形式的生产投资、丰富的投入品、与市场及周边地区紧密联系促成了该子系统的发展

数据来源：Dixon, Gulliver & Gibbon 2001.

6. 拉丁美洲和加勒比地区

该地区由于多变的地形、生物多样以及地域范围广，具有庞大而复杂的各种农作系统。

利用模式：灌溉主要集中在750万公顷的"灌溉"系统中（见表A–6）。虽然灌溉也见于其他系统，但是它"总是起着次要的作用"（Dixon, Gulliver & Gibbon 2001）。

表A–6　拉丁美洲与加勒比耕作系统的规模及主要机遇、推动因素和限制条件

系　　统	规　　模		主要机遇、推动因素及限制条件
	土地面积/%	人口/%	
灌溉	10.0	9.0	农田水利基础设施推动商业化、密集型的灌溉
森林为基础	30.0	9.0	分散的原住民定居点种植投入低，伴随粗放型生产的牛肉和种植园。无论是集约化生产或扩展到新的领域都意味着栖息地丧失和退化，因此任何种植都需要精心的环境管理

（续表）

系　　统	规　　模		主要机遇、推动因素及限制条件
	土地面积/%	人口/%	
沿海种植及混合	9.0	17.0	穿插在野生红树林和林区间优良的农地支持小规模的家庭种植和大型种植园，有一些是国际所有的，生产出口产品。脆弱性和贫困主要集中在无地劳动者中
密集种植混合	4.0	8.0	种植高价值、出口导向型的作物适应市场需求和投资
谷物牲畜（热带草原）	5.0	6.0	与密集种植相比，土壤质量和湿度略低
潮湿的温带混交林	1.0	1.0	没有具体提及
玉米豆类（中美洲）	3.0	10.0	一直依靠种植玉米和豆类为生（大量灌溉）。农业遭受损失，因为原住民土地丧失，流失到外来定居者和商业化生产中。广泛的土地退化始终伴随着贫困
密集高地混合（北安第斯山脉）	2.0	3.0	高海拔玉米、温带作物种植及养猪形成了原住民传统的生活。该系统的特征在于显著的贫困，尽管在下游商业种植咖啡和园艺作物的地区情况有所缓解
广泛混合（塞拉多斯和利亚诺斯地区）*	11.0	9	随着谷物、大豆种植和畜牧业生产的密集化及其前沿地带延伸，大片草原和林地丧失。没有土地的移民是最弱势的群体
温带混合（南美大草原）	5.0	6.0	传统上以家畜饲养为主，但由于城市对小麦、大豆、向日葵和园艺作物的需求增加，正被大量种植（也是不断增加的密集生产）所代替
旱地混合	6.0	9.0	频繁的干旱、土壤湿度和质量差是主要限制因素。小规模生产者特别脆弱，依赖季节性迁移和雇佣劳动带来的非农谋生机会
广泛旱地混合（南美洲亚热带地区）	3.0	2.0	该地区被殖民种植，贫困和脆弱性广泛存在于小农。低土壤湿度和土壤质量差是主要生物物理限制
高纬度混合（安第斯山脉中部）	6.0	7.0	纯原住民的传统种植与牲畜饲养结合
放牧	3.0	1.0	牛羊放牧支持非常少的人口，主要受制于缺水和低温
稀疏种植（森林）	1.0	<1.0	低温和水的供应严重限制了种植。放牧和非农业生计（林业和旅游业）占主导地位
城市为基础	<1.0	3.0	小生产单元密集生产的、都市居住区大量需求的易腐产品

数据来源：Dixon, Gulliver & Gibbon 2001.

　* 塞拉多斯：巴西的热带稀树草原；利亚诺斯：亚热带草原平原，绵延哥伦比亚和委内瑞拉。

未来前景

发展中国家的农业，需要在一个岌岌可危的生物多样性基础上用较少的水和土地生产更多的粮食、饲料和燃料。需求增长来自人口的增加以及国家工业化和全球化带来的饮食偏好的变化（通常意味着更大量的食物消费，以及从豆类向谷物的转变和肉类消费的增加）。工业化也意味着发展中国家的农民将不得不生产愈发大量的工业原料。由于对替代能源的需求逐步升级，农业用地还需要种植生物燃料。确保这些需求长期地可持续地得到满足是至关重要的。

认识到绿色革命和其后的现代化导致了各种不可持续结果，使我们的兴趣转回到了大量可持续集约化生产的农业实践——"在同一片土地生产更多的粮食，同时减少对环境的影响"（Godfray et al. 2010; Royal Society 2009）。与绿色革命自上而下及由专家主导的创新和推广不同，新的资源节约型农业的重点需要强调的是广泛认可当地知识，参与以及特定情境下创新的重要性。

扎伊·佩尔韦·如查（Zareen Pervez BHARVCHA）
埃塞克斯大学

参见：农业——遗传工程化作物；农业——有机和生物动力学；食品（几篇文章）；绿色革命；本地化食品运动；营养失调。

拓展阅读

Bharucha, Zareen, & Pretty, Jules. (2010). The role and use of wild foods in agricultural systems. *Philosophical Transactions of the Royal Society B, 365* (1554), 2913–2926.

Dixon, John; Gulliver, Aidan; with Gibbon, David. (2001). *Farming systems and poverty: Improving farmers' livelihoods in a changing world*. Rome: FAO and World Bank.

FAOSTAT. (2009). Homepage. Retrieved June 4, 2010, from http: //faostat. fao. org

Godfray, Charles, et al. (2010). Food security: The challenge of feeding 9 billion people. *Science, 327*, 812–818.

Harris David R. (1989). An evolutionary continuum of people-plant interaction. In D. R. Harris & G. C. Hillman (Eds.), *Foraging and farming: The evolution of plant exploitation* (pp. 11–26). London: Unwin Hyman.

Koohafkan, Parviz, & Stewart, B. A. (2008). *Water and cereals in the drylands*. Rome and London: FAO and Earthscan.

Lele, Uma; Pretty, Jules; Terry, Eugene; Trigo, Eduardo; with Klousia, Maggie. (2010). Transforming agricultural research for development: Report for the global forum for agricultural research. Retrieved May 26, 2010, from http: //knowledge. cta. int/en/Dossiers/CTA-and-S-T/Selected-publications/Transforming-Agricultural-Research-for-Development-Report-for-GCARD-2010-from-the-Global-Author-Team

Millennium Ecosystem Assessment (MEA). (2005a). Drivers for change in ecosystem condition and services. *Millennium Ecosystem Assessment: Scenarios*. Washington, DC Island Press.

Millennium Ecosystem Assessment (MEA). (2005b). Fresh water. *Millennium Ecosystem Assessment: Current state and trends*. Washington, DC: Island Press.

Naylor, Rosamund L. (2009). Managing food production systems for resilience. In Stuart F. Chapin III, Garry Kofi nas & C. Folke (Eds.), *Principles of ecosystem stewardship: Resilience-based natural resource management in a changing world* (pp. 259–280). New York: Springer.

Postell, Sandra. (1999). *Pillars of sand: Can the irrigation miracle last?* New York: W. W. Norton & Co.

Pretty, Jules. (1995). *Regenerating agriculture: Policies and practice for sustainability and self-reliance.* London: Earthscan.

Pretty, Jules N., et al. (2006). Resource conserving agriculture increases yields in developing countries. *Environmental Science and Technology, 40* (4), 1114–1119.

Qureshi, Asad S.; McCornick, Peter G.; Qadir, Manzoor; & Aslam, Z. (2007). Managing salinity and waterlogging in the Indus Basin of Pakistan. *Agricultural Water Management, 95* (1), 1–10.

Rerkasem, Konok; Lawrence, Deborah; Padoch, Christine; Schmidt-Vogt, Dietrich; Zieglar, Alan D; & Bruun, Thilde Bech. (2009). Consequences of swidden transitions for crop and fallow biodiversity in Southeast Asia. *Human Ecology 2009, 37*, 347–360.

Royal Society. (2009). *Reaping the benefits: Science and the sustainable intensification of global agriculture.* Retrieved May 20, 2010, from http: //royalsociety. org/Reapingthebenefi ts/

United Nations Development Programme (UNDP) and Food and Agriculture Organization (FAO). (2007). Globalization, agriculture and the least developed countries. Issues paper for the United Nations Ministerial Conference of the Least Developed Countries: Making globalization work for the LDCs. Istanbul. Retrieved May 26, 2010, from http: //www. un. int/turkey/2. pdf

World Commission on Dams (WCD). (2000). *Dams and development: A new framework for decision-making. The report of the World Commission on Dams.* London: Earthscan.

农业——遗传工程化作物

转基因作物能够在较少人工和其他资源投入下提高产量，但也能对周围生态系统带来无法预料的影响。此外，它们的生产能够使耕作能力和农业经济受益抑或复杂化。如何利用它们以保持可持续农业，是一个有争议的问题，需要继续观察与分析。

提倡更为可持续农业技术措施的人，强烈反对使用遗传工程化（Genetically Engineered, GE）生物（也叫作遗传修饰的生物，或GMO）。例如，美国农业部（the US Department of Agriculture, USDA）起初将使用遗传工程化作物作为《国家有机标准》的一部分，但收到创纪录的评论后又将其去掉，这些评论接近27.5万条，大多数反对在有机农业系统中使用它们。相反，该技术的开发者和营销者强调，这些农业生物技术的应用能够与可持续性原则相符，并举例说明该技术如何能够引导减少有害杀虫剂的使用、更多地保护性耕作，以及通过增产和减少用工的经济收益。对是什么构成农业可持续性的意见，已发生两极分化。

一个作物的遗传工程通常包括将其他物种的DNA序列插入到该作物的基因组中，这些新序列有导致作物具备一个新性状的基因。作物中两个最普遍的遗传工程化性状是抗除草剂（HR）和抗虫（IR）。当暴露于一个特殊除草剂时，经抗除草剂遗传工程化的作物能够存活，所以农民能在不损害作物的情况下杀灭杂草。在美国，大多数抗除草剂作物是抗草甘膦和草铵膦，当前具有工程化抗虫性作物含有来自土壤细菌苏云金芽孢杆菌、生产称为Bt毒素蛋白的基因，这些毒素能杀灭蝴蝶、蛾子、甲壳虫和苍蝇的特定物种。相比之下，广谱杀虫剂可较少有区别地杀死目标和非目标昆虫，但是，Bt毒素可以杀灭与目标害虫物种近缘的非目标昆虫。

自1996年引入遗传工程化作物以来，全球种植面积在稳步增长。2009年，全球29个国家的遗传工程化作物种植面积为1.48亿公顷，约为世界耕地的10%（James 2010）。在种植遗传工程化作物的1.48亿公顷土地中,有4个主要作物:大豆(50%)、玉米(31%)、棉花(14%)和油菜(5%)(James 2010),不到种植遗传工程化作物面积1%的是番木瓜、甜菜、苜蓿、茄子、西葫芦、甜椒和杨树。2010年,有10个国家都种植了100多万公顷:美国(6 680万公顷)、巴西(2 540万公顷)、阿根廷(2 290万公顷)、印度(940万公顷)、加拿大(880万公顷)、中国(350万公顷)、巴拉圭(260万公顷)、巴基斯坦(240万公顷)、南非(220万公顷)和乌拉圭(110万公顷)(James 2010)。这些国家的遗传工程化作物使用率很高,例如,在印度,Bt棉花占棉花种植面积的80%以上;在美国,90%以上的大豆是经抗草甘膦遗传工程化的抗除草剂品种,约80%的玉米面积种植了抗除草剂和抗虫品种;在加拿大,油菜种植面积的90%以上种植了抗除草剂品种。

遗传工程化作物能否和如何影响作物遗传多样性,是一个讨论的热点领域。为了未来作物改良中保留可选择性和变异体,保持作物遗传多样性至关重要(Esquinas-Alcazar 2005)。如果杂交并改变野生亲缘种或地方品种的遗传结构,遗传工程化种子就会减少作物改良所需的遗传资源,因为这些是原有的遗传多样性库。遗传工程化作物侵蚀植物遗传多样性的程度,取决于一个工程化性状(如除草剂抗性或抗虫性)对野生亲缘种或地方品种有多大益处。如果非常有益,那就会预期将转基因品种的基因整合到野生亲缘种或地方品种的基因组中。后续的野生亲缘种或地方品种遗传多样性可能提高或下降,这取决于转基因品种的遗传多样性和进行杂交时野生亲缘种或地方品种中罕见变异体是否被丢失(Ellstrand 2003)。

可持续农业

虽然可持续农业是一个带有许多定义的概念,引用最多之一的被编入1990年美国食品、农业、保存与贸易法案和后续的美国农业法案:术语"可持续农业"意思是"一个有地点特异应用的植物和动物生产实践的集成体系,从长远看,这种应用将满足人类食物和纤维需求;提高环境质量和强化农业经济所依赖的自然资源基础;最有效地利用非再生资源和农业资源,并在合适的情况下整合自然生物学循环与控制;维持农场经营的经济活力;提高农民和整个社会的生活质量"(USDA 1990, 80)。

通过考虑正在培育的遗传工程化作物的潜在应用和考虑自1996年引入商业性遗传工程化作物的全球经验,使用遗传工程化作物是否与可持续农业一致的问题已得到解决。尽管有些观察者强调遗传工程化作物的希望,并引用一个商业遗传工程化作物的表现与农业可持续性相一致的研究。但其他人则集中在未来遗传工程化作物可能削弱可持续性的方式并引用表明与可持续农业冲突的研究。

关于已知的商业遗传工程化作物对农业可持续性影响的大多数信息集中在使用抗除草剂和抗虫作物的经济和环境后果。很少有关于遗传工程化作物使用的社会后果或关于选择不使用遗传工程化作物农民的经济影响的信息和研究。在没有定量研究情况下,存在多种主张。

人类的食物和纤维需求

关于遗传工程化作物前途的讨论经常引起一个话题,即植物遗传多样性是提高食物生产来满足随人口增加的全球未来食物安全的关键。通过鉴别有用的基因，并培育耐受如干旱、水灾、害虫或病害等有食物不安全性的特定地区所特有的遗传工程化作物，遗传工程提供了有效地靶向当地环境胁迫的希望。

遗传工程不是改良植物遗传学或农业生产力的唯一技术，有些观察者假设，以后几十年中，传统的植物育种、低外部投入农业以及有机农业实践，可能是提高作物产量的更具希望的途径，特别是存在食物不安全性的地区。

环境质量

自1996年首次使用以来，在美国和中国经工程化抗虫（Bt棉）的商业棉花减少了杀虫剂的使用，但是已知的下降程度不大可靠，因为任一给定年份的杀虫剂使用，还受除使用Bt棉以外的其他因素影响。在中国，从1996年到1999年，用量下降了约20%，但1999到2008年间，杀虫剂使用增加了，这是因为未被Bt靶向的害虫更丰富（Ronald 2011综述）。在美国，下降程度不易估计，部分是因为在Bt棉被引入时，害虫根除计划引起了某些地区临时杀虫剂的大量使用，当害虫根除计划结束后，杀虫剂使用减少时，很难区分下降中有多少归因于Bt棉或归因于害虫根除计划的结束（Committee on the Impact of Biotechnology 2010）。对美国玉米来说，一个评估提出与非Bt玉米比较，Bt玉米的杀虫剂使用次数下降了8%（Fernandez-Cornejo & Caswell 2006）。

有了抗除草剂作物，并未降低除草剂的总体用量，但增加了杂草管理对单一除草剂草甘膦的依赖。美国国家环保署将草甘膦归入毒性最小除草剂类，它在环境中降解较快，并报道它对脊椎动物的低毒性，因此它被视为环境友好型除草剂。所以，许多人认为使用遗传工程化抗草甘膦作物是高度可持续的实践。然而，草甘膦作为杂草管理工具的单独使用，导致了抗草甘膦杂草的快速进化，制造了抗草甘膦作物可持续性的不确定性，并引起杂草科学家催促农民用其他除草剂使杂草管理策略多样化，这些除草剂中有些还不像草甘膦那样对环境友好。

使用抗除草剂作物，还促进了免耕的使用和土壤保护实践，这是提高土壤质量和降低土壤侵蚀的可持续农业的基石，因为抗除草剂作物出现后，杂草会被杀死。但是，如果农民选用耕作为管理抗草甘膦杂草的工具，杂草抗性进化就会导致可持续实践的改变。

农场生态系统与非再生资源

可持续农业追求对农场内生态系统影响最小化和优化生态服务，例如用捕食者和寄生物控制害虫。自1996年商业化出现以来，遗传工程化作物对令人满意和有益物种的影响已成为讨论和顾虑相当多的话题。1999年，一项备受关注的实验报道，Bt玉米花粉对黑脉金斑蝶蛹有毒，它们只以乳草为食，并且乳草通常在农田内或接近农田生长。后续研究得出结论，考虑到黑脉金斑蝶蛹进食后玉米花粉落到乳草上的时序，黑脉金斑蝶群体的风险是可以接受的。实际上，可能抗草甘膦作物的种植比Bt作物种植对黑脉金斑蝶群体更有害，因为在生长季节使用草甘膦降低了黑脉金斑蝶寄主植物乳草的充足程度。

评价Bt作物对非靶向和有益节肢动物的影响，依赖用于对比的田间农业实践。与用杀虫剂处理过的农田相比，Bt作物田间有更多节肢动物，但与未用杀虫剂的田间相比，数量相当。两种比较都是合理的，因为农民可能用或可能不用杀虫剂处理传统的玉米和棉花，在2005年，玉米种植面积的约20%用了杀虫剂处理，约80%的棉花种植面积用了杀虫剂处理（USDA 2006）。

相对来讲，很少报道关于使用遗传工程化作物与非再生资源之间的关系。有些情况下，遗传工程化作物已降低了需要燃料的践行，如喷洒杀虫剂。但在抗草甘膦杂草进化的地区，或未用Bt作物控制的害虫增加的地区，这种降低很小。合成化肥由非再生化石燃料资源生产，并且，迄今遗传工程化作物没有被报道已改变了化肥使用。

农场经济活力

通过使用遗传工程化作物，农民经由较高产量和较低生产成本在经济上获益，包括划算的杂草和害虫管理。此外，简化杂草管理减少了人工需求，还能从农场以外的工作提高收入。

对不用遗传工程化作物农民的经济效益，没有很好地研究。因为在种植的田内和在区域水平，Bt作物都能降低害虫压力，所以，不用遗传工程化作物的农民可收到一些（尚未量化）与降低了害虫群体相关联的益处；生产打算特别作为非遗传工程化而销售的产品，可能被附近遗传工程化作物授粉，这个负面经济影响（也没研究）可能发生在这些农民身上。另一方面，销售非遗传工程化作物的农民在经济上从遗传工程化作物商业化已经创造出来的非遗传工程化产品的市场附加值获益。

抗草甘膦杂草进化已发生的地方，抗草甘膦作物的经济利益和活力将随着追加的杂草管理策略而改变。迄今为止，几乎没有什么害虫进化出对Bt作物的抗性，要么是因为延缓抗性的策略有效，要么是因为昆虫抗性进化较慢。当前，Bt棉花有1个已知的抗性害虫物种，这是与20世纪中叶广泛使用的杀虫剂DDT商业化相同年数后而有的抗性害虫数完全相同的数字。使用15年后，许多物种进化出对DDT的抗性，与任何快速进化出对DDT相比，时间会回答Bt作物的管理策略是否会延缓抗性进化。

农民与社会的生活质量

对使用遗传工程化作物的农民生活质量存在显著的正面影响。在调查中，使用遗传工程化作物的农民报告，他们重视与使用遗传工程化作物相关联而增加的操作人员和个人的安全性以及整体方便性。在发生杂草对草甘膦抗性进化的地区或不用Bt作物靶向的害虫数量增加的地区，这些正面反应可能被颠倒。

几项引入遗传工程化后不久所做的报道种植遗传工程化作物福利效应的研究表明，遗传工程化品种没有给作物价格带来向下的压力。遗传工程化作物现在用得广泛得多并用于更多的国家，但是对食物价格的影响尚属未知。

遗传工程化作物的社会影响没有很好地研究，但是像以前随着农业技术引进一样，例如机械化，很可能有社会影响。一种影响可见于种业的持续巩固及其与化工的一体化。另一个是围绕遗传工程与有机生产及留出不许遗传工程化作物种植的区域之间关系问题的社会不安。

未来

植物生物技术专家热情主张遗传工程化作物对促进可持续农业和对全球食物安全贡献的潜力,一个典型的例子是解决夏威夷番木瓜生产危机的事件中:引进遗传工程化的番木瓜致使由番木瓜环斑病毒引起的毁灭性病害得以控制(Ronald 2011)。正在培育的某些遗传工程化作物表现出与可持续农业相容的潜力,例如提高氮利用率的遗传工程,可降低合成化肥的消耗,合成化肥依赖于不可持续地开采磷和化石燃料进行生产。

关于环境可持续性,证据表明,当前遗传工程化作物的使用比种植相同非遗传工程化作物时采用的农业实践可能对环境产生更少不利影响。当然,这些增益可能随着抗草甘膦杂草进化和扩散而逆转。包括更具毒性除草剂或增加土壤耕作的不同杂草管理策略,可能代表着回到了更不可持续的做法。Bt作物的有效寿命取决于昆虫抗性进化能被延缓多久,这反过来取决于Bt作物抗性管理策略有效性的就绪程度。

遗传工程化作物的使用正处于关键时期,田间管理水平将影响到是否关联到较少或更多的不利影响。如果没有对遗传工程化作物使用的社会影响和对非使用者经济影响的进一步分析,就不可能对当前遗传工程化作物与可持续农业相容还是不相容下结论。

拉雷萨·伍尔芬博格(L. LaReesa WOLFENBARGER)和约翰·麦卡蒂(John P. MCCARTY)
内布拉斯加大学

参见:发展中国家的农业;农业——有机与生物动力学;生物能源与生物燃料;施肥/肥料;食品(几篇文章);粮食作物;绿色革命;本地化食品运动;有害生物综合管理;水稻;大豆。

拓展阅读

Carriére, Yves; Crowder, David W.; & Tabashnik, Bruce E. (2010). Evolutionary ecology of insect adaptation to Bt crops. *Evolutionary Applications*, 3 (5–6), 561–573.

Committee on the Impact of Biotechnology on Farm-Level Economics and Sustainability, National Research Council of the National Academies. (2010). *The impact of genetically engineered crops on farm sustainability in the United States*. Washington, DC: National Academies Press.

Ellstrand, Norman Carl. (2003). *Dangerous liaisons? When cultivated plants mate with their wild relatives*. Baltimore: Johns Hopkins University Press.

Esquinas-Alcazar, José. (2005). Protecting crop genetic diversity for food security: Political, ethical and technical challenges. *Nature Reviews: Genetics*, 6, 946–953.

Ervin, David E.; Glenna, Leland L.; & Jussame, Raymond A. (2010). Are biotechnology and sustainable agriculture compatible? *Renewable Agriculture and Food Systems*, 25 (2), 143–157.

Fernandez-Cornejo, Jorge, & Caswell, Margriet. (2006). The fi rst decade of genetically engineered crops in the United States. In United States Department of Agriculture Economic Research Service (Ed.), *Economic information bulletin* (pp. 1–30). Washington, DC: USDA. Retrieved September 27, 2011, from http://www. ers. usda. gov/publications/eib11/eib11. pdf

Gurian-Sherman, Doug. (2009). Failure to yield. Union of Concerned Scientists. Retrieved July 27, 2011, from http://ucsusa. org/food_and_agriculture/science_and_impacts/science/failure-to-yield. html

Hanson, Jonathan D.; Henrickson, John; & Archer, Dave. (2008). Challenges for maintaining sustainable agricultural systems in the United States. *Renewable Agriculture and Food Systems*, 23 (4), 325–334.

Hartzler, Robert G. (2010). Reduction in common milkweed (Asclepias syriaca) occurrence in Iowa cropland from 1999 to 2009. *Crop Protection*, 29 (12), 1542–1544.

James, Clive. (2010). Global status of commercialized biotech/GM Crops: 2010 (ISAAA Brief No. 42). Ithaca, NY: International Service for the Acquisition of Agri-biotech Applications.

Owen, Micheal D. K., et al. (2011). Benchmark study on glyphosateresistant systems in the United States. Part 2: Perspectives. *Pest Management Science*, 67 (7), 747–757.

Ronald, Pamela. (2011). Plant genetics, sustainable agriculture and global food security. *Genetics*, 188 (1), 11–20.

Tilman, David; Cassman, Kenneth G.; Matson, Pamela A.; Naylor, Rosamond; & Polasky, Stephen. (2002). Agricultural sustainability and intensive production practices. *Nature*, 418 (6898), 671–677.

United States Department of Agriculture (USDA). (1990). Provisions of the Food Agriculture, Conservation and Trade Act, 1900 (AIB– 624). Retrieved August 27, 2011, from http://www. ers. usda. gov/publications/ aib624/aib624. pdf

United States Department of Agriculture (USDA). (2006). Agricultural chemical usage 2005 field crops summary. Agricultural Statistics Board, National Agricultural Statistics Service, Washington, DC: USDA.

Van Montagu, Marc. (2011). It is a long way to GM agriculture. *Annual Reviews in Plant Biology*, 62 (1), 1–23.

Agriculture — Organic and Biodynamic

农业——有机与生物动力学

有机农业依靠自然出现的物质和生物学过程来保持土壤质量和保护植物、动物不受病虫侵害。提倡者主张通过养育多种生物并很少需要外来的可再生或非再生资源来实现,他们的农场对可持续性做出了贡献。

在与传统农业不同的几种可选择方案中,有机农业已作为统一概念出现,在一些语言中,生物农业等同于生态农业。添加其独有的有机农业形式包括生物动力学农业、自然农业(nature agriculture)和天然农业(natural agriculture)。

历史

随着合成化肥和杀虫剂使用的增加,少数人看到这是它们对自然的战争。哲学家提出了两个选择:奥地利的鲁道夫·斯泰纳(Rudolf Steiner,1861—1925)于1924年创建了生物动力学农业,冈田茂吉(Mokichi Okada,1882—1955)从1935年开始在日本提倡自然农法。天然农法由日本农民兼作家福冈正信(Masanobu Fukuoka,1913—2008)在20世纪40年代提出。1940年,英国植物学家阿尔伯特·霍华德爵士(Sir Albert Howard,1873—1947)发表了《农业圣典》(An Agricultural Testament),为很快取名"有机农业"奠定了基础。1942年,J. I. 罗代尔(J. I. Rodale,1898—1971)在宾夕法尼亚创建了有影响力的杂志《有机耕作与园艺》。

有机农业已成为这些措施的总称,所有措施都不愿使用来自现代工业或自然界不存在的化肥、除草剂和杀虫剂。但具体的提议常常有差异。例如,福冈的天然耕作强调对自然干扰最小,并因此而最少耕作,而许多生物动力学农民践行深耕。除坚持有机农业的材料原则外,生物动力学农业和自然耕作还从生命哲学发展而来——斯泰纳的"人性论"是一个独立进行中的哲学运动——两者都被认为是提升了存在于土壤和生态系统中的一股生命力量。

这些措施的支持者设想农田和园林式复杂的系统,通常喜欢将它们的东西作为整体评价,而不是检验一个孤立实践。他们声称其农场有特别健康的土壤,并生产特别有益于健康的食物。

对习惯于唯物论和一次检验一个变量的控制实验的农业科学家来说,许多实践行动看似故弄玄虚。为何拒绝有机肥和处理中也存在的合成化学制品?一个例子就是氨,是分解的尿液中也有的普通化肥。并且,许多生物动力学实践的基本原理与充分的科学证据说法相反,例如,植物病害其实是月亮引起的伤害或种植应遵循天文年历。因此,在 20 世纪 50、60 和 70 年代有机运动吸引信奉者时,农业科学界大多保持敌对态度。

但这种运动有增无减,并有一些专业科学家参加。很快,国家和地区的团体用所有方式推进有机农业。国际组织包括成立于 1928年为推进有机农业的德米特(Demeter)以及成立于 1972 年的国际有机农业运动联合会(有机农联)(the International Federation of Organic Agricultural Movements, IFOAM)。

公共利益的一个标志就是产品证书,始于 1928 年德米特组织和生物动力学农场。20世纪 70 和 80 年代,私有有机证书蔓延。法国在 1985 年制定了有机生产标准,美国在 1990年,欧盟在 1992 年,日本在 2001 年都制定了相关标准。

有机农业有多么流行?国际有机农业运动联合会(2009)估计,2007 年世界农业用地的 0.62% 处于有机管理下。欧洲中部的比例最高,从奥地利的 13.36% 到列支敦士登的29.68%,许多欧洲和澳大利亚有机农场践行

生物动力学农业。在日本,占优势的形式是自然农法,尽管有机管理下的农田比例很小,仅0.16%。美国的比例为 0.51%,不过该面积足有世界有机农业总面积的 5%。

实践

基本原则是保持土壤有机质(腐殖质)以及原则上依靠生物来源的物质来达到这个目的并向植物提供营养,如绿肥、动物粪便和植物残留物。一般地,提倡施入土壤前有机材料堆肥,天然农法除外,福冈信奉使人类努力最小化,包括构筑肥堆的工作。

有机农民可以向土壤施用石粉和其他矿物肥料,只要施用前化学修饰最小化。因此,国际有机农业运动联合会守则允许用开采的钾盐,但禁止以合成方法生产的相同化合物。

不允许化学除草剂。尽管有批准的植物除草剂,但多数杂草控制由物理防治组成,如锄草和耕地。一个例外是天然耕作避免干扰土地,即使是播种时也是如此。

害虫侵害时,控制措施包括植物产品,如除虫菊、鱼藤酮或烟草提取物对付昆虫,或天然的矿物质如硫黄对付真菌病害。防治昆虫的方法也包括种植驱虫植物、释放瓢虫或寄生蜂以及喷洒细菌苏云金芽孢杆菌培养物。在牲畜生产中,禁止抗生素的预防性使用,而且用抗生素治疗过的动物不能用有机标签。

有几个批准的预防性药物改变了不利于非生物来源的修饰物的一般规定。喷洒石油衍生的休眠油控制果树螨和昆虫。对真菌病害,国际有机农业运动联合会的批准表中包括铜盐和经煮硫黄和氢氧化钙而制成的石硫合剂。

生物动力学农业声称喷洒到田间的特殊制剂有很大好处。有些是发酵药草，其他是冬季施入土地的粪肥悬浮液或储存在牛角中的粉状石英。

自然耕作特别限制杀虫剂的使用。此外，一种称为济世自然农法（Kyusei nature farming）是将所选的微生物的培养物用在灌溉水、堆肥和作物上。见于其他有机体系然而是为济世自然农法专门建立的一种做法，是使用植被带和绿肥作物饲养和庇护有益昆虫。

有机方法提倡者声称，肥沃的土壤和农场生态系统的最小化干扰，提供了很大程度上控制病虫害的条件。

来自有机农场的土壤含有丰富的微生物，其中许多控制害虫，这样的事实没有争议。同样，发现用于传统农业的杀虫剂有时会杀死作物害虫的捕食者。批评家们所争议的是有机农业取得竞争力或较高净利润的主张。

虽然有机农业抛弃许多传统实践，但这两种方法并非位于完全不同的轨道。传统农业中，也在越来越多的减少合成化肥和杀虫剂的做法。特别地，有机与可持续农业杂志《美国田地》（Acres USA）所推进的生态农业允许有选择的使用，但有着与有机农业相近的目标和实际行动。

潜力

当今的有机农业比以前使用农药的年代做得好，那时世界人口是现在人口的一小部分，并且有一部分人还挨饿。那时可耕地未经耕作，已知的生产方法未被采用。而且，有机农业利用科学进步，例如产生于选择和杂交育种的作物新品种。它能够从瞄准机会的市场成长起来并提供大量世界食物吗？

答案引出两个问题：① 害虫与病害防护；② 足够的有机肥支撑高产。在杂草控制方法的选择影响人工和能源投入的限度内，这是有关系的，但有机或传统管理几乎都能够消除杂草与作物的竞争。

由于害虫和病害会移动并受复杂条件影响，所以，有机和传统控制的主张很难评价。作物受害的观察常常得出相反的结果，两种类型的农民有时抱怨来自另一种耕作物的入侵。

几乎所有作物需要的元素来自矿质资源——土壤从其形成或化肥从其开采的石头。粪便和堆肥供给不足的地方，获批准为有机使用的矿源可以替代。从磷酸石释放磷速度缓慢，但可满足作物需要。

最大的挑战是促进生长并组成蛋白质重量三分之一的氮。氮是用得最多的化肥元素，而且没有矿源。由于氮在大气与生物之间循环，所以其储备无限，但作物可受益前，大自然或化肥厂必须通过称为"固氮"的过程,将大气中元素氮转化为植物能够利用的化合物形式。雷电固然少许、自由生存的微生物补充很大数量,最大贡献来自带有共生固氮细菌的作物,其中最重要的是豆类,它们中表现最好的,如苜蓿和红三叶草,是与粮食作物轮作的饲料作物或绿肥。

因此,在季节和可用土地上能够与粮食作物间种植绿肥的地方,或当农场饲养可观数量牛、羊或其他牲畜时,这种有机方法最容易获得高产。牲畜消耗饲料作物并产粪,这是一个氮和其他营养的丰富和便利的资源。

在牲畜很少、密集的人口需要大量收获用于直接消费的地方,挑战会增长。如同牲畜粪便,人类粪便也可到田间循环,但健康与文化的异议是障碍,并且有机农业条例禁用下水道污泥。

由于许多可变因素影响产量,所以可以推断,评价有机农业潜力有截然不同的结果。有些有机农场模型的产量高得足以能供养世界。一项调查比较了 293 个实验并推断"在全球人均基础上,有机方法不用增加土地面积,可生产足够食物来维持当前的人口,并有潜力供给甚至更多的人口"(Badgley et al. 2007)。一项详细的反驳发现与之矛盾的实验证据,对采用最好有机方法农民的生产能力提出怀疑,并断言"全球有机耕作不能为(当前)人口提供足够的食物"(Goulding & Trewavas 2009)。

同时,人口和经济增长提升了生物资源的竞争。即使在发达国家,生物燃料提倡者关注着粪便产能或转化为液体燃料,以及可耕地和牧场用于种植燃料作物。这些趋势降低了有机农业的潜力,无论如何也使可持续性变得更难实现。

但是,无论用有机方法还是传统方法,以较少的收获养活人类仍有空间,使可持续性更容易。农田和渔业的世界粮食生产正在接近人口所需的两倍,大部分过剩粮食用于粮食酒精的生产、饲养牲畜、满足对动物产品的需要和耗费。

可持续性:一项比较

提倡者称有机农业特别可持续。进一步说,罗代尔研究所提倡有机、"再生"农业作为一种方法来修复他们归咎于传统方法的破坏。批评者回应说有机农业仅仅在它拒绝什么方面是独特的,处在最好状态的传统农业采用了对可持续性有贡献的实践。

土壤是必要的农业资源,侵蚀是最大的威胁。要给有机农民应得的评价,他们充分利用绿肥,这降低了土壤暴露于风雨。许多有机园林用秸秆、叶子和其他材料做深度保护性覆盖层。另一方面,正在越来越多地采用减少翻耕方法的传统农业,这就将保护性作物残留物留在土壤上。

许多国家农场土壤调查发现,有机农场的土壤通常有机物高于传统方法作业的农场土壤,绿肥和有机肥是明显的原因。除有益于土壤物理特性外,有机物还隔绝碳,因此,起到了部分抵御全球气候变化的缓冲作用。

动物粪便和其他有机物的有效循环,降低或消除了对不可再生矿质资源的需求。在矿质营养中,经济可开发磷的尽头就在不远的将来。通过替换合成氮,豆科作物轮作、堆肥和粪便取代了化石燃料能源向现代农业的单一最大投入。

有机农民完全懂得循环粪便。以前,传统

农民也是，但饲养场和其他牲畜集中的趋势导致浪费，其粪便多用到附近田间，但用量大大超过了作物所能利用的量。

整体看来，有机农业接近实现可持续性。它可能不是唯一方法，也仍未达到可持续，因为它消耗不可再生的磷和化石燃料资源，但其成长是一个受欢迎的信号。

丹尼·E. 瓦齐（Daniel E. VASEY）
圣言学院荣誉教授

参见：发展中国家的农业；农业——遗传工程化作物；畜牧；粪；施肥/肥料；食品历史；食品安全；鸟粪肥；本地化食品运动；有害生物综合管理；动物粪肥；人的粪便；氮；石油；磷；钾；土壤。

拓展阅读

Badgley, Catherine, et al. (2007). Organic agriculture and the global food supply. *Renewable Agriculture and Food Systems*, 22, 86–108.

Ellis, Barbara W.; Phillips, Ellen; & Bradley, Fern Marshall. (2009). *Rodale's ultimate encyclopedia of organic gardening: The indispensable green resource for every gardener, Emmaus*, PA: Rodale Press.

Food and Agriculture Organization of the United Nations. (2009). Organic agriculture. Retrieved February 19, 2010, from http://www. fao. org/organicag/en/

Fukuoka, Masanobu. (2009). *The one-straw revolution: An introduction to natural farming* (Larry Korn, Chris Pearce & Tsune Kurosawa,Trans.). New York: New York Review of Books.

Gillman, Jeff. (2008). *The truth about organic gardening*. Portland, OR: Timber Press.

Goulding, K. W. T., & Trewavas, A. J. (2009, June 23). Can organic agriculture feed the world? *AgBioView*. Retrieved February 10, 2009, from http://www. agbioworld. org

Heckman, Joseph. (2007). *A history of organic farming: Transitions from Sir Albert Howard's war in the soil to the USDA National Organic Program*. Retrieved February 5,2010, from http://www. westonaprice. org/ A-History-of-Organic-Farming-Transitions-from- Sir- Albert-Howard-s-War-in-the-Soil-to-the-USDA-National-Organic-Program. html

International Federation of Organic Agriculture Movements (IFOAM). (2010). *World of Organic Agriculture 2010: Statistics and Emerging Trends*. Bonn: IFOAM.

International Federation of Organic Agriculture Movements (IFOAM). (2009). Organic agricultural land worldwide 2005–2007. Retrieved February 5, 2010, from http://www. organic-world. net

International Federation of Organic Agriculture Movements (IFOAM). (n. d). The IFOAM indicative list of substances for organic production and processing. Retrieved February 7, 2010, from http://www. ifoam. org/ about_ifoam/standards/OGS_ Revision/20071013_ Substance_Lists. pdf

LaSalle, Tim J., & Hepperly, Paul. (2008). *Regenerative organic farming: A solution to global warming.*

Retrieved January 27, 2010, from http://www. rodaleinstitute. org/files/ Rodale_Research_Paper- 07_30_08. pdf

Lockeretz, William. (Ed.). (2007). *Organic farming: An international history*. Wallingford, UK: CAB International.

Scialabba, Nadia El-Hage, & Hattam, Caroline. (2002). *Organic agriculture, environment and food security*. Rome: FAO.

Welsh, Rick (2010), Editorial: Sustainable agricultural systems in a resource-limited future. *Renewable Agriculture and Food Systems*, 25 (special issue 02), 1–2.

Alfalfa

苜 蓿

苜蓿是用于饲养牲畜的最古老、最重要和最深入开发的作物，它是温带世界最有效蛋白质的来源，是未来为人们提供蛋白质的重要考虑因素。苜蓿能够持续种植，因为相对于土地面积和质量，苜蓿可产生很高的营养产量，利用细菌满足对氮肥的需要并改善土壤。

苜蓿（*Medicago sativa*）是多年生草本植物，起源于中亚，适应于温带地区种植。苜蓿在欧洲许多地区通常被称为紫花苜蓿，在南非、新西兰、澳大利亚和大洋洲也是。苜蓿在欧洲和亚洲已栽培数千年，其他地区有数百年。历史上，苜蓿栽培的发展与马的驯化紧密相关，数千年间，这种高品质、便携式饲料促进了用马作为战争的主要武器。但现在苜蓿主要用于饲养牛。全球范围，苜蓿种植面积约3 300万公顷。它在世界大多数国家都有种植，是最重要的牧草。美国是主要种植者，占世界种植面积的1/3，苜蓿是美国第四重要作物，约占美国农业耕地的2.5%，每年产值约70亿美元。苜蓿在阿根廷、澳大利亚、加拿大、南非、欧洲南部以及中东也是一个主要作物。苜蓿产量随生长条件而变化，但通常5～8公吨/公顷，无灌溉条件下记录产量22公吨/公顷，灌溉条件下为54公吨/公顷（所有产量表示为风干物重）。

苜蓿仅在有限程度上直接用作人类食物，主要是苜蓿芽（幼苗）。1930年为婴儿发明的一种温和、柔软、预先蒸煮和干燥粮食的儿童食物用苜蓿叶增加营养，数百万人消费。苜蓿在蜂蜜生产中也很重要，在美国是蜂蜜生产的主要作物，约占该国年产量的1/3。苜蓿主要以放牧（生长的植物用作饲料）、饲料（收获干草）和青贮饲料（青贮窖发酵以改善营养品质的干草）方式用于饲养牲畜，它与肉、牛奶和多种动物产品的生产相关，也与它对高效生态农业显著贡献相关，总计折合世界产值大约1万亿美元/年。

苜蓿价值的关键是其蛋白质含量：植株通常含15%～22%粗蛋白，常常结果是2公吨/公顷的蛋白质产量。苜蓿是温带地区最高效

图A.1　苜蓿

来源: Clark, George H.& Malte, M. Oscar 1913,《饲料与牧草植物》,渥太华,加拿大农业部.

图A.1 左边是一株开花的茎,右边是一条根。根的小分支上有几乎看不到的小瘤,藏有从空气中摄取惰性氮气并向植株提供可用形式氮的细菌。

蛋白质来源，在单位面积基础上，能够生产大豆两倍以上的蛋白质。苜蓿的高蛋白生产是对可耕地显著减少，但牲畜和人类对蛋白质需求增加的未来世界的关键考虑。虽然较低质量的土地能够可持续地用于放牧，但世界大部分地区再也承担不起将植物转换为肉的低效率。在未来，来自植物的蛋白质提取物几乎可以肯定将成为人类更重要的直接食物来源。苜蓿蛋白质有缓解世界饥饿的潜力，并伴随降低农业的生态代价。目前正在研发为人类饮食生产叶片蛋白质浓缩物的方法，包括从绿色植物材料汁液中提取蛋白质。

益处

在营养成分中，土壤中有限的氮是植物生产力最常见的制约。为提供氮，大多数作物主要用合成氮肥施肥。遗憾的是那些有关联的负效应，如制造和运输化肥需要相当大量的能源消耗，每生产1个单位氮肥需要消耗2个单位化石燃料，以及过量施用化肥造成的流失会导致土壤、水和大气污染。所幸能够将空气中的惰性氮转换为植物能够利用形式的特殊细菌与某些植物的根相关联，特别是豆科（Fabaceae）的物种，如苜蓿。与苜蓿关联的细菌平均每年每公顷提供150多千克氮（有时每年每公顷高达560千克），实际上排除了对施用氮肥的需要。而且，苜蓿收获所剩的残留物使得氮返回土壤为后续作物利用，并且以苜蓿为食物的牲畜产生大量粪便，进一步帮助了有机农业。由于苜蓿能提升土壤肥力，所以它和其他豆科植物已成为农业系统的关键成分和降低施用昂贵合成化肥带来污染的关键资源。对土壤的另一个益处是苜蓿广泛、多年生根系（包括胡萝卜状主根），它们通过将土壤拢在一起而有助于降低侵蚀，从而改善土壤耕性（理想的农业结构）和水分渗入，并有益于土壤生态。

在消极一面，苜蓿用水不是特别有效，目前在许多地区种植需要杀虫剂和除草剂辅助。然而，在轮作系统中，苜蓿的广泛利用减少了轮作中所用其他作物间病虫害的传播，这又反过来减少了对环境破坏性生物杀灭剂的需要。此外，一旦确定为多年生植物，苜蓿覆盖一定面积，能在数年排除杂草（通常苜蓿需要约5年重新种植一次，但有时可持续30多年）。

未来发展

苜蓿是重要的遗传工程对象，因为可轻易地从单细胞生长成植株并在遗传上改变，有一些有希望的经基因插入改良苜蓿的项目。苜蓿用于产生商业重组蛋白（结合不同物种的性状）。用苜蓿生产大量蛋白质制造基于蛋白质的药物产品，如疫苗、胰岛素、生长激素、凝血因子和抗体（广泛用于治疗和诊断），很有潜力。正在检验的其他产品包括生物燃料、工业酶、可生物降解塑料、用以改善纺织品的纤维、杀虫剂和如酒精以及乳酸的发酵产品。改变苜蓿用于生产这些产品的价值是它比当前可获得的资源更具可持续性的资源。但也有顾虑，例如遗传转化苜蓿的花粉能轻易被蜜蜂运输和"污染"正常品种及杂草型苜蓿。当然，遗传工程需要负责地进行，适当考虑可能的基因逃逸和由此对食物及饲料供给以及对生物多样性产生的影响。

欧内斯特·斯莫（Ernest SMALL）

加拿大农业与农业食品部

参见：农业（几篇文章）；畜牧；棉花；施肥/肥　　合管理；土壤。
料；食品（几篇文章）；粮食作物；氮；有害生物综

拓展阅读

Hanson, Angus A.; Barnes, Donald K.; & Hill, Richard R. (Eds.). (1988). *Alfalfa and alfalfa improvement*. Madison, WI: American Society of Agronomy.

Orloff, Steve B.; Carlson, Harry L.; & Teuber, Larry R. (Eds.). (1997). *Intermountain alfalfa management*. Oakland: University of California Division of Agriculture and Natural Resources. Retrieved June 14, 2011, from http://alfalfa. ucdavis. edu/

Samac, Deborah A.; Jung, Hans-Joachim G.; & Lamb, Jo-Ann F. S. (2006). Development of alfalfa (Medicago sativa L.) as a feedstock for production of ethanol and other bioproducts. In Shelley Minteer (Ed.), *Alcoholic fuels* (pp. 79–98). Boca Raton, FL: CRC Press.

Small, Ernest. (1996). Adaptations to herbivory in alfalfa (Medicago sativa). *Canadian Journal of Botany*, 74 (6), 807–822.

Small, Ernest. (2011). *Alfalfa and relatives: Evolution and classification of Medicago*. Ottawa, Canada: NRC Research Press and Wallingford, UK: CABI.

Small, Ernest, & Catling, Paul M. (2007). Blossoming treasures of biodiversity: 24. Alfalfa: Making agriculture friendly. *Biodiversity*, 8 (2), 15–24.

Summers, Charles G., & Putnam, Daniel H. (Eds.). (2008). *Irrigated alfalfa management for Mediterranean and desert zones* (Publication 8305). Davis: University of California, Division of Agriculture and Natural Resources. Retrieved June 14, 2011, from http://alfalfa. ucdavis. edu/IrrigatedAlfalfa/

Undersander, Dan J., et al. (2004). *Alfalfa management guide*. Madison,WI: American Society of Agronomy.

Algae

藻 类

作为一类极具多样性的生物,藻类影响了地球的演变过程。海藻为人类提供了食物、食品添加剂以及保健品等,这些藻类产品在世界各国占有很大的市场份额。人类对海藻产品的需求量随着人口数量的增长而增加。因此,近年来关于藻类研究以及藻类应用新技术新方法得以快速发展。

藻类(单藻),出自于拉丁语"*seaweed*",通常是由简单的光合自养生物(从太阳获得能量的生物体)组成的一类极具多样性的生物体。大部分藻类生长在世界各地不同类型的水生生境、生态系统和栖息地中。藻类的尺寸范围从微观尺度(如浮游植物)到几米(如巨藻)之间。在陆生生境中也能发现藻类,在热带雨林中尤其丰富(Lopez-Bautista, Rindi & Casamatta 2007)。陆生植物是地球上最显著的标志之一,这些陆生植物是百万年前远古绿藻经过演化而来的。地球在漫长的进化历史中发生的几个内共生事件(即在互利的情况下,一种生物体成为另外一种生物体的一部分)造成了现今藻类的多样性,这些藻类代表了生命之树的主要分枝。叶绿体和线粒体是大多数真核(有一个真正的核)生物细胞器的组成部分。人们认为它们曾经是独立的生物体,但通过内共生事件成为细胞的组成成分。

多数藻类可分成三个藻类门:广义的绿藻门或者绿藻类;红藻门或红藻类和淡色藻总门;另外一组是原核(没有细胞核)蓝藻细菌或蓝藻类,蓝藻的细菌本质使蓝藻与其他的藻类迥然不同。为了方便和遵循传统,植物学家仍将蓝藻作为藻类来研究。藻类向缺氧的原始大气层提供氧气从而彻底改变了地球面貌,因此,蓝藻成为改变地球的主要力量。现今藻类及其进化物种仍然提供氧气供人类呼吸并维持生物圈的稳定。此外,人类每年从藻类中获得超过2 500亿公吨的糖(Raven, Evert & Eichhorn 2005)。从古到今,人类以各种各样的方式对各种藻类进行开发和利用。人们最早从野外采集藻类,最终,藻类的培育已发展成大规模的农场生产。

作为人类的食物

藻类最古老、最简单的用途就是作为人类的食物。海洋大型藻类，俗称海藻。在中国，人类早在公元前 600 年就已经开始收获海藻了（Guiry 2010）。西方人认为藻类是一种特产或健康食物，而在亚洲藻类则是人们饮食中很重要的一部分：海带（kombu）、裙带菜（wakame）和紫菜（nori）是三种海藻的日本名字，这三种藻类在日本的文化和经济中扮演着非常重要的角色（Guiry & Guiry 2010）。海带指巨藻（以前是昆布属植物），是一种棕色的藻类。这种海藻是世界上养殖最广泛的海洋生物（Bixler & Porse 2010）。20 世纪中期发明了新养殖技术以后（McHugh 2003, 4），中国就成为海带的主要产地了。裙带菜是裙带菜属的一种特殊的棕褐色藻，它和海带的收获方式是一样的。在中国，棕色的藻类都种植在悬浮的木筏上。然而在法国，人们采用不同的方式来培养裙带菜，其中一部分是在实验条件下进行的。由于对温度的需求不同和当地居民对食物的偏好，裙带菜主要在日本和韩国种植，在这些国家这种藻类被称为 miyeok（McHugh 2003）。各种红色藻类都称为紫菜，虽然紫菜最早是北美人在野外采集的（Guiry & Guiry 2010），但目前紫菜主要的生产和消费地点是在日本。几个世纪以来，紫菜被认为是一种奢侈的食物，因为人们在野外很难找到紫菜，而且紫菜的种植也很难（McHugh 2003）。但在 1949 年，凯瑟琳·德鲁（Kathleen Drew 1949）发现紫菜的生命周期中需要软体动物的壳。她发现一类神秘的丝状组织其实是紫菜生命周期的一部分，而这类丝状组织在这之前被认为是另外一种完全不同的藻类

（Concbocelis）。此后，紫菜的培育开始增多，消费更广泛，并开始了工业化的种植和收获。德鲁的研究经济影响深远，以至于直到今天种植紫菜的农民还将每年的 4 月 14 日作为德鲁节。

许多其他可食用的海藻已经在全世界广泛种植了。包括欧洲的掌状红皮藻（红藻属）和爱尔兰藓（交叉菜），日本的青海苔（浒苔属和礁膜属），加勒比海的苔藓（江蓠属），菲律宾群岛的马尾藻（蕨藻属），智利的海茸（南极洲公牛藻属）。虽然海藻中维生素、矿物质等营养物质的含量随着海藻的种类和收获时间的不同而有所不同，但总的来说，海藻是维生素和矿物质的丰富来源，有的海藻还含有蛋白质（Noda 1993；Yamanaka & Akiyama 1993）。

相比于巨藻，微藻的种植范围要小得多，然而有些民族中已经形成了食用微藻的文化。最著名的微海藻食物来源是纤维状的藻青菌，通常被称为螺旋藻，这个名字来源于一个生物属，即螺旋藻属。目前该藻已经被重命名为钝顶节旋藻和极大节旋藻（Kómarek & Hauer 2010）。在阿兹特沦为殖民地之前（Ortega 1972），螺旋藻属已经开始被作为食物了，当今的几个非洲部落也将其当作食物（Chamorro et al. 1996）。节旋藻是一种微生物，它通常形成一团团垫状物漂浮在水面上，它能适应于多种环境，且对外界资源的需求很少。实际上螺旋藻是蛋白质和其他营养物质的优质来源，并且螺旋藻栽种简单使得其在粮食普遍短缺的发展中国家非常有吸引力（IIMSAM 2006）。螺旋藻和其他蓝藻细菌如束丝藻属、水华束丝藻等（Pugh et al. 2001）也

都被用作营养补品或食品添加剂,它们各种各样的健康益处促进了其消费。这些藻类中除了含有一些维生素之外,还有一些其他有益健康的方面,如激活免疫(Pugh et al. 2001)、抗氧化等性能(Wu et al. 2005)。相反,一些蓝藻细菌已经被证实能产生一些毒素,影响人类以及具有重要经济价值的鱼类,这些毒素包括BMAA、贝类毒素、微囊藻素,这使得蓝藻细菌的安全性成为一个备受争议的问题(Gilroy et al. 2000)。通过研究关岛上的查莫罗人可观察到BMAA毒素的生物积累现象,在这个地方神经病变的发病率是其他地方的50～100倍(Cox, Banack & Murch 2003)。但最近的调查对神经病变和蓝藻细菌产生的BMAA毒素之间的相关性提出了挑战(Snyder et al. 2009)。一些蓝藻毒素可用于制药,如由藻青菌产生的单歧藻毒素(Graham, Wilcox & Graham 2009)。除了蓝藻细菌之外,一些绿色的微藻也用于工业生产:如杜氏藻用于合成β-胡萝卜素(Mojaat et al. 2007)用作补品;绿藻与螺旋藻相似可作为补品销售(Pugh et al. 2001)。

藻胶:来自藻类的凝胶

红色或褐藻的细胞壁含有较厚的多聚糖(一种由糖类组成的构成细胞结构的物质),这种多聚糖可用于食品加工及其他行业中。这些被称为藻胶的凝胶是从各种类型的藻类中提取的用于生产三种基本增稠剂:来自褐藻的藻朊酸盐,来自红藻中的琼脂和角叉菜胶(称为藻胶)。大量生产这些凝胶完整的产业链已快速发展,并且持续生长:2009年,藻胶的销售总额达到86 100公吨,价值64.4亿美元(Bixler & Porse 2010)。三种类型的

藻胶都可用于乳化、装订、加厚,或者用于改善食物的结构,例如冰激凌和蛋黄酱,还可用在其他一些产品中如牙膏和油漆等(Guiry & Guiry 2010)。

海藻酸盐是从褐藻中提取出来的,也叫作巨藻,是在19世纪后期由苏格兰人发现的。海藻酸盐工业是在19世纪40年代发展起来的。从2000年以来,用于生产藻朊酸盐(有时被称为海藻)而被收割的海藻已经发生了显著的改变。1999年,美洲的大昆布藻以及欧洲的泡叶藻是生产藻朊酸盐的主要海藻。但从这两个海藻属中提取的海藻酸盐,古罗糖醛酸的含量很低,这些古罗糖醛酸能产生比较柔软的凝胶(Bixler & Porse 2010)。此外,泡叶藻的提取液很黑,导致产品必须被强烈地脱色(McHugh 2003)。2009年,欧洲、亚洲地区最重要的藻朊酸盐海藻已经变为昆布属植物,而在南美洲为淡黑巨海藻;按重量百分比来看,这两种属占了海藻收货市场的81%。1999年,大昆布和泡叶藻合起来占海藻收货场份额的58%,但是到2009年,该份额已经下降到只有8%了(Bixler & Porse 2010)。海带(Guiry & Guiry 2010)无疑是世界上最大的农业种植物,中国人大量地种植海带,虽然海带并不全部用于生产藻朊酸盐。为了提取藻朊酸盐,先将海藻粉碎,再用碱性溶液加热,然后稀释和过滤,以移除海藻残留物。溶液再用化学的方法处理,最终成为藻朊酸钠的糊状物,然后干燥、出售(McHugh 2003)。藻朊酸盐的平均价格为12美元/千克(Bixler & Porse 2010),2009年藻朊酸盐销售达到265亿吨,价值3.18亿美元(Bixler & Porse 2010),占了整个藻胶销售值的30%。

除了与食品相关的应用外,海藻酸盐也被用在纺织品染色(McHugh 2003)和造纸工业上(Bixler & Porse 2010)。

　　琼脂几乎只能从江蓠属和石花菜属这两种红藻中提取出来。琼脂是 17 世纪之前在日本被发现的。从江蓠属中提取的琼脂被应用在食物中,而从石花菜属提取的高质量的琼脂能作为基本的细胞培养基,这在细菌学上非常重要。为了提取琼脂,首先将海藻在水中加热几小时,让其溶解。过滤之后会产生一种果冻,这种果冻大概含有 1% 的琼脂,然后将其浓缩和干燥(McHugh 2003)。2009 年,工业制造的琼脂中有 80% 是来自江蓠属的琼脂粉末(Bixler & Porse 2010)。大多数琼脂是在亚洲生产的,其次是美国。在藻胶的三大工业中,琼脂工业所占的销售份额比最小,只占 15%,琼脂的销量已经从 1999 年的 75 亿吨增长到 2009 年的 96 亿吨。在 2009 年琼脂的平均价格最高,为 18 美元/千克(Bixler & Porse 2010)。琼脂糖是琼脂独一的凝胶成分,其在生物技术上有很重要的作用,琼脂糖的价格能够达到 5 000 美元/千克(Guiry & Guiry 2010)。琼脂糖的市场很小,不足 10%(Bixler & Porse 2010),琼脂糖生产商通常是购买琼脂而不是加工海藻得到琼脂糖的原材料(McHugh 2003)。除了应用在科研之外,琼脂可以作为动物胶的取代品被素食主义者食用或应用在烘焙中。

　　在各种各样的角叉菜胶中,lambda 型、kappa 型和 iota 型这三种因其化学性质而有商业用途。Kappa 型角叉菜胶能形成严格的凝胶,然而 iota 型形成有弹性的凝胶;lambda 型角叉菜胶不形成凝胶却有浓厚的溶液。角叉菜胶是从不同的红海藻品种中提取出来的,基于所用的海藻物种的不同,提取物的化学成分也不同。例如,红藻类箭尾鹿角菜(Chondrus crispus)产生了 kappa 型和 lambada 型的混合物,而长心卡帕藻(Kappaphycus alvarezii)主要产生 kappa 型,细齿麒麟菜(Eucheuma denticulatum)主要产生 iota 型(McHugh 2003)。从 2000 年以来,角叉菜胶工业已经从 420 亿吨的销售量增长到 500 亿吨。除此之外,角叉菜胶的平均价格已经从 7 美元/千克增长到 10.50 美元/千克,使得角叉菜胶的销售额从 2.91 亿美元增长到 5.27 亿美元(Bixler & Porse 2010)。获取角叉菜胶主要的海藻属于 Kappaphycus alvarezii 种(主要在菲律宾获得),虽然历史上红藻类箭尾鹿角菜也曾是角叉菜胶的重要来源,但 2009 年收成中其只占到 2%(Bixler & Porse 2010)。角叉菜胶被用在鲜肉生产过程中以增加生产量或取代脂肪;用在奶制品中作为稳定剂,用在罐装食品中防止脂肪分开。联合国粮农组织和世界卫生组织(World Health Organization, WHO)食品添加剂专家委员会决议,角叉菜胶作为食品添加剂不会有害健康,并且可以每天食用(Guiry & Guiry 2010)。

作为环境指示剂的藻类

　　人们已经证明藻类在生物学指标或生物检定方面非常有用。生物学指标是指直接检查环境样品的过程,而生物检定是指添加营养物质,如氮和硫到不同的样品中并检测其可能的作用。基于环境因素的多样性,呈现在水样品中藻类的类型,或在样品中的某些藻类细胞的个数,都能够成为反映环境中化学内容的信息资源（Graham, Wilcox & Graham 2009）。虽然用化学方法分析水样品也是可行的，但这些化学方法会高估或低估了生物学上化学制品的有效数量。朗德（Round 1981）发现可以用许多不同的物种去测量某个水样品不同的性能，包括羊角月牙藻，该物种是单细胞壁的绿藻，被广泛用于生物检定中（Graham, Wilcox & Graham 2009）。最近人们已经确定了月牙藻（*Pseudokirchneriella subcapitata*）是半月牙藻（*Selenastrum capricornutum*）的正确名称。由于不同种类的藻类的多样性十分丰富且存在特定种类海藻分子，一些研究用多聚体对浮游植物（如微藻类）进行分析，如叶绿素a（Lacouture et al. 2006）。基于基因组学的研究进展，基因传感器的概念已经出现，它是一种放在环境中能够连续采样、并通过分析出现的DNA以检测生物体或基因随着时间的变化而变化的一种装置（Scholin 2010）。也许新技术很快就能有规律地用于远程探测已经产生了有害藻类、毒素或其他有害环境因素的藻类（HAB）（Scholin et al. 2009）。

生物燃料产品中的藻类

生物燃料是化石燃料的替代品，是一种可再生能源。当前主要的生物燃料产业是以从植物生物质中产生乙醇为基础的，包括玉米和甘蔗（Demirbas & Demirbas 2010）。生物乙醇经常与汽油以各种不同的浓度混合，用以减少对化石燃料的需求；在美国，汽油被强制加入高达10%的乙醇（RFA 2010），在巴西，乙醇含量大于或等于25%的汽油才是达到标准的。然而从这些农作物生产生物燃料也有很

大的挑战，包括与人类食物产品形成竞争，摧毁自然环境，生物乙醇和普通汽油的温室气体排放的差异性（UNEP 2009）。以藻类作为生物能源的来源能够提供一种解决这些困难的方法（Clarens et al. 2010）。用于生产生物能源的藻类不是食用农作物，因此，他们不会卷入到食物与能源的争辩中。并且，海藻的生物反应器能以不适合种植的荒地（例如沙漠）为基础，这样做也不用导致森林采伐（Greenwell et al. 2010）。为了提高效率，海藻生物反应器需要大量的氮、磷、水、二氧化碳加入到系统中，但是当与氮和磷的残留量来源处的废水处理厂协作时，海藻的碳排放量能够减少很多（Greenwell et al. 2010）。从微囊藻制备生物燃料有许多不同的过程，包括生物柴油的产生，生物柴油是一种自然产生的液体，能够完全取代运输过程中以汽油为基础的柴油机燃料。油脂与甲醇反应产生甲酯，这些甲酯被用作燃料，甘油是副产物（Chisti 2007）。目前用于生产生物柴油的油脂能从不同的渠道中获得，包括大规模的油菜籽农场、食品厂和餐馆的废植物油以及海藻生物反应器。许多不同种类的微囊藻本身就能够产生大量的液体。藻类首先被压成粉末状，释放出油来，在这个过程中与油菜籽和大豆等可榨油的农作物一样，海藻能够产出百分比很高的油来。结合高容量的藻类产品，再加上海藻生物器的优势，海藻生物柴油作为一种可再生的、能中和二氧化碳的能源具有很大的潜力。然而由于在这个主题上的研究还很有限，大量生产海藻生物油的经济可行性还是未知的（Scott et al. 2010）。藻类在生物燃料方面的其他应用包括氢气，氢气自身能被用作燃料（Hankamer et al. 2007;

Kruse & Hankamer 2010），或与一氧化碳混合产生合成气体，通过 Fischer-Tropsch 综合法产生柴油机燃料（Demirbas & Demirbas 2010）。

新的动态和启示

在今后的十年中，藻类资源在地球的福利中会扮演很重要的角色。之前和现在的海藻应用模式应用了外部条件以提高藻类农作物的收成。然而，新的模式正在取代内部变更条件并永久地修改了海藻的 DNA。海藻的转基因学，或使用遗传工程技术的海藻细胞转化，是一个全新的并且发展很快的生物技术领域。随着海藻基因学的进步以及生物技术的创新，"合成"有特定性能的藻类细胞已经成为可能。这些"合成的器官"都是真实的，并且新的专利已经存档了（Walker, Collet & Purton 2005）。根据设想的商业产品（Hallmann 2007; Cardozo et al. 2007），人们正在努力创造能够起到细胞工厂作用的海藻细胞（Leon-Banareset et al. 2004）。几个公司正在应用转基因技术以提高海藻细胞、海藻商品（Waltz 2009）以及下一代的"生物燃料"（SGI 2010）。然而，海藻基因学的新领域也不是没有难题：生物技术和遗传工程的难题、公众意识和生物研究安全的关注都需要处理（Hallmann 2007）。但是如果"绿黄金"的希望在接下来的几年中变为事实，藻类无疑能够减轻人类的远虑和近忧。

胡安・洛佩斯–鲍蒂斯塔（Juan LOPEZ–BAUTISTA）和迈克尔・S. 第普里斯特（Michael S. DePRIEST）
亚拉巴马州大学

作者衷心地感谢亚拉巴马州大学所提供的设施，感谢国家科学基金——他们的生命之树到 JL–B 计划（DEB 0937978, DEB 1027012, DEB 1036495）提供的基金帮助。

参见：农业（几篇文章）；生物能源与生物燃料；食品（几篇文章）；氢燃料。

拓展阅读

Bixler, Harris J., & Porse, Hans. (2010, May 22). A decade of change in the seaweed hydrocolloids industry. *Journal of Applied Phycology: Online First* . Retrieved September 29, 2010, from http://www.algaebase. org/pdf/AC100CF011cce16156PIqW9AFCE2/Bixler_Porse.pdf

Cardozo, K. H. M., et al. (2007). Metabolites from algae with economical impact. *Comparative Biochemistry and Physiology, C* (146), 60–78.

Chamorro, Germán; Salazar, María; Favila, Luis; & Bourges, Hèctor. (1996). Farmacología y toxicología del alga Spirulina [Pharmacology and toxicology of Spirulina alga]. *Revista de Investigación Clínica, 48* (5), 389–399.

Chisti, Yusuf. (2007). Biodiesel from microalgae. *Biotechnology Advances, 25* (3), 294–306.

Clarens, Andres F.; Resurreccion, Eleazer P.; White, Mark A.; & Colosi, Lisa M. (2010). Environmental life cycle comparison of algae to other bioenergy feedstocks. *Environmental Science & Technology, 44* (5), 1813–1819.

Cox, Paul A.; Banack, Sandra Anne; & Murch, Susan J. (2003). Biomagnifi cation of cyanobacterial neurotoxins and eurodegenerative disease among the Chamorro people of Guam. *Proceedings of the National Academy of Sciences of the United States of America, 100,* 13380–13383.

Demirbas, Ayhan, & Demirbas, M. Fatih. (2010). *Algae energy: Algae as a new source of biodiesel* . London: Springer.

Drew, Kathleen M. (1949). Conchocelis-phase in the life-history of Porphyra umbilicalis (L.) Kütz. *Nature, 164,* 748–749.

Gilroy, Duncan J.; Kauff man, Kenneth W.; Hall, Ronald A.; Huang, Xuan; & Chu, Fun S. (2000). Assessing potential health risks from microcystin toxins in blue-green algae dietary supplements. *Environmental Health Perspectives, 108* (5), 435–439.

Graham, Linda E.; Wilcox, Lee W.; Graham, James M. (2009). *Algae* . San Francisco: Pearson.

Greenwell, H. C.; Laurens, L. M. L.; Shields, R. J.; Lovitt, R. W.; & Flynn, K. J. (2010). Placing microalgae on the biofuels priority list: A review of the technological challenges. *Journal of the Royal Society Interface, 7* (46), 703–726.

Guiry M. D., & Guiry, G. M. (2010). AlgaeBase. [World-wide electronic publication, National University of Ireland, Galway.] Retrieved September 13, 2010, from http://www.algaebase.org

Guiry, Michael. (2010). Seaweed site. Retrieved September 13, 2010, from http://seaweed.ucg.ie/index.html

Hallmann, Armin. (2007). Algal transgenics and biotechnology. *Transgenic Plant Journal, 1* (1), 81–98.

Hankamer, B., et al. (2007). Photosynthetic biomass and H2 production by green algae: From bioengineering to bioreactor scale-up. *Physiologia Plantarum, 131* (1), 10–21.

Intergovernmental Institution for the Use of Micro-Algae Spirulina Against Malnutrition (IIMSAM). (2006). Benefi ts of spirulina. Retrieved August 17, 2010, from http://www.iimsam.org/benefi ts.php

Komárek, J iří, & Hauer, Tomáš. (2010). Arthrospira. Retrieved August 17, 2010, from http://www.cyanodb.cz/Arthrospira

Kruse, Olaf, & Hankamer, Ben. (2010). Microalgal hydrogen production. *Current Opinion in Biotechnology, 21* (3), 238–243.

Lacouture, Richard V.; Johnson, Jacqueline M.; Buchanan, Claire; & Marshall, Harold G. (2006). Phytoplankton index of biotic integrity for Chesapeake Bay and its tidal tributaries. *Estuaries and Coasts, 29* (4), 598–616.

León-Bañares, Rosa; González-Ballester, David; Galván, Aurora; & Fernández, Emilio. (2004). Transgenic microalgae as green cellfactories. *TRENDS in Biotechnology, 22* (1), 45–52.

Lopez-Bautista, Juan M.; Rindi, Fabio; & Casamatta, Dale. (2007). The systematics of subaerial algae. In

Joseph Seckbach (Ed.), *Cellular origin, life in extreme habitats and astrobiology: Volume 11. Extremophilic algae, cyanobacteria and non-photosynthetic protists: From prokaryotes to astrobiology* (pp. 599–617). Dordrecht, The Netherlands: Springer.

McHugh Dennis J. (2003). *A guide to the seaweed industry* (FAO Fisheries Technical Paper 44) . Rome: Food and Agriculture Organization of the United Nations.

Mojaat, M.; Foucault, A.; Pruvost, J.; & Legrand, J. (2007). Optimal selection of organic solvents for biocompatible extraction of betacarotene from Dunaliella salina. *Journal of Biotechnology, 133* (4), 433–441. Noda, Hiroyuki. (1993). Health benefi ts and nutritional properties of nori. *Journal of Applied Phycology, 5* (2), 255–258.

Ortega, Martha Ma. (1972). Study of the edible algae of the Valley of Mexico. *Botanica Marina, 15,* 162–166.

Phycological Society of America. (2010). Homepage. Retrieved September 13, 2010, from http://www. psaalgae.org/

Pugh, Nirmal; Ross, Samir A.; ElSohly, Hala N.; ElSohly, Mahmoud A.; & Pasco, David S. (2001). Isolation of three weight polysaccharide preparations with potent immunostimulatory activity from Spirulina platensis, Aphanizomenon flos-aquae and Chlorella pyrenoidosa. *Planta Medica, 67,* 737–742.

Raven, Peter H.; Evert, Ray F.; & Eichhorn, Susan E. (2005). *Biology of Plants* (7th ed.). New York: W. H. Freeman.

Renewable Fuels Association (RFA). (2010). 2010 annual RFA ethanol industry outlook: Climate of opportunity. Retrieved September 13, 2010, from http://www.ethanolrfa.org/page/-/objects/pdf/outlook/ RFAoutlook2010_fi n.pdf?nocdn=1

Round, F. E. (1981). *The ecology of algae.* Cambridge, UK: Cambridge University Press.

Scholin, Christopher, et al. (2009). Remote detection of marine microbes, small invertebrates, harmful algae, and biotoxins using the Environmental Sample Processor (ESP). *Oceanography, 22* (2), 158–161.

Scholin, C. A. (2010). What are "ecogenomic sensors?" A review and thoughts for the future. *Ocean Science, 6,* 51–60.

Scott, Stuart A., et al. (2010). Biodiesel from algae: challenges and prospects. *Current Opinion in Biotechnology, 21* (3), 277–286.

Snyder, L. R., et al. (2009). Lack of cerebral BMAA in human cerebral cortex. *Neurology, 72,* 1360–1361.

Synthetic Genomics Inc. (SGI). (2010). SGI corporate overview. Retrieved September 29, 2010, from http:// www.syntheticgenomics. com/images/SGI-overview.pdf

United Nations Environment Programme (UNEP). (2009). *Towards sustainable production and use of resources: Assessing biofuels* . Nairobi, Kenya: United Nations Environment Programme.

Walker, Tara L.; Collet, Chris; & Purton, Saul. (2005). Review: Algal transgenic in the genome era. *Journal of*

Phycology, 41, 1077–1093.

Waltz, Emily. (2009). Biotech's green gold? *Nature Biotechnology, 27,* 15–18.

Wu, Li-chen; Ho, Ja-an Annie; Shieh, Ming-Chen; & Lu, In-Wei. (2005). Antioxidant and antiproliferative activities of spirulina and chlorella water extracts. *Journal of Agricultural and Food Chemistry, 53* (10), 4207–4212.

Yamanaka, Ryoichi, & Akiyama, Kazuo. (1993). Cultivation and utilization of Undaria pinnatifi da (wakame) as food. *Journal of Applied Phycology, 5* (2), 249–253.

Aluminum

铝

　　铝的供应量日益增长,这对全球经济的持续发展至关重要。直到21世纪后半叶,铝的生产尚无原材料匮乏之忧。但是随着铝土矿的消耗,我们将迫不得已寻求其替代材料。为了长期的可持续发展,铝的生产工艺必须优先考虑增加铝的回收利用、降低能源消耗、减少温室气体和有毒物质的排放。

　　人类历史的主要发展阶段是根据所使用材料进行命名的,比如石器时代、青铜时代和铁器时代。自从20世纪早期开始,铝对人类社会的影响就日益突出,甚而有人将我们当今的社会称为"铝器时代"。铝广泛存在于多种矿物中,主要是氧化物和氢氧化物两种形态。铝在地壳中的含量约为8%,其丰度仅次于氧和硅,位列第三。

　　直到1808年,铝(Al)才作为一种金属为人所知。19世纪80年代以前,铝还不能大规模生产。随后技术的革新和发展为冶铝业的快速发展提供了可能。由于铝兼具储量丰富、重量轻、导电和导热性优良、抗腐蚀、易于回收利用等优点,它已经成为现代社会一种常见的材料。例如,铝是当今大部分轻质合金的基础材料。没有它,载人飞行尤其是大规模的航空旅行和太空探险将会变得困难重重。

　　铝是一种非常活泼的金属,但是在空气中其表面会形成一层强韧的氧化膜,对铝起到了很好的保护作用。因此,铝在实际应用中通常并不活泼,并且比铁更抗腐蚀。正是由于这种非凡的表面钝化作用使得铝及其合金拥有广泛的用途。另外,铝比较轻,密度仅为钢铁的30%,同时也是热和电的优良导体,且对人无毒害作用。但是也有人认为铝可能与阿尔茨海默症有关。

生产

　　在1854年,法国人利用钠还原氧化铝,第一次实现了铝的商业化生产。利用这种方法可以生产千克级的铝,但是非常困难且代价高昂。因此,铝在当时是一种稀少而珍贵的金属。当电解铝技术得以突破，氧化铝生产工艺成熟以后，铝真正的工业化生产才得以实现。电解铝技术是在熔解的冰晶石（氟化铝钠）熔液中将氧化铝电解以生产铝的一种方法。该方法由美国人查尔斯·霍尔（Charles Hall）和法国人保罗·埃罗法（Paul Héroult）于1888年同时发明。氧化铝是铝工业化生产的关键原材料。奥地利科学家卡尔·约瑟夫·拜耳（Karl Josef Bayer）于1889年发明了从铝土矿中生产氧化铝的方法。这些新的生产技术使铝的价格大幅度降低，铝得以广泛用于日用品和各种高附加值产品的制造（Wallace 1937）。

从19世纪90年代开始，铝的产量就呈指数型增加（Roskill 2008）。这与美国国内生产总值（Gross Domestic Product, GDP）（Data 360 2011）呈正相关（见图A.2），说明铝业生产与整个社会的经济活动具有非常紧密的关系。

应用

到20世纪，铝得到了广泛应用，其应用范围不断增加。在这一时期，人类取得的许多重要成就都与铝有关。这些成就对技术进步产生了深远影响，进而对人类社会的进程也产生了深刻的影响。比如，铝就是载人飞行的基础。在霍尔–埃罗法专利（电解制铝法）公布仅15年后，用铝合金制造的引擎由于具有适宜的动力—重量比，就为莱特兄弟于1903年的飞机提供了动力。可以说，如果没有铝合金制造的飞机机身、蒙皮及引擎零部件，大规模的航空旅行是不太可能成为现实的。铝在当今社会中已无所不在。它还用于制作食品和饮料的容器、炊具、高性能的运动器械（如轻型自行车、棒球棒、网球拍、高尔夫球杆等）、窗框、结构支撑件、建筑物覆盖板、合金引擎组件、车轮、汽车框架和蒙皮

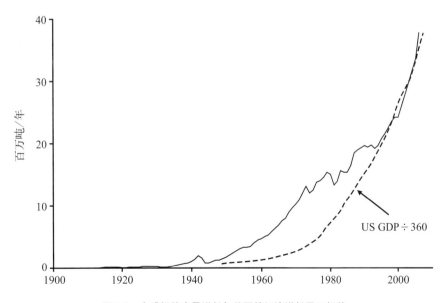

图A.2 全球铝的产量增长与美国的经济增长呈正相关

数据来源：Roskill 2008和Data360（根据此两者中的数据制作此图）.

自从19世纪90年代开始，铝的产量呈指数增加。与美国国内生产总值的相关性说明铝业生产与整个社会的经济活动密切相关。

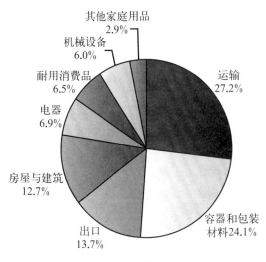

图A.3　美国铝的应用统计

来源：Adams 2009.

以及高反射玻璃镀层等。因其固有的活泼性质，铝也可以用于烟火中的引燃剂（在燃烧中迸发出火花）、化学焊接、火箭（航天火箭发射时喷出的明亮烟羽就是铝粉与氧反应形成的）。图A.3中列举了2008年统计的铝在美国的主要应用范围。1997年首次进行了类似的统计（Margolis 1997）。这些数据表明这期间铝的应用范围并无太大变化。

可持续性：优势、问题及契机

人们已经认识到了应该将铝的可持续生产贯彻于从提炼到加工的整个产业链中。铝的制造和加工是一个碳排放密集型行业，但是铝的回收利用易于实现。

原材料供应

每年大约87%的铝土矿直接用于铝的生产（Roskill 2008）。2008年铝的年产量约为3 800万吨，消耗了约1亿5千万吨左右的铝土矿。已探明的铝土矿储量估计为323亿吨

（Roskill 2008）。因此即使考虑到需求量的上升，直到21世纪下半叶，铝土矿都将有充足的供应。除了铝土矿，世界上还有其他几乎是取之不尽的潜在铝资源，尤其是黏土，理论上也是可以开发利用的。

铝的生产还需要苛性钠和碳。如今制铝业需要的大部分苛性钠来自氯碱工业的副产品。这是产业协同发展的一个典型案例。如果没有这种来源，苛性钠还可以通过天然苏打（碳酸钠）与生石灰（氧化钙）反应获得。以碳作阳极可将氧化铝电解为铝。在此过程中碳不断被消耗，反应式如下：

$$2Al_2O_3 + 3C \longrightarrow 4Al + 3CO_2$$

每吨铝理论上需要0.33吨碳，实际要消耗0.5吨（Alcoa n.d.），同时生成等量的CO_2。碳阳极是用沥青生产的，其供应不太可能成为限制因素。

铝土矿开采和残渣存储

最好的铝土矿产自热带和亚热带地区，常位于林地下，且大部分埋藏浅适合露天开采。澳大利亚是世界上最大的铝土矿生产国，其产量在2007年占全球的30%，紧随其后的是巴西、中国、几内亚、印度、印度尼西亚和牙买加，这些国家的铝土矿总产量约占世界的50%。几内亚的铝土矿储量最大（Roskill 2008）。铝土矿开采业已成为全球矿区恢复的领导者，并且获得了很多环境成就奖（Alcoa 2011）。2006年大约30平方千米（相当于纽约曼哈顿岛面积的一半）由于开采铝土矿受到破坏，同时同样面积的矿区得到了恢复。这种平衡成为全球铝土矿开采业可持续发展的关

键（IAI 2009）。

铝土矿残渣是指铝提炼后的剩余物，是碱泥和沙子的混合物。铝土矿残渣的处理是铝土矿开采业可持续发展的关键问题（IAI 2006, 54）。目前不鼓励将残渣倒入海中，最好的处理方法主要集中于安全的陆基储藏（Power, Gräe & Klauber 2011, 33–45）。铝土矿残渣处理的安全记录一直持续了120年，直到2010年匈牙利铝厂废水坝垮塌事件发生。该事件造成了数人死亡、房屋破坏，同时土地和航道也受到了污染（Szandelszky & Gorondi 2010）。这种灾难可以通过合理的工程设计和管理加以避免。但是从长期来看，需要将残渣和环境进行再整合（Gräe, Power & Klauber 2011, 60–79），或者将其用于其他产品的生产（Klauber, Gräe & Power 2011, 11–32）。

能源消耗和温室气体排放

铝土矿电解法是生产铝的唯一可行方法。但这需要大量的电能，部分原因是铝土矿化学性质稳定，同时电解池的温度需要通过电加热保持在900℃以上。在能源利用率为50%时，生产1吨铝需要的能量为115 000兆焦耳（Margolis 1997）。所以廉价的能源就是非常重要的。因此，许多冶炼厂都建在水力发电厂附近，这也可以降低铝生产过程中温室气体（Greenhouse Gas, GHG）的排放强度。然而铝生产过程中来自碳阳极反应释放的温室气体达到每吨铝1.22吨CO_2。用惰性材料替换碳阳极，以降低温室气体排放的尝试目前还远未成功（Cheatham et al. 1998）。如果使用化石能源，总体的温室气体释放强度将大为升高。若用低品级的煤炭，温室气体释放强度可达到每吨铝14吨CO_2（Turton 2002）。行业中大部分关于能源效率和温室气体排放的报告仅涉及冶炼厂自身情况，而未考虑第三方发电供应商的能源效率和温室气体排放情况。全面地讲，有效降低能耗和减少温室气体排放，需要将整个生产过程的全部温室气体考虑在内。

气体排放及安全性

除了CO_2，铝电解炉释放到空气中的主要气体是氟化物和碳氟化合物。氟化物已经证明对人类健康有直接的影响。例如"电解车间哮喘病（potroom asthma）"。这种职业病不断影响着冶炼工人的健康。氟化物还会进入冶炼厂下风口地区生产的牛奶和蔬菜中，通过食物链间接地影响人类健康。通过现代化的电解池设计和高效的废气洗涤技术，这种不利影响已经得到了有效消除。碳氟化合物属于强效温室气体，是由阳极和冰晶石（氟化铝钠）电解液发生反应释放的。通过改良电解池的设计和操作流程，可以有效地降低阳极效应和碳氟化合物的释放。

回收利用

回收铝的能耗优势非常显著,仅为原生铝能耗的5%～8%(AAC 2009; Plunkert 2006)。目前大约50%的铝来自金属回收。整个行业还在坚持不懈地将这个比例进一步提高(IAI 2011)。图A.4以流程图的形式总结了铝主要的"生命"周期。国际铝业协会每年都会对其进行更新。请注意,已生产的铝中超过3/4目前仍在使用中(Martchek 2006, 34–37)。

受限于原材料的供应。铝业保持着较高的回收率,并且还会进一步提高。在某些特殊应用方面,铝面临着与其他金属的竞争。然而铝的用途广泛,这意味着这种竞争并未对铝业构成战略性的威胁。铝业长期可持续发展所面临的主要挑战就是降低CO_2的排放强度,在计算排放量的过程中,有必要将发电过程中的排放量考虑在内。该需求在短期可以通过提高效率来实现,但是最终的解决方案在于发掘低碳能源和惰性阳极。

未来展望

受全球经济发展的驱动,直到21世纪下半叶,原生铝的产量预期还会持续增加,不会

格雷格·鲍尔(Greg POWER)

Arrba 咨询有限公司

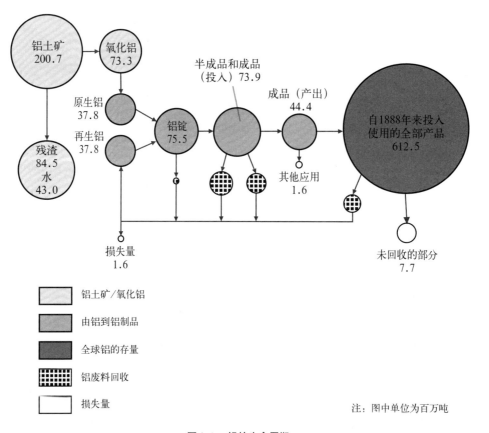

图A.4　铝的生命周期

来源:1A12009,根据2008年的图表重新绘制.

参见：铬；钶钽铁矿；铜；电子产品的原材料；黄金；重金属；铁矿石；铅；锂；锰；矿产资源稀缺性；采矿业——金属矿床开采；镍；铂族金属；稀土元素；回收利用；银；钍；锡；钛；铀。

拓展阅读

Adams, Nick. (2009, September). Facts at a glance—2008. The Aluminum Association, Inc., Industry Statistics. Retrieved June 1, 2011, from http: //www. aluminum. org/Content/NavigationMenu/NewsStatistics/StatisticsReports/FactsAtAGlance/factsataglance. pdf

Alcoa. (n. d.). Aluminum smelting. Retrieved May 19, 2011, from http: // www. alcoa. com/global/en/about_alcoa/pdf/Smeltingpaper. pdf

Alcoa. (2011). Awards. Retrieved May 19, 2011, from http: //alcoa. com/australia/en/info_page/mining_awards. asp

Australian Aluminium Council (AAC). (2009). Sustainability report 2009. Retrieved May 19, 2011, from http: //aluminium. org. au/ sustainability-report

Cheatham, Bob, et al. (1998). Inert anode roadmap. Energetics Inc. Retrieved June 14, 2011, from http: //www1. eere. energy. gov/indus- try/aluminum/pdfs/inertroad. pdf

Data360. (2011). GDP United States. Retrieved May 19, 2011, from http: //data360. org/dsg. aspx?Data_Set_Group_Id=230

Gräfe, Markus; Power, Greg; & Klauber, Craig. (2011). Bauxite resi- due issues: III. Alkalinity and associated chemistry. *Hydrometallurgy*, 108 (1–2), 60–79.

International Aluminium Institute (IAI). (2006). Aluminum technol- ogy roadmap. Retrieved May 19, 2011, from http: //www. world-aluminium. org/UserFiles/File/AluminaTechnologyRoadmap%20Update%20FINAL%20May%202006. pdf

International Aluminium Institute (IAI). (2009). Aluminium for future generations/2009 update. Retrieved May 19, 2011, from http: //www. world-aluminium. org/cache/fl0000336. pdf

International Aluminium Institute (IAI). (2011). Aluminium for future generations: Sustainability. Retrieved May 19, 2011, from http: //www. world-aluminium. org/?pg=49

Klauber, Craig; Gräfe, Markus; & Power, Greg. (2011). Bauxite resi- due issues: II. Options for residue utilization. *Hydrometallurgy*, 108 (1–2), 11–32.

Margolis, Nancy. (1997). *Energy and environmental profile of the US aluminum industry*. Columbia, MD: Energetics Inc.

Martchek, Kenneth J. (2006). Modelling more sustainable alumin- ium. *International Journal of Life Cycle Assessment*, 11(1), 34–37.

Plunkert, Patricia A. (2006). Aluminum recycling in the United States in 2000 (US Geological Survey Circular 1196-W). Retrieved June 28, 2011, from http: //pubs. usgs. gov/circ/c1196w/

Power, Greg; Gräfe, Markus; & Klauber, Craig. (2011). Bauxite resi- due issues: I. Current management, disposal and storage practices. *Hydrometallurgy*, 108 (1–2), 33–45.

Roskill Information Services Ltd. (2008). *The economics of bauxite & alumina* (7th ed.). London: Roskill Information Services Ltd.

Szandelszky, Bela; & Gorondi, Pablo. (2010, October 5). *Hungary sludge flood called "ecological disaster. "* Associated Press.

Turton, Hal. (2002). *The aluminium smelting industry.* Canberra: The Australia Institute.

Wallace, Donald H. (1937). *Market control in the aluminum industry.* Cambridge, MA: Harvard University Press.

Animal Husbandry

畜 牧

畜牧业包含饲养家畜来生产如肉、蛋、奶等商品。在第二次世界大战后，就现代化的农业通过扩大生产以保持在持续增长的世界市场上的竞争力方面来说，开发可持续系统已经变得越来越重要。在发展中国家，紧接着农业生产扩大而出现了一系列风险的增加，如过度消耗自然资源、破坏环境和危及农业经济。为此，世界范围的农业生产者、消费者和立法者被要求分担在支持可持续畜牧生产方面的责任。

畜牧业，饲养家畜，已经整合进众多的农业系统中，成为重要的一部分。它代表着许多食品生产和传递的起点。畜牧业包括专业化地经营单一品种商品，如牛奶、猪肉或者鸡蛋等，也可以经营混合家畜饲养系统，这包含了多个物种和产品。无论是从单位土地面积饲养动物的数量和生物质总量上，动物饲养规模的差异都非常之大。

在前几个世纪，人们主要用我们无法食用或者无法消化的农副产品或者草料来饲喂家畜。反刍动物，如牛、绵羊和山羊，他们有多个胃室。在它们的胃里生活着数量巨大的各种微生物，这些微生物可以大量消化那些我们人类无法消化和利用的青草以及其他高纤维素的物质。因此，单位面积土地上的家畜承载量，通常受限于草场上可直接利用或以储存形式的饲料，如干草。单胃动物，如猪和禽，仅具有和人相似的消化能力。因此，当地的农业生产者只有从他们自己粮食中分出一些来作为饲料，通常是利用泔水、橡子和其他饲料，这些都限制了家畜的种群密度。

得益于现代作物育种与现代工业化的种植，这使用于饲料的谷物、籽实以及其他可用的饲料数量大大增加，这让家畜生产和饲养量都得到了显著的增加。而基础设施和贸易水平的提高也让饲料远距离的运输从经济层面上变得可行。因此，自二战以来畜牧业发生了巨大的变化，尤其是在北美和欧洲。养殖业对于肥料、能源和技术的投入越来越多，在选址和经营规划方面，当地的基础设施和外部饲料供应已经作为考虑的重点因素。

而且，畜牧业生产的地理位置也正在不断地发生变迁。首先养殖场是从农村迁移到城乡接合部和城市，"城乡接合部"的意思主要指那些在连接城镇与村庄或农村的区域，主要是它们一方面接近饲料原料来源地，另一方面那些地区可以种植饲料作物或可以从事饲料进口贸易或转运的港口。集约化和专业化是现代养殖场的驱动力，正如单胃畜禽饲养快速增长，而反刍类家畜一定程度上正在逐步下降。在畜牧业分工上的变化伴随着垂直整合，养殖场常常是被加工企业全资控股或全部按合同生产，然后又直接出售到零售商那里。

畜禽除了能生产食物和产生收入，它们还可以作为财富储备、贷款抵押物和在经济危机时期的一种最好的财产避险选择。牲畜在一个混合农垦系统里发挥核心的或者多功能的作用（例如一个农场被用作多种经营），它们转化作物和食品生产的副产品，帮助控制害虫和杂草，生产粪肥改造土壤和提高肥分，在许多发展中国家还可以提供役用功能。

毫无疑问，畜牧业的发展对农业生产有极大的贡献。不幸的是这些发展在行进时却伴随着多种负面效应。2009年世界粮农组织报道声称，畜牧业正处在一个不确定的交叉口，无论是区域性的还是全球性的，畜牧业的发展已经引起了一系列严重的环境问题。更直接的问题是，畜牧业占用了稀缺的土地、水和自然资源。同时，它已经不再是小型化。由于规模化带来的持续增加的垃圾排放和密集污染影响了动物健康和福利，此外也影响到了

食品安全（FAO 2009）。

不同视角

从生物学角度来看，农民和家畜之间某种程度上可以说是一种共生的关系。例如，农民为奶牛提供食物和住所，然后奶牛回报人们以牛奶。然而或迟或早这种关系都会随着奶牛的出售或宰杀而结束。因为与生产性能方面相关疾病的原因（如乳腺炎、残疾或代谢失调），受孕率低与产奶高峰期已过等原因，绝大多数奶牛都活不到自然老死，最终它们是作为人们的食物而结束生命，特别是美国，约25%商业化生产的牛肉糜来自屠宰的奶牛。同时，由于世界人口的增加，一方面导致对包括饲料、食物和作为能源生物质的需求不断增加，与之相对的另一方面却是资源持续性的减少，因此农民必须在这种情况下通过竞争来获得资源。

农业系统作为人类运作的系统，它的可持续性是易于受到人为控制的。农场管理者不仅是实施者，而且还是系统自身的组成部分。他们需要遵循来自内外两方面的观念、宗教、信仰、世界观、经济目的或特定的目标。在经济危机的时候，人们将优先保证商业生存，然后才是对家畜的人道关怀和自然资源的保护。人为因素还体现在农民可能会改变环境的限制、生产过程和结构，而长期的影响取决于农民如何改变农场的稳定性，如养殖场的设施、畜禽品种和其他的家畜动物。

但农民也必须考虑如何处理作为子系统的养殖场与外部环境发展之间的关系，如不断变化的资源供应和市场需求。在发达国家，农民可能考虑消费者对于动物健康与福利、食

品安全和环境污染（如温室气体的排放）的关注。市场价格、消费者偏好和需求结构性的调整都不是农场生产者所能控制的。

在农业领域，政府的干涉已经开始下降，这可以归结为全球创造自由市场的努力，例如，部分谈判可以在世界贸易组织保护机制下进行。另一方面，国家决策通常是政客做出的，他们通常依照土地管理者（选举人）的要求行事。可以想象这些人的着眼点主要在于短期利益——企业的生存，事实上，关于如何解决可持续发展问题的长期战略从来都不是他们所追求的。

因此，在解决如何满足日益增长的人口对食物需求时，两种不同的世界观发生了冲突，一个群体认为只有通过提高集约化、专业化以及相关的生产方法来最大限度地获取产品，另一个利益攸关方则强调更高程度的集约化会破坏农业—食品系统的可持续性。

可持续的畜牧业

一个可持续的畜牧业系统可被定义为包含以下方面的系统：① 通过保护高效的饲养方法和循环利用的途径来维持资源平衡；② 实行资源保护，有利于动物的健康和福利，并且防止环境遭受破坏；③ 保持生产率放在首位，因为不仅畜牧业需要被维持，种植业也是如此。但因为在动物相关的、生物物理的和经济学的三个方面通常存在着矛盾，有时很难做到在考虑问题或者执行时可以兼顾三者。

当养殖场想竭力维持畜牧业可持续性的时候，必须努力去平衡和解决两个相互对立而又交织在一起的问题：由下而上的方法包含农民们面对挑战的灵活性和主动性，例如当家

畜遭受营养不良或地方性流行疾病时，他们会自由地迁移畜舍并且让动物们生活得舒适；自上而下的方式主要是一种研究导向型或基于研究型系统，首先专注于一个愿景和定义未来的生产（不充分地考虑目前系统的问题），然后才考虑为了改变食物供应链而提出的行业标准，正如创建观光农业园时的流程。

限制因素

当畜牧业经营者致力于选用可持续生产方法时，他们必须去面对那些客观的限制条件，如有限的可利用资源（例如，高品质的饲料、劳力或吸引投资者的潜力），市场进入的门槛和变化无常或不合理的价格。因此，经营者在开始采用可持续生产之前，常常会对一系列的革新但十分复杂的生产工艺进行评价和排序。

在过去，评价畜牧业进步主要基于技术和结构性的创新。任何一种创新（和任何领域）的出现通常都会体现出它自身的冲击力。但始于21世纪的畜牧业却很好地证明了针对高产为导向的工艺带来的经济效益，这一过程只是需要增加饲养规模和提高饲养标准，并通过投入大量的资金来实现和维持而已。

畜牧业主要的经济效益来自革新所带来（或扩大生产）生产率的提高，增加养殖的规模（包括生产和繁殖两方面），获得更优的周转率（这里是指可以知道畜群生产性能开始下降的时间点）。例如，在饲料方面，增加营养元素数量（输入）可能是让畜群生产性能最大化的最有效方法。但是，效率是位于逐渐递减的边际效应概念之下的，这里是指在输入增加的时候至少有不变或者额外的回报。

资源使用效率最基本的评估方法是通过测算输入的费用与产出收益的比值,还要考虑到生产过程中带来的任何负面影响,诸如环境污染、动物健康与福利或者食品安全。饲养者追求经济利益时,通常能对产品成本中需支付公共利益的部分进行外包。从 21 世纪早期到目前为止,市场上一直对非可持续性畜牧生产的负面影响视而不见,因此在价格支持和保护方面没有考虑到可持续性生产成本在内,从而让环境友好生产者无法生存。

大部分法律效力的条例都是按照最低的标准来制定或者升级现有的产品"标签标注"程序标准,以此来限制产品生产过程中的负面影响。然而有确凿的证据表明,最低标准的实行只对产品质量和它未来可持续性仅产生微不足道的影响。例如,在有机畜禽饲喂方面,立法者制定的最低标准《美国国家有机认证工程条例(7CFR Part 2005)》或者《欧盟委员会条例(EC No 889/2008)》在很大程度上已经无法减少在家畜饲养上出现的生产过程疾病。

展望

当在追求畜牧业可持续能力时,一个正确的目标应该包含达到更高外部输入使用的效率,就如饲料的使用,它是上面提到动物饲养限制因素之一,即如何使饲料能够有利于农场系统内的动物又不破坏环境。正如生态系统已经进化出来的方式,最有效解决资源限制(如氮)的方法包含适应性和自我组织,另外还可以使用一个子系统的产物去稳定或增加下层系统的产出。在农业生态系统,农民被要求利用营养元素的循环,通过提供良好的储藏、合理的肥料使用和科学的土地轮作来使营养元素流失最小化。

畜牧业系统也从属于农业管理。在可持续性方面,成功的管理很大程度上依赖于对各种规模复杂生产工艺的评估能力(例如,对于自上而下的途径是聚焦在增加产量的研究性目标),以及发现干扰因素和无效工序,也包括地方反馈和第一手资料的逐渐积累(针对自下而上的途径)。

对于取得更高利用效率的关键,在于为自然资源相关系统和自然资源自身制定一个能公平和客观的价格。如果自然资源是免费的或者低价的,那么就很容易导致过度的开采、过度的使用和污染。今后,政策的努力应该是着眼于建立价格和费用,能够反映不可持续方法饲养畜禽高的经济和环境成本。这样,责任不仅落实到生产者头上,也落实到政治家和消费者身上。此外,也保证了养殖场之间的竞争不去伤害动物健康和福利，不去破坏原住民的生计，不会去影响发展中国家的穷人购买食物。而且，所有被涉及的利益相关者都被要求减少对非再生资源的使用，转而相对地增加可再生资源的消费，由此也支持了人们一直努力的方向，即最小化对气候变化影响的副作用。

阿尔伯特·桑卓姆（Albert SUNDRUM）

卡塞尔大学

参见：农业（几篇文章）；粪；施肥/肥料；饲料作物；粮食（几篇文章）；草原；绿色革命；本地化食品运动；动物粪肥。

延伸阅读

Aland, A., & Madec, F. (Eds.). (2009). *Sustainable animal production: The challenges and potential developments for professional farming*. Wageningen, The Netherlands: Wageningen Academic Publishers.

Bawden, Richard J. (1991). Systems thinking and practice in agriculture. *Journal of Dairy Science*, 74, 2362–2373.

FAO (Food and Agriculture Organization). (2006). *Livestock's long shadow: Environmental issues and options*. Retrieved May 11, 2010,from http: //www. fao. org/docrep/010/a0701e/a0701e00. HTM

FAO (Food and Agriculture Organization). (2009). *The state of food and agriculture 2009: Livestock in the balance*. Retrieved April 12,2011, from http: //www. fao. org/docrep/012/i0680e/i0680e. pdf

Meadows, Donella H. (2008). *Thinking in systems: A primer*. London: Earthscan.

Müller, Felix; Hoff mann-Kroll, Regina; & Wiggering, Hubert. (2000). Indicating ecosystem integrity — Theoretical concepts and environmental requirements. *Ecological Modelling*, 130 (1–3), 13–23.

O'Neill, Robert V. (2001). Is it time to bury the ecosystem concept? *Ecology, 82* (12), 3275–3284.

Pearson, C. J. (2003). Sustainability of problems and progress of the paradigm. International Journal of *Agricultural Sustainability*, 1 (1), 3–13.

Rauw W. M.; Kanis, E.; Noordhuizen-Stassen, E. N.; & Grommers, F. J. (1998). Undesirable side effects of selection for high production efficiency in farm animals: A review. *Livestock Production Science, 56* (1), 15–33.

Sundrum, Albert. (2007). Achievements of research in the field of livestock systems. In A. Rosati, A. Tewolde, & C. Mosconi (Eds.), *Animal production and animal science worldwide* (pp. 95–106).

Wageningen, The Netherlands: Wageningen Academic Publishers. Sundrum, Albert. (2011). Health and welfare of organic livestock and its challenges. In J. Ricke & O'Bryan (Ed.), *Organic meat production and processing*. Wiley-Blackwell.

Thompson, Paul B. (1997). The varieties of sustainability in livestock farming. In J. T. Sørensen, (Ed.), *Livestock farming systems: More than food production* (pp. 5–15). Proceedings of the 4th International

Symposium on Livestock Farming Systems, Foulum, Denmark. European Association for Animal Production (EAAP) Publication 89.

Waltner-Toews, David, & Kay, James. (2005). The evolution of an ecosystem approach: The diamond schematic and an adaptive methodology for ecosystem sustainability and health. *Ecology and Society, 10* (1), 38. Retrieved May 11, 2010, from http: //www. ecologyandsociety. org/vol10/iss1/art38/

Aquifers

地下蓄水层

　　地球作为我们赖以持续发展的重要资源保障，地下蓄水层是分布最广、最为安全的淡水资源。井水枯竭、地表水位下降、水质劣化、地表沉降都是过度开采地下水的不良后果，也有悖于可持续发展的初衷。人类必须意识到地下水开发的承载限制，协调好有限的自然资源与索取之间的平衡。

　　地下蓄水层，通常指的是能够产生可供使用的井水或是泉水的岩石单元，就好比一个由具有渗透性及携水能力的岩石或松散沉积物组成的地下水库，从中可以以合理的成本提取到充足的可以饮用或是商业、工业、农业用途的水资源。地下蓄水层是全球范围内分布最广、质量最为可靠的淡水资源，它们涵盖了地球上所有动植物赖以生存的地下水。只要地下水能得到及时的补充，地下蓄水层就能使得那些生活在地表水紧缺但地下水丰富地区的人口得以繁衍生息。

　　从全球范围来讲，干净的地下水的储量估计在1 050万立方千米，或者说约是亚马孙河年均流量的1.6倍（Gleick 1996）。地下水（与诸如河流、湖泊、湿地之类的地表水相对）供给着全球范围内20亿人的生活，使之成为最受依赖的自然资源。每年地下水的回流预计在平均600～700立方千米，或者大约是死海蓄水量的4.5倍（Giordano 2009）。暂且不论这只是一个全球范围内水资源需求的理论数据，当今地下水已经成为滥用最为严重的自然资源之一，就是因为人们没有意识到它的自净再利用是有条件的。在世界上的大多数地区，地下水主要用来灌溉作物，而地下水作为饮用水的用量正在日趋增长，而且各类使用者对于地下水的竞争正在加剧。在地下水的滋养下，大量土地的产值能力得以提升，例如撒哈拉、美国大平原等地表水资源稀缺的地区。

　　地下蓄水层是脆弱的。当对地下水的使用超过了它的回流补充时，水位下降便成了地下水过度开采的初步表征，称之为过度透支（overdrafting）。过度透支及其带来的水位下降是由多种水文地质因素决定的，除了地下蓄

水层的几何特点和水力学特性,消耗和回流的
不平衡便是最主要的成因。若无视地下水的
过度透支,或是管理失当,最终会使得所有原
本可重新充盈的地下水干涸殆尽,不复存在。

地下水的产生和利用

地域不同,地下水的产生及利用方式也
各不相同,主要取决于气候和水文环境。如果
某处地下蓄水层蓄水充沛,且被妥善保护未受
污染,那么它便能不定期地得以回流。另一方
面,不加节制地过分开采地下水会带来一系列
的问题,包括资源的透支殆尽、盐湖或污水的
引入、地表沉降。

必须保护那些给予地下水补给的地表水
免受污染,这对所有的地下蓄水层而言都是一
件十分重要的事情。在沙漠或多岩石地区,通
过过滤减少水污染是一个可行的途径。喀斯
特地貌,特别是在遍布断层、裂缝与沟堑的可
溶性石灰岩地区,那里的地下水由于更少的防
护而更易受到污染。

地下蓄水层的分布和实例

地下水提供了欧洲和俄罗斯将近80%的
饮用水,而在北非和中东,地下水占饮用水的
比重为之更甚。丹麦的饮用水中,98%来自地
下水,而地下水也占到了澳大利亚饮用水的
96%。粗略地估计,亚洲饮用水中有一半来自
地下水,这几乎支持了亚洲32%人口的生存。
在加拿大,30%的国民,或者说890万人的生
活供水都依赖于地下水。在美国,估计有1亿
人的饮水是来自地下水,那就是大约33%的
公共供水和95%的乡村生活供水都来自地下
水。2005年这一年,美国使用的淡水中,大约
23%取自于地下水资源,其中的67%用于灌溉
清洗,另外的18%用于公共供水(主要用作饮
用水)(Kenny et al. 2009)。

不算南极洲(那里98%的大陆都是冰,剩
下的2%是荒芜之地),粗略地计算,30%的大
陆下存在着地下蓄水层,若不计地表水和冰川,
它们占到了全球淡水资源的30.1%(见图A.5)。
大约一半的大陆板块在地下浅层包含有由未

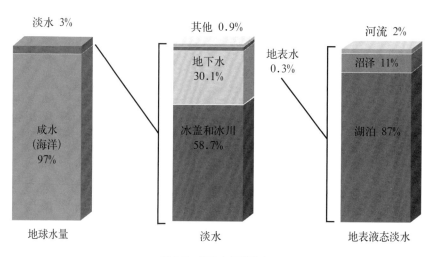

图A.5 地球水资源分布

来源: US Geological Survey 1999.

固结物质组成的相对少量的地下蓄水层。

瓜拉尼地下蓄水层是世界上最大的地下蓄水层之一，覆盖了大约120万平方千米（近似于一个南非的大小），它从巴西中部一直延伸至阿根廷北部。另一个巨大的地下蓄水层是大自流盆地，它提供了远至南非部分地区的供水。世界上最大的地下蓄水层是奥加拉拉地下蓄水层，它位于美国中部8个州的部分区域之下。奥加拉拉地下蓄水层提供了全美国大约30%的灌溉用水（Weeks et al. 1988）。由于地下水的补充速率额外地缓慢（约是年回流率的10%），一些地区由于过度地泵取地下水用以生活所需或农业灌溉，导致这样一个庞大的地下蓄水系统正在被急速地消耗着（Alley, Reilly & Franke 1999）。地下水位平均每年下降2米，依照这样的速率，地下水资源在不到50年内就会被攫取一空，到2020年之前，一半的淡水储量就会流失一空（Upper

Midwest Aerospace Consortium 2010）。

地下蓄水层特点

地下蓄水层构成了一个我们看不见的、地底浅层的水文生态循环圈。在太阳辐射的驱动下，水圈围绕着物理变化的组合，完成了其在自然界中连续不断地流通循环的职责。在这个循环圈内，不存在定义上的起点和终点，水经由气、液、固三相传递。除了地表上的水循环活动诸如降雨、降雪、落雹，蒸发、凝华之外，水循环圈还包括了水的补充、存储和消耗。

地下蓄水层主要有两种类型。第一种地下水填充了或是部分填充了沉积物或岩石基质，不饱和区的上表面可以自由升降。这种类型被定义为非承压含水层（unconfined aquifer）。第二种类型被定义为自流水层（artesian aquifer）（见图A.6）。自流水层被一种物质盖住，地下水被限制在不能超过这层物

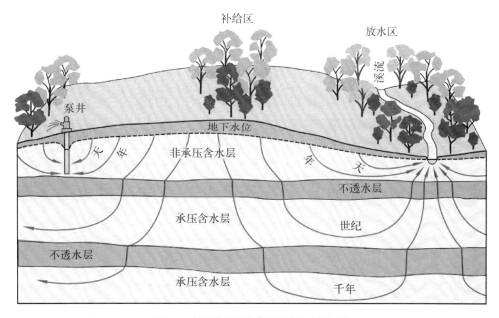

图A.6 地下蓄水层的类型和地下水的年龄

来源：根据US Geological Survey 1999改制.

质的基部,故而产生的压力可将水穿透覆盖层喷涌到井内。这种井也被称为自流井,如果压力大到足以使水漫过地平面的话,井水还能流淌。一口能流动的自流井,对于通过小成本向相邻街区实现地面供水有着非常重要的意义。第三种相对少见的地下蓄水层类型称作表层含水层(perched aquifer),它包含了非承压含水层的一种特殊情况:即有一种牢牢接合或是其他牢固坚实的材料组成的特殊的无法让水渗透的基质。这类地下蓄水层主要出现在干旱的环境中。

自流水层通常出现在地下浅层并在底部由非渗水材质相接。自流水层也被称为潜水面(water table)层,因为其饱和带的顶部有一个潜水面(见图A.6)。自流水层可以直接通过降雨、降雪、落雹以及地表水的渗透来获得水分补充。潜水面离地表多深不一而足。在湿润地区——特别是靠近河流、湖泊、海洋的地方——潜水面通常距离地表几米。然而,在不同的气候条件和复杂水文环境下,地下水的深度也会超过几百米。

非承压含水层的底部和顶部由称之为覆盖层(confining layers)的相对防渗的材料相结合。非承压含水层的特点是地下水的压力等于或大于大气压力。

地下水的补给、排泄和存储

地下水主要是通过地面降水,地表渗透获得补充。在干旱和半干旱地区,地下蓄水层通过从地表水体泄漏得以补给。地下水的补给速率受很多因素影响,包括土壤类型、植被特性、前期土壤水分、降雨强度。

通常,自流水层的水流补给直接从其上方的地表获得。与之相对的,非承压含水层的水流补给来自数十或数百千米之外,通常是在蓄水层高出地表的更高海拔上。一旦获得补给,地下水向下渗透进入地下蓄水层的受限区域。除了要达到补给的水质标准,地下水是否能够维持循环再生也是十分重要的,这取决于补给的速率和排泄的速率,后者通常指的是人类的泵取。

典型的自流水层比之非承压含水层更浅,因而自流水层的补给通常更为迅速,也更易遭受污染,水质更易退化。由于非承压含水层位置更深、补给源头更远,它们的自然补给速度非常之慢,慢到穷尽普通人的一生也等不到非承压含水层的一次自净更新。

在补给区域,地下水通常沿着相对于河流、湖泊、湿地之类的排泄区域阻力最小的路径流淌,后者最突出的特点便是占据了凹陷的地形。这样一来,地下水便成了地表水流动的主要助力,对于湖水面的高低和动植物的湿地栖息地都有着巨大的影响。地下水排泄的两个主要地理位置是泉眼和井眼。

泉水通常从山坡上的岩石露头流出,或是沿着河道直至遇到了蓄水层中一个相对不让水透过的部分,便分道转向了地表,或者可能直接汇入了河流、湖泊、湿地甚至海洋中。与经由重力流涓涓流淌或是在压力作用下奔流一泻的地表泉水不同的是,井水通常是挖掘(垂直纵深且狭窄)进入,并且在泵的帮助下将深处蓄水层的水提至地表。

既没有补给进入蓄水层也没有往外排泄的,即被认为是地下蓄水层的存储。除非泵取或是通过其他渠道开采,否则地下水可以维持存储量达数天、数年甚至数个世纪。

存储着地下水的年数随着地下蓄水层的不同、地理位置的不同而有所不同，取决于它距离排泄区域的远近。沿着水流的路径，从泄水区域到补给区域，地下储水的年龄逐渐增大。在浅层的、局部规模的流动系统中，靠近泄水区域的地下蓄水层的存储水年数可以从不到一天到数百年之间波动。在深层的，具有漫长流动路径（数十千米）的区域流动系统中，地下水的年数可能超过千年甚而达到数万年。

经济和立法

世界上不同的地区根据各自的国家法律制定了地下水的使用律法。在这些律法中，一些是参照罗马法，将地下水规定为"国有制"，一些则是类似于英国的"占有法"，即地主拥有几乎不受限制的对于地下水的使用权利。干旱的气候，灌溉的需要使得英国法律开始管辖地下水的抽取。总体上，该法律与美国西部州的规定相似，在那里优先占用权已经取代了堤岸权。堤岸权指的是那些毗邻水资源的土地主拥有对他们脚下的地下水的开采权。优先占用权指的是政府根据之前的用水量分拨使用权限。在后面这种情况中，没有人能够在为获得政府肯定的执照下使用水资源，除非是一些对水资源的小规模的索求，例如家庭用水和非灌溉型农业用水。当然还有许多其他的对于水资源使用的管控律法，包括西班牙律法，这是一个来自政府的许可体系，曾一度在被西班牙所统治的领土上施行。得克萨斯州和智利采用的都是这样的律法。类似以色列这样气候极其干旱的国家或许就会采取声明水是公共财产这样的用水法，并且将用水划归到国家的管控之下，这完全是出于国家发展和国民生计的考虑。在这种用水模式下，对于水资源的获取必须拥有"生产许可证"，并且只能用于指定的用途。还有一类关于水资源的立法主要在非洲，在那里，许多情况下部落和宗族的利益比个人重要得多。在所有广泛实行的律法中，美国西部州的优先占用权被认为是最好的水资源法之一。前文提到的美国大平原下的奥加拉拉地下蓄水层，仍处于占用规则的修正之中，例如井间距规则。不同的是，西部州并没有沿袭古老的英式占有法，优先占用权更具可适性，且更有利于经济增长，并且由于水资源在政府管辖之下，更便于规划做新用途。不论是面对湿润的环境还是干燥的气候都能应付自如。

由地下水过度开采所带来的地表水供应的减少和衰退，实际或潜在地都会让水资源的公平使用权大大复杂化。虽然地表水和地下水在成分上没有差异，但许多国家在对水资源立法时都没有意识到地表水和地下水的物理连接。得克萨斯州境内的爱德华兹蓄水层的管理就是一个令人费解的水资源管理现象。地表流经的水是州管辖的水，而地底回流补给的水则是由占有权决定归属，在回流补给的水中露出地表的部分，例如泉水，则又变成了州所管辖的水。这说明了为什么需要有一个专门的机构来根据辖区内的整个流域对水资源进行一个公平的管理；在这种情况下，得克萨斯州的水务机构也许是最合适的管理权威。在最小化对地表水的影响的前提下，美国西部州的地下水发展利用受到了许多限制，但不管怎么说，水文立法的远景并不是要在将来证明或补偿滥用地下水所带来的损害。

地下水的开采

若不削减业已开发过度的地下水,将会破坏当地的水文地质和水生环境。过度开采地下水会带来的一些更严重的问题,包括地下水枯竭、井间干扰、地表水侵害、水质退化以及地表沉降。

地下水枯竭

虽然全球地下水枯竭的总量无法量化,但在澳大利亚、印度、墨西哥、泰国、北非、中国北部、中东、南非、中非、美国西部等地区对地下水过度开采的证据是显而易见的。根据美国国际发展局(the US Agency of International Development, USAID)的数据,全球的地下水正以每年不少于1 600亿立方米的速率枯竭着,几乎是尼罗河泄洪量的2倍(USAID 2007)。在整个20世纪内,美国境内估计大约有700～800立方千米的地下蓄水层(5倍于死海的容量)枯竭了(Konikow & Kendy 2005)。

由于毫无节制的地下水泵取(目前已超过地下水回流补给量的两倍),印度的水位每年下降1～3米,而且美国国际发展机构预计,在未来的25年内,由于无以为继的地下水供应,印度的谷物产量将减少25%甚至更多。约旦和也门如今年消耗地下水量是其回流补给量的1.3倍(Hinrichsen, Robey & Upadhyay 1997)。美国国际发展机构还指出,墨西哥的一些农业地区的地下水以每年超过3米的下降速度消耗着,这样下去也很有可能会发生地下水枯竭。

井间干扰

间隔不当、抽水过度,即会造成井间干扰。这种干扰指的是当另一口井(通常在附近)在泵取水的时候,直接导致眼前的井水水位和/或产率显著降低。如图A.7所示,当一口井水位的凹陷向锥面聚集,再加上泵水的效果从而增加了三维空间的水位下降,此时便会产生井间干扰。井间干扰既取决于当时的地

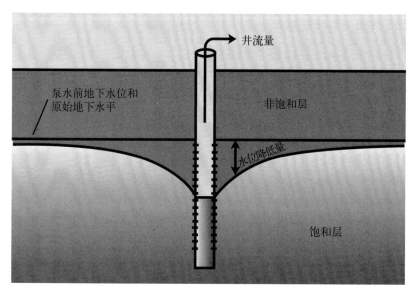

图A.7　凹陷锥面

来源:根据US Geological Survey 1999图片改制.

下蓄水层的情况和特点，还取决于泵取的频率。美国西部大多数地区以及其他有着用水管控条例的地方都有相关的保护法律，为的是尽可能地减少井间干扰带来的危害，同时也尽量减少正在作业中井水的泵取率。

地表水侵害

泵取地下水不仅会影响地下水的分布以及人类对生活消费所需的地下水的获取，而且对于那些维持河道流量的动植物物种和其他环境因素都是十分重要的。泵取时引起的在时间和/或地下水流入或流出的空间分布的变化，会极大地影响地表水的数量和质量。除了可能影响水的酸度和水温，地下水和地表水的相互作用性质的改变可能会造成在水中营养物质和氧气溶解度的改变，进而可能会形成不利于鱼类和其他水生生物的生存环境。

水质退化

任何地下水的使用，无论是作为城市、工业，还是农业用途，常常会导致水温的升高和诸如钠和硫之类溶解元素浓度的增加。在受到了污染回流的环境中的水质，会经由地下水的开采受到严重的影响。当盐从表层土壤中浸出，并随着地下水的不断循环更加集中于灌溉之中，使得过度灌溉与渍水土壤问题变得相当严重。这种盐化会降低农业生产，使地下水资源退化，并且损害灌溉项目。在世界上许多大城市坐落的沿海地区，地下水的过度下降会使得海水蔓延至内陆并侵入淡水区，大大地减少可用饮用水的容积。由于地表被污染或盐水的泄漏，取走最易回流的地下淡水能够留下

质量次一级的水。随着地下水被耗尽，来自垃圾填埋场、化粪池、固体废物堆、采矿作业处、漏水的地下设施和其他危险废物的有毒来源的劣质水会在连通的液压下流入脱水的地下含水层。从公共健康的角度来看，过度泵取的地下蓄水层最容易受到来自农药、营养物、重金属、烃的污染，以及来自农业、制造业、加工业、运输业等产业的有毒副产物。一旦被污染，该处地下水来源要想再恢复是极其困难和代价高昂的。

地表沉降

从密闭冲积（砂石）含水层泵取地下水会减小冲积颗粒之间的孔隙空间中的流体压力。这种含水层孔隙度的减压会诱发水从覆盖物的相邻区域缓慢引流。如果由可压缩淤泥或黏土组成，继续泵水会减小水在覆盖物上的压力，使其由于上覆岩层的重量塌缩。在那里难以获得回流补给或者得到的补给程度非常有限，有限到排水的空隙空间尚未被填满，压实就已通过地下转移到了水平地面，从而导致地面沉降、结构破坏以及排水模式的改变。由低渗透覆盖材料的不可逆塌陷导致的地表沉降是永久性的，这不仅抑制了陆面，同时也大大降低了地下蓄水层存储和传送水的效能。

已被记录下的全球范围内由过度泵取导致的重大地面沉降包括：泰国曼谷（1～2米），得克萨斯州休斯敦–加尔维斯顿（1～2米），路易斯安那州新奥尔良（2米），中国上海（2～3米），意大利威尼斯（3米），墨西哥墨西哥城（7米多），加利福尼亚圣华金河谷（8米）（USGS n.d.）。

可持续发展管理

地下水枯竭是向地下蓄水层过度索取水资源的必然后果。起初，人们只是从地下蓄水层存储的水资源的泵取自己的所需，但随着时间的推移，越来越多地从降低地下水的排放和/或诱发地下水的回流补给获得。为了最大限度地减少损耗的程度，并保持饮用水地下水储量，在一定程度上，必须要谨慎的可持续的管理。据美国地质调查，地下水可持续管理手段优先次序为：① 有效利用存储中的地下水；② 保护地下水资源的水质；③ 保护水文环境；④ 整合地下水和地表水，形成综合的（可联动施行的）规划和管理方案。

创新举措

通常情况下，大多数国家的政府的做法是制定新的水法，以给出可持续水供应的最佳解决方案。例如，通过降低水分的蒸发来提高农业灌溉的效率是一种普遍的做法。滴灌就是一种为尽可能减少水分蒸发散失而产生的技术。在一些地区诸如得克萨斯州的埃尔帕索以及加利福尼亚州的里弗赛德，废水排放的问题就被严肃对待，在那里废水要么再次被利用用于制冷，或是在从井中抽取之前，先经过过滤再回流到地下蓄水层进行补给。这一措施对于延长一个地下蓄水层的寿命或是防止盐水在淡水回流的时候蔓延进入内陆都是较为有效的。

可持续发展农业也包括发展能使用更多盐水来源且在少量淡水下也能存活的新型植物。并不是所有的作物在提供诸如蛋白质之类的优质营养来源方面的效能都是相当的。发展抗病或抗冻植物也能优化全球农业产量

的分布。用于生物质能生产的植物培养是一个正受到越来越多人关注的热门领域。

一些技术，既包括自然技术，也包括人为手段，正服务于气候调节和可持续发展管理。它们包括：

● 流域和生态系统管理（Watershed and Ecosystem Management）。实例包括低影响发展（Low Impact Development, LID）以及最佳管理实践（Best Management practices, BMPs）。低影响发展管理水源或是水源附近的径流，以提高地下蓄水层的回流补给。这些管控措施应遵循最佳管理时间的设计形式来模仿人为开发前的水文环境。例子包括贮留池、植被洼地、多孔路面和渗透沟。

● 水资源短缺问题（Water Scarcity Issues）。水资源的全面审查应包括保护、需求管理诸如非饮用水的重用（已经通过污水处理厂的水，并已经过充分的处理，使其能够用于非饮用用途；一些地区对于二次用水的处理已经达到经由专门过滤池净化，可再次饮用的地步）、海水淡化、跨流域转移，并联合利用不同的水资源来源供应。

● 需求管理（Demand Management）。这是通过更高效地用水来提高当下水资源的效率。这一方面的初步举措包括有流量控制、防漏、计量、节约费率结构、公共教育和法律保障。

● 地下蓄水层的储存和恢复（Aquifer Storage and Recovery, ASR）。这里包括从别的来源为地下蓄水层进行补给，而用于补给的水质不可对地下蓄水层造成污染。有了水就及时存储，在遇到诸如干旱时节这样救急的场合，就投入使用。这样做的一大优点就是存储

着的水不会受蒸发作用的影响。

- 再生水（Reclaimed Water）。这通常是利用处理过的废水流出物，用于代替饮用水进行水景观灌溉、冷却和工业用途。

- 海水淡化（Desalination）。这包括从海水或含盐地下水中除去溶解固体（盐）。采样的流程是基于热蒸发或是基于渗透膜。前一种方法使用不同类型的水蒸气蒸馏和冷凝。热蒸馏方法通常用于高浓度的盐水淡化，如海水。渗透膜的工作过程涉及电渗析或使用电势通过膜与离子交换树脂来驱动离子反渗透。这一技术更适合运用于苦咸水的淡化，特别是在有配套低成本的电力资源的条件下。如今该种方法经常与太阳能发电搭配使用（用太阳能蓄电板或风力发电）。

边界问题

不像水文边界的筑坝效应或遏制方面，地下水的流动并不以政治边界开始或结束；泵动了政治边界的一侧可以明显地影响地下水对其另一侧的分布和可用性。因为地下水的流动是依据物理定律而不是人类强加的规则，完善的地下蓄水层的管理要求所有受影响的政府、政治、法律实体的合作和负责任地参与。为了充分考虑任何特定的地下水系统的资源，水文地质调查工作需努力超越地方、州甚至国界。为了地下水可持续发展的共同利益，跨越国界的政府机构和地下水资源的管理应该尽一切努力来协调自己的目标和战略。

争议

在美国有一些最有争议的诉讼，其中包括人类历来的用水已经导致为濒危物种提供

栖息地的地下水的可用量大大地减少，其中一个例子是在内华达沙漠使用地下水来生产硼砂和采矿作业，导致了魔鬼洞的枯竭，而那里正是业已濒危的鲤齿鳉科的栖居地。另一个例子发生在得克萨斯州的爱德华兹巴尔肯斯断裂带地下蓄水层，在那里越来越多的农业用水和大都市圈（得克萨斯州圣安东尼奥）用水已经造成了大一级泉水的流量受限，原先泉水的流量超过每秒2 800升，而它也是集中濒危物种的家园。在这个案例中，解决该问题的方法采用了爱德华兹地下蓄水层恢复实现项目（the Edwards Aquifer Recovery Implementation Program, EARIP），这是一个通力合作，基于共识的利益相关者的执行过程，人们在其中寻求平衡地下水开发、使用和联邦濒危物种的恢复与休养生息。许多利益相关者正在努力制定一个计划，以保护栖居于此处但可能受到爱德华兹蓄水层管理影响的联邦濒危物种。该计划的目标便包括了帮助这些物种的恢复与休养生息。

另一个争议是围绕石油和天然气井的不加控制操作和/或废物处理区域位置的不合理选取导致的优质供水污染。关于这一议题的一个例子来自石油工业，当金属套筒不再产生足量的石油时，便将它从油井中移除，这在过去是惯常的做法。然而在许多情况下，这一习惯导致了优质地下蓄水层受到石油或盐的污染。在大多数情况下，这种污染的清洁和恢复成本远高于开采石油所获得的利润，实在是得不偿失。

有一种情况，在过去，甚至在当今世界上的一些地方仍并不少见，你会发现垃圾填埋场及其他废物处理的地方，渗滤出的液体（水流

经废物并继续下渗到地下蓄水层）中含有许多污染物，诸如营养物质、重金属、放射性物质、盐和无法分解的有机物。更不幸的是，这些物质中有的会致癌。硝酸盐是污染中的一种常见物质，尽管也有别的工业来源的硝酸盐，但它们主要来自作为肥料的化合物的分解或是动物粪便细分的结果。它们会给婴儿的健康带来极大的风险。硝酸盐一旦渗流入用于饮用的地下水中，很可能被使用到婴儿配方中。当妈妈喝下了高硝酸盐浓度的饮用水，哺乳时母乳中也会含有硝酸盐成分。

影响和展望

许多年来，地下蓄水层在为人们的生活供水中扮演了至关重要的角色。在许多方面都有必要完善现代化的地下水使用法律，以满足当前的需求，并且为将来的可持续供水做准备。虽然这会十分困难，但社会必须着眼于未来，并考虑到目前的行为可能会如何影响到未来的资源使用。污染控制机构应考虑对于这一宝贵自然资源的保护，特别是许多可能导致地下水污染的行为都是看不见的（因为在地下），因而更容易被人们所忽略。尽管地下水只占地球水资源总量的1.7%，但它们占据了整个淡水资源总量的30.1%（Gleick 1996）。尽管气候变化最终也许会影响到全球大部分的（如果不是全部）水资源分布，但目前的共识更多地表明，有些地区可能会得到更多的降雨，而其他的获得较少（Lobell & Burke 2008）。为了规避水资源枯竭、环境污染以及相关的后果的威胁，我们的目标和方法必须从开发新的供水向节约、充实、重新分配现有的资源以及更高效地利用方面转变（Molle

2003）。我们也有望从新技术中获得帮助，特别是那些涉及恢复被污染的水的技术，或是通过先进的方法为盐水进行脱盐净化。

尽管地下蓄水层枯竭的原因及其带来的最切身相关的影响已被广泛了解，但并不总是有及时的解决方法。不过，水文与水资源规划者一致认同，地下蓄水层使用的可持续性，需要对可用资源进行仔细的监管，管理者、开发者和使用者之间的合作要尽心尽责，同时要求建立和实施抽水限制和水质标准。比之"先到先得"的地下水开发方式，每个国家必须努力保护地下水的可用性和资源的质量，以确保每一个竞争投资者都能获得一份合适的利益。随着世界人口的增长，对于水资源的竞争也愈加剧烈。由于替代性资源的过度使用和污染，容易获得的供水仍在继续减少，地下水（特别是饮用水和农业用途的灌溉用水）的需求将加剧。

地下水的可持续发展最终需要靠各方面的有机结合，包括减少消耗（保护）、增大回流（补给）、增加替代供水的获取（再分配和再循环），和/或减少或消除污染源。尽管地下水枯竭和一定程度的水质恶化是地下水生产的自然结果，但地下蓄水层的生存能力是要通过创新的管理制度、先进的开发方法以及合理的利用才可能得以可持续发展。

民众教育是重要的，可以让市民了解自己行为与环境的互联互通。美国自来水厂协会（the American Water Works Association, AWWA）已经制定了如下定义："可持续发展指的是通过一种集成经济增长、环境保护和社会发展的方式，为我们和我们的后代提供充足的、可信赖的、水质过关的供水"（AWWA

2010）。对于所有人来说，没有哪一种中心资源比起水资源的需求更为迫切的了。目前，一些最干净的水还在地下蓄水层中，如果我们过度消耗、污染，没能着眼于未来对其进行管理，人类将付出比获取好的、安全的水高得多的代价。

格伦·朗利（Glenn LONGLEY）和
雷内·艾伦·巴克（Rene Allen BARKER）
得克萨斯州立大学

参见：农业（几篇文章）；水淡化处理；水（综述）；水能；湿地。

拓展阅读

Alley, William, M. (2003). Desalination of ground water: Earth science perspective. US Geological Survey, Fact Sheet 075–03.

Alley, William M.; Reilly, Thomas E.; & Franke, O. Lehn. (1999). Sustainability of groundwater resources. US Geological Survey,Circular 1186.

Alley, William M., & Leake, Stanley A. (2004). The journey from safeyield to sustainability. *Ground Water*, 42 (1), 12–16.

AWWA Sustainability Initiatives Coordinating Committee. (2010). Committee report: AWWA takes a leadership role on sustainability. *Journal of the American Water Works Association*, 102 (6), 81–84.

Bear, Jacob. (1979). Hydraulics of groundwater. New York: McGrawHill, Inc.

Bredehoeft, John D.; Papadopulos, S. S.; & Cooper, H. H., Jr. (1982). Groundwater: The water budget myth. *In Scientific basis of water-resource management, Studies in Geophysics* (pp. 51–57). Washington, DC: National Academy Press.

Driscoll, Fletcher G. (1986). *Groundwater and wells*. St. Paul, MN: Johnson Filtration Systems,

Inc. Freeze, R. Allen, & Cherry, John A. (1979). *Groundwater*. Englewood Cliffs, NJ: Prentice Hall, Inc.

Frias, Rafael E., & Binney, Peter D. (2010). Sustainable water resources technologies for a changing climate. *Water Resources Impact*, 12 (4), 3–5.

Galloway, Devin.; Jones, David R.; & Ingebritsen, S. E. (2001). Land subsidence in the United States. US Geological Survey, Circular 1182.

Giordano, Mark. (2009). Global groundwater? Issues and solutions. *Annual Review of Environment and Resources*, 34, 153–178.

Gleick, P. H. (1996). Water resources. In Stephen H. Schneider (Ed.), *Encyclopedia of climate and weather: Vol. 2* (pp. 817–823). New York: Oxford University Press.

Heath, Ralph C. (1983). Basic ground-water hydrology. US Geological Survey, Water-Supply Paper 2220.

Hinrichsen, Don; Robey, Bryant; & Upadhyay, Ushma D. (1997,December). Solutions for a water-short world. Population Reports, Series M, No. 14. Baltimore: Johns Hopkins School of Public Health, Population

Information Program.

Johnson, Corwin W., & Lewis, Susan H. (Eds.). (1970). *Contemporary developments in water law*. Austin, TX: Center for Research in Water Resources, University of Texas.

Kenny, Joan F., et al. (2009). Estimated use of water in the United States in 2005. US Geological Survey, Circular 1344.

Konikow, Leonard F., & Kendy, Eloise. (2005). Groundwater depletion: A global problem. *Hydrogeology Journal*, 13 (1),317–320.

Lobell, David B., & Burke, Marshall B. (2008). Why are agricultural impacts of climate change so uncertain? The importance of temperature relative to precipitation. *Environmental Research Letters*,3 (3), 034007.

Lohman, S. W. (1972). Ground-water hydraulics. US Geological Survey, Professional Paper 708.

Molle, François. (2003). Development trajectories of river basins: A conceptual framework. Research Report 72. Colombo, Sri Lanka: International Water Management Institute.

Remson, Irwin, & Randolph, J. R. (1962). Review of some elements of soil-moisture theory. US Geological Survey, Professional Paper 411–D.

ReVelle, Charles, & ReVelle, Penelope. (1974). *Sourcebook on the environment, the scientific perspective*. Boston: Houghton Mifflin Co.

Sophocleous, Marios A. (2000). From safe yield to sustainable development of water resources—the Kansas experience. *Journal of Hydrology*, 235 (1–2), 27–43.

Theis, C. V. (1940). The source of water derived from wells: Essential factors controlling the response of an aquifer to development. *Civil Engineer*, 10 (5), 277–280.

United States Agency of International Development (USAID). (2007). USAID Environment: Water—Groundwater Management. Retrieved January 11, 2011, from http://www. usaid. gov/our_work/ environment/water/groundwater_mgmt. html

United States Geological Survey (USGS). (1999). The quality of our nation's waters—nutrients and pesticides. US Geological Survey, Circular 1225.

United States Geological Survey (USGS). (n. d.). Land subsidence: Bibliography of selected USGS references. Retrieved May 13, 2011, from http://water. usgs. gov/ogw/subsidence- biblio. html

Upper Midwest Aerospace Consortium. (2010). Fresh water: Groundwater overdraft. Retrieved January 11, 2011, from http://www. umac. org/ocp/GroundwaterOverdraft/ info. html

Weeks, John B.; Gutentag, Edwin D.; Heimes, Frederick J.; & Luckey, Richard R. (1988). Summary of the High Plains Regional Aquifer System Analysis in parts of Colorado, Kansas, Nebraska, New Mexico, Oklahoma, South Dakota, Texas, and Wyoming. US Geological Survey, Professional Paper 1400–A.

Winter, Thomas C.; Harvey, Judson W.; Franke, O. Lehn; & Alley, William M. (1998). Ground water and surface water: A single resource. US Geological Survey, Circular 1139.

Bamboo

竹

　　竹是一种植物,在过去的几个世纪中,竹在热带国家数百万人的日常生活中扮演着不可缺少的角色。作为食物、燃料、建筑材料,竹制品本身有广泛的用途。在21世纪,世界范围内竹子作为木材的替代品的价值不断增加。

　　竹子是一类木质的有多节茎的茂草。竹属于禾本科竹亚科。全世界的竹共有超过75属,有1 300个物种和品种,覆盖面积达到3 600万公顷。作为现代家庭中的建筑材料,竹子已经成为可替代木材的先驱,因为它生长快并且每公顷的产量很高。

　　有的竹类植物在温带、寒冷的区域(东亚)互相分开单一生长(散竹类),或者在温带或亚热带地区(西亚、东南亚、南美洲)成簇地生长(多形体类)。竹茎大部分是空的,在竹节中间以圆的隔板隔开。竹节使得竹类植物有强度。

　　竹子生长很快,是地球上用途最多的植物之一。竹的茎是从地下根系的芽上长出来的。嫩芽在雨季出现,在接下来的几个月中

会膨胀,它们最终会长到10～30米,直径为5～30厘米。在茎生长的过程中,竹的生物质达到最大。竹子的年增长速率与竹子的种类、位置和气候都有关系,一般是10～25公吨每年,换算成风干了的生物量是5～12公吨。3～4年以后,人们会有选择性地收割竹茎。

　　竹子是一种能自我再生的原料。茎被收割之后,每年都会有新梢出现,竹还会继续生长。由于对人类的依赖,经过了几十年之后,茎还会开花,然后在其地理和气候区域内死掉。在孟加拉湾的周围,竹子的这种同步的开花和死亡具有严重的社会经济学启示:通过突然提供丰富的水果,刺激啮齿动物食物贮藏,当植物没有了之后,从人类手中剥夺作为自然资源的竹子(Soderstrom & Calderon 1979)。

　　年产量为1 000万公吨的竹可以有成千上万种用途,其嫩枝提供了大量的食物。在如中国或东南亚的一些文化中,将竹茎用作建筑材料已经有几千年的历史了。到19世纪晚期或21世纪早期,竹制品才逐渐在欧洲和北美

洲流行起来。竹茎有许多卓越的性能，是脚手架、编织品、音乐仪器、家具、燃料的原材料，还有副产品如竹席，纸片，以及复合地板。

　　超过10亿人住在用竹产品建造的房子中，这些房子从简单的居民房到四层电梯房到现代设计的结构（Paudel 2008）。由于竹有连锁的根结构，竹也为农作物提供防风作用，稳定河堤和保护森林。由于国际上关于采伐森林引起争论且对木质材料的需求量逐渐增加，人们正在寻找树木的替代品，因而竹的市场在不断扩大。在1997年到2007年之间，国际的竹交易增长了55%，每年需要进口1 500万公吨的竹子，这些竹能够供养30万只大熊猫（International Network for Bamboo and Rattan 2007）。竹子潜在的问题包括成立专门的管理部门，收割、存储以及防止生物的自然灾害，保护竹林因为竹工业的扩大而过度开采。在一个自然资源下滑的时代。这样做，竹制品就还有未来。

沃尔特·利泽（Walter LIESE）
汉堡大学退休

本文改编自沃尔特·利泽所写的"竹"
[Shepard Krech III, J. R. McNeill & Carolyn Merchant（Eds.），*the Encyclopedia of World Environmental History*, pp.118–119. Great Barrington, MA：Berkshire Publishing（2003）.]

参见：农业（几篇文章）；森林产品——木材。

延伸阅读

Cusack, Victor. (1999). *Bamboo world: Clumping bamboos and how to use them*. Kenthurst, Australia: Kangaroo Press.

International Network for Bamboo and Rattan (INBAR). (2007). Bamboo and rattan trade database. Retrieved November 12, 2010, from http: //www. inbar. int/trade/main. asp

The flowering bamboo. (n. d.). International Network for Bamboo and Rattan. Retrieved September 14, 2011, from http: //www. inbar. int/Board. asp?BoardID=254

Judziewicz, Emmett J.; Clark, Lynn G.; Londoño, Ximena; & Stern, Margaret J. (1999). *American bamboo*. Washington, DC: Smithsonian Institution Press.

Liese, Walter. (1998). *The anatomy of bamboo culms*(INBAR Technical Report no. 18). Beijing: INBAR.

Lobovikov, Maxim; Paudel, Shyam; Piazza, Marco; Ren, Hong; & Wu, Junqi. (2007). World bamboo resources: A thematic study prepared in the framework of the Global Forest Resources Assessment 2005. Rome: Food and Agricultural Organization of the United Nations. Retrieved November 12, 2010, from ftp: //ftp. fao. org/ docrep/fao/010/a1243e/a1243e03. pdf

Meredith, Ted Jordan. (2001). *Bamboos for the gardens*. Portland, OR: Timber Press.

Paudel, Shyam K. (2008). Engineered bamboo as a building material. In Yan Xiao, Masafumi Inoue & Shyam K. Paudel (Eds.), *Modern bamboo structures* (pp. 33–40). London: Taylor and Francis Group.

Soderstrom, Thomas R., & Calderon, Cleofe E. (1979). A commentary on the bamboos. *Biotropica*,11 (3), 161–172.

Bioenergy and Biofuels

生物能源与生物燃料

在化石能源兴起的20世纪初以前，生物燃料曾是可供使用的主要能源。对于贫困的人群来说，生物质能仍然是他们使用的主要能源。生物质能并非一种过渡能源，而是不管在发达国家还是非发达国家，它在家庭（从三石炉灶到小炉子、热水壶）以及工业上的热能、电能、交通能源的供应上越来越受青睐。

从远古时期起，我们就已经学会了用生物质获取能量，而这种能源并非没有未来。恰恰相反，国际能源组织2002年的研究表明："直到2030年，发展中国家中超过26亿的人口还会依靠生物质煮饭、取暖。"也就是说，这一数字要比2010年多了3亿。生物质能在现代社会主要被用于家庭使用（炉灶、小型热水壶），以及大型工厂的制热和发电，而这种应用的规模在过去的几十年里已经有了可观的增长。

生物质能的来源和用途皆十分广泛，人们用很多个名称来描述这种从树木和农业废物等有机物中获取的能源，如生物质能、生物能、生物燃料等。近来，"生物能"被用来代指固态生物质和流体式生物燃料（如生物柴油、生物乙醇和生物燃气）。然而，在本文中，笔者以"生物能"代指固态的生物质，以"生物燃料"代指流体式生物质（如生物柴油、生物乙醇）。

多样的生物质的应用可以用著名的7个领域概括：食物、燃料、饲料、原料、纤维、废料以及新兴的金融领域（考虑到其潜在的经济价值）。把生物质用作能源也需要各种各样的转换技术（指将生物质转化成其他更适用的能源，如将甘蔗发酵制成乙醇），以及牵扯到社会、经济和生态环境的复杂网络。在如此短的篇幅里，细致讨论关于生物质能的一切影响和关联是不可能的。我们在此仅仅指出其最显著的特征。

生物质的应用

生物质能的应用包括固态式（即，通过燃烧获取热能和电能）和流体式（即，转化为液态或气态燃料）。生物质能有五种基本使用方式（Rosillo-Calle 2006）：

（1）传统的家庭将生物质用于烹饪、照明和取暖，这在发展中国家最为普遍（即，薪材、农业废物、木炭等）。这种方式的转换效率为3%～20%（即，只有3%～20%的物质转化为可用的能量，剩余的都被浪费掉了）。

（2）传统产业、家庭手工业、小型工业（如生产茶叶、烟草、砖以及制陶等）一般使用木质的生物质，其转化效率为10%～25%。

（3）现代工业生产规模通常远大于家庭手工业。他们使用热力燃烧技术（如锅炉），转化效率在26%～60%之间。

（4）化学应用（如利用化学反应进程），把生物质转化为可用的能源形式。

（5）生物学应用是把生物质转化为流体（如乙醇发酵和厌氧消化）。

生物质原料可以被分为三大类：残渣/废物（例如源于小麦麦秆等农作物）；专门的能源作物（例如专门用来提供能源的作物，如用于获取热能、电能的白杨或者用于生产生物乙醇的甘蔗）；以及来自大自然的生物质，如森林。

相比于转化生物质的一部分（即其糖分、淀粉和油脂）成为液态，使用生物质的全部（即消耗全部生物质来制造电能和热能）的效率更高。

生物质的能源潜力

许多研究曾试图评估全球生物质能的全部潜力，可他们得到的大量答案都是基于地理焦点、投影时间的结果，假定目标为化石燃料及其替代品的种类，以及转化进程、原料种类和基于农业实践和生产的假设。由于没有一个普遍使用的，用来衡量生物质能的潜能的方法，上述研究所得出的结果大相径庭。

尽管化石燃料在全球市场大约贡献了500 EJ的能量，而生物质能仅贡献了50～54 EJ的能量，但是无论是在传统领域还是现代应用领域，对于生物能源的需求量是整体增长的（EJ为能量单位/功单位，1 EJ=10^{18} J）。在这个数据的测定上是存在较大偏差的，其中70%～80%的数据取自发展中国家（非洲国家为主）的传统应用领域。在这些地方，生物质仍在他们主要的能源需求中占有50%～80%的比例。2007年生物质在发电和工业应用中只提供了6.4 EJ的能量，而作为交通燃料的仅有2.6 EJ（Dornburg et al. 2010）。

对未来生物能源供应量的估计区间也是很大的，比如说大概介于每年215 EJ和1 272 EJ之间（Smeets & Faaij 2007）。关于生物质的潜力，或者严格地说，从生物质中可获取的能源的潜力，可以分为三大类（Dornburg et al. 2010）：

（1）有机废物以及农林业剩余物，每年可提供30 EJ到180 EJ的能量。

（2）林木生长量的盈余，每年可提供的能量在60～100 EJ之间。

（3）常年作物的生物质，大概每年120 EJ。

近来，在生物质能的使用和交易方式上发生了一些根本性的改变。虽然生物能源过去大多是在本地使用，但是自21世纪初起，它开始出现在国际贸易中；举个例子，2009年欧盟进口了超过3.9兆吨（Mt）的木屑颗粒，其全部被用于发电（Bio-energy Trade n.d.）。值得强调的第二点是我们必须有一种可持续生产和使用生物能源的方式。如果想要长期发展利用生物能源，它必须能够证明其在环境效益和社会效益上，相比化石能源有巨大优势。这已经成为生物质能要解决的核心问题。

固态生物质

由于其大多数原料都可以从农业残渣、废物以及其他不与粮食作物相冲突的木质生物质中获取，无论在传统形式还是现代形式上，固态生物质都有扩大生物能源使用程度的最大潜力。现今，这一资源在很大比例上被浪费掉了。尽管一些优惠政策——这些政策使得人类减少了对石油的过度依赖，并且增加了能源供应种类，以及对环境问题和全球变暖的担忧，都极大增进了流体式的生物燃料的扩张进程，但由于液态生物燃料对粮食作物的冲击，人们的担心也在日益加剧。

液态和气态生物燃料

关于生物燃料的使用已经不是新鲜了，其使用可以追溯到20世纪初。在汽车被发明的时候，把乙醇用作运输燃料就有记录（参见Kovarik 1998; Rosillo-Calle & Walter 2006）。

许多研究试图评估生物燃料的潜力，都因为上文提到的诸多原因得出了不同的结果。举例而言，根据英国石油公司在2011年的一个研究，2010年生物燃料在运输燃料中占3%的比例，为每天5百万桶（Mbbl/d），到2019年这一比例将达到9%，即2020年后每天650万桶（Mbbl/d）。国际能源署（International Energy Agency, IEA）估计截止2050年，如果供应充足，生物燃料将提供整个交通燃料供应量的27%，每年可以减少21亿吨的二氧化碳排放量。

乙醇

乙醇在四冲程发动机中是作为替代品使用或掺入矿物汽油中使用的（四冲程发动机使用矿物汽油，主要用于轻型机动车，与使用柴油的柴油发动机相对）。全球的乙醇生产量已经从2006年的392亿升提升到2011年的约887亿升；两个数据中巴西和美国分别生产了356亿升和790亿升（GRFA 2011）。有研究估计，乙醇燃料的产量到2019年会提升到1 590亿升；这在展示2007年到2019年的乙醇生产原料的图B.1中有所体现。甘蔗（巴西）和玉米（美国）始终是生产乙醇的主要原料。

经济合作与发展组织/联合国粮农组织（2010）的研究表明，美国在这一时期预期可以保持乙醇最大的生产者和消费者的地位，紧随其后位列第二的是预计在2019年占有世界乙醇生产份额35%的巴西，而巴西预计将成为世界最大的乙醇出口国。到2019年，由于弹性使用燃料汽车的保有量的迅速增长，巴西的国内生产量预计将增长到417亿升。

到2020年，许多其他的国家也会成为乙

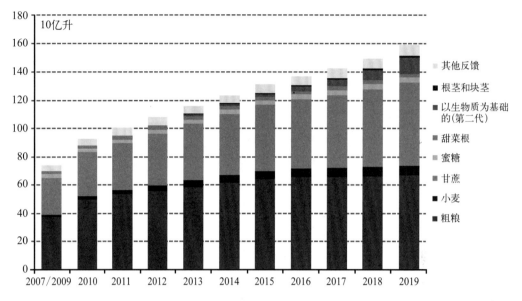

图 B.1   全球不同原料生产的生物乙醇产量（2007/2009—2019）

来源：OECD & FAO 2010.

醇的重要生产者（超过50个国家拥有一些生物燃料计划）。如哥伦比亚的生产量就可能从2009年的400万升增长到2019年的880万升。到2019年，中国的生产量可能提升到60亿升，主要产自甜高粱以及其他低质量的谷物。2019年预计印度的出口量也将从2009年的16亿升增长到2019年的30亿升（OEDC & FAO 2010）。

生物柴油

生物柴油被用于使用矿物柴油的柴油发动机。全球的生物柴油生产量在2019年将达到近410亿升。图B.2展示了从2007/2009到2019年生物柴油生产的原料。可食用的植物油预计仍将是其生产的主要原料，但受其他原料（如麻风树）使用比例的增加，以及第二代生物柴油的有效使用的影响，其比例将从90%下降到2019年的75%。第二代生物柴油是由更先进的转化工艺加工而成的，现今人们正在使用藻类等对其进行研发。生物柴油可以在2019年占到全部柴油供应的6.5%（OECD & FAO 2010）。

欧盟是生物柴油市场的主要参与者，其在2019年的生产量可达到约244亿升，或者说全球使用量的60%。从2016年到2019年，第二代生物柴油的产量可高达26亿升，或者占欧盟生物柴油生产量的13%。许多其他国家也将扮演越来越重要的角色：到2019年，美国仅从牛脂或其他动物脂肪的生产量就可达到26亿升，或者说约占总产量的66%；加拿大的使用量预计达到7.65亿升；阿根廷，36亿升；巴西，约30亿升；哥伦比亚8.75亿升。在印度，这一数值将达到30亿升，主要由麻风树油产出（全部供国内使用），而在印度尼西亚和马来西亚（主要产自棕榈油）将各达到10亿升（OEDC & FAO 2011）。

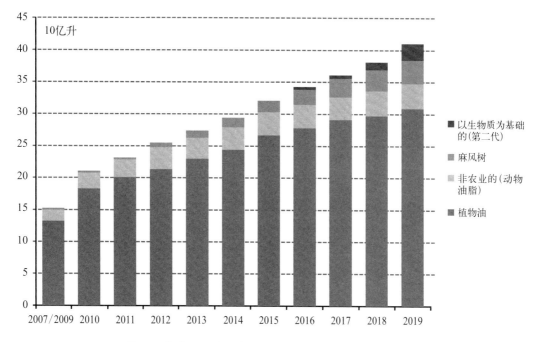

图B.2 全球不同原料生产的生物柴油产量(2007/2009—2019)

来源:OECD & FAO 2010.

沼气

沼气是天然气的一种替代品。移除其中的二氧化碳(CO_2),可以轻易地将其品质提升到和天然气同样高的程度。几十年来,它在许多国家都被当作能源使用(如中国、印度、尼泊尔)。最近包括丹麦和德国的一些其他国家,出于环境考虑而不是能源考虑,在废物处理过程中生产沼气(Rosillo-Calle 2006)。沼气的主要应用包括国内的小规模使用(例如烹饪和取暖),小型家庭手工业(如砖窑),以及工业应用(如大型工厂的废物处理)。

现代的沼气应用包括交通运输领域的缝隙市场,比如大客车、垃圾车(因为沼气的发热能力较差,需要大量携带,故并不是理想的交通运输燃料),其在发电领域的应用越来越多。

技术走向

大规模使用生物质能存在许多障碍,其中包括数个扩大规模的障碍和一个必须跨过的转化技术商品化的瓶颈:生物质笨重的自然性质、原料的多样性、质量密度、能量密度、体积,以及水分含量等。由于篇幅有限,我们不作具体描述,仅介绍技术指标。

直接燃烧过程

这一种类涵盖了从三石炉灶到燃烧多种燃料的高效锅炉,他们可以燃烧甘蔗渣。在这一领域是不大可能取得根本性进步的。

热化学进程

这一部分包括高热分解、干馏、废热发电以及热电联合、气化和催化液化。这是一个有提升潜力的领域。举个例子,整体生物质气化炉/燃气轮机或者整体煤气化联合循环(Integrated Gasification Combine Cycles, IGCC)都有着发电的巨大潜能,不仅廉价而且高效。比如,35%到50%以上的净热值,这比直接燃烧要高效得多。虽然还有一些技术问题有待解决比如气体净化,但是这种技术马上就会有(大规模的)商业化的可能性。木质生物质(木材、木炭以及其他生物质)会被气化,从而产生一种发生炉煤气,然后可以被用于生产电能和动力。

生物化学进程

厌氧消化、甲烷生产、乙醇及其他流体式生物燃料的应用提升了从纤维材料中获取乙醇的进程(酸与酶)。虽然在这方面我们已经取得了巨大的进展,但是要利用生物化学进程来生产燃料,我们还有很长的路要走。生物化学进程仍然是研究和发展的最重大挑战之一。

在推动生物化学进程成为一种经济节能的生产燃料的方式过程中,还有很多领域是需要努力的:

- 扩大规模——即以合理的价格得到所需的原料,昂贵的价格仍然是一个重要的阻碍。
- 商业化的时间——实验室和商业化之间的时间跨度,因为这个进程要占用很多的时间。
- 可承受性及认证问题——如果不能很好地处理,将会大大打消人们的积极性。
- 解决间歇性问题——用其他能源做后备支持的需求,就像在发电领域。
- 更高效适合的作物的应用。

- 在生物质收集、运输和存储技术上的提高。
- 土地利用变化及与粮食的竞争——能源作物的扩张是占用生产粮食的农业用地的。
- 在生产和转化进程中的水资源消耗(数量和质量)。

对土地利用变化的直接或间接的影响

关于生物能源扩张带来的潜在土地利用变化,尤其是生物燃料,人们正在争论不休。有许多关于生物质能直接或间接影响土地利用变化的文章,尤其是液态生物燃料,更是有关环境和经济影响大讨论的核心。国际能源署指出,到2050年满足这些文章所估计的对生物燃料的需求将会需要65 EJ的原料和1亿公顷土地,还要加上另外的80 EJ和0.45亿公顷土地来产热和发电,共1.45亿公顷(IEA 2011)。

把潜在的土地利用变化的间接影响纳入我们的考虑之中——这种包含为生物燃料扩张的方程增加了一个维度。迄今为止,大多数研究只关注了潜在的直接影响。如果把间接的影响考虑进去,人们能更好地阐释生物燃料的负面影响。例如,美国乙醇生产正在迅猛增长,这导致了玉米种植的增加(在美国,玉米是生产乙醇的基础原料),同时导致了两个主要的间接影响:① 因为种植大豆的土地被种植玉米所占用,专门生产大豆的土地减少;② 美国的大豆减产。虽然总体上生产大豆的土地面积在全球范围内并没有增加,但是其他国家(如阿根廷和巴西)为应对市场需求的变化而增加了大豆产量,并由此导致了林区的大规模开垦。间接影响包含为尽量减少生物燃料的消极影响提供了前景,虽然这种包含必须平等地应用于所有的产品和燃料，以获得完全公平的竞争环境。间接影响的方法论仍然处在其发展的初级阶段，对它的应用可能导致错误的政策制定。目前有关食品与燃料对抗的讨论已经集中于担忧生物燃料对以下几个方面产生的影响：食品安全（获取食物的可能性和方法）、食品价格、土地竞争、某些生物燃料来源所带来的低于预期的温室气体效益、生物多样性和持续影响，以及补贴带来的市场扭曲（Rosillo-Calle & Johnson 2010）。

但是，讨论中存在大量的错误信息和信息误读，因为生物能源和生物燃料的生产与粮食生产存在互补关系。举例而言，如果甘蔗被用作乙醇生产原料，它也可能被用来制糖（以40%到60%的比例生产糖或乙醇），以及生产能源（工厂运营所需的热能和电能），甚至在使用高效锅炉的情况下，产生过剩的电能卖给电网；它也可能生产出一些其他的副产品，如酵母和二氧化碳。如果换作是玉米，那么副产品就包括动物饲料和油脂。这里要强调的是，如果副产品能得到良好的应用，生物燃料可以只是产品之一，而不是唯一的产出品。

粮食安全及其价格高峰常常被归咎于生物燃料，但实际上它是有多种原因的：

● 不断变化的消费模式（生活水平的提升，特别是在巴西、中国、印度等发展中国家）导致了富有的人在肉类和其他高档产品上更多的消费。

● 发达国家对国内农业生产的补贴及其在国际市场上对剩余农产品的倾销，导致了扭曲的农产品市场，从而产生了历史性和持续性的影响。

● 在农业领域持续低迷的投入，受过去10年商品粮低价的影响愈发严重，美元的波动也导致了粮食安全和粮食价格上的恐慌。

● 投资者和贸易者对大宗商品日益增强的关注，也使得价格的变化对于市场组织的异化更为敏感。

● 贫穷和不平等的收入分配也是重要议题，这不是因为没有食物可以供应，而是因为第三世界的大多数人无消费能力。

● 诸如油、肥料、农药等的农业投入的成本不断提升。

总体来说，生物质能尤其是生物燃料，所造成的潜在问题是无法简单回答的。现有的争论都过于简化，这在很大程度上是受伦理问题和既得利益而不是科学理念所驱使。因为生物燃料的生产和使用是一个多层面的问题，所以我们做出有关生物燃料的决定时需要一个更整体的考虑，包括考虑到生物燃料的生产与使用同时对土地使用、温室气体排放、粮食价格以及可持续性产生的影响。如果涉及生物燃料作物在本质上是优于或劣于其他农作物这一问题，这种争论是华而不实的。

现代化、多样化和农业的复苏，与现代工业化的生物能源、生物燃料部门是并肩成长的，同时获得更高的产量和生产力是这三者的共同需求。农业需要许多根本性的改变：土地所有权；公平的分配；农民教育素养的提高；资本、技能、财经和贸易知识的可获得性等等。除了上述因素之外，种植业不应被视为一种落后的产业，而应该被视为一种以科技驱动的产业。

未来趋势

虽然世界对能源的需求不断增长，而便

宜而清洁的能源正在减少；同时全球人口也在不断增长，生活水平提高所带来的需求也在不断增加。在不危害其提供粮食本位的前提下，农业如何扮演一个潜在的，满足上述需求的角色？在经济、社会、政治以及环境方面会带来怎样的后果？我们如何对待这个越来越复杂的结果是至关重要的。因而，我们正面对着一个五重的困境：

（1）我们需要化石能源的替代品，但在短期到中期，找到石油的可用替代品是极其困难的。

（2）我们需要便宜、可靠而且清洁的能源，但能源需求的不断增长使得这一可能更难实现。

（3）我们希望生物燃料成为近乎完美的清洁能源，但我们受到各种愈发严厉的环境法规的限制，同时无视了石油造成的巨大危害。

（4）我们需要对生物燃料较宽容的政策，只有这样，生物燃料才能和化石能源公平地竞争，但这恰恰是现今十分缺乏的。

（5）我们要在食品生产与粮食安全、生物燃料生产、温室气体和可持续性之间找到最佳的平衡点。

达到这些目标并不容易，因为这些需求并不现实而且会给农业部门造成巨大的压力。农业部门需要更多的资源（例如研究、资金和技术）来应付这众多的需求。

自21世纪早期起，生物质能已经经历了重大的转型。虽然在传统领域，化石燃料仍占有巨大的比例，但是，正在发展的生物能源在许多工业需求和现代需求上都已经有了完整的体系；现在也出现生物燃料的全球贸易，如可用于发电的木屑颗粒和可用于交通运输的液态燃料（Bio-energy Trade n.d.）。所有迹象都显示出这些趋势将会加速，在一系列支持生物能源发展的政策出现后，生物能源将迎来一次巨大的扩张。生物能源未来的发展会受很多未知因素的影响，尤其是油价的变化，当然这些影响因素也包括政策、经济、环境标准的设立、第二代政务燃料的发展以及在农业发展中粮食生产和能源生产的冲突。

结束语

生物质能源不是一种过去使用的能源，它正扮演着一个重要的角色，而且如本文所说，会在未来发挥越来越重要的作用。生物质能的使用正在复兴，但这也带来了更多的担忧，尤其是关于流体式生物燃料的大规模生产所涉及的潜在影响。这些质疑并不都是合乎情理的，常常言过其实，但也确实有一些本可避免的问题发生了；我们需要制定更兼顾全面的政策，而这些政策的支持者和反对者也应当对此慎重评估。生物燃料的生产应该是对粮食作物生产的补充，而不是其竞争者。以下列出几个避免重蹈覆辙的建议：

● 接受生物燃料的局限性。在不同地理条件下它们的作用不尽相同，我们需要所有可用的能源，包括化石燃料。

● 发展最适于能源使用的原料，比如甘蔗——这种原料完全可以做到低投入高产出。

● 改进农业管理、更新农业的研究和发展，认识到现代的、动态的农业部门是生物能源发展的核心。

● 发展可以在边缘土地上种植的、不与粮食作物相冲突的能量作物，比如草和藻类，并且在食物能量作物之间更多地使用间作。

● 在粮食生产和生物燃料生产上多做整体研究。食物和能源的生产是可以互补的，而非一定是互相冲突。

● 制定公平的、全球适用的可持续的认证标准并且强调"土地利用变化的间接影响"理论的严重缺陷。

● 确保在所有能源之间存在公平竞争的环境。

● 支持公平自由的生物能源贸易、标准与和谐的环境。

● 确保对生物能源或生物燃料长期稳定的政策和财政支持。

● 允许市场扮演更重要的角色。

生物质能从远古时期就开始陪伴我们，现在也仍然是世界范围内20亿人口使用的主要能源。据估计，到2030年，仅在烹饪和取暖上，全球就有大约26亿人依赖生物质能。但为了生物能源未来的长久发展，它必须被持续地生产和使用，并显示其相比于化石能源在环境和社会领域的优势，这在生产和使用上都意味着现代化的进程。虽然与生物质相关的科技正在迅速发展，但对生物质能的研发投入相比化石能源仍显得无足轻重。只是出于对环境、能源安全和全球气候的考虑，加上技术和社会经济学的变化，生物能源在最近才作为化石能源的替代品而受到相对的重视。不过，我们还有很长的路要走。

弗兰克·罗西奥－卡乐（Frank ROSILLO-CALLE）
伦敦大学帝国理工学院

参见：农业（几篇文章）；藻类；食品安全；自然资源经济学；太阳能；甘蔗；水能；风能。

拓展阅读

Bio-energy Trade. (n. d.). Homepage. Retrieved July 18, 2011, from www. bioenergytrade. org/

BP. (2011). BP energy outlook 2030. Retrieved May 11, 2011, from http://www. bp. com/ sectiongenericarticle. do?categoryId=9035979&contentId=7066648

Dornburg, Veronika, et al. (2010). Bioenergy revisited: Key factors in global potential of bioenergy. *Energy and Environmental Science*, 3,258–267.

Global Renewable Fuels Alliance (GRFA). (2011). Homepage. Retrieved May 11, 2011, from http://www. globalrfa. org/

International Energy Agency (IEA). (2002). *Energy outlook 2000–2030*. Paris: IEA.

International Energy Agency (IEA). (2011). *Technology roadmap: Biofuels for transport*. Paris: IEA.

Kovarik, Bill. (1998). Henry Ford, Charles F. Kettering and the fuel of the future. *Automotive History Review*, 32, 7–27.

Organization for Economic Co-operation and Development (OECD) and the United Nations Food and Agriculture Organization (FAO). (2010). *Agricultural outlook 2010–2019*. Paris: OECD.

Rosillo-Calle, Frank. (2006). Biomass energy: An overview. In K. Heinloth (Ed.), *Landolt-Bornstein Handbook. Vol. 3C: Energy Technologies* (pp. 334–373). Heidelberg and Berlin: Springer.

Rosillo-Calle, Frank, & Walter, Arnaldo. (2006, March). Global market for bioethanol: Historical trends and future prospects. *Energy for Sustainable Development* (Special Issue), 10 (1), 20–32.

Rosillo-Calle, Frank, & Johnson, Francis X. (Eds.). (2010). *The food versus fuel debate: An informed introduction to biofuels*. London: Zed Books.

Smeets, Edward M., & Faaij, André P. C. (2007). Bioenergy potentials from forestry: An assessment of the drivers that determine the potentials. *Climate Change*, 81 (3–4), 353–390.

Bushmeat

丛林肉

以获取肉类为目的的狩猎活动仍然存在于世界的许多地方,其中的原因有多种:有的是将其作为珍贵的文化传统而保留,有的是出于生存需要,有的则是为了获取利益。为了保护那些濒临灭绝的物种,维持当地野生动植物的可持续发展,越来越多的地方禁止了狩猎活动。但是在有些地方,非法的狩猎活动依然很猖獗。

丛林肉是指在野外获得的肉,这个词主要用于美洲、非洲和亚洲的热带雨林区。丛林这个词是指城镇以外的区域,可能起源于殖民区,由荷兰语中"*bosch*"一词衍生而来。不可持续的猎杀会造成一个动物群种的消灭,威胁到当地生态系统的稳定性。为了应对所谓的"丛林肉危机",国内和国际的各种活动不断高涨。这直接导致了2000年10月国际自然保护联盟(International Union for Conservation of Nature, IUCN)在约旦的安曼通过了2.64号决议。

狩猎是人类最古老的经济活动之一,虽然已被许多国家所禁止,但狩猎一直以来都是蛋白质和收入的主要来源。猎杀、剥取皮毛以及最后享用狩猎果实的过程都具有很深的文化意义,并在艺术、宗教仪式、食物禁忌、领土管理等方面都有所体现。并且,狩猎的文化意义随着时间、地域、民族而改变。当地的猎人视狩猎为上天赐予的生存权利,而各国政府和国际组织则为了发展生态旅游、狩猎旅游、保护生物多样性,不断寻求控制狩猎活动,因此双方发生矛盾就是不可避免的了。

然而,丛林肉在许多国家的国民经济中扮演着重要的角色。在中非的刚果盆地,每年要消耗上百万公吨的丛林肉,相当于400万头牛。1996年,猎物市场占非洲国民生产总值的1.4%,并且在那年猎人卖了120 000公吨的丛林肉,估算约值15 000万美元(FAO 2004)。狩猎所获得的收入总是高于种植经济作物所得的利润。这种活跃的非法贸易将农村的猎人、都市的商人以及餐馆经营者联系起来。餐馆经营者为都市精英供应野味,这些野味对于都市精英来说,既是身份和地位的体现,也是将他们与乡村联系起来的一种方式。在拉丁美洲和非洲,随着城市人口日益膨胀和丛林肉需求量不断增长,丛林肉的价格远高于绝大多数农村消费者的消费能力。

在丛林肉贸易猖獗的时候,猎人为了钱几乎会射杀任何动物。在东南亚、南美洲和非洲的热带丛林中,猎人们通常会沿着伐木所留下的路径进入之前难以进入的地区。更高效的狩猎技术和武器(猎枪、陷阱)的使用,对野生动物的生存产生了更大的压力。非洲市场上最常见的丛林肉是羚羊和灵长类动物,特别是猴子。农民们将猴子视为一种农业有害动物,在猴子对作物造成损害之前,他们会请猎人将其消灭掉。丛林肉商人愿意为猴子、蔗鼠、豪猪和兔子付最高的价钱,因为对它们的需求量很大。另外,森林砍伐、农业扩张以及家禽饲养改变了野生动物的栖息地,这是造成野生动植物种群哀减的另外一个原因。野生动物在传粉和种子扩散方面扮演着重要的角色,因此野生动物数量锐减,势必会引起热带草原和热带雨林生态系统的改变。

目前亟需革新现有的野生动物保护策略,以便非濒危物种的可持续利用,同时更好地保护濒危物种。许多野生动植物保护项目是由当地社区与政府和非政府组织合作进行的,但是这些项目目前进行得参差不齐。

托马斯·J. 巴西特(Thomas J. BASSETT)
伊利诺伊大学香槟分校

参见:冲突矿物;保护的价值;营养失调;食品安全。

拓展阅读

Bennett, Elizabeth L., & Robinson, John G. (2000). *Hunting for sustainability in tropical forests*. New York: Columbia University Press.

Davies, Glyn, & Brown, David. (Eds.). (2007). *Bushmeat and livelihoods: Wildlife management and poverty reduction*. Malden, MA: Blackwell.

Food and Agriculture Organization of the United Nations (FAO). (2004, March 1–5). The bushmeat crisis in Africa: Conciliating food security and biodiversity conservation in the continent. 23rd Regional Conference for Africa, Johannesburg,South Africa. Retrieved September13,2011,from http: //www. fao. org/docrep/ meeting/007/J1457e. htm#P57_2600.

Gibson, Clark C. (1999). *Politicians and poachers: The political economy of wildlife policy in Africa*. Cambridge, UK: Cambridge University Press.

Neumann, Roderick P. (1999). *Imposing wilderness*: *Struggles over livelihood and nature preservation in Africa*. Berkeley: University of California Press.

Newmark, William D., & Hough, John L. (2000). Conserving wildlife in Africa: Integrated conservation and development projects and beyond. *Bioscience*, 50 (7), 585–592.

Oates, John F. (1999). *Myth and reality in the rain forest: How conservation strategies are failing in West Africa*. Berkeley: University of California Press.

Cacao

可　可

　　可可树，土生土长在亚马孙热带雨林，目前在全球的热带地区都有种植。这种农作物在刚清除过热带雨林的沙土中产量最高，因而可可产品对脆弱生态系统的存在构成威胁。可可单一栽培会引起土壤的损耗和土壤病菌，这使其产量无法维持稳定。自20世纪末以来，国际组织鼓励生产者从事农林业实践来解决可可产量的问题。

　　可可是一种原产自新热带雨林（新大陆热带雨林）的树，是可可属中的一员，而可可属的原产地是南美洲的亚马孙平原。可可树能直接从树干萌芽出豆荚，这些豆荚里填满了白色甜甜的果肉和大约12个黑色的苦豆子。亚马孙古陆的前哥伦比亚土著居民也许最初是为了果浆的原因才收割这些豆荚。这种树遍地都是，它们深受从奥利诺科河到加勒比海到中美洲人们的喜欢。虽然关于可可最早是否被家驯过存在争议，但可可最早大规模地耕种是在中美洲的早期哥伦布时代。那个地方人逐渐喜欢上了干燥的、发酵过的可可豆。他

们将这些豆子磨成粉，再与水、辣椒、香料混合，作为一种饮料来使用。在本土的纳瓦特语言中，这种饮料称为"xocolatl"，并派生出"chocolate"。

　　16世纪西班牙征服此地后，西班牙人也逐渐喜欢上巧克力。他们将巧克力与糖混合，逐渐地发展了大多西方人现今很熟悉的较甜的巧克力饮料。由于新大陆对可可的需求增长，18世纪期间西班牙王朝创造了关于可可的一系列辉煌。自从19世纪早期独立战争期间委内瑞拉的可可大庄园被大量破坏之后，厄瓜多尔成了世界上最大的可可生产者，并在整个世纪中一直保持着这个地位。

　　19世纪70年代，在欧洲人发明牛奶巧克力和巧克力棒之前的几十年时间里，全球对巧克力的需求一直下降。直到1880年到1900年之间，全球对巧克力的消耗量增加了800%，20世纪巧克力的消耗量也持续增长。

　　19世纪晚期和20世纪早期，巧克力需求量的急剧增加刺激了可可产品的全球化。可

可产品出现在了远离可可历史本土和文化范围的地方，巴西南部和非洲西部首先开拓了可可产品。20世纪的许多时段非洲是世界上最大的可可生产者。另外一个可可繁荣产地在东南亚，1980年到1990年期间马来西亚是主要的可可生产者。印度尼西亚是目前世界上第三大可可生产者。21世纪，非洲国家生产了大约全世界三分之二的可可，剩下的三分之一由拉丁美洲和东南亚平分。

从20世纪早期算起，可可的环境历史已形成一种繁荣和破产的循环。可可能在刚清除过森林的肥沃沙土上最经济地生长。为了得到最大的收益，即最大的利益，生产者单一栽培可可。20世纪的大部分时间段，开拓和扩展可可造成了整个热带雨林区广泛的森林采伐和生物多样性下降。这样的种植园能在几十年内保持良好的生产力，但是随着土壤肥力的耗尽，种植园的生产力也渐渐地下降了。单一种植可可也受到作物传染病的很大影响，如丛枝病、豆荚根部结霜腐烂病等，在几乎整个20世纪，这些病害困扰着全世界范围内的可可庄园。

鉴于这些增长的问题，20世纪90年代，许多组织开始关心可可的可持续发展以及种植可可的热带雨林中的生物多样性。其中最重要的组织是世界可可基金会，它成立于2000年，是一个非营利性组织，主要推广经济、社会和生态都可以承受的可可产品。国际可可组织和其他许多小的组织一样，也将可持续性作为其中心目标之一。

为了推广农业林学，近来科学家已经开始与可可种植者在整个热带区域内一起工作。在这项工作中，可可被种植在森林里古树的阴凉处，保留了很多完整的原始森林。这种实践有助于保护原始森林以及原始森林的生物多样性。如果做得恰当的话，也有助于促进可可生产的经济长远性和生态稳定性。一些可可生产区域，如在巴西巴伊亚和喀麦隆南部的cabruca可可农场，能成为可持续农林业可可种植模式的潜在模型。尽管如此，像非洲和印度尼西亚等地方，小农户改进成了复杂的农林业受到阻止的许多因素之一。小农户为了最小的经济投资产生最快的经济回报，总是迫不及待地清理森林，或者说为了证明他们对该土地的所有权，他们不得不清理森林种上可可。如果可可和种植可可的热带雨林想要有可持续的未来，像这样的难题必须要攻克。

斯图尔特·马克库克（Stuart McCOOK）
（加拿大）圭尔夫大学

参见：咖啡；森林产品——非木材林产品；本土与传统资源管理；甘蔗；茶。

拓展阅读

Clarence-Smith, William Gervase. (Ed.). (1996). *Cocoa pioneer fronts since 1800: The role of smallholders, planters, and merchants*. New York: St. Martin's Press.

Clarence-Smith, William Gervase. (2000). *Cocoa and chocolate, 1765–1914*. New York: Routledge.

Coe, Sophie D., & Coe, Michael D. (1996). *The true history of chocolate*. London: Thames and Hudson.

Franzen, Margaret, & Borgerhoff Mulder, Monique. (2007). Ecological, economic and social perspectives on cocoa production worldwide. *Biodiversity and Conservation*, 16 (13), 3835–3849.

International Cocoa Organization (ICCO). Homepage. Retrieved May 14, 2011, from http: //www. icco. org/

McNeil, Cameron. (Ed.). (2006). *Chocolate in Mesoamerica: A cultural history of cacao*. Gainesville: University Press of Florida.

Schroth, Götz, & Ruf, François. (2004). Chocolate forests and monocultures: A historical review of cocoa growing and its conflicting role in tropical deforestation and forest conservation. In Götz Schroth, et al. (Eds.), *Agroforestry and biodiversity conservation in tropical landscapes* (pp. 107–134). Washington, DC: Island Press.

World Cocoa Foundation. (n. d.). Homepage. Retrieved May 14, 2011, from http: //www. worldcocoafoundation. org/index. html

Young, Allen. (2007). *The chocolate tree: A natural history of cacao*(Rev. and expanded ed.). Gainesville: University Press of Florida.

Carbon Capture and Sequestration

碳的捕获和固定

化石燃料的燃烧增加了大气中的二氧化碳,从而引起了全球的气候变化。但使用"绿色"能源取代化石燃料,尚需要数十年时间来实施,因而化石燃料将在21世纪继续作为全球的主要能源。碳的捕获和固定将在技术过渡期间为二氧化碳的减排提供极大的帮助,但是必须确保这个过程的可靠性和经济性,才能够在以化石为燃料的大规模的发电厂中投入使用。

大气中的二氧化碳被确认为是气候变化的主要因素。二氧化碳在大气中是一种温室气体,它能够在空气中吸收地面反射向太空的太阳辐射,使我们的星球能够维持在适宜居住的温度范围内。然而,随着二氧化碳在大气中的数量急剧增大,导致更多的热量被吸收,造成地球气候变暖、天气不稳定、海平面上升和生态系统的改变。二氧化碳可以在排放源处被捕获,并被转化为可以永久封存的形式(例如储存于深层地质结构中),以减少化石燃料燃烧产生的二氧化碳被释放到大气中。此项技术的倡议者,如国际气候变化专门委员会(International Panel on Climate Change, IPCC)认为,这并不能替代诸如提高能源效率、开发可再生能源技术等措施,但是预测只有将其部署和集成在一个大规模的商业水平中才能够有利于缓解气候变化,否则可能只会阻碍国际上应对气候变化的努力(WCA 2011)。

从大约6 000年前开始,直到在18世纪末的工业革命之前,由于大量气体被北极和南极的冰核封存,大气中的二氧化碳浓度范围为170 ppm到290 ppm(Armaroli Balzani 2011, 100)。到2005年已增加到379 ppm。从1995年到2005年,平均每年增加量为1.9 ppm,这个数字部分是归咎于化石燃料的燃烧造成的(IPCC 2007, 2)。

化石燃料(煤炭、原油和天然气)仍将是21世纪全球主要的能源。所有的转型计划和方案,如应用"绿色"能源取代化石燃料,都需要新的设备并且需要几十年的时间才能到位。

确保能源安全、控制化石燃料的使用对气候变化的影响，并为客户维持一个合理的电力价格，是在这个转型期间面临的挑战。

当二氧化碳释放到大气中，它就成为一个全球性问题，因为对于大气层来讲，没有洲际或国家之间的边界。全球大约80%的能源和美国93%左右的能源都是由化石燃料的燃烧提供的。表C-1显示了2007年全世界和美国的能源消耗量，以及2007年所有能源中二氧化碳的释放总量。能源消耗和排放量的单位是千万亿个BTU（British Thermal Units，英国热量单位$1BTU=1.055\ 06\times10^3\ J$）。排放一千万亿的BTU，相当于燃烧1.7亿桶原油、280亿立方米的天然气或3 700万吨的东部煤[一种在美国东部特定地区提取的"硬煤（hard coal）"，包含更多的氧，燃烧温度高于"烟煤（soft coal）"]。

由于经济原因，使用碳捕获和固定技术的方案多局限于大型固定污染源，如发电厂、

表C-1　燃料的能源消耗：全球和美国的对比
（单位：千万亿BTU）

	世　界	美　国
石油	173.870	39.773
天然气	111.210	23.628
煤	132.460	22.775
核能和可再生能源*	75.930	6.050
二氧化碳释放**	29.873	6.00

来源：美国能源信息署（US Energy Information Administration，US EIA），2009。美国能源信息署国际能源年报。检索于2011年4月1日，来自网页http://www.eia.doe.gov/countries/.

　*例如，水能、风能和太阳能等。

　**单位为十亿吨（1吨＝1 000千克）。

水泥厂等，每天产生数万吨的二氧化碳。数以万计的汽车和卡车都需要石油燃料燃烧做动力，家庭供暖也需要燃烧天然气，这些都产生大量的二氧化碳。与这些对比，二氧化碳的单独排放源就显得微不足道了，因此并不被重视作为碳固定的备选方案（IPCC 2007，72）。

截至2011年，位于5个国家的8 000多个大型工业源产生了大约60%的全球二氧化碳释放量，其中大约2 300个是发电厂（Armaroli & Balzani 2011，90）。 在2009年，在美国共有1 436个燃煤发电厂和5 470个天然气厂（规模通常小于燃煤电厂）（USDOE/USEIA 2009a，17），它们在一年中排放了大约22.7亿吨的二氧化碳（USDOE/USEIA 2009b，38）。政府间气候变化专门委员会成立于1988年，由世界气象组织和联合国环境规划署（UNEP）发起，提供在气候变化领域权威国际评估的科学报告。政府间气候变化专门委员会认为，二氧化碳捕获设备将作为所有新建发电厂或现有发电厂改造的一部分投入使用，这可为减少大气中二氧化碳的释放提供巨大的潜力（IPCC 2005，3）。

煤：第一种化石燃料

我们看一下简短的煤炭消费量的历史并分析其基本的组成，就容易理解为什么煤的燃烧导致了二氧化碳需要被捕获和固定。我们在21世纪还在使用这种化石燃料，从这样的角度来看，其他产能技术对大气中二氧化碳水平的影响也值得进行研究，包括生产"清洁煤"技术和使用天然气的技术。

在人类可以记录历史之前，火首先被人类"驯服"用于做饭和取暖。煤在大约3 000

年前首次被作为燃料使用，但它的飞跃是在17世纪的工业革命时，煤的燃烧提供了蒸汽机需要的蒸汽。由于在人口密集地区木材燃料已经耗尽，燃煤锅炉就成为最重要的一项技术进步（Miller 2005, 196–236）。1880年第一台蒸汽发电机的发明，表明电力是一种安全可靠、可供多方使用的能量分配方式。

煤是一种成分变异很大的天然产品，取决于它形成的过程和地点（Miller 2005, 2-10），煤所含的矿物和成分也是因矿而异。化学元素氢、碳、氮、硫、氧和灰分组成了煤中大型、复杂的分子结构。包含更多氧气的煤，其热值较低（即煤燃烧时释放的能量低）。煤中的硫和氮在燃烧时会形成二氧化硫和氮氧化物（酸性气体）[美国1990年洁净空气法修正案第四章规定要限制酸性气体的释放，要求所有的燃煤电厂都必须严格遵守。生产超过75兆瓦的发电厂被要求必须达到硫和氮氧化物的排放标准（Miller 2005, 145–148）]。

大型现代蒸汽机通常需要由粉煤燃烧来推动。空气和粉煤的混合物像气体一样燃烧，基本上所有的碳都燃烧变成了二氧化碳。煤灰是一种很细的颗粒物，称为粉煤灰，这些粉煤灰必须要从烟气中去除。通常来讲，粉煤灰是一种废渣，必须对其进行安全处理和处置，但是有些也可作为商业使用，比如水泥生产行业（Miller 2005, 95–97）。

随着新的金属合金的发展，现代蒸汽机已经在尺寸和蒸汽利用率上大大地提高。这些新材料可以使汽轮机在566℃的高温和4 500磅每平方英寸的高压下运行并产生蒸汽。这些巨大的设备能够产生每小时超过700万磅的蒸汽量（Miller 2005, 201）。

二氧化碳的来源：发电厂

国际能源署的一份报告指出（引用自世界煤炭协会网站），2006年燃煤电厂贡献了全球41%的电力供应（WCA 2011）。国际能源署也统计了2008年使用煤炭发电超出全球平均水平的国家，包括南非（93%）、波兰（92%）、中国（79%）、澳大利亚（77%）、哈萨克斯坦（70%）、印度（69%）、以色列（63%）、捷克（60%）、摩洛哥（55%）、希腊（52%）、美国（49%）和德国（46%）。

燃煤电厂释放的干燥烟气中包含了多种燃烧产物。烟气中含有12%～14%的二氧化碳——取决于煤的质量和用来助燃的空气的量（IPCC 2007, 79）。烟气中还有大约6%～8%的氧气，77%的氮气，3%的其他气体。1吨煤燃烧后冷却到室温，会产生超过1 133立方米的烟气。大型火力发电厂每小时可以燃烧超过1 000吨的煤，释放1 133万立方米的烟气（约1 650吨）。烟气会通过碳捕捉的设备来去除并固定烟气中的二氧化碳；由于运行碳捕获设备的能源也要来自发电厂，因此用于计量销售的电能就减少了。这个过程及其后果在后续章节（二氧化碳的捕获和固定）中将进一步阐述。

清洁燃煤技术

煤是世界上最丰富的化石燃料（Miller 2005, 13），也因此刺激了生产清洁燃料的动力。应该强调的是，"清洁燃煤技术"是指煤炭燃烧的方法，而不是煤炭开采的方法；而且通常来讲煤炭的开采并非是环境友好的。在世界范围内，已经产生了一些半商业或者商业化的模式，用于先进煤气反应器的设计

（Miller 2005, 246–266）。在反应容器内，煤可以与氧气反应生成一氧化碳。也有些设计是在一个固定气化床内使用空气燃烧部分的块煤，但最新设计几乎都是使用纯氧和粉煤。近纯氧（85%～90%）是对液态空气进行低温蒸馏脱除大部分的氮后得到的，可供一个较小尺寸的高压煤气化炉反应器来使用。

壳牌气化炉就是一个现代商用煤气炉的例子（Miller 2005, 265–266）。煤粉、氧气和水蒸气被高压注入煤气炉中，在这里煤与氧气反应生成一氧化碳，这个反应释放的热量可将水蒸气转换为氧气和氢气。煤气炉内的运行温度在 1 480℃～1 590℃，压力在每平方英寸 350～650 磅（psi）。通过调整煤、氧气和水蒸气的比率，就可以控制产生的煤气（合成气）中一氧化碳和氢气的比例。由于二氧化碳在煤气炉中的高温和高压状态下很难生成，因此煤粉中绝大多数的碳最终转化成了煤气。

煤气炉生成的原始混合煤气需要经过后续的淬火处理，而生成的二氧化硫、氮氧化物和二氧化碳也会在燃煤电厂中进行净化和处理。氢气和一氧化碳的比例为 2：1 的合成气可以代替天然气作为电厂汽轮机的燃料。这种"洁净煤"燃料类似于天然气，燃烧后的产物仅有二氧化碳和水。

值得注意的是，合成气也可被用来做费—托合成（Fischer-Tropsch process）的原料，这个技术曾经在二战期间被德国人用来生产合成石油（Miller 2005, 269–273）。现今南非正在使用这项技术来将煤炭转化为液体燃料，而由煤炭制造液体燃料是未来替代石油的一种选择。

天然气——替代煤炭的选择

一个替代燃煤的选择就是使用天然气。在 2004 年，天然气发电占全球电能的 19.6%，这一数值比 1973 年增加了 7.5%（IEA 2006, 24）。2004 年，美国和俄罗斯是两个最大的天然气发电生产国（IEA 2006, 25）。在 2009 年在美国运营的天然气发电机有 5 470 台（USDOE/USEIA 2009, 17），其中大部分是建在偏远地区，或是在高电力需求的时期用于补充电网功率的小型单元。

天然气是由纯碳氢化合物组成（即天然气分子只含有碳、氢两种元素），所以燃烧产物仅有二氧化碳和水。大型天然气发电厂使用燃气涡轮机（喷气式飞机的发动机改装）来燃烧天然气，涡轮机轴直接连接发电机（Kutz 2006, 第 24 章）。涡轮机的尾气可以达到 500℃到 600℃，可用于产生蒸汽，并驱动汽轮机和二次发电机。这种联合循环燃气涡轮机和汽轮机可将天然气中约 50% 的燃烧能转化成电能，而新型设计将计划达到 60% 转化率（naturalgas.org 2010）。

二氧化碳的捕获

减少化石燃料如煤炭、石油和天然气的燃烧，以降低二氧化碳的排放、捕获和固定二氧化碳，这是一个全球性的战略。也就是说，这是一个经济可行的方法，使温室气体浓度保持稳定。在这个策略被商业规模的电厂采纳之前，尚存在几个挑战：比如世界各国领导人都认同大气中二氧化碳确实是一个全球性问题，以及证明电厂大规模使用该技术的可靠性和成本效益分析等。

在历史上，通过捕获技术来得到纯净的

二氧化碳主要应用工业上，如生产碳酸饮料、灭火器、制冷的干冰（固体二氧化碳）。从得到的经验来看，由发电厂的减排得到的二氧化碳"收获量"，已经远远超过商业市场的需求。因此，将燃煤和煤气制造过程中产生的二氧化碳和有毒气体进行封存和固定，是政府间气候变化专门委员会在解决过剩的二氧化碳问题上有着重要考虑的。

从天然气行业获得的经验可直接应用于化石燃料发电厂的二氧化碳固定。通常矿井中的原始天然气中含有二氧化碳、硫化氢（一种剧毒的气体），经常还会有一些惰性气体，这些气体必须在进入市场前加以去除。这个过程即是以烷醇胺（一种与氨类似的有机化合物）方法对原始天然气进行清洗，将硫化氢和二氧化碳进行封固去除。当对洗涤塔进行加热时，气体被释放（剥离）出来后，进一步收集和处理（Carroll 2010, 11）。经萃取过的溶剂冷却后再次进入洗涤塔以便收集更多的酸性气体。

达科他气化公司于美国北达科他州比尤拉使用工业化煤气综合设备（Dakota 2011），主要是从比尤拉的一个巨大褐煤（低热值，"年轻"的煤）矿中生产天然气。这个工厂以冷甲醇工艺捕获二氧化碳，其中冷藏甲醇溶剂用于清洗汽化炉中高压合成气里的二氧化碳和酸性气体（IPCC 2007, 135）。当脱气塔中液体溶剂的压力降低后，溶解的气体被释放出来，就像打开一罐碳酸饮料。在此碳捕获过程中所需的总能量少于其他工业化生产过程。高压气体来源于汽化炉，唯一需要能量的过程是从气体脱气塔泵出低压液体溶剂到高压气体洗涤炉中。

一些二氧化碳捕获工艺正在开发中，如一些工业应用中的隔膜法（Gin & Noble 2011, 674）。隔膜法是通过形成一个屏障，允许一个气体成分（二氧化碳）通过，同时阻隔混合物（烟气）中的其他组分。隔膜法通常需要更少的能量、占用更少的空间，并且能连续进行工作。二氧化碳的分离性能需要进一步改进，并且能在工业化规模上应用。在所有的新技术中，重点是提高捕捉效率、降低设备成本，并降低运营能耗成本。

二氧化碳封存：长期存储

一旦从电厂的废气中排出二氧化碳，二氧化碳必须永久储存。可用的储存方法包括注入枯竭的油矿、深盐碱含水层（含有咸水或盐水的地质储层）、深矿井（深层煤层地质与矿太薄）或海洋中（考虑到环境安全，将在下文进一步提到）。

下例是将来源于天然气中的二氧化碳

如何以工业化规模进行封存（Carroll 2010, 16–18）。原始天然气中通常含有不同数量的酸性气体（硫和氮的化合物）、二氧化碳、毒性极高的硫化氢以及天然气出售前必须除去的一些惰性气体。二氧化碳和硫化氢的气体混合物通过管道输送和注入油田以提高原油产量，而二氧化碳和有毒气体依旧封存在枯竭的油层里。

达科他气化公司从褐煤到天然气过程中捕获二氧化碳（Dakota 2011），并通过管道运输了 325 千米到韦本地区以提高原油采收效率。韦本地区位于威利斯顿盆地，从加拿大中南部延伸到美国中北部（IPCC 2007，204）。一直对二氧化碳的储存位置进行动态变化监测，并没有任何迹象表明二氧化碳会泄漏到地表或近地表的环境。

第一次工业化规模的二氧化碳储存项目于 1996 年在挪威 Sleiper 天然气田进行（IPCC 2007, 202），每年约从天然气开采出的 100 万吨液态二氧化碳被泵入约 1 000 米深的海底盐水含水层。对盐水层中二氧化碳的运动进行监视，结果显示在含水层可以"永久"储存二氧化碳。

另一个存储项目是海洋，它具有储存大量二氧化碳的潜力。海洋可以持续从大气中吸收存储二氧化碳和释放二氧化碳到大气中。液态二氧化碳将被注入深海里（深达 1 000 米或以上），在那里它将会储存几个世纪（IPCC

2007, 277–317）。二氧化碳将通过管道或船舶输送并注入深海。在深海中的低温和高压环境里，二氧化碳以海底的液体层形式存在。将二氧化碳放置到已探明海水运动的深水层后，必须对二氧化碳和海水之间的长期化学过程进行研究，以确认这是一种有利于环境安全的存储方案。

二氧化碳捕集与封存的成本

二氧化碳捕获（从烟气中分离）和压缩（运输前准备）是捕存过程中最贵的步骤。运输到储存地点时需要放置、监控和确认二氧化碳存储在储存地点，这个过程比较便宜，但难以估算的是特定的存储站点（以及成本）运输距离及成本的确定。

在商业生产中，"脱硫"天然气在去除酸性气体二氧化碳和硫化氢后再进行销售，已经进行了数十年。地质工程专家约翰·J. 卡罗尔（John J. Carroll）详细描述了捕捉酸性气体、通过管道运输和注入原油地层提高原油产量的过程（Carroll 2010, 16）。当原油开采结束后，酸性气体代替原油将会持久存储在地质构造中。卡罗尔的研究包含了该过程的成本数据，由于发电厂捕获和存储的二氧化碳与该过程基本相同，因此该研究也为估算电厂成本提供了一个理论框架。

碳捕获的可靠成本是根据捕获二氧化碳

的气体总体积进行估算。用于碳捕获的能源来自电厂，从而减少了可供销售的电量。商业电厂的收入来源于电量的收费，碳捕获成本会增加每千瓦时的电量成本，从而增加消费者的电费。

以天然气为燃料的涡轮发电机已经使用了数十年，为配电网提供当电力需求高时期间的"能量峰"。在21世纪的第一个10年，建立的是新的以天然气为燃料的大型联合循环电厂并为电网持续提供电力，而不是建立新的更贵的燃煤电厂。天然气联合循环电厂可为设计碳捕获设备的技术提供所需的数据。

世界上已有数以百计的发电厂，再加上新建的电厂，将可以持续提供服务数十年。如果国际决定限制碳排放或增加税收，将有一个相应经济政策促使较老、较低效率的电厂退役，并改造一些带有碳捕捉设备的新电厂。

表C-2 发电成本估算（每千瓦时0.01美元）

	无 碳 捕 存		有 碳 捕 存*	
	热效率 /%	成本	热效率 /%	成本
煤粉	33～37	1.9～2.5	18～26	5.1～7.0
天然气联合循环	55～58	3.1～5.0	47～50	4.3～7.2
超临界水煤粉	41～45	4.3～5.2	30～55	6.2～8.6
整体煤气化联合循环	38～47	4.1～6.1	31～40	5.4～7.9

来源：IPCC 2007（PC: Table 3.8, p.153; SWPC: Table 3.7, p.151; NGCC: Table 3.9, p.154; IGCC: Table 3.10, p.156）。
*假设85%～90%的二氧化碳被捕获。

表C-2列出了煤炭和天然气发电时使用"最佳技术"碳捕获和无碳捕获时的成本，捕获成本范围由发电厂和当地燃料成本的差异决定（IPCC 2007, Ch. 3）。热效率是燃烧燃料转换为电能所产生能量的部分。

现代燃煤发电厂一般使用空气燃烧煤粉。新的超临界水发电厂在更高的温度和压力下使用新的金属合金生产蒸汽发生器和涡轮机。在这些工作条件下可以得到较高的热效率，以较少的燃料来产生相同量的电能。较少煤炭燃烧将会产生较少的二氧化碳，因此超临界水发电厂的发电成本包含较低的单位煤所需的二氧化碳捕集成本。随着增加碳捕捉部分，以新技术建成的新发电厂的成本优势将会持续存在。

天然气发电厂有很长的历史，但高温燃气涡轮发动机使得联合循环发电厂具有较高的效率。由于燃气涡轮机使用大量空气，烟气中二氧化碳浓度较低。燃烧天然气只产生水蒸气和二氧化碳，没有酸性气体使得发电厂中的烟气更容易被分离。

煤炭气化（见洁净煤部分）也是一个很老的技术，现在已经被更新用于生产清洁的燃料，因为煤燃烧中酸性气体和飞尘在合成气燃烧前去除。当该燃料在联合循环发电厂替代天然气时，煤电力的总热效率与使用优质煤炭燃烧的发电厂效率相同。优势在于空气分离装置除去了空气中的氮并提供95%的氧气，降低了煤气炉中气体的体积而存在。

增加二氧化碳的运输和储存成本

二氧化碳的运输和固存的额外成本较低，但比捕捉和压缩成本更加不确定。这些不确定性来源于远距离运输和放置二氧化碳到储存地点所需的成本。表C-3总结了煤和天然气发电厂中的碳捕获和固存的估算总成本。"提高燃料"提供了完成捕获和固存过程中所需的额外能量。

使用二氧化碳提高原油采收率和储存于含油地层是最便宜的。包含原油和天然气的地质地层是众所周知的，含有原油和天然气的覆盖层已经稳定存在了数百万年，这对于它们能够安全封存二氧化碳是合理可信的。

地质储存成本包括鉴定地层特征、钻二氧化碳的注入井和长期监测以确保气体停滞在适当位置。地质封存没有回收成本，但对原油开采和储存带来好处。

表C-3　碳捕获和固存的估算成本

	超临界煤尘	天然气联合循环	煤气化联合循环
增加所需燃料/%	24～40	11～22	14～25
地质固存增加的供电成本（每千瓦时0.01美元）	6.3～9.9	4.3～7.7	5.5～9.1
提高原油采收率/%	4.9～8.1	3.7～7.0	4.0～7.5

来源：数据提取于IPCC 2007, 347.

化石燃料的未来

科学数据表明，大气中越来越多的二氧化碳导致了气候变化。燃烧化石燃料（煤、石油、天然气）是一个最主要的全球能量来源，而这更增加了大气中的二氧化碳。捕获和封存二氧化碳是减少化石燃料燃烧释放的二氧化碳排放的一项国际化战略。

使用最先进的技术设计去除发电厂中产生的80%～90%二氧化碳的捕获系统，去除越多的二氧化碳成本越高。增加捕获技术后，发电预算成本与正在使用的不同种类发电厂和化石燃料的平均成本相比增加了一倍。所有方面均表明，设有碳捕获技术的发电厂将会持续提供电力并核实它产生电力的生产成本。

以含有碳捕捉技术使用化石燃料为基础，确立电力成本是未来的一个关键性问题。

国际组织持续讨论关于降低大气中二氧化碳对全球气候变化的影响。全球性的碳汇项目是否成功，取决于建立关于二氧化碳对气候变化的影响的国际协定、国际上关于来自化石燃料燃烧的二氧化碳必须加以控制的协议以及碳捕获和存储技术的发展。

杜鲁门·斯托尔维克（Truman STORVICK）

密苏里大学名誉教授

参见：地下蓄水层；温室气体；工业生态学；天然气；石油；水能。

延伸阅读

Armaroli, Nicola, & Balzani, Vincenzo. (2011). *Energy for a sustainable world: From the Oil Age to the sun-powered future*. Weinheim, Germany: Wiley-VCH Verlag & Co.

Carroll, John J. (2010). *Acid gas injection and carbon dioxide sequestration*. Hoboken, NJ: John Wiley & Sons.

Dakota Gasif ication Company. (2011). Homepage. Retrieved December 23, 2010, from www. dakotagas. com

Gin, Douglas L. and Noble, Richard D. (2011). Designing the next generation of chemical separation Membranes, *Science*. 332, 674–676.

Intergovernmental Panel on Climate Change (IPCC). (2007). Summary for policymakers. *In Climate Change 2007: The physical science basis. Contribution of Working Group I to the Fourth Assessment Report of the Intergovernmental panel on Climate Change*. Retrieved February 8, 2011, from http: //www. ipcc. ch/pdf/ assessmentreport/ar4/wg1/ar4-wg1-spm. pdf

International Energy Association (IEA). (2006). Key world energy statistics. Electricity generation by fuel, p. 24. Retrieved August 25, 2011, from http: //www. iea. org/textbase/nppdf/free/2006/key2006. pdf

Kutz, Myer. (Ed.) (2006). *Mechanical engineers' handbook: Energy and power* (3rd ed.). Hoboken, NJ: John Wiley & Sons.

Metz, Bert; Davidson, Ogunlade; de Coninck, Heleen; Loos, Manuela; & Meyer, Leo. (Eds.). (2005). *IPCC Special report on carbon dioxide capture and storage*. New York: Cambridge University Press, Intergovernmental Panel on Climate Change (IPCC). Miller, Bruce G. (2005). *Coal energy systems*. Burlington, MA: Elsevier Academic Press.

NaturalGas. org. (2010). Electric generation using natural gas. Retrieved December 7, 2010, from http: // naturalgas. org/overview/uses_eletrical. asp

US Department of Energy/Energy Information Administration (US DOE/EIA). (2009a). *Electric Power Annual 2009*, Issued April 2011. Table 1. 2: Existing Capacity by Energy Source. Retrieved August 29, 2011, from www. eia. doe. gov/cneaf/electricity/epa/epa. pdf

US Department of Energy/Energy Information Administration (US DOE/EIA). (2009b). *Electric Power Annual 2009*, Issued April 2011. Table 3. 9: Emissions from Energy Consumption at Conventional Power Plants and Combined-Heat-and-Power Plants, 1998 through 2009. Retrieved August 29, 2011, from www. eia. doe. gov/cneaf/electricity/epa/epa. pdf

World Coal Association (WCA). (2011). Coal and Electricity. Retrieved August 26, 2011, from http: //www. worldcoal. org/coal/uses-of-coal/coal-electricity/

Chromium

铬

铬以其强抗腐蚀性而著名,是商业应用尤其是不锈钢生产中必不可少的原料。但一些形态的铬具有毒性和致癌性,因此需要有关铬使用和排放的更严厉的环境法规。美国环境保护署已开始着手处理铬对人类和环境的有害影响。

在工业生产中,金属元素铬(Chromium, Cr)主要用于不锈钢和非铁合金的生产。作为硬化和抗腐蚀材料,铬还被添加到化学制品、其他金属和耐火产品中。因为某些铬化合物对人类健康有害,所以在使用和处置这些物质时,要关注可持续健康环境。

铬是一种银白色、相对坚硬的金属,能够耐腐蚀,而且在高温下还保持坚硬。地壳中铬含量非常丰富,全球铬储量被认为能够满足几个世纪的需求(Papp 2011, 43)。在自然界中,铬仅以铬铁矿石的形式存在。铬铁矿石是一种铁、镁、铝和铬的氧化物,可被加工成铬铁合金(ferrochromium)。铬常常以这种铬铁合金形式进行贸易,并在冶金工业中用于不锈钢和

耐热钢的制造(Papp 2011, 32)。在不锈钢中,铬含量约为18%(USGS 2010, 1–2)。

全球铬储量主要分布在哈萨克斯坦(26.1%)、南非(15%)和印度(3.2%)(Gonçalves 2007, 1)。铬的主要产地是南非、印度和哈萨克斯坦(Papp 2011, 43)。

美国地质调查局(the US Geological Survey, USGS)预测,美国2010年度消耗世界铬铁矿产量的2%(包括化工产品、矿石、合金、金属以及不锈钢制品等以不同形式存在的铬),而且,这些铬消耗量的44%可被循环利用(Papp 2011, 42)。第一次世界大战以来,由于国内铬储备的有限性,美国政府认为铬储量关乎国家安危而将其作为国防储备物资(the National Defense Stockpile, NDS)。但是,自20世纪90年代初期冷战结束以来,铬储备量已经下降,且供应也主要来源于回收材料(Papp 2010, 1)。

由于印度经济和中国经济的快速增长,全球不锈钢需求量在2008年曾达到历史性的

高度，但随后的全球金融危机降低了不锈钢的需求量，从而影响到铬工业生产（Papp 2010，3）。由于铬在不锈钢生产中无可替代，因此，随着一些国家（例如，中国、印度）恢复财政实力和经济持续快速增长，对铬的需求量可能上升。尤其值得注意的是，中国已成为主要的铬消费国，并在最近拓展了其不锈钢产业（USGS 2010，2）。依据能源消耗，生产铬铁合金的代价很高，但由此上涨的能源成本则可能成为未来铬需求的"减速器"。

一些铬化合物致癌且有毒。美国环境保护署（The US Environmental Protection Agency，EPA）已有关于环境铬含量的规定，美国职业安全与保健管理总署（the US Occupational Safety and Health Administration，OSHA）也制定了工作场所铬的管理规范。

作为一个非营利性机构，环境工作小组（the Environmental Working Group，EWG）专门从事有关毒性化学物质的研究和指导工作，2010年12月他们发现美国35个城市中有31个城市的饮用水中含有致癌的六价铬，而这正是工业污染的结果（Cho 2010，1）。已有研究认为，六价铬与过敏性皮炎和胃肠癌有关，而且国家毒理学规划处也于2008年发现六价铬与大鼠和小鼠的癌症相关（Cho 2010，1）。作为回应，美国环境保护署已定于2011年进行评估，并以此决定是否对饮用水中的六价铬含量实施限制。

在开采和工业利用过程中，铬由于渗漏、不良储存和处理措施而污染环境。现有铬的脱毒处理方法都是能源密集型，并且需要相当多化学试剂的供应。如今一些专家期望找到利用耐铬细菌降低铬水平的可能（Dey & Paul 2010，380）。2011年的一项研究综述了铬污染的影响，并强调这一课题领域需要更多的科学研究（Das & Singh 2011，6）。此研究揭示了铬的物理、化学、生物和心理的职业性危害，并提供了一些用于未来改进铬矿开发的指导方针（如：监测富集水平、主动研究毒性变体、做周期性体检、培训和严格监管）。至于采矿作业后的善后工作，需注意的是废弃矿山易受到铬污染，从而会对那些或许没有意识到铬对健康有潜在毒害作用的当地人造成威胁。工业生产过程中产生的铬副产品（如六价铬）会导致水源的污染，因此监测工作至关重要。

戴安娜·巴尔拉杰（Dianne BALRAJ）和
J.安德鲁·格兰特（J. Andrew GRANT）
皇后大学

参见：铝；钶钽铁矿；铜；电子产品的原材料；黄金；重金属；铁矿石；铅；锂；替代材料；矿产资源稀缺性；采矿业——金属矿床开采；镍；铂族金属；稀土元素；回收利用；银；钍；锡；钛；铀。

延伸阅读

Cho, Renee. (2010). Chromium-6 found in tap water of 31 US cities. Retrieved June 2, 2011, from http: //blogs. ei. columbia. edu/2010/12/30/chromium-6-found-in-tap-water -of-31-u-s-cities/

Das, Alok Prasad, & Singh, Shikha. (2011). Occupational health assessment of chromite toxicity among Indian miners. *Indian Journal of Occupational and Environmental Medicine*, 15 (1), 6–13. Retrieved August 29, 2011, from http: //www. ncbi. nlm. nih. gov/pmc/articles/PMC3143520/

Dey, Satarupa, & Paul, Amal K. (2010). Occurrence and evaluation of chromium reducing bacteria in seepage water from chromite mine quarries of Orissa, India. *Journal of Water Resources and Protection, 2*, 380–388. Retrieved August 29, 2011, from http: //www. scirp. org/Journal/PaperInformation. aspx? paperID=1689

Georgia State University. (n. d.). Chromium. Retrieved June 2, 2011, from http: //hyperphysics. phy-astr. gsu. edu/hbase/pertab/cr. html

Gonçalves, Maria de Melo. (2007). Chromium. Retrieved June 2, 2011, from http: //www. dnpm. gov. br/ enportal/conteudo. asp?IDSecao=170&IDPagina=1093

Papp, John F. (2010, June). Chromium. Retrieved June 2, 2011, from http: //minerals. usgs. gov/minerals/pubs/ commodity/chromium/myb1-2008-chrom. pdf

Papp, John F. (2011, January). Chromium. Retrieved June 2, 2011, from http: //minerals. usgs. gov/minerals/ pubs/commodity/chromium/mcs-2011-chrom. pdf

US Geological Survey (USGS). (2010). Chromium—makes stainless steel stainless. Retrieved June 2, 2011, from http: //pubs. usgs. gov/fs/2010/3089/pdf/fs2010-3089. pdf

Coal

煤

煤炭在当今社会依旧是一种重要的能源和工业资源。为了煤炭工业的可持续发展，今后开发的新技术尤其要着重解决在采矿、运输和煤炭转换成电力和化学物质的过程中产生的排放问题以及煤炭利用率低的问题。未来的可持续技术应该做到以下几点：提高煤炭转换率，重新利用副产品和废弃物发展高效燃烧、发电和气化技术，实施碳的捕获、存储和利用策略。

煤炭广泛应用于电力、钢铁、化工和建筑材料行业以及人类的日常生活中。在历史上，使用煤炭有明显的益处——降低了薪柴和木炭需求而减少对森林的砍伐。但是，煤炭产业消耗了资源，而且对环境产生了许多负面影响。煤是一种不可更新和不可回收利用的自然资源，而且煤炭消耗会导致大量酸雨气体、重金属、颗粒物和二氧化碳排放到大气层中。

目前，煤炭约占世界初级商业能源供应的30%，到21世纪中期可能仍是一种关键能源。煤炭工业的主要挑战是利用效率以及在采矿、运输和作为燃料燃烧时各种污染物的排放。虽然已开发了多种先进技术来解决这些问题，但是使用煤炭的行业仍然受到低效率、高污染问题的困扰。

全球资源

在煤炭中，无烟煤（anthracite）几乎是由纯碳组成，通常用于商业和住宅供热；烟煤（bituminous coal）的碳纯度低于无烟煤，主要用于生产焦炭和燃烧蒸汽发电；褐煤（brown coal or lignite）在燃烧时会产生很多挥发性化合物，一般用于电厂发电。在现有的煤炭储量中，主要部分是褐煤。美国是世界上煤炭储量最大的国家（占全球储量的27.6%），俄罗斯（占18.2%）和中国（占13.3%）紧随其后（BP 2011）。然而，自1990年以来，中国煤炭生产一直占领先地位，超过美国成为世界上最大的煤炭生产国。在2010年，中国煤炭生产占世界产量的48.3%，是第二大生产国美国煤炭产量的3倍。在中国和美国，其煤炭产量的95%

均由本国消耗,共占全球煤炭消耗量的63%(BP 2011)。

使用和加工

煤是一种"脏"的固体能源和碳源,比天然气和石油更难以利用。它含有火山灰和多种污染物元素,比如硫、氮、卤素以及汞、砷和铬等重金属元素。相比从植物中提取的燃料——生物质能,煤不可再生且非碳中性,因为它燃烧时释放的碳没有被抵消。

煤主要是一种通过燃烧产生热和发电能源。在中国,每年煤炭消耗量的50%用于发电(Market Avenue 2008)。一般是先将煤炭粉碎,再在锅炉的熔炉中燃烧,产生的热量使锅炉中的水变成蒸汽,用于驱动蒸汽轮机,带动发电机发电。虽然这个过程的热力学效率已经得到改善,最先进的传统蒸汽机已经达到了37%～38%的效率极限(包括燃烧和发电)。锅炉在极高的温度和压力之下运行超临界蒸汽机,锅炉里的水在如此高温下仍然是液态,可以实现42%的热效率,而一个超超临界涡轮机(温度和压力更高)可以达到45%或更高的热效率(World Coal Institute 2009)。

煤可以作为生产焦炭的原材料。焦炭是将在低温下可燃烧或可蒸发的成分从烟煤中挥发出去之后,剩下的一种固态、富含碳的剩余成分。焦炭有很多工业用途,例如在冶金过程中,可用作高炉燃料或还原剂,用于熔炼铁矿石。

煤也可以用作化工生产的给料或碳源。煤炭气化能把煤转化成由氢气、二氧化碳、一氧化碳、甲烷和其他碳氢化合物组成的气态产品。煤也可以被气化生成合成气(一氧化碳和氢气的混合物),用于生产甲醇、二甲醚(DME)、氨、运输燃料(如汽油或柴油)等化工产品。另外,气化过程中得到的氢气有多种用途,如被用于运行联合循环发电厂、驱动燃料电池和浓缩化石燃料。

因为煤炭仍将是一种重要的资源,所以需要清洁煤炭技术来确保能源安全,提高煤炭工业的可持续性。一种正在开发的技术就是碳捕获与碳储存,也称作碳的捕获和固定(CCS)。这种方法的目的在于能显著减少煤炭、石油、天然气燃烧所释放的二氧化碳,从而保持大气中温室气体浓度的稳定。当煤燃烧和气化/分离出二氧化碳时,会形成额外的二氧化碳和有毒气体混合物,其可被碳的捕获和固定技术捕获。这些混合气体被长期贮存的方法有以下几种:注入已枯竭的油田、深层含盐蓄水层(地质储层包括咸水或盐水)、深煤层(从地质上来说,因太薄而不能开采)、海洋(要考虑环境安全)。

为了满足迅速增长的能源需求,在兼顾成本效益的同时减少温室气体(主要是CO_2)的排放,还需要其他的先进技术。在煤矿开采、运输和转化为电力或化工产品以及在铁、钢和建筑材料生产中,也需要技术革新才能支持行业的可持续发展。

矿业

煤矿开采有两种主要的方法:地表(或露天)开采和地下(深部)开采。地表开采是挖掘近地表的煤层,即通过除去覆盖层(煤层上面的岩石和土壤),而直接进行开采。地表开采会破坏生态系统,而且会使该地区地貌发生显著改变。例如，在美国，地表采矿被认为是山顶移除，在1985年到2001年之间直接毁坏了2 000平方千米土地，并导致更大区域受到损坏（US EPA 2003）。这种方法把山顶部岩石和土壤转移到邻近的山谷溪流，使得森林茂密山岭变为光秃的平地，也污染和破坏了溪流。

据从事清洁发展和气候的亚太地区伙伴所属的煤矿开采工作小组（The Coal Mining Task Force of the Asia-Pacific Partnership on Clean Development and Climate 2006, 54）估计，仅在中国每年就有40 000公顷（400平方千米）土地受到煤炭开采活动的干扰（即每10年破坏的土地与瑞士的国土面积相当）。虽然在大多数矿业国家都有土地修复的相关规定，但这些规定在发展中国家往往"零碎且没有效力"（Xia 2006）。即使是在发达国家，用当前的技术进行修复，尤其是将污染物从土壤中除去，是非常耗时耗财的。据联合国环境规划署估计，每年用于土地修复的资金高达100亿到220亿美元（Xia & Shu 2003）。

地下开采不会对环境造成太严重的破坏，但是对矿工却存在着很大的安全风险。迄今为止，中国人是全世界死于矿难人数最多的。为了应对每年成千上万的矿工死亡于矿难这一事件，中国国家发展与改革委员会颁布了一个煤炭行业五年计划，即从2006年开始，在煤炭勘探、开采和运输过程中，在安全、效率、清洁以及环境影响方面实行更为严格的管理（Blueprint for coal sector 2007）。由此，中国煤矿工人死亡人数从2005年的5 986人下降到2009年的2 631人。然而有些估计认为，实际死亡人数可能会高一些。而在美国，2009年死于矿难的人数仅有34人（Associated Free Press 2010; Alford 2010）。

煤矿开采不仅脏而且危险。开采会影响土地表面和地下水，从而对该地区的商业和公共生活造成破坏或不利影响。值得强调的是，"洁净煤"概念只是指更清洁的煤炭燃烧方法，还没有一个"清洁"的煤炭开采技术。除了安全问题，煤矿行业也要注重可持续性和资源利用问题，例如，通过开发技术将脉石（与煤和矿物质一同被发现的、没有商业价值的岩石）用作建筑和道路的建设材料，也可通过减少从煤矿到发电厂运输产生的污染（方法之一就是把煤炭处理设备建在靠近煤矿的地方）。

将煤炭转化成电力

燃煤污染物排放量远远高于石油和天然气燃烧（US EIA 1999, 58），因此，大部分燃料消耗产生的大气污染物和二氧化碳排放来源于煤炭燃烧（见表C-4）。

对于洁净煤发电而言，具有发展潜力的技术包括超超临界（Ultrasupercritical, USC）发电、整体煤气化联合循环机组系统、基于整体煤气化联合循环机组的多联产系统。超超临界发电厂的效率可以达到44%～45%。由于其效率较高，超超临界发电厂每发一千瓦时电的CO_2排放量约为传统发电厂的1/5。整体煤气化联合循环机组系统利用的是煤气化、合成气净化和发电涡轮机的燃气蒸汽联合循环技术。

基于整体煤气化联合循环机组的多联产系统是指更清洁、更高效的生产过程，即将多种煤炭转化和合成技术整合为一体。这样就发明了更清洁的二次能源（例如石油、煤气）和一些有附加值的化工产品。相比传统的发电和单一的产品合成技术，基于煤的多联产系统有高效率、低成本和低排放的优势。要使先进的整体煤气化联合循环机组系统获得发展的机会，需要升级所有的相关技术，包括气化、气体净化、燃气轮机和化工合成技术。

表C-4　燃烧煤炭、石油和天然气的污染物排放
（千克/10亿焦）

污染物	煤	石油	天然气
二氧化碳（CO_2）	99 500	78 500	56 000
一氧化碳（CO）	99.5	15.8	19.1
氮氧化物（NO）	218.7	214.4	44
二氧化硫（SO_2）	1 240	537	0.48
水银（Hg）	0.01	0.003 5	0

来源：United States Energy Information Administration 1999.

煤炭燃烧排放的污染物明显比石油或天然气排放的多。

可持续发展的产业策略展望

在更加可持续的煤炭利用策略和技术、开采方法、运输方式方面，煤炭产业都还有很大的提升空间。研究人员应该寻求环境上可持续、可承受、高效转换的技术，而且应该致力于形成一个能够提高效率和减少环境破坏的一体化综合解决方案。

具体的操作包括监控煤矿安全和效率，为先进发电厂、焦化厂和其他煤化工设施的建设和运营改善投资环境。煤炭工业的主要任务包括以下几点：

● 加快基于矿区的煤炭转换产业，形成一个新的煤炭利用模式；

● 促进煤层甲烷气和的煤矸石的有效利用，减少高质煤炭资源的消耗，控制污染；

● 促进煤矿区的土地修复，利用煤矿井水来保护矿山的生态环境；

● 发展先进的燃煤技术来供热和发电，以便把污染控制在最低水平；

● 使用更加超临界和超超临界的发电技术来提高电力行业的效率；

● 为低品级煤开发大型的、先进的气化技术，以便扩大资源的可利用性，生产合成气或燃气；

● 发展低成本的清洁技术以及碳捕捉与存储技术。

赵宁（ZHAO Ning），宋全彬（SONG Quanbin），
连明（LIAN Ming）
上海碧科清洁能源技术有限公司
徐广文（XU Guangwen）
中国科学院

本文由编辑改编自文章"能源工业——煤" ["Energy Industries—Coal", Chris Laszlo, Karen Christensen, Daniel Fogel, Gernot Wagner & Peter Whitehouse), (Eds.) *the Encyclopedia of Sustainability, Vol.2: The Business of Sustainability*. Great Barrington, MA: Berkshire.]

参见：碳的捕获和固定；温室气体；矿业——非金属元素；石油；太阳能；水能；风能；铀。

拓展阅读

Alford, Roger. (2010, January 1). US mine deaths hit record low of 34 in 2009. Associated Press. Retrieved September 26, 2011, from http://www. newsday. com/business/us-mine- deaths-hit-record-low-of-34- in-2009–1. 1679551

Asia-Pacific Partnership on Clean Development and Climate, Coal Mining Task Force. (2006). Action plan. Retrieved September 26, 2011, from http://www. asiapacificpartnership. org/pdf/Projects/Coal%20 Mining%20Task%20Force%20Action%20Plan%20030507. pdf

Associated Free Press. (2010, January 20). China says coal mine deaths fall in 2009. Retrieved September 26, 2011, from http://www. chinamining. org/News/2010–01–21/1264035652d33587. html

Blueprint for coal sector. (2007, November 30). Retrieved September 26, 2011, from http://www. china. org. cn/ english/environment/233937. htm

BP. (2011). Statistical review of world energy 2011. Retrieved September 20, 2011, from http://www. bp. com/ sectionbodycopy. do?categoryId=7500&contentId=7068481

Cao, Yuchun; Wei, Xinli; Wu, Jinxin; Wang, Baodong; & Li, Yan. (2007). Development of ultra-supercritical power plant in China. In Kefa Cen, Yong Chi, and Fei Wang (Eds.), *Challenges of power engineering and environment: Proceedings of the International Conference on Power Engineering 2007*. pp. 231–236. Berlin: Springer.

Chang,Cheng-Hsin. (2005). Coal gasification. Retrieved September 26, 2011, from http://www. business. ualberta. ca/Centres/CABREE/Energy/ ~ /media/University%20of%20Alberta/Faculties/Business/ Faculty%20Site/Centres/CABREE/Documents/Energy/NaturalGas/ChengHsinChangCoalGasification. ashx

Freese, Barbara. (2003). *Coal: A human history*. Cambridge, MA: Perseus.

Huang Qili. (2007). Status and development of Chinese coal-fired power generation. Retrieved September 26, 2011, from http://www. egcfe. ewg. apec. org/publications/proceedings/CFE/Xian_2007/2-1_Qili. pdf

The International Iron and Steel Institute. (2005). *Steel: The foundation of a sustainable future: Sustainability report of the world steel industry 2005*. Retrieved September 20, 2011, from http://www. worldsteel. org/ pictures/publicationfiles/SR2005. pdf

Kong, Xian. (2002). Developmental direction of energy saving for industrial furnace. *Ye Jin Neng Yuan* [Energy for the Metallurgical Industry], 22 (5), 36–38.

Luo, Dongkun, & Dai, Youjin. (2009). Economic evaluation of coalbed methane production in China. *Energy Policy,* 37 (10),3883–3889.

Market Avenue. (2008). 2008 report on China's coal industry: Description. Retrieved September 26, 2011, from http://www. marketavenue. cn/Reports_Sample/ MAJM041108003. PDF

United Nations Environment Programme. (2006). Energy efficiency guide for industry in Asia: Furnaces and refractories. Retrieved September 26, 2011, from http://www. energyefficiencyasia. org/docs/ee_modules/ Chapter%20-%20Furnaces%20and%20Refractories. pdf

United States Energy Information Administration (US EIA). (1999). Natural gas 1998: Issues and trends. Retrieved September 26,2011, from http://www. eia. doe. gov/pub/oil_gas/ natural_gas/analysis_ publications/natural_gas_1998_issues_trends/pdf/chapter2. pdf

United States Environmental Protection Agency (US EPA). (2009a). Effluent guideline: Coalbed methane extraction detailed study. Retrieved September 26, 2011, from http:// water. epa. gov/scitech/wastetech/ guide/cbm_index. cfm#background

United States Environmental Protection Agency (US EPA). (2003). Draft Programmatic Environmental Impact Statement on Mountaintop Mining/Valley Fills in Appalachia. Retrieved September 26, 2011, from http:// www. epa. gov/region3/mtntop/eis2003. htm

United States Geological Survey. (n. d.). Coal-bed methane: Potential and concerns. Retrieved September 26, 2011, from http://pubs. usgs. gov/fs/fs123-00/fs123-00. pdf

Wang, Fuchen, & Guo, Xiaolei. (2008). Opposed multi-burner (OMB) gasification technology—New developments and update of applications. Presentation at the Gasification Technology Conference, Washington, DC. Retrieved February 5, 2010,from http://www. gasification. org/Docs/Conferences/2008/37WANG. pdf

World Bank; China Coal Information Institute; Energy Sector Management Assistance Program. (2008). *Economically, socially and environmentally sustainable coal mining sector in China.* Retrieved September 26, 2011, from http://www-wds. worldbank. org/external/default/WDSContentServer/WDSP/IB/2009/01/15 /000333037_20090115224330/Rendered/PDF/471310WP0CHA0E1tor0P09839401PUBLIC1. pdf

World Coal Institute. (2009). Improving efficiencies. Retrieved February 5, 2010, from http://www. worldcoal. org/coal-the-environment/coal-use-the-environment/improving-efficiencies/Xia, Cao. (2006). Regulating land reclamation in developing countries: The case of China. Land Use Policy, 24 (2), 472–483.

Xia, Hanping, & Shu, Wensheng. (2003). Vetiver system for land reclamation. Retrieved January 20, 2010, from http://vetiver. org/ICV3-Proceedings/CHN_Land_reclam. pdf

Xiao, Yunhan. (2007). The evolution and future of IGCC, co-production, and CSS in China. Retrieved January 19, 2010, from http://www. iea. org/work/2007/neet_beijing/ XiaoYunhan. pdf

Xie, Kechang; Li, Wenying; & Zhao, Wei. (2010). Coal chemical industry and its sustainable development in China. Retrieved January 25, 2010, from http://www. sciencedirect. com

Zhang Cuiqing; Du Minghua; Guo Zhi; & Yu Zhufeng. (2008). Energy saving and emission cutting for new industrial furnace. *Energy of China*, 30 (2008), 17–20.

Coffee

咖　啡

咖啡起源于非洲东北部，当前在全球大多数热带国家种植。巴西、越南和哥伦比亚是主要咖啡生产国和输出国，而美国和大多数欧洲国家是主要消费国。咖啡是原油之后交易最多的主要商品。虽然历史上咖啡市场由国家机构和国际协定控制，但20世纪90年代以来，咖啡交易基本上没有贸易异常现象。

咖啡属于茜草科（*Rubiaceae*）。当前有两类咖啡种植：小果咖啡（*Caffea arabica*）和中果咖啡（*Coffea canephora*）。占全球产量2/3的小果咖啡在拉丁美洲和非洲东北部种植，它比中果咖啡有较多的香味和较少咖啡因，后者在拉丁美洲、亚洲和非洲西部和南部低海拔潮湿地区种植。与中果咖啡相比，小果咖啡通常能获得溢价。咖啡植株能长到10米高，但为了维护和采收方便，通常保持在约3米。咖啡植株结果一般需要2到3年。

咖啡树起源于非洲，小果咖啡是埃塞俄比亚本地植物，中果咖啡是乌干达本地植物。大规模咖啡生产地在埃塞俄比亚，后来扩展到非洲其他地区。1699年，咖啡栽培走出非洲，当时由荷兰商人引进到爪哇，几年后法国人将咖啡引进到马提尼克岛，巴西在1727年最早栽培咖啡。

虽然喝咖啡的确切由来尚属未知，但神话很多。一个故事说一名埃塞俄比亚牧羊人注意到他的山羊晚上不能入睡后，发现它们白天在吃咖啡豆。然而，咖啡的这种特性好像是公元10世纪由阿拉伯商人发现的，他们咀嚼咖啡豆抑制食欲并保持头脑清醒以穿越沙漠。据报道，世界上第一个咖啡店于5个世纪后在君士坦丁堡开张。意大利商人在17世纪早期将咖啡引进西方，伦敦和巴黎的第一批咖啡店在该世纪后期开业。

咖啡加工需要几步，咖啡收获、去皮、咖啡豆清洗变成绿色咖啡豆以及国际交易的商品。不同类型咖啡的咖啡豆的加工方法不同，中果咖啡加工相对简单（通常在农场用简单设备进行），但小果咖啡比较复杂，特别是洗过的小果咖啡，后者包含使用现代设备。烘焙绿色咖啡豆给它们以深棕色，烘焙的咖啡豆被磨碎，消费者通过各种酿造技术将它们转换成饮品。

大多数欧洲人饮用类似蒸馏形式的咖啡，亚洲常喝咖啡者多喝速溶咖啡，北美人一般喝滴滤的咖啡，当然 20 世纪 90 年代的"星巴克革命（Starbucks revolution）"改不了消费格局。北欧国家以每年人均几乎 10 千克的咖啡消费引导了世界，欧盟人均 5.0 千克，接下来是美国（4.1 千克）和日本（3.2 千克）（ICO 2011）。

生产、贸易与价格

大多数热带国家生产咖啡，拉丁美洲几乎占全球总产量的 60%，接着是亚洲（25%）和非洲（15%）。大多数咖啡产于 3 个国家：巴西（36%）、越南（15%）和哥伦比亚（8%）。印度尼西亚（3%）、印度（4%）以及危地马拉和墨西哥（各占 3%）也是重要生产国（ICO 2011）。有些国家尤其是巴西的咖啡用现代化设备和方法在大农场生产，包括灌溉、拖拉机甚至是咖啡采收机。大多数其他地区的小农生产咖啡，包括中美洲、非洲和亚洲。在一些非洲国家，小农们拥有少到 1/4 公顷土地，这种环境的主要投入是劳力，农药和化肥很少使用。一些东非国家的咖啡产区雇用大量长期工。

估计 80% 的咖啡进行了国际贸易，主要消费者是人均收入高的国家。当然，一些新显露的国家尤其是俄罗斯和中国正逐渐转向咖啡消费。美国约占全球消费量的 18%，接下来

是巴西（13%）、德国（9%）、日本（6%）以及法国和意大利（各占 5%）（ICO 2011）。

咖啡以绿色豆形式交易，虽然有许多咖啡贸易公司，但 5 或 6 个跨国公司操纵了大多数咖啡交易。期货交易决定咖啡价格，小果咖啡和中果咖啡的高容量咖啡期货合同分别在美国洲际交易所（Intercontinental Exchange）（以前被称为美国纽约期货交易所，New York Board of Trade）和伦敦国际金融期货和期权交易所（London International Financial Futures and Options Exchange）进行。较少量合同在其他地方交易，包括在圣保罗商品交易所（Commodity Exchanges of São Paulo）、新加坡和班加罗尔。

咖啡价格比其他商品价格更不稳定。占世界统治地位的供应商巴西易受霜冻和干旱影响，导致其咖啡生产相当波动。避险基金也在价格波动中起作用，特别是短期。从 2000 年开始，咖啡经历了该产业历史上最剧烈价格下降之一，被认为是咖啡危机的一段历史。2001 年 10 月，小果咖啡平均每千克 1.24 美元，为 9 年最低，而 2002 年 1 月中果咖啡跌至每千克 0.49 美元（自 1965 年定价每千克 0.49 美元以来的最低名义价格）（World Bank 2011）。价格暴跌背后的关键因素是供给过多。在前 4 个季度中，巴西平均记录产量 3 300 万袋咖啡，越南成为占统治地位的中果咖啡生产国，超过哥伦比亚而成为世界第二大咖啡生产国。较低费用的生产者导致的供给过多，引起一些人有说服力地主张，咖啡危机是调整以适应全球新市场现实的咖啡产业的市场驱动结果（Lindsey 2003）。咖啡价格近期进行了可观的恢复（与大多数商品的情况一样），2010 年间，

小果咖啡价格超过每千克4.00美元，中果咖啡每千克1.80美元，是2000年代早期平均价的两倍。

政策环境

咖啡市场一直受国家和国际层面不同政策干预影响。世界银行研究者秋山高正（Takamasa Akiyama 2001）报道，在1985年，世界51个咖啡生产国中只有15个有私人营销协议，25个国家通过国有企业销售咖啡，而另外11是通过混合的国有和私有销售机构。到2000年，大多数国家的咖啡行业以私有营销协议经营。

咖啡市场也受国际咖啡组织（International Coffee Organization，ICO）管理的一系列咖啡协定影响，其成立于1962年，指示咖啡生产者能够出口多少咖啡以稳定咖啡价格。研究表明，国际咖啡组织管控下的咖啡价格高于不管理时（Gilbert 1995）。美国政治学者罗伯特·贝茨（Robert H. Bates 1997）证明国际咖啡组织供应量背后有着政治因素，在20世纪60年代和70年代，强大的国际咖啡组织成员美国利用该组织提高了中美洲咖啡生产国的收入，希望遏制该地区共产主义的扩展。同样，中欧国家将国际咖啡组织引导的咖啡高价看作是一个为它们以前非洲殖民地提供帮助的方法。

大多数咖啡生产国（占全球产量的90%）和几乎所有发达的咖啡消费国家都是国际咖啡组织成员国。有趣的是，非国际咖啡组织成员国的共产主义国家在自由贸易协定下购买咖啡。越南咖啡产业开始于20世纪60年代，当时东德提供财政支援、古巴提供技术帮助。最近的国际咖啡协定在1980年9月至1989年7月有效，此后，国际咖啡组织被放弃。21世纪10年代期间，通过另一个组织——咖啡生产国协会调节供给的尝试也失败了。

长期展望

在没有新的国际行动或占统治地位生产国对内政策的情况下，咖啡市场前景完全取决于供求关系。越南作为一个主要中果咖啡生产国的出现，可能很多年影响中果咖啡价格。1980年，越南生产了14万袋（60千克1袋）的咖啡——不到世界产量的0.2%，而2010年，越南生产了1 820万袋。越南是低价生产国，有相对较幼龄的咖啡树。巴西维持着空前的产量水平，21世纪10年代平均超过4 000万袋。咖啡收获的广泛机械化降低了生产成本，同时培育并使用了更高产的好品种。将生产从容易霜冻的南方地区转移到该国的北方，降低了与天气相关的供给波动的可能性，广泛采用灌溉，稳定并维持了产量。

在需求方面，咖啡面临着软饮料产业日益增长的竞争。例如，1970年美国人均消费软饮料不到100升,而现在超过200升。其他因素可能影响咖啡产业的长期前景。新技术使烘烤机能够去除某些咖啡的涩味,从低质量咖啡豆取得较高的质量水平。烘烤机能更灵活地在咖啡类型之间做短期转换,意味着某些类型咖啡相对高价不能长期保持。一小部分致力于产品差异化的市场已经出现,如有机咖啡、美食家咖啡和荫生咖啡。这些市场的含义是需求前景因咖啡生产者而异。特别是对咖啡需求的任何扩大可能出现在整个范围的两端:低质量咖啡豆(反映了改良的技术)和特制咖啡(反映了向小市场扩展)。

咖啡销售与流通出现了新的格局。咖啡促销曾采用全国性品牌,以熟悉的哥伦比亚咖啡生产者协会(National Federation of Coffee Growers of Colombia)发起的 Juan Valdez 运动为代表。麦斯威尔咖啡(Maxwell House)的"滴滴香浓,意犹未尽"运动代表了其咖啡贸易公司的促销。20世纪80年代中期以来,市场与贸易环境发生了相当的改变。

10%以上的咖啡按这些特点加有如地方起源(例如乞力马扎罗山咖啡而不是坦桑尼亚咖啡,或哈拉雷咖啡而非埃塞俄比亚咖啡)、社会层面(例如确保对生产者是最低价的公平交易咖啡)以及有机、荫生或鸟友好型生产(这可确保符合某些环境标准)。

主要咖啡零售商如星巴克与能确保咖啡符合某些社会标准的生产者组织之间建有直接关系。这些新的销售与品牌营销机制被认为可在提高小咖啡生产者收入的同时,为消费者提供更多选择。但研究显示,咖啡生产者收到的溢价已经下跌,并可能随着越来越多的生产者进入特制咖啡销售渠道而进一步收缩(Kilian et al. 2006)。

约翰·巴菲斯(John BAFFES)
世界银行

参见:可可;毒品的生产和贸易;食品历史;食品及其附加值;药用植物;甘蔗;茶。

拓展阅读

Akiyama, Takamasa. (2001). Coffee market liberalization since 1990. In Takamasa Akiyama, John Baffes, Donald Larson, & Panos Varangis (Eds.), *Commodity market reforms: Lessons of two decades* (pp. 83–120). Washington, DC: World Bank.

Baffes, John; Lewin, Bryan; & Varangis, Panos. (2005). Coffee: Market setting and policies. In M. Ataman Aksoy & John C. Beghin (Eds.), *Global agricultural trade & developing countries* (pp. 297–310). Washington, DC: World Bank.

Bates, Robert H. (1997). *Open-economy politics: The political economy of the world coffee trade*. Princeton, NJ: Princeton University Press.

Gilbert, Christopher L. (1995). International commodity control: Retrospect and prospect. Policy Research Working Paper 1545. Washington, DC: World Bank, International Economics Dept., Commodity Policy and

Analysis Unit.

Kilian, Bernard; Jones, Connie; Pratt, Lawrence; & Villalobos, Andrès. (2006). Is sustainable agriculture a viable strategy to improve farm income in Central America? A case study on coffee. *Journal of Business Research* 59 (3): 322–330.

International Coffee Organization (ICO). (2011). *Coffee statistics*. London: ICO.

Lindsey, Brink. (2003). Grounds for complaint? Understanding the "coffee crisis. " Trade Briefing Paper no. 16. Washington, DC: Cato Institute Center for Trade Policy Studies. Retrieved June 28, 2011, from http://www. freetrade. org/pubs/briefs/tbp-016. pdf

World Bank. (2011). *Commodity price data*. Washington, DC: World Bank.

Coltan

钶钽铁矿

铌钽锰矿（俗称钶钽铁矿）是钽的主要来源，一种以其或因其具有极高的保存和释放电的能力而闻名的稀有金属。钽是生产手机和电脑必不可少的元素，也常常被用于制造喷气式飞机的发动机和核电站。非洲中部地区的钶钽铁矿是世界上最大的钶钽铁矿之一。据说，该矿的开采曾引发了国内冲突。

钶钽铁矿的开采是两类相似的化学元素钽（Ta；原子序数73）和铌（Nb；原子序数41）的主要来源。近期钶钽铁矿工业热潮主要是由于钽，一种以坦塔罗斯（Tantalus）命名的金属。他是一个希腊神话人物，由于在宴会上烹饪他的儿子珀罗普斯（Pelops）的肉让奥林匹斯山的诸神品尝而惹怒了大家，因此，坦塔罗斯（Tantalus）和他家族的命运被世代诅咒。一直萦绕着钽的这些词源神话，加之因它而起的社会动荡和暴力冲突，从而使钽加入了"冲突矿物"（Conflict Minerals）的行列。

自瑞典化学家安德斯·古斯塔夫·埃克贝格（Anders Gustaf Ekeberg）1802年首次发现了钽元素之后，科学家们又花费了62年时间才使得钽元素能以金属的形式进行生产；又花了39年时间，直到1903年，德国化学家维尔纳·冯·博尔顿（Werner von Bolton）生产出了纯金属钽，才使钽首次作为一种具有延展性纯金属被报道。从钶钽铁矿中提取钽，需要通过物理和化学（氢氟酸）的萃取方法加工矿石，产生出钽盐（如钽氟酸钾）。纯钽是通过各种各样的方法从钽氟化盐中获取的，包括附加的液–液萃取以及与钠、碳、铝还原反应或电解而生成。

纯金属钽的发现促进了钽在20世纪一些新发明中的应用。例如，1902年德国工业巨头西门子集团研发出钽丝，成为比原来白炽灯泡碳丝更有效的替代物。美国通用电气收购了钽丝的使用权并把它用于灯泡的生产中，直到后来钽丝被更持久耐用的钨丝所取代。大约50年后，人们发现了钽金属在电容器中的一个新型用法，具有提供单位体积高电容的优点。这项应用使电子产品微型化成为可能。1976年6月14日，纽约AVX公司的约翰L.伽尔伐尼（John L. Galvagni）申请了一个改良的钽芯片电容器的专利，这种电容器比先前的产品更坚固和耐潮。1978年这个专利得到授权，这个专利的突出贡献是促成了新兴的电子行业对钶钽铁矿需求的迅速增长。

供应和需求

现代的电子行业用钽制造可靠的电解质电容器。据美国地质勘探局（the US Geological Survey, USGS）调查，电子设备（如手机、电脑和平板显示器）增产，使市场对天然的和精炼的钽矿石的需求在过去的20年里增加了一倍，从1990年的不足1 300公吨到2010年的2 700公吨以上。电子工业中钽电容器的生产消耗了全世界约60%钽矿石产量。目前，巴西是全世界钽矿石主要生产者，其2009年和2010年钽矿石的年产量是180公吨，约占世界总产量的27%。巴西也是世界钽矿石的最大储藏国，预计有65 000公吨，占了世界储藏总量的60%；但是，这个评估没有包括一些数据缺乏的中非国家，如布隆迪、刚果民主共和国、埃塞俄比亚、索马里、乌干达和津巴布韦（USGS 2011）。

冲突矿物钶钽铁矿

2001年3月5日，联合国安理会发表声明，谴责"刚果民主共和国自然资源的非法开采"。刚果的常驻联合国代表团曾经散发了一份有争议的联合国安理会关于刚果走私钶钽铁矿石到邻国（包括布隆迪、卢旺达和乌干达）的报告，指出这些走私活动的收入支持了该地区的战争。例如，20世纪90年代后半期，贩卖钶钽铁矿石为卢旺达军队提供了约数百万美元的收入（Nest 2011）。

对中非地区野生动物保护区的威胁是持续开采钶钽铁矿的另一个问题。1980年，联合国教科文组织（the United Nations Educational Scientific and Cultural Organization, UNESCO）指出，作为世界遗产地的卡胡兹别加国家公园，毗邻刚果民主共和国非法开采钶钽铁矿危害的地区（UNESCO 2011）。根据国际野生动物保护协会和刚果野生动物总署（the Institute Congolais pour la Conservation de la Nature, ICCN）2010年的调查，公园东部低地大猩猩（*Gorilla g. graueri*）的数量从20世纪80年代的15 000只大幅减少到了目前的181只。该地区社会发展及与采矿有关的砍伐引起的森林枯竭，被认为是导致大猩猩濒临灭绝的原因。

立法禁止开采冲突矿物

2010年7月21日，美国总统巴拉克·奥巴马签署了一项由国会通过的经济改革法案，该法案中包含一条关于"冲突矿物"供应的条款。法案要求，凡使用含有铌钽锰矿（钶钽铁矿）、衍生物以及其他贵重金属和矿石（锡石、钨锰铁矿和黄金）类产品的公司，必须向美国证券交易委员会（the US Securities and Exchange Commission, SEC）报告金属和矿石的来源是否来自刚果民主共和国。该法案的立法目的，是为了减少通过黑市交易支持非政府武装的战争暴行的资金来源。正如新法案文本所述：

国会认为，刚果民主共和国的冲突矿物开采和交易为刚果东部的冲突提供了资助，这些冲突一般以极端暴力为特征，尤其是性暴力和性别暴力事件，也加剧了那里的紧急人道主义形势。因此，授权1934年证券交易法的条款13(p)作为增订条款(b)。(2010多德-弗兰克华尔街改革和个人消费者保护法案)

2011年1月14日，钽铌国际研究中心(the Tantalum-Niobium International Study Center, TIC)与锡供应链组织(the Tin Supply Chain Initiative, iTSCi)联合发起了一项基金项目，旨在解决市场对美国冲突矿物法案立法的反应。于2011年4月1日生效的新法案要求行业拒绝使用中非地区来源不明的矿石，公司要对经营"无冲突"矿物形成新的认证程序，对加工厂和使用矿物原料的行业制定供应链检验程序(TIC 2011)。

前景

矿物原料钶钽铁矿的高需求量，是与它提炼出的钽金属在消费电子产品生产持续增长中使用密不可分的。这种需求不太可能在短时间内减少，如果中非地区"冲突矿物"的问题不尽快解决的话，有可能会导致澳大利亚、巴西和世界上其他地区的此类矿物资源的紧缺。美国立法禁止使用非法钶钽铁矿石，应当对环境可持续性和合法开采钶钽铁矿的国际执行标准制定起到模范作用。

欧拉德勒 A. 奥根斯坦(Oladele A. OGUNSEITAN)
加州大学欧文分校

参见：丛林肉；冲突矿物；电子产品的原材料；宝石；黄金；矿产资源稀缺性；采矿业——金属矿床开采；非金属矿业；稀土元素；回收利用；铀。

拓展阅读

Dodd-Frank Wall Street Reform and Consumer Protection Act of 2010, Pub. L. No. 111–203. (2010). US Government Printing Office. Retrieved June 14, 2011, from http://www. gpo. gov/fdsys/pkg/PLAW-111publ203/content-detail. html

Nest, Michael Wallace. (2011). *Coltan* (Polity Resources Series). Cambridge, UK: Polity Press.

Permanent Mission to the United Nations, Democratic Republic of Congo. (2011.) Coltan. Retrieved June 14, 2011, from http://www. un. int/drcongo/war/coltan. htm

Tantalum-Niobium International Study Center (TIC). (2011). Urgent funding call to progress implementation of iTSCi conflict mineral program. Retrieved June 14, 2011, from http://tanb. org/sites/tanb. org/files/webfmroot/News/iTSCi-funding-need-Jan2011-FINAL. pdf

United Nations Educational, Scientific and Cultural Organization (UNESCO). (2011). World Heritage Convention: Kahuzi-Biega National Park. Retrieved June 14, 2011, from http://whc. unesco. org/en/list/137

United Nations Security Council. (2001, March 5). Security Council condemns illegal exploitation of

Democratic Republic of Congo's natural resources (Press Release SC- 7057). Retrieved June 14, 2011,from http://www. un. org/News/Press/docs/2001/sc7057. doc. htm

United States Geological Survey. (USGS). (2011). Minerals information: Tantalum. Retrieved June 14, 2011, from http://minerals. usgs. gov/minerals/pubs/commodity/niobium/mcs- 2011-tanta. pdf

Wildlife Conservation Society. (2011). Gorillas in the mix. Retrieved September 21, 2011, from http://www. wcs. org/news-and-features-main/gorillas-in-the-mix. aspx

Conflict Minerals

冲突矿物

冲突矿物是指那些在开采、管控或者使用中，可资助冲突中武装分子进行物资采购的矿物。通常涉及的矿物包括用于电子产品的锡石和钶钽铁矿物以及钻石和黄金。这些矿物很少是它们所"支持"的冲突爆发的原因，但确实影响到冲突的持续时间和强烈程度。由于这些冲突矿物还在世界范围内交易，因此，会对全球的经济、自然资源和安全性以及可持续资源管理产生影响。

通过诸如"血腥钻石"和"你手机上黏有鲜血"的抗议或启蒙运动，冲突矿物已经成为一个重大议题。因此，出现的一个问题是，如何定义冲突矿物、哪些国家和国际问题会触发何种类型的冲突以及怎样避免冲突或者将其最小化。根据政治经济学家和地理学家菲利普·雷·比永（Philippe Le Billon）(2003，216)的说法，冲突矿物就是那些具有以下特征的矿物：对这些矿物的掌控、开采、贸易、税收和保护会引发武装冲突，或在冲突中受益。

直接参与这些活动的行为主体可以是军阀、叛军、正规的国家军队或者是军队中的叛变者。武装分子利用从冲突矿物中获得的利润为他们的目的提供经费（如购买武器、弹药和日常用品）或在某些情况下使自己发财。在这种情况下，冲突矿物就成了维持武装冲突的主要驱动力。因此，冲突矿物可能不是武装冲突发生的原因，但是，它们却是影响冲突进程和持续时间的一个因素。

由于冲突矿物通常出售给国际客户，因此，由于使用相关的矿物，一些国外活动分子也间接涉及了冲突。

冲突矿物与安全性

现今的许多冲突都是非传统性的，就此意义而言，它们通常不是国与国之间的军事冲突。相反，大多数是牵扯到分裂团体或反政府叛逆者的内部暴力冲突。自冷战结束以来，并且伴随着全球化，冲突的性质已经发生了显著变化。在1994年，联合国开发计划署引入"人类安全"的命题来解决人类和发展的冲突问题，而不只关注领土和武装层面，这导致一些人将这些冲突称为"新型战争"（Kaldor 1999；Duffield 2001；Münkler 2002）。不论怎样称呼这些冲突，社会经济因素在其中都起到越来越重要的作用，并且产生所谓冲突矿物的采矿活动通常就是组成一个地区社会经济因素的一部分。

在20世纪90年代，有关自然资源和冲突联系的学术争论层出不穷（Gleditsch 1997；Homer-Dixon 1995, 1999；Levy 1995；参见 Myers 1989和Pirages 1978）。这场争论首先聚焦于一个自然资源丰富的国家爆发暴力冲突的可能（Collier & Hoeffler 1998；Collier 2000）。"资源诅咒"这一术语被创造（Auty 1993）出来，用于解释资源富裕国家经济效益差的情形。经济学家保罗·科利尔（Paul Collier）和安克·霍夫勒（Anke Hoeffler 2004）的研究，分析了那些旨在通过发动暴力冲突获利的人们的动机，而这些冲突源于自然资源的特点。随后的研究将争论焦点扩大，包括了国家和军队、国外的经济相关人士（Snyder & Bhavnani 2005；Humphreys 2005）和环境因素（Dinar 2011）。

一个结论是许多自然资源的开放性与政府或机构的软弱性结合，使得冲突的出现远远超过正常的市场竞争。尤其是"可抢劫的"商品，成为一些无耻团体使自己发财和为自己的行动提供经费的手段。此类商品通常被归为禁运品，且有助于延长冲突时间（Ross 2004；Samset 2009；WTO 2010, 95）。

自然资源和暴力冲突之间的联系可以看作是双重关系："掌控资源驱动了武装冲突，资源又被融入武装冲突财政（Le Billon 2001, 580）。"或者说，这种关系可以被认为是同一枚硬币的两面：资源冲突和冲突资源。资源冲突至少部分是由对立利益方为了争夺稀缺资源（比如一种特殊矿物）引起的，冲突资源则主要是发动冲突的一种方式，而引发冲突还有其他根本原因（Le Billon 2001, 561；Mildner 2011, 13）。

刚果民主共和国案例

刚果民主共和国（the Democratic Republic of Congo, DRC）基伍省东部地区（北部和南部）的采矿活动常常被看作是矿物引发冲突的案例。由于特殊的地质条件——矿床太小而不适合大规模的工业采矿，刚果民主共和国东部地区主要是手工艺性和小规模的开采。在这里，有确凿证据显示叛军是如何从矿产开采和贸易中获利的。例如，联合国最近的一项报告（UNSC 2010）表明，刚果国家军队已经取得了基伍北部和南部各省矿产丰富地区的控制权，并且军队内部相互间也在为控制这些地区而竞争，同时，他们为了打击竞争对手而勾结武装团伙。表C–5显示了军队从北基伍一个矿区所赚得的大笔资金款项。

表C–5 来自Bisie（北基伍省的一个锡矿）的军事收入

来 源	月收入/美元
每月经由军队生产的矿物250吨	114万～225万
对矿区外挖掘者的税收	45 600～90 000
对去Bisie搬运工的税收	3 300～16 800
所有已知来源的总和	120万～240万

来源：2010年8月的"全球见证"．

刚果民主共和国北基伍省的军队不仅对Bisie矿区锡的生产征税，而且也对外来的劳动者和搬运工征税。

在基伍各省,为矿区的控制权而战不是矿物和冲突相关联的主要特征。除此之外,在本地区市场大量的后续运输阶段和中介机构中,这些武装分子有许多获得资源利润的机会。国际和平信息服务组织(The International Peace Information Service, IPIS)提供的报告和地图,显示了武装分子是如何利用冲突矿物。

数个组织与此商品链有关联,并且官方代表和武装分子常常互相合作,从而造成一个不透明的状态。此外,这些商品的市场价格远低于那些值得信赖的竞争者所出的价格(例如,一种叫钶钽铁矿的刚果民主共和国矿产,仅相当于澳大利亚钽产品价格的1/3)。

所以从源头国家到下游商品链中的许多参与者都得益于当前的形势,并且几乎没有改变此形势的动力。因此,这些当事国就陷入一个自我延续的困境中,并且这种困境通过矿物价值链在国家之间扩展。

作为自然资源一部分的冲突矿物

矿物只是一类可能与冲突有关联的自然资源。根据联合国专家小组(the UN Expert Panel)报告,刚果民主共和国东部的武装分子通过非法开发其他资源(如木材、肉类和鱼类等)为自己提供资金(UN IFTPA 2010)。在象牙海岸,叛军和政府都从可可贸易中获得了战争资金(Global Witness 2007; Guesnet, Müller & Schure 2009)。克莱尔(2001)和其他一些分析家(Indra De Soysa 2002, James D. Fearon & David D. Laitin 2003)都强调,拥有石油的国家也具有发生战争的可能性。麦卡顿·汉弗莱斯(2005)以及欧因德瑞拉·杜布和胡安·瓦格斯(2006)指出,一般而言,农产品,尤其是咖啡,都可成为冲突的原因。

根据海德堡大学国际冲突研究所(the Heidelberg Institute for International Conflict Research)的2010年冲突晴雨表,自然资源是全球排名第二的冲突之源。在这个排名中,自然资源包括可开采资源和农产品、土地、栖息地和水源(HIIK 2010)。因此,今后的研究应该更多地着眼于不同自然资源和冲突的关系,而不仅仅是关注某些单个矿物。

社会和政治层面

从与当地社区合作的非政府组织(Non Governmental Organizations, NGOs)的角度来看,在这些与自然资源相关的冲突当中,人权问题是关注的重点。非政府组织全球见证(Global Witness)将冲突资源作为一个包含冲突矿物的宽泛的类别对其进行定义:"在冲突背景下,这些自然资源的系统开发和交易,可引发从中受益及导致人权受到严重侵害,或者违反国际人道主义法律,或者违背国际法而构成犯罪"(Global Witness 2011)。

该定义考虑到了围绕矿物开采和交易的不同形式的暴力。其中涉及受虐待的情况,如人们受到武力胁迫而像奴隶一样工作。这意味着即使不涉及武装冲突,矿物开采也是在暴力条件下进行的。

此外,自然资源的开采还会触发新的冲突。在矿井所在地,当地居民的生计可能受到严重影响(如由于土地、水和空气的污染)。如若忽视他们的不满,可能引发暴力抗议和破坏行为,也可能导致与国家安全部队的暴力冲突。在国家层面,有关使用来自自然资源收入的冲突可能发生,并且,尤其易于发生在那些非民主管理和腐败结合在一起的国家（Paes 2009，5）。此类冲突已在一些地方发生，例如石油丰富的尼日利亚的尼日尔三角洲地区。

环境层面

采矿的环境后果会引发地方级别的冲突，主要是当地居民和那些采矿者(手工采矿者或矿业公司)之间的冲突。例如，导致污染的原因有：不安全的矿山尾矿和废石堆、排泄的酸性矿水、矿坑和矿山的不当关闭、倾倒入水中的有毒废水、开矿废料等等。环境景观变化通常是不可逆的，也给当地农业带来次生影响；如果农民自己就是矿工，无论在经济上和环境上，这种影响都是毁灭性的。

通过战略环境评价(Strategic Environmental Assessment, SEA)获得的良好规划，总的来说是取决于志愿者的努力，尤其是在那些政府软弱、立法薄弱和执法不力的国家。关于此类战略环境评价的国际标准已被制定(SEA-info.net 2011)。与根据原料的生命周期一起，衡量此类环境压力的概念被称为"生态包袱"(Bringezu & Bleischwitz 2009)。

大多数情况下，环境压力起因于违法开采作业，例如，没有履行适当的环境评估、没有遵守环境法规和标准且没有制定修复计划。作为此类负面环境影响的例子，在全世界山地大猩猩最后居住地之一的卡胡兹别加国家公园，采矿活动本身就破坏了自然生境，而控制几个地区的武装分子的出现更是加剧了这种破坏。同时，由于缺乏连续的生产活动以及对当地生态系统的不适当干预，严重影响了当地的农业和维持生计的畜牧业。

哪些矿物是冲突矿物？

最常涉及资源冲突的矿物是锡石(锡)、钶钽铁矿(钽和钶铁矿–钽铁矿)、钻石、黄金和钨锰铁矿(钨)。

锡的生产需要锡石，并且锡石也被用于制造电子产品，如MP3播放器。世界最大的锡石生产国是中国和印度尼西亚，其次是秘鲁、玻利维亚和巴西。但是对于刚果民主共和国东部地区来说，在数量和价格方面，锡石是最重要的矿物。

钶钽铁是一种在中非开采的矿物的昵称，属于国际上被称为钽的一类金属。钽主要被用于电子设备(如移动电话、寻呼机和个人电脑)的电容器。未来钽需求量将会增加。长期以来，澳大利亚主导着世界钶钽铁市场，但是现在生产状况已发生显著变化。自2008年末以来，非洲(如包括莫桑比克在内的大湖地区)已成为即便不是最大，但也是全球市场主要的钽金属供应者，其次是巴西和其他一些供应国。

钻石被用于珠宝和一些工业领域。继塞拉利昂、利比里亚和安哥拉的残酷内战之后，钻石成为第一个被官方认定的冲突商品。为了应对这一形势，形成了基于认证的金伯利进程(Kimberley Process)(应对方案章节见下文)。

黄金被应用于珠宝、电子产品和牙齿护理。它也应用于一些用于半导体制造的化合物中。黄金的主要供应国是南非、美国、澳大利亚和秘鲁，并且在一些国家(如乌兹别克斯坦、加纳和巴布亚新几内亚)黄金是一种重要出口产品。对于刚果民主共和国东部地区而言，几乎所有的黄金出口都是违法且未经申报的，且没有可靠的统计数据。

钨锰铁矿是钨金属的一个重要来源,用途广泛。钨也应用于金属工业中,在其中以复合材料作为铅的替代物(如在一些汽油精炼厂)。世界78%的钨产自中国,但是,欧洲进口的钨大多来自肯尼亚和坦桑尼亚。由于很少能有替代物且需要高得多的生产成本,因此钨具有极高的经济意义。

虽然上述冲突矿物的清单不完备,但它是那些驱动经济和政治冲突的更广泛的自然资源的一部分。通常,冲突矿物(除了用于珠宝的钻石和黄金)在被跨国公司(例如:电子制造商)和顾客购买前,要经过各种各样的国际性中介机构。然而,不是所有的矿物供应商都涉及冲突。在一个较长的时期内,大多数情况下冲突地区在矿物需求高峰期作为缓冲供应商,并不作为主要供应商。但是,在不人道的条件下被开采且有益于缅甸政权独裁的产自缅甸的红宝石,却是占世界市场90%矿物来自一个冲突地区的实例。

由于矿物的天价会吸引金钱逐利分子,那么一种特定矿物或一个特定地区是否涉及冲突部分取决于其价格。一些冲突,尤其是非暴力性质的冲突,是大部分开采行业及其商品的典型副效应。因此包括健全的环境管理措施和环境控制以及对社会准则的尊重在内的良好治理,将影响冲突的规模甚至关乎冲突能否发生。在国家层面以及在采掘行业和可持续资源管理内,良好的治理需要防止产生矿产资源开采及其相关冲突的不良后果(Feil et al. 2010; Bringezu & Bleischwitz 2010)。

国际互动

对包括绿色技术和可持续能源在内的许多高科技领域,大部分冲突矿物是必不可少的原料(Graedel 2011),因此国际贸易的管理具有重要的战略意义(WTO 2010)。

在阿富汗,近来发现的新矿物(价值约1万亿美元)意味着该地区扩大冲突的可能性,并会伴有严重的国际后果。对此类冲突的国际影响将如何危及国际安全,美国国家情报委员会(The US National Intelligence Council, NIC 2008)做了多种情景分析,其结果令人担忧。

在亚洲,矿物生产设备大概是涉及非法矿物链的主要途径,与此牵连的亚洲加工行业一再受到联合国专案小组的调查(例如 Resolve 2010)。因此,中国和其他亚洲国家的消费性电子组装行业可以看作是对冲突矿物需求的主要源头,尽管欧洲和美国的许多企业也名列于涉及冲突矿物的报告之中,至少是短期的。但是,这些产品的终端消费者却分布在世界各地。

应对方案

当前,国家应对与矿物相关冲突的主要备选方法是,在采掘行业本身以及沿着国际矿业产业链都建立旨在提高透明度和加强尽职调查的规章制度(Bannon & Collier 2003)。模范矿业开发协议(Model Mining Development Agreement, MMDA)已经形成。已经在采取措施的主体有:

● 国际组织:经济合作与发展组织(Organization for Economic Co-operation and Development, OECD)2010、预防性行动的联合国机构间框架小组(UN Interagency Framework Team for Preventive Action)2010。

- 国际和地区政策制定者：分析指纹（Analytical Fingerprint）、认证交易链（Certified Trading Chains）、在非洲大湖区举行的大湖区认证计划国际会议（the International Conference of the Great Lakes Region certification scheme in the Great Lakes Region of Africa）、在刚果建立当地市场的STAREC计划。

- 非政府组织：如采掘行业透明度倡议（the Extractive Industries Transparency Initiative）和公布付款阵线（Publish What You Pay）。

- 特定的行业发起的倡议：例如：ITRI锡供应链倡议（ITRI Tin Supply Chain Initiative，iTSCi）——一项由冶炼行业发起的倡议、电子行业公民联盟（Electronic Industry Code of Conduct, EICC）/全球电子可持续发展倡议（Global electronic Sustainable Development Initiative, GeSI）——一项由电子行业发起的倡议，国际矿业和金属理事会（the International Council on Mining and Metals, ICMM）支持的相关活动。

- 先进的机构混合体：如涉及所有主要行业、政府管理部门和非政府组织的钻石认证金伯利进程（Kimberley Process）。

2010年7月，美国政府立法（《多德-弗兰克法案》the Dodd-Frank Act）要求在美国证券交易委员会注册的石油、天然气和矿业公司公开其向运营国家的当地政府提交的税收和收入支付款项，这项法案的实施将影响世界10大矿业公司中的8个。2010年6月，香港股票交易所（the Hong Kong stock exchange）向在其处登记注册的采矿企业出台了一个类似的法规，并且该法规影响到亚洲市场的主要成员。美国法律还要求那些制造产品中包含锡石、钶钽铁矿、钨锰铁矿或黄金的公司，要公开这些矿物是否来源于刚果民主共和国或其周边国家，并证明采取了什么措施来避免这些矿物源自武装分子。

2011年6月16日，联合国人权理事会（the UN Human Rights Council）通过了由联合国特别代表约翰·鲁杰提议的《工商企业与人权：实施联合国"保护、尊重和补救"框架指导原则》，该原则为企业遵循人权行事提供了指导。

总之，这些举措与即将到来的法律规章，为采掘企业和关键矿物制造商建立最低的国际透明度标准奠定了基础。如果做好协调、正确执行并通过不断展开的民间社会举措的补充，那么，这些措施将为朝着可持续资源管理的目标，开创更高透明度和责任制的先例（Bringezu & Bleischwitz 2009）。不同行业的供应链管理和原材料管理的改进，将进一步巩固这些努力。在广义上，依据产品和矿物的使用周

期,所有不仅以提高资源利用率为目的也以经济增长为目的的努力,都将促进企业界降低对矿物的需求(Bleischwitz, Welfens & Zhang 2010),并将降低随后的冲突风险。

考虑到许多行为主体牵涉其中,因此全方位的追踪价值链并依据问责标准行事将是一个挑战。除了深植于冲突地区的寻租行为和既得利益,很多下游有关冲突矿物的认知欠缺依然普遍存在,阻碍了有效监管。由于任何产品中存在冲突矿物的可能性不确定或比例极小,这使得消费者难以理解和接受他们的责任,因此,他们参与到冲突矿物的程度仍有待认定。

因此,新型且有法律约束机制的全球治理,对于加强反腐败责任感和支撑永续发展似乎是必要的。有关方面已经制定了一项国际金属盟约提案和一项可持续资源管理协定(Bleischwitz 2009; Wilts, Bleischwitz & Sanden 2010),根据保罗·科利尔和他的经济学家同事安东尼·维纳布尔斯(2010, 15)的建议,经济合作与发展组织约束其成员国的反贿赂法,也将成为世界贸易组织(World Trade Organization, WTO)对其成员国的要求——所有国家都需遵从。

在有关地区,冲突矿物的国家层面的管理,如具有约束力的矿业法、一般宏观经济和政治的稳定和社会部门改革、地方和中央政府之间收入的公平分配以及面向可持续发展土地利用总体规划等,也都需要实施。

展望

世界各地,尤其是非洲部分地区,冲突矿物仍然在为武装冲突进行财政支持。虽然最初我们关注叛军凭借这些矿物的开采和贸易为他们的活动筹措资金,但是,现在事实变得明显起来,国家军队有时也以同样的方式使用/滥用矿物。自从冲突矿物出现在世界市场和生活消费品中以来,在冲突地区贩卖或者购买矿物的私人、公众和国家部门,对这些矿物的经营都负有责任。在经济层面,这些问题源于低成本供应驱动的且不包括巨大社会成本的竞争,也源于能凭借世界贸易组织对产品加工和生产方法的中立原则来规避责任的国际贸易行为。高不稳定性(例如与其他商品相比的年度测算)也加剧了生产者和使用者的风险。

因此,对于国际商业和政策制定者来说,处理这些问题是一项巨大挑战。为了消除与这些矿物(以及其他矿物)密切相关的冲突,沿着矿物价值链的每一个环节,政府和企业都必须按照社会责任、良好公民以及原料管理的原则行事,同时必须创新并遵守认证制度和法律机制(Bringezu & Bleischwitz 2009; Feil et al. 2010)。原材料价格会不断上涨,建设绿色经济的努力也会不断加大,这都将推动全球范围内的国际努力,实现可持续资源管理。

雷蒙德·布莱施维茨(Raimund BLEISCHWITZ)
伍珀塔尔研究所跨大西洋学院研究员
莉娜·盖斯内特(Lena GUESNET)
波恩国际转化中心

参见:丛林肉;钶钽铁矿;电子产品的原材料;宝石;黄金;重金属;矿产资源稀缺性;采矿业——金属矿床开采;非金属矿业;稀土元素。

除了那些需要通过进一步阅读资料发现的数据，作者从以下渠道收集数据：

- 武装冲突数据由乌普萨拉冲突数据研究项目（Uppsala Conflict Data Program，UCDP）和内战研究中心（the Centre for the Study of Civil Wars）以及奥斯陆国际和平研究所提供（International Peace Research Institute，Oslo，PRIO）。

- 冲突信息系统（Conflict Information System，CONIS，以前称KOSIMO）由海德堡大学海德堡国际冲突研究所提供。

- 战争相关因素（Correlates of War，COW）是由美国密歇根大学的梅尔文·斯莫尔和J.大卫·辛格确定的。

拓展阅读

Auty, Richard M. (1993). *Sustaining development in mineral economies: The resource curse thesis.* London: Routledge.

Bannon, Ian, & Collier, Paul. (Eds.). (2003). *Natural resources and violent conflict: Options and actions.* Washington, DC: World Bank.

Bleischwitz, Raimund. (2009). Ein internationales Abkommen als Kernelement eines globalen Ressourcenmanagements: Ein Vorschlag an die Politik [An international agreement as pillar for sustainable resource management: A proposal]. In Raimund Bleischwitz & Florian Pfeil (Eds.), *Reihe EINE WELT: Bd. 21. Globale Rohstoffpolitik: Herausforderungen für Sicherheit, Entwicklung und Umwelt* [A World Series: Vol. 21. Global resource politics: Challenges for security, development and environment] (pp. 147–161). Baden-Baden, Germany: Nomos Verlag.

Bleischwitz, Raimund; Welfens, Paul J. J; & Zhang, Zhong Xiang. (Eds.). (2010). *International economics of resource efficiency: Ecoinnovation policies for a green economy.* Heidelberg, Germany: Physica-Verlag.

Bringezu, Stefan, & Bleischwitz, Raimund. (Eds). (2009). *Sustainable resource management: Trends, visions and policies for Europe and the world.* Sheffield, UK: Greenleaf.

Collier, Paul. (2000). Economic causes of civil conflict and their implications for policy. Washington, DC: World Bank.

Collier, Paul, & Goderis, Benedikt. (2007). Commodity prices, growth, and the natural resource curse: Reconciling a conundrum. The Centre for the Study of African Economies (CSAE) Working Paper Series 2007–15. Oxford, UK: University of Oxford.

Collier, Paul, & Hoeffler, Anke. (1998). On economic causes of civil war. *Oxford Economic Papers 50* (4), 563–573.

Collier, Paul, & Hoeffler, Anke. (2004). Greed and grievance in civil war. *Oxford Economic Papers 56* (4), 563–595.

Collier, Paul, & Venables, Anthony J. (2010). International rules for trade in natural resources. World Trade Organization (WTO) Staff Working Paper (Economic Research and Statistics Division) ERSD–2010–06. Geneva: WTO.

De Soysa, Indra. (2002). Paradise is a bazaar? Greed, creed, and governance in civil war, 1989–1999. *Journal of Peace Research 39* (4), 395–416.

Dinar, Shlomi. (Ed.). (2011). *Beyond resource wars: Scarcity, environmental degradation and international cooperation.* Cambridge, MA: MIT Press.

Dube, Oeindrila, & Vargas, Juan F. (2006). Resource curse in reverse: The coffee crisis and armed conflict in Colombia. Royal Holloway, University of London: Discussion Papers in Economics 06/05, Department of Economics, Royal Holloway University of London, revised Dec 2006. Retrieved September 23, 2011, from http: // ideas. repec. org/p/hol/holodi/0605. html.

Duffield, Mark. (2001). *Global governance and the new wars: The merging of development and security.* London: Zed Books.

Fearon, James D., & Laintin, David. D. (2003). Ethnicity, insurgency, and civil war. *American Political Science Review 97* (01), 75–90.

Feil, Moira; Tänzler, Dennis; Supersberger, Nikolaus; Bleischwitz, Raimund; & Rüttinger, Lukas. (2010). Rohstoffkonflikte nachhaltig vermeiden: Forschungs- und Handlungsempfehlungen [Avoiding resource conflicts in a sustainable way: Recommended procedure and research]. Berlin: Adelphi. Retrieved August 2, 2011, from http: //www. adelphi. de/files/uploads/andere/pdf/application/pdf/ rohkon_bericht_5_ empfehlungen. pdf.

Gleditsch, Nils Petter. (Ed.). (1997). *Conflict and the environment.* Dordrecht, The Netherlands: Kluwer Academic Publishers.

Global Witness. (2007, June 8). Hot chocolate: How cocoa fuelled the conflict in Côte d'Ivoire. Retrieved August 1, 2011, from http: //www. globalwitness. org/l ibrary/hot-chocolate-how-cocoafuelled-conflict-c%C3%B4te-d%E2%80%99ivoire.

Global Witness. (2010, December 14). The hill belongs to them: The need for international action on Congo's conflict minerals trade. Retrieved August 1, 2011, from http: //www. globalwitness. org/library/hill-belongs-them-need- international- action-congos-conflict-minerals-trade.

Global Witness. (2011). Conflict. Retrieved September 15, 2011, from http: //www. globalwitness. org/ campaigns/conflict.

Graedel, Thomas. (2011). On the future availability of the energy metals. *Annual Review of Materials Research 41*, 323–335.

Guesnet, Lena; Müller, Marie; & Schure, Jolien. (2009). Natural resources in Côte d'Ivoire: Fostering crisis or peace? The cocoa, diamond, gold and oil sectors. BICC Brief 40. Bonn, Germany: Bonn International Centre for Conversion.

Heidelberg Institut für Internationale Konfliktforschung e. V. [Heidelberg Institute for International Conflict Research e. V.] (HIIK). (2010). *Conflict barometer 2010*. Heidelberg, Germany: Heidelberg Institut für Internationale Konfliktforschung.

Homer-Dixon, Thomas F. (1995). The ingenuity gap: Can poor countries adapt to resource scarcity? *Population and Development Review 21* (3), 1–26.

Homer-Dixon, Thomas F. (1999). *Environment, scarcity, and violence*. Princeton, NJ: Princeton University Press.

Humphreys, Macartan. (2005). Natural resources, conflict, and conflict resolution: Uncovering the mechanism. *Journal of Conflict Resolution 49* (4), 508-537.

International Peace Information Service (IPIS). (n. d.). Mapping conflict motives in war areas. Retrieved September 23, 2011, from http: //www. ipisresearch. be/ mapping. php.

Kaldor, Mary. (1999). *New and old wars: Organized violence in a global era*. Stanford, CA: Stanford University Press.

Klare, Michael T. (2001). Resource wars: The new landscape of global conflict. New York: Metropolitan Books.

Le Billon, Philippe. (2001). The political ecology of war: Natural resources and armed conflict. *Political Geography* 20 (5), 561–584.

Le Billon, Philippe. (2003). Getting it done: Instruments of enforcement. In Ian Bannon & Paul Collier (Eds.), Natural Resources and Violent Conflict: Options and Actions, pp. 215–286. Washington, DC: World Bank.

Le Billon, Philippe. (2005). Fuelling war: Natural resources and armed conflicts. *Adelphi Paper* 373. London: IISS & Routledge.

Levy, Marc A. (1995). Time for a third wave of environment and security scholarship? *The Environmental Change And Security Project Report, No. 1*, 44–46, Washington, DC: Woodrow Wilson Center.

Mildner, Stormy-Annika. (2011). Konfliktrisiko rohstoffe? Herausforderungen und chancen im umgang mit knappen ressourcen [Potential conflicts from resources? Challenges and chances out of scarce resources], SWP-Studie S 05. Berlin: Stiftung Wissenschaft und Politik (SWP), Deutsches Institut für Internationale Politik und Sicherheit.

Münkler, Herfried. (2002). *Die neuen kriege* [The new wars]. Reinbek, Germany: Rowohlt.

Myers, Norman. (1989). Environment and security. *Foreign Policy 74*, 23–41.

National Intelligence Council. (2008). Global trends 2025: A transformed world. Washington DC: author. Retrieved September 23, 2011, from http: //www. dni. gov/nic/PDF_ 2025/2025_Global_Trends_Final_ Report. pdf.

Organisation for Economic Co-operation and Development (OECD). (2010). OECD Due diligence guidance for responsible supply chains of minerals from conflict-affected and high-risk areas. Paris. Retrieved August 1, 2011, from http: //www. oecd. org/document/36/0,3746,en_2649_34889_44307940_1_1_1_1,00. html.

Paes, Wolf-Christian. (2009). *Preface*. In Lena Guesnet, Jolien Schure, & Wolf-Christian Paes, *Digging for peace: Private companies and emerging economies in zones of conflict*, pp. 4–6. Bonn, Germany: Bonn International Center for Conversion. BICC Brief 38.

Pirages, Dennis Clark. (1978). The new context for international relations: Global ecopolitics. North Scituate, MA: Duxbury Press.

Resolve. (2010). Tracing a path forward: A study of the challenges of the supply chain for target metals used in electronics. Washington, DC: RESOLVE.

Ross, Michael L. (2004). How does natural resource wealth influence civil war? Evidence from thirteen cases. *International Organization 58* (1), 35–67.

Samset, Ingrid. (2009). Natural resource wealth, conflict, and peacebuilding. New York: Ralph Bunche Institute for International Studies, City University of New York.

SEA-info. net. (2011). Minerals and Waste. Retrieved September 26, 2011, from http: //www. sea-info. net/ content/sectors. asp?pid=68.

Snyder, Richard, & Bhavnani, Ravi. (2005). Blood, diamonds, and taxes: Lootable wealth and political order in sub-Saharan Africa. *Journal of Conflict Resolution 49* (4), 563–597.

United Nations Interagency Framework Team for Preventive Action (UN IFTPA). (2010). Extractive industries and conflict: Guidance note for practitioners, Draft 2010. New York: United Nations Interagency Framework Team for Preventive Action.

United Nations Security Council (UNSC). (2010). Final report of the Group of Experts on the Democratic Republic of the Congo, DRC Report S/2010/596.

Wilts, Claas Henning; Bleischwitz, Raimund; & Sanden, Joachim. (2010). Ein Covenant zur Schließng internationaler Stoffkreisläufe im Bereich Altautorecycling [A covenant for closing material cycles in the recycling of end-of-life vehicles]. Ressourceneffizienz Paper 3. 5. Wuppertal, Germany: Wuppertal Institute. Retrieved August 2, 2011, from http: //ressourcen. wupperinst. org/downloads/MaRess_AP3_5. pdf.

World Trade Organization (WTO). (2010). *World trade report 2010: Trade in natural resources*. Geneva: World Trade Organization.

Conservation Value

保护的价值

保护的价值概念侧重于使用和保护自然资源的价值,例如今天的收益和未来失去效益的盈亏平衡。虽然人类的需求已经决定了自然资源的保护价值已到了一个高度,但是有关这种价值应如何进行评估还没有达成共识。关于哪些资源应该被保护的观点也不尽相同。

保护的价值是指节约和保护包括自然资源在内的对象所产生的价值。目前自然资源的破坏、使用或消费会减少它们未来的可利用性,并给人类和自然带来不良后果。在其他条件同等的情况下,自然资源的保护价值越高,对它们的保护越应该加强。未能充分考虑到保护自然资源的价值可能会影响经济可持续发展并导致个体和群体在未来的资源枯竭。

确定保护的价值

关于如何确定保护的价值的观点是不同的,最为明显的是对活的自然资源如野生动物的保护。而对无生命的自然资源的保护价值,

意见的分歧似乎不是太明显。

保护的价值经济估算依靠它们的货币指标。最常用的确定一个自然资源保护价值的经济学方法(如大象继续存在的价值或维持大峡谷无烟雾的价值)是确定每个人为了保护这个特征愿意支付金额的总数。有时也会采用另外一种方法,是确定个人愿意接受放弃自然资源的赔偿金额。

确定保护价值的经济学方法大多是人类中心主义(人本)。这种方法的目的是在有限的自然资源获取的条件下最大限度地满足个人欲望。欲望和人的需求决定保护价值的经济评估。这种经济学的方法植根于功利主义哲学,并应用于对有生命和无生命的自然资源的保护中。

关于如何确定保护的价值还有一些其他观点。哲学家采取道义论立场,注重道德义务,认为人类有一定的独立于满足自己私欲之外的职责或者义务。例如,包括澳大利亚哲学家约翰·帕斯摩尔(John Passmore,1914—

2004）在内的一些学者认为，人类有责任来管理和保护自然。美国环保主义者阿尔多·利奥波德（Aldo Leopold, 1887—1948）认为，人类有责任来保护自然系统和整个生命网络。他的"土地伦理"观点要求既保护那些被人类视为有害的野生动物（如狼）也保护那些无害的野生动物。

有些人相信人类有责任保护自然，善待众生，因为这是神的吩咐［可能是阿西尼城的圣·弗兰西斯（St. Francis）的观点］，或者说它是一个高等宗教所关心的，如印度教和佛教。

以约翰·斯图亚特·密尔（John Stuart Mill, 1806—1873）为代表的功利主义者趋向于主观地批判对土地的道义论，他们认为不同的道义论提出了自相矛盾的价值集合，而通常这些价值不应从人的角度来操作。例如，虽然它可能会声称人类有责任或义务去保护自然和保护物种，但并没有很好地确定责任的具体程度；尽管所有的自然资源保护论者认为一定的牺牲是必要的，但那些相信人类有责任保护自然的人，常常对于人类要牺牲多少经济来保护一个特定的物种的意见有所不同。

尽管存在这些问题，关于人类应该保护自然的社会或社区价值的观点确实存在。就像约翰·帕斯摩尔提到的在西方社会已经发生的事实，这些普遍的价值观往随着时间的推移而改变，它们因为文化的原因在社会之间的表现也不同（Passmore 1974）。在某种程度上，这些变化主要体现在经济价值，因为个人的欲望部分反映在他们所生活的社会或社区的社会价值观。

使用者成本

经济学家通常认为，为了确定保护自然资源的价值，必须考虑其使用者成本。使用者成本是由于现在消费或不保护自然资源导致的未来经济利益的损失。如果现在通过消耗资源或者不保护资源能够获利，需要比较这部分的利益和因此而导致的未来利益的损失。如果现在保护自然资源导致了一定的花费，这个成本花费也应该与因为确定保护资源的价值，而在未来所能避免的利益损失来对比。考虑到这些因素，经济的最优选择是一个最大的净利益，或者说是一种介于缺乏眼前保护与放弃未来利益的利益平衡。

对使用者成本的考虑不足，会在未来导致本可避免的资源枯竭。无限制地获取自然资源，如水体、森林、渔业、矿产等等，是一个严重的问题。一种可能的后果正如生态学家加勒特·哈丁（Garrett Hardin, 1915—2003）提出的"公地悲剧"。当人们不受控制地获取自然资源导致滥用或过度开采的结果和保护的缺乏，就会引起公共地悲剧的发生。

为了克服这些问题,人们已经提出了许多方法。这些方法中包括确立适当使用这些资源的公共规则,例如一个由社会学家埃莉诺·奥斯特罗姆(Elinor Ostrom b.1933)提出的政策建议;自然资源使用的国家法规和对这些资源提供私有财产权利的政策。后者的方法可以结合市场体系的运转。但不是在所有自然资源中建立私有产权都是有益的。无论如何,在那些可以执行经济权利的情况下,自然资源的所有者受到经济激励,从而会考虑到他们所拥有的资源使用者成本。

人们是否会以社会最优的经济方式保护资源,取决于几个因素。一些学者认为,相比于社会经济制度,以市场为导向的经济制度会导致自然资源将以更快的速度被利用。这些学者给出的原因包括下面这种可能性:由于相比于未来的消费人们更喜爱当前利益,会导致个人将更看重当前的利益而不是尊重未来效益。其他原因还包括对未来事件的不确定性,或对潜在的经济可能性过分乐观。此外,独立个体所设想的使用者成本可能由于使用者成本的规模取决于所有个体对自然资源保护的整体决定而被低估。

另外一个问题是,一些类型的自然资源保护者只能从整个社会获得经济利益的一小部分。例如,在热带森林的保护可以带来全球利益,包括维护生物多样性和隔离二氧化碳(从而有助于减少预期的全球变暖的程度),森林居民和那些生活在热带国家的居民只能获取这些全球性的好处中的很小的一部分,因此他们缺少动力去保护森林。换个方式讲,他们对这些资源的使用者成本远低于砍伐森林导致的全球使用者成本。

在一般情况下,当个人或实体的活动带来的环境问题发生时(无论是有利或不利的),他们没有从社会角度充分考虑使用者成本。例如,那些排放温室气体的经济活动实体增加了全球变暖的可能性,从而导致全球环境恶化。因为这些影响主要是在这些实体的外部,而大气是对所有空气污染物开放,但是并没有经济鼓励(缺少在税收、罚款或关于空气污染物的排放法规)来抑制其温室气体排放和保护空气质量。

保护自然资源的价值

保障未来的收入水平和人类的幸福取决于对自然资源的充分保护。自然资源带来经济价值,一些自然资源生产物质商品(例如野生鱼类),其他资源也会提供无形的经济价值,如那些在自然公园中游憩或仅仅是欣赏野生动物和它的存在。这些资产的损失可以减少人类未来的福祉。但是,在何种程度上对哪些自然资源进行保护的观点是不同的。

技术乐观主义者如弗里德里希·恩格斯(Friedrich Engels, 1820—1895)和经济学家朱利安·西蒙(Julian Simon, 1932—1998)认为,自然资源储备的降低(生产力的潜在资源的消失)可以通过科学和技术的进步和对日益稀缺的自然资源替代品的使用来补偿(甚至更多的补偿)。在他们看来,随着剩余石油的储备逐步下降,替代品将被越来越多地使用,并且由于科学技术的进步对这些资源的使用也会随之下降。此外,资源的乐观主义者经常声称许多自然资源的剩余储备比通常估测的要多。

新马尔萨斯主义者警惕这些观点。他们把不可持续的经济增长归因于伴随经济增长所带来的自然资源数量和质量的降低。英国学者罗伯特·马尔萨斯(Thomas Robert Malthus, 1776—1834)则强调另外一个方面,他认为高收入会刺激人口增长,而食品供应的增长慢于人口增长,这会导致每个人的收入降低。

在新马尔萨斯主义者看来,人们不能保证科学和技术的进步将足以抵消不可替代的自然资源损耗所带来的经济利益的损失。其次,他们警告说,经济活动产生的污染和废弃物会引起对自然环境的危害,这种危害是不可逆转或者需要花费大量的成本并需要相当长的时间才能逆转。这种观点的支持者包括赫尔曼·戴利(Herman Daly b.1938)和尼古拉斯·乔治斯库-罗根(Nicholas Georgescu-Roegen, 1906—1994)。罗马俱乐部的全球智库成员丹尼斯·H. 梅多斯(Dennis H. Meadows, b.1942)还警告说,矿物的消耗使其日益短缺可能威胁到经济的可持续发展。

很多或者说大多数新马尔萨斯主义者不接受马尔萨斯的人口增长的理论,他们担心经济生产水平的提高(消费加投资)将对全球自然资源带来日益增长的压力并限制经济增长。经济生产水平的不断上升通常与更高的每人生产人工商品水平或者更多的人口有关。马尔萨斯主义者和新马尔萨斯主义者的不同观点反映了不断变化的历史条件下思维的差异。19世纪早期的工业革命对环境和自然资源的影响并没有得到充分的认识。

预防性动机

与自然资源的消费、破坏或退化相关的使用者成本往往是不确定的。当这种不确定性存在时,保护自然资源是合理的,因为这能保证在未来有更多的选择,这种观点是一直被强调的,这是预防原则。合理保护的自然资源的预防数量是有争议的,预防原则所提到的环境不确定性的存在增加了自然资源的保护价值。

后代和保护价值

有观点认为目前的几代人有责任在使用自然资源时,考虑到这种消耗对后代的经济福祉的影响,并采取措施来避免因资源消耗而引起的后代收入水平的下降甚至贫穷。这种观点被世界环境与发展委员会(the World Commission on Enviroment and Development, WCED)在1987年发表《我们共同的未来》即布伦特兰报告所接受。如果这个观点被接受,那么我们就需要考虑当代人需要如何一步步来避免后代因此导致贫穷。为了避免后代的利益损失所必须采取的措施有很多种可能,对此的观点也发生了分歧。一些人认为,要更加注意保护自然资源,而其他人则认为一个更适合于未来几代人的遗赠是现在生产更多的人造资本(尽管以自然资源的保护为代价)并传递给后代。

无论如何,这两个策略都基于一个前提,即被采纳的政策应该是最利于人类的。因此,他们的观点是人类中心主义的,他们的目标所导致的政策与那些相信人类有责任保护自然,即使需要牺牲人类一定的利益的人的目标是有冲突的。因此,主流经济学的观点认为需要的自然保护力度可能会比那些具生态中心主义价值观的人所认为的更弱。生态中心主者对那些主张更快的经济增长和增加人造资本生产的人持极为强烈的反对意见，相对而言，他们不那么反对新马尔萨斯主义政策。经济政策通常减少自然资本存量，从而导致了生物多样性的减少。

在界定什么样的自然资源应该被保护时，有必要考虑自然资源的保护价值。对于如何确定保护价值有很多不同的观点。大多数经济学家采用使用者成本的概念来测算保护价值并用货币来计量保护价值。他们使用了一种人类中心主义的方法来评估价值，也就是说，这是基于人类的欲求。另一个不同的观点是，人类有满足自己的欲求之外的责任或义务，例如管理和保护自然的责任。支持这种观点的人通常会比一般人更重视保护自然。虽然保护价值的概念是对自然资源保护进行合理决策的关键，这一价值也随着伦理道德方面的考虑而变化。此外，由于未来事件的不确定性，具有相同看法的人也可能在合理的保护政策观点上有所冲突，这已在有关全球变暖的争论中变得明显。然而，普遍的看法是保护地球现存的自然资源的价值正在增加，因为随着经济增长的持续，可使用的自然资源正在减少。

克莱门特·艾伦·蒂斯坦尔
（Clement Allen TISDELL）
昆士兰大学

参见：绿化带；本土与传统资源管理；自然资源经济学；自然资源法；海洋公园和保护区；国家公园和保护区；荒野区域公园和保护；合理利用运动。

拓展阅读

Common, Michael S., & Stegl, Sigrid. (2005). *Ecological economics: An introduction*. Cambridge, UK: Cambridge University Press.

Daly, Herman E. (1980). *Economics, ecology, ethics*. San Francisco: Freeman.

Hardin, Garrett. (1968). The tragedy of the commons. *Science, 162* (3859), 1243–1246.

Leopold, Aldo. (1933). *Game management*. New York: Scribner.

Leopold, Aldo. (1966). *A Sand County almanac: With other essays on conservation from Round River*. New York: Oxford University Press.

Malthus, Thomas R. ([1798] 1976). *An essay on the principle of population as it effects the future improvement of mankind*. New York: Norton.

Meadows, Dennis H.; Ronders, J.; & Bahren, W. (1972). *The limits of growth: A report for the Club of Rome's project on the predicament of mankind*. New York: Universe Books.

Mill, John, Stuart. ([1863] 1906). *Utilitarianism*. Chicago: University of Chicago Press.

Ostrom, Elinor. (1990). *Governing the commons: The evolution of institutions for collective action*. Cambridge, UK: Cambridge University Press.

Passmore, John A. (1974). *Man's responsibility for nature: Ecological problems and Western traditions.* London: Duckworth.

Pearce, David. (1993). *Blueprint 3: Measuring sustainable development.* London: Earthscan Publications.

Simon, Julian, L. (1981). *The ultimate resource.* Princeton, NJ: Princeton University Press.

Tisdell, Clement Allan. (2005). *Economics of environmental conservation* (2nd ed.). Cheltenham, UK: Edward Elgar.

Tisdell, Clement Allan. (2009). *Resource and environmental economics: Modern issues and applications.* Hackensack, NJ: World Scientific.

World Commission on Environment and Development (WCED). (1987). *Our common future.* New York: Oxford University Press.

Copper

铜

人类将铜用于装饰和工业生产已有几千年的历史。铜是一种稀缺的、资源有限的金属,然而铜矿开采和加工对环境具有实质性的影响。尽管对铜的需求一直强劲,但是其他金属和更环保的材料也在不断地取代着铜的地位。

数万年前,生活在亚洲西南部的古人将铜矿附近的自然铜收集起来,将其打造成各种器具,可能主要是锥子、钩子和珠子等。这是已知人类对金属的首次利用。后来他们学会了如何将铜矿熔化、如何将铜与砷制成合金,以获得更硬的金属材料,还学会了将铜与锡熔合制成青铜。人们用青铜器彰显身份,制作礼器和陪葬品。除了澳大利亚和大洋洲,铜和青铜在世界上的扩散和发展是相互独立的。那些收藏在博物馆中,产于公元前750年前的中国青铜器就是最为知名的古文物之一。黄铜是一种铜和锌的合金,大约在公元前300年在印度和地中海地区深受人们喜爱。北美地区的土著人在如今的上密歇根地区开采当地丰富的铜资源,将其用于制作成商品,并进行大规模的贸易。但他们从未将自然铜融化或者生产过青铜。在哥伦布发现新大陆之前,秘鲁和厄瓜多尔的能工巧匠已用铜和青铜制造装饰品及工具。

工业化时代的铜

铜及其合金具有抗腐蚀和易加工的特性,使其在工业制造中备受欢迎。18世纪大规模的工业化使铜的需求量急剧增加。先是用于制作在热带水域航行的木制船体的保护壳,后用于火车头中锅炉、铜管和机器配件的制作。随着19世纪80年代电力的广泛应用,铜的需求量又一次大幅增加。由于铜是电的良导体,且易拉伸成线,所以铜是制作电线的理想材料,将电从发电站输送给消费者。很快,电线制作成为铜最大的单一用途,至今仍如此。

铜(Cu)是一种稀有元素,仅占地壳的0.0058%;而铁的丰度为5.6%。通过一些自然的过程,铜可得到一定程度的富集,成为具有商业价值的铜矿。在智利、美国亚利桑那州、赞比亚等地拥有大量的铜矿储量,而世界上其他的许多地方则根本没有。人类很早前就开始了铜的交易。现在大部分的工业国家是依靠国际贸易来获得铜的。

从铜矿到精铜

自古代直至近代,人类发掘的铜矿中铜含量可达25%或更高。而今即使是最好的铜矿也仅含有0.5%的铜。尽管铜矿的品级下降,然而铜矿开采及冶炼效率提高了,使得在过去的70年中,经通胀调整后的铜价几乎未发生变化。但是,使用低级别铜矿造成了两个严重后果:一是,现代铜矿开采在地表上形成了巨大的洞穴,这也是最大的人造洞穴之一;二是,由于铜矿中有大量的不可利用的物质,因此在铜的生产过程中产生了大量的废物。铜的生产过程可以分为磨粉和冶炼。在磨粉过程中,先将矿石磨碎并将粉碎物悬浮于水中,从而将铜矿物与矿石中的其他组成分离出来。自20世纪初开始,人们就利用不同成分的密度差异以及在适当起沫剂中的浸湿性能不同,将各种组分分离,从而将铜提炼出来。此过程中产生的废物就是残渣,沉积在大浮选池中。

磨粉产生的精铜矿被输送到冶炼厂,这些冶炼厂可能远离铜矿矿山和磨粉地。铜矿在熔炉中进行冶炼可生产含有杂质的粗铜;其中不仅含有铜,还含有其他的金属物质,其中有些非常珍贵。由于杂质会破坏铜的导电性能,粗铜需要通过电解继续进行精炼。电流经过稀酸溶液(电解质)将铜转移到称为阴极的铜板上,而将杂质留下。金、银以及其他一些金属都是铜精炼过程中的重要副产品。

铜矿开采和环境

几乎所有铜矿都是由硫化物组成的(如黄铜矿,一种铜铁硫化物),含有少量的砷、银、金以及其他金属。20世纪的冶铜技术会将原矿中的硫黄释放到空气中。熔炉释放出的"铜烟"中含有稀硫酸夹杂着砷和原矿中的其他物质。"铜烟"对农作物和动物产生了严重危害,还引起了法律诉讼。最初发生在南威尔士,后来美国也发生了类似的事件。1907年这些案件还上诉到了美国最高法院。冶炼厂运营商也采取了一些应对措施,他们建起高高的烟囱,将烟雾散播到更远的地方,使其回到地面时变得更为稀薄,危害性也降低了。他们还修建了硫酸副产品加工厂,利用静电除尘器捕获废气中的砷。环保法规也日益严格,为了达到法规的要求,造成铜的生产成本大幅上升。这迫使冶铜业从美国等工业化国家转移到法律较宽松的欠发达国家。

工业化国家废弃的铜矿山和冶炼厂是一个严重的环境问题。当地下水流经废弃的地下巷道时,与残留的铜及其他硫矿接触发生酸化,成为酸性矿山污水。蒙大拿州比尤特的伯克利巨坑就是一个废弃的铜矿。矿山通道已使周围环境变得千疮百孔。其中流出的矿山污水源源不断地注入这个巨坑,形成了一个湖。湖水的酸性很强,鸟儿只要一落在湖面就会立即死去。这个巨坑最终将会被矿山污水注满。

铜利用的未来

铜的价值很高,大部分铜制品最终都可回收利用。如今,回收铜占据了全球铜供应总量的1/3。然而，铜的需求量日益增加。这意味着我们不得不继续利用那些品质不断下降的铜矿生产新的铜，且这部分的铜产量还将继续增加。产铜区内那些采空的铜矿不断向人们昭示着：未来冶铜业的代价将会越来越高昂，包括起始阶段和后期对环境产生的不利影响。位于蒙大拿的前冶铜区就曾发生过矿区渗滤液流入河流的事件。然而这些区域及美国其他的超级基金场地都正在进行修复。而其他国家的废弃冶铜场地情况仍然处于不断恶化之中。那些疏于维护的尾矿池大坝也特别地让人忧虑，因为如大坝破损有可能导致池中的有毒废水排入航道，甚至有可能流入附近的社区中。

幸运的是，铜的用途现在大都可以由其他金属来替代。例如，铝的导电性和导热性都非常优良，目前已经代替了铜用于制作输电线和汽车散热器。铜是线路板的主要成分，广泛应用于各种电子设备。而今光纤电缆已经替代了大部分的铜用于远程通信系统，铜管也日益为塑料管所代替。这样，铜的短缺在未来社会不大可能成为一个严重问题。

罗伯特・B. 戈登（Robert B. GORDON）
耶鲁大学名誉教授

参见：铝；铬；钽矿石；电子产品的原材料；金；重金属；铁矿；铅；锂；矿产资源稀缺性；非金属矿业；镍；铂族元素；稀土元素；回收；银；钍；锡；钛；铀。

拓展阅读

Gordon, Robert B., et al. (1987). *Toward a new iron age? Quantita- tive modeling of resource exhaustion.* Cambridge, MA: Harvard University Press.

Hyde, Charles K. (1998). *Copper for America: The United States copper industry from colonial times to the 1900s.* Tucson: University of Arizona Press.

Joralemon, Ira Beaman. (1973). *Copper, the encompassing story of man- kind's first metal.* Berkeley, CA: Howell-North.

Joseph, Günter. (1999). *Copper: Its trade, manufacture, use, and environ- mental status.* Materials Park, OH: ASM International.

Molloy, Peter M. (1986). *History of metal mining and metallurgy: An annotated bibliography.* New York: Garland.

Rees, Ronald. (2000). *King copper: South Wales and the copper trade 1584–1895.* Cardiff, UK: University of Wales Press.

Cotton

棉　花

在过去的两个世纪,棉花成为占统治地位的服装原料。在19世纪期间,美国的棉花生产占首要地位,英国的消费占首要地位,该国发展了最早的纺织工业。在近期,棉花生产变得更为分散,而消费移向东亚。21世纪,生产力的提高和合成纤维市场占有率的提高,导致棉花价格下降。

棉花属于小植物族棉族(*Gossypieae*),后者依次属锦葵科(*Malvaceae*)。棉花的属——棉属(*Gossypium*)包括约50个种,表现出异乎寻常的变异,从多年生灌木到有多种多样生殖和营养特征的小树,在几乎所有热带和亚热带气候都能发现。虽然就棉属的出现与进化在植物分类学家中有广泛共识,但鉴定该属从其最近的亲缘植物分化的年代以及鉴别其不同物种分化时间是一项挑战性课题。有些研究者认为棉属的现在分布起因于超大陆风瓦纳古陆的解体,暗示最初的传播发生在至少1.5亿年前。其他人

推断,由于棉属的不同物种含有许多相似性状,所以分化肯定发生在近6 000年以前,可能通过人类横越海洋的旅行。估计的差别这么大部分反映了棉属的大量差异和全球分布,部分反映了早期鉴定年代的方法表现不佳。

基于包含比较基因测序的最新发展和更精确的鉴定年代方法的研究得出几个结论。第一,约1 250万年前,棉属从柯基阿棉属(*Kokia*)和拟似棉属(*Gossypioides*)分化,这意味着横越海洋传播参与了这些属的进化。第二,棉属物种最初传播发生在500到1 000万年前,很可能在非洲。第三,分子遗传证据表明,约150到200万年前,东半球和西半球的棉花在西半球发生了重聚。因此,棉花种子跨洋航海似乎发生过多次,方向也不同,很可能是通过漂浮的垃圾传播的。这得到了近期研究的支持,该研究表明,毛棉(Hawaiian endemic cotton)在人工盐水中浸泡3年后仍能够发芽(Wendel & Cronn 2003)。

驯化

4个隔离的棉花种——2个在亚洲和非洲(树棉 *G. arboreum* 和草棉 *G. herbaceum*)及2个在美洲(海岛棉 *G. barbadense* 和陆地棉 *G. hirsutum*)——都已独立驯化,是植物作物中不常见的过程。西半球棉花驯化的确切时间与地点并不清楚,但从印度和巴基斯坦遗址找到的考古遗迹表明,树棉驯化发生在4 300年以前。因为树棉农艺上优于草棉,所以它在北非、阿拉伯、伊拉克和印度西部广泛分布。西半球棉花较早的考古遗迹位于秘鲁和厄瓜多尔沿海地区,鉴定在5 000到5 500年以前。陆地棉的最早考古遗迹位于墨西哥德哈康谷地(Tehuacan Valley),鉴定在5 000年以前。绝大多数现代棉花品种或来自陆地棉(美国称为陆地棉,其他地方称为标准棉,占全球产量的90%)或海岛棉(长绒棉,占全球产量的10%)。

贸易

似乎早在公元前5世纪,棉花商品贸易就已发生在印度与巴基斯坦之间。9世纪和10世纪期间,棉花被阿拉伯商人带到欧洲南部,13世纪期间进口到欧洲北部。西半球已知的棉花历史开始于1492年克里斯多弗·哥伦布(Christopher Columbus)到达巴哈马群岛(Hammond 1879)。

到18世纪末,棉花生产和贸易发生了相当大的增长。几个因素促成了该增长:首先,工业化降低了制造纺织品的成本,例如在1786年至1882年之间,生产1磅纱的人工和资本成本从34先令降到1先令(Baffes 2005a);第二,在美国廉价奴隶劳力的使用降低了采摘棉花的成本(棉花、糖和烟草常被称为"奴隶商品")。美国南北战争以前,约1/3的美国奴隶被雇佣在棉田,1840年的350万奴隶中,至少120万被聘用到美国的棉花产业;第三,1793年伊莱·惠特尼(Eli Whitney)锯齿轧花机的发明,将棉绒和种子分离,从费力的工序变成了简单的机械工序,释放了参与棉花生产的劳力(籽棉由约1/3棉绒和2/3种子构成,2份种子副产品是人类消费的油和动物消费的棉籽饼)。

1838年第一艘汽船到达纽约,进一步加强了棉花贸易,它把横穿大西洋的时间减少了一半。因为汽船将用实际棉花送货的一半时间,把有关美国棉花市场情况的信息带到英国,当时在英格兰占统治地位的利物浦棉花交易中心的棉花商们开始做期货合同,因此导致了投机买卖。1865年第一条横跨大西洋电缆的成功铺设,将棉花贸易转变成一种永久方式。在历史上是首次,美国市场信息立即传送到英格兰,反之亦然。19世纪80年代末,5个跨三大洲(北美洲的纽约和新奥尔良、欧洲的利物浦和勒阿弗尔和非洲北部的亚历山大港)的棉花期货交易所在做期货合同,并用电缆连接(Baffes & Kaltsas 2004)。全球棉花产业还受到了美国南北战争影响,它导致了美国出口从战争前的50万吨下降到几千吨。棉花价格经历了商品史上最剧烈的上涨,导致后来被创造的"棉花荒"。如果没有美国棉花供应其纺织工业就会垮台的英格兰从别处寻找供应,包括土耳其、印度、中亚和撒哈拉以南非洲地区。在美国战后复得其作为世界主要棉花供应的主导地位时,其他棉花生产国也保持住了它们的地位。

20世纪下半叶期间一个重要的发展使乌兹别克斯坦(当时属于苏联)棉花的生产大规模扩大。这个扩展与20世纪最坏的环境灾难相关,咸海缩小到约为以前大小的1/5,这个缩小是由于棉花灌溉的过度用水。棉花曾是并且现在也是乌兹别克斯坦经济不可或缺的部分,是最重要的商品出口货物。

现代棉花产业

21世纪的前10年,全球棉花产量平均2 500万吨,其中1/3进行了国际贸易,代表了全球商品交易的约0.1%(ICAC 2011)。尽管在全球贸易中市场占有率低,但棉花贸易对许多低收入国家很重要,特别是撒哈拉以南非洲地区,那里估计有200万农村贫穷家庭直接或间接依赖棉花商品。在过去的半个世纪期间,棉花产量每年增长1.8%(ICAC 2011),这些增长大多来自中国和印度。

世界主要纺织品生产国中国消费了全球棉花产量的40%,接下来是印度、巴基斯坦和土耳其,都是重要的纺织品制造国。自1990年以来,几个东亚国家和地区也作为重要的棉花消费者出现。例如,在1960年共同消费

了13万吨(世界消费的1.2%)的印度尼西亚、中国台湾地区、泰国,在21世纪早期吸收了150多万吨(世界消费的6%)(ICAC 2011)。1960年到2010年间,棉花需求跟人口同样的速度增长(每年约1.8%),暗示人均棉花消费保持相对不变。相反,自20世纪中叶,与棉花激烈竞争的合成纤维的消费每年以2.2%的速度持续增加,导致棉花在总纤维消费中的市场份额从1960年的60%下降到21世纪前几年的40%。

除生产成本下降以外,合成纤维市场占有率上升反映了新的用途,使它们的特性与棉花相似的质量提高提升了它们做适用于极端天气条件的衣服和其他如运动服的使用。三个主要出口者:美国、中亚和非洲法语国家,占全球贸易量的2/3以上。21世纪前10年,10个最大的进口国占全球贸易量的70%以上(ICAC 2011)。3个主要生产国中国、土耳其和巴基斯坦也进口棉花以供应其纺织工业。与1960年只有3%相比,4个东亚纺织品生产者印度尼西亚、泰国、中国台湾地区和韩国占世界棉花进口量的20%以上。

虽然真实的棉花价格经常突然上升,但从19世纪以来一直在下降。这种下降的原因类似于大多数主要商品的特征:供应方面,因技术进步而降低生产成本,需求方面,不景气的人均消费和来自合成纤维的竞争。生产成本的降低主要与生产力上升有关(从1960年的每公顷320千克到2010年的每公顷750千克)(ICAC 2011)。引进改良的棉花品种、灌溉扩展和农药与化肥的使用促进了产量的显著增长。纺织工业也发生了技术进步,以至于相同质量的纺织品现在能用较低质量的棉花

生产，这是许多主要投入是初级产品的其他产业中可见的趋势。但是，2005年后棉花价格经历了显著的反弹，达到历史最高（与许多其他初级产品一样）。价格暴涨的原因有许多，其中包括：宏观经济因素、因较高能源费用而提高的生产成本以及土地转变为生物燃料商品生产。

棉花市场有两个广为使用的价格指标：棉价指数［每天由位于英国利物浦私营公司（Cotlook Ltd.）汇编］和期货价格［美国洲际交易所（ICE），其中一部分曾为纽约棉花交易所，是世界上最老的棉花期货交易所］。棉价指数是东亚港口交易的19种棉花类型的5个最低行情的平均价。棉花期货行情可以连续从美国洲际交易所获得，除其契约表示高资产流动性的美国洲际交易所外，巴西、印度和中国操纵了棉花期货交易所。

政策争端

在政策方面，棉花受不同销售和贸易干扰，一般是低收入国家特别是撒哈拉以南非洲和中亚的税收以及富国特别是美国和欧盟的补贴。自2000年以来，棉花补贴已成为一个重要的贸易问题，据许多报道，补贴已在多哈发展议程（the Doha Development Agenda, DDA）中成为成交的主要障碍（Baffes 2005b）。

棉花争端的起源可回溯到2002年，当时巴西和4个非洲生产国（贝宁共和国、布基纳法索、乍得和马里）争辩说棉花补贴导致了世界棉价下跌并减少了它们的出口收入。当时，全球棉花产值平均在250亿美元～300亿美元，美国（占世界棉花出口量的1/3）支持其棉花产业每年共计20亿美元～40亿美元（ICAC 2010）。欧盟也为其棉花领域提供可观的支持——每年约10亿美元——但用于棉花少得多，因此对世界价格影响低得多。

除政策发展与技术进步外，棉花保持着对纺织品生产最重要投入的地位。而且，棉花新品种，特别是来自生物技术的新品种，很可能引起生产力进一步提升，并因此进一步降低生产成本。从可持续性观点看，这些技术很可能有益于环境。但中亚水的问题和棉花生产国化肥消耗会是未来数年主要的环境担忧。

约翰·巴菲斯（John BAFFES）
世界银行

参见：农业（几篇文章）；施肥/肥料；纤维作物；大麻；自然资源经济学；水（综述）。

拓展阅读

Baffes, John. (2005a). The history of cotton trade: From origin to the nineteenth century. In Secretariat of the International Cotton Advisory Committee (Ed.), *Cotton trading manual*. Cambridge, UK: Woodhead Publishing Limited.

Baffes, John. (2005b). The cotton problem. *World Bank Research Observer*. 20, 109–144.

Baffes, John. (forthcoming 2011). Cotton subsidies, the WTO, and the "cotton problem." *The World Economy*.

Baffes, John, & Kaltsas, Ioannis. (2004). Cotton futures exchanges: Their past, their present, and their future. *Quarterly Journal of International Agriculture* 43, 153–176.

Hammond, Mathew Brown. (1897). *An essay in American economic history*. New York: Johnson Reprint Co.

International Cotton Advisory Committee (ICAC). (2010). Production and trade policies affecting the cotton industry. Washington, DC: ICAC.

International Cotton Advisory Committee (ICAC). (2011, May–June). Supply and distribution of cotton. *Cotton: Review of the World Situation* 63 (5), 2.

Wendel, Jonathan F., & Cronn, Richard C. (2003). Polyploidy and the evolutionary history of cotton. *Advances in Agronomy* 78,139–186.

Dams and Reservoirs

水坝与水库

全世界有近60%的河流建造了带有水库的大型水坝,为农业、饮用水、水力发电、防洪及其他方面提供水源。然而,建造水坝会影响周边的生物群落,而且水库会造成污染和环境问题。其可持续发展要求将新方法用于开发水资源,从而促进生态保护,提高水质,使之与经济发展水平和社会福祉相适应。

任何可以拦截水流的障碍物都能称之为水坝。国际大坝委员会(the International Commission on Large Dams, ICOLD)将至少15米高的水坝定义为大坝。在全球大约80万座水坝中,约5万座可被称为大坝。这些水坝提供了源源不断的水资源,促进了工业和大型城市的中心区发展,提高了就业率,并且使农业能够向干旱地区扩展。如果没有这些水坝,我们如今习以为常的生活品质将会变得很难想象。然而,大坝同样会对环境和社会造成短期或长期的负面影响,并且从长远来看,大坝建设是不可持续的一项工程。因此水坝和水库管理就成为调节现代经济和社会需求与科学管理之间的手段。

大坝截断了全世界近60%的河流。中国、美国和印度是主要的大坝建造者,分别占全球大坝数量的46%(22 000座)、14%(6 600座)和9%(4 300座)。2/3大坝的建造目的单一,或灌溉或发电(见图D.1)。迄今为止,多数大坝,包括非洲和亚洲绝大部分大坝的用途是灌溉。与之相反,在欧洲和南美洲,水坝主要用于水力发电。全球近20%的电力源于水力发电。

其余1/3的全球大坝用途多样,有两种或者两种以上的功能,包括防洪、航行、供水、灌溉、水力发电以及日益增加的娱乐休闲活动。例如,美国和加拿大的许多大型发电水坝也可以用来防洪和供水。因为不同功能之间会产生冲突,所以多功能水坝存在难以管理的问题。我们蓄水用来灌溉和水力发电,但也会降低水位甚至排空水库来调节洪水。为了保证效率和满足不同需求,必须定期调节水位。

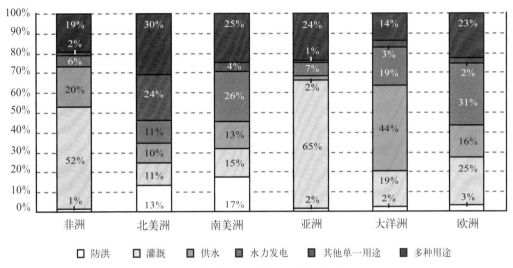

图D.1 按地区和用途划分现存大型水坝

来源：改编自国际大坝委员会，1998.

坐落于水坝后方的是水库。它们浸没了全球近500 000平方千米的土地——大约相当于西班牙的国土面积——蓄水量达6 000立方千米，约为苏必略湖容量的一半。科学家们表示，这种淡水的大量迁移会引起地球自转速率的微小但可测量到的增加，并会轻微地改变地轴的倾角。这些水库有时被称为湖，许多度假者认为它们是湖，但是水坝管理方会降低或提高水位以适应不同需求。实际上，天然的湖泊与水库截然不同，通常水库比湖泊的岸线更短，水库中水的滞留时间（平均每滴水在水库的停留时间）也比湖泊中的要短。在一项研究中，科学家们发现堪萨斯州水库和与其大小相似的密歇根湖相比，水库中水的滞留时间约为14个月，而湖泊约为4.5年（Pielou 1998, 207）。

湖泊和水库之间一个更显著的区别与其化学成分相关。水库中茂盛的水下植物为细菌提供了生长繁殖的生境，它们吸收汞并将其转化为甲基汞，后者的毒性比无机汞高了100多倍。当鱼类摄取了这些物质，其浓度可能会增加100万倍。鱼类将甲基汞引入食物链，人们食用这种有毒鱼类后，大脑、肝脏和肾脏将会受到损伤，甚至死亡。至于多少汞会导致器官衰竭或引起其他严重的疾病仍然存在争议。但一些研究表明，有时候以食用水库鱼类为生的当地居民，其体内汞含量超过了世界卫生组织建议的下限。植被分解也会大量释放二氧化碳和甲烷，这两种温室气体最终会进入大气中。一些数据表明，在发电量相同时，为水电站供水的水库产生的温室气体与燃煤发电机释放量一样多。这项研究结果向一个盛行已久的理论提出了挑战，即水力发电不会污染大气。然而，水库释放温室气体的估计值尚存在较大差异，有待进一步研究以提供更精确的数据。初步调查结果表明，热带地区水位浅、水温高的水库比水位深且水温低的北方水库更有可能释放温室气体。

水坝的代价

水坝对于经济发展和社会福祉所做出的贡献是有代价的。过去50年的科学调查揭示了我们为此付出了多少的代价。首先,水坝建造使数百万人背井离乡。其准确数据无法确定,但据世界银行估计,在1986年至1993年间约有4 000万人无家可归,而世界水坝委员会(WCD 2000)推断可能有多达8 000万人因水坝建造而被重新安置。从坝址移居的人大多数在印度和中国,因为这两个国家拥有庞大的人口和激进的水坝建设项目。人口的被迫转移会造成冲突和困苦,因为本地人不一定能够或者愿意接受外来移居者。移居者的收入通常会下降,并且会感到无能为力。中国长江上的三峡大坝集中体现了这一问题。这一工程需要重新安置125万人,13座城市被淹没,全部或部分淹没村庄达1 352个。尽管政府给予了承诺,但是流离失所的人口很难能恢复到他们移居前的生活水准,同样他们也并非可以一直使用或享受到水坝带来的好处。

其次,从生态学角度来讲,水坝将河流"断开",改变了水的流量和水温。水流量的高低决定了河流的物理性质和水生生物栖息空间的大小。当水坝使水流流量变化趋于平缓,会显著改变环境,而且位于水坝后方的水库会破坏水域和陆地生态系统。改造过的栖息地会吸引非本土的植物和动物物种,并旺盛繁衍,对本土物种产生不利影响。曾经自由流动的河水进入水库后流速变慢,致使悬浮物沉积,造成河道变窄变浅,更易引起上游洪水泛滥。带入水库的沉积物每年减少1%的水库库容。在中国,由于土壤极易受到侵蚀,每年水库会损失超过2%的库容。减少

的库容会严重影响水坝的运行,并削弱大坝和水库的一些功能。沉积物对下游的影响也同样显著。水坝会影响鱼类种群的繁衍,特别是那些从海洋回到上游产卵的溯河洄游鱼类。此外,从水坝骤降的水流夹带着大量的气泡,气泡在水下破裂将空气释放到水中。鱼类在这片氧过饱和的水域中游动有可能死于气泡症,对于人来说就是所谓的减压病。同样,如果没有上游的沉积物,那么下游河滩和回水会逐渐消失,水生生物和水鸟的栖息地将会减少。

破坏一条河流的自然节奏,即其全年的水流变化,不仅将大坝上游和下游的河流分开,而且将河流与周遭冲积平原隔离开来。湍急的水流变缓甚至静止不前。结果,河流中鱼类产卵地带沉积的碎石砂砾减少;从陆地输送到水中的有机物越来越少,使鱼类的食物来源减少;扰乱了依赖于洪水的某些昆虫的生命周期并且危及某些鱼类,因为它们依靠洪水来运送它们的卵直到孵化。在缺乏高速水流的情况下,植被将入侵河道,减少水生生物的生存空间。低速水流通常会导致鱼类死亡,并且伤害那些对高温和低溶氧水平敏感的鱼类种群。这反过来又会影响以鱼类为食的野生动物。如果没有河水的补充,地下水位也会下降,植被生长和依靠泵水的人类居住区都会受到威胁。即使地下水位尚未显著下降,但周边冲积平原中浓度升高的盐会渗透入地下水中,使水源质量恶化。总之,凡大坝建造之处,森林和野生生物栖息地都会消失,陆地特别是水生生物的物种多样性衰退,淹没的村庄、良田以及迷人的景色都将成为消逝的记忆。

水坝同样会增加污染。如果河流不再沿冲积平原流淌，那么冲积平原上的植物群落就无法再清除其养分负荷。河流反而会将这些污染物运输至下游，威胁到农村和城市地区。在某些情况下，这些污染物会流向海洋。例如，路易斯安那州的密西西比河三角洲氮负荷预计多达人类开发前的三倍（Postel & Richter 2003, 25）。这是由于美国中西部农民大量使用肥料造成的。氮负荷一直随河水进入密西西比河口，导致墨西哥湾爆发水华，使水体含氧量过低，形成了多数水生生物无法生存的"死水区"。

除了释放温室气体外，水坝和水库在其他方面也对大气产生了显著影响。几十年来，科学家们一直在争论水坝工程是否会影响降水模式，似乎越来越多人确信这一点。灌溉和城市化显然会引发强降雨模式。与此同时，从大型水库蒸发的水蒸气会改变空气中的水分流动和热量，成为刺激降水的因素。迄今科学调查的结果表明，未来水坝的设计者应该将其工程所导致的大气变化考虑其中，并对此应进行深入研究。

水坝、水库与可持续性

世界水坝委员会表示"任何水坝工程的最终目的都是可持续性地改善人类的福祉"。这意味着，人类发展必须以"经济可行、社会公平和环境可持续性"为基础（WCD 2000, 2）。这一概念很容易描述，但实施起来却困难重重。直到20世纪后期，才将水资源开发定义为开采，没有可持续性。开发者们力图为农业、工业、城市地区和航运供水，进行水力发电，并提高人民的生活水平。他们也建造水坝以保护人民和财产不受毁灭性洪水危害。而生态系统保护和生态效益维护却未得到类似的支持。直到人们发现了支离破碎的生态系统、填满淤泥的水库以及污染的不利影响时，才意识到保护生态系统的重要性。

专家们一致认为，要实现可持续发展就必须采用新的方法开发和利用水资源，提高保护生态系统和优质水源的能力，使之与促进经济发展和提高社会福祉的水平相一致。将近20世纪末，用于描述这一方法的术语为水资源综合管理（Integrated Water Resources Management, IWRM）。在水资源综合管理中，健康的生态系统为人类所带来的宝贵益处得到了充分的肯定，并且强化河水流速的调节以保证生态系统保护所必要的水质和水量。水资源综合管理强调对整体流域的管理，理解河流与陆地之间的联系，并将社会现象和自然现象整合起来以准确描述自然约束和人类需求。规划人员试图提供一个可持续并且可行的解决方案。采取良好的保护措施，加强水利基础设施的维护，取消水价补贴和更大程度上分散供水，均能减少废水排放并防止建造带有边际收益的水坝。这项综合方案最具挑战性的方面是使人们相信，从长远来看，减少人类对河流的改造程度可为当代人和后代人提供更好的生活质量。

美国已经在众多河流上尝试模拟河水自然流动的实验。密苏里河上阶梯式的水坝从内布拉斯加州的东南部一直延伸至蒙大拿州东部。这种引发争议的阶梯式水坝以接近自然河水流动的模式调节水流，有助于水生生物和水鸟生存。生态学家还提倡恢复河流的部分天然曲流。然而从事航运、水力发电、农业的人士对此提出了异议，他们担心从水坝或水库中释放出的流量变化或曲流的恢复会不利于经济的发展。与此同时，环保组织倡议全部移除那些破坏生态系统，而经济和社会效益又极小的水坝。在美国，自20世纪90年代末期以来，超过700座水坝被拆除。很多是因为它们不再有任何用处。然而，另外一部分水坝是为恢复河流流量和水生生物而拆除。大多数拆除的水坝并不大，但拆除一些大型水坝的呼声也已经出现，如亚利桑那州科罗拉多河上的格兰峡谷大坝。判断这些努力最后是否成功还为时尚早。

在我们可以预见的将来，水坝和水库依然是水资源管理的必要工具。它们可以用来满足生态和人类需求，尽管这些需求并不会完全得到满足，但可以达成合理的折中方案，即承诺可持续性增长。未来可以设计并建造水利工程来消除水坝，尽可能减少使用破坏环境的结构，或根本就是无结构的，更着重于生态保护、管理冲积平原和保护地球资源。

马丁·罗伊斯（Martin REUSS）
美国陆军工程部队（已退休）

参见：地下蓄水层；氮；大洋与海；户外游憩；河流；水（综述）；水能。

拓展阅读

Black, Maggie, & King, Jannet. (2009). *The atlas of water: Mapping the world's most critical resource.* Berkeley: University of California Press.

Gleick, Peter H. (1998). *The world's water 1998–1999: The biennial report on freshwater resources.* Washington, DC: Island Press.

Gleick, Peter H. (2000). *The world's water 2000–2001: The biennial report on freshwater resources.* Washington, DC: Island Press.

Gleick, Peter H. (2002). *The world's water 2002–2003: The biennial report on freshwater resources.* Washington, DC: Island Press.

Goldsmith, Edward, & Hildyard, Nicholas. (1986). *The social and environmental consequences of large dams.* Cornwall, UK: Wadebridge Ecological Centre.

Hossain, Faisal, & Jeyachandran, Indumathi. (2009). Have large dams altered extreme precipitation patterns?

EOS, 90 (48), 1–2.

Lohan, Tara. (Ed.). (2008). *Water consciousness: How we all have to change to protect our most critical resource*. San Francisco: AlterNet Books.

McCully, Patrick. (1996). *Silenced rivers: The ecology and politics of large dams*. London: Zed Books.

Pielou, E. C. (1998). *Fresh water*. Chicago: University of Chicago Press.

Postel, Sandra, & Richter, Brian. (2003). *Rivers for life: Managing water for people and nature*. Washington, DC: Island Press.

Wescoat, James L., Jr, & White, Gilbert F. (2003). *Water for life: Water management and environmental policy*. Cambridge, UK: Cambridge University Press.

Wohl, Ellen. (2004). *Disconnected rivers: Linking rivers to landscapes*. New Haven, CT: Yale University Press.

World Commission on Dams (WCD). (2000, November). *Dams and development: A new framework for decision-making / The report of the world commission on dams*. London: Earthscan Publications.

Desalination

水淡化处理

在天然水淡化过程中，太阳使得水分从海洋里蒸发；遇冷凝结，形成雨和雪重新回到地面上。雨和雪是地球上两个淡水来源。几个世纪以来，人类在小范围内重复着这个过程。随着淡水需求的增加，为整个城市和地区进行大规模水淡化处理在有些人看来似乎是一个行之有效的方案。但是其他人也表达了他们的担忧：水淡化的能耗及造成的污染可能使其无法持续。

消费和人口增长推动了世界范围内对淡水的需求。自20世纪以来，水资源萎缩程度增加了6倍，是人口增长率的两倍（WWAP 2006）。为了解决这个问题，许多地区正在实施大规模的水淡化计划，将咸水转变为淡水。有些人认为水淡化可以解决世界的水荒问题；而其他人则担心由此产生的能源需求以及环境污染会使其无以为继。

水淡化的原理

水淡化是一个自然过程，是地球水循环的一部分。通过蒸发，太阳使世界海洋中的水变成水蒸气。水蒸气遇冷凝结，并以雨和雪的形式回落到地面。雨雪是世界上两种淡水来源。世界上97%的水是海水。海水太咸不能用作人类的饮用水，也不能用于农业灌溉和工业生产。地球上约75%的淡水封冻在冰川和冰盖中。人类可利用的水资源只占很少一部分：使用地表水或者用泵抽取地下水。

数世纪以来，人类一直在小规模地重复着太阳淡化水的过程。然而，直到20世纪，水淡化处理才成为整个城市和地区可靠的水资源（WSTB 2008）。如今水淡化处理有两种基本方法。热蒸发或者蒸馏是水循环过程中的一个步骤。它需要将咸水加热蒸发，接着将水蒸气冷却，使其凝结为淡水，以供人类所用。第二种方法是反向渗透。渗透是水的跨膜移动，可以将大分子自低盐区过滤到高盐区。除盐分外，其他溶质也可以发生渗透现象。这种方法不需要外部能量即可进行，最终薄膜两侧的盐溶液浓度是一样的。反向渗透需要在膜的一面施加压力迫使水穿过薄膜，将盐离子滤出，形成低盐或无盐的溶液，即淡水。

如何利用水淡化？

水蒸馏和反向渗透需要耗用大量的能量。直到20世纪，有了便宜的化石能源后，大规模水淡化才变得现实可行。在这之前，即便在水资源稀缺的地区，水淡化仍不现实。1928年，荷属安的列斯群岛修建了大型水淡化工厂，是利用淡化水为当地居民供水的地区之一（WSTB 2008）。在此之前，水淡化主要是在船上通过蒸馏获得饮用淡水。在20世纪后期至21世纪早期，淡水需求增加，随之水淡化技术也获得了进一步的发展。

世界上许多干旱地区淡水资源稀缺，迫切需要额外的水资源供应，并且形势已经非常严峻。在未来，补充额外的水资源显得日益重要。在干旱的中东，一些地区拥有廉价的油气资源。在这些地区，水淡化是一个可行的方法。像阿联酋这样的国家，在2008年金融危机之前的十几年中，依靠水淡化技术满足了当地对淡水资源不断增长的需求，当地经济也经历了爆发式的增长。尽管经历了金融危机，经济增长速度减慢，阿联酋的水淡化技术发展仍然强劲。在2010年到2016年间，阿联酋的淡化水产能估计将增加1倍（GWI 2010）。在阿联酋人均耗水量为每天550升，几乎比欧洲高出4倍（Solomon 2010）。

通常，水淡化工厂都是大型的工业设施，坐落在海岸线。在中东这个以政治环境动荡而闻名的地区，许多人担心在社会动荡期，人们极度依赖的水淡化工厂可能会成为敌人袭击的目标。水淡化工厂一旦瘫痪，因为缺乏淡化水储备，整个地区的供水会在几天之内彻底中断。为解决这个问题，阿联酋的阿布扎比酋长国正在尝试将淡化水注入已经枯竭的蓄水层，以容纳淡化水。2010年，由于淡化水的供给超过了需求，多余部分又被重新倒回海洋（Solomon 2010）。水灌注到地下蓄水层，在需要时，可以再将其抽出来。往阿布扎比蓄水层重新注水，可以在淡化工厂停止运行时，提供90天的需水量。但是这也可能因地下排水系统和污染，导致价值数百万美元的淡化水全部损失殆尽（Carlisle 2010）。阿布扎比这样规模的项目是史无前例的。但是，如果成功了，它将大大提高阿布扎比的用水安全。

自20世纪70年代开始的旱灾使澳大利亚西南部本就有限的淡水资源更显得捉襟见肘。2010年对南澳大利亚大气层气流变化进行了调查，结果表明这场旱灾很有可能与人为带来的气候变化相关（van Ommen & Morgan 2010）。

澳大利亚珀斯市利用化石燃料为海水淡化工厂提供动力,这可能引发了导致旱灾的气候变化。为解决这一问题,该市寻找了替代能源。2006年,珀斯建成了当时中东地区以外最大的海水淡化工厂,也是用可再生能源提供动力的最大工厂。该工厂使用了反向渗透技术和能源再生设备,这套设备提高了能源利用效率,有利于储存能量。工厂使用的电能购自一个拥有48个涡轮机的风力发电厂。该电厂在珀斯北部,距其200千米,每年可生产272千兆瓦小时的电量,足可供24个美国家庭使用一年(Stover & Crisp 2008)。珀斯的这家水淡化工厂提供了该城市17%的用水。这个工厂也树立了一个典范,通过使用最佳技术,使海水淡化更具有持续性(Mydans 2007)。

环境污染

除了水淡化过程的高耗能外,人们还经常担心水淡化工厂排出的废物会危害水生态系统。由于是从咸水中提取淡水,水淡化过程中会产生含盐量更高的溶液,这种溶液必须进行处理。然而这种浓盐水经常被排回海洋或者其最初的来源。尤其是在水体比较清澈的时候,高浓度的盐水会沉在水底,损害那些对盐分升高比较敏感的水生生物。这些浓盐水,特别是热水淡化产生的盐水,其释放时的温度会高于其排入的水体(Sommariva, Hogg & Callister 2004)。当释放量很大时,这也会影响到水生生物,尤其是那些只能适应特定温度的生物。除了浓盐水,水预处理及清洁渗透薄膜使用的化学品有时未经处理便直接释放到环境中,进一步加重了水淡化工厂带来的环境损害。

发展前景

有些工厂(如珀斯的工厂)正致力于减少水淡化对环境的影响。然而要彻底解决这些问题,还需要做更多的工作。水淡化技术方面的投资大大刺激了该项技术的发展。现在已经有了更好的薄膜和能源利用效率更高的水淡化系统。在2010年的一项研究中,研究人员开发了一种系统进行水淡化;同时生成氢气,用于燃料电池,而且还可能同时进行水处理(Luo, Jenkins & Ren 2010)。这种技术特别适用于轮船,它可为船上的水手供应淡水,同时还可为轮船上的氢动力电池提供燃料。

水资源短缺预计在今后几十年间将变得更为严重。尽管水淡化技术还有一些应用上的局限,但它无疑是应对水资源短缺的一种有效办法。虽然水淡化的成本有所下降,但是修建水淡化工厂仍然需要巨额的前期投资。这对于较穷的国家和地区而言,过于昂贵而无力承受。尽管其中许多国家和地区正面临着非常严重的水资源短缺问题。就其经济本质而言,大型淡化工厂的单位水生产成本较之小规模工厂更为低廉。有些地区既不临海,又没有可供淡化的水资源。对其而言,水淡化技术没有任何意义。国际水淡化工厂的环境管理标准,如ISO 14000,为水淡化的发展提供了指导,以保护海洋生态系统和减少排放。从根本上讲,保护淡水资源、提高水资源的利用效率将有助于减少对水淡化工厂的需求,并确保水淡化工厂所需要的能源和资源能以更可持续的方式进行利用。

宝库山出版社

参见：地下蓄水层；冰川；氢燃料；自然资源经　　济学；海洋；食盐；太阳能；水（综述）；水能；风能。

拓展阅读

Carlisle, Tamsin. (2010, December 6). Abu Dhabi prepares strategic water reservoir. *The National*. UAE. Retrieved September 30, 2011, from http: //www. thenational. ae/business/abu-dhabi-prepares- strategic-water-reservoir

Global Water Intelligence (GWI). (2010). Desalination markets 2010—Global forecast and analysis. Oxford, UK: Author.

Luo, Haiping, Jenkins, Peter E., & Ren, Zhiyong. (2011). Concurrent desalination and hydrogen generation using microbial electrolysis and desalination cells. *Environmental Science & Technology,* 45(1), 340–344.

Mydans, Seth. (2007, April 3). The climate divide—Australia—Prone to drought, but moving ahead on desalination. *New York Times*. Retrieved September 30, 2011, from http: //query. nytimes. com/gst/ fullpage. html?res=9C02E6DB1F30F930A35757C0A9619C8B63 &ref=desalination

van Ommen, T. D., & Morgan, V. (2010). Snowfall increase in coastal East Antarctica linked with southwest Western Australian drought. *Nature Geoscience,* 3(4), 267–272.

Solomon, Erika. (2010, June 21). As tiny UAE's water tab grows, resources run dry. Reuters. Retrieved September 30, 2011, from http: //www. reuters. com/article/idUSTRE65K3MK20100621

Sommariva, C.; Hogg, H.; & Callister, K. (2004). Environmental impact of seawater desalination: Relations between improvement in efficiency and environmental impact. *Desalination,* 167, 439–444.

Stover, R., & Crisp, G. (2008). Environmentally sound desalination at the Perth Seawater Desalination Plant. Enviro '08, Australia's Environmental and Sustainability Conference and Exhibition. Retrieved September 30, 2011, from http: //www. energyrecovery. com/UserFiles/file/archives/news/documents/ThePerthSaltwater DesalinationPlant. pdf

Water Science and Technology Board (WSTB). (2008). *Desalination: A national perspective*. Washington D. C. : National Academies Press. Retrieved September 30, 2011, from http: //www. nap. edu/openbook. php?record_id=12184&page=19

World Health Organization (WHO). (2007). Desalination for safe water supply. Retrieved September 30, 2011, from http: //www. who. int/water_sanitation_health/gdwqrevision/desalination. pdf

World Water Assessment Programme (WWAP). (2006). Facts and figures extracted from the 2nd UN World Water Development Report. Retrieved December 13, 2010, from http: //www. unesco. org/water/wwap/wwdr/wwdr2/facts_figures/index. shtml

Design, Product and Industrial

产品和工业设计

通过一种可持续的设计流程,产品和工业设计师在实现可持续性方面发挥着重要作用。可持续设计的重要议题包括对环境和社会方面的考虑,需在产品和工业设计实践中实现。由于产品设计是生产过程的早期环节,设计师可以较好地实施可持续性措施。

从手机、医疗设备,到家具、婴儿车,工业和产品设计师能够参与大范围的产品创造。多种设计策略可在生产过程中注入可持续性元素,从而减少对世界自然资源和生态环境的负面影响。

产品和工业设计

在多数情况下,"产品设计"和"工业设计"这两个术语指的是相同的领域,也因此可以相互替换(McDermott 2007)。产品和工业设计师的总体职责是在营销者设定的范围内工作,并且使用任何适当的方法去满足这样一种设计理念:设计方式不仅能满足实用性和

人体工程学的要求,而且能满足更多的主观标准——如个人品位和风格。一种设计理念往往是一系列的市场和技术要求,而在21世纪,这种理念通常会包括可持续性标准。消费引导的设计不仅要满足人类需求,更要去创造和激发人类的欲望(Whiteley 1994)。审美和美观也是设计的重要方面。它们不仅使有吸引力的事物运行得更好,而且有助于更愉悦、令人享受的存在物诞生(Norman 2004)。产品设计通常有关于创造欲望的主体(Fry 2009),但是在如今的环境压力背景下,设计的这个方面经常被消极或谨慎对待。

可持续性设计

可持续性设计(或者说可持续的设计)属于范围更大的可持续发展的一部分。传统的发展过程中,经济的、工业的以及设计实践没有考虑对环境的影响(Ponting 1991)。而可持续性设计的概念首先在20世纪60年代出现,当时一些设计学者开始批评现代的

和不可持续的发展，并且建议使用替换方案。第二波浪潮在20世纪80年代后期和90年代初出现，与绿色消费革命一致。保罗·布拉尔（Paul Burall 1991）、桃乐茜·麦肯齐（Dorothy Mackenzie 1991）和埃齐奥·曼齐尼（Ezio Manzini 1990）等学者开始呼吁设计的彻底改变。随着可持续性设计变得更加普遍，这股浪潮声势愈强，一直持续到20世纪90年代末和21世纪初。

20世纪60年代，美籍澳大利亚教育家、设计师维克多·帕帕内克（Victor Papanek）首先把创造出浪费的产品和消费者的不满归咎于设计行业。自从那时起，许多环境圈中已经存在一种逐渐强烈的感觉：设计和制造过程对这个星球施加了许多压力（Papanek 1971）。在70年代早期，帕帕内克发表过著名的演说：

> "很少有其他行业比工业设计更加有害，但是只有极少的⋯⋯设计师创造的全新永久的垃圾品种填充了风景，选择的材料和流程会污染我们呼吸的空气，设计师已经成为一个危险的种族⋯⋯在大规模生产的时代，每件事物必须被规划、设计，设计已经成为人们塑造他们的工具和环境的强有力的方法（并且，通过扩展，还可以用来塑造社会和他们自己）。"（Papanek 1985, ix）

80%的产品在使用一次后被丢弃，99%使用过的材料在前6周被丢弃（Shot in the Dark 2000）——这个事实可以用来具体阐释帕帕内克的论断。主流的产品设计在利用稀缺资源来创造和使用产品时，很少或根本不考虑它们对社会和环境造成的影响。不过，这种情况正发生改变。例如，欧洲的法规正重点关注工业部件的组成成分，以及产品在其生命周期结束后如何被处理。

可持续性设计把社会的、环境的和经济的议题纳入考虑之中。社会议题包括：可用性，社会负责任的使用，为解决人类需要而做出的采购和设计；环境议题包括：合适材料的选择，能源使用的减少，为产品生命的结束而设计；经济议题包括：确保产品在合适的市场销售。在开发可持续的设计产品时，家具零售商 Herman Miller 公司已经有了很好地实践。这家公司已经成功地把具有耐用设计的标志性造型、负责任的材料来源、极好的人体工程学、负责任的制造过程、全面的生命结束管理、合适的包装，与较强的企业社会责任政策相结合（McDonough et al.2003）。

设计师需要懂得可持续性设计不仅仅是回收或使用可回收材料，也需要认识到可持续性设计要考虑人力资本的重要性。可持续性设计为设计提供了一种新的更广泛的情境，澳大利亚设计专业教授贾妮斯·伯克兰（Janis Birkeland 2002）通过新的视野看待设计的责任感，并对这种情境做出了如下简述：

- 负责任的：围绕人们需求和社会、生态的公平正义重新确立目标；
- 协同性的：创造积极的协同效果；使用不同的元素来创建系统的变化；
- 与情境相关的：重新评估设计惯例和有关社会转型的观念；
- 全面的：采用生命周期的视角，从而确保低影响、低成本、多功能的成果；
- 授权的：通过恰当的方式培养人的潜能，自力更生的能力，以及对生态的理解；
- 恢复性的：整合社会和自然界；重新

建立起惊奇的感觉；

● 生态高效的：主动地以增加能源、材料和成本经济为目标；

● 创造性的：体现一种新的范例——这种范例超越了传统的学科思考的界限，做到"跨级提升"；

● 有远见的：专注于愿景和成果，并且为了表达设计而设想出适当的方法、工具及流程。

在可持续性方面，人们需要转换角度看待产品设计，从把它们视为全球环境、社会问题的制造者，转变为将它们视为解决社会挑战方案的一部分。

生态设计

实践中，可持续性设计因为难以实现，所以不被广泛地采用。相反，生态设计的方法正逐渐受到青睐。在贯穿产品完整的生命周期过程中，生态设计解决了产品对环境的影响（不是对社会和环境的影响），同时保持如成本、质量和外观等的其他标准不变（Eco2-irn 1995）。

减少制造业产品对环境的影响的初次尝试是被动反应的，其针对的对象是生产过程（Lintell & Smith 1997）。法规强迫公司致力于减少制造过程对环境的影响。这一点大体上是通过安装昂贵的"末端治理"技术来完成，而这种技术回顾性地在生产过程结束时清除污染物。因此，许多公司认为考虑环境会危及利润（Day 1998）。之后研究证实，为了使生态设计有效，对环境的考虑需要成为产品发展过程中不可或缺的一部分，而不是在过程最后附加上去（Dewberry & Goggin 1996；Graedel & Allenby 1995；Bhamra et al. 1999）。随着公司

从源头上解决环境问题，而不再是在污染产生后被迫清除它们，这种更加主动的方法减少了附加成本。公司的关注点和责任感也从生产转移到设计。

通过一些先驱者的成果，比如埃尔金顿（Elkington）和伯克（Burke 1987）的"绿色资本家"哲学，也通过开始采用"生态效率"的原则（BCSD 1993），公司慢慢地开始认识到，对环境的考虑能提供收益和机会，包括以下几点：

● 为即将出台的法规做准备（而不是做出反应）；

● 通过设计的创新得到新的商业机会和新市场；

● 重新思考经营方法从而显著地节约成本；

● 通过在市场上首先推出显著改善环境的产品，获得竞争优势；

● 使公司展现出有责任、有爱心的企业形象。

生态设计基于传统的"优良设计"，旨在减少产品生命周期的各个阶段对环境的影响。从产品的发展来看，产品的生命周期涵盖了产品从"摇篮到坟墓"的一生，包括制造产品所需的原材料的开发，制造过程，分销，使用，以及在它生命结束时发生的事件。柯达的单相机是在产品中融入生态设计原则的一个例子，它将许多产品资源保留在一个封闭的循环内。一旦胶片用尽，用户就返还相机，然后胶片被处理。在幕后，相机被剥离下来，清洗干净，然后被检查。电池在其他产品中再次使用。相机框架、测量系统、闪光电路以及许多小部件，遵从严格的测试流程，然后在下一代的单相机中再次使用，而出于质量考虑，取景器和镜头

会以旧换新（Lofthouse 2002）。

如今，在成功的生态设计产品的开发中，产品设计被认为发挥着重要作用，因为它能在产品开发过程的早期融入可持续性的标准（Lofthouse & Bhamra 2000）。此外，因为产品设计能直接影响用户行为，所以它能影响消费水平和消费者教育（Dewberry & Goggin 1996）。有关生命周期的分析研究已经发现，对于大多数家用的、用电的和消费者产品而言，绝大部分的环境影响是在产品使用阶段造成的（Billet 1996, Goedkoop et al. 1999, Graedel & Allenby 1995）。因此消费者的行为在很大程度上能改变家用产品对环境的影响。在正确的训练下，为了减少用户的消费水平，产品设计师有机会影响"态度、观点、甚至渴望"（Sherwin & Bhamra 1998）。例如，洗涤剂对环境造成的主要影响通常发生在使用阶段。通过以用户为中心的研究，制造商联合利华发现，消费者经常使用比实际所需更多的洗涤剂。为了抵制这种做法，联合利华设计了包含正确洗涤剂用量的洗涤"片剂"——这种片剂减少了洗涤剂用量并因此减少了放置其中的化学药物的量。之后，在1999年，联合利华报道称洗涤剂用量的减少量有53 000吨（Lilley 2008）。

前景

尽管许多设计师对改善他们制造的产品所造成的环境、社会影响感兴趣，但工业领域改善的机会仍然匮乏。只是在20世纪90年代初，案例研究才开始出现于电子和电力公司中，当时飞利浦、伊莱克斯、IBM、施乐等公司开始推进他们在这个领域所做的工作。尽管大型产业关于将环境和社会关怀融入产品开发过程的承诺日益增多，在商业设计产业，有利于这种整体思维的广泛机会仍然十分少见。

未来，设计师必须充分理解议题的广度，鉴别可持续性设计的体系能在多大程度上解决问题。在设计界，没有觉察到许多与可持续发展有关的议题是普遍现象。许多社会议题已经在一系列其他的旗帜标语下，而非可持续设计的总体影响范围内被考虑。这些旗帜标语包括人体工程学、包容性设计、针对老人的设计、反对犯罪的设计等等。为了确认产品设计师能解决的环境和社会议题的类型，更多的工作还需要完成。

维姬·洛夫特豪斯（Vicky LOFTHOUSE）
拉夫堡大学

参见：制冷与供暖；工业生态学；室内照明；替代材料；纳米技术。

拓展阅读

Bhamra, Tracy A.; Evans, Stephen; Simon, M.; McAloone, Timothy Charles; Poole, Stephen; & Sweatman, Andrew. (1999). Integrating environmental decisions into the product development process: Part 1. The early stages. *Proceedings from Eco Design '99: First International Symposium on Environmentally Conscious Design and Inverse Manufacturing*. Tokyo: IEEE.

Billet, E. (1996). Ecodesign: Practical tools for designers. *Co-Design*,05 06 (01 02 03), 72–475.

Birkeland, Janis. (2002). *Design for sustainability: A sourcebook of integrated, eco-logical solutions*. Sheffield, UK: Earthscan Publications.

Buchanan, Richard. (2001). Design research and the new learning. *Design Issues*, 17 (4), 3–23.

Burall, Paul. (1991). *Green design*. London: Design Council.

Business Council for Sustainable Development (BCSD). (1993). Getting eco-efficient. Report of the BSCD First Antwerp Eco-Efficiency Workshop. Geneva, BCSD.

Cooper, Rachel, & Press, Mike. (1995). *The design agenda: A guide to successful design management*. Chichester, UK: Wiley.

Cross, Nigel. (1994). *Engineering design methods: Strategies for product design*. Chichester, UK: John Wiley & Sons.

Day, Robert M. (1998). *Beyond eco-efficiency: Sustainability as a driver for innovation*. Sustainable Enterprise Initiative. Washington, DC: World Resource Institute.

Dewberry, Emma L., & Goggin, Phillip A. (1996). Spaceship ecodesign. *Co-Design*, 05 06 (01 02 03), 12–17.

Eco2-irn. (1995, February 15). Ecologically & economically sound design and manufacture: Interdisciplinary Research Network (Eco2-irn). Manchester, UK, Manchester Metropolitan University Forum.

Elkington, John, & Burke, Tom. (1987). *The green capitalists*. London: Gollancz.

Fry, Ken. (2009). The experience imperative: A manifesto for industrial designers. *Core77*. Retrieved April 12, 2011, from http://www. core77. com/blog/featured_items/the_ experience_imperative_a_manifesto_for_ industrial_designers_by_ken_fry_15322. asp

Goedkoop, Mark J.; van Halen, Cees J. G.; te Riele, Harry R. M.; & Rommens, Peter J. M. (1999). *Product service systems, ecological and economic basics*. Pi!MC, Storrm C. S. & Pré Consultants, commissioned by the Dutch Ministries of Environmental and Economical affairs.

Graedel, Thomas E., & Allenby, Braden R. (1995). *Industrial ecology*. Englewood Cliffs, NJ: Prentice Hall.

Herman Miller, Inc. (2005). Environmental product summary: Mirra chair. Retrieved April 15, 2011, from http://www. hermanmiller. com/Products/Mirra-Chairs

Heskett, John. (1980). *Industrial design*. London: Thames & Hudson.

Heskett, John. (1991). *Industrial design*. London: Thames & Hudson.

Industrial Design Society of America (IDSA). (1999). Homepage. Retrieved April 15, 2011, from http://www. idsa. org

Kodak. (n. d.). One-time-use camera: Single use cameras: A tale of product stewardship. Retrieved April 16, 2011, from http://www. kodak. com/US/en/corp/HSE/ oneTimeUseCamera. jhtml

Lilley, Debra. (2008). Washing liquid tablets. Design-Behaviour. Retrieved April 15, 2011, from http://www-staff. lboro. ac. uk/ ～ cddl/washing_tablets. htm

Lintell, D. T., & Smith, J. S. (Eds.). (1997). Plastics waste management: A designer's perspective. Part two: Recycling of plastics and the role of "design for disassembly. " Shrewsbury, UK: RAPRA Technology Ltd. Information Publications.

Lofthouse, Vicky A. (2001). *Facilitating ecodesign in an industrial design context: An exploratory study.* Doctoral dissertation, Cranfield University, Cranfield, UK, Department of Enterprise Integration.

Lofthouse, Vicky A. (2002). Kodak's single use camera. Information /Inspiration. Retrieved April 15, 2011, from http://ecodesign. lboro. ac. uk/index. php?section= 67&currentsubsection=67

Lofthouse, Vicky A., & Bhamra, Tracy. (2000). Ecodesign integration: Putting the co into ecodesign. In CoDesign 2000. Derby, UK: Springer-Verlag London Limited.

MacKenzie, Dorothy. (1991). *Green design: Design for the environment.* London: Laurence King Ltd.

Manzini, Ezio. (1990). The new frontiers: Design must change and mature. Design, 501, 9.

McDermott, Catherine. (2007). *Design: The key concepts.* London:Routledge.

McDonough, William; Braungart, Michael; Anastas, Paul T.; & Zimmermann, Julie Beth. (2003). Applying the principles of green engineering to cradle-to-cradle design. *Environmental Science and Technology, 37* (23), 434A–441A.

Meikle, Jeffrey L. (2001). *Twentieth century limited: Industrial design in America, 1925–1939.* Philadelphia: Temple University Press.

Norman, Donald A. (2004). *Emotional design: Why we love (or hate) everyday things.* New York: Basic Books.

Packard, Vance. (1963). *The waste makers.* Middlesex, UK: Penguin.

Papanek, Victor. (1971). *Design for the real world.* New York: Pantheon Books.

Papanek, Victor. (1985). *Design for the real world: Human ecology and social change.* London: Th ames and Hudson.

Ponting, Clive. (1991). *A green history of the world.* London: Penguin.

Potter, Norman. (2002). *What is a designer: Things, places, messages.* London: Hyphen Press.

Schumacher, Ernst Friedrich. (1973). *Small is beautiful: A study of economics as if people mattered.* London: Sphere Books.

Sherwin, Chris, & Bhamra, Tracy. (1998). *Ecodesign innovation: Present concepts, current practice and future directions for design and the environment.* Proceedings from Design History Society Conference, University of Huddersfield, Huddersfield, UK.

Shot in the Dark. (2000). *Design on the environment: Ecodesign for business.* Sheffi eld, UK: Shot in the Dark.

Slack, Laura. (2006). *What is product design*? Hove, UK: RotoVision.

Sparke, Penny. (1983). *Consultant design: The history and practice of the designer in industry.* London: Pembridge.

Tharp, Bruce M., & Tharp, Stephanie M. (2009). The 4 fields of industrial design: (no, not furniture, trans, consumer electronics, & toys). *Core77*. Retrieved April 15, 2011, from http://www. core77. com/blog/ featured_items/the_4_fields_of_industrial_design_no_not_ furniture_trans_consumer_electronics_toys_by_ bruce_m_tharp_and_stephanie_m_tharp__12232. asp

Tovey, Michael. (1997). Styling and design: Intuition and analysis in industrial design. *Design Studies*, 18 (1), 5–31.

Whiteley, Nigel. (1994). *Design for society*. London: Reaktion Books.

Drug Production and Trade

毒品的生产和贸易

　　长期以来，植物为人类提供了精神刺激性药物——咖啡、茶、鸦片、古柯、尼古丁。无论是在发达世界还是发展中世界，20世纪早期开始的对毒品的定罪，已经产生了社会经济、政治和生态的后果。环境问题大多涉及刀耕火种的农业技术，化肥、杀虫剂和除草剂的过度使用、土壤污染以及非法作物的化学消除和生物消除。

　　毒品——改变意识状态或增强代谢性能的精神刺激物——首先在植物世界被发现，并且自从那时候起，人类已经和能制造出毒品的植物交互影响，在植物与社会、自然与文化方面产生千丝万缕的联系。

　　这类精神刺激性药物被使用了很长时间，它们的使用最初主要通过消费某些植物体的一些部位，而现在已经被广泛传播。从所谓的原始人类到现代社会，在每个大洲、每个地区，各种各样的人已经求助于这些药物导致的刺激作用——从茶叶和咖啡具有的温和刺激，到由其他天然的药物——如大麻、古柯、可乐果、卡塔茶（一种叶子中含有兴奋剂的灌木）等——具有更有威力的刺激，再到化学的甚至医用的药物，如可卡因、海洛因、强效可卡因、致幻药、摇头丸、百忧解、安定剂等。

　　正如一位法国生药学家（对原料药和药用植物进行描述的药理学家）让－玛丽·佩尔特（Jean-Marie Pelt）所写，"毒品对人的附着，就像皮肤黏连着血肉"（Pelt 1983, 14）。植物学家理查德·E. 舒尔茨（Richard E.Schultes）和药理化学家阿尔伯特·霍夫曼（Albert Hofmann）已经描述了药用植物丰富的多样性和他们在全世界的广泛使用，而热带地区是迄今为止拥有最丰富的天然精神刺激物质的区域。在引进酒精之前，只有北极因纽特人对改变心智的物质一无所知。

　　然而，自从例如迷幻剂（产生心中的神）这些药用植物早期被原始社会使用以来，毒品现在已经被视为对个人和社会都有害的物质。因此它们被归类为合法的和非法的——按照它们的效力和危害性，但通常没有关于它们的毒害或成瘾性的科学证据。因此,"drug" 这个术语现在几乎特指一种非法的改变心智的物质,即使酒精和尼古丁与海洛因一样令人上瘾——并且让更多人丧命。

对许多植物和基于植物制造的毒品的持续 100 年的全球性禁止,已经在药物的生产、贸易和消费方面产生非预期的后果。对毒品产业和毒品消费的定罪,造成了极其严重的社会经济、政治,甚至生态的影响。这些影响既体现在发展中世界——最多的基于植物的毒品非法制造的地区,又体现在发达世界——该区域毒品消费集中于大麻制品、可卡因和海洛因。但是长期被认可的将一个毒品生产的南部和一个毒品消费的北部一分为二的做法不再合理。实际上,最近的趋势显示,在大多数生产毒品的国家,海洛因和安非他明类兴奋剂的消费正快速增长,不过关键的运输国家(阿富汗、巴基斯坦、伊朗、土耳其、缅甸、泰国、老挝、中亚、俄罗斯、中国)则消费更多。这个北部仍然代表着非法的毒品消费的巨大市场,但是它也参与了加拿大、美国和欧洲正在生产的大麻和安非他明类兴奋剂等毒品的非法生产过程。

农业技术

绝大部分以植物为基础的毒品制造国家位于南部。许多环境问题与传统的刀耕火种农业技术有关。实际上,对于东南部亚洲大陆森林中的鸦片生产商和安迪斯山脉的古柯种植者来说,火耕或轮作是一种普遍的做法。以贫瘠的热带土壤为生的农民烧掉植被以便清理田地,并且以此确保他们的作物依靠植被灰烬中的养分苗壮成长。这些田地在被用来进行 7 到 10 年的改造之前,通常被耕种了 3 到 4 年,而其他田地那时就被清理干净了。由于生产规模小、人口密度低,这种农业技术是生态良性的。但是随着更大的人口密度和更多的鸦片、古柯的生产,热带雨林已经遭受到更大的压力,尤其是在逐渐增多的商业性伐木出现时(例如缅甸和泰国地区柚木的丰收)。

古柯植物和鸦片罂粟主要种植在容易被水流冲蚀的高山或丘陵两侧。在世界的热带区域,过度的火耕和强降雨的结合导致了土壤的严重损耗。

这种情况下,为了提高产量,绝大部分非法种植的农民在没有进行守法农户做过的专业咨询的情况下,使用现代农业技术。化肥、除草剂和杀虫剂的过度使用危害环境,污染生态受到威胁的土壤,还污染了种植食物作物低洼土地。

加工毒品的实验室中的化学物品使用后被倾倒进河流,也会产生土壤污染物。例如,生产可卡因导致的大量氨、硫酸和煤油,被倾倒进了亚马孙河。在亚洲,海洛因精制和生产会产生醋酸酐、盐酸、氯化铵、碳酸钠,这些化学药品的残留物被倒入当地的河流系统。因此，非法的毒品产业造成了土壤的衰竭和土壤污染，并且危害环境。

不过，在传统的尊重环境的方式下，毒品植物已经被耕种和收获了很长时间。比如鸦片罂粟已经通过最早的人类迁移和定居传播到全球。在古代，它与人类社会的共生关系被记录下来。不过今天，一些时候在其他"自然的"代理商的帮助下，鸦片罂粟成为根除的对象。

鸦片罂粟

鸦片罂粟，罂粟花，是最早被人熟知的医用植物，能够提供现代医药中一种主要的止痛药——吗啡。在罂粟科中，罂粟属包括110种一年生或多年生的草本植物，这些植物的果实是包含无数的种子和乳胶组织的荚。这个科的植物含有丰富的生物碱，如鸦片碱。不过，罂粟花和刚毛罂粟是人们已知的唯一两个含有吗啡的品种，而正是吗啡使鸦片有效力。只有吗啡被保留下来用于加工海洛因，而其他的生物碱——如鸦片成分中具有很大医用价值的蒂巴因和可待因以及其他40多种——在毒品精制时都被去除。因此，罂粟花被作为商业鸦片和海洛因的主要来源而被种植。

考古证据显示，最早种植鸦片罂粟的是位于地中海西部和小亚细亚之间的地方。人们开始种植罂粟并收获鸦片的时间、地点以及这种植物如何被传播到远东的，仍是未解之谜。关于这些问题的答案，只有种植的和半野生的族群——非真正的野生族群——已经得到解释。因此，鸦片罂粟是一个栽培品种（最初和之后持续由人类栽培的一个有机体），并且所有品种都与人类密切相关。实际上，它们

"被人类所知，只是源于由人类创造和保留的先锋栖息地，这些栖息地既指人类有意创造的种植田地，又指人类无意识创造的'废物区'或与这些田地相邻或在附近的不安的环境"（Merlin1984，54）。

从很早的时代开始，鸦片罂粟已经为人类提供了无数资源（食物，动物饲料，油，医用的、仪式性的和以供娱乐的毒品），并且很有可能随着人类社会早期的迁移和贸易路线从西方传播到欧亚大陆，从一个先锋栖息地到另一片土地。最初，植物和人类社会的关系似乎是有益的，然而最近的两个世纪以来，这种关系已经清楚地被视为有害的，其有害程度至少足够驱使人类去禁止鸦片并支持在大多数国家根除罂粟。

禁止的后果

自从20世纪早期，对特定毒品的全球性禁止已经逐步地成为强制性措施。20世纪早期，在老罗斯福总统发起下，1909年国际鸦片委员会在上海成立，而1912年1月23日，海牙会议上各国签署了国际鸦片公约，该公约限制了鸦片制剂和可卡因出于医学目的的使用。这种禁止已经造成了世界上最富有的精神刺激物的非法市场，鼓励了毒品的生产和贩卖。其结果就是全球的毒品战争已经加剧。这场战争于1969年由尼克松总统的行政部门设想，并被继任的美国行政部门所延续。

从环境角度大体来看，非法精神刺激物的生产、贩卖和消费已经对生态、社会、经济和政治造成了有害后果。正如理查德·达文波特–海恩斯（Richard Davenport-Hines）所写，"问题不在于供给一种让使用者成为罪犯的药

物,而在于那种供给的非法性……对贩毒的刑事制裁可能是有意的,也可能取得暂时局部的成功;但是总的来说,这些法律最主要的作用不过是商业激励。"(Davenport-Hines 2001, xiv)当毒贩的毛利率保持在高达300%的时候,只有10%到15%的非法海洛因被拦截;而非法的鸦片产量从1985年到1996年翻了3倍,阿富汗和缅甸是迄今为止鸦片的主要生产者。据报道,2007年93%的非法产品是在阿富汗生产的。

因此,一场失败的战争已经在全球发动了十几年。在亚洲,这场战争对抗的是鸦片罂粟和它的所有非法衍生品,而在拉美,对抗的是古柯植物。这种禁止对生产国和运输国——例如缅甸、老挝、泰国、中国、阿富汗、伊朗、巴基斯坦,还有中亚的几个苏联的共和国——产生了两方面的影响:对毒品经济的刑事化和对它的镇压军事化。频发的武装暴力事件,对人们的生活状况产生严重影响,也使鸦片罂粟种植和海洛因精制对生态造成更恶劣的影响。

根除议程

一些根除技术——例如空中播撒除草剂——直接危害了环境,邻近非法作物种植的合法作物受到的影响尤为显著。而且,在反对毒品的战争中,技术正发展成以"自然的"方式根除这些植物。例如在乌兹别克斯坦,针对鸦片罂粟种植者所熟知的良性真菌,科学家们发明了可以使其致命的菌种。发明设备曾被应用于细菌战研究,制造出诸如小麦锈病、谷物枯萎病等的园艺病原体。如果使用,*Pleospora papaveracea*能够成为一种依靠种子传播的真菌除草剂(一种基于真菌的除草剂),它专门用

于根除鸦片罂粟,可通过自然风力传播,能使罂粟枯萎而死。如果大面积播撒,这种真菌能在几个季度中彻底清除鸦片罂粟作物,不过没人愿意冒着环境风险而那么做。

然而,强制性根除能通过多种方式实现。根除就是对现有植株的强制性毁坏,无论毁坏的方式是手工的(用手鞭打罂粟丛),机械的(拖拉机、直升机、飞机),化学的(使用诸如草甘膦、百草枯、橙剂一类的除草剂),还是生物的(使用真菌或真菌除草剂,例如对抗鸦片罂粟的 *Pleospora papaveracea* 或对抗古柯灌丛的尖芽孢镰刀菌,这类除草剂也被称为绿剂)。不同于鸦片禁令,根除依靠的是武力和权势,而不是当局威信,因此极易导致暴力事件的发生。另一个不同点在于,根除对种植鸦片的农民和他们的生活造成更坏的影响。遵守鸦片禁令的农民通常失去收益而不是整片作物:(因为判罪、恐惧或相对的经济能力)选择不在田地种植鸦片罂粟的农民可以种植其他农作物,然而,田地植物被根除的农民会失去所有农作物,并且通常会发现他们自己一点收益也没有得到。更糟糕的是,在收获期前不久才被根除的农民,不仅失去了罂粟种植时所需的多种投资输入(劳动,种子、水、化肥等),还不能偿还债务——即使当他们提前卖掉他们的农作物或已经借钱以应对债主。对于阿富汗、缅甸、老挝地区最贫穷的鸦片种植户来说,这种情况经常发生。因此,根除比它最开始显现的更具有破坏性,因为它主要针对的是农作物和农民的生计。这些农民,尤其是他们之中资源匮乏的农民,是毒品产业中最脆弱的部分。

精神刺激性植物及其衍生物长期扎根于

大部分的人类社会中。人们出于多种目的使用这种植物及其衍生物，把它们融入众多文化中，从而在自然与文化之间建立起独特而复杂的联系。最近，人们对这些植物及其衍生物的态度已经改变——不是因为植物本身发生变化，而是因为人们与它们的关系发生改变。一些毒品对社会具有重要影响，而日益重视的全球社会已经对这些毒品实施全球性禁止。由于这种禁止，其中一些植物被列为根除的对象，这种做法有时会将生态和文化环境置于自然和文化的斗争风险之中。

皮埃尔-阿诺·秋维（Pierre-Arnaud CHOUVY）
法国国家科学研究中心

参见： 农业（几篇文章）；丛林肉；可可；咖啡；施肥/肥料；本土与传统资源管理；药用植物；有害生物综合管理；茶。

拓展阅读

Booth, Martin. (1998). *Opium: A history*. New York: St. Martin's Press.

Chouvy, Pierre-Arnaud. (2002). *Les territoires de l'opium: Conflits et trafics du Triangle d'Or et du Croissant d'Or* [The territories of opium: Conflicts and trafficking in the Golden Triangle and the Golden Crescent]. Geneva: Olizane.

Chouvy, Pierre-Arnaud. (2010). *Opium*. Uncovering the politics of the poppy. Cambridge, MA: Harvard University Press.

Davenport-Hines, Richard. (2001). *The pursuit of oblivion: A social history of drugs*. London: Phoenix.

Escohotado, Antonio. (1999). *A brief history of drugs: From the Stone Age to the stoned age*. Rochester, VT: Park Street Press.

Merlin, Mark David. (1984). *On the trail of the ancient opium poppy*. Rutherford, NJ: Fairleigh Dickinson University Press.

Pelt, Jean-Marie. (1983). *Drogues et plantes magiques* [Drugs and magic plants]. Paris: Fayard.

Rudgley, Richard. (1993). *Essential substances: A cultural history of intoxicants in society*. New York: Kodansha.

Schultes, Richard Evans; Hofmann, Albert; & Rätsch, Christian. (2002). *Plants of the gods: Their sacred, healing, and hallucinogenic powers*. Rochester, VT: Healing Arts Press.

Tullis, LaMond. (1995). *Unintended consequences: Illegal drugs and drug policies in nine countries*. Boulder, CO: Lynne Rienner.

Dung

粪

粪不同于有机肥，是一种比较贫乏的肥料。但在缺乏木材资源的地区，粪是重要的燃料原料和建筑材料。如野牛、家牛等体积庞大的野生或饲养动物，它们的干排泄物是粪的最主要来源。

粪（dung）是一个很普遍的英语词汇，它表示"动物的排泄物"。广义上来说它与粪肥（manure）同义；但就最终的用途来说，它们有很大差别。粪肥包含液体、半固体和相当于固体的物质，粪肥已经成为传统的农业中最重要的肥料，人们将粪肥施到种植农作物的田地、花园和牧草中，这样大量要素（如氮、磷和钾）能重新返回到田地中，使得田地重新富含有机质，以提高耕种土地的保水能力。干粪——收集的时候是自然干的小圆块或在半固体时形成薄的圆块然后慢慢变干，在亚洲、非洲和美洲的干旱无树木的地区，干粪曾是必需的燃料原料。历史上干粪的另外一个很重要的用途是制备泥砖：将干粪与捣碎的秸秆或沙子混合，然后用黏土处理，经太阳晒干就得到泥砖了。

禽畜的粪便所含有的再生营养较差。体积庞大的家养动物的新鲜废弃排泄物大部分是水。按干重来计算，贫乏喂养的印第安牛的粪便含有的氮不到1%。只有家禽排泄物氮和磷的含量相对较丰富，因而传统农业将大部分的粗肥归还到田中。未工业化农业中采集、发酵、运输和应用这些肥料结合起来是劳动密集型任务之一。目前美国粪肥的再循环率只有30%，控制中心只有40%的动物废弃物是有循环利用空间的，而欧洲一些小国家则高达90%。淋溶（过滤损失）、蒸发损失（蒸发损失的量）和脱氮作用减少了粪肥的氮容量，所剩下的氮容量只占原始养分含量的百分之几。

居住在干旱的亚洲内部、印度次大陆、中东区域、撒哈拉沙漠、非洲的萨赫勒地区、美洲干燥的高海拔区域的人们，做饭时普遍使用粪便作为燃料，偶尔也用粪便作为室内加热的燃料。在印度，成千上万的贫苦农民仍然广泛地使用干粪来生火做饭。女人和孩子们收集牛和水黄色鸟兽的粪便用于自家的家庭日用或者卖给他人。生火做饭时，先准备好干的小木条备用，将稻草和糠与新鲜的粪便混合起来，然后用手做成圆圆小饼的形状，烧火之前在太阳下晒干。牛及野生水牛的粪对美国西部扩张做出了不可磨灭的贡献，因为这些牛粪为19世纪（Welsch 1980）先驱们横跨大陆和后来殖民北美大平原提供了燃料。俄勒冈州和魔门山径的西部旅行者收集"水牛木头"，而这里的早期定居者在屋顶和靠着住宅墙面的地方堆放"牛木"以供冬天使用。

住在非洲的撒哈拉沙漠的萨赫勒边缘以及许多埃及的村庄的人们仍旧使用牛粪和骆驼粪。高高的西藏高原上，粪主要来自牦牛；而在安第斯高原、当今的秘鲁南部印加帝国的中心、东方的玻利维亚、智利和阿根廷的北部

等地方，南美洲狮粪是最主要的燃料。人们都拒绝拿羊粪当燃料，是因为羊粪燃烧时会产生辛辣的烟。虽然19世纪美国许多报道指出水牛粪燃烧起来非常干净（虽然烧得太快，不得不连续添火），但在不通风的室内烹饪时燃烧各种干粪比燃烧木材要产生更多烟。按照总能量来说，风干了的粪（湿度为10%～20%，热能为1 400万焦耳/千克）至少比干稻草低20%，并且只有木炭热量的一半。

瓦茨拉夫·斯米尔（Vaclav SMIL）
曼尼托巴大学

参见：农业（几篇文章）；畜牧；施肥/肥料；鸟粪肥；制冷与供暖；动物粪肥；人的粪便；氮；磷；钾。

拓展阅读

Pathwardan,Sunanda. (1973). *Change among India's Harijans*. New Delhi, India: Orient Longman.

Smil, Vaclav. (1985). *Biomass energies*. New York: Plenum Press.

Smil, Vaclav. (1994). *Energy in world history*. Boulder, CO: Westview.

Smil, Vaclav. (2003). *Energy at the crossroads*. Cambridge, MA: MIT Press.

Welsch, Roger L. (1980). No fuel like an old fuel. *Natural History,* 89 (11), 76–81.

Ecotourism

生态旅游

　　基于自然的概念是很多游客的主要动力，生态旅游是一种以自然景点作为旅游目的地的产业。关于从何种程度上来利用环境以形成旅游景点可以相差很大，而可行的生态旅游的发展需要既能可持续地保护那些有吸引力的自然资源，又给当地带来经济效益。

　　生态旅游基本上可以被描述为认识目的地的生态价值和社会价值的实践活动。环保主义者尼古拉斯·D. 海泽尔（Nicholas D. Hetzer）于1965年在一本高尔夫杂志《链接》中指出了大众旅游存在的危害。海泽尔认为，旅游业应该尽量降低对环境的影响，并且能够为当地提供最大的经济利益，同时为参与的旅游者提供最大的游憩利益。

　　虽然整个20世纪90年代提出的生态旅游的定义未能让该领域的环保主义者和其他专家达成共识，但是大多数这些定义发展了生态旅游作为特殊定向产品和特殊进程的理念，不仅提出了生态旅游的合理性，还

提出了保护的概念。戴维·芬内尔（David A. Fennell 1999, 43）在《生态旅游导论》一书中用下面的语句总结了现有文献："生态旅游是一种以自然资源为基础的旅游的可持续形式，主要侧重于对自然的体验和认知；同时从伦理道德的管理方面来说，生态旅游是低影响、非消耗性的和地方导向的（控制、利益和规模）。它通常发生在自然区域，并且应有助于这些地区的保护或维护。"戴维·芬内尔总结生态旅游的主要驱动力不是游客或者旅游系统，而是自然区域及其保护。

　　赫克托·塞巴洛斯-拉斯喀瑞（Hector Ceballos-Lacurain）在一个名为 Pronaturade 的墨西哥非政府组织中工作，他在1983年说明了第一个可论证的生态旅游的确切实施是什么样子的。塞巴洛斯-拉斯喀瑞表达了他对于在 Celustún 河口地区建设码头的反对意见，同时他建议在尤卡坦半岛的北部做湿地保护，用于美洲火烈鸟（*American flamingo*）的繁殖

和觅食地。他相信在该地区不断增多的游客数量以及人们对脆弱的栖息地的欣赏会为当地提供工作岗位、加强农村经济并帮助保护该地区的生态平衡。

生态旅游已经成为旅行和旅游业中比重越来越大的部分。联合国宣布2002年为国际生态旅游年，显示了对这种旅游方式的重视，从而促成了其未来的发展。

生态旅游标准

随着生态旅游的发展，支持生态旅游的项目应该满足三个核心标准：① 自然资源和当地社区应控制和决定项目的规模和范围；② 环境、社会文化和经济的可持续发展的原则和实践用以塑造项目的体验和管理；③ 学习或者教育应该是游客与项目互动的重点项目（Weaver & Lawton 2007）。但是，关于这三个要素如何被构建、如何被认知和实践是有探讨余地的：生态旅游项目可以实施在从一个极简主义模式到复杂模式的范围之间，项目的存活能力取决于它们满足三个标准的多少。

生态旅游的核心原则涉及保护和维护而不是经济增长和企业利润。随着生态旅游的发展和绿色意识在其他市场的出现，许多开发商都看到了把他们的项目包装为"绿色"的好处。但是，当开发商把项目包装成"绿色"而其实并没有达到生态旅游的标准时就带来了问题。尽管自20世纪90年代中期生态旅游日益制度化和职业化，"漂绿"还是一种常见的破坏该部门信誉的问题。目前面临的挑战是要区分（或确定它是否可以区分）这些生态旅游目的是否能满足社会和生态的期望，尤其是那些来自国际上的私营企业及可能携带单纯的利益期望的投资。

在《生态旅游与可持续发展：谁拥有天堂？》一书中，环境作家玛莎·哈尼（Martha Honey 2008）认为需要改变全球旅游业的行为和商业实践以适应绿色的原则和做法。哈尼宣称需要公共部门继续发挥重要的作用，尽管生态旅游有脱离政府项目的趋势。事实上，许多人认为政府应该提供更为透明的指导方针、制定标准以及监控程序。现实情况是，大多数政府都降低了他们的责任感和可供投资的资源水平。

大多数生态旅游的支持者认为不应该让商业部门来管理，而应该通过一个整体的方法来把生态旅游作为一种可持续发展的形式。

"可持续发展"这个术语的使用可能实际上对在自然区域维持生态旅游带来了威胁，因而必须注意其他与生态旅游资源基础竞争的行业和群体的活动和政策。为了生态旅游能够真正地对所有利益相关者——包括企业、当地人民和环境本身——可持续，有必要把旅游业和公共部门联合起来共同开发和管理生态旅游。

南非旅游企业成功的一个关键因素（Park & Khare 2005）就是与当地社区形成强有力的合作关系，例如由福特基金会资助在南非的 Madikwe Game Reserve 项目。有人发现，在保加利亚从事生态旅游的中小型企业成为竞争集群时，他们运作得更为成功（Hawkins 2004）。

生态旅游的延续

在 2008 年，匈牙利的生态旅游策略提出将游客按照自然环境在整个旅游体验的重要程度划分为四类：① "热衷游客"：他们认为旅游的唯一目的就是寻常和重复的游览；② "生态游客"：他们把认知和理解一个特定的环境作为主要的动机；③ "积极绿色游客"：他们认为环境是他们享受户外活动乐趣的一个重要的因素，但它本身不足以成为一次旅行的动机；④ "偶然游客"：他们的生态旅游体验，几乎是进行其他活动时偶然发生的附带事件。

企业和企业家们认识到，被认为是低影响和低消耗的生态旅游往往会比传统旅游的投资收益率低。上述提到四种类型的游客对于消费和供给显示不同的态度，表现为生态旅游中存在的 "软" 和 "硬" 的形式（Laarman & Durst 1987）。软生态旅游是与高水平的服务、设施和住宿有关联的，而硬生态旅游只提供有限的服务和较为原始的设施。一些环保主义者和工业界的研究人员认

为，生态旅游原则应用于特定的活动，如休闲钓鱼（Zwirn, Pinsky & Rahr 2005）和狩猎（Novelli, Barnes & Humavindu 2006）。有些人甚至认为动物园应该被设计成复制自然的动物生境（Ryan & Saward 2004）。这种想法是基于这些活动能够保护环境并产生一定的收入，它们明显是以生态重点为基础的。

原住民社区的作用是另一个重要方面，集中体现在权属的关系和对旅游企业的控制。通常情况生态旅游预期为当地人民提供就业机会，在津巴布韦的本土资源社区管理计划（CAMPFIRE）是一个典型，当地居民发现活大象的价值（作为一个动物园旅游来建设）比死的大象（在黑市上出售猎取的象牙的价格）价值更大。当本土资源社区管理计划用来鼓励削减那些既带来收益又对环境低影响动物狩猎业并把盈利的钱用作乡村发展、环境保护和野生动物数量控制上，当地居民的野生动物偷猎发生率急剧下降。有些项目可能产生相反的结果，纳米比亚和博茨瓦纳社区的人们为了发展外部生态旅游业而变得流离失所。

不同社区参与的生态旅游实践在不同国家参与的程度有所不同，从获取很小的利益并没有社区参与的桑给巴尔（Zanzibar）；到一般的，自上而下的社区参与的坦桑尼亚（Tanzania）；到创新和长期实验的肯尼亚（Kenya）；到高度的参与和创业精神的哥斯达黎加（Costa Rica）。关于如何确立社区容量或者社区承载力的导则是存在的（Moscardo 2008），但很明显的是只有当当地居民参与到发展议程的中心时，社区参与的旅游才是完好并且能够持续下去的。

一个生态位市场?

为了使生态旅游可行——就是让它在一个特定的环境中是有效和可持续的，并为利益相关者和生态旅游者提供满意的结果——开发商和供应商必须首先解决以下三个问题：谁要发展生态旅游，为了什么？谁从中获益？谁来付钱？然后建立过程监测并评估答案。一些因素必须在每一种情况下都予以考虑：面临危机的自然资源、吸引力的强度、场地可达性、在发展中所涉及的产权、发展的碳成本、当地人民的角色以及游客体验的质量。

研究人员和分析人员可以通过评估将生态旅游分为硬和软两种形式的基本原理，或者扩大提供体验或者进一步细分市场来预测该行业的未来发展趋势。虽然把打猎和钓鱼作为生态旅游（用于食物猎取为目的的除外）可能把生态旅游的概念扩大得太远，环保主义者和那些在旅游行业的人认识到软生态旅游有越来越多的市场和潜力，主要包含文化和遗产以及在保护的自然区域外的高度改良空间中生态旅游的发展（包括城市环境）。生态旅游项目的合理性将因为它们长期的生态或社会利益模糊了它们和旅游中其他环保意识发展之间的界限而受到挑战。尤其是把生态旅游主要看作为一个生态位市场，人们并不清楚生态旅游在什么程度上已满足可持续发展的目标而不是一个小型的项目。

因此生态旅游可以被看作是一个特殊的旅游形式，涉及三个独特但相互关联的目标：① 最小化旅游对环境的负面影响；② 有助于土地和其他自然资源的保护；③ 有利于当地人民的生活和幸福。出于这个原因，游客和企业都能同意实践企业社会责任的概念是生态旅游的基础，即使在高端旅游市场，一个生态旅游主导的商业模式也是可以被采用的。生态旅游业所面临的障碍是它试图既保护生态系统又让当地社区变富裕，而企业面临的既做好事又带来财富的挑战可能更大。

艾伦·克拉克（Alan CLARKE）
潘诺尼亚大学

参见：保护的价值；山地；海洋公园和保护区；国家公园和保护区；荒野区域公园和保护；户外游憩；旅游。

拓展阅读

Blamey, Russell. (2001). Principles of ecotourism. In David Weaver (Ed.), *Encyclopedia of ecotourism* (pp. 5–22). Wallingford, UK: CABI.

Buckley, Ralf. (2009). *Ecotourism: Principles and practices*. Wallingford, UK: CABI.

Eber, Shirley. (1992). *Beyond the green horizon: Principles for sustainable tourism*. Godalming, UK: World Wildlife Fund.

Environmental Grantmakers Association. (2008). *Ecotourism as a conservation strategy for funders: A background briefing*. Retrieved March 1, 2010, from http: //www. ega. org/news/docs/ecotourism_ lorez_F. pdf

Fennell, David A. (1999). *Ecotourism: An introduction.* London: Routledge.

Hawkins, Donald E. (2004). A protected areas ecotourism competitive cluster approach to catalyse biodiversity conservation and economic growth in Bulgaria. *Journal of Sustainable Tourism, 12,* 219–244.

Hetzer, Nicholas D. (1965). Environment, tourism, culture. *Ecosphere* [1970], 1 (2), 1–3 (Reprinted from *Links,* July 1965).

Harrison, Lynn C., & Husbands, Winston. (Eds.) (1996) P*racticing responsible tourism.* Chichester, UK: Wiley.

Higham, James. (2007). *Critical issues in ecotourism: Understanding a complex tourism phenomenon.* Oxford, UK Butterworth Heinemann.

Honey, Martha. (2008). *Ecotourism and sustainable development: Who owns paradise?* (2nd ed.). Washington, DC: Island Press.

Laarman, Jan G., & Durst, Patrick B. (1987). *Nature travel and tropical forests* (FREI Working Paper Series). Raleigh, NC: Southeastern Center for Forest Economics Research, North Carolina State University.

Moscardo, Gianna. (Ed.). (2008). *Building community capacity for tourism development.* Wallingford, UK: CABI.

Novelli, Marina; Barnes, Jonathon I.; & Humavindu, Michael. (2006). The other side of the ecotourism coin: Consumptive tourism in Southern Africa. *Journal of Ecotourism, 5,* 62–79.

Page, Stephen, & Dowling, Ross. (2001). *Ecotourism.* London: Prentice Hall.

Parker, Scott, & Khare, Anshuman. (2005). Understanding success factors for ensuring sustainability in ecotourism development in southern Africa. *Journal of Ecotourism,* 4, 32–46.

Ryan, Chris, & Saward, Jan. (2004). The zoo as ecotourism attraction — Visitor reactions, perceptions and management implications: The case of Hamilton Zoo, New Zealand. *Journal of Sustainable Tourism, 12,* 245–266.

Stronza, Amanda, & Durham, William H. (Eds.). (2008). *Ecotourism and conservation in the Americas.* Wallingford, UK: CABI.

UNWTO. (2005). *Ethics in tourism.* Madrid, Spain: World Tourism Organization. Retrieved August 21, 2007, from http: //www. tourisme-autrement. be/joomla/images/stories/TA/dossier/unwto global_code_of_ethics_ analyse_freya_higgins. ppt.

Wearing, Stephen, & Neil, John. (2006). *Ecotourism: Impacts, potentials and possibilities.* Oxford, UK: Butterworth Heinemann.

Weaver, David. (2005). Comprehensive and minimalist dimensions of ecotourism. *Annals of Tourism Research,* 32, 439–455.

Weaver, David. (2008). *Ecotourism.* Chichester, UK: Wiley.

Weaver, David B., & Lawton, Laura J. (2007). Twenty years on: The state of contemporary ecotourism research. *Tourism Management,* 28, 1168–1179.

Zwirn, Michael; Pinsky, Malin; & Rahr, Guido. (2005). Angling ecotourism: Issues, guidelines and experience from Kamchatka. *Journal of Ecotourism,* 4, 16–31.

Electronics — Raw Materials

电子产品的原材料

在全球所有电子设备生产中,制造电路板、显示器、电池和各种各样的微元件需要数十种原材料。有些原材料是良性的,如黄金和铂金属,但是有些原材料却是有毒性的。改进电子产品的回收利用将会减少环境污染对健康的危害以及与电子废弃物相关的自然资源的消耗。

任意一个电子设备,无论是手持数字音频播放器、移动电话或者一个电视的超大液晶显示屏,都可能包含一百多种不同的元素、化合物和合金。与制造这些电子设备相关原材料的需求量很高,因为这些电子设备的主要组成部分的回收利用率很低。这些原材料的成本很低,比如制造这些部件的塑料,几乎无法激起制造商回收利用电子废弃物(e-waste)的兴趣;然而,他们的一个强烈动机是从回收的电子部件中获取少量黄金和其他一些贵重金属。在发展中国家那些被社会边缘化了的个体采矿者中,这种情形尤其普遍。

与购买原材料用于大众电子产品生产有关的环境影响和对人类健康的影响很难被量化,导致与这些影响有关的成本没有在电子产品的商业价值中充分地体现出来。实际上,这些成本被当地的生态系统以及职业和环境保护的社会投资所分担。

废弃电子设备的填埋和焚烧处理会影响人类健康,而其中的许多问题是与处理中产生有毒金属和有机化合物相关,例如,以每单位很少量出现的溴化阻燃剂。但是,并非所有用在电子产品中的金属都是有毒的,大多数电子设备中都含有少量的珍贵金属,如黄金和铂金以及稀土金属钽(常用于电容器)和铕(常用于视频显示器)。非洲中部地区钽矿石矿山开采,还被认为对当地的内战起到了推波助澜的作用。

电子产品中的化学成分

典型的手持电子设备,如移动电话、数字音频播放器和小型计算机包括7个主要组成部分:印刷电路板(PCB)、液晶显示器

（LCD）、键盘、电池、天线、扬声器和传声器。然而，这些独立的电子部件的化学成分却是复杂的。在电子设备（如笔记本电脑）回收材料中，5个主要可量化的类别是硅酸盐玻璃（约26%）、塑料（23%）、黑色金属（20%）、铝（14%）。剩余的17%是由金属组成的，其中一些是众所周知的有毒金属，比如铅，其他金属成分还包括铍、镉、铜、汞、镍、锡和锌。

在这些材料中，一些材料很容易与其他材料分离，用于进行材料分析或回收利用。然而，有些材料却不容易被回收。例如，印刷电路板的导电层——首字母缩略词PCB在本文中是指印刷电路板，而不是那种有毒废弃物多氯联苯——包含铜箔、聚四氟乙烯（特氟隆）、玻璃纤维、环氧树脂和防焊油墨（例如甲基丙烯酸酯、聚氨酯）。印刷电路板的表面贴装元件可能会包括电阻器、晶体管、电容器，以及表面用锡铅或者各种金属组成的无铅焊接材料焊接而成的电路板。另外，大多数电子产品包含了金属外壳和（或）由石油化学产品制成的塑料套管的组合。使用生物材料制造外壳和代替印刷电路板中玻璃纤维的技术正在形成，但是，在目前市场上出售的电子设备中所占的份额很小。

处理废弃电子产品（电子垃圾）引发的环境和人类健康问题的成本增加，激发了人们使用材料生命周期评价（Life Cycle Assessment, LCA）方法量化和对比生产造成不利影响的兴趣，包括从原材料的开采到电子设备报废时的最终处置和回收利用。基于生命周期评价的评价结果，可以为着重于报废设备特定组件回收利用的可持续性政策的制定提供有用的信息，从而保护原材料和其他自然资源。

印刷和集成电路板

大多数电子设备的核心是印刷电路板（更复杂的形式被称为微芯片或集成电路）或者简称PCB，主要包括一块玻璃纤维面板，其由一面黏合铜箔的环氧树脂加固而成。对于低成本的电子设备而言，电路板主要是用加厚的纸板和苯酚树脂制成。用铜丝制成的电子电路被蚀刻在面板表层，并涂有一层锡铅涂层。印刷电路板中的铅成分是大多数报废电子设备被归类为有害废弃物，从而必须进行废弃处置的主要原因。美国环境保护署针对印刷电路板推出了一项"为环境而设计"的程序（DfE）。美国环境保护署和印刷电路板生产商（以国际电子工业贸易集团IPC为代表）之间合作的目标，是开发和推广有关污染防治技术的信息，这些技术能够减少对人类健康和环境的危害，能够减少危险废弃物生成的自然资源浪费。

塑料

电子设备中约五分之一的成分是塑料。然而，常用于制造电子设备的塑料大约有12种，在电视机中使用的高抗冲聚苯乙烯（HIPS）占可回收塑料的50%（American Plastics Council 2010）。工程热塑性塑料是制造电子产品的首选类型。日益增加的电子产品垃圾，促进了对电子设备中不同种类塑料进行分类和回收利用技术的发展。关于电子设备中塑料最具争议的问题，是添加溴化阻燃化合物，例如，十溴二苯醚（deca-BDE）和四溴双酚A（TBBA）。这些阻燃剂已在人体组织和野生动植物中被发现，而且，越来越多的证据表明它们具有毒性（Ma et al. 2010; Moon et al. 2010）。另外，电子产品塑料器件中的阻燃剂将会限制回收塑料的重复利用。

电池

便携式电子设备依靠电池供电。大约从2000年起,锂电池代替了电子设备中的镍氢电池。在2010年,世界各地矿物生产了25 300吨锂,其中23%用于制造电池。智利是世界上最大的锂生产国,其锂产量几乎占全球总供应量的一半(USGS 2011c)。2009年,美国复苏与再投资法案(the American Recovery and Reinvestment Act)包括了由美国能源部授权托管的24亿美元拨款,用以支持电池制造业的发展。约40%的拨款主要面向支持改进锂电池的生产材料和适宜的回收利用技术。

视频显示器

平板视频系统是电子设备的显著特点,液晶显示系统(LCDs)已经成了商业电子产品的主导应用技术。然而,直到最近,电子产品废物流还是由电子枪、磷光体显示面板和为了防止辐射暴露的玻璃外壳,而构成的笨重阴极射线管为主。电子发射体里的负极通常由铯合金制成,电子通过铜线线圈被加速、聚焦和转向。对于视频显示器,主要关注的问题是铯、铜、包含各种金属磷光体和含铅玻璃的原材料是回收来源。

当铯被加热时,很容易产生电子,使这种金属和它的合金非常适合制造阴极射线管(CRT)。据估计,地壳中铯(Cs)的浓度为百万分之三,铯可以从一种沸石矿物——铯榴石$(Cs, Na)_2 Al_2Si_4O_{12} \cdot (H_2O)$中提炼出来。超过全世界四分之三的铯榴石矿床被发现位于加拿大的伯尼克湖周边地区。该区域约有350 000吨铯榴石,按重量计算,其铯的平均含量是24%。其他被开采的铯榴石矿位于津巴布韦比基塔(Bikita)伟晶岩沉积区和纳米比亚的咖日毕(Karibi)荒漠地带。全世界每年通过采矿得到铯产量在5 000到10 000千克之间。原子弹爆炸和核电站事故,例如,1986年4月26日发生的切尔诺贝利核电站事故,释放到全球环境的放射性铯-137会达到可测量水平。超过这种广泛存在污染的,通常会是那些与人群暴露有关的铯污染区域,例如正在开采的矿区或者已经关闭的废矿。有关从电子垃圾中回收铯或循环利用的信息很少,或者几乎没有。

据美国地质调查局(USGS 2011a)估算,全球铜储量大约是6.3亿吨,2010年铜的年矿开采量是1 620万吨。智利、美国和秘鲁是铜的年矿开采量最多的3个国家。在美国,铜供应量的35%是通过精炼或重新提炼废铜金属而获得。据美国环境保护署(EPA 2010a)统计,铜是美国受损水体中最常见的污染物之一。

阴极射线管的表层是由磷光体，如硫化锌和硫化镉，外加用以配置特定颜色的银或者铜之类的金属共同制成的。尽管只用到了少量的金属，还有一个可行的回收程序，但是这些金属的回收利用是否符合成本效益原则，目前尚不清楚。然而，生产电子产品中的磷光体显示面板，仍然需要使用通过采矿和提炼原材料而得来的各种金属。在这方面，锌却是个值得一提的例外。据美国地质调查局统计（2011e），美国2009年生产的207 000吨锌中，41%来自回收材料的重复利用。镉的初级生产是锌矿开采的副产品，但是大部分商业流通中的镉是从电子设备中的电源——镍镉蓄电池中回收得来的。

生产视频显示器中玻璃组件的原材料主要是由二氧化硅组成的。加入氧化铝是为了提高玻璃的性能。为了保护消费者免受辐射，添加了金属氧化物（如氧化铅、氧化锶和氧化钡）。氧化铅的使用对防止褪色或者X射线褐变尤其重要。由于铅的众所周知的毒性，促使环境保护政策基本禁止对阴极射线管进行填埋处理，也促进了在主要电子产品中淘汰阴极射线管，而采用液晶显示器。

2007年末，液晶显示屏电视机的出货量占了新出产的电视机总量的47%，首次超过了阴极射线管显示器电视机。这种科技进步的必然性，也为电子产品制造业的原材料供应和未来的电子产品垃圾的构成产生了巨大影响。现代液晶显示器的基本组成部分是液晶材料，它们的物理和化学属性以可控的形式进行相变，从而促使微晶粒的图像可视化。与被动式相反的主动式矩阵液晶显示器通常被认为是消费电子类产品种类中最好的显示器，因为这种显示器中包含一种可以支持像素水平显示的薄膜晶体管矩阵转接电路。

许多种类的化合物中含有适合用于电子显示屏的液晶物质。液晶显示器中的电极通常是由铟锡氧化物（ITO）制成的。制造液晶显示器是开采铟的主要用途。地壳中铟含量是百万分之0.25，是地壳中第61位最丰富的元素。铟主要是锌矿开采的副产品，全球铟储藏量仅有6 000吨，而目前年产量约550吨，因而，引发铟长期可持续性供应的问题（USGS 2011b）。

从环境质量的角度来看，为液晶显示器提供逆光的荧光灯中的汞含量是非常令人担忧的。发光二极管（LED）液晶显示器逆光应用技术具有节约能源的优点，已代替含汞的荧光灯光源成了主导技术。但是从长远的环境效益的角度来看，这种技术革新是否是一个进步还未可知，因为有些种类的发光二极管也含有有毒金属。在1992年，美国的汞生产随着内华达州McDermitt矿的关闭而停产。
2010年全世界汞的总产量是1 960吨（USGS
2011d）。由于许多电子消费品的生产不再使
用汞，从废旧产品回收的汞正在减少。

前景

电子设备设计和制造的技术革新有助于
增加电视机、电脑、手机和数字音频播放器等
遍布世界各地的电子产品的可购性。但是，受
欢迎的电子产品的生产量却很难持续增长，因
为新产品的寿命由于产品技术的不断创新和
消费者对新技术日益增长的需求而变得更短。

加强对电子产品的回收利用，应该是减少珍稀
自然资源的消耗和降低有毒电子垃圾对环境
污染和人类健康影响的唯一方法了。

欧拉德勒 A. 奥根斯坦（Oladele A. OGUNSEITAN）
加州大学欧文分校

参见：铝；铬；钶钽铁矿；冲突矿物；铜；产品
和工业设计；黄金；重金属；工业生态学；铁矿石；
铅；锂；矿产资源稀缺性；采矿业——金属矿床开
采；非金属矿业；镍；铂；稀土元素；回收利用；沙
子和二氧化硅；银；钍；锡；钛；铀。

拓展阅读

American Plastics Council. (2010). Ten facts to know about plastics from electronics. Retrieved March 2, 2010, from http://www. americanchemistry. com/s_plastics/ bin. asp? CID = 1211&DID =4590&DOC = FILE. PDF.

Hai-Yong Kang; Ogunseitan, Oladele A.; Shapiro, Andrew A.; & Schoenung, Julie M. (2007). A comparative hierarchical decision framework on toxics use reduction effectiveness for electronic and electrical industries. *Environmental Science and Technology*, 41, 373–379.

Lincoln, John D.; Ogunseitan, Oladele A.; Shapiro, Andrew A.; & Saphores, Jean-Daniel M. (2007). Leaching assessments of hazardous materials from cellular telephones. *Environmental Science & Technology*, 41 (7), 2572–2578.

Lincoln, John D.; Shapiro, Andrew A.; Earthman, James C.; Saphores, Jean-Daniel M.; & Ogunseitan, Oladele A. (2008). Design and evaluation of bioepoxy-flax composites for printed circuit boards. *IEEE Transactions on Electronics Packaging Manufacturing*, 31 (3), 211–220.

Ma, Jing, et al. (2010). Elevated concentrations of polychlorinated dibenzo- p -dioxins and polychlorinated dibenzofurans and polybrominated diphenyl ethers in hair from workers at an electronic waste recycling facility in Eastern China. *Journal of Hazardous Materials*, 186 (2–3), 1966–1971.

Moon, Hyo-Bang, et al. (2010). Chlorinated and brominated contaminants including PCBs and PBDEs in minke whales and common dolphins from Korean coastal waters. *Journal of Hazardous Materials*, 179 (1–3), 735–741.

Nixon, Hilary; Saphores, Jean-Daniel M.; Ogunseitan, Oladele A.; & Shapiro, Andrew A. (2009). Understanding preferences for recycling electronic waste in California: A contingent ranking study. *Environment and Behavior*, 41 (1), 101–124.

Ogunseitan, Oladele A.; Schoenung, Julie M.; Saphores, Jean-Daniel M.; & Shapiro, Andrew A. (2009). The electronics revolution: From e-wonderland to e-wasteland. *Science*, 326, 670–671.

Schoenung, Julie M.; Ogunseitan, Oladele A.; Saphores, Jean-Daniel M.; & Shapiro, Andrew A. (2005). Adopting lead-free electronics: Knowledge gaps and policy differences. *Journal of Industrial Ecology*, 8 (4), 59–85.

United Nations Environment Program. (2009). Recycling: From ewaste to resources. Sustainable innovation and technology transfer industrial sector studies. Retrieved April 5, 2010, from www. unep. org.

United States Environmental Protection Agency (EPA). (2010a). Copper aquatic life criteria. Retrieved February 16, 2010, from http://www. epa. gov/waterscience/criteria/copper/faq/background. html.

United States Environmental Protection Agency (EPA). (2010b). Design for the environment: Printed wiring board industry. Factsheet: Making the connection. Retrieved March 2, 2010, from http://www. epa. gov/dfe/pubs/pwb/factsheet/pwbproj. htm.

United States Environmental Protection Agency (EPA). (2010c). Final rules on cathode ray tubes and discarded mercury-containing equipment. Retrieved February 28, 2010, from http://www. epa. gov/osw/hazard/recycling/electron/index. htm.

United States Geological Survey (USGS). (2011a). Mineral commodity summaries: Copper. Retrieved June 14, 2011, from http://minerals. usgs. gov/minerals/pubs/commodity/copper/mcs-2011-coppe. pdf.

United States Geological Survey(USGS). (2011b). Mineral commodity summaries: Indium. Retrieved March 2, 2011, from http://minerals. usgs. gov/minerals/pubs/commodity/indium/mcs-2011-indiu. pdf.

United States Geological Survey(USGS). (2011c). Mineral commodity summaries: Lithium. Retrieved March 2, 2011, from http://minerals. usgs. gov/minerals/pubs/commodity/Lithium/mcs-2011-lithi. pdf.

United States Geological Survey(USGS). (2011d). Mineral commodity summaries: Mercury. Retrieved March 2, 2011, from http://minerals. usgs. gov/minerals/pubs/commodity/mercury/ mcs-2011-mercu. pdf.

United States Geological Survey (USGS). (2011e). Mineral commodity summaries: Zinc. Retrieved June 14, 2011, from http://minerals. usgs. gov/minerals /pubs/commodity/zinc/mcs-2011-zinc. pdf.

F

Fertilizers

施肥 / 肥料

肥料是用于促进植物生长的化学物质,通常情况下分为两大类:有机肥料(自然产物,比如粪肥)和无机肥料(通过化学制作形成)。20世纪时,随着人口的快速增长和农业生产规模的扩大,在世界范围内肥料的使用量快速增加。目前我们已知过度使用肥料会污染水源,破坏生态环境,但是其长期的、大范围的影响我们仍然知之甚少。

肥料系指任何有助于植物(尤其是作物)生长的化学物质。肥料大体上分为两个类型:自然肥料(有机)和人工制作肥料(无机)。有机肥是指通过堆肥、天然矿物质沉积或者动物粪便腐熟形成的肥料;无机肥通常是指经过化学合成生产的纯化工品。

肥料的好处显而易见——施肥能够在较少土地面积上得到更高的作物产量,能够补充土壤养分,能够在养分贫瘠的土壤中种植作物。然而,过量和低效施用肥料会导致污染和环境破坏,另外合成化肥还需要大量的化石能源。我们目前正面临着养活全球人口

和保护资源的双重挑战,而采取以下几项策略可以优化肥料的施用和减少环境破坏:提高化肥合成生产的可持续性,将农场有机肥料与无机肥料相结合,使用更有效的施肥方法。

天然的肥料和养分

查尔斯·萨瑟兰·埃尔顿(Charles Sutherland Elton)(1927, 64)在《动物生态学》(*Animal Ecology*)一书中指出,"整个生物群落的结构和活动,都取决于食物供给问题或者营养供给问题"。植物的生长要依靠太阳,以及从大气、土壤及水中获得的必要化学元素——而动物和微生物要间接依靠植物才能生存。

碳(C)、氢(H)、氧(O)、磷(P)、钾(K)和钙(Ca)是所有生命活动的必需元素。通过各种生物地球化学循环,植物、动物和微生物获得了它们所需的营养元素。生物地球化学循环既能保持这些关键元素,避免流失又能使它们在生态系统内进行循环。事实上,生物的死

亡使生命元素得以循环,使生态系统不断进化和适应不断变化的新环境。这些生物地球化学循环,如氮循环,是生命系统进化过程的产物。为了生存,物种需要系统把重要的元素保留在循环中。

任何一个生物,无论是一个细胞、一棵树或者一个人,都需要氮元素来保证其重要结构、功能和繁殖能力;在DNA和蛋白质中,氮是基本的组成元素。尽管大气中氮含量占80%,并且是主要的氮库,但植物不能直接利用空气中的氮。大气中氮素只有被固定在氨

中或转化成可利用的硝酸盐类,才能被植物利用(见图F.1)。固氮根瘤细菌与豆科植物有共生互利关系。豆科植物在根系形成根瘤和其他特殊结构,能够保护和供给固氮细菌,有些植物还提供碳水化合物和其他营养。一些植物则向共生根瘤菌提供碳水化合物和其他养分。反过来,根瘤菌固氮后,转化成可以利用的氮,满足自身和豆类植物的需要。腐烂的动植物和微生物残体也能使氮元素再循环,此外在雷电或火山作用下也可产生硝酸盐。

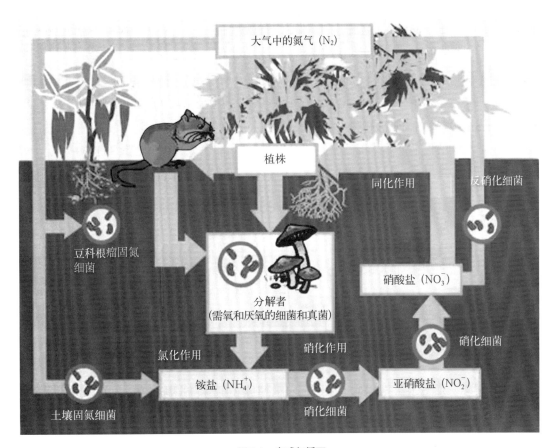

图F.1　全球氮循环

源自:美国环境保护署.信息检索来自2009.12.1.

尽管大气是主要的氮气库,但是植物不能直接吸收,必须要通过土壤微生物将氮气转化成含氮化合物。

磷元素是另一种重要的化学元素,也在动植物和微生物的腐烂分解中再循环。磷还来自土壤和水体,但一些磷不断流失于水体中,特别是在海洋系统中。磷元素像所有重要的元素一样,需要依靠生命系统的运行来循环养分。不同的生物在循环重要元素的系统中扮演着不同的角色。这样,生物系统中的重要元素就能守恒和再循环。

合成肥组分

氮(N)、磷(P)、钾(K)能促进作物的生长,所有的肥料至少包含其中一个元素。通常来说,氮肥为氨态氮(NH_3),磷肥为五氧化二磷(P_2O_5),而钾肥为氧化钾或者钾盐(K_2O)。肥料配方还可能包括钙、硫、镁等植物次级营养元素,但目前 N/P/K 肥料仍是主流。还有,尽管市场上多为三种元素的混合肥,但介于氮会影响能量耗损、作物生长和次生环境,因此最为重要。氮肥也是世界使用范围最广的肥料。

肥料与世界粮食供应

随着地球的自然资源消耗、土质恶化、土壤侵蚀造成的耕地退化,如何满足指数增长的人口的粮食需要成了人类面临的巨大挑战。专家预测,2050 年世界人口将增长到 90 亿,届时肥料将毫无疑问地在作物可持续生产中扮演重要角色。

历史证明,化肥对粮食生产很重要。尽管农耕伊始就有天然肥料,但直到 19 世纪农业革命,科学家才确定了氮磷钾是植物的基本营养物,随后人类才开始对合成肥料产生兴趣。弗里茨·哈伯(Fritz Haber)(德国化学家)与

工厂合伙人卡尔·博施(Carl Bosch)(德国化学家和工程师)发明了高压用氢气(H_2)和氮气(N_2)合成氨气。它可以通过细菌催化自然生成,这种处理法就是自然固氮方程:$N_2(g) + 3H_2(g) \longrightarrow 2NH_3(g)(\Delta H = -92.4 \text{ kJ} \cdot \text{mol}^{-1})$。

1913 年,Haber-Bosch 处理方法(后来被称为人工固氮法)第一次应用到工业氨肥生产上,这个方法至今仍然作为主要的生产方法。一战时,氨主要用于炸药,而合成肥消耗量却从 1940 年的 1 000 万吨增加到了 20 世纪末的 1.4 亿吨,主要原因在于氨和其他含氮化肥的大量增长(见图 F.2)。

根据联合国世界人口数据,肥料用量的指数增长与人口从 1940 年的 23 亿到 2000 年超过 60 亿增长息息相关。瓦茨拉夫·斯米尔(Vaclav Smil)(曼尼托巴大学教授)在 1999 年的讲座中指出了肥料对人类生存的历史重要性:

> "若没有氮肥,按照 1900 年的人均消费水平,今天有将近 53% 的人口将吃不饱饭。假如以 1900 年的农业产量水平来供给如今的人均食物消耗,仅能满足 24 亿人口需要(40% 的人口总数)。"(1999,11)

从历史的角度来看,毫无疑问,未来人类将继续依靠合成肥料支持 90 亿以上的人口。

国家的肥料施用

世界各地的肥料使用均在增加,但发展中国家的使用量占了绝大部分。20 世纪 60 年代,全球 90% 以上的肥料用在了发达国家,但到 2006 年,据国际肥料工业协会

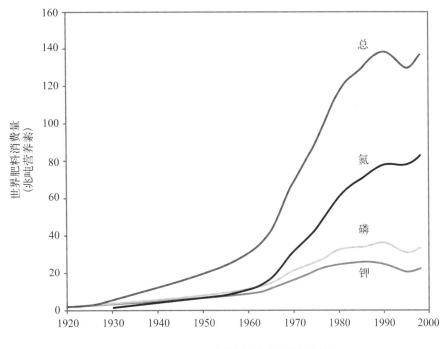

图F.2 1920—2000年营养元素的世界肥料消耗量

源自：Gellings & Parmenter（2004，5）.

图F.2 显示从一战结束后到20世纪末的氮、磷、钾肥消耗量。

（International Fertilizer Industry Association，IFA 2008）报告，发达国家使用了52.1兆吨肥料，而发展中国家使用了111.6兆吨，是发达国家的2倍多。

亚洲发展中国家，包括中国，不得不增加肥料用量来满足膨胀的人口。联合国粮农组织预估，如今发展中的亚洲在肥料消耗量和肥料消耗增长率方面都位居世界前茅。据估计，中国每公顷合成化肥已从1960年低于10 kg/ha增加到1993年的331 kg/ha（Wang，Halbrendt & Johnson 1996）。发展中亚洲为了满足国内肥料的需求，还扩大了氨产量——如今已占世界氨产量的46%，而北美和西欧合起来才仅占20%（European Commission 2007）。

一些发展中地区甚至面临着更大的肥料挑战。例如非洲撒哈拉以南地区土壤贫瘠——国际食品政策研究协会（International Food Policy Research Institute，IFPRI）预计，约有3～4个因素导致这个地域的土壤养分流失，使得流失量超过补给量，而且联合国粮农组织还指出肥料消耗必须每年增加2.7%或者更多，才能补偿这些养分的损失。尽管撒哈拉以南地区对于肥料的需要明显高于世界上的大多数地区，但仅占世界肥料用量的3%（Bumb & Baanante et al.）。

联合国粮农组织的世界肥料需求数据表明，在不久的将来发展中国家肥料使用量最大（见表F–1）。

非洲、亚洲和东欧国家供应量最大，西欧是唯一一个需求量会减少的区域。全世界肥

表 F-1　2008—2012年世界年均肥料消耗增长率（%）

	N	P_2O_5	K_2O
Africa 非洲	4.5	3.1	2.0
America 美国	1.3	3.7	2.3
North America 北美	0.7	2.6	1.0
Latin America 拉丁美洲	2.5	4.6	3.5
Asia 亚洲	3.1	2.8	3.8
West Asia 西亚	4.5	1.5	2.3
South Asia 南亚	3.3	4.9	5.9
East Asia 东亚	2.8	1.9	3.2
Europe 欧洲	0.4	−0.2	−0.1
Central Europ 中欧	2.6	1.5	1.8
Western Europe 西欧	−0.3	−1.0	−0.7
Eastern Europe & Central Asia 东欧和中亚	5.7	6.1	3.5
Oceania 大洋洲	2.0	1.0	0.6
World 世界	2.6	2.8	2.7

注：N=氮；P_2O_5=五氧化二磷；K_2O=氧化钾。
源自：FAO 2008.

料消耗将增加约2.7%。联合国粮农组织预计，世界氮需求不久会年均增加1.4%，且其中亚洲增加69%，欧洲的需求增加很小。

作物肥料利用

　　世界主要粮食作物，比如小麦、水稻、玉米、大麦、高粱，施用了大部分肥料。这些主要粮食作物中施加的全球肥料总量（81.0 兆吨）将略高于一半，施加的氮肥约为54.8%（Heffer 2009）。图F.3 表明了肥料施于各作物的投入比例。

肥料与全球能源利用

　　合成肥生产在农业所用能源中占大多数。肥料生产约占全球农业所投入商业能源的45%，而所有农副产品加工总量仅占3.5%。这意味着大概1.2%的世界能源被用来生产无机肥。此外，对比磷肥和钾肥，其中大部分的

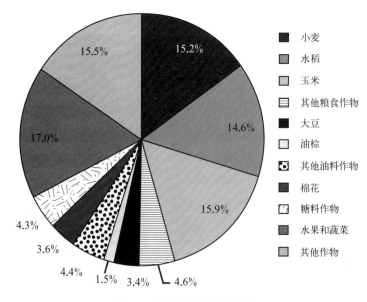

图F.3　全球作物用肥料总量

源自：Heffer 2009, p. 2.
水果和蔬菜成为继粮谷类作物之后的第二大肥料接收者，为24.7兆吨或者17.0％。

表F–2　无机肥的生产、包装、运输和施用对世界能源的
平均需求　　　　　　　　（单位：kJ/kg）

	氮（Nitrogen）	磷（Phosphate）	钾（Potash）
生产	69 530	7 700	6 400
包装	2 600	2 600	1 800
运输	4 500	5 700	4 600
施用	1 600	1 500	1 000
总计	78 230	17 500	13 800

源自：Gellings & Parmenter 2004, 9.

能源都用于生产氮肥（见表F–2）。

表F–2中，氮肥生命周期所需能源是磷肥的4.5倍，是钾肥的5.7倍，其中氮肥的生产过程占其能源总需求量的90%。全球每年有4 400百万千兆焦（GJ）的能源投入到合成肥生产中，其中氮肥92.5%，磷肥3%，钾肥4.5%。

为什么氮肥生产需要如此多的能源？答案就在于，采用Haber-Bosch处理法合成无水氨要花费大量能源。氢气是由化石原料（化石燃料的一种原材料）投入供应的，而同时还需要投入其他能源来驱动反应本身。此外，尽管无水氨自身能用作肥料，但还需要其他能源把氨转化为其他形式，比如尿素。

Haber-Bosch反应所需要的能量几乎仅依靠天然气就能满足。根据预估，82%的Haber-Bosch天然气输入给氢气原料，18%用作反应燃料（Smil 1999）。世界肥料生产能源投入中，

约有53%的能源（23.50亿 GJ/a）被作为天然气原料供给氨工厂（Kongshaug 1998）。这个不足以为奇，因为合成氨需要大量天然气——生成1吨无水氨大约需要1 090到1 250 m³的天然气（IFA 2008）。所以，天然气的可获得能力对肥料的生产非常重要，约占肥料生产总能量供给的70%～80%，包括原料和燃料需求。

尽管天然气资源消耗巨大，氨厂仍然几乎只靠天然气提供能量。靠可再生能源（比如水电解）提供能量的氨厂很少。由天然气合成氨厂是相沿成习的，且将继续提高它们的合作效率，因此近期都不会转换成可再生氨生产。

肥料与环境

随着20世纪肥料用量的大量增加，有必要审视21世纪的环境是如何被影响的。肥料的生产和施用都影响着环境。

合成肥的生产涉及化石燃料燃烧，构成了少量但明显的温室气体排放。肥料生产将对全球1.2%的温室气体排放负直接责任，包括0.3%二氧化碳（CO_2）、0.3%氧化氮（N_2O）和0.6%燃料气体中的CO_2（Kongshaug 1998）。氮肥工业中，Haber-Bosch处理期间会形成大量CO_2，生产一吨氨会排放1.52吨～3.06吨的CO_2（IFA 2008）。然而大部分氨厂会回收38%的CO_2用于生产其他肥料（全球28%的CO_2

来自尿素生产），或者卖给其他工业。此外，尽管氨产量在过去10年增加了16%，但排放量自1998年预估以来却没有增加。国际肥料工业协会（International Fertilizer Association, IFA）把这个排放量的稳定现象归结于氨厂效应。另外有人认为，增加肥料利用实际上减少了大气CO_2排放，因为增加的生物量固定了碳；同样，还有人认为，农业集约化防止了森林被砍伐用作农田。

肥料生产时还会释放其他温室气体，多指是氧化亚氮（N_2O）。生产硝酸（HNO_3）时产生N_2O，硝酸是生产某些氮肥的基础化合物，它也能在施用氨肥时自发形成。若将温室排放物N_2O等价转化到CO_2，世界肥料生产释放的温室气体排放总量等于每年2.83亿吨的CO_2；1.34亿吨（48%）为能源产出的烟道废气，7 400万吨（26%）为每年生产7 000万吨

左右硝酸产量而产生的N_2O，还有7 500万吨（26%）为CO_2（Kongshaug 1998,17）。然而值得注意的是，交通运输的化石燃料燃烧是大气中大部分N_2O排放的来源，肥料相关的排放量相对而言非常少。

全球氮循环的破坏

世界工业固氮沉积物增加，使全球氮循环的破坏变成了一个重要的环境问题。当前土壤所投氮素比以往任何时候都多。中国氮肥投入占总生态要素的75%，而1950年仅2%（Smil 1999）。北美东部部分地区、欧洲西北部及东亚地区，人们每年投入20～80 kg/公顷的氮素（Galloway 1998），这意味着人们每年大概生产150兆吨的固定氮，是自然陆地生物产生数量的1.5倍，大部分来自施肥、氧化亚氮和化石燃料燃烧的二氧化氮（NO_2）（见图F.4）。

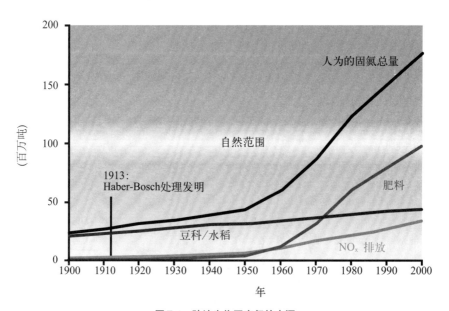

图F.4　陆地生物固定氮的来源

源自：Socolow 1999.

当弗里茨·哈伯和卡尔·博施发明了人工生产氨气（NH_3）的方法后，人造的固定氮数量自1913年后一直在显著地增加。

有机肥和化肥替代品

尽管合成肥料生产毫无疑问将继续作为世界最大肥料养分来源，但已有可持续替代品参与其中，在农田里进行营养循环，比如粪肥、堆肥和残留作物。生物肥料生产本地化也大大降低了无机肥料生产和运输的能源消耗。经证明，混施有机肥能提高作物产量。研究发现，作物混施有机和无机肥的产量高于单施任何一种肥料的产量。此外，使用成熟的堆肥和有机肥能极大提高作物产量，节约能源。部分研究表明，作物生产受益于施用的农地有机肥。不少研究发现，这些肥料中含有固氮微生物和其他有益的微生物。这些研究一部分是在亚洲的稻田进行，亚洲作为消耗大量烃原料的地区，能从增加有机肥料使用量中获得极大效益。

然而，天然肥料替代合成肥也有缺陷。比如，好氧堆肥会导致75%的氮损失，甚至在使用堆肥之前也会有损失。这是因为有机肥需要时间去分解，延迟了作物吸收养分的时间，却增加了氮挥发到大气中的机会。此外，单位重量的有机肥养分含量比无机肥少，因为有机肥生产没有如此浓缩的量。粪肥和堆肥还含有非常多的水和其他非养分成分，这些最终会变成运输和包装效率低下的能源。

事实上，一些"有机肥"在使用前要经过一系列复杂的加工和运输。超出一定程度后，使用天然有机肥的能源消耗和排放成本比无机肥更高。佛罗里达能源推广服务机构（1991）通过大量研究肉鸡粪肥—堆肥发现，尽管有机肥有好处，但只有当粪肥在农田或者农田附近循环时才有效。

此外，在大田中套作豆科作物和固氮作物，能使作物与根瘤细菌形成共生关系，植物可通过根瘤固氮。因此，豆科作物有较高的含氮量，比如，豌豆单位干重含氮约为5%，而小麦为2%，水稻为1%（Socolow 1999）。通过重复种植豆科作物，农民能保证氮素留在土壤中，并为其他作物提供肥力。豆科作物种类的不同和作物的总生物量的不同，豆科作物固氮的量也不同，能从40磅/英亩增加到200磅/英亩（Sullivan 2003）。在化肥发明之前，数个世纪以来，农民均这样进行耕作。

改善应用

最后一个有关肥料的改善方面在于改善肥料应用。农民的施肥量常常超过作物所需。有时候，50%～60%的肥料养分通过挥发作用丢失（浪费）在大气中。一个简单方便的测量参数就是氮肥利用率（Nitrogen Use Efficiency，NUE），即氮肥施入量与作物吸收的氮肥量的比例。比如，谷类作物氮肥利用率非常低，玉米氮肥利用率估计仅 13%（Socolow 1999）。世界范围的氮肥利用率非常低，其原因多种多样。肥料养分丢失途径包括：大气挥发、径流流失或者土壤侵蚀、微生物氮消解或者植物氨释放等。此外，谷类粮食的氮肥利用率世界平均水平为 33%，其中发达国家为 42%，发展中国家为 29%（Raun & Johnson 1999）。这反映了发展中国家实际肥料利用率低及土壤贫瘠等问题。

只要将最佳施肥方法教给农民，即在作物生长期，根据不同的作物，选择最佳的施肥时间和施用量，就可以大大改善氮肥利用率低下的问题。假如世界采用一系列优化养分吸收的方法（包括提高施肥管理、减少侵蚀、增加固氮作物、提高有机废弃物的循环），那么每年就能节省 20 兆吨的氮（Socolow 1999）。这

个在发展中国家尤其必要，因为农民直到最近才意识到仅增施肥料就能增加作物产量。这些区域的合成化肥非常便宜，而且除非化石燃料枯竭或者其他因素使得化肥价格飞涨，否则发展中国家很可能继续低效施用肥料。

帕特里夏·J. 萨科维兹（Patricia J.
SATKIEWICZ）和大卫·皮门特尔
（David PIMENTEL）
康奈尔大学

作者诚挚感谢康奈尔荣誉退休教授（Professors Emeriti）协会通过阿伯特·波德尔（Albert Podell）基金项目对研究提供的部分支持。

参见：农业（几篇文章）；生物能源与生物燃料；粪；食品历史；食品安全；绿色革命；鸟粪肥；营养失调；动物粪肥；人的粪便；氮；磷；钾；土壤。

拓展阅读

Bhattacharjee, P. K. (2006, June 9–10). Sustainable fertilizer and crop production from energy security perspective: An overview. Presented at the annual AIChE (Central Florida) Clearwater Convention at Sand Bumb, Balu L., & Baanante, Carlos A. (n. d.). The role of fertilizer in sustaining food security and protecting the environment to 2020. International Food Policy Research Institute (IFPRI). Retrieved September 3, 2011, from http: //www. ifpri. org/sites/default/files/publications/vp17. pdf.

Key, Clearwater, Florida. Retrieved December 22, 2009, from http: //www. aiche-cf. org/Clearwater/2006/ Paper1/6. 1. 2. pdf.

Elton, Charles Sutherland. (1927). *Animal ecology*. London: Sedgwick and Jackson.

European Commission. (2007, August). Integrated pollution prevention and control reference document on best available techniques for the manufacture of large volume inorganic chemicals—Ammonia, acids and fertilisers. Retrieved December 22, 2009, from http: //www. bvt. umweltbundesamt. de/archiv-e/lvic-aaf_ bref_0807. pdf.

Florida Energy Extension Service & Helikson, Helen. (1991, September). The energy and economics of fertilizers. *Energy Efficiency and Environmental News*. Retrieved December 22, 2009, from http: //www. p2pays. org/ref/13/12141. pdf.

Food and Agriculture Organization of the United Nations (FAO). (2008). Current world fertilizer trends and outlook to 2011/12. Retrieved December 22, 2009, from ftp: //ftp. fao. org/agl/agll/docs/cwfto11. pdf.

Galloway, James N. (1998). The global nitrogen cycle: Changes and consequences. *Environmental Pollution* 102, Sl, 15–24.

Gellings, Clark W., & Parmenter, Kelly E. (2004). Energy efficiency in fertilizer production and use. Retrieved December 22, 2009, from http: //www. eolss. net/ebooks/Sample%20Chapters/C08/E3-18-04-03. pdf.

Heffer, Patrick (2009). Assessment of fertilizer use by crop at the global level, 2006/07–2007/08. International Fertilizer Industry Association (IFA). Retrieved September 3, 2011, from http: //www. fertilizer. org/ifa/ HomePage/LIBRARY/Publicationdatabase. html/Assessment-of-Fertilizer-Use-by-Crop-at-the-Global-Level-2006-07-2007-08. html.

International Fertilizer Industry Association (IFA). (2008). Statistics Retrieved December 22, 2009, from http: // www. fertilizer. org/Home-Page/STATISTICS.

Kongshaug, G. (1998). Energy consumption and greenhouse gas emissions in fertilizer production. Retrieved December 22, 2009, from http: //www. fertilizer. org/ifa/Home-Page/LIBRARY/Publicationdatabase. html/ Energy-Consumption-and-Greenhouse-Gas-Emissions-in-Fertilizer-Production. html.

Raun, William R., & Johnson, Gordon V. (1999). Improving nitrogen use efficiency for cereal production. *Agronomy Journal* 91, 357–363.

Smil, Vaclav. (1999, November 1). Long-range perspectives on inorganic fertilizers in global agriculture. International Fertilizer Development Center, Travis P. Hignett Memorial Lecture, Florence, Alabama. Retrieved April 28, 2010, from http: //www. vaclavsmil. com/wp-content/uploads/docs/smil-article-1999-hignett-lecture. pdf.

Socolow, Robert H. (1999, December 5–6). Nitrogen management and the future of food: Lessons from the management of energy and carbon. Proceedings of the National Academy of Science, Irvine, California. Retrieved December 22, 2009, from http: //www. pnas. org/content/96/11/6001. full. pdf.

Sullivan, Preston. (2003). Overview of cover crops and green manures: Fundamentals of sustainable agriculture. Retrieved December 22, 2009, from http: //attra. ncat. org/attra-pub/covercrop. html#nitrogen.

United Nations Department of Economic and Social Affairs. (2008). World population prospects: The 2008 revision population database. Retrieved December 22, 2009, from http: //esa. un. org/unpp/.

Wang Qingbin; Halbrendt, Catherine; & Johnson, Stanley R. (1996). Grain production and environmental management in China's fertilizer economy. *Journal of Environmental Management*, 47, 283–296.

Fiber Crops

纤维作物

天然纤维（诸如来自棉花和亚麻的纤维）几千年前就已经被开发利用了，在当今也被应用在包括太空探索在内的各行各业中。为了与通过石油化工产品或通过化学强化处理得到的合成纤维相竞争，无论纤维作物的栽培品种和区域，天然纤维必须保持一致性。天然纤维能够满足多种现代要求，并能提供更好的可持续性。

棉花和亚麻的起源在某种程度上来说是一个谜。考古学家已经发现了8 000年前的棉纺织残留物（Moulherat et al. 2002），然而从3万年前的残留物来看，亚麻作为一种作物被栽培之前已经在被人类利用了（Kvavadze et al. 2009）。在工业革命期间（Franck 1992），当机械的棉纺工艺取代了手工纺纱后，棉花的使用超过了亚麻，亚麻纺纱机落后了棉花纺纱机大约40年。南北战争之前，美国南方种植园出产大量便宜的棉花，使得棉花取代了亚麻成为世界上主要的植物纤维。由于植物纤维用作衣服的舒适性特点，植物纤维在服装上的使用已有很长的历史。

棉花与亚麻

棉花纤维和亚麻纤维具有明显差别，因此需要进行不同的加工处理。纤维素是这两种作物的主要成分，在棉花和亚麻中的含量分别达到95%和71%（Lewin & Pearce 1998）。棉花生长在温暖的气候条件下，其纤维由棉籽上单细胞生长形成；而亚麻多在温和气候地区栽培，其纤维为输导组织。对于棉花而言，在纺织加工之前只需要将棉桃采摘清理即可；而在亚麻纤维纺织加工前，需要将整棵亚麻树（大约有25%的纤维）收割并进行处理。随着棉花和亚麻纤维在纺织品、无纺布、复合材料和纸制品中的应用，工业产品中可持续性纤维使用呈现增长趋势。

棉花种子表面生长着不同长度的绒毛，形成表面看起来实心的、纤长的管状物。棉花纤维的长度是直径的3 000倍。棉花纤维截面呈现圆形、椭圆形或肾形。这些纤维事实上不是实心而是空心的，干燥后它们会变得缠绕卷曲。棉花纤维卷曲量会影响纤维内聚力和在轻压后的黏附能力（Morton & Hearle 1993）。收获的棉花中包含了8%到36%的废物（Mayfield et al. 2000），用于从短纤维、废物和种子分离纤维的机器被称作轧花机。

亚麻植物是天然复合材料，由强韧韧皮（亚麻茎内部木质组织和表皮组织之间的纤维）纤维构成。这些韧皮纤维成束结合在一起，处于最外层表皮和最内层（亚麻植物的木质结构，不是纤维）之间。多边形或圆形的亚麻纤维是空心的，强韧且无卷曲。亚麻纤维的长度差别较大，其长度受到多种因素影响，例如亚麻种类、成熟度、栽培区域以及浸沤和提取工艺等。

亚麻在作为纺织原材料被使用之前，必须通过机械将皮剥离（将纤维部分与非纤维部分分离，并使纤维束变小）。经过粉碎和提纯后，亚麻纤维接近棉花纤维的平均长度和大小。这个过程通常称作棉花化（cottonization）过程。对亚麻茎秆进行不同程度的机械加工，能够产生不同质量的纤维（Foulk, Akin & Dodd 2008）。

现代的应用和可持续性

许多研究继续发展可再生、可循环、可持续发展的并以生物为基础的来自农业原料如棉花、亚麻纤维的产品。主要的要求是可持续生产、低成本以及始终如一的质量。总的来说，以自然纤维取代合成纤维，不仅应该以可比较的特殊的机械性能为基础，更应该以纤维

的相融性和持续性为基础。自然的纤维已经在纺织品上得到商业应用。一些更好的协议已导致制造商在其他条款中利用这些纤维，期待未来的产品增长。

由于亚麻不像棉花，用到了成套设备，简化了可持续问题。亚麻植物的茎和种子有很多种用途，纤维可以应用在纺织品，无纺布，纸和复合材料中；亚麻薄木能够在生物能、活性炭、生物产品方面起到作用。油籽能够作为食品添加剂、营养用途、动物饲料等或用在工业上。由于没有杀虫剂和较低的除草剂用量，良好的侵蚀防治和较低的需肥量（Myers 2002）使得亚麻产品也是非常环保的。亚麻韧皮纤维能够代替合成纤维（一些来源于石油化工产品），亚麻对水、农药和杀虫剂的要求都很低并且废物流已经改进过了，这些都使得亚麻成为一种有吸引力的棉花替代品。

几年的时间内，全球范围内亚麻产品一直在浮动着。由于自然纤维的市场移向棉花，然后随着合成纤维的引入，自然纤维市场下降。由于自然纤维舒服和环境方面的益处，市场又再回到自然纤维。亚麻的需求量随着这些市场变动时而增加、时而减少。鉴于亚麻优秀的纤维性能（Morton & Hearle 1993），特别是在创新工业上的增强作用（Pritchard 2007; Bogoeva-Gaceva et al. 2007），以及亚麻种子和油在人类健康上的积极作用（Muir & Westcott 2003），恢复对亚麻的兴趣，部分原因可能来自全世界的环保意识（Mohanty, Misra & Hinrichsen 2000）。戴姆勒·克莱斯勒（Daimler Chrysler 2001）指出，天然纤维汽车零部件需要能量比玻璃纤维橡胶少

83%、生产价格要便宜40%，并且天然纤维更
轻，因此可能增加节约的经济性。往前看，
亚麻较大的应用会取决于增强型沤麻的发
展以及能分离出已知性能一致的纤维，并
方便分类捆扎的纤维分离技术的发展。

　　棉花的可持续发展也在提高。作为一种
农作物，棉花的纤维产量显著地提高了：产
生1 000千克棉花所需要的土地面积几乎是
20年前的一半（Meyer, MacDonald & Kiawu
2008）。棉花纤维大约占世界纺
织品的36%（对合成纤维的需
求量大概为54%），并且得到
这些纤维的棉花田地在全
世界农用土地上只占有
2.5%（Barnes & Reed
2009）。棉农们一直
在努力提高土壤保
水技术，减少灌溉，全
球的水足迹为3%，与
之成比例的土地利用水
足迹为2.5%（Hoekstra &
Chapagatin 2007）。全世界
由于棉花引起的杀虫剂的使
用减少量为23%，在21世纪的第一
个10年中，美国农民将杀虫剂的使用量减少
了40%（Brooks & Barfoot 2008）。

　　由于科技不断发展出多方面使用纤维的
副产物，可持续性发展也提升了。每千克的纤
维会产生1.5千克的副产物（USDA 2008）。现
代纺织加工方式能节约水、能源和化学品，许
多环境友好的并且成本效益好的技术一般都
可利用起来（Cotton Inc. 2009）。

展望

　　天然的纤维棉花和亚麻能够生产出令人
满意的高质量产品，这些产品来自可持续发
展的资源而不是来自石油。将棉花和亚麻的
纤维性能和副产品结合起来看，棉花和亚麻
有不同的加工过程，这为他们的使用带来了
益处和可能的缺点。棉花生产者正用更少的
土地、更少的化学品和更少量的水生产更多
的棉花，而纺织品处理商正创造更少的环
境影响。亚麻生产者用低浓度
的杀虫剂、除草剂和能生产的
肥料种植纤维，例如，较便宜
的汽车零部件生产时需要的
能量比玻璃纤维零部件少。棉
花有著名确切的分布和分级系
统，比亚麻分级系统要更
发达，这些分类简化了棉
花纤维的应用，因为每捆
纤维上可以标注上纤维
性能。对于棉花和亚麻来
说，纤维产品还能够创造出
许多不同商业用途的副产
品。从长远来看，天然纤维要
取代合成纤维，不仅要以比得上
合成纤维特殊的机械性能为基础，也要以纤
维的一致性和可持续性为基础。

乔伍·福克（Jonn FOULK）
美国农业部

参见：农业（几篇文章）；生物能源与生物燃
料；棉花；大麻。

拓展阅读

Akin, Danny E. (2003). Flax fiber. In Jacqueline I. Kroschwitz (Ed.), *Kirk-Othmer encyclopedia of chemical technology*(4th ed.). Hoboken, NJ: John Wiley & Sons.

Barnes, Ed; & Reed, Janet. (2009). *Summary of life cycle inventory data for cotton.* Cary, NC: Cotton Incorporated.

Bogoeva-Gaceva, Gordana, et al. (2007). Natural fiber eco-composites. *Polymer Composites, 28*(1), 98−107.

Brookes, Graham, & Barfoot, Peter. (2008). Global impact of biotech crops: Socio-economic and environmental effects, 1996–2006. *AgBioForum*, 11 (1), 21−38.

Cotton Incorporated. (2009). *A world of ideas: Technologies for sustainable cotton textile manufacturing.* Cary, NC: Cotton Incorporated.

DaimlerChrysler. (2001). Natural fibers replace glass fibers. *UmweltUmweltbericht 2001 Environmental Report.*

Foulk, Jonn; Akin, Danny; & Dodd, Roy. (2003). Fiber flax farming practices in the southeastern United States. *Crop Management.* Retrieved July 9, 2011, from http: //ddr. nal. usda. gov/bitstream/10113/11876/1/IND43806120. pdf.

Foulk, Jonn; Akin, Danny; & Dodd, Roy. (2008). Processability of flax plants into functional bast fibers. *Composite Interfaces*, 15 (2−3), 147−168.

Foulk, Jonn, & McAlister, David. (2002). Single cotton fiber properties of low, ideal, and high micronaire. *Text ile Research Jour nal,* 72 (10), 885−891.

Franck, R. R. (1992). The history and present position of linen. In H. S. S. Sharma & C. F. Van Sumere (Eds.),*The biology and processing of flax* (pp. 1−9). Belfast, UK: M Publications.

Hoekstra, Arjen Y., & Chapagain, Ashok K. (2007). Water footprints of nations: Water use by people as a function of their consumption pattern. *Water Resource Management, 21* (1), 35−48.

Kvavadze, Eliso, et al. (2009). 30,000-year-old wild flax fibers. *Science,* 325(5946), 1359.

Lamb, Peter R., & Denning, Ron J. (2004). *Flax: Cottonised fibre from linseed stalks* (Publication No. 03/123). Barton, Australia: Rural Industries Research and Development Corporation.

Lewin, Menachem, & Pearce, Eli M. (1998). *Handbook of fiber chemistry*(2nd ed., revised and expanded). New York: Marcel Dekker.

Mayfield, W. D.; Baker, R. V.; Hughs, Sidney E.; & Anthony, W. S. (2000). *Introduction to a cotton gin.* Memphis, TN: The National Cotton Ginners Association.

Meyer, Leslie; MacDonald, Stephen; & Kiawu, James. (2008). Cotton and wool situation and outlook yearbook. *Economic Research Service, United States Department of Agriculture (USDA).* Retrieved June 13, 2010, from http: //usda. mannlib. cornell. edu/MannUsda/viewDocumentInfo. do?documentID=1228.

Mohanty, Amar K.; Misra, Manjusri; & Hinrichsen, Georg. (2000). Biofibres, biodegradable polymers and biocomposites: An overview. *Macromolecular Materials and Engineering,* 276/277(1), 1–24.

Morton, William E., & Hearle, J. W. S. (1993). *Physical properties of textile fibers* (3rd ed.). Manchester, UK: The Textile Institute.

Moulherat, Christophe; Tengberg, Margareta; Haquet, Jérôme-F; & Mille, Benoît. (2002). First evidence of cotton at Neolithic Mehrgarh, Pakistan: Analysis of mineralized fibers from a copper bead. *Journal of Archaeological Science,* 29 (12), 1393–1401.

Muir, Alister D., & Westcott, Neil D. (2003). *Flax: The genus Linum.* London: Taylor and Francis.

Myers, Robert L. (2002). Flax: A crop from America's past with renewed potential. *Jefferson Institute.* Retrieved June 13, 2010, from http: //www. jeffersoninstitute. org/pubs/flax. shtml.

Pritchard, Geoffrey. (2007). Plants move up the reinforcement agenda. Plastics, *Additives & Compounding,* 9 (4), 40–43.

United States Department of Agriculture (USDA). (2008). Oil crops yearbook. *Economic Research Service, United States Department of Agriculture (USDA).* Retrieved June 13, 2010, from http: //usda. mannlib. cornell. edu/MannUsda/viewDocumentInfo. do?document ID=1290.

Fish

渔　业

　　海洋和淡水环境中野生鱼类种群正面临着现代渔业捕捞方法的挑战。池塘和圈海水产养殖是增长得最快速的养殖技术，虽然它保护了野生种群，但它有其自身的生态风险。实施不同调节形式的管理来保护鱼类种群和生态环境，已经获得不同程度的成功。

　　鱼类、甲壳动物、软体动物和其他水生生物，包括海藻和水藻，是地球上无数人生存、工作和娱乐的重要资源（在本节中，鱼类一般是用来指代在海洋和淡水环境中所有的活的水生生物）。许多鱼类种群被严重地过度捕捞，并进一步受到人类活动如沿海开发和水域污染等的威胁。这些资源的可持续发展需要人们更好地去了解海洋和淡水生态系统，并且有意愿去限制人们对于海洋资源的使用。

　　全球大部分的鱼类捕捞后都被人类消费了。并不是所有的鱼捕捞后都被带到陆地上出售，不值钱的鱼类意外被捕捞后通常被丢弃在海里，这部分数据并不包括在岸上交易的鱼类统计数据中。2008年，81%（1.15亿吨）的鱼用作人类的食物，剩下的14%（0.208亿吨）被加工成鱼粉和鱼油，添加在动物饲料里。其余的4%（0.062亿吨）由于用于制作饵料、药物或者直接作为水产饲料和皮货加工（FAO 2011，9）。另外，数以百万计的垂钓者、潜水者和游客们享受着海洋以及淡水水生生物譬如鱼类、甲壳类和哺乳动物类带来的乐趣。

渔业史

　　人们在史前时代就开始捕食水生生物。考古证据表明：静栖物种如牡蛎和蛤蜊最先被开发食用。随着人类发明了渔网和陷阱，更多的能够快速移动的物种被人类捕捉到。直到大约5万年前，早期原始人开始能够用骨头制作工具的时候，鱼钩才被发明出来（Diamond 1999, 39）。自那时起，渔业和鱼类消费在地理区域上，捕鱼技术上和烹饪技巧上就一直在发展。

　　人类使用水生资源最有可能产生于内陆

水域（如河流、池塘、湖泊）和沿海地区（如海滨、沼泽和潮汐地带）。这些地区很容易接近，不需要船或其他水上交通工具。船只大约在公元前 4 000 年才开始出现。有文字记录的最早的商业渔业活动发生在苏美尔地区，其地理位置在现代伊拉克境内的底格里斯河和幼发拉底河之间。这些文献可以追溯到大约公元前 2300 年，有成百上千渔民组成渔业公会，在两条河流的不同区域使用不同类型渔船的详细记录。一些公会还挖掘了人工池塘并且放养有价值的鱼种（Royce 1987, 74）。在亚洲（主要在中国），水产养殖也是从内陆水域开始的，时间上大约是在公元前 2000—公元前 1000 年（Rabanal 1988）。

即使利用水产养殖，内陆水域也不足以满足人口无限制增长所带来的需求，随着造船术和航海技术的提高，渔民大大地增加了对海洋物种的开发利用。在远离海岸线进入远洋的船只中，捕鲸船是最早的进行长途航行捕捞海洋生物的船只。事实上，来自英国和西班牙（巴斯克人）的捕鲸者是第一批发现在北大西洋有大量鳕鱼的欧洲人（Ellis 2003, 61）。由于运用腌制和干燥技术来保存鳕鱼，使得鳕鱼交易是 14 世纪至 19 世纪最主要的贸易。再加上鲱鱼和其他主要鱼类的贸易，增加了许多欧洲国家的财富，也鼓励移民到北美殖民地，譬如纽芬兰岛，那里比较靠近最好的渔场。

欧洲的渔民发明了纵帆船来收获鳕鱼。这些大帆船可以拖带由称作皮筏的小型船只组成的船队。这些皮筏船可以部署在更广阔的水域，每天定时用延绳钓设置饵钩。日本金枪鱼渔民大约在同一时间发明了一种与欧洲渔民相似的技术。后来，欧洲人用渔网取代

了延绳钓。无论是水里拖行的拖网还是围网（用来包围鱼群然后闭合或收拢渔网底部），这对捕捞群游物种如鳕鱼和鲱鱼都特别有效。

在工业革命时代，这些基本的捕鱼方法（延绳钓、拖网和围网）变得机械化了，机动船也替代了帆船；加工贸易的改变伴随着罐头食品的工业化。渔获的组成也发生了变化，因为渔民可以在公海捕捞更小的群鱼种类，如金枪鱼、沙丁鱼和鲭鱼。到了第一次世界大战时，海洋捕捞的范围和规模空前扩大，一些鱼类呈现出过度捕捞的迹象。但两次世界大战和大萧条在几十年间大幅减少了捕捞压力。

二战后的捕鱼业

二战结束后海洋渔业生产再次起飞。而此时，虽然美国、欧洲以及日本几乎关闭了内陆水域的商业捕鱼活动，但是这三大渔业强权统治了公海渔业捕捞。有了更大的船只和动力，渔民可以收获大量的鱼获。通常，他们捕捞非群游的个大物种，如剑鱼之类。由于单丝技术的进步，可以拉载三千余挂钩延伸至数百千米。采用单丝线（由塑料制成），渔民也恢复了一种使用流网的古老做法（设置流动浮标缠住任何体型大过渔网网眼的鱼类）。结合机械绞盘，单丝也使得拖网和围网大到足以覆盖好几个足球场。

由于船体和动力不断变大增强，渔民不得不行驶得更远，以塞满这些巨大的船只。1954 年，英国推出了第一艘加工厂式拖网渔船，在海上就可以进行渔业加工。这艘命名为 Fairtry 号的船长 75 米重 2 800 吨。Fairtry 号渔船无需将鱼存贮于冷盐水（海水）的水柜中并带回港口，船上的机器和工人就可以将鱼清

洗、速冻，甚至提取鳕鱼肝油。到了20世纪60年代，围网捕捞渔业也开始用加工厂式渔船。这种船大多长25米，每天可以捕捞和处理多达3 000吨的鱼。这些鱼最后都做成了罐头或送往陆地工厂再次加工。

到了20世纪70年代，通过空运实现将优质的鱼货快速送达给日本的寿司和生鱼片消费者，从而彻底改变了世界各地的渔业。为了获得高品质的特定鱼类，日本买家愿意支付顶级费用。大西洋蓝鳍金枪鱼，在它能被迅速送到寿司的消费者后，一跃而成了世界上最昂贵的鱼类之一。在此之前，大西洋蓝鳍金枪鱼只是捕捞罐头级金枪鱼（黄鳍金枪鱼或鲣鱼）时的"杂鱼"或附带鱼获。尽管寿司已经普及全世界，但日本仍然是进口绝大多数蓝鳍金枪鱼的国家。

这一时期渔民也开始使用新的导航和鱼类搜寻技术。声呐和卫星图像日益普及，甚至在相当小的商业和休闲渔船上都有应用。工厂式的捕捞船常常搭载直升机，大大增强了他们搜寻鱼群的能力。在20世纪80年代，渔民使用集鱼装置来人工创造金枪鱼和类似鱼类的鱼群。这些浮动平台能像天然原木或木筏碎片那样吸引鱼群。浮动平台配备了全球定位信标，可以很容易地被定位找到。虽然不知道为什么有些种类的鱼喜欢聚集在漂浮物周围，一些海洋生物学家推断，这种行为能为鱼群防备天敌并且提供食物。根据这一理论，人工集鱼装置能起作用是因为鱼类误将木筏视作了海藻和浮游生物。

由于这些新技术，现代工业捕鱼船队的捕鱼效率高得令人难以置信。在21世纪初，中国是世界上最大的海洋和淡水物种生产商。

其船队在全球范围内捕捞各种鱼类。秘鲁和印度尼西亚的捕捞量仅次于中国。秘鲁船队主要是在秘鲁专属经济区内捕捞，并且主要针对太平洋秘鲁鳀，一种在大洋中更丰富的鱼种。印度尼西亚的渔业产量中，约60%来自海洋和内陆水域捕捞，40%来自水产养殖。2008年，中国、泰国和越南是鱼类产品生产和加工出口的3个最大国家，而美国、欧盟成员国和日本是鱼类和相关产品的最大进口国。2008年，全球渔业进口总值为149亿美元（FAO 2011, 10）。

非商业捕鱼

全球渔业资源并非仅用于商业捕捞，个体渔民和休闲用户也利用甚巨。个体渔民是小规模的渔业生产者，他们以捕鱼为生，或者仅在当地市场出售渔获。全球捕捞船队的近41%是个体渔船，而全球一半的捕捞量来自小型的船队（FAO 2011, 7, 9）。个体捕捞和小规模商业捕捞之间虽然界限模糊，但都是劳动密集型产业（80%的岗位来自渔业部门），并且捕捞的鱼获大都直接用于人类消费，在一些欠发达国家，这种个体的和小规模商业捕捞为人们提供了急需的营养和收入。

休闲垂钓、潜水和其他类型的海洋和内河旅游业也是重要的经济活动。此类娱乐用户的全球数量虽然未知，但被认为规模庞大而且持续增加。在一些区域研究中，例如美国经济学家拉姆·K. 什雷斯塔（Ram K. Shrestha）及其同事在2002年的研究和美国经济学家大卫·K. 卢米斯（David K. Loomis）在2005年的研究，估计每趟内陆和海洋的休闲捕鱼要花费数百美元，在单位面积创收数以百万计的美元。对于潜水和浮潜(这在许多沿海和小岛屿地区是主要的休闲活动)也有相似的估计。观鲸、玻璃底小船和类似的休闲活动也在世界各地大受欢迎。

资源耗竭与破坏

尽管鱼类是一种可再生资源,但人类能够捕捞的数量也是有限制的。渔业资源的商业开发相较过去已是规模庞大,非商业用途的开发也在不断上升。为了满足不断增长的需求,水产养殖,特别是一些受欢迎的水产物种如虾和三文鱼,规模不断壮大,占据了绝大部分的渔业生产增加量。个体和商业捕捞(捕捞野生的海洋和淡水生物),技术手段越来越先进,产量也在逐渐扩大。这两种类型的渔业捕捞都面临可持续发展的问题。捕捞渔业有两类共同问题:两者一起衰落和对生态系统的负面影响。水产养殖也可能对生态系统产生负面影响,也面临渔业捕捞的共同问题,因为鱼也是许多水产养殖活动的主要供给来源。

公地悲剧

养殖业的公地悲剧是当今渔业面临的最著名的问题。根据美国生态学家加勒特·哈丁(Garrett Hardin, 1915—2003)1968年在《科学》杂志发表的一篇同名文章的介绍,渔业公地悲剧的产生来自"开放性获取"(任何人都可以收获来自海洋和公共水域的渔产)与"竞争"(如果一条鱼被某个人捕捞了,它就不能再被其他人捕获)的结合。由于这两个特性,渔民没有动力网下留鱼以重建鱼群。为什么自己不捕捞留下来以后方便给别人来捕呢?这通常就造成了"捕鱼竞争",导致捕捞过度

(超过有效种群数量的鱼被捕获)和投资过度(过多的资本和劳动力投向捕鱼业)。换句话说,如果没有某种形式的限制,渔业捕捞会呈现出繁荣—衰退的特点,并最终由于渔业不能持续发展问题而结束,或是由于太多渔民花太多的时间和金钱只能捕获过少的鱼而导致渔业崩溃。

淡水渔业资源枯竭

同样是方便的交通,既促进了内陆水域渔业的早期开发,也导致了淡水物种的早期枯竭。甚至苏美尔人的渔业行会也记录有所捕鱼类体积的巨大波动和经济衰退。他们的统治者采取干预手段以保护渔业并确保鱼类供应的相对稳定(Royce 1987, 75)。虽然几乎没有全球淡水渔业的产量数据,但估计全球捕捞的量为每年1 000万吨左右(Welcomme et al. 2010, 2881)。对文献的调查表明,大多数的天然淡水渔场已经资源严重枯竭、开发过度。从北美五大湖区到非洲维多利亚湖区,淡水渔业区都在挣扎,因为鱼类的存量资源太小,而渔民的数量又太多了。

海洋渔业资源枯竭

许多海洋捕捞渔业也显示共同衰退的特性。联合国粮食和农业组织估计,商业捕捞的海洋物种中约32%是过度开发或严重耗竭。由于这些鱼类的捕捞速度大于它们的繁殖速度,它们的捕捞量在很长一段时期将持续下滑,除非在短期内减少捕捞量以使种群恢复。此外,这类鱼种中约53%处于完全开放捕捞状态,从长远来看,这意味着如果不减少捕捞量,短期内的渔业产量都不可能增长。目前开

发的海洋物种中仅有15%能够在长期内实现产量的增加(FAO 2011, 8)。

许多最有经济价值的商业物种开发得最为过度。每条270千克～360千克重,售价高达400 000美元的大西洋蓝鳍金枪鱼资源如此严重枯竭,使得它在2010年被提名为国际贸易公约的野生濒危物种而予以保护(Webster 2011)。其他有经济价值并且严重过度开发的物种包括巴塔哥尼亚或南极齿鱼(有名的智利海鲈鱼)、橘棘鲷、鲟鱼(用于制鱼子酱),以及许多种类鲨鱼。鲨鱼的价值在于它们的鳍,用于制造鱼翅汤,一种受欢迎的亚洲美食。大多数的这些物种由于繁殖速度慢而导致种群数量相对较小。同样地,生物稀缺性增加了他们的经济价值,也使得他们容易被过度开发。

投资过度也是海洋捕捞渔业的一个主要问题。已知的全球捕鱼船超过430万艘,其中59%是机动船只(FAO 2011, 7)。这其中很多船是工厂式加工渔船,但是像Fairtry号这样的巨型渔船已经不再划算了,在当前的价格水平,他们无法捕捞到足够多的鱼以弥补成本。小规模的商业捕鱼团体也有类似的问题,尤其是在生产成本很高的发达国家。事实上,捕捞力量一般都已经转移到发展中国家,因为船主们要寻求更低的生产成本以及较少过度捕捞的鱼群。例如,目前很多挂着中国旗帜从事捕鱼的船队,最开始是在日本,后来转移到中国台湾地区,接着是中国大陆,一路追求较低的生产成本。

其他船主选择运营悬挂"方便旗帜"的船队,或被称为"非法、无管制和未报告(IUU)"的船队。根据国际海事法,一艘渔船在公海捕鱼时,需悬挂本国国旗。海盗渔船要么购买一个执法不严国家的旗帜(所谓"方便旗帜"),伪造他们的捕捞许可证,或者干脆非法捕捞。这些做法对于有利可图的金枪鱼资源以及齿鱼、橘棘鲷以及各种鲨鱼尤其成问题。对这些鱼类而言,非法捕捞船队的捕捞量可能达到这些渔业报告产量的一半,因此非法捕捞是国际捕鱼船队和国际渔业码头关注的一个主要问题。此外,在缺乏执法能力的国家,非法捕捞可以毁掉其沿海水域的渔业,驱使生计无着的渔民转移到其他经济领域。例如,许多臭名昭著的索马里海盗曾经是渔民,在外国船队耗竭了当地鱼类资源时,他们转身成了海盗。

生态系统破坏

被捕捞的鱼类是海洋和淡水生态系统的一个组成部分。商业捕鱼会在几个方面破坏生态系统的功能。首先,许多捕鱼方法,比如多钩垂钓和流网,在捕捞目标鱼种时也会误捞起大量的混捕物种。混捕物种的捕捞数据很难收集,但在全球海洋商业捕捞中,这样丢弃的混捕物种(由于不如目标鱼种有价值,一捕捞上船就立即丢回海里),在1992年到2001年间每年估计有730万吨,不到同一时期捕捞上岸总量的10%(Kelleher 2005, 17)。

混捕物种在经济上未必重要,但它们有重要的生态价值,而且往往在数量上比目标物种少。濒临灭绝的海龟曾一度被拖网捕虾船捕获杀害,直到渔民开始用海龟防捕装置,以防止这样的误捕。其他许多物种,如大西洋白枪鱼和太平洋信天翁,由于渔船轮机的偶然冲撞,仍然处于濒临灭绝的状态。此外,某些类型的机动渔船,如海底拖网渔船,由于刮擦海底破坏重要的海洋栖息地,相比其他的捕捞方式,导致混捕的植物和动物物种更多。

人类对海洋和淡水资源的利用大量增加了或减少了食物链中鱼种,扰乱了全球鱼类资源。许多湖泊和溪流的生态系统已经完全改变了,最初是由于过度捕捞灭绝了本地鱼群,随后通过生态复建计划引进了外来物种。引进的外来物种如果竞争胜过其他物种,偶尔也是具有生态破坏性的。亚洲鲤鱼和斑马贻贝就是入侵美国物种的例子。在其他地方,捕捞大型捕食动物包括金枪鱼、鲨鱼、石斑鱼等,也会对珊瑚礁生态系统产生负面影响。如果没有这些捕食鱼类,珊瑚礁周围的小鱼数量爆炸增长,造成过度放牧,最终导致珊瑚礁的白化和整个系统的终结。这些类型的"营养瀑布"虽然难以监控和预测,而一旦那些处于海洋食物链顶端的物种被过度开发,人类沿着鱼类食物链捕捞,追逐较小的鱼种,可能就会愈发重要。

污染和沿海开发也可以放大过度捕捞的影响。由于过度开发,生物数量和生物多样性减少,物种不再具备应变能力去应付生态中毒事件,例如来自陆地农业的流失养分造成的水藻爆发,淡水系统最容易遭受这类威胁,其次是沿海地区,然后是公海区域。大多数主要河流的河口附近存在着巨大的"死亡区":这些区域缺氧,原因是富营养化使得藻类大量繁殖,最后耗光所有氧气而死亡。塑料也是威胁水生生物的一个大问题。许多物种会误食水中的废弃塑料,或是陷于大面积的塑料碎片区而造成死亡。沿海和淡水的开发利用会造成污染,铺路和侵蚀会造成生物栖息地的破坏。所有这些因素都对渔业资源的恢复能力产生不利影响。

珊瑚礁和其他水生生态系统也会受到气候变化的影响。虽然一些物种可能受益(尤其是具有快速移动能力的热带鱼类),许多物种将无法适应。有两个因素在起作用:第一,由于大气中碳含量越高,海洋吸收的碳也越多,增加了海水的酸度。而这可能对珊瑚和依赖于利用钙来制作硬壳以生存的物种,是致命的威胁;其次,由于海洋升温,鱼类需要游动直到适合它们温度的海区。轻易不游动的鱼类,或是对温度变化非常敏感的鱼类,数量可能会下降。因此,不爱活动的物种,如石斑鱼或是不能去更远的北方或南方寻找冷水的北极和南极物种,所受影响最为严重。这些物种的损失,或者适应性更强鱼类的增加,对于生态系统有什么样的影响目前还不清楚。已有研究关注气候对北极磷虾的影响,北极磷虾是许多物种——从企鹅到鲸鱼——的关键食物。

水产养殖对环境的影响

基于私有制,水产养殖虽然避免了公地悲剧的问题,但也会对其他物种、支撑资源和生态环境造成问题。许多水产养殖的最珍贵的物种,包括鲑鱼和蓝鳍金枪鱼(蓝鳍金枪鱼实际上是捕获的,然后养肥,而不是养殖的,所以公地悲剧的现象对这一物种仍然存在),是顶级掠食者,必须喂以很多通常来自捕捞渔业的小鱼。素食鱼,如鲤鱼和罗非鱼,虽然不需要小鱼来喂养,但是像所有的水产养殖活动一样,也产生废弃物。这些废弃物为环境引入大量的营养物质,这可能会导致富营养化——当营养物的流入造成微生物大爆发而使较大的物种窒息而亡。这样的环境恶化就是所谓的外部性，此类生产成本通常并不包含在售价中。

与水产养殖相关的其他三个外部效应是疾病的抵抗力、寄生虫和遗传多样性。水产养殖，无论是在池塘（淡水），还是在海中栏圈（海洋），都需要很多鱼保持在一个相对狭小的空间。无论哪种情况，近距离的接触增加了疾病的传播，并且需使用抗生素用以提高养殖鱼类的存活率。抗生素的使用增加了耐药性的概率，降低了抗生素治疗和预防的益处。拥挤的条件下也能让寄生虫更易滋生。寄生虫可能对圈养的成年鱼不是问题，但会严重影响附近的野生物种的幼体。水产养殖的鱼常常通过繁殖育种或遗传改良的方法，来获得实现快速生长或其他令人满意的特性。如果遗传改造的鱼逃出养殖栏圈，他们可能会通过杂交或竞争，干扰野生种群，减少遗传多样性。

解决方案

政府监管和社区行动可以有效地鼓励渔业的可持续性管理。诺贝尔经济学奖得主埃莉诺·奥斯特罗姆（Elinor Ostrom）在她的著作中指出，资源使用者群体可以通过集体行动对捕捞加以限制来克服共同衰落的悲剧。缅因州的龙虾帮是一个非政府式调控商业性渔业的一个著名的成功例子。他们在遍及缅因州的不同海湾从事捕捞业务，并通过一个复杂的，注明谁可以在什么时间什么地点捕虾的计划表，来限制捕捞量。整个社团监督着对约定制度的遵守情况，他们强制执行的措施有严厉警告甚至摧毁捕虾网，或者凿沉外来闯入者的捕捞船。

渔业管理

应对公地悲剧，往往需要地方、国家或是国际监管机构的管理。这些管理包括对渔船动力的限制、对流网的禁令，以保护海洋哺乳动物和其他常见的混捕误捕品种，或者更广泛地对渔网或是鱼线的尺寸、对渔船的大小，或是对搜寻鱼群的技术进行限制。季节性或其他时间的休渔，或区域性禁止捕捞，这些管理也需实行。尽管进行周期性或区域性的限制，但渔民集中捕捞往往造成这种监管措施效率低下。例如，当一个捕捞季节限制在一个月左右时，渔民在这短短的时期内将努力地尽他们所能多捕捞。他们还会投资更大更快的船（他们原本不会），这造成了资本和劳动的低效率（工资或加班费提高，生产率降低，因疲劳而伤害事故增加）。配额制是另一种常见的限制手段。在配额制度下，监管机构设置了渔业捕捞量的限额（通常以年度为基础），监控捕捞过程，并且一旦达到配额就关闭捕捞渔业。政府还可以通过要求渔民获得捕捞许可证和征税，以增加生产成本的方法，进行捕捞渔业准入限制。

国内的监管是能够成功的，特别是在恢复过度捕捞的物种方面。但是在许多国家，渔民挥舞着与他们的经济贡献不相称的政治影响力。因此，监管法规可能不符合科学的建议，甚至可能与科学的建议适得其反。当政府对渔业损失给予补助，客观鼓励了更多的人加入进来，这实际上增加了过度开发和过度投资。此外，许多国家缺乏任何意愿或是能力去监控和执行监管，从而损害了这些监管的有效性。

因为执法难、信息匮乏，许多经济学家倾

向于贸易配额或许可制度，这样可以建立模拟私有化的准入权市场。这种制度，被称为个体可溯源配额（Individual Traceable Quota, ITQ）制度，由政府来设置配额，这些配额通常是基于历史捕捞率或是拍卖的方式分发给渔民。渔民可以选择捕捞其所获配额鱼量，也可以将配额出售给其他人。配额交易市场的建立，激励渔民以确保配额制度的执行。在新西兰和冰岛就建立起成功的个体可溯源配额制度，但该制度并非没有风险。如果配额定得太高、配额没有价值，配额市场也就崩溃了。

　　根据生效于1995年的联合国海洋法，各国政府能够合法地在自己的专属经济区（Exclusive Economic Zone, EEZ）管理配额，但他们必须合作来管理专属经济区之外的或是跨越边界的渔业生产活动。此类渔业活动的例子包括在北大西洋捕捞鲑鱼、在所有海域捕捞金枪鱼和剑鱼、在南极海域捕捞齿鱼和橘棘鲷。为了管理这些渔业，国家之间建立了区域渔业管理组织（Regional Fisheries Management Organizations, RFMOs），提供这些类型捕捞配额的数据，并在某些情况下，有利于多边管理措施的谈判。时段性或区域性休渔和国家管理配额是区域渔业管理组织最常采取的措施。

　　不幸的是，公海上的监测和执法是非常困难的。IUU非法渔船的捕捞、渔业捕捞配额的分配冲突对管理措施的削弱，对于公海监测和执法都是重大挑战。区域渔业管理组织建立起一个要求在每个销售点提供渔业捕捞纸质证明的程序，来追踪高价值鱼类的贸易。导入的证明文档可以与报告的渔获量进行比较可以确定欺诈行为。对此，IUU非法渔船开始

"洗鱼"，通过虚假文件从区域渔业管理组织成员国出货。区域渔业管理组织还对知名的"方便旗帜"所在国予以制裁。制裁使得许多船只转变为IUU非法渔船，但可能会在一定程度上降低非法捕鱼。

新的举措

　　因为传统的渔业管理方法普遍不算成功，环境和休闲渔业利益团体已开始推动替代的保护方案。这些方案可分为两大类：基于消费者的生态标签和基于政府的生态系统管理。也有预防性的渔业管理方法，但这要求监管部门即使可能有相关的不确定性也要按科学建议行事。预防性监管虽然是国际渔业法的一部分，但还没有被普遍接受，在大多数情况下其实施仍是一个问题。

　　几个倡导团体希望通过推动可持续性标志协议的做法来驾驭鱼类消费者的活动。可持续标签的第一个实例发生在20世纪80年代的海豚—金枪鱼争议中。在东太平洋，大家都知道金枪鱼捕捞船也会附带捕起海豚并杀死他们。美国消费者抵制了金枪鱼罐头，导致区域渔业管理组织捕捞区域谈判的崩溃，许多国家的渔业遭受了经济损失。最终，大量围网渔船修改了捕捞设备以使海豚能逃脱捕捞金枪鱼的渔网。国家之间也协商成立了一个新的区域渔业管理组织，监管捕捞活动以确保捕捞过程中没有海豚受到伤害。该区域渔业管理组织创造的"海豚-安全-金枪鱼"标志协议现在仍在使用。其他标志协议也有使用，包括"海龟—安全—虾"标志协议和"可持续海鲜"标志协议。

　　生态学家和其他担心商业捕捞影响生态

系统的人们相信,减少混捕误捕物种是改进渔业管理的第一步。他们建议,法规应当考虑到非人类利用的渔业活动进行修改。这包括多物种管理,其中传统的渔业科学在营养的互作方面需修改。因此,科学家们在构思一个涉及捕食关系、资源量和繁殖率的模型,用于提供管理决策。

设置海洋保护区也是渔业管理举措。这些限制渔业开发的区域是很容易监管的,而且如果选择得当,也会为保护区外的鱼类提供繁殖空间和种群恢复,提高鱼类资源量。这种想法与海洋空间规划密切相关,集中管理了一个地区生态和规划所有方面。这种做法对于海洋栖息地的修复同样重要,特别是对于那些需要从淡水迁移到大海的沿海物种或是溯河产卵物种而言。

争议

虽然人们一致同意世界各地的许多渔业存在过度捕捞的问题,但对问题的程度和解决方案本质却有争议。这种冲突最能从科学杂志在2006年到2009年发表的论文交流上得以体现。首先,在一个全球性的研究中,加拿大海洋生态学家鲍里斯·沃姆(Boris Worm)(2006)和他的同事发现,商业捕鱼对海洋生态系统的破坏巨大,如果不扭转这种破坏,商业捕鱼会摧毁鱼类生产,阻碍水质调节,减慢生态系统扰动后的恢复(第787页)。作为回应,美国渔业学家雷·希尔博尔内(Ray Hilborne)(2007)等人在同一期杂志发表论文,既承认过度捕捞的问题,也指出世界各地渔业管理的成功举措。他们还质疑鲍里斯·沃姆等人的结论具有偏向性,因为他们使用的都是来自长期渔业中那些最有可能被过度捕捞的数据。随后,这两个团队合作发表了一篇文章(Worm et al. 2009),通过合并数据并专注于一些成功的做法,他们调和了各自的观点。

由于过度捕捞的影响在许多物种中非常明显,管理者们试图减少捕捞量。这种类型的举措导致了第二类的争议:决定谁应该停止捕鱼。确实,在美国,捕捞权的冲突早于捕捞与科学间的冲突。马萨诸塞州关于鳕鱼捕捞权利的诉讼战,直接导致了始于19世纪70年代的第一个国家海洋科学计划。如今,监管机构往往被迫抬高配额和捕捞限额,以调解竞争的双方。这种压力是国际渔业的特定问题,因为区域渔业管理组织是基于谈判的,没有更高的上诉权。区域渔业管理组织成员国之间的捕捞权冲突,最常见的是老牌渔业国家(美国、欧盟成员国和日本)和新兴渔业国家(包括巴西、墨西哥、中国和加纳)之间的冲突。

商业和休闲利益集团往往施加压力寻求更严格的法规监管,这是商业渔民不愿承担的。一些环保团体认为,由于监管和执法的困难,管理世界渔业的唯一办法就是禁止商业捕鱼。鉴于此相同的论点被用来成功地在20世纪70年代和80年代禁止了商业捕鲸活动,商业渔民有理由担心这种主张。许多以环保为导向的群体更加温和,然而,他们也在设法寻求提高全球渔业生物和经济健康的途径。

展望

全球渔业的前景喜忧参半。可持续性管理潜力巨大,但前提是消费者、管理者和渔民接受对资源消耗的限制。有些物种,如巴塔哥尼亚齿鱼和大西洋蓝鳍金枪鱼的量可能会降到非常低的水平,继而导致种群的崩溃甚至是灭绝。人们以前一直认为,数量更多、价值更低的物种将持续更长时间,并有更好的机会进行可持续性管理。但最近的证据表明,这些物种由于受到过度捕捞和环境因素的综合影响,资源量更容易暴跌。事实上,秘鲁鳀(海洋中资源量最丰富的物种之一)在多重因素的压力下,其资源数量已经暴跌了好几倍(Pinsky et al. 2011)。

全球渔业的监测和执法能力日益增长,人们对渔业科学的认识也获得长足进步。然而,全球捕捞船队存在有相当大的产能过剩,这影响了可持续性管理的实施。公众意识增强可能会产生足够的政治意愿来产生更好的

监管。对于国际渔业,石油价格的上涨可能会迫使渔业捕捞活动有所下降,燃料成本上涨对远洋捕捞业影响最大。技术的改进也可以减少许多渔业的误捕,使得许多国家局部规模的管理措施取得成效。只要调整并限制其对环境退化和生态系统的影响,水产养殖也同样具有潜在收益。最终,人口和人类对鱼类需求影响的两个因素,调节渔业的过度捕捞,使得海洋的可持续性与地球作为一个整体的可持续性密不可分。

D. G. 韦伯斯特(D. G. WEBSTER)

达特茅斯学院

参见:水坝与水库;食品和冷冻;大洋与海;海洋公园和保护区;河流;水(综述);水能。

拓展阅读

Diamond, Jared. (1999). *Guns, germs, and steel*. New York: W. W. Norton & Company.

Ellis, Richard. (2003). *The empty ocean*. Washington, DC: Island Press.

Food and Agriculture Organization of the United Nations (FAO). (2011). The state of world fisheries and aquaculture 2010. Rome: FAO.

Hilborn, Ray. (2007, June 1). Biodiversity loss in the ocean: How bad is it? *Science*, 316, 1281–1282.

Kelleher, Kieran. (2005). Discards in the world's marine fisheries: An update (FAO Fisheries Technical Paper 470). Rome: Food and Agricultural Organization of the United Nations.

Loomis, John. (2005). The economic value of recreational fishing & boating to visitors & communities along the Upper Snake River (White Paper). Fort Collins: Colorado State University.

Pinsky, Malin L.; Jensen, Olaf P.; Ricard, Daniel; & Palumbi, Stephen R. (2011). Unexpected patterns of fisheries collapse in the world's oceans. PNAS Early Edition. Retrieved May 14, 2011 from http: // www. pnas. org/cgi/doi/10. 1073/pnas. 1015313108

Rabanal, Herminio R. (1988). History of aquaculture. (ASEAN/SF/88/ Tech. 7). ASEAN/UNDP/FAO Regional Small-Scale Coastal Fisheries Development Project. Retrieved May 14, 2011 from http: //www. fao. org/

docrep/field/009/ag158e/AG158E00. htm#TOC

Royce, William F. (1987). *Fishery development*. New York: Academic Press.

Shrestha, Ram K.; Seidl, Andrew F.; & Moraes, Andre S. (2002). Value of recreational fishing in the Vrazilian Pantanal: A travel cost analysis using count data models. *Ecological Economics*, 42, 289–299.

Webster, D. G. (2011). The irony and the exclusivity of Atlantic bluefin tuna management. *Marine Policy*, 35 (2), 249–251.

Welcomme, Robin L., et al. (2010, September 27). Inland capture fisheries. *Philosophical Transactions of the Royal Society*, 365, 2881–2896.

Worm, Boris, et al. (2006, November 3). Impacts of biodiversity loss on ocean ecosystem services. *Science*, 314, 787–790.

Worm, Boris, et al. (2009, July 31). Rebuilding global fisheries. *Science*, 325, 578–585.

Food in History

食品历史

食物是用来描述人类为了营养和生存所消耗的多种动植物的集体名词。从基本的生理学来说，食品是机体维持生理学功能所必需的能量物质，它以能量的形式从其他有机物中提取出来。食物也在文化形成过程中发挥着重要的作用。

食物交换联系着人类、其他物种以及处在不同地理区域的其他人，食物交换是一个自然发生的过程。食物是生态和人类交流网络的基础，从生物、社会及文化上说，食物是世界历史不可分割的一部分。食物连接着人类、植物以及动物，构成一个相互作用的复杂生态系统，从而决定了人类与自然环境共生和相互适应的密切过程。

食物交换是社会组织、文化密度和宗教实践的核心。伟大的印度史诗《博伽梵歌》阐明众生依赖食物而生存。古希腊人崇拜得墨忒耳（农业女神）、罗马人尊敬他们的谷类女神刻瑞斯（世界谷物的发明者），都是为了小麦和大麦有一个好的收成。对于阿芝特克人，

奇考梅科特尔则是上天派来的玉米神。

剩余食品和农业文明的出现

考古证据表明，在东非，最早的原始人类（直立的两足灵长类哺乳动物，包括人类和已灭绝的祖先）南方古猿可能食用根、叶、浆果、水果、鱼以及昆虫。南方古猿能够手抓物品但不能有意识地改造自然环境。直到现代人类的直系祖先进化（直立人），食物的品种以及聚集的方式，即食品购买形成的社会组织的基本结构才出现了变化，特别是10万年前的狩猎群体形成的生活方式，就是人类为了生存形成的社会组织。人类学家们已经对很多狩猎群体进行了研究，如非洲喀拉哈里沙漠的昆申人、坦桑尼亚的哈扎人、澳洲的土著居民，这些研究打开了一扇通往农业社会以前人类群落的窗户。狩猎群体拥有很少的财产，他们只是为了寻找食物过着移动的生活，他们吃各种各样的食物包括营养丰富的蔬菜、种子、坚果、浆果以及偶尔捕捉到的动物和鱼类。食物在社

会群体中是平分的。根据某一地区的食物供应，生计改变，这些狩猎群体移动到另一个地方开发新领域继续寻找食物。从劳动力和能量的使用角度看，相较于农业群体，狩猎群体有大量的时间休息、睡眠以及互相交流。在人类历史90%的时间里，觅食是人类获得食物的主要方式。

这种为了保持食物供应而驯化动植物的活动，及由此产生的部落食物剩余现象或食品交换的出现，标志着人类历史的根本改变，也就是农业的产生。用最简单的术语来说，农业就是从食品收集到食品生产，也就是历史学家戴维·克里斯蒂安（David Christian）曾说的"从粗放向集约型转变的技术"（Christian 2004, 207）。由于能源使用的变化，劳动力的支出和人类群体趋于永久定居的事实，这些改变导致了农业文明的出现。公元前的1 000年中，在最初的三分之一时期到中期，农业文明仅出现在欧亚大陆：首先出现在美索不达米亚地区肥沃的底格里斯河和埃及的尼罗河，随后出现在亚洲的印度河流域和中国北方。区域内进行的谷物种植和随后的动物驯养产生的剩余食物被用来储存、内部交流以及对外贸易。

食品和交易网

食品交易是农业文明贸易网的重要组成部分。虽然一些农作物如西亚的小麦和小米、印度和中国的稻谷都用于内部贸易，但来源于异国的高档食物是古代贸易文明不可或缺的一部分。2 000多年前，印度香料和椰子沿着海路来到古埃及与罗马人贸易交换。当时沿着从罗马帝国到中国汉朝（公元前206年到220年）的丝绸之路贸易，进行交换的食物包括茴香、红枣、杏、樱桃和石榴等。迄今为止最有利可图的贸易是来自印度的马拉巴尔海岸的香料贸易，这是几个世纪以来被阿拉伯和印度商人垄断的贸易，为印度洋地区带来了巨大的财富。在陆地香料贸易的鼎盛时期，特别是欧洲对胡椒的需求不亚于黄金，这为商人带来了社会声望和丰厚财富，同时产生了类似于威尼斯的富裕城市，而中世纪威尼斯的繁荣使它成为一个文化和商业中心。然而，随着消费需求的广泛增长，促使人们通过欧洲海洋探险寻求到了另一条香料贸易路线，即伊斯兰欧亚香料贸易路线。作为一个从远古时代到15世纪的交换货物，胡椒体现了专业食品在新兴的商业网络中成为高价值商品的方式，为中间商创造了巨大的利润。胡椒贸易带领冒险家如欧洲人直接进入了利润丰厚的香料市场。

哥伦布交换

1492年克里斯托弗·哥伦布的航行并没有发现印度香料，而是建立了一个新的生态交换系统，新的交换系统中新型食品的贸易将从根本上改变全球食品流动的历史。欧亚非大陆和美洲航线的开通首次汇聚了世界三大大陆，这有益于欧洲寻求新的土地，市场和食物来源，但欧洲对与其相遇的美洲土著文明产生了破坏性的影响。欧洲和美洲的对抗还包括动植物物种的对抗，这些动植物在欧洲是未知的，因为独特的演化发展模式而孤立进化发展。随后的大西洋两岸人民进行的植物、动物交换和疾病、文化交流改变了大西洋两岸，这就是"哥伦布交换"。

美洲新土著食物的发现导致新的商业交换网络的出现，并深刻地影响了欧洲的饮食，为两大洲引进了新的植物。新的植物品种完善了本土美国人、阿芝特克人和玛雅人的饮食，如芸豆、花生、南瓜、辣椒、菠萝和鳄梨已经进入了欧洲的饮食，而大米、小麦、大麦、燕麦、咖啡、甘蔗、香蕉、西瓜、橄榄是从欧亚大陆来到美洲的。马铃薯的引进对欧洲贸易有特殊意义，它从根本上提高了作物的每亩净收益率，而且马铃薯的卡路里含量比欧洲任何谷类都要高，从而为欧洲提供了一个新的碳水化合物，以至于最终马铃薯成为西部和北部的欧洲工人阶级在工业革命时期的主要食物来源。一万年前在玻利维亚安第斯山脉的土著人种植马铃薯和其他块茎，七千年前在墨西哥的特瓦坎谷地玉米产量几乎是小麦的两倍。玉米作为食品和牲畜饮料引入非洲和欧亚大陆，为人类提供了一种新的蛋白质来源。

糖是一个有利可图的食品类商品，其生产贸易与奴隶贸易紧密交织在一起，因此这一贸易网络遍及欧洲、美洲和非洲。糖作为一种昂贵和珍贵的商品，阿拉伯商人在古代和中世纪就已经将它带到欧洲。15世纪时，在阿尔加维和马德拉的葡萄种植园，糖的生产蓬勃发展，主要是因为从非洲西海岸运送了大量免费奴隶劳动力。

新世界的开放为贸易商提供了机会，以适应糖需求的日益增加，糖的生产也转移到加勒比海，从16世纪早期开始进入生产繁荣。欧洲日益增加的糖需求直接导致了种植系统的扩展和土地使用的改变。饮料类如咖啡和茶的需求也开始增加，价格变低使它们失去了奢侈品的地位，并在人群中广泛流行。货船满载纺织品、玻璃、烟草和火药等制成品离开欧洲前往非洲西海岸，将作为商品与奴隶交换，而交换得来的奴隶则被带到加勒比海，然后到北美的甘蔗种植园工作。糖是美洲种植的第一个满足欧洲市场需求的出口作物，它使用奴隶进行生产显示了新兴全球食品贸易的剥削本质。这种食品贸易与其说提供能量，不如说为欧洲资本和全球市场的需求提供利益。

工业和帝国主义

此后欧洲人开拓殖民地，使用奴隶劳动增加他们的食物供应。然而这并不是一个新的政治现象。在古代社会如希腊和罗马，随着人口的增长，国内的剩余不足以养活自己民众，这些国家就通过政治征服和军事入侵从其他国家获得充足的食物。因此，希腊人和罗马人为了确保他们的外源充足，就从埃及进口小麦、水果、樱桃、桃子等，从地中海和波斯进口香料。欧洲人口在19世纪大幅上升，需要更多的外部粮食供应。人口过剩和产业化这两个过程引发了从欧洲横跨大西洋或者去澳洲的大规模的移民，同时欧洲从世界各地进口大量食品以满足当地人口需求，而这种外源食品的大量进口就建立起了人类历史上首次出现的大规模全球食品贸易。统计显示1850年世界粮食出口不到360万吨，而19世纪80年代就已增加到1 600万吨，到1914年更增加到3 600万吨。

在19世纪，阿根廷、澳大利亚和新西兰地区种植地的转换以及亚洲殖民地的农产品资金使人们从海外市场进口食品到欧洲，大量散装食品的长距离运输也为运输技术带来了进步。一些国家如英国，把主要从国外进口的基本食物或奢侈食品转变为当地的基本食物自主生产,如谷物、奶制品和肉类。在19世纪80年代初,随着冷藏货船的使用,冰冻了的食物可以从澳大利亚出口到欧洲,从而允许了散装肉类产品的出口。总而言之,食品出口是一个可以养活不计其数人的商品贸易。此外,英国国内农业的萎缩以及海外帝国的巩固,创造了一个出口制成品以交换初级农产品的交易市场。

权利和剥夺

食品是世界历史在生物、社会和文化水平上不可或缺的一个组成部分,它对于政治运动的敏感性也是必需的。天然食品短缺并不总是粮食分配故障出现的原因,因为歉收引起的基本食物缺乏也可以导致饥饿。然而在世界历史上的粮食骚乱发生时,如因面包价格上涨影响生活水平时,基本食物的分配是依靠权利的。当穷人的势力发展时,就会刺激他们抵抗这种剥削,要求降低基本食物的价格以维持生活水平的不变,这就是社会学家汤普森所说的“道德经济”。对面包价格的抗议活动为1789年法国大革命提供了政治动力,这也成为世界各地革命的一个标准特征。

对食品分配和交换机制的强调也改变了我们对饥荒的理解。食品的普遍缺少导致大规模饥荒,短缺已成为世界历史的一个持久现象。饥荒在中世纪和近代早期发生在整个欧洲,特别是英国和法国,造成了严重的人口下降。在中国、印度和非洲的部分地区,作物歉收导致了大规模的饥荒。19世纪到20世纪,饥荒有着大规模和毁灭性的影响,饥荒也隐含了当时社会对政治的忽视。1845年—1849年的爱尔兰大饥荒显示了国家对马铃薯(一种秘鲁的块茎)的依赖,以及对政府的援助和支持的迫切需要。现代时期的饥荒已主要分布在非洲和亚洲,资源分配不均和殖民统治的影响,使食品缺失的问题凸显出来。种植失败和恶劣天气条件导致食物生产失败从而导致大规模的饥荒。此外导致饥荒的原因还包括食品分配机制不当(食品物价飞涨和食品供应过大)导致穷人无力支付基本的食品费用,这些原因显示了饥荒包含的政治因素。经济学家阿马蒂亚·森在对1943年孟加拉饥荒的著名分析(1981)中阐释了在饥荒中是如何剥夺农村穷人享有的食品权利而又不影响城市中产阶级的。由于食品价格与全球资本主义的变幻莫测相联系,使食品在市场供不应求时被大量买进市场。

全球化和危机

全球化危机导致食物在世界市场上分布和交换改变,这意味着食品需求已被全球资本需求替代,食品已经从为了生存交换的商品变为全球贸易系统利润来源的商品。这种现象对西方世界是有利的,但是这种变化导致农业越来越工业化,单一栽培导致农作物品种的缺失。当一些小农场被淘汰,土地使用分布便发生了巨大的变化。经济全球化与文化全球化导致亚洲、非洲部分地区富裕中产阶级的崛起。美国和拉丁美洲鼓励了“快餐文化”,将城市的饮食习惯在世界各地传播。全球“快餐”文化传播被认为是西化文化猖獗崛起的过程,文化差异的消失和当地饮食习惯的转变反映了全球资本化的影响。

全球“快餐文化”和挣扎在饥饿线上的穷苦大众不容忽视,食品价格指数上涨和货币外汇汇率的波动,往往意味着发展中国家的贫穷社区已支付不起食品费用。"发达" 和 "发展中" 国家的区分以及在非洲和亚洲的部分地区持续流行的饥荒,都是分配不均的产物,但这个分配不均的食品贸易网络却同时满足了西方国家的食欲和经济增长需求。全球金融危机在很多方面是由世界粮食价格危机带来的,这种经济波动和社会动荡对发展中国家产生了消极影响,导致基本食品价格的上升已超出穷人的支付能力。面包暴动近几年再次出现在埃及和墨西哥等地,给了我们一个及时的提醒:获得基本的食品供给是社会权利而非经济特权。

艾德里安·卡顿(Adrian CARTON)

澳大利亚西悉尼大学

参见:农业(几篇文章);施肥/肥料;食品安全;食品和冷冻;食品及其附加值;绿色革命;本地化食品运动;自然资源经济学。

拓展阅读

Bentley, Jerry H., & Ziegler, Herbert F. (2000). *Traditions and encounters: A global perspective on the past.* Boston: McGraw Hill.

Christian, David. (2004). *Maps of time: An introduction to big history.* Berkeley: University of California Press.

Crosby, Alfred W. (1972). *The Columbian Exchange: Biological and cultural consequences of 1492.* Westport, CT: Greenwood Press.

Crosby, Alfred W. (1986). *Ecological imperialism: The biological expansion of Europe, 900–1900.* ambridge, UK: Cambridge University Press.

Davis, Mike. (2002). *Late Victorian holocausts: El Nino famines and the making of the third world.* London: Verso.

Diamond, Jared M. (1998). *Guns, germs, and steel: The fate of human societies.* London: Vintage.

Fernandez-Armesto, Felipe. (1999). *Food: A history.* London: Macmillan.

Frank, Andre Gunter. (1998). *ReOrient: Global economy in the Asian age.* Berkeley: University of California Press.

Grew, Raymond. (Ed.). (1999). *Food in global history.* Boulder, CO: Westview.

Keay, John. (2006). *The spice route: A history.* Berkeley: University of California Press.

Kiple, Kenneth F. (2007). *A moveable feast: Ten millennia of food globalization.* Cambridge, UK: Cambridge University Press.

Kiple, Kenneth F., & Ornelas, Kriemhild Coneè. (Eds.). (2000). *The Cambridge world history of food.* Cambridge, UK: Cambridge University Press.

McNeill, John Robert, & McNeill, William Hardy. (2003). *The human web: A bird's eye view of world history.*

New York: Norton.

Mennell, Stephen. (1985). *All manners of food: Eating and taste in England and France from the Middle Ages to the present*. Oxford, UK: Blackwell.

Mintz, Sidney W. (1985). *Sweetness and power: The place of sugar in modern history*. London: Penguin.

Pomeranz, Kenneth. (2000). *The great divergence: China, Europe and the making of the modern world economy, 1400 to the present*. Princeton, NJ: Princeton University Press.

Pomeranz, Kenneth, & Topik, Steven. (1999). *The world that trade created: Society, culture, and the world economy, 1400 to the present*. Armonk, NY: Sharpe.

Ponting, Clive. (2001). *World history: A new perspective*. London: Pimlico.

Rotberg, Robert I., & Rabb, Theodore K. (Eds.). (1985). *Hunger and history: The impact of changing food production and consumption patterns on society*. Cambridge, UK: Cambridge University Press.

Sen, Amartya K. (1981). *Poverty and famines: An essay on entitlement and deprivation*. Oxford, UK: Clarendon Press.

Tannahill, Reay. (1988). *Food in history*. London: Penguin.

Toussaint-Samat, Maguelonne. (2001). *History of food* (Anthea Bell, Trans.). Oxford, UK: Blackwell.

Walvin, James. (1997). *Fruits of empire: Exotic produce and British taste, 1660–1800*. New York: New York University Press.

Watson, James L. (Ed.). (1997). *Golden arches east: McDonalds in East Asia*. Stanford, CA: Stanford University Press.

Food Security

食品安全

当人们获得充足的、可以安全食用的食品时，他们可以保持积极健康的身体和生活，这就是地理或社会经济学团体拥有的食品安全。食品安全意味着人们拥有食品食用权和经济支配权，以满足饮食需求和民族喜好。在一些发达地区，饮食过量会导致肥胖和营养失衡。

食品安全是衡量一个地理区域或种群获取食物资源来满足他们的营养需求和文化偏好的能力。地理区域和人口的发展取决于地区面积或人群数量。一个以农业和畜牧业为主的农村社区可以占据一个相对较小的地理区域，并且很容易养活自己的人口（例如农业通常是发展中国家最大的就业部门）。相反，一个更大的、发达的人口中心可能要消耗它很大一部分经济产出来满足其粮食需求。

一般来说，获得不间断、持续安全和营养的食物能够保证地理区域或社会经济团队的食品安全，使人群能够保持积极健康的生活方式。食品安全的概念通常包括满足人们饮食需要和文化偏好的食物资源的经济实用和可获得性。

有助于定义食品安全的三个标准

食物获得：拥有土地、水、知识或经济能力去获得满足人群营养需求的食物。

食物供应：始终拥有大量充足的食物来满足人口的需求。

食品消费：获得的食品能够以卫生的方式获得最佳营养。

饥荒往往是隐而不宣的。偶尔，食品短缺出现在全球新闻媒体上，但除了紧急情况，食品短缺的媒体资料相对较少。这主要是因为食品安全超出了食品生产和食品获得的范畴——也就是说人群中的每个人都有足够的食物，而不仅仅是幸运者或者富人。然而对发展中国家和贫困社区通常没有足够的食品供给的情况，对于媒体往往是隐藏的，除非伴随食品缺乏有一些自然灾害和政治动乱的问题出现。

监控食品安全的措施

计算有多少人饥饿是监测食品安全的最基本方式，有两个主要的措施可以用来统计。首先是评价每日热量摄入量低于最低能量要求，即每天1 800卡路里的人口比例，这个标准通常由联合国粮食及农业组织使用。例如，在2005年和2006年，亚洲和环太平洋地区平均约16%的人口（数量大约为5亿）忍受着饥饿；在2007年，食品价格飙升之后，这一数字已增加到5.82亿（UN ESCAP 2009）。在亚洲西南部和南部地区，统计有接近1/5的人口面临严重的营养不良问题，其中阿富汗面临的问题最严重，有超过1/3的人口营养不良。营养不良的水平在许多其他国家（按照营养不良人口比例升序排列）是相似的，如所罗门群岛、印度、斯里兰卡、亚美尼亚、巴基斯坦、柬埔寨、孟加拉国、蒙古、朝鲜民主主义人民共和国和塔吉克斯坦。

监控食品安全的另一种方式就是通过监测儿童的体重，虽然身高不是经常测量，但可以反映国家或地区在一定年龄段体重不足儿童所占的人口比例。这一衡量食品安全的方式表明，亚洲南部和西南部地区在2005年和2006年之间存在的食品安全问题是最严重的，平均42%的儿童体重不足，孟加拉国比例最高有47%，印度为46%。东南亚的情况似乎好转一些，但在大多数国家仍有超过25%的儿童营养不良（UN ESCAP 2009）。

儿童营养不良的后果通常是可怕和致命的，因为营养不良会导致对感染和疾病抵抗力下降。在亚洲和环太平洋地区，大约每年有380万儿童死于5岁之前，这些死亡一半左右即超过190万与营养不良、卫生条件欠佳、缺乏安全用水和适当的环境卫生设施有关（UN ESCAP 2009）。

2006年全球饥饿指数由国际粮食政策研究所和德国非营利世界饥饿救助组织统计，其基于三个指数的简单平均：营养不良的人口比例，5岁以下儿童体重不足的比例和5岁以下儿童死亡率，这个指数是量化食物安全的另一种方式。因为地区经济活动对于食品安全很重要，本地化的指标，如饥饿指数提供了合理准确的方式来比较不同地区的营养不良。

除了从地理上定义食品不安全，也可以从社会经济组织上定义食品不安全。在发展中国家，农村地区的儿童与城市儿童相比，发生营养不良的比例高了两倍。在一些国家，由于显著的性别偏见使女性比男性发生营养不良的风险更高。艾滋病人、部落民族和农民工等弱势群体发生营养不良的情况也较高。

食品供应减少和食品价格上涨常常迫使家庭采取各种应对措施。通常情况下，人们的第一反应是消耗更少或更便宜的食品。然而，如果食品压力持续存在，贫穷的家庭会因负债而失去他们的资产。食品不安全和贫困有直接的关系。

食品安全不仅仅是一个公共健康问题，它对生活质量有直接影响。更为重要的是，可持续发展取决于食品安全、环境质量和经济活力等其他因素。

全球食品安全取决于五个因素：

食品生产：目前的生产水平和技术可以用对环境负责的方式来生产食品并满足当前和未来的食品需求吗？

物流：食品分销网络有足够的能力在现在和将来分配食品吗？

国家安全：一个稳定的食物供应对全球化有重要影响吗？

城市与农村：全球化和贸易会减少或稳定农村或城市地区食品资源吗？

家庭措施：什么因素影响家庭特征，如收入水平、家庭人口数、食品安全和种族划分？食品安全能够单独衡量吗？

食品安全和营养不良

在许多情况下，国际农业协议对一个国家的食品安全至关重要。国际农业协议将研究确定农业贸易是否以降低农业人口的方式来降低国家的食品安全，以及全球化食品贸易是否在经济和逻辑上可行。世界贸易组织（the World Trade Organization, WTO）制定了国际贸易协定，他们将与成员国谈判农业协议，并允许发展中国家评估和调整对于食品安全至关重要商品的关税。虽然国际农业协议打开了发展中国家的贸易市场，带来了经济效益，但由于缺乏对食品安全的理解，最终可能会对健康和就业产生负面影响。有几个重要的问题应该引导地区和全球的食品安全政策：

● 发展中国家不断变化的局势，如何去影响由于降低食品贸易壁垒带来的冲击力，并保证农业地区就业？

● 可以/或到多大程度上，国内农业和农村发展政策可以应对相关食品经济学的国际经济政策和国际贸易的不同影响？

● 经济贸易的全球化怎样使那些遭受食品安全问题的人们获益？

● 让利润下行的方式能够提高穷人的经济能力和增加他们的食品来源吗？

● 食品和农业生产怎样与自然资源平衡，最终长期让国内食品安全不受危害？

● 人们如何确保食品供应链的安全，食品质量有保证而且吃得安全？

食品不安全的原因

影响粮食供需平衡的因素很多。自20世纪60年代中期开始，由于农业技术创新、多种新的农作物品种出现以及施肥灌溉业的发展，使发展中国家农业产量显著提高。

新技术可用于小型家庭和独立农场推动农业生产，最初获益的是农村贫困人口。新的农业系统（包括一年可以多次收割的种植业）属于密集型劳动产业，从而为无耕地的人提供了更多的工作机会。最终，小型生产被更大农业系统取代，农民流失也逐渐减少了。

更高的收入和人口的增加刺激了对食物的需求，使其超出了全球食品供应能力，而食品安全并没有因为新的方法和日益发展技术而提高。最贫困人通常不得不买最便宜的可利用的碳水化合物来保证足够的热量摄入。随着手上有越来越多的钱可以支配，这群人可以购买更多的肉类、奶制品、农产品和鸡蛋。许多发展中地区饮食消费正从碳水化合物和蔬菜摄入为主的传统饮食，转向含高蛋白质和高脂肪的饮食。

虽然一些食物在国内也能生产，但大多数国家会依靠国际贸易获得他们所需要的食物。尽管一些国家食品完全依靠进口，但大部分地区已经同时寻求从其他出口如制成品赚取足够的外汇来达到自给自足的目的。这个策略需要解决使食品价格上涨的贸易条件，出口更多的制成品和其他商品来维持进口食品的贸易水平。国际食品贸易受发达国家给予农民津贴政策的影响，导致生产过剩的出现。当地方经济是以国际市场的补贴农作物为主导时，补贴政策就会损害这些发展中国家的农民利益。石油和天然气价格的波动也对交通运输、食品供应物流和肥料生产产生显著的影响。最后，投机活动加剧了由供需基本因素驱动的价格波动。

在当地生产或进口食品量充足时，可能还有些人买不起足够的食品。发达国家和发展中国家的大多数人通过使用工资或生产非食品类商品产生的收入来购买他们所需的大部分食物。任何收入的减少，例如，非食品类商品需求的减少或当局不能控制的其他经济方面的问题发生时，都会导致食品不安全。

在发展中国家，可用信贷的缺乏对农业是有害的，可能导致银行和商人对农民的剥削。小农户收获粮食后为了避免高额的种植原料的贷款利息，被迫立即出售他们收获的作物，后来不得不购买价格较高的食品。

每个人都需要安全的食品。供水不足和低劣的卫生标准降低了食物的质量甚至使食品对人有害，结果即使人们可以获得食物，也不能安全地食用。缺乏卫生设施和清洁用水使弱势群体更易受到疾病的威胁并影响他们吸收营养的能力，使他们无法继续工作甚至威胁到他们的生命。婴儿在前六个月应该由母乳喂养，从而避免他们因为喝配方奶粉而遭受污染水的危害。年龄较大的儿童和成人应普及食品污染知识。

2008年全球经济衰退使食品价格回到2006年的水平，但当全球经济开始好转，石油和食品价格由于需求复苏开始上升，便对可持续农业生产产生威胁。

可持续发展农业

在未来，除非食品生产尊重自然环境，否则社会将继续面临如环境退化和气候变化的威胁。可持续农业发展要考虑社会和经济学公平的共同目标和共同发展，并有利于子孙后代长远发展的健康环境。

土地和森林退化

土地退化是农业可持续发展最关键性的威胁。发展中国家已经失去了大片农田、草地、林地和丛林，很多的土地退化是由于生态脆弱地区如山坡和湿地过度耕作导致的。无机肥料和过度的畜牧业也对环境造成了严重的破坏。

森林生态系统对农业的发展至关重要。森林生态系统确保有充足的昆虫来授粉以及保护和净化水域。森林业生产的农产品如建材、食品和纤维，属于自给自足型经济。尽管有这些宝贵的贡献，森林仍然以惊人的速度在消失，森林砍伐的一部分原因是高油价迫使贫穷的人砍柴作为燃料。但是，在许多情况下，森林的消失是由于木材种植业不容易持续发展，特别危险的是在亚洲沿海和环太平洋带状地区的红树林。木材采伐、沿海开发以及虾养殖等新的农业技术，尤其损害对环境变化敏感的红树林沼泽资源。

水和土地利用

许多国家的政府补贴低效的灌溉系统建设，在不经意间透支来自水井、河流和湖泊的淡水资源。同时农业的精耕细作既导致水域沉积和侵蚀，又使河流被化学物质污染，进一步导致土壤和地下水被污染。所有的水用户，包括家庭的、工业的及农业的，都在消耗超过可循环再生供给的天然水资源。许多地区已经面临用水资源冲突，同时也进一步加剧了现有的水资源危机。

不幸的是，食物与生物燃料在土地的使用上是竞争关系。许多发达国家补贴那些由于生物燃料的生产，导致宝贵的土地资源不能用来生产粮食，这些地区的粮食价格由于依赖进口而上涨。农业产业化的加速是以损伤自然经济为代价的，也对环境和经济产生了消极的影响。

转基因农作物是食品安全的另一个争议之源。根据世界卫生组织的定义，转基因农作物的问题包括由转入受体植物蛋白编码基因产生的新的致敏性（由原先不致敏的食品产生的过敏反应），通过转基因导致耐药性，以及自然界中传统农作物与转基因农作物之间发生的基因杂交或混合。目前，转基因作物还没有被全球化应用，大部分转基因作物作为饲料供给食肉的发达国家。转基因作物的好处还远未确定，使用转基因食物有关的风险也没有广泛的研究。尽管如此，世界卫生组织和其他国际机构正在编制"食品代码"以评估转基因作物的适宜性，避免影响自然生态系统。在21世纪早期有一个转基因例子，玉米品系转入了能够杀灭欧洲玉米螟的基因后被美国批准大面积种植。美国环保署要求测试多种物种以确定转基因玉米的潜在影响，然而在批准以前，这份测试没有要求测试飞蛾和蝴蝶。幸运的是，该转基因玉米品系对飞蛾物种如黑脉金斑蝶没有很大毒性。科学家们预测，如果有毒性，黑脉金斑蝶和其他物种将会遭遇毁灭性破坏（Mellon 2003）。

气候变化

气候变化对环境的影响具有两面性，在某些方面是消极影响，而对另一些方面可能是有益的。理论上来说，大气中二氧化碳浓度的上升会增加如小麦和水稻等农作物的光合作用，提高农作物产量；降雨量变化和高温会降低食品生产产量。虽然全球粮食生产持续满足需求，但社会经济的两极分化使得发展中国家不容易处理粮食收成的变化，提高了处于饥饿危险人口的数量（Parry et al. 2004）。气候极端化，包括强烈和频繁发生的洪水、干旱、暴风雨和暴风雪，所有这些都会影响农业生产，可能导致粮食短缺和价格上涨。总体来说农业受益于气候变暖的趋势，然而在特定的小气候条件生长的作物（例如葡萄）可能会遭受重大的影响。根据世界银行的全球食品危机应对计划，食品价格的不断增长是生产和物流成本弹性变化的结果。非洲中部和非洲之角持续的干旱加剧了世界上最贫困的几个地区食品价格的上涨。相反地，在2011年初，在一个不合时宜的漫长的雨季期间，洪水在澳大利亚摧毁了数十亿美元的农作物。世界棉花、糖及小麦供应也受到了过多雨水的消极影响，而在此以前雨水洒在焦灼的土地上会提高小麦的产量。

解决发展中国家的食品安全

在全球发展中国家和贫困地区，食品安全取决于经济稳定和食品供给。政府必须确保弱势群体最低级别的食品安全。为此，政府必须确定哪些团体需要保护，如农民、妇女和儿童，贫困家庭，艾滋病毒感染者、艾滋病人，少数族裔，老人、难民和精神上或身体上的残疾者，用最有效的政策来支持农业生产以确保贫穷地区粮食供应。这些政策应该包括发展可持续的家庭园艺的土著食品种植以及健康和营养方面的教育。这项政策降低了贫穷地区甚至经济发达市场对财政资源的长期依赖。其他政策还包括提供最低限度的农业生产收入，保证农业家庭收入能够获得安全食品。集体所有制管理通过使农户和机构共同维护土地的方法，使利益相关者负责共享土地资源。此外政府可以帮助人们建立社区银行、信贷系统、教育服务和技术资源。

区域经济容易受食品物流的影响，易腐食品的处理与不同的技术、从业者技能水平和基础设施（与土地使用的相关影响）都有关系。易腐食品有包装、装卸、基础设施、合理化操作和贮藏安全的最低要求。当地粮食贮藏设施对应急食品的分配很重要。环境卫生可以减少人群受水污染和其他妨碍营养吸收疾病危害的风险。

可持续农业发展对中期和长期的食品安全至关重要。发展中国家政府如果倾向于不推行可持续农业发展，就会面临环境损害和能源密集型活动的继续发展。发展中国家应该更积极支持小农户经济和多方面的生态种植，这种多方面的种植使得土壤营养成分得以保留而且土地有不同的农作物产品产出，以保护农作物不受周期性植物疾病或者干旱的影响。未来农业发展应更加注重保护性耕作，确保土壤保持重要的营养成分，保护生物多样性，用生物肥料代替无机肥料。雨水耕作农业也可以帮助减轻集约农业灌溉活动的影响。即使在农村地区，政府也可以提供信息资源，用最好的实践经验和机会给农民以更好的教育。

长期来看，食品安全问题在很大程度上依赖于人们对气候变化的适应能力。人类对农耕和畜牧用地的使用和管理的影响会以累积的方式对环境产生影响，因此人类需要对生态系统不断检测，民众也应该了解这种影响。在世界范围内，消除贸易壁垒将有利于促进区域合作，并使得食品配送模式更趋合理。

道格拉斯·帕拉兹辛斯基（Douglas PLACHCINSKI）
美国从业规划师机构

参见： 农业（几篇文章）；生物能源与生物燃料；施肥/肥料；食品和冷冻；食品历史；食品及其附加值；绿色革命；本地化食品运动；营养失调；磷；水（综述）。

拓展阅读

Food and Agriculture Organization (FAO). (2001, May 28-June 1). *Mobilizing resources to fight hunger*. Committee on World Food Security, 27th session, Rome.

Krugman, Paul. (2008, April 28). Running out of planet to exploit. *The New York Times*, p. A21.

Liu, Junguo, & Savenije, H. H. G. (2008). Food consumption patterns and their effect on water requirement in China. *Hydrology and Earth Systems Sciences*, 12, 887–898. Retrieved March 7, 2011, from http: //www. waterfootprint. org/Reports/Liu-Savenije-2008-China. pdf.

Mellon, Margaret, & Rissler, Jane. (2003). Environmental effects of genetically modified food crops—Recent experiences. Union of Concerned Scientists. Retrieved August 24, 2011, from http: //www. ucsusa. org/ food_and_agriculture/science_and_impacts/impacts_genetic_engineering/environmental-eff ects-of. html

Parry, Martin L.; Rosenzweig, Cynthia.; Iglesias, Ana; Livermore, Matthew ; & Fischer, Günther. (2004). Effects of climate change on global food production under SRES emissions and socio-economic scenarios. *Global Environmental Change*, 14, 53–67. Retrieved August 25, 2011, from http: //www. preventionweb. net/fi les/1090_ foodproduction. pdf

Smith, Lisa C., & Subandoro, Ali. (2007). Measuring food security using household expenditure surveys. *Food Security in Practice No. 3, Technical Guide Series*. Washington, DC: International Food Policy Research Institute.

Southgate, Douglas D., Jr.; Graham, Douglas H.; & Tweeten, Luther G. (2007). *The world food economy*. Oxford, UK: Blackwell.

United Nations Economic and Social Commission for Asia and the Pacific (ESCAP). (2009). Theme study: Sustainable agriculture and food security in Asia and the Pacific. Retrieved March 7, 2011, from http: // www. unescap. org/65/theme_study2009. asp

von Braun, Joachim. (2007). *The world food situation: New driving forces and required actions*. Washington DC: International Food Policy Research Institute.

World Health Organization (WHO). (2011). 20 questions on genetically modified foods. Retrieved August 24, 2011, from http: //www. who. int/foodsafety/publications/biotech/20questions/en/

Food, Frozen

食品和冷冻

冷冻是一种古老的保存食品和营养物质的技术。冷冻食品可通过铁路、公路和海运等备有冷冻设施的运输工具运输，冷冻技术可以减少由于浪费造成的食品损失。但是冷冻食品所需的能源和制冷剂会影响可持续化发展和气候变化，因此我们需要开发新技术来充分利用冷冻食品所带来的好处。

保存食品的方法包括：干燥、腌制、加热和封装（如罐头），但是能够长时间维持食物的品质和营养价值的唯一保存方法是冷冻；冷冻的这些优势促进了冷冻技术的发展。在气候寒冷区，人们常常利用自然冷冻来保鲜鱼和肉类。早在公元前1100年中国就出现了利用天然冰来降温，直到19世纪50年代，在纳维亚半岛，人们将大量湖冰储存起来以备暖季使用。比起其他保存方法，冷冻食品通常更有营养、更美味。

冷冻食品的机械设备是18世纪中期发展起来的，但直到19世纪中期才生产出商用冷冻设备。在19世纪后期才开始出现工业冷冻食品，它主要用于从南美运输大量的肉类到澳大利亚和欧洲。科技的发展使温度能够降到低至−10℃，在这个温度下，大多数微生物停止活动。1881年伦敦建立了第一个用来存储进口肉类的冷冻仓库。据我们所知，美国发明家伯兹（Clarence Birdseye）的工作带来了冷冻食品的突破。1930年，他推出了一系列品牌为"鸟眼"（Birds Eye Frosted Foods）的冷冻消费品。

自商业化食品冷冻出现以来，在世界范围内销售的冷冻食品在2000年估计达到29 000吨左右（数据来源于和作者私人通信）：大约有一半是在美国消费，三分之一在欧洲，六分之一在亚洲。如果把冷冻技术用于食品工业，食品原材料数量可能会翻两番。世界上至少有一半捕获的鱼（1亿2千万吨）在加工之前是冷冻的，在南美洲，大量的肉类出口之前是冷冻的。冷冻食品消费不断增加：在过去的10年里，年度增长率为5%～10%。

可持续性发展机会

食品冷冻为实行食品行业可持续性发展

提供了很多机会。首先,冷藏能够让长距离节能运输食品成为可能,最终食品可以在条件优越的地区加工生产。无论食物加工生产方式的全球化是否经济或环保,冷冻为食品的初级加工(将原材料转化产品用于其他行业)带来了环保和便利(商业活动是主要驱动因素)。全球对生鲜食品的需求,如冬季对新鲜草莓或者对阿拉斯加新鲜三文鱼的需求,会导致空运成本增加,需要消耗巨大的能源。但这些产品如果通过使用高质量的冷冻技术,就可以通过海运或铁路运输,从而节省很多能源。

冷藏最重要的优点是通过延长食品保质期减少整个食物环节的浪费。对很多食品而言,环境的影响主要发生在食物生产的早期,如农耕和农业投入的早期,譬如施肥和养殖期间。运输、加工、储存和烹饪也会影响食品,但往往不是那么重要了。此外,食物垃圾的管理也对环境造成重大影响。例如,在垃圾填埋场,食品分解放出大量沼气会导致气候变化。因此,食品垃圾对环境和经济都有很大的负面影响。在不影响食品安全的情况下,冷冻食品的保质期长,在食品生产和加工的所有节点减少了食品损失。工业和零售可以长时间储存产品来等待市场需求,这样就提高了他们营销的灵活性。家庭可以储存吃不完或自产的食品,如浆果和水果。此外,食品损失减少加强了一个国家的食品保障:发展中国家食品冷藏链系统发达程度低于发达国家,因此食品产出后损失明显提高,从而降低了食品保障。

可持续性发展的弊端

能源合理利用是现代环境和资源保护要讨论的一个最重要问题。许多人认为,冷冻食品的缺点在于需要消耗电力能源,但是所有食物储存方法都需要能源,而且这些储存方法所消耗的能源量经常会超过冷冻所需要的能源量。

冷冻(或冷藏)还需要制冷剂。在19世纪70年代,泄露的制冷剂如氟利昂对臭氧层的巨大负面影响为大众所熟知。臭氧层的问题使得全球承诺使用其他破坏性小的物质取代消耗臭氧层的物质。这些新的制冷剂虽然不破坏臭氧层,但是却是强大的温室气体,每千克气体的危害性是二氧化碳的13 000倍。取代消耗臭氧层的制冷剂中最常见的是四氟乙烷(HFC 134)。对于冷冻食品的生产,冷冻设备和制冷系统中制冷剂的泄漏是一个严重的问题,因为它加剧了气候变化。但是,也存在不影响气候的其他冷冻技术,如含有氨和二氧化碳的制冷剂。大多数冷冻设备和存储设备使用氨和/或二次冷却系统(有两个回路的系统,显著减少对制冷剂的需求),并且大型的零售店正朝着这个方向发展,远离如HFC 134等碳氟化合物制冷剂。

由于食品冷冻有利有弊，因此需要根据具体情况确定冷冻过程是否环保。我们必须权衡利弊：减少食物在食物链中浪费，更高效的农业生产过程比能源使用和制冷剂的泄漏更能影响环境吗？答案取决于很多因素：产品类型、国家发展情况和运输距离远近等。一般来说，冷冻食品总比浪费食品好。

未来食物供应链

由于冷冻食品的优点显而易见，特别是在发展中国家，对冷冻能力的需求很可能会增加。随着全球居住在城市的人口越来越多，食品供应链（从农场到消费者）将变得更长，在此过程中食物更容易发生巨大损失。而且，随着全球人口日渐增长，全年对高质量食品的需求将会增加。这些趋势使得需要生产更多的冷冻食品。工业和零售商需要共同努力，提高冷链系统，以减少食品在中间环节中的总损失，同时降低用于冷冻的能源使用和减少制冷剂对环境的影响。这包括创建更节能的技术（已经有几个新兴技术开始出现）、有效地利用低温（如有效地使用仓库和家用冰柜）、使用不消耗臭氧层或者会让全球变暖特性的制冷剂。冷冻技术还必须能为适当的储存条件提供便利（维持恒定和正确温度），因为温度稍微降低可能使用了稍多的能量，却能提供更高质量的食品。

乌尔夫·松内松 (Ulf SONESSON)
瑞典食品与生物技术研究所 (SIK)

参见： 渔业；食品安全；食品历史；食品及其附加值；制冷与供暖；本地化食品运动；食盐。

拓展阅读

Bogh-Sorensen, Leif. (2006). *Recommendations for the processing and handling of frozen foods*. Paris: International Institute of Refrigeration [Institut International du Froid].

Evans, Judith. (2009). Technologies to reduce refrigeration energy consumption in the food industry. In K. W. Waldron (Ed.), *Handbook of waste management and co-product recovery in food processing* (pp. 196–220). Cambridge, UK: Woodhead Publishing.

Jul, Mogens. (Ed.). (1984). *The quality of frozen foods*. London: Academic Press.

Mattsson, Berit, & Sonesson, Ulf. (Eds.). (2003). *Environmentally-friendly food processing*. Cambridge, UK: Woodhead Publishing.

Scholz, Astrid; Sonesson, Ulf; & Tyedmers, Peter. (2009, December 8). Catch of the freezer. *The New York Times*. Retrieved February 1, 2010, from http: //www. nytimes. com/2009/12/09/opinion/ 09scholz. html/?_r=1

Sonesson, Ulf; Davis, Jennifer; & Ziegler, Friederike. (2009). *Food production and emissions of greenhouse gases: An overview of the climate impact of different product groups* [Report presented at the Climate Smart Food conference of the Swedish Ministry of Agriculture, Lund, Sweden]. Retrieved February 1, 2010, from http: // www. se2009. eu/polopoly_fs/1. 23297!menu/standard/file/foodproduction. pdf

Food, Value-Added

食品及其附加值

具有附加值的食品起始于农产品原材料,向其中添加一些元素提高食品的价值让消费者购买。在农产品的生产和分销中,地球上自然资源的利用可以是可持续的,也可能是不可持续的。通常一些具有附加值的食品(如手工制作食品)的生产过程是可持续性的:使用本地产品、雇佣本地员工、较短的食物运输路程、较少的化学添加剂。这种生产过程促进了多样性,也保留了食品文化特征。

利用自然资源生产农产品是一项与环境密不可分的人类活动,它会影响地球未来生态系统的健康和持续性发展。我们如何获得原生态农产品以及怎样配制增值食品,会影响到自然生态系统的可持续性发展。附加值食品就是农业原材料通过加工、处理后更方便使用,或者添加一些使它们变得更具有吸引力的成分。再向前推进一步,世界环境与发展委员会把可持续性发展定义为满足当代人的需求又不损害后代人满足其需要的能力(1987),表明可持续发展涉及的范围更广,而不仅仅是

物理环境,还包括社会文化和经济。

就像任何产品一样,食品增值的生产方式可能是可持续也可能是不可持续的。手工食品,即手工制作(一类提高了价值的农产品)的讨论,能够展现出与可持续发展原则相符合的加工方式。

具有附加值的食品

增值食品能够以工业化的种植和加工模式生产,例如农作物的集中种植或规模化加工,也能够以其他方式如小规模生产方式来制作。换句话说,食品增值过程可以存在于任何生产、加工和分配环节中。

食品最简单的增值形式是提高农业原生态产品的经济价值。增值包括将浆果变成果酱,或者将牛奶变成奶酪等的加工过程。迎合食物对人们的"意义"也有增值的机会,例如食品来自原产地(即认同感),制作它的人(如当地人)和生产方式(如手工制作)。这些"意义"往往导致了食品额外的经济价值。

从本质上讲,增值是一种经济活动,包含了技术、生态、社会文化、价值认同和社会实践等方面,附加到食品中的概念越多,消费者对产品的关注度就越高。为了评估增值食品可持续发展的可能性,我们有必要探究能够附加到食品中的生态元素和所有其他意义。在很多情况下,相较于非可持续性生产方式,增值食品可持续性生产往往赋予了更多意义。这是因为食品生产商能够将额外的可持续发展的含义、价值认同和社会实践赋予这些产品(例如无农药、当地种植或公平交易)。赋予的含义越多,就越有增值潜力和更高的经济回报。

案例研究:手工食品

手工食品只是增值食品中的一种。农业原材料通过手工加工可以让其附加很大的经济价值。手工食品的特点是劳动量大、资金投入比例少(DE Roest 2000)。也就是说,手工产品涉及的大部分都是手工制作,而不是使用高水平的机械化(和与此相关的成本)。根据国际贸易中心(2003)的定义,产品无论是完全手工完成,还是在手工工具甚至是机械设备辅助下的生产,只要手工部分仍然是成品的最重要组成部分,就是手工产品。这种高劳动力投入是此类产品产量限制的原因之一。由于缺乏机械化,他们的生产总量很小(相对而言)。

然而,作为一个价值增加的行为,手工特性不仅仅是单指手工制作。对于手工产品,除了手工制作(生产)这一特点外,还会赋予产品特殊的含义和价值认同,并且所有这些都有其经济价值。例如,工匠们制作产品时可以仔细地考虑到消费者需要,可以依靠它来增加经

济回报。

手工生产和产地联系密切,这也是另一个提升附加值的机会。例如,该产品生产者的文化、居住地的特点(如清洁和环保),特定的土壤品质赋予产品独特的品位,这些都是与产地有关,能够增加食品的价值。在大多数情况下,食品链或大部分的食品链(从农业到销售)在地理上是集中的,这进一步提供了增值机会。在当今全球化的世界,集中食品加工到销售环节并不是食品业的主要做法。但在集中的这种情况下,消费者往往更容易了解该产品更多的情况,如产品由谁生产、生产的农庄,以及产品是如何生产的。这是消费者和生产者之间如同在当地市场或农场门口面对面交流的一个特别案例。消费者越了解产品(积极方面的),该产品增值机会就越大。

另一方面,出产地还需要赋予产品"干净,绿色"的含义,或由于当地的土壤(譬如酿酒行业注重的风土条件),给原始农产品赋予独特的品位。手工食品生产与生产者也密切相关。这可以在代代相传的当地传统或者是加工者在食品生产和环境中所起的作用(即加工者的价值观)中体现出来。

为了了解食品增值过程,如手工制作食品是如何结合实行可持续发展的实践,我们有必要探究这些实践活动的含义和价值认同等相关的实践活动。农产品生产的历史能够让人更好地理解这种持续发展,因为它记载了手工食品增值的含义、价值认同和实践活动。

农产品:过去与现在

消费者已经意识到不可持续的农业食品带来的坏处,以可持续性方式生产的具有附加

值的食品在全球拥有越来越多的市场。消费者强烈反对密集加工型农产品生产带来的弊病,包括化学物质使用、环境退化、生物群落的破坏。这对于非密集加工型的具有附加值的食品(如手工食品)的发展是有利的。

从历史上看,现代化和全球化进程推动了社会发展。正是这种看待世界和思考什么使世界更美好的思维方式将食品生产、加工和分配制度带到了今天。在现代,人们认为技术是实现富人和穷人之间平等的一种方式,引入和使用技术是缓解饥饿和贫穷的手段。在这种发展模式下,食品生产变得工业化和密集化。传统和低效手段的农业和食品生产(如手工食品)被视为发展和繁荣的障碍。

尽管现代化对农业产生了积极的影响,但其负面影响不容忽视。基于对健康的考虑和商业采购中的合规要求(如不采购大规模加工食品),越来越多的消费者有意寻求可持续发展的增值食品。这些可持续的产品被视为"另类",也是抵抗现代化模式的一种形式。

区域发展与可持续性

当考察食品生产的可持续性时,需要考虑很多方面因素。例如,食品增值过程贯穿于复杂的食品链中。食品最终出现在消费者餐盘之前,通常是在全球范围内运输。食品里程(运输食品的距离)已公认为影响食品是否可持续的发展因素。虽然食品里程数可用于表征食品的可持续性,但是还有其他更多方面因素需要考虑,而且也不能完全排除低食品里程数的产品仍然会以不可持续发展的生产方式生产的事实。

在可持续发展的背景下,探索附加值食品时,另一个需要考虑的问题是食品生产不能脱离社会文化背景。可持续性发展还包括很多方面,其中一些方面将在下面文章中进行讨论。

规模和食品链特征

从手工食品的本质来讲,手工食品虽然不是大规模生产,但他们通常需要大量劳动力投入,与机械化系统相比,效率低下。这本身并不意味着手工食品就一定可以可持续发展,但对食品链其余部分的研究可以揭示手工食品在可持续发展框架中的定位。例如,许多手工食品是由手工者自己种植的原生态产品生产的。这通常不是密集型农业,避免了许多化学试剂的使用。事实上,在许多情况下,手工加工者尽量避免使用化学物质,他们的目标是将土壤品质渗透到食物中,使其味道达到最佳。在手工者自己种植原料产品时,它们主要关心的不是产量。尽管产量可以计算,但是相比于数量,首要目标是确保质量和品位。

在食物分配方面,加工规模也是一个考虑因素。因为具有附加值的手工食品一般产量有限,在很多情况下他们在当地销售。不可否认,一些手工产品远销海外,但是,更常见的是在当地市场内销售产品,这降低了食品里程数和与全球运输网络相关的在大型跨国市场所凸显出来的环境问题。

除了在分配环节对环境影响低,手工食品同时也由于其限制特性,存在对可持续性相关的社会文化方面的影响。例如,有附加值手工食品是由当地人生产,利润往往在本地重新分配(即经济可持续性),为周边社区提供就业机会和乘数效应。

增值食品的小规模生产也促进了信息的多样性发展。尊重知识和不同的实践，而不是只有一个模式（即大规模密集型农业），保留其多样化，会提供更好的可持续发展模式。

区域发展与文化可持续性

根据区域发展和增值食品可持续性生产，手工者与人们认为的更可持续性的发展模式天然结盟，即所谓内源性区域发展（Endogenous Regional Revelopment, ERD）。内源性发展涉及"本地可利用资源，如当地生态的潜力、劳动力、知识和将生产与消费联系的当地模式"的使用（Ploeg & Long 1994, 1）。

尽管可持续性增值食品有时也与外在的发展结合，但是在大多数情况下他们与内源性区域发展结合得更好。这两种对比模式为在可持续或不可持续背景下研究增值食品提供了一种视角。

人们通常认为促进多样性和保存文化特征是健康和可持续发展社会的重要组成部分。手工食品作为一个具有附加值的食品，为社会文化保留，而不是贬值提供一个完美的平台。因为手工食品生产往往是一种社会文化活动，尊重这种类型的食品就是直接维护和保持这方面的可持续性（即文化的可持续性）。此外，在市场它可以作为经济优势。换句话说，文化资本是一种"使一个区域的一系列特征不同于另一个，并以包括美食在内的很多形式体现"（Ray 2003, 5）。作为一个有附加值的可持续食品，手工食品在内源性区域发展的文化环境中不可或缺（Ray 2003）。

在看待发展这个问题上，这是一个更具包容性和可持续发展的方式。即使是把最小

的食品加工也考虑在内，它也是一个更符合可持续发展实践的农产品发展模式。它通过依赖特殊性增加食品价值的方式来尊重文化认同和差异。利用文化特征将价值赋予原生态农业产品，文化特征则被保存下来。另一个重要的积极因素是文化，考虑到食品生产的背景而且不被外界影响破坏，文化是一个无限的资源。

食品和可持续性发展：不仅仅是环境

食品增值过程的可持续性发展包含多方面因素。分析这些增值因素可以告诉我们产品是否符合可持续发展原则。农产品生产、加工和分配除了对生态环境有重要影响，也是一种社会文化活动。考虑可持续性时，必须考察整个食品生产链和产品的生命周期。关于有附加值的手工食品，不仅仅要突出其加工规模，也应考虑其受空间限制的特点，即食品生产链的集中程度或食品里程数。在考察增值食品可持续或不可持续的生产模式时，前面提到的所有这些特点都应考虑到。对于有附加值的手工食品，保持与更具可持续性的文化内源性区域发展模式相一致，将具有更广阔的前景。

食品由农产品原材料加工得到。同样的，食品可以以可持续或不可持续的方式生产。它也可以从密集型农业生产或小规模生产得到。大量生产的食品是通过加工获得价值，然而这依赖于密集型农业生产。在许多情况下（尽管并不总是如此），食品手工生产者自己种植、自己消费他们的产品，这是一种小规模生产，一般也更具可持续性。与之相对，手工制作的食品也可以由密集种植的产品加工得到。

例如，一位退休老人，可以在超市买到密集种植的浆果，然后在她的厨房里手工制作小批量的果酱，最后在当地的市场出售。

在大多数情况下，当手工单元扩展到更大的企业，它们依然保留了原始的小规模时的加工和特征。例如，一些塔斯马尼亚的手工奶酪制作作坊已经扩大生产，但仍然生产数量有限的手工奶酪，业主也仍参与决策过程（如果不是亲自动手制作的话）。如果他们需要产品原料，通常也是当地农场，这些农场依然按原来一样的方式从事农业生产。

安娜·M. 葛兰顿（Anna M. GRALTON）
塔斯马尼亚大学
弗兰克·范恩克莱（Frank VANCLAY）
格罗宁根大学

参见： 农业（几篇文章）；施肥/肥料；食品历史；食品安全；食品和冷冻；绿色革命；本土和传统资源管理；本地化食品运动。

拓展阅读

Cloke, Paul J; Marsden, Terry; & Mooney, Patrick H. (Eds.). (2006). *Handbook of rural studies*. London: Sage.

De Roest, Kees. (2000). *The production of Parmigiano-Reggiano cheese: The force of an artisanal system in an industrialised world*. Wageningen, The Netherlands: Van Gorcum.

Gralton, Anna, & Vanclay, Frank. (2009). Artisanality and culture in innovative regional agrifood development: Lessons from the Tasmanian artisanal food industry. *International Journal of Foresight & Innovation Policy*, 5 (1/2/3), 193–204.

Granovetter, Mark. (1985). Economic action and social structures: The problem of embeddedness. *American Journal of Sociology*, 91 (3), 481–510.

Ilbery, Brian, & Kneafsey, Moya. (1999). Niche markets for regional specialty food products in Europe: Towards a research agenda. *Environment and Planning A*, 31 (12), 2207–2222.

Ilbery, Brian, & Kneafsey, Moya. (1999). Producer constructions of quality in regional specialty food production. *Journal of Rural Studies*, 16 (2), 217–230.

International Trade Centre (ITC). (2011). Creative Industries. Retrieved September 29, 2011, from http: //www. intracen. org/trade-support/creative-industries/

Kneafsey, Moya; Ilbery, Brian; & Jenkins, Tim. (2001). Exploring the dimensions of culture economies in rural West Wales. *Sociologia Ruralis*, 41 (3), 296–310.

Marsden, Terry; Flynn, Andrew; & Harrison, Michelle. (2000). *Consuming interests: The social provision of foods*. London: UCL Press.

Marsden, Terry. (2003). *The condition of rural sustainability*. Assen, The Netherlands: Van Gorcum.

Murdoch, Jonathon; Marsden, Terry; & Banks, Jo. (2000). Quality, nature, and embeddedness: Some theoretical considerations in the context of the food sector. *Economic Geography*, 76 (2), 107–125.

Ploeg, Jan Douwe van der, & Long, Ann. (1994). Endogenous development: Practices and perspectives. In Jan Douwe van der Ploeg & Ann Long (Eds.), *Born from within: Practices and perspectives of endogenous rural development* (pp. 1–6). Assen, The Netherlands: Van Gorcum.

Ray, Christopher. (1998). Culture, intellectual property and territorial rural development. *Sociologia Ruralis*, 38 (1), 3–20.

Ray, Christopher. (1999). Towards a meta-framework of endogenous development: Repertoires, paths, democracy and rights. *Sociologia Ruralis*, 39 (4), 521–537.

Ray, Christopher. (2003). Governance and the neo-endogenous approach to rural development. ESRC Research Seminar: Rural Social Exclusion and Governance, London.

Sage, Colin. (2003). Social embeddedness and relations of regard: Alternative "good food" networks in southwest Ireland. *Journal of Rural Studies*, 19 (1), 47–60.

World Commission on Environment and Development. (1987). *Our common future*. New York: Oxford University Press.

Forest Products — Non-Timber

森林产品——非木材林产品

对于非木材林产品的商业开发,如纤维、坚果、香料、药用植物、橡胶以及藤材等,于20世纪90年代被作为一项战略计划而提出,以协调热带森林的保护与发展。然而由于产量低、供应不均衡、组织不力等主要因素,其经济效益有限,但是新的计划将针对这一预期目标继续开展。

虽然对非木材林产品的开发本身就是一种实践,可以追溯到人类起源的时代,可是相关术语却在1989年才被引入,且仅仅是指那些来自热带、寒带和其他植被的植物和动物产品(除去工业用材),并且是当地居民所利用以维持生计并进行贸易的。该术语涵盖了各种物料,如野味(陆生野生动物的肉)、坚果、香料、药用植物、包裹食品的叶子、纤维、用以手工艺品和工具的小径木材(被称为"小木")、藤材、橡胶所需的乳胶、观赏植物和精油(见表F–3)。然而大多数作者倾向于使用NTFP(非木材林产品的缩写)来指代这些产品,联合国粮农组织更喜欢使用非木材林产品

这一术语。两者所不同的是,大多数作者将"小木"也包括在定义之中,只排除商业木材,但联合国粮食和农业组织对其的定义不包括由木材制成的所有产品。

全球利用和开发模式

对非木质林产品利用和贸易统计表明它们为典型的稀缺资源。这其中一个原因就是大多数的产品都用于当地居民维持生计,而这样的交易在当地市场并没有被登记在案。尽管如此,据联合国粮农组织估计,1997年间约有150种产品交易到国际市场,价值约110亿美元。表F–4列出了国际市场交易中最常用的非木质林产品及其价格。

虽然国际贸易数据很难获得,然而在过去20年中大批研究论述了对于非木材林产品如何在全球使用的过程,使人们可以对此进行深入的了解。研究表明其使用方式在全球有着显著的相似之处。在所有大陆,偏远地区的人们使用相当数量的植物物种来维持生计,

表F-3　非木材林产品及其用途

产品分类	实　　　例
A. 植物产品	
食品	可食植物和植物可食用部分(种子、根、块茎、茎、叶、枝、花、果实、坚果)以提供蔬菜、小吃、饮料、食用油脂、香料、味剂等
饲料	牲畜和野生动物的植物饲料
药用产品	药材、植物和植物部分(树叶、树皮等)
建筑材料	竹、藤、小木、纤维、软木、叶屋顶(茅草屋顶)
容器	可供手工艺品和工具制作的木材、包裹食物的叶子、可供编篓和织布的纤维
生化制剂	非食用油脂、蜡、树胶、乳胶、染料、单宁、生物化学塑料和涂料、油漆和清漆、狩猎用毒素、致幻剂
芳香剂	化妆品、香水和熏香所需的精油
装饰	具观赏价值的植物、切花和干花
B. 动物产品	
食品	哺乳动物、鸟类、鱼类、爬行动物和昆虫的肉和蛋白质;鸡蛋、食用燕窝、蜂蜜
饲料	鱼油、骨骸
药用产品	哺乳动物、鱼、爬行动物体中提取的药物
器物	兽角、羽毛、骨
生化制剂	蜡、丝绸、蜂胶、鸟粪、毒素
装饰	活的动物和动物产品,如羽毛、兽皮、贝壳和兽角

资料来源: FAO 1991,不包括薪柴.

表F-4　贸易中常见的非木材林产品

非木材林产品	全球进口/百万美元	备　　　注
天然橡胶	4 221.8	热带雨林地区的集约化管理的种植园、农林复合系统以及橡胶树的天然林(提取储备)
人参	389.3	热带或亚热带的野外以及种植园
精油	319.4	野外和栽培资源的各类地区
软木	310.7	地中海地区栓皮栎人工管理的自然林以及种植园
蜂蜜	268.2	世界各地的集中或粗放管理以及野生资源
核桃	215.9	温带核桃属栽培种群
菌菇	206.5	温带和亚热带的野生和栽培种群
藤材	119.0	大部分来自热带雨林的天然林,少许来自亚洲人工林
阿拉伯树胶	141.3	大部分来自热带干旱地区阿拉伯橡胶树和塞伊耳相思树野生或粗放经营的天然林
巴西坚果	44.3	亚马孙雨林Bertholetia excelsa野生或半集约化管理天然林
其他	9 094.1	
总计	11 108.7	

资料来源: CBD秘书处2001.

其数量超过 500 种。这其中超过 50% 是被用于药用目的,而例如渔猎所获的一些动物则是蛋白质的重要来源。捕杀并食用野味也是一种重要的文化活动。特别是在非洲,即使当人们迁移到城市,野味仍然是他们最喜欢食物的一种。在所有其他产品的案例中,一般最贫困人群往往倾向于比其他人群消耗相对较多林产品。这些产品可以被认为是起到了"填补空白"的作用,可以在品质(增加产品名录)和数量(在农闲季节产品数量下降)上补充农场生产。

一旦有了其他的替代政策,收集非木材林产品的活动就往往会被其他活动取代。但这也有例外,一些重要的专业和文化活动比如狩猎、工艺品制作以及为了稳定的外部市场而形成的产品所需,比如针对特殊食物的如食用燕窝、特定的人参根系和独特的菌菇等。这就形成了一个重要的机制:即人们的生计使非木质林产品多元化,并以市场准入为主要决定因素。视具体情况可以分为以下几组(Belcher, Ruiz Pérez & Achdiawan 2005):

(1)生计。家庭从森林和休耕地中提供出低价产品,如棕榈纤维、低价的木雕、薪柴和药用植物,主要为自己的家庭所用。本组内由非木材林产品获得的收入低于家庭的总收入的 50%(现金和衣食),但这是现金收入的主要或唯一来源。

(2)补给。家庭从野外获取果实和药用植物,用于在本地的加工、消费和买卖。本组内家庭的现金收入占家庭总收入的一半以上,但是从非木材林产品获得的现金收入占家庭现金总收入的 50% 以下。

(3)综合。家庭经营非木材林产品或在一定的区域内进行集中管理,在本地加工处理后在当地和国内市场内进行销售。在本组的产品例如竹、高值的木雕、果实和树脂。正如补给组的情况一样,这些家庭在农事、农闲以及非木材林产品相结合的活动中,获得相当大比重的现金收入,而其中非木材林产品提供的现金收入少于 50%。

(4)专业—自然。家庭从野外开采和获取高价值的食品和药用植物用以国内和国际市场,其产生了超过 50% 的家庭收入,达到了中等水平。

(5)专业栽培。家庭种植并集中管理特色食品和树脂或染料以提供给国际市场,从而有超过 50% 的收入来自非木材林产品,这为他们提供的收入比当地平均水平要高。

至于非木材林产品生产中所采用的加工技术,一般的看法认为这些都是简单的技术。对于例如巴西坚果、编织、藤制家具而言,其制作的确较为简单，但在药物或植物油中所使用的一些非木材林产品需要非常复杂的实验室处理（Belcher & Schreckenberg 2007）。

非木材林产品的社会政治用途

对于非木材林产品的术语，最早是由查尔斯·彼得斯（Charles Peters）、延内·第·皮尔（Jenne de Beer）和梅勒妮·麦克德莫特（Melanie MacDermott）等作者所使用，这明确了什么样的森林倾向于被标注为"小森林产品"，因为其相对于木材的价值微不足道，但对于生活在热带雨林地区的人们而言却是作为食品、饲料、药物、建筑材料和工具的一个巨大来源。除了这些生活用途，非木质林产品还在其他就业机会匮乏的偏远地区提供了现金收入的来源。基于在秘鲁热带雨林非木质林产品的库存，一些研究显示非木材林产品的净商业价值比木材高，这是因为考虑到这样一个事实：即非木质林产品不同于木材，每年都可收获（Peters, Gentry & Mendelsohn 1989）。

围绕这些产品和其潜在的对于以保护和发展目标所作出的贡献，有着热烈的讨论。对于这种策略的推理是，地方当局和森林资源管理者将会对防止森林滥用或当非木材林产品的采收有利于人均国民生产总值（the Gross National Product, GNP）和出口收入转化为其他土地用途时感兴趣。只要当地社区有所考虑，非木材林产品贸易收入的增加可刺激他们保护并可持续地管理森林。因为非木材林产品可以在不改变森林结构的基础上而有所收益，这样便会保持森林的环境服务功能和生物多样性。所有这些因素产生了这样一个概念，即非木材林产品的商业开采将是一个潜在的健全保护性战略，同时也促进了当地的发展。在巴西，特别是像橡胶和巴西坚果这样的非木材林产品也成为橡胶采收者为确保开采区受到保护而战的象征，这样他们才能继续依靠森林为生的可持续生活方式，并且不受到那些声称拥有这片林地的牧场主或其他人的威胁。

最初专注于天然热带雨林中非木材林产品的讨论，后来也关注其他森林类型的产品，包括来自半干旱地区以及人为改善的种植园如林木花园和农林系统。其中一个原因便是在产品密度更高的人工林中，非木质林产品的开发在经济上更为可行。

几十年来的研究明确指出，非木材林产品对于贫困的森林居住人来说确实是一个重要且安全的网，但它们帮助人们摆脱贫困的潜力却很小。现存有几个阻碍非木材林产品的贸易，尤其是在偏远地区非木材林产品的贸易问题，其中包括缺乏储存和加工设施，路况差和高运输成本。其导致的结果便是必须在当地进行消费，尤其是那些易腐烂的产品。由于生产周期的季节性和不可预测性，产品在野外的密度低与其广泛的分布意味着存量小以及供应不均衡。由于非木材林产品提供输入的行业范围广泛，包括食品、饮料、医药、化妆品和植物药品，因此市场也变得支离破碎，生产商经常面临着需要满足国际质量标准普遍针对这些市场的困难，而这些也受到趋势影响，又因此较为多变。再加上缺乏统一收获的组织，所有这一切往往使非木材林产品的生产商依赖于中介机构，并且还受制于产品开采和贸易关系。这样一来，商业性非木材林产品对扶贫的贡献便普遍受到制约。

作为保护的天然林的战略,非木材林产品贸易的潜力也令人失望。由于其密度低,最初的想法认为非木材林产品能在损害森林较少的情况下将其收获,而森林附加的价值也将是他们有利的保护。然而在实践中,成功的营销使其产量增加,并且因此导致过度开发,正如已在紫檀木(用于精油)、藤材、燕窝、棕榈芯和其他物种的案例中所看到的。另外,成功交易的非木材林产品被栽培种植或人工合成物所替换,这一点就如橡胶所面临的状况一样。在这种情形下,对于森林保护的激励便丧失殆尽,或者森林被替换为种植园,导致生物多样性的丧失。

最后,仅单独开发非木材林产品并不足以满足人们的生存,因此导致它将耕作或与淘金活动结合,而这两者对森林的影响更为不利。

未来的趋势

在非木材林产品市场营销以及对扶贫和森林保护做出贡献的诸多决定性因素中,地权稳定性和多合作伙伴关系通常较为重要。地权稳定性作为地方所有权或长期使用和控制权,由于其可使当地民众通过公司与社会间的交易或参与认证,支付环境服务(payments for Environmental Services,PES)以及减少产生于森林采伐和森林退化的温室气体排放(Reducing Emissions from Deforestation and Degradation, REDD)计划中减少排放以利用森林资源,因此可以有效地减少贫困。这些计划(在参与认证的案例中,

这些计划与市场的公平交易、生物和有机贸易有着密切联系)期望能在不久的将来为以森林为基础的收入提供最大的潜力。此外,明确安全的财产权是实现自然资源可持续管理的关键条件,因为他们确保管理人员可以收获自己的管理工作带给他们的收益,这反过来又激励他们得以保护资源,防止过度开发,提供长期投资。

然而我们应该指出,使用权和森林可持续利用之间的关系是模糊的。首先,对森林土地有安全的产权并不意味着产权持有人会将该片土地保持在草木繁茂的状态。其次,砍伐森林也可以作为声称拥有该土地和地权的方式。再者,不同于正式法律意义上的地权状态,在制定土地使用决定中最重要的是权属安全性,而这在荷兰林业专家科恩·库斯特斯(Koen Kusters)于印度尼西亚苏门答腊岛达玛树脂农林复合林地的研究中已经十分明确。

对于一个成功的非木材林产品战略,另一个重要因素是社区组织和多部门的合作伙伴关系。两者对于解决许多由非木材林产品带来的挑战都是必不可少的。森林居民往往缺乏政治权力,这使他们处于谈判地位的弱势。自行组织和那些连接公共和私营部门的参与者(企业和非政府组织)可以帮助改善地权的安全、法律的公平、森林边缘社区的政治权力以及市场进入权。因为政府职能转变也增加了参与者在森林竞争和处理利益争夺和索赔需求中的地位,这种伙伴关系也是必需的。最后,在如认证、支付环境服务和减少产生于森林采伐和森林退化的温室气体排放等以森林为基础的收入中,有着一股新增的潜

力，这就需要信息获取、正确处理复杂的程序的方法以及在全球层面与参与者相互沟通，而这很难被那些身处遥远森林地区的参与者所重视。为了能获得这些新计划的好处，身居森林中的穷苦之人需要券商和监管机构提高他们的政治和经济影响力。

米丽娅姆·罗斯－顿纳（Mirjam ROS-TONEN）
阿姆斯特丹大学

参见：竹；丛林肉；可可；咖啡；纤维作物；森林产品——木材；本土和传统的资源管理；药用植物；橡胶；茶。

拓展阅读

Allegretti, Mary Helena. (1990). Extractive reserves: An alternative for reconciling development and environmental conservation in Amazonia. In Anthony B. Anderson (Ed.), *Alternatives to deforestation. Steps toward sustainable use of the Amazon rain forest* (pp. 252–264). New York: Columbia University Press.

Angelsen, Arild, & Wunder, Sven. (2003). *Exploring the forest-poverty link: Key concepts, issues and research implications* (Center for International Forestry Research Occasional Paper 40). Retrieved July 23, 2010, from http: //www. cifor. cgiar. org/publications/pdf_fi les/OccPapers/OP-40. pdf

Arnold, J. E. Michael, & Ruiz Pérez, Manuel. (2001). Can non-timber forest products match tropical forest conservation and development objectives? *Ecological Economics, 39*, 437–447.

de Beer, Jenne, & McDermott, Melanie. (1989). *The economic value of non-timber forest products in Southeast Asia*. Amsterdam: Netherlands Committee for International Union for Conservation of Nature.

Belcher, Brian; Ruiz Pérez, Manuel; & Achdiawan, Ramadhani. (2005). Global patterns and trends in the use and management ofcommercial NTFPs: Implications. *World Development, 33* (9),1435–1452.

Belcher, Brian, & Schreckenberg, Kathrin. (2007). Commercialisation of non-timber forest products: A reality check. *Development Policy Review, 25* (3), 355–377.

Food and Agriculture Organization of the United Nations (FAO). (1991). *Non-wood forest products: The way ahead* (FAO Forestry Paper 48). Rome: FAO.

Food and Agriculture Organization of the United Nations (FAO). (1995). *Report of the International expert consultation on non-wood forest products: Yogyakarta, Indonesia, 17–27 January 1995*. Rome: FAO.

Kusters, Koen; Achdiawan, Ramadhani; Belcher, Brian; & Ruiz Pérez, Manuel. (2006). Balancing development and conservation? An assessment of livelihood and environmental outcomes of nontimber forest product trade in Asia, Africa, and Latin America. Retrieved July 23, 2010, from http: //www. ecologyandsociety. org/vol11/iss2/art20/

Kusters, Koen; de Foresta, Hubert; Ekadinata, Andree; & Van Noordwijk, Meine. (2007). Towards solutions for state vs. local community conflicts over forestland: the impact of formal recognition of user rights in Krui,

Sumatra, Indonesia. *Human Ecology, 35* (4), 427–438.

Mayers, James, & Vermeulen, Sonja. (2002). Company-community forestry partnerships : From raw deals to mutual gains? London: International Institute for Environment and Development.

Peters, Charles; Gentry, Alwyn; & Mendelsohn, Robert. (1989). Valuation of an Amazonian rainforest. *Nature, 339*, 655–656.

Ros-Tonen, Mirjam, & Wiersum, Freerk. (2005). The scope for improving rural livelihoods through non-timber forest products: An evolving research agenda. *Forests, Trees and Livelihoods, 15,*129–148.

Ros-Tonen, Mirjam. (2000). The role of non-timber forest products in sustainable forest management. *Holz als Roh- und Werkstoff, 58*, 196–201.

Secretariat of the Convention on Biological Diversity (CBD). (2001). *Sustainable management of non-timber forest resources* (CBD Technical Series 6). Retrieved July 23, 2010, from http: //www. cbd. int/doc/publications/cbd-ts-06. pdf

Springate-Baginski, Oliver, & Wollenberg, Eva. (Eds.) (2010). *REDD, forest governance and rural livelihoods: The emerging agenda.* Bogor, Indonesia: Center for International Forestry Research.

Sunderlin, William; Angelsen Arild; Belcher, Brian; Burgers Paul; Nasi Rober; Santoso, Levania; & Wunder, Sven. (2005). Livelihoods, forests, and conservation in developing countries: Anoverview. *World Development, 33* (9), 1383–1402.

Forest Products — Timber

森林产品——木材

森林对人类生存十分重要,它们影响着环境,提供生活必需的材料。人口和经济的增长增加了对木材的需求,而可获取木材的生长地却在减少。在21世纪,使用木材作为能源来源将会成为最大的供需因素,因而提高了木材在全球经济中的重要性。

森林是人类生命的根本,它们对于全球淡水供应是至关重要的,甚至足以显著影响地球的颜色、反射和温度。它们是地球碳循环的一部分,从而可以影响到大气。森林维持着世界上许多地区的动植物生命。它们还可提供木材,帮助支持现代社会产品,如用于建造的木材、造纸纸浆和作为燃料的木材。

世界森林覆盖率曾一度达到近45%,如今大约为30%(FAO 2009)。人口的增加导致其对森林有更多的需求,因为森林木材可作为基本燃料为住宅供暖或烹调食物。许多土地被滥砍滥伐,使得森林转变为农业用地;还有一部分不宜耕作或放牧的土地往往是由于土壤侵蚀或盐碱化的发生。林地的不当使用往往会导致土地退化和自然资源损失。

森林生物群落可将森林分为三种主要类型:热带森林位于赤道附近,居南纬和北纬23.5°之间,没有冬季,而昼长几乎恒定在12小时,且只有雨季和旱季;温带森林位于北美东部、东北亚、西欧和中欧,其四季分明,生长期为140～200天;寒带森林(针叶林)是世界上最大的陆地生物群落,位于欧亚大陆和北美的北纬50到60°地区(三分之二位于西伯利亚,其余的位于斯堪的纳维亚半岛、阿拉斯加和加拿大),其夏天较短且湿润,冬季干燥且寒冷,有130天的生长期。

森林退化首先发生在欧洲、北美和中东地区。现今这些区域的森林退化已经被控制并开始了新的造林活动。如今森林退化最突出的是热带地区,主要发生在非洲、南美和亚洲南部部分地区。

表F–5展示了世界森林面积的分布地区、

森林覆盖率的每年变化和木材蓄积量。日益增长的木材蓄积体现了可用于加工成木制品的木材库存。

木材与木材制品

木材和木材制品从人类出现就开始为人们所用。传统上木材被用作加热和烹调的薪

表F-5　林地面积、年变化量以及区域增长储量*

地　区	森林范围（2005）			2000—2005年变化率	增长储量/木材容量（2005）	
	森林面积/1 000公顷	土地面积所占百分比/%	面积（公顷）/1 000人	%	总量/百万立方米	每公顷储量
中非	236 070	45	2 020	−0.3	45 760	194
东非	77 109	19	346	−1.0	4 351	58
北非	76 805	8	392	−0.7	1 390	18
南非	171 116	29	1 303	−0.7	6 102	36
西非	74 312	15	269	−1.2	6 254	91
非洲	**635 412**	**21**	**673**	**−0.6**	**63 858**	**102**
东亚	244 862	21	160	+1.7	19 743	81
大洋洲	206 254	24	6096	−0.2	1 077	36
南亚	79 239	19	52	−0.1	6 233	79
东南亚	203 887	47	361	−1.3	17 911	88
亚洲及太平洋地区	**734 243**	**26**	**201**	**+0.1**	**44 953**	**81**
独联体**	826 588	47	4 065	0.0	84 056	102
东欧	43 042	33	341	+0.4	8 361	194
西欧	131 763	37	328	+0.5	13 861	115
欧洲	**1 001 394**	**44**	**1 369**	**+0.1**	**106 278**	**107**
加勒比地区	5 974	26	146	+0.1	420	74
中美	22 411	44	557	−1.2	2 867	130
南美	831 540	48	2 197	−0.5	94 464	155
拉丁美洲/加勒比地区	**859 925**	**48**	**1 870**	**−0.5**	**97 751**	**153**
北美	**677 464**	**33**	**1537**	**0.0**	**68 101**	**111**
中亚	16 017	4	214	+0.1	1 061	66
西亚	27 571	4	93	0.0	2 006	76
亚洲中西部	**43 588**	**4**	**117**	**0.0**	**3 067**	**73**
全球	**3 952 025**	**30**	**599**	**−0.2**	**384 007**	**111**

*由于四舍五入导致不是所有部分的总和即为总计.

**独立国家联合体（CIS）是由一些苏联的加盟共和国构成的区域性组织.资料来源：FAO 2009.

柴,建筑和造纸用的材料,而这些仍然是它们现今的主要用途。木材具有独特的性质,例如其强度重量比和热绝缘性能,这使其成为理想的建筑材料。

为大多数人所熟悉的传统实木产品如栋材、木梁和板材,刨花板和纤维板等复合材料现今占据实木市场的很大一部分。胶合板于20世纪早期在美国西北部作为商用开发使用,过去建造需要板材而目前被相当多的复合型木制品取代。这些复合产品提供了比传统的木材生产更高的转换效率(每根原木的产量)。胶合板使用薄木片作为墙面材料的饰面,而层压复合板则直接替代了木板。

定向刨花板(Oriented Strand Board, OSB)使用薄的木材碎片制成复合板;木材纤维通过胶合剂被挤压在一起,从而形成复合板。该过程允许使用那些无法制成板材的低级别的木材,并具有90%～95%的转换率。仅有树皮未能使用在面板制造过程中(但树皮可用于燃料或覆盖)。

这些复合板产品彻底改变了木材在建筑施工中的使用方式。复合板大大提高了建筑过程中的劳动效率,并且提供了比原先所用材料更为优越的机械性能。此外,非结构复合材料产品正在使用曾经被认为的废料(如木屑)作为原料。刨花板和中密度纤维板广泛用于家具和橱柜行业。这些复合产品甚至在尺寸稳定性、均匀性、长跨度和工程化强度方面超越实木。

木工板等其他木材转换技术(树木转变成木制品)已经存在了几个世纪。自20世纪中叶起,转换技术已经突飞猛进。在19世纪,转换效率为35%～40%(导致超过一半的木材要浪费)。现今的计算机技术可以控制锯片切割的位置,激光扫描器用以评估原木,自动化技术也替代了锯木工人的大部分工作,现今的转化效率是19世纪的近两倍。另外,木材残余物(刨花和锯屑)现已成为刨花板,或被用于纸浆和造纸业。如果考虑产业合并,则转换效率可以接近100%。

全球木材生产以及使用

对木材的需求是森林管理投资的主要决定因素,并将对全球森林起到显著的影响。有几个因素被认为会影响对木材的需求,包括人口和经济的持续增长,由于发展中国家对木材的需求而导致木材重新分配,环境的限制将一些土地不作为木材生产所用,鼓励使用木材生物质的能源政策。随着天然林受到保护,木材将不断地从人工林采伐。人工林使得木材产量增加,并能通过控制树种和间距使得更容易应用除草剂和化肥,且加以苗木基因改良的使用,从而能更好地控制木材产品分销。木材需求趋势有时有抵消性。回收利用和较高的林地恢复将意味着更少的全球木材需求,而新的复合材料以及纤维素生物燃料的生产必会导致木材需求的增加。

表F–6指出了世界各地木材生产和消费的主要类别。由于木材一直是世界主要的燃料,而且至今依旧沿用着这样的古老模式,导致全球最大的木材消耗仍被使用于燃料,是全球主要的非化石燃料,世界上的发展中国家组成了最大的木材燃料的需求联盟。圆材是木材的自然状态。它可加工成锯材原木、造纸木材、木桩或木杆。一旦圆材"符合锯材条件"就被加工为像板材、木板、木梁或栋材之

表 F-6   世界各地木材产品的生产和消费（2006）*

（单位：1000 m³）

地　区	薪柴		圆材		锯材		纸浆	
	产出	消耗	产出	消耗	产出	消耗	产出	消耗
中非	110 621	110 621	15 083	11 768	1 544	582	0	1
东非	200 699	200 698	10 547	10 476	427	533	178	192
北非	47 792	47 792	3 452	4 153	214	4 618	244	342
南非	58 469	58 469	23 514	23 239	3 023	3 348	3 146	2 531
西非	171 091	171 091	16 713	16 511	3 124	2 599	23	49
非洲	588 673	588 670	69 309	66 147	8 332	11 679	3 591	3 116
东亚	212 618	212 628	115 258	164 659	27 475	43 992	30 445	43 977
大洋洲	12 838	12 839	50 769	40 500	9 304	7 660	2 715	2 356
南亚	382 745	382 825	28 431	33 053	17 212	17 519	4 521	5 152
东南亚	185 903	185 915	71 590	65 442	14 972	12 493	7 818	6 415
亚洲及太平洋地区	794 104	794 207	266 048	303 654	68 964	81 664	45 500	56 900
独联体	55 933	55 164	158 857	105 105	26 808	8 712	6 948	5 345
东欧	25 357	23 473	98 753	93 157	26 319	18 249	3 147	3 629
西欧	71 255	73 118	258 235	288 729	92 369	93 070	41 636	47 316
欧洲	152 544	151 755	515 845	486 991	145 496	120 030	51 732	56 289
加勒比地区	5 120	5 125	1 382	1 498	445	1 178	0	11
中美	40 195	40 194	3 522	3 305	1390	1293	17	56
南美	195 856	195 856	159 728	157 284	38 230	31 216	16 280	7 892
拉丁美洲/加勒比地区	241 171	241 175	164 631	162 087	40 065	33 687	16 298	7 958
北美	86432	86 334	603523	598 120	154 442	15 644	76 869	68 155
中亚	861	865	831	1 392	316	1 735	0	1
西亚	8 212	8 443	14 882	17 466	6 955	12 925	679	1 622
亚洲中西部	9 072	9 308	15 713	18 859	7 271	14 660	679	1 622
全球	1 871 996	1 871 450	1 635 069	1 635 857	424 568	418 364	194 668	194 040

＊由于四舍五入导致不是所有部分的总和即为总计.
来源：FAO 2009.

类的"锯材"。造纸木材是指被加工成纸张的木材。欧洲、北美、东南亚和南美地区是原材的主要生产地，而锯木的生产地主要集中在东亚、欧洲、北美洲和南美洲。北美、欧洲和东亚地区则占据了大部分的纸浆生产。

表 F-7 显示了 1965 年至 2030 年间实际和

表F-7 不同地区木材产品在1965年和2030年（预计）间的生产和消费情况*

地 区	锯材/百万立方米				木基板材/百万立方米				纸张和纸板/百万立方米			
	产 出		消 耗		产 出		消 耗		产 出		消 耗	
	1965年	2030年	1965年	2030年	1965年	2030年	1965年	2030年	1965年	2030年	1965年	2030年
非洲	3	14	4	26	1	5	0	5	1	13	1	21
亚洲及太平洋地区	64	97	64	113	5	231	4	236	13	324	13	329
欧洲	189	201	191	171	16	129	16	122	33	201	32	180
拉丁美洲/加勒比地区	12	60	11	50	1	29	1	15	2	27	3	31
北美	88	219	84	211	19	110	20	115	48	169	46	165
亚洲中西部	2	13	3	23	0	17	0	28	0	9	0	20
全球	356	603	358	594	41	521	42	521	96	743	96	747

*由于四舍五入导致不是所有部分的总和即为总计.
来源：FAO 2009.

预期的全球木材需求量。随着西亚和中亚、拉丁美洲和加勒比地区以及非洲锯材的主要增加，预计其产量在2030年前会以每年约1.5%的速度增长。随着西亚和中亚、亚洲和太平洋地区、拉丁美洲和加勒比地区木质人造板产量的增长，预计其在2030年会以每年3.0%的速度增长。而随着在非洲、亚洲和太平洋地区、亚洲西部和中部地区纸浆产量的增加，预计其在2030年前将以每年2.7%的速度增长。

表F-8显示了林业对区域经济的贡献。在全球范围内约0.4%的职业与林业和木材相关，而国内生产总值（GDP）的1.9%左右与林业有关。因此，林业和木材对世界经济是至关重要的。

表F-8 林业部门对区域就业和GDP的贡献（2006）

地 区	就业贡献/%	总增值贡献/%
非洲	0.1	1.3
亚洲及太平洋地区	0.3	1.0
欧洲	1.1	1.0
拉丁美洲/加勒比地区	0.7	1.9
美洲北部	0.8	1.0
亚洲中西部	0.2	0.3
全球	0.4	1.0

来源：FAO 2009.

展望

按照以往的趋势，木制品及木材能源的生产和使用预计从现在到2030年会增加。人口结构的变化、经济增长、区域经济变化以及环境和能源政策将影响木材产品的全球需求。最值得注意的是使用木板作为能源的迅速增加，尤其是在欧洲，能源政策规定了可再生能源的使用。最高增长率将出现在亚洲（主要生产国以及人造板、纸张和纸板消费）。大规模商业化的纤维素生物燃料生产将会对木材市场产生巨大影响。运输成本的增加和汇率也将影响木材的竞争力。

　　用以能源的原木和木材会以历史性速率继续加大。印度和中国经济的快速增长推动了亚洲和太平洋地区的高增长。可再生能源更大的用途也将推动这种增长。随着遗传改良对木材储备的增多以及更强的技术使木材得以更好地被利用，人工林成为满足更高的木材消费水平的关键。由于产品的需求扩大，木材的经济重要性将会增加。

　　全球收入增长以及环保意识的提高，将导致对森林的环境服务有更高的要求，譬如洁净的水和空气、气候变化减缓以及质朴的景观。导致森林荒漠化的一个核心问题是人口增长和人口过多。收入的增长提供了一种可以支付环保成本的手段，但不断增长的经济往往却要经过一段时间的森林开采。发达国家正因城镇化而失去林地，而这方面的一些损失已通过退耕还林而得以缓解。

　　发展中国家现在正出现大量的森林荒漠化现象，而且许多热带森林就位于发展中国家。商业性农业（经济作物和畜牧）、温饱型农业（小规模农业和轮作）和木材开采（例如木炭贸易）都导致了发展中国家森林荒漠化的产生。只有经济和人口基础的问题被重视，全球的森林荒漠化才不会持续不断。

托马斯·詹姆斯·斯特拉卡
（Thomas James STRAKA）
克莱姆森大学

　　参见：竹；生物能源与生物燃料；森林产品——非木材林产品；制冷和供暖；本土和传统资源管理。

拓展阅读

Biology Reference. (2010). Wood and wood products. Retrieved July 10, 2010, from http: //www. biologyreference. com/Ve-Z/Woodand-Wood-Products. html

Bowyer, Jim L.; Shmulsky, Rubin; & Haygreen, John G. (2007). *Forest products and wood science: An introduction* (5th ed.). Ames, IA: Blackwell Publishing.

Food and Agriculture Organization of the United Nations (FAO). (2009). *State of the world's forest, 2009.* Rome: Food and Agriculture Organization of the United Nations.

Food and Agriculture Organization of the United Nations (FAO). (2010). *Global forest resources assessment, 2010.* Rome: Food and Agriculture Organization of the United Nations.

Forest Products Laboratory. (2010). *Wood handbook: Wood as an engineering material* (Publication FPL-GTR-190). Madison, WI: USDA Forest Service, Forest Products Laboratory.

International Tropical Timber Organization. (2009). *Annual review and assessment of the world timber situation 2008* (Document GI-7/09). Yokohama, Japan: International Tropical Timber Organization.

Maloney, T. M. (1996). The family of wood composite materials. *Forest Products Journal, 46* (2), 19−26.

Palo, Matti; Uusivuori, Jussi; & Mery, Gerardo. (Eds.). (2001). *World forests, markets and policies.* Dordrecht, The Netherlands: Kluwer Academic Publishers.

Sinclair, Steven A. (1992). *Forest products marketing.* New York: McGraw Hill Book Company.

Siry, Jacek P.; Cubbage, Frederick W.; & Ahmed, Miyan R. (2005). Sustainable forest management: Global trends and opportunities. *Forest Policy and Economics, 7*(4), 551−561.

Skog, Kenneth E.; Ince, Peter J.; Dietzman, Debra J. S.; & Ingram, C. Denise. (1995). Wood products technology trends: Changing the face of forestry. *Journal of Forestry*, 93 (12), 30−33.

Solberg, Birger. (Ed.). (1996). *Long-term trends and prospects in world supply and demand for wood and implications for sustainable forest management* (Research Report 6). Joensuu, Finland: European ForestInstitute.

Wernick, Iddo K.; Waggoner, Paul; & Ausubel, Jesse H. (1997). Searching for leverage to conserve forests: The industrial ecology of wood products in the United States. *Journal of Industrial Ecology, 1*(3), 125−145.

Woodwell, George M. (2001). *Forests in a full world.* New Haven, CT: Yale University Press.

Youngquist, W. G., & Fleischer, H. O. (1977). *Wood in American life 1776−2076.* Madison, WI: Forest Products Research Society.

G

Gemstones

宝　石

纵观历史长河，人类很早以前就开始使用宝石来制作珠宝和装饰品。在全球范围内，宝石被开采、交易、加工和消费。在20世纪后期和21世纪早期，人们就把这些贵重矿物和那些重要可持续性发展的挑战联系在一起了。宝石产业已经开始着手应对其中的一部分挑战，但是仍有许多挑战亟待解决，这样才能调和生产国的当地社区所面临的宝石开采、生态可持续发展以及经久不衰的经济发展等问题。

宝石是天然的无机矿物，几千年来，它们就已经作为珍贵的石材被用在首饰上，作为装饰性物件用在其他装饰品上（CIBJO 2010）。宝石的生产、交易和消费产生了许多社会和环境方面的影响。在20世纪后期和21世纪早期，随着宝石生产和消耗的增长，宝石产业的可持续性发展也遇到了挑战。

宝石一般被分为带彩色宝石和钻石，尽管它们都能被当作"宝石"被开采、生产加工和交易，但这两类宝石之间存在着明显差别。

一些有关的原料（如珍珠和珊瑚）都是有机的珍贵材料，但不是宝石，虽然它们常常被公众理解为宝石的组成部分。许多宝石也在工业中使用，其占每年被开采的天然钻石的80%（Harlow 1998）。

宝石一般按照矿物组、种类和品种进行分类。仿制宝石的外形能够与真宝石一样，但是无法模仿真宝石的化学构成和/或它的物理特性。合成宝石是"与天然宝石具有基本相同化学构成、物理特性和结构的人工产物"（CIBJO 2010, 19）。宝石是以克拉为单位进行交易的，而1克拉等于0.2克。重要的宝石矿物组包括绿柱石、金绿宝石、金刚砂、金刚石、石榴石、碧玉翡翠、石英、尖晶石、托帕石、电气石和黝帘石等。每一个宝石矿物组包含了不同种类，而每一种的化学组成和颜色都不相同，因而在国际市场也具有不同的价值（Wise 2003）。宝石品种（矿物学亚组）包括了紫蓝色宝石、祖母绿宝石、红宝石、蓝宝石、丹泉石和沙弗莱石等。例如，石榴石组包括了沙弗莱石(颜色为翠绿色)、锰铝榴石(颜色为橙红和橙黄)、铁铝榴石(颜色从暗红色到棕红色)、乌拉尔翡翠(颜色为翠绿色)和钙铬榴石(颜色为翠绿色)等,但这些仅是很多种宝石中的一部分。宝石的原料特别稀少,而且每一具体品种的形成都需要非常特别的地质条件。

地质情况和起源

宝石是地球地幔、地壳和地表中的地质过程的产物,它们是在特定的化学、压力和温度的条件下形成的。在初生矿藏(主体岩石)和次生矿藏(如宝石砾)中,都能发现宝石。次生矿藏是被侵蚀掉的初生岩石形成的(特别是水的侵蚀),而这些侵蚀物随后又被富集,因而可以在冲积层、洪积层和海洋环境中发现。宝石在岩浆岩(如玄武岩刚玉宝石)、变质岩(如碧玉翡翠)或者沉积岩中形成和演变(Groat 2007)。由于宝石存在于从地表和地层深处的不同部位,宝石矿的开采有露天和地下开采两种方式。许多宝石矿在次生冲积层中被发现,如西非塞拉利昂的金刚石和斯里兰卡的蓝宝石。

宝石矿的开采方式取决于矿藏的地质特点和它们是在初生岩发现还在次生岩中富集形成。宝石开采对环境的影响与开采方法和地质学背景有关,而地质学特点决定了宝石矿物与其他原料分离的难易程度(Cartier 2010)。黄金的开采经常使用一些具有潜在毒性的化工制品和化学方法(如水银和氰化法);但是,与黄金开采不同,宝石开采不需要用化学制品或者化学方法从原材料中提取。健康和安全方面的忧患也因为天然开采地点的不同而不同。例如,矿工在次生冲积矿藏层中开采时,就很少使用爆破。

生产方式和组织结构

博茨瓦纳共和国、俄罗斯联邦、加拿大、南非共和国和安哥拉共和国5个国家每年所产钻石占全球年毛钻石总价值的85%和总重量的75%(Kimberley Process Rough Diamond Statistics 2009)。在2007年,4大主要公司——戴·比尔斯、埃罗莎、力拓集团和必和必拓公司(BHPB)——生产的钻石占全球总价值的78%和全球总重量的72%(Read & Janse 2009)。也正是因为如此,大规模的跨国公司在钻石产业占据了主导地位。2000年之后,澳大利亚、加拿大、安哥拉和俄罗斯成为钻石的主要开采国,从而改变了钻石产业的结构,降低了资源和市场机会过分集中现象,并增加了多样性(Even-Zohar 2007)。在世界范围内,寻找高品位钻石矿藏的勘探还在继续进行。目前,正在进行强度勘探区域包括安哥拉共和国、博茨瓦纳共和国、加拿大、刚果民主共和国(Democratic Republic of the Congo, DRC)和印度共和国(Read & Janse 2009)。

在世界上,50多个国家在进行高品质彩色宝石的开采。巴西、哥伦比亚、缅甸、斯里兰卡和坦桑尼亚是最传统也是最主要的彩色宝石生产国(ICA 2006),其他国家还有马达加斯加、赞比亚、肯尼亚、莫桑比克、巴基斯坦和越南。在彩色宝石产业(除了钻石之外其他所有宝石),一个独具特色的现象是,至少80%的彩色宝石开采是需要人工挖掘的(Michelou 2010),即一种使用最简单开采工具、低资本、劳动力密集型的开采方式(Hentschel, Hruschka

& Priester 2002)。在全球范围内,大多数的人工开采都是非正规和缺乏管理的。在彩色宝石生产领域,高比例人力手工开采对这一产业的规范管理带来了巨大挑战。

钻石和彩色宝石的生产方法不同,这种产别也凸显了它们在可持续性发展方面面临不同挑战和机遇。宝石产业的组织结构和供应链的需求,也决定了它们如何分别应对可持续性方面的挑战。在彩色宝石生产行业中,破碎化的和缺乏制约的生产过程使得这种应对变得更加复杂。

宝石的测试、加工和交易

宝石的测试和识别的科学称之为宝石学。宝石可以根据其含有的不同矿物质所特有的成分被我们识别出来。如它们的折射率、内部和外部的特性(如矿物标型特征和矿物解理)、特有的重力和紫外光荧光光谱,我们都可以采用不同的方法进行识别(Webster 1997)。现代的宝石学运用了一系列比原来更加复杂的化学分析方法和光谱测定法等方法来监测处理宝石,并且以此来决定宝石的地理学起源。

宝石的地理学起源,特别是红宝石、蓝宝石和祖母绿宝石的地理学起源,极大地影响了它们的价值。查谟和克什米尔出产的蓝宝石、缅甸联邦共和国出产的红宝石和哥伦比亚共和国出产的祖母绿宝石,都比与它们质量相似但产地不同的其他宝石价值要更高(Wise 2003)。在这些地区储藏着的宝石的背后都蕴含着一段历史,也因它们的美丽外表更加著名、更加具有传奇色彩。例如,印度的王公们就认为,佩戴缅甸联邦共和国出产的红宝石和

查谟和克什米尔出产的蓝宝石对他们有极大的诱惑力。最著名的位于查谟和克什米尔的蓝宝石储藏地已经被耗尽了,这就导致了在拍卖会上查谟和克什米尔出产的蓝宝石的价格飙升(Wise 2003)。尽管我们有能力去探寻一个面积更大的宝石起源地(如缅甸联邦共和国),但是我们并没有能力将这个起源地和与它的矿床地质相似的区域区分开来。现如今我们的技术还不能对打磨后的钻石的地理区域来源做出准确的判断。

我们对宝石的原石进行雕琢和刻画,就可以让它呈现出更加美丽的一面。这些经过了雕琢的宝石,之后就会被加工变成为珠宝。而雕琢宝石原石需要非常强大的技术支持。如果我们对它们进行加工时的方式或者位置不正确,那么我们会让宝石切割时所接触到的部位受到磨损,从而影响它们的使用寿命(Hamilton 2010)。大约有90%的钻石是在印度共和国的古吉拉特邦和马哈拉施特拉邦切割和打磨的,那里的相关产业从业人员大约有将近100万人(Even-Zohar 2007)。从历史上来说,钻石最重要的交易中心曾经是安特卫普和特拉维夫,而在21世纪初期的几年里,孟买也逐渐成为一个主要的钻石交易中心。因为孟买在钻石的生产制造方面具有很强的优势,并且当地有钻石市场。斯里兰卡民主社会主义共和国、泰王国和印度共和国都是彩色宝石最重要的生产制造和进行精加工的中心。曼谷和香港是彩色宝石的最重要的交易中心(Cartier 2009)。

雕琢宝石的目的通常是(Hughes 1997)使原石变得更加漂亮,也能保存得更加长久(如使绿松石或者青金石变得更加稳定)。为

表G-1 在天然宝石的生产和贸易过程中具有可持续性的方面

具有可持续性的方面	在天然宝石的生产（开采）过程中的注意事项	在天然宝石的加工和贸易过程中的注意事项
环境方面	土地等级降低和可能的修复 水资源的品质、溢出和泛滥 在野生生物和生物多样性方面的影响	在加工过程中化学物质的使用和处理
劳动力方面	宝石原石的公平工资和价格 控制童工 因此而引起的健康和安全方面的担忧	公平价格和工资 控制童工 因此而引起的健康和安全方面的担忧
经济方面	具有商业利益的保证金 对于当地经济有利的开采	可获利的加工和贸易行业 洗黑钱
市场方面	进入一个透明的和稳定的市场 产品生产市场的形式化	市场的进入 宝石处理过程的适当公开
地理政治学方面	不被资金支持的冲突 更加稳定的政府	国际性规章制度的遵守
社会方面	当地社会团体的发展 迁移和社会团体的替代；社会疾病和苦难	获得授权的小规模的企业 与正规税收结构的整合

来源：After Cartier 2010；Macfarlane，Tallontire & Martin 2003；Michelou 2010.

了让消费者保持信心，并且维持宝石行业交换的可持续性，处理方法的公开是至关重要的（CIBJO 2010）。表G-1列出了在天然宝石的生产和贸易过程中可持续性的方面。

人工合成和可持续的宝石

奥古斯特·维克多·路易斯·韦纳伊（Auguste Victor Louis Verneuil），一名法国的化学家，在1902年生产出了第一颗人工合成宝石，一颗红宝石（Hughes 1997）。人工合成的宝石（如钻石、金刚砂和石英）在工业方面的应用比它们在珠宝行业的作用更大。与它们的那些天然相对物相比，人工合成的宝石有更高的纯度。现在我们有两种方法可以人工制造，通过化学手段或者生物过程合成钻石：一种是HPHT（高温高压处理），另一种是CVD（化学气相沉积）。从全球范围来说，用于工业用途的钻石中，99%都源于人工合成物（Olson 2011）。宝石是一种有限的资源，但是它又和其他的地质资源不一样，它其中的大部分矿物质都是可以通过人工来合成的。也正是因为这样，人工合成宝石可以等同于一种很有潜力的替代物。尽管人工合成的宝石有很强的属性和很低的价格，在珠宝市场上，它们和它们的天然相对物还是不存在强有力的竞争性（Walsh 2010）。

与天然的宝石相比，那些在实验室中创造出来的人工合成物是不是有更强的可持续性呢？目前的研究还几乎没有涉及关于天然和人工的宝石之间的可持续性比较。只有萨利姆·阿里（Saleem Ali），一名天然资源方面的专家在他之前的初步研究中，曾经提及了在现实生产中人工合成的钻石是不是比起从自然中经过开采提取获得的钻石要消耗更多的能源（Ali 2011）。

供应产业链中的可持续性问题分析

在非政府性组织、消费者和政府三方的巨大压力之下，20世纪末，金伯利进程证书（KPCS）开始了关于钻石产业对于"冲突钻石"进入它的供应产业链中反应的研究。这种可以被很容易拾取的金刚石在一些国家，诸如安哥拉共和国、刚果民主共和国、利比里亚共和国和塞拉利昂，被提取之后就会有人出资用武装冲突的方式去获得。金伯利进程证书已经开始寻找方式以阻止这些金刚石流入钻石供应产业链，即实行一种国家专家认证的项目。现如今，唯一一个被我们视为还"处于冲突之中"并且也没有遵照金伯利进程证书管理的国家是科特迪瓦共和国。2010年，在同意了津巴布韦共和国销售那些被广泛报道了的、遭受了人类大量甚至于过量开采的地区获得的金刚石之后，人们开始质疑金伯利进程证书的可信度（BBC News 2010）。

与此同时，彩色宝石贸易也没有能够逃脱2008年美国兰托斯地区所颁布的关于限制缅甸玉的相关法令中的指责批评——有一些来自缅甸联邦共和国的被称为"鸠血红（或者鸽血红）"的红宝石和这一法令背后所施加的压力。这一法令限制了缅甸的宝石从第三方国家进入美国市场。国际彩色宝石协会（the International Colored Gemstone Association, ICA）同时也已经表明了对彩色宝石产业所实施的国家认可相关机制的可能性。这和金伯利进程证书相类似，但是它目前尚处于一个初步筹备的阶段。彩色宝石产业的混杂不均及其被分离间隔的自然天性，都是其继续进行相关改革的巨大阻碍。珠宝行业责任委员会——涉及了宝石供应产业链中的大型企业，如蒂芙尼、卡地亚、戴·比尔斯、力拓集团和其他相关的公司——领导着很多正在进行着的宝石的自发性的探寻过程，推动它们的过程变得更加符合"伦理道德"，贸易交换过程变得更加"公平互惠"，发展更加具有"可持续性"或者让相关的企业增加对于他们的"职责"的意识。不过，这一些努力都还仅仅处于起步阶段，而且直到2011年也没有其中任何一个达到了拥有独立的可以被证实的第三方鉴定证明，可以以此来促进它们的持续发展的阶段（Responsible Jewellery Council 2011）。

消费者们对于与宝石开采相关的、可持续性方面的问题的担忧仍将继续上升。这个行业在各个阶段的产业链都需要关注这些问题，这样才可以确保其自身的可持续发展。开采者、交易者、珠宝商、消费者、产业主体和政府之间协商一致的举措，将提高整个供应产业链在社会、经济和环境方面的表现。

劳伦·E. 卡蒂亚（Laurent E. CARTIER）
巴塞尔大学

参见：钶钽铁矿；冲突矿物；黄金；矿产资源稀缺性；非金属矿业；银。

拓展阅读

Ali, Saleem H. (2009). *Treasures of the earth: Need, greed, and a sustainable future*. New Haven, CT: Yale University Press.

Ali, Saleem H. (2011). Ecological comparison of synthetic versus mined diamonds (Working paper, Institute for Environmental Diplomacy and Security, University of Vermont). Retrieved June 9, 2011, from http://www. uvm. edu/∼shali/Synthetic_Diamonds_Mined_ Diamonds. pdf

BBC News. (2010, August 11). Zimbabwe diamond sales underway. Retrieved June 2, 2011, from http://www. bbc. co. uk/news/business-10945366

Cartier, Laurent E. (2009). Livelihoods and production cycles in the Malagasy artisanal ruby-sapphire trade: A critical examination. *Resources Policy*, 34 (1–2), 80–86.

Cartier, Laurent E. (2010). Environmental stewardship in gemstone mining: Quo vadis? *InColor*, 15, 2–9.

CIBJO (World Jewellery Confederation). (2010). *The gemstone book*. Retrieved May 11, 2011, from http://download. cibjo. org/Gemstone_Book_2010. pdf

Even-Zohar, Chaim. (2007). *From mine to mistress: Corporate strategies and government policies in the international diamond industry*. London: Mining Communications Ltd.

Groat, Lee A. (Ed.). (2007). *Mineralogical Association of Canada Short Course: Vol. 37. Geology of gem deposits*. Quebec, Canada: Mineralogical Association of Canada.

Hamilton, Douglas. (2010). Dangerous dust. *Rock & Gem*, 40 (8), 26–29.

Harlow, George E. (Ed.). (1998). *The nature of diamonds*. New York: Cambridge University Press in association with the American Museum of Natural History.

Hentschel, Thomas; Hruschka, Felix; & Priester, Michael. (2002). *Global report on artisanal & small-scale mining*. London: International Institute for Environment and Development.

Hughes, Richard W. (1997). *Ruby and sapphire*. Boulder, CO: RWH Publishing.

International Colored Gemstone Association (ICA). (2006). *The ICA 2006 world color gemstone mining report*. New York: International Colored Gemstone Association.

Kimberley Process Rough Diamond Statistics. (2009). Public statistics area: Annual summary tables 2009. Retrieved June 05, 2011, from https://kimberleyprocessstatistics. org/ public_statistics

Macfarlane, M.; Tallontire A.; & Martin, A. (2003). *Towards an ethical jewellery business*. Greenwich, UK: Natural Resources Institute, University of Greenwich.

Michelou, Jean-Claude. (2010, March 18). *Colored gemstones. From mine to market: Ethical trade and mining. Certification Challenges*. Presentation at the Rapaport Fair Trade Jewelry Conference, Basel, Switzerland.

Olson, Donald. (2011). Diamond (industrial). *US Geological Survey, Mineral Commodity Summaries*. Retrieved May 26, 2011, from http://minerals. usgs. gov/minerals/pubs/ commodity/diamond/mcs-2011-diamo. pdf

Read, George H., & Janse, A. J. A. (Bram). (2009). Diamonds: Exploration, mines and marketing. *Lithos*, 112 (Suppl. 1), 1–9.

Responsible Jewellery Council (RJC). (2011). Homepage. Retrieved June 12, 2011, from www. responsiblejewellerycouncil. org

Walsh, Andrew. (2010). The commodification of fetishes: Telling the diff erence between natural and synthetic sapphires. *American Ethnologist*, 37 (1), 98–114.

Webster, Robert. (1997). *Gems: Their sources, descriptions and identification*. (5th ed.). Oxford, UK: Butterworth-Heinemann.

Wise, Richard W. (2003). *Secrets of the gem trade: The connoisseur's guide to precious gemstones*. Lenox, MA: Brunswick House Press.

Yavorsky, Vladyslav Y., & Hughes, Richard W. (2010). *Terra spinel*. Hong Kong: Privately published.

Geothermal Energy

地热能

地热能指利用地表下面的热水或液体，为加热和冷却系统提供能量或生产电力。自古以来，天然地热资源就在被人类利用；现代利用地热资源的方向，是采用新技术改善地热发电厂的效率。通过正确的管理，地热发电厂可以在可持续能源领域发挥重要作用。

美国黄石国家公园的老忠实泉（The Old Faithful）是世界上最知名的地热现象之一。每90分钟左右喷发一次，间歇泉喷出的沸水能高达30米。间歇泉和热水与地热资源有关，并为理解这种能源提供了基础。地热一词源自希腊文，原意为"大地的热量"。

自史前文明时期以来，地热资源已被用于加热和烹饪，而直接使用的例子可以追溯到早期温泉周边的居住点。一个众所周知的古代使用地热的例子，是英格兰的巴斯罗马浴场。考古证据表明，不仅罗马人，而且中国人、埃及人、日本人和东欧人都在古代使用过地热资源。

虽然记载不一样，但是地热资源钻探开始于1828年至1832年之间。在意大利的拉尔代雷洛，地热能于1904年首次被利用来提供电力。系统很简单：蒸汽被带到表面并引入涡轮发电机进行发电（DiPippo 2008）。在北美地区，加州北部的盖沙斯间歇泉地热发电量于1923年达到几千瓦电力。1930年，冰岛首次开发利用地热资源集中供热，即使用一个热源给多个建筑物供热。随后，也开始使用地热发电。

地热电力供应开发的重要地区包括新西兰怀拉基、日本松川、墨西哥塞罗普列托和冰岛的许多地方。在全球范围内，以地热发电排名来看，2010年排名前10的国家是美国、菲律宾、墨西哥、印度尼西亚、意大利、新西兰、日本、冰岛、萨尔瓦多和哥斯达黎加。据物理学家鲁杰罗·波特尼（2010）推算，2010年底，全球地热发电量将达到11 000兆瓦（MW）。

地热的类型

目前，世界上有三种地热利用类型：直接利用、地热蒸汽泵和发电。直接使用的方式需要将热表层水引入管道网络,以调节控制利用热量。自1892年以来,爱达荷州博伊西市的一个行政区就开始采用这种供热技术设施,俄勒冈克拉马斯瀑布城也于1900年建造了这样的工程。在欧洲有许多城市集中供热的项目,例如冰岛、德国、意大利、波兰、罗马尼亚等。在世界各地,直接利用地热能的方式也在中低温度的温泉和管井应用。

地热蒸汽泵(Geothermal Heat Pump, GHP)是既可以供给居民建筑也可以在大规模建筑区应用的系统。地热蒸汽泵系统采用冷却技术来利用地球表面数米之下相当恒定的温度,并且当其用于建筑物供暖或制冷时,它们比常规的HVAC系统(供暖、通风和空调)更有效。2010年,美国能源部网站报道,在凉爽的天气里,地源热泵的效率是空气源热泵的两到三倍。据地热交流组织的另一份报告,地热蒸汽泵系统的效率是最有效燃料燃烧加热器的四倍多(US DOE 2010a, GeoExchange 2010)。2006年,诺克斯堡的陆军基地和美国的黄金贮藏库开始安装一个最大的基于地热蒸汽泵系统技术的地热采暖和制冷系统。数千私人和公共建筑也被转换为使用地热蒸汽泵,包括著名的建筑物如洛克菲勒中心和纽约市特朗普大厦。地热蒸汽泵可以在地球上各种气候和地理区域应用。

开发地热发电的地点大多位于具有地表地热地区,如温泉和火山的地区。位于环太平洋火山地震带(Pacific Ring of Fire)的国家(地震和火山活跃地区)和地热区的国家(如冰岛),是开发地热资源用于大规模发电最早的国家。

使用干蒸汽、闪发蒸汽和双汽循环技术一体的发电系统,有简单的发电厂也有相对复杂的工程化发电厂。第一个发电系统使用的干蒸汽,用蒸汽直接进入涡轮,给发电机供能并生产电力。在闪蒸汽技术中,蒸汽进入涡轮之前需要先进入一个蒸汽室。该蒸汽室气压低,导致蒸汽"闪化"或汽化,为涡轮机和发电机提供能量。双汽循环发电厂需要有热交换器,其允许加热的浓盐水,循环通过一个热交换器,导致其液体蒸发,带动涡轮机旋转。增强型地热系统或地热工程系统(Engineered Geothermal System, EGS)代表了未来一些更复杂的发电项目,能提高不具备充足天然水源的地区的利用率。地热工程系统能形成(或建造)一个地下水库或称为地下蓄水层(深度可达3 000米~10 000米),有人称其为干热岩(Hot Dry Rock, HDR)。需用工程技术压裂地下区域,扩大或创建一个空间,通过增加渗透性/孔隙率来增大地热蓄水层,还需要通过其他技术方法注入工作液体,从而形成一个地下水库或蓄水层。然后,它可以像传统地热发电系统一样投入生产。据认为,这样的系统可适用于大多数大陆。

经济因素决定开发地热资源用于发电的功效。建设大规模地热发电的设施花费昂贵,但是,一旦地热场和电厂建成,便可使用很多年。例如，在加州北部的盖沙斯间歇泉（The Geysers）已连续发电50多年，而意大利的拉尔代雷洛（Larderello）已发电100多年。目前，对于地热电力生产的一个经济忧虑是钻探地热井和开发地热场的相关成本。开发地热资源也具有相当大的风险，因为地热资源主要是隐藏的，就像一个油或气矿，在投资之初，其资源的质量和数量是未知的。由于需要使用地层深处地热液体作为发电设备动力，钻井是投资的主要组成部分，因而，改良的钻井技术对未来经济具有重要意义。

优点与忧虑

地热发电一个比较吸引人的方面是，一旦地热储藏量被确定，地热场被开发后的生产是可持续的。如果地热储藏恢复缓慢，那么可以通过注入水或其他液体进入地热层以维持生产。认识到这些系统可持续性是很重要的，但只有当该资源被合理管理时才有意义。在20世纪80年代，由于生产过度，加州的盖沙斯间歇泉蒸汽场生产量开始下降；通过向地热水库注入废水，使得下降得到回复，从而发电厂可以继续从岩石层中开采热能。

围绕地热发电开发，地震活动是另一个在社会、政治、经济方面受到关注的问题。2006年，瑞士巴塞尔附近一个深层地热钻井工程，由于将水注入一个重要的区域性断层系统而引发了3.4级地震；地震给巴塞尔居民造成恐慌，并最终导致该地热和发电项目停工。

2009年，在加州盖莎斯间歇泉地热场进行实验性的地热工程系统项目时，也有人表达了类似的忧虑，并使得该项目提前结束。在德国，有小规模微震活动的深层地热矿不断地被开发用于发电和区域供热系统。

如果研究人员和地热能开发商能继续解决这些社会和技术挑战，那么全球地热发电的前景是光明的。2010年，全球地热发电量约11 000兆瓦，而美国占据了约3 000兆瓦发电量。据美国地质调查局2008年的估算，在未来10年，美国中高温度地热矿发电量将是这一数量的3倍，或者说达到10 000兆瓦（Williams et al. 2008）。该报告预测，未来地热发电量可以达到目前水平的10倍。美国地质调查局估计，因为地热工程系统技术的重大进步，地热发电量能生产高达50万兆瓦的电力。鲁杰罗·波特尼在2010年预测，到2015年就会有18 500兆瓦的发电量。

科特·鲁滨孙（Curt ROBINSON）
美国地热能资源委员会

本文作者想对为本文做出贡献的保罗·布罗菲（Paul Brophy）、吉姆·康布斯（Jim Combs）博士以及苏比尔·桑亚尔（Subir Sanyal）博士表示感谢。

参见：地下蓄水层；生物能源与生物燃料；煤；制冷与供暖；石油；太阳能；水能；风能。

延伸阅读

Bertani, Ruggero. (2010, April). Geothermal power generation in the world, 2005–2010 update report.

Proceedings World Geothermal Congress 2010, Bali, Indonesia.

DiPippo, Ronald. (2008). Geothermal power plants: Principles, applications, case studies and environmental impact (2nd ed.).

Amsterdam; Boston; London: Butterworth-Heinemann. GeoExchange (Geothermal Exchange Organization). (2010). Homepage. Retrieved May 13, 2011, from http: //www. geoexchange. org/

Glassley, William. (2008, May). *Geothermal energy systems*. Notes presented at an extension class at the University of California, Davis.

Gore, Al. (2009). *Our choice: A plan to solve the climate crisis*. New York: Rodale.

Green, Bruce D., & Nix, R. Gerald. (2006, November). *Geothermal — The energy under our feet: Geothermal resource estimates for the United States* (NREL Technical Report 840–40665). Golden, CO: National Renewable Energy Laboratory. Hancock, Paul, & Skinner, Brian J. (2000). Radioactive heat production in the Earth. *The Oxford Companion to the Earth*. Retrieved June 16, 2010, from http: //www. encyclopedia. com/doc/1O112- radioactivehtprdctnnthrth. html

Lund, John, & Bertani, Ruggero. (2010). *Worldwide geothermal utilization 2010*. Transactions Geothermal Resources Council 2010. Draft manuscript.

Robinson, Curt. (2008, November/December). International geothermal eff orts, 2008. *GRC Bulletin, 37*(6), 13–16.

Tester, Jeff erson W.; Anderson, Brian J.; Batchelor, Anthony Stephen; Blackwell, David D.; DiPippo, Ronald; Drake, Elisabeth M.; et al. (2006). *The future of geothermal energy: Impact of enhanced geothermal systems (EGS) on the United States in the 21st century*. Boston: Massachusetts Institute of Technology.

Tester, Jeff erson W.; Drake, Elisabeth M.; Driscoll, Michael J.; Gloay, Michael W.; & Peters, William A. (2005). *Sustainable energy: Choosing among options*. Boston: Massachusetts Institute of Technology Press.

US Department of Energy (DOE). (2010a). Geothermal heat pumps. Retrieved August 4, 2011, from http: //www. energysavers. gov/ your_home/space_heating_ cooling/index. cfm/mytopic=12640

US Department of Energy (DOE). (2010b). Hydrothermal power systems. Retrieved August 4, 2011, from http: //www1. eere. energy. gov/geothermal/powerplants. html

Williams, Colin F.; Reed, Marshall J.; Mariner, Robert H.; DeAngelo, Jacob; & Galanis, S. Peter, Jr. (2008). Assessment of moderate- and high-temperature geothermal resources of the United States: U. S. Geological Survey Fact Sheet 2008–3082. Retrieved August 4, 2011, from http: //pubs. usgs. gov/fs/2008/3082/

Glaciers

冰 川

冰川是非常重要的,因为它们能调节淡水供应,影响海平面,并影响自然危害发生频率。它们也是文化的象征,是旅游胜地和自然保护的区域。冰川还可能引发突发洪水和雪崩。自19世纪中叶开始,大多数冰川已经大幅萎缩。由于冰川径流提供饮用水、灌溉和水力发电,因而全球气候变化引起的冰川退缩威胁着全球社会。

冰川是向下坡流动的大量的冰,它们形成于地面上整个夏季都不融化的雪。随着时间的推移,连续的降雪使得雪层增厚,其重量使雪压缩,并最终变成了冰。冰开始在内部移动(变形),向下坡滑动,形成冰川。要形成冰川一般需要冰厚至少为35米。冰川覆盖约10%的地球陆地表面,冰川冰占有80%的世界淡水。南极占据了全球冰川冰的90%,格陵兰占有9%,世界上所有的其他冰川只占有1%。当然,冰川覆盖面积随着时间发生变化:2万年以前在最后一个冰河时代的顶峰时期,冰川覆盖面积可能高达全球的30%(Hambrey &

Alean 2004)。

由于小冰期(约1350年至1850年全球降温时期)的结束,大部分世界各地的巨大冰川开始大幅萎缩,而一些小冰川已经完全消失。最显著的冰川退缩发生在冰川规模较小的地区,如非洲的肯尼亚山和乞力马扎罗山,以及在玻利维亚和厄瓜多尔的部分地区。但在新西兰和阿拉斯加的部分地区,冰川退缩并没有类似的大幅度。对全球变暖的担忧已经使许多人担心未来冰川的消失,这会影响淡水供应、海平面、自然灾害频率、自然保护、文化象征、旅游目的地和攀登的地貌。

冰川冰是自然资源

作为自然资源,在实用或经济方面冰川给人类带来很多益处。在历史上,采自冰川的冰被用于冷却饮料和冷藏食品。在中国、中东、北非和欧洲,使用高山积雪和冰川的历史可以追溯到几千年前。直到16世纪,欧洲人还在使用这些冰,并在伦敦、巴黎、格拉纳达和佛罗伦萨形成了重要市场。在 17 世纪的南美洲安第斯山脉，西班牙殖民者实行冰米塔（mita）制度，即强迫土著人作为劳动力为生活在南美洲海岸的富裕西班牙人挖取冰川冰。在欧洲，挪威是冰川冰的主要出口国，这些冰的应用直到 19 世纪末才被机械制冷设备取而代之。在日本，一些人仍然使用阿拉斯加冰川冰来冷却饮料。秘鲁人仍然吃各种口味的圆锥形刨冰，比如由冰川冰制成的拉斯帕蒂拉斯（raspadillas）刨冰，其所需的冰川冰是由骡子或当地的采冰者从 2 000 米的高山上运到城镇的。

冰川是水资源

人们依靠冰川径流获取饮用水、灌溉农田，并进行水力发电。冰川非常适合于水的储存。冰（也就是水）在寒冷、潮湿的冬天累积。然后，当夏季气温上升和在降水较少的旱季，冰川融化将水释放。冰川因此调节着一年的水流，并在人们最需要的时候提供水。不断萎缩的冰川威胁着自然资源的可持续性，因为一年中水的分配受到了破坏。根据气候变化情景分析，有关冰川衰退对水供给的确切影响，以及冰川萎缩对水文产生影响的时间节点，还有很多科学争论和不确定性。喜马拉雅冰川水文动力学情况的不确定性尤其高，因此对中

国人以及数亿从恒河、长江和黄河获取水的居民来说，他们受到冰川萎缩的影响可能并没有之前认为的那么严重。从中国流向印度和巴基斯坦的印度河，其水量将明显因为冰川萎缩而减少。在安第斯山脉、利马、拉巴斯和基多的居民依赖于冰川的水，而且安第斯山脉的能源很大部分来自水力发电，预计冰川的消失将造成这里旱季水供给量的显著下降。在北美西部，冰川补水流域的溪流流量在夏末也有所下降。在未来，由于供水和每年的水文分布的波动，冰川补水区域内的不同团体，都会利用各种手段保障自己的水权，因而社会争斗和关于水的冲突毫无疑问都会出现。

冰川和人类

冰川塑造着人类的文化，并影响人们的精神生活。至少两千年来，南美洲人们一直在崇拜被赋予生命的冰川覆盖的安第斯山山峰。直到今天，宗教朝圣者每年都要攀爬秘鲁奥桑加特山冰川，在那里他们收集神圣的、能治愈疾病的、纯净的冰川冰。在加拿大西北部的特里吉特文化和阿萨巴斯加居民中，冰川同样发挥着重要作用。口述历史表明，他们认为冰川是有意识的，能够影响狩猎方式和贸易路线，也影响了社会行为、语言发展、地理命名和人

的灵性。

冰川也是极富吸引力的游憩地。自18世纪末以来，许多登山者攀登冰川以到达世界上最高的山峰。冰川研究（冰川学）和登山之间有着很深的渊源：早期登山者携带科学仪器并在他们攀登过程中进行地质调查。例如，在1843年第一次尝试说明冰川的运动物理动力学原理的苏格兰物理学家詹姆斯·福布斯（James Forbes），他觉得研究冰川激发了他智慧上的欲望，徒步冰川满足了自己情感上的激情。冰川的吸引力还带动了人们对地球两极的探索。自从250多年前希腊水手皮西亚斯尝试航行到北极以来，许多好奇的探险家到过那里。在1895年，人类第一次踏足南极大陆，1911年首次到达南极点（挪威人）。1958年，新西兰人埃德蒙·希拉里爵士（Sir Edmund Hillary）从陆路首次横穿了南极大陆，从此人们对于南极大陆的游憩兴趣开始不断增加。

冰川的保护和可持续性

国家公园和其他自然保护区多注重于对保护冰川环境以利于游憩、旅游以及物种保护。美国的冰川国家公园、格陵兰岛的伊卢利萨特冰峡湾（丹麦）、尼泊尔的萨加玛塔（珠穆朗玛峰）、坦桑尼亚的乞力马扎罗山、秘鲁的瓦斯卡兰山、阿根廷的冰川国家公园和新西兰的西部泰普提尼国家公园，都是世界上为了保护冰川景观而创建的一些保护区。由于世界上越来越多的人认识到了冰川的重要性，有的保护区还成为世界文化遗产保护地（World Heritage Sites）（世界文化遗产保护地是联合国认定的具有突出价值的文化古迹或自然景观）。

自20世纪末以来，为防止冰川因为全球气候变化而萎缩，人们已经付出一定的努力。例如，最近几年就有建议给乞力马扎罗山覆盖白色防水布，在加拿大、奥地利和瑞士的滑雪场，已给冰川滑雪区覆盖PVC泡沫和白羊毛以防止冰融化。在印度的拉达克，所谓的冰川人车旺·诺菲尔已建成10处人工"冰川"，用于帮助当地农民。通过汇集每年的融雪和降雨，诺菲尔能够创造像冰川一样的冰体，并在春末夏初将水释放，为农民种植小麦、大麦和豌豆供水。在2010年，世界银行资助的一个备受批评的工程项目，将安第斯山顶刷成白色来改变反射率使得山能够反射阳光，而不是吸收热量。从理论上说，这一刷出来的景观能防止相邻的冰川融化。在全球范围内，保护冰川的各类计划展现了冰川在农业、旅游和文化意义中所扮演的重要角色。

冰川的危害

冰川还可能给人类造成严重威胁。在小冰期（约1350年至1850年），全球气温下降了1℃～2℃。结果是冰川在世界范围内都有所扩大，有时会给附近的居民带来麻烦，例如，冰川会覆盖他们的牧场、农田、灌溉系统、桥梁、房屋，甚至整个村庄。在1663年，居住在阿莱奇冰川下面的阿尔卑斯山居民，恳求附近的耶稣会教士进行仪式来驱退这邪恶的冰川。在1936年—1937年间，当阿拉斯加州布莱克拉皮兹冰川快速生成时，一道冰墙开始以每天66米的速度向当地居民点逼近。现在这个冰川再向前移动就可能压断阿拉斯加管道。

当冰川引发洪水时，也会造成重大灾

难。在小冰川期的阿尔卑斯山脉，来自山谷一侧的冰川常常堵截主山谷。1595年在瑞士，Giétroz冰川堵住了瓦勒德马恩巴涅山谷，当冰坝崩溃时，导致500多人死亡。自1788年以来，阿根廷门多萨区不断扩大的冰川已经产生冰截流湖泊和灾难性洪水，其中，1934年一场洪水导致很多人死亡，摧毁桥梁，损坏了13千米的铁路。冰川衰退也能引发突发性洪水，在1941年，秘鲁瓦拉斯就有这样灾难性的例子：冰川融化形成的湖水冲垮冰碛坝，导致5千多人死亡。在小冰期期间的阿尔卑斯山地区，人们不断努力地将这些冰川湖泊排水，以防止灾难性的洪水。从20世纪40年代到现在的安第斯山脉、20世纪80年代以来的喜马拉雅山，也都开展了类似工作。

　　冰、雪崩会造成额外的威胁。1970年时，地震引发秘鲁的布兰卡山雪崩，导致15 000多人丧生。当冰川覆盖的火山喷发时，冰川急速融化形成泥石流，即"火山泥流"（包括冰、泥、水和其他碎屑的雪崩）。其中，一个最坏的案例发生在1986年，哥伦比亚的内瓦多·鲁伊斯山喷发并产生了火山泥流，造成3万多居民丧生。

因素，因而，冰川成为极佳的气候指示器。在1600—1610年、1690—1700年、18世纪70年代、1820年和1850年，欧洲各地冰川都有所扩张，显示了小冰期（the Little Ice Age）中最寒冷的时期；而在中世纪温暖期（约800—1200年）和20世纪的大部分时期，冰川萎缩则表明了一个回暖时期。为了了解气候变化历史，冰川学家从冰川中钻取冰芯，其中存储了有关降水、温度、大气条件、火山爆发和大风等信息。从坦桑尼亚的乞力马扎罗，到秘鲁的瓦斯卡兰山、到青藏高原上的珠穆朗玛峰、到南极洲的沃斯托克号岛，科学家们在世界范围内钻取冰芯。格陵兰岛的钻探开始于1958年，其提供的准确气候记录可以追溯到11万年前。在南极，2004年的欧洲合作项目——冰穹C号提取的冰芯，记录了74万年的气候历史。在最近的全球变暖的讨论中，这些记录数据显得尤为重要，因为冰川存储的气候历史变化信息，也可能是我们了解未来全球气候变化的关键所在。

马克·凯利（Mark CAREY）
俄勒冈大学

冰川和气候变化

　　由于气温和降水是影响冰川规模的主要

参见：地下蓄水层；温室气体；山地；大洋与海；河流；水能；水（综述）。

拓展阅读

Alley, Richard. (2000). *The two-mile time machine: Ice cores, abrupt climate change, and our future.* Princeton, NJ: Princeton University Press.

Barry, Roger G. (2006). The status of research on glaciers and global glacier recession: A review. *Progress in Physical Geography, 30* (3), 285–306.

Carey, Mark. (2010). *In the shadow of melting glaciers: Climate change and Andean society*. New York: Oxford University Press.

Carey, Mark. (2007). The history of ice: How glaciers became an endangered species. *Environmental History, 12* (3), 497–527.

Cruikshank, Julie. (2005). *Do glaciers listen?: Local knowledge, colonial encounters, and social imagination*. Vancouver: University of British Columbia Press.

David, Elizabeth. (1994). *Harvest of the cold months: The social history of ice and ices*. London: Michael Joseph.

Fagan, Brian. (2000). *The Little Ice Age: How climate made history, 1300–1850*. New York: Basic Books.

Grove, Jean. M. (1988). *The Little Ice Age*. New York: Routledge. Hambrey, Michael, & Alean, Jürg. (2004). *Glaciers*. New York: Cambridge University Press.

Immerzeel, Walter W.; van Beek, Ludovicus P. H.; & Bierkens, Marc F. P. (2010). Climate change will affect the Asian water towers. *Science, 328* (5984), 1382–1385.

Le Roy Ladurie, E. (1971). *Times of feast, times of famine: A history of climate change since the year 1000*. New York: Doubleday.

Mulvaney, K. (2001). *At the ends of the Earth: A history of polar regions*. Washington, DC: Island Press / Shearwater Books.

Orlove, Ben; Wiegandt, Ellen; & Luckman, Brian. (Eds.) (2008). *Darkening peaks: Glacier retreat, science, and society*. Berkeley: University of California Press.

Gold

黄　金

很早以来，黄金就被作为一种重要金属在珠宝首饰中使用，同时，也被用来作为保存资金价值的物品。世界上许多国家都在生产黄金，其中，尤以中国和北非为最。黄金开采的一些方面也对环境和社会的可持续性发展产生了显著影响，包括了有毒氰化物的使用和大量被加工岩石的产生。

金（Au）是一种有光泽的黄色金属，具有延展性，相对强的化学惰性。开展可持续的黄金生产，要求谨慎处理潜在的有毒的矿井废弃物（特别是残渣尾料和废弃岩石）的环境风险，要能够正确处理复杂的社会和经济方面收益和危害。

纵观人类的历史，黄金一直处于一种非常特殊的地位，是一种常被用来制作珠宝及显示财富和权力的金属。在古代社会，黄金就以这样方式得到广泛使用。在1848年加利福尼亚和1851年澳大利亚东部发现了黄金之后，淘金热随之而生，成百上千的人前往这些区域，试图以此致富。1886年，在南非共和国北

部维特沃特斯兰德盆地发现金矿后，形成了规模最大的一次淘金热。在一些其他新殖民地，黄金也是当地经济迅猛发展的一个重要因素。

到了20世纪中叶，黄金的地位和它的重要程度都有了一个相当大的下降。在全世界大多数的地方，除了南非之外，黄金的生产量都减少了。但是，20世纪70年代两个关键性事件的发生，推动了黄金走向一个更新同时也更大的繁荣：一是金本位制的结束，这也就是说国家的货币不再与它们的黄金储备量相挂钩；另一个是一种新的、相对不那么昂贵的提取黄金的技术的出现和开发利用，称作炭浆法（Carbon-in-pulp, CIP）。这些都使得黄金采矿行业在全球范围内有了一次巨大的复兴。具体体现在利用炭浆法技术，低级的金矿石可以被非常轻而易举地开采出来，而且对于未来经营过程中可能发生的刂值有　个非常大的期待。

现在，黄金在全世界范围内无数的国家里都被大规模地开采。这其中包括了从一些大型的含铜金矿中开采所得到的副产品。

2007年,中国成为当年全世界范围内年度生产量最大的国家,超过了前一年度生产量最大的南非共和国(在印度和中国,黄金珠宝首饰具有极大的市场需求,这是因为在这两个地方,黄金和社会地位、名望声誉都有非常紧密的联系,如印度的嫁妆制度)。总而言之,黄金矿石的储备和其他的矿产资源在很多国家都被储藏保留了起来。尽管我们发现要想寻找到新的矿产储藏越来越困难,它们的开采挖掘也变得越来越昂贵,特别是矿石原石的等级在持续不断地下降。与此同时,矿物的残渣废弃物和遗址的修复重建工作,也依旧是最大最艰巨的挑战。

经济地质学

在自然界中,我们可以从大量不同种类的矿物中发现黄金的存在,它们的经济价值也因为矿种的不同而有所差异。不管是单一的黄金矿物原石,还是黄金和其他种类金属——比如铜、银、锌、铂族金属等——的化合物。我们可以从一些含有多种金属的矿物原石中提取出一定的黄金,作为副产物或者副产品。这取决于它里面黄金的等级、市场价格的多少和原石中元素排列组合不同而导致的不同加工流程。总而言之,最具有主导地位的原料来源还是仅含黄金的矿物原石,但是现在,也有越来越多的黄金是从铜金矿石、银金矿石或者其他的多金属矿床(举例而言,有一些是同时包含了铅、锌、银、铜和金等元素的混合物)。

在含金的矿床之中,最主要的类型包括太古代的含金石英的合成物("古砂矿",比如维特沃特斯兰德盆地、南非共和国)、切向压缩力的造山矿藏(比如主矿脉地区、加利福尼

亚)、超热矿脉(比如利希尔岛、巴布亚新几内亚)和卡林型(比如卡林地区、内华达州)。

如果想要准确地对作为经济资源的全世界黄金的产量做一个评估,那是非常困难的。因为不是所有的国家都会定期地发布这些相关的信息(退一步而言,就算真的有也并不容易)。但是,大多数主要的出产黄金的国家都会对相关的企业有规范的要求,要求各个公司上报他们的矿物资源(比如澳大利亚的联合矿石储量委员会代码,或者简称为JORC代码)。

美国地质勘探局也在统一汇总全球黄金资源的年度预算估计。根据美国地质勘探局的判断,2010年全球的黄金储量是51 000吨,其中澳大利亚联邦、南非共和国、俄罗斯联邦的黄金储量分别是7 300吨、6 000吨、5 000吨。澳大利亚地球科学局估计,澳大利亚联邦所拥有的作为经济资源的黄金在2010年是8 410吨,它的未来边际量和缺乏经济意义的资源储量是5 500吨。与之相类似的是,南非共和国对于现在还尚存的黄金资源的估计有非常大范围的变化,主要的一些大公司上报说它们还有2万吨尚可以开采的量。

2000年到2010年这10年之间,全世界范围内的年度黄金生产量大约在2 500吨每年。直到2010年,积累起来的生产量大约有14万吨,这其中包括了南非共和国的51 500吨、美国的17 500吨、澳大利亚联邦的12 300吨和加拿大的10 400吨(这个数据资料是2007年由Mudd上传更新的)。这些历史产量中的绝大部分是政府的大量储备。政府将黄金作为一种可以保存金融价值的储备,尽管现如今货币的需求量是由珠宝来主导的(2011年度全球

黄金需求报告)。

虽然现在还有非常大量的已经被我们发现了的黄金资源,黄金的产业还是面临着因为环境因素影响的现实限制(比如土地使用的冲突、能源资源、温室气体排放、水资源的影响、矿产废弃物的威胁等),还有社会经济方面的问题(比如收益的流动和共享、社会影响因素等)。

黄金的开采和处理加工流程

黄金的经济浓度是以百万分率或者克每吨(g/t)出现的。而被定义为富含金元素的矿物原石的等级是在0.5到30克每吨。我们可以用露天矿或者地下矿藏的不同方法来开采这些原石。这取决于储藏地点的深度和大小、矿物原石的等级、土地的使用和环境影响因素(特别是矿井的废弃物),还有经济方面的问题。总的来说,我们在矿物原石很接近地面并且它的等级比较低的时候使用露天矿的开采方法,反之,储藏比较深、等级比较高的矿物原石就适合于使用地下矿藏的开采方法。在某一些黄金采矿区,有很多种不同的矿石一起被开采。这其中包括了介于两者中间的工厂,他们可能同时采用露天矿和地下矿藏的两种开采方法。规模比较小或者利用手工劳动力去开采的矿场也会利用黄金专用秤盘、给冲击层安装水闸、人工挖掘沉箱和一些简单的挤榨粉碎法来进行开采。与此同时他们也通常会配合使用水银的汞合金。

在黄金矿物原石的加工过程中最主要的阶段包括了挤榨粉碎和摩擦碾压,使得矿物原石变成为沙粒或者泥沙的大小;湿法冶金学用氰化法做过滤处理(举例而言,使用炭浆法的加工过程,缩写为CIP,或者使用炭浸法的加工过程,缩写为CIL);最后是利用冶金学的方法处理富含黄金的金属棒,或者金银块锭,如果它包含了也有重大意义的银。在氰化法当中使用CIP炭浆法或者CIL炭浸法的提取效率非常高,通常可以超过90%。在生产加工的过程中还有很多的变化,比如有一个比重法去石的步骤,运用浮选法去生产一个浓缩的、灼热的矿物原石,或者在过滤的时候更加便利地浓缩释放黄金,或者利用生物氧化处理器去处理耐熔的矿物原石。再拿从另一种类的变化——堆摊浸出来说,是把矿物原石挤榨粉碎并且堆放成一个大堆,氰化物的处理方法是对表面进行灌溉冲洗,而这种容易导致黄金富堆积的处理方式最后是被用来提炼获得黄金的。尽管地摊浸出比起CIP炭浆法或者CIL炭浸法来说价格没有这么昂贵,它被广泛使用在处理非常低等级的矿物原石上。这种做法并不十分高效,而且通常它只能提取获得60%的黄金。当和其他金属比如铜一起出现的时候,黄金通常是在汰选熔炼的过程中被提取获得的。

对环境和社会的影响

黄金的开采可能会导致非常严重的环境和社会方面的影响。而且考虑到在现代的黄金需求中最大的需求主要是因为个人的装饰需求(比如珠宝),黄金在采矿行业中仍然是一个引起很多争议的因素。它们与环境和社会方面的影响都有非常紧密的关联。

对于每1千克被生产的黄金,通常情况下会同时生产出至少3千吨的残渣尾料和被废弃的原石,这就需要非常有效的针对性管理和修复(或者每1盎司黄金的生产过程中制造出大约100吨的残渣尾料和被废弃的原石,基于Mudd 2007)。残渣尾料是在黄金提取之后剩余下来的固体物质——它是按照克每吨(g/t)来度量的,这也就意味着实际上所有的矿物原石在经过了加工过程之后都变成了残渣尾料。残渣尾料都是通过大型的、经过设计的储存设备被统一处理的(尽管有一小部分的黄金矿井仍然是把它们生产出的残渣尾料直接倒进河里的,比如在巴布亚新几内亚的波尔盖拉金矿)。而当这些设备的设计、结构或者使用过程不正确的时候,它们也会最终导致一个非常悲惨的结局——比如1994年在南非发生的梅里斯普雷特矿井的残渣尾料阻塞和崩塌,最终导致了17个人员的死亡。

在矿物原石的加工生产过程中,大规模的矿产中使用氰化法处理原石,其巨大的毒性可能引起的危险是非常值得注意的。氰化法对水生动植物的多样性的毒性特别强,如果使用了氰化法并将残渣尾料中剩余的物质释放到环境中,无论是由于残渣尾料阻塞带来的溃坝或者泄漏,都会造成巨大的生态影响。残渣尾料溃坝问题的例子包括了圭亚那的欧迈(发生在1995年8月)、罗马尼亚的巴亚马雷(发生在2000年1月)和中国的镇安(发生在2006年4月)。这些都导致了河流的巨大的污染问题,影响了鱼和其他水生动植物的多样性,同时也对在河流流域赖以生存的社会团体和群落产生了巨大的影响。

无论从化学的角度还是生物学的角度,都有办法减少氰化法生产过程中产生污染的残渣尾料。这可以降低各种灾难的危险,同时也可以承受住自然资源的品质下降(这主要是因为细菌的问题)。但是,氰化法地球化学方面的影响是非常复杂的。有一些以固体矿物质形式存在在残渣尾料中的氰化物残余会一直持续存在很多年(总体而言,这一些化学形态在生物学上并不像想象中的那么容易获得)。

在手工开采中,因为无机的水银有相当严重的毒性,它们同时也会在职业方面和环境方面产生非常严重的危险。暴露了的水银会通过水蒸气的吸入或者是被污染了的食物的摄入和污染水的饮用进入人体。它也会对中枢神经系统、肾脏的功能和胃肠道功能的紊乱失常产生非常大的影响。当水银被泄漏到了环境里,它也会承受由于细菌造成的生物化学反应,从而变成甲基水银这样一种有机物的形式。如果发生了这种反应,那么它的毒性就会大大增强,并且急剧累积也会增加浓度,同时它在食物链中的地位也会得到提升。尽管有一些过程是需要通过外界的帮助和相关的训练来实现的,但是在非洲、亚洲和美洲的手工开采者中都还是存在着十分急迫地想要提高水银安全使用的需求,只有这样才可以使得环境方面和健康方面的问题得到缓解。

如果被废弃的矿物原石(或者残渣尾料)中含有硫化物矿物,比如黄铁矿,它暴露在外的表面可以和水以及氧气发生反应形成硫磺酸。它会依次溶解盐和重金属,并且让一种称作酸性矿山废水(Acid Mine Drainage, AMD)的毒素进入土壤。在黄金矿中存在着的大量矿井废物意味着如残渣尾料阻塞带来的溃坝和酸性矿山废水,所带来的危险都是非常严重的问题,需要我们谨慎地评估、计划、经营矿井的修复,这样才能使得黄金矿井具有环境方面的可持续性。

氰化法的使用也是非常具有争议的。因为它一旦进入了生态系统,对于人类和其他的有机生物体系就会产生很强的毒性。尽管有人呼吁说要在黄金矿井的开采中禁止氰化法的使用,但是现在还没有更加有效的可以供选择用来提取黄金的方法。水银的使用是一种有一定可能性的选择,但是它的毒性也会给人类和环境的健康问题带来非常强烈的忧患,尤其是水生动植物系统。

黄金最基本的使用并不像大部分的矿物质和金属,它更多的是基于社会性的使用——因为它的金融价值或者作为使用者个人的装饰物。考虑到历史上残渣尾料阻塞曾经带来过的溃坝灾难以及氰化物和水银的毒性,有很多社会团体和非政府性组织都拿出依据,证明黄金矿井的开采是一种非常"肮脏"的产业,而且黄金的使用也并没有任何正当的理由或者需要。另外一种非常常见的态度是因为氰化法本身固有的毒性,以及残渣尾料阻塞导致的溃坝可能性背后所蕴含的潜在灾难风险,所以要禁止氰化法的使用(同时也存在着一些表示要禁止水银的使用的争论,只不过这种说法并没有那么广泛地被流传开来)。与之相对的,有一些社会群体和团体并不反对黄金矿井的开采,但是他们很希望确保开采的处理方式是能被大众广泛接受的形式。这通常包括了公平的利益分享,特别是矿区土地的使用和开采所带来的经济优势,但其中最为常见的关注点还是与之相关的环境方面的担忧。一般认为黄金矿井和具有高保留经济(和文化)价值的区域是互不兼容的,就比如在国家级公园或者森林保护区的内部或者附近区域。而在手工开采的矿区中,将开采方式转变为大规模的开采也可能对社会造成非常严重的影响。这种影响和工厂和/或村庄的迁移再定位或者相关区域的经济状况的改变都有所关联。总而言之,开采黄金矿井的优点和环境方面、社会方面以及经济影响方面之间的联系,都还存在着很多争议与挑战。相关的观点有非常广泛的多样性。此外它在可持续性方面的问题也是一个非常著名的大谜团。

现今对于新的黄金矿井而言,环境方面和社会影响方面的评估已经成为一个常态,并且当一个项目被计划和管理得很好的时候,我们可以比较轻易地控制它所带来的各种影响。而成功地对一个矿井的挖掘现场进行修复,现在也成为一种非常常见的法律诉求。这种情况甚至会出现在尚处于发展中的经济社会中。不过相关的科学研究还没有能够对矿井挖掘现场修复的长期有效性做出一个定论,所以很多情况还是很难以捉摸的。

加文·M. 穆多(Gavin M. MUDD)
莫纳什大学

参见:铝;铬;钶钽铁矿;冲突矿物;铜;电子产品的原材料;重金属;钛矿石;铅;锂;矿产资源稀缺性;采矿业——金属矿床开采;镍;铂族金属;稀土金属;回收利用;银;钍;锡;钛;铀。

拓展阅读

Da Rosa, Carlos D.; Lyon, James S.; & Hocker, Phillip M. (Eds.). (1997). *Golden dreams, poisoned streams: How reckless mining pollutes America's waters, and how we can stop it.* Washington, DC: Mineral Policy Center (now Earth Works Action).

International Institute for Environment and Development (IIED) & World Business Council for Sustainable Development (WBCSD). (2002). *Breaking new ground: Mining, minerals and sustainable development.* London: Earthscan.

Mudd, Gavin M. (2007). Global trends in gold mining: Towards quantifying environmental and resource sustainability? *Resources Policy*, 32 (1–2), 42–56.

Raymond, Robert. (1984). *Out of the fiery furnace: The impact of metals on the history of mankind.* Melbourne, Australia: Macmillan.

World Gold Council. (2011). Gold demand trends: Second quarter 2011. Retrieved September 8, 2011, from www. gold. org/download/get/pub_archive/pdf/GDT_Q2_2011. pdf.

Grains

粮食作物

约1万年前世界各地开始从野生植物进行粮食作物驯化,极大地改变了当时社会、后来使用这些谷物的相邻文化,以及被粮食作物饲养帝国征服的或驱逐的人民。粮食作物仍然在世界农业中占有最重要的位置,并且,农业在当前地球生产性景观中占首要地位。粮食农业是包括营养不足或营养过剩、人口增长、物种灭绝和气候变化等许多社会和环境问题的主要促成者。自相矛盾地,农业本身也有来自这些问题的危险。

粮食作物提供了人类食物总能量的一半以上,并占有农田面积的2/3(FAO 2011)。小麦与水稻是营养和农学上占统治地位的作物。它们一起提供了几乎40%的人类总能量,占农田面积的27%。另一方面,动物食品仅提供了我们食物总能量的17%,其中的不到一半来自肉类。小麦比任何其他作物种植面积都大(2009年为2.26亿公顷),并适应于对水稻和玉米来说过于严厉的气候。水稻在112个国家种植,它在南亚提供食物摄入量的60%(Kiple & Ornelas 2000)。在全球,水稻在单位面积上能比小麦和玉米提供更多的食物能量和蛋白质。

植物学和农学定义

小、硬、可食的种子可以称作籽粒或谷粒。这些术语最频繁地用于禾本科植物的种子。但是,植物学家把禾本科籽粒称为颖果,因为它们实际是包裹在源自母体植株层内的真种子。同样,向日葵"种子"是带有母体包裹"仁"或真种子"壳"的瘦果。豆科植物的种子易于从母体组织脱粒并以裸露种子储存,这些及其他较大、裸露的种子可称作豆。

有几百种驯化的植物生产硬、干、可食的种子,但仅有几十个被认为是粮食作物。有些权威将粮食等同于禾谷类——来自禾本科的粮食作物。但更实际地,粮食被定义为在关键方面与最早并最重要的驯化禾谷类水稻和小麦相似的作物。① 收获前籽粒在植株上变干,不同于一些必须从果实中挖出并摊在席子上晾干的可食种子。② 籽粒通过用大镰刀或镰刀砍下谷穗、连根拔起植株或直接将种子敲击到篮子内而从田间移走。这有别于来自必须用手采摘或从地上收获的坚果的籽粒，因为它们长在不能轻易砍、敲或连根拔出的高大木本茎上。③ 可食籽粒一起从不可食植株部分脱离，不像坚果或果实逐个去壳或剥皮。④ 籽粒是植株的最有价值部分，茎秆，比如也能为燃料或饲料之用而收获，但被认为是副产品。相反，棉花和大麻被认为是纤维作物而非谷物，即使它们生产作为副产品的可食种子。⑤ 籽粒富含碳水化合物、油或蛋白质，并主要因这些化合物而受到重视。非粮食作物如调料和药草的生产主要因为带特殊滋味、气味或刺激性特性的特殊化合物而受到重视。

有了生产较小植株的现代育种方法和/或能够收割和脱粒大茎秆植株的强有力机械，曾经用手收获或逐个操作的种子作物，就能用于收获小麦和水稻的相同机械收获。从种子提取蛋白质和油的新方法，可能会使从以前被分类为野生植物的植株或从饲料、纤维或香料作物中培育食物新品种成为可能。一个植物越接近像典型谷物被收获和利用，它就将越经常地被描述为谷物。

主要粮食作物

在世界少数地区仍然从野生植物收获籽粒，但经济和对环境重要的谷物来自驯化的植物——通过多代选育而遗传上修饰的植物。

现代谷物的性状

与其野生祖先相比，驯化的粮食物种有更容易发芽的种子。植株通常较少分枝，具较少但较大的开花结构，这些结构（"穗子"）几乎同时产生并且有同样高度。野生植物成熟的穗子解体或要释放它们的种子，而驯化植物的成熟穗子保留了种子，使其让农民收集穗子容易得多。

然后，穗子必须用手工或机械敲打脱粒以释放籽粒。脱离穗子其他部分并能直接磨碎或蒸煮的籽粒是首选的，最广泛种植的谷物已经获得了该性状。但有几个现代谷物，如燕麦，仍然不能从壳中脱粒，必须通过碾压才可能使籽粒与壳分开。

驯化历史

伊拉克东部的挖掘发现了回溯到9 000年以前的当今小麦原始亲缘种（Gibson & Benson 2002）。其他考古证据提示约7 000年前，尼罗河流域、印度和中国有普通小麦种植。水稻栽培的起源仍有争议。一种估计是中国的水稻栽培始于公元前约2800年，公元前3500年前的水稻遗迹在泰国发现，但栽培被认为至少在10 000年前或可能更早就已开始。美国科学家和著名作家杰瑞德·戴蒙德（Jared Diamond）是许多提议包括大麦驯化和小麦先驱的农业兴起，是冰河时代以来人类史上最重要事件的学者之一。

可以说直到植物育种家和农学家致力于全球粮食生产的20世纪下半叶，谷物驯化还未完成。通过培育抗病和降低株高的水稻和小麦品种，这些谷物能够成功地对增加化肥和灌溉做出响应。1965年至1990年，亚洲的禾谷类产量翻了一番，这个成功是在人口快速增长时取得的，被称为绿色革命。

谷物类别

禾本科作物种子有称为胚乳的淀粉能量储备环绕植物胚而不同于许多其他科植物的种子，结果是这个科的粮食作物禾谷类含高碳水化合物（60%～80%），尽管它们也提供一些蛋白质（如水稻平均有7%，小麦有13%，但百分比在两者的品种间有变化）。玉米、高粱和许多粟类物种是具有特殊光合作用形式（包含称为 C_4 的途径）的禾谷类，在炎热条件下表现良好并能高效用水，这些作物在温带地区的夏季种植。小麦、大麦、燕麦和黑麦称为凉季禾谷类，在温带地区以及热带和亚热带高海拔地区的春季或冬季种植。水稻比其他"凉季"禾谷类能在较热带条件下种植，因为它是一种湿地植物，耐受和需要非常潮湿的条件。

来自含有与禾谷类相似淀粉和蛋白质的几个其他科的粮食作物称为假禾谷类。荞麦、苋菜和奎奴亚藜有区域重要性，但在世界经济中是小作物，它们目前正在享受新的关注，因为更频繁地检测出含不耐受禾谷类蛋白质，如面筋。

来自豆科的粮食作物——粮用豆类，在世界农业中有特殊的地位，因为它们的种子是膳食蛋白质的极好来源，还因为这些植物能够在氮含量贫瘠的土壤中生长。豆科植物利用空气中的氮，而其他粮食作物需要更罕见形式的土壤氮。这些籽粒含20%～40%蛋白质，有时称为"穷人吃的肉"，特殊氨基酸能够补足禾谷类的氨基酸缺乏。粮用禾谷类和豆科植物在一起能够提供基于植物的人类蛋白质营养。可能由于此原因，禾谷类和豆科籽粒在几处并行驯化：大豆与水稻（中国）、菜豆及利马豆与玉米（中美洲）、豇豆与高粱和粟（非洲）、小麦及大麦与扁豆及鹰嘴豆（美索不达米亚）。数个豆科植物将其高蛋白种子埋藏于地下，因为这些种子必须靠挖掘才能收获，然后去壳前晾干。不常把花生（南美洲）或班巴拉花生（非洲）称为谷物。

最后一类谷物——油料种子，包含几个科的植物，并且也有用于榨油但不常直接作为食物食用的籽粒。例如，蓖麻油用于工业，如同油菜籽以前的情况一样，在现代植物育种大大降低了强烈刺鼻的味道和油味，其销售用名是加拿大油菜（Canola）。大豆既可因其富含油（20%）而归类于油料种子，也可因其属于豆科并高含蛋白质（37%）而归类于粮用豆类。其他重要油料种子谷物包括向日葵、红花、亚麻籽和芝麻。另几个主要油料作物也不当作谷物看待，包括橄榄、油棕和各种坚果。

收获谷物的利用

粮食作物是现代人的主食，还有几个非粮食作物，马铃薯、甘薯、木薯、薯蓣、芭蕉和面包果，它们在特殊地区作为主食并向全球食物系统贡献碳水化合物。但是，全球粮食产量要高得多，粮食比主要在当地消费的其他种主食更容易进入国际市场。因为它们小、硬和干燥，所以粮食运输容易得多，也更经济。它们比大多数水果、蔬菜和块茎更不易受损腐烂，这个特点再结合小尺寸，能使它们几乎像液体一样在管道和罐子中操作与储存。只有少数其他作物商品如此不易腐烂和便于操作，植物油——从粮食和木本植物果实提取的液体——和糖是两个主要例子，这些与粮食是主要商品市场中买卖的仅有作物。同样原因，粮食、糖和油也是国际上众所周知的缓解饥饿和赈灾的主要产品。

小麦与水稻是人类最普遍的珍贵食物的来源，假如在凉季谷物和暖季谷物间做一选择，许多家庭会选择吃小麦或大米并用玉米或粟饲喂牲畜。玉米籽粒大，必须通过浸泡或磨碎加工。相反，大米能整个蒸煮。小麦的吸引力是其高蛋白含量，包括大多数品种的高面筋含量，这是一种能拢在一起、让小麦做成面条或面包的黏性蛋白质。其他凉季禾谷类像黑麦、小黑麦、埃塞俄比亚画眉草、燕麦和大麦正变得次要，它们既没有暖季禾谷类作物的产量潜力，也没有小麦与水稻的口味和蒸煮特性。

粮食在全球经济中的地位

在全球，全部收获的禾谷类作物约35%是用作动物饲料，但饲料对食物的比例因地区和作物而有很大变化。例如，仅有5%的水稻用作饲料。其他粮食、饲料与食物间的分布不太清楚，因为相同的粮食可以提取蛋白质或油作为食物，剩下高能量或高蛋白种子残留物与禾谷类混合做动物饲料。

粮食正在越来越多地用于制造工业产品。高碳水化合物的粮食可以发酵生产酒精用作燃料或饮品，而粮食油类还用于制造燃料、润滑油和塑料。从食物系统转向燃料系统的玉米用量，在美国从2001年的1 600万吨提高到了2009年的9 800万吨，接近用作动物饲料的量（12 500万吨）（Oladosu, Kline, Uria-Martines & Eaton 2011）。

环境影响

地球面积的约1 500万平方千米已从自然植被转变为农田。虽然农田仅占地球面积的约6%，但转换为农田所占森林和其他生产性土地生态系统的比例要高得多，而且主要是在最近2个世纪发生。这种转变是用一年生的单一栽培替换了复杂的多年生植物混合，是一种显著提高人均产量但也改变了生态平衡的改变。历史上被混合的植物覆盖并添加肥料的土壤，现在种上了具有肤浅根系的一年生植物。

2010年施给作物1亿吨氮中只有不到一半实际被植物利用（FAO 2011），其余的最后大量进入水，或以氧化二氮进入空气，这是一种温室气体。农业是人类活动产生的强力温室气体氧化二氮的主要促成者。例如在美国，农业占氧化二氮释放的85%（Bronsky 2006）。包括其他气体，农业贡献了全部温室气体释放的13.5%，这高于全球运输业贡献的13.1%（Solomon et al. 2007）。

从内陆农业泄漏出来的营养和沉积物径流促成了沿海水（"死亡地带"）缺氧（即溶解氧含量下降）。粮食农业在缺氧中的作用，可以用美国燃料酒精生产的增长加剧了对墨西哥湾缺氧忧虑的事实说明。

森林和草地转换为农田直接降低了多种动植物的生境。千禧年生态系统评估（Millennium Ecosystem Assessment, MEA）组织判定，生境丧失对野生物种的威胁增长最快。野生动物保护区不能避免邻近农场的影响，杀虫剂和化肥从农场扩散到全球，侵蚀的土壤降低了空气和湖泊、河流和沿海生态系统水的质量。

粮食可持续性

2008 年世界粮食价格突然上涨触发了政治动荡，并使数百万人的贫穷和营养不良问题加剧。这个事件更加说明了人类对粮食的依赖。在预计全球人口到 2100 年的 100 亿才能稳定的前提下，联合国粮农组织预测，主要作物产量将需要提高 70% 来维持目前人均能量可利用水平。第二个紧密相关的问题是，粮食作物的连续生产是否会降低土壤和其他资源维持像现在表现一样的生态系统服务的能力。

在过去的 1 万年间，人类越来越依靠粮食作物满足需要。早期农民可能已储备了干粮作为旱季或冬天时的方便能量来源。蛋白质和微量元素通过放牧以及打猎和采集活动来提供。但是，对世界上最穷的人，粮食替代了肉类作为他们的主要蛋白质来源。许多情况下，给予了补贴或商业生产的粮食可能比水果、干果和蔬菜便宜，这意味着粮食现在必须提供微量元素以及能量和蛋白质。盖茨基金会已确认，微量元素缺乏是对主要吃淀粉为主食人们的主要担忧，并在资助研究以提高主食中包括食用粮食的维生素和矿物质含量。

随着牧场变得更有价值以及动物养殖更加集中，依靠粮食为牲畜提供能量和蛋白质。工业经济也在变得更依赖粮食，对粮食可替代石油作为运输燃料和塑料来源的期望，恰是对粮食农业依赖性增加的另一个例子。

同时，粮食农业自身也处于最近几个世纪激起的力量威胁之下。气候变化突出而导致海面升高，这反过来威胁到淹没地势低洼的农田。许多世界上最具粮食生产能力的地区位于主要河流的低洼三角洲，那里肥沃的淤泥沉积了几千年。即使在土地不大可能永久淹没的地方，海水向地下水入侵或飓风期间临时海水泛滥的盐渍化会降低农田的生产力。气候变化将影响降雨方式和生长季节，这无疑会影响粮食产量。但很难预测其整个影响。

地球上增长的人口需要永远提高粮食产量，但城市面积和道路的扩展消耗了宝贵的耕地。城市和工业对水的需求与农业的需求竞争，并且在世界许多地区，两者一起耗尽了地下水储备。形成全球粮食商品系统主题的机械化粮食农业，很大程度上依靠化石燃料衍生的燃料和其他投入。氮肥通常需要天然气的过程来生产，化肥费用随天然气和原油价格而发生巨变。随着化石燃料提炼变慢，这些投入的费用无疑会升高，并会转嫁到消费者。不幸的是，今天最依靠相对便宜粮食的人们是地球上最穷的人。

一个使农业更可持续的策略是通过开发耕作方法和培育更少使用合成化肥、灌溉水和杀虫剂的粮食品种，减少农业对不可再生投入的依赖，彻底避免合成农药的有机耕作是该途径的一个例子。高产、有机系统通常需要更多人工并引进动物粪便做氮肥，这使得在粮食产区大规模采用具有挑战性。另一个降低投入的方法是采用"精准农业"，其中精准的传感和定位技术只在需要的地方使用杀虫剂、水和化肥。

　　第二个方法是聚焦于保护土壤资源。该方法的一个例子是"免耕"耕作，这大大降低了为控制杂草和种植植物种子所需的土壤翻耕的频率和强度。该系统在温带粮食产区被广泛采用，成功地降低了土壤侵蚀并保存了土壤水分，但也因其依赖昂贵的机械和化学杂草控制而受到批评。另一个保护土壤的方法是将寿命短、根系短的作物覆盖的农业景观，改变成由寿命长、扎根深的草、灌木和树林保护的景观。但需要附加研究以开发高产农林系统或新的多年生粮食作物。

　　第三个方法是通过在现有的农田上加强粮食农业来减缓自然生态系统向耕地的转换频率。在工业国家作物产量增加速度变缓的同时，非洲、南亚许多地区的粮食产量仍远低于它们的潜力。该方法的提倡者提议明智地增加氮肥、灌溉和作物新品种的可用性，可能大大提高这些地区食物的安全性。批评家劝告说该途径在过去做过尝试，而且相关的农业正在尝试降低对投入的依赖。

大卫·冯·太舍（David Van TASSEL）和
杜安·施拉格（Duane SCHRAG）
土地研究所（堪萨斯萨拉纳）

参见：农业（几篇文章）；苜蓿；棉；施肥/肥料；纤维作物；食品历史；食品安全；草原；绿色革命；大麻；营养失调；氮；有害生物综合管理；水稻。

拓展阅读

Bill and Melinda Gates Foundation. (2011). Why the foundation funds research in crop biotechnology. Retrieved May 15, 2011, from http://www. gatesfoundation. org/ agriculturaldevelopment/Pages/why-we-fund-research-in-crop-biotechnology. aspx

Bronsky, Evan. (2006). Agriculture and climate change: The policy context. Retrieved September 15, 2011, from http://www. wri. org/publication/agriculture-and-climate- change-policy-context

Cox, Stan. (2009). Crop domestication and the first plant breeders. In Salvatore Ceccarelli, Elcio P. Guimarães, & Eva Weltzien (Eds.), *Plant breeding and farmer participation* (pp. 1–26). Rome: Food and Agriculture Organization of the United Nations (FAO).

Food and Agriculture Organization of the United Nations (FAO). (2008). Current world fertilizer trends and outlook to 2011/12. Retrieved September 10, 2011, from ftp://ftp. fao. org/agl/agll/docs/cwfto11. pdf

Food and Agriculture Organization of the United Nations (FAO). (2009). How to feed the world in 2050. Retrieved May 15, 2011,from http://www. fao. org/fileadmin/templates/ wsfs/docs/expert_paper/How_to_Feed_the_World_in_2050. pdf

Food and Agriculture Organization of the United Nations (FAO). (2011). FAOSTAT. Retrieved September 9, 2011, from http://faostat. fao. org

Gibson, Lance, & Benson, Garren. (2002). Origin, history, and uses of oat (*Avena sativa*) and wheat (*Triticum aestivum*). Iowa State University, Department of Agronomy. Retrieved September 12, 2011, from http:// www. agron. iastate. edu/courses/agron212/ readings/oat_wheat_history. htm

Jackson, Wes. (1980). *New roots for agriculture*. Lincoln: University of Nebraska Press.

Kiple, Kenneth F., & Ornelas, Kriemhild Coneè. (Eds.). (2000). *The Cambridge world history of food*. Cambridge, U K: Cambridge University Press.

Malcolm, Scott A.; Aillery, Marcel; & Weinberg, Marca. (2009). Ethanol and a changing agricultural landscape. *United States Department of Agriculture Economic Research Service*. Retrieved September 14, 2011, from http://www. ers. usda. gov/publications/err86/

Millennium Ecosystem Assessment. (2005). *Ecosystems and human well-being: Vol. 1. Current state and trends*. Retrieved May 15, 2011, from http://www. millenniumassessment. org//en/Condition. html#download

Monfreda, Chad; Ramankutty, Navin; & Foley, Jonathan A. (2008). Farming the planet: 2. Geographic distribution of crop areas, yields, physiological types, and net primary production in the year 2000. *Global Biogeochemical Cycles,* 22, Article GB1022. doi:10. 1029/2007GB002947

Oladosu, Gbadebo; Kline, Keith; Uria-Martinez, Rocio; & Eaton, Laurence. (2011). Sources of corn for ethanol production in the United States: A decomposition analysis of the empirical data. *Biofuels, Bioproducts and Biorefining*. dol: 10. 1002/bbb. 305

Solomon, Susan, et al. (2007). *Climate change 2007: The physical science basis: Contribution of Working Group I to the Fourth Assessment Report of the Intergovernmental Panel on Climate Change. Cambridge*, UK; New York: Cambridge University Press.

Spielman, David J., & Pandya-Lorch, Rajul. (Eds.). (2009). Millions fed: Proven successes in agricultural development. *International Food Policy Research Institute*. Retrieved May 15, 2011, from http://www. ifpri. org/publication/millions-fed

Vaughan, John Griffith, & Geissler, Catherine A. (1997). *The new Oxford book of food plants*. Oxford, UK: Oxford University Press.

Grasslands

草 原

草原就是指草地，其上生长着多年生草本植物，有时还有散生的灌木和乔木，以放牧和食草动物为其主要特征。但是由于养殖规模扩大、土地开发、草原景观破碎化、气候变化和过度开发加剧了草原的水土流失，这些问题都正在不断地威胁着草原。在干旱地区，除了人为因素外，影响草原植被最主要的因素是降雨量和土壤，这些因素限制了草原的可持续利用。

草原的典型特征是一望无际的矮生植被，这种特点对草原有着深刻的影响。通常草原上主要的植被是禾本草，有时也有莎草和灌木丛，其中经常混杂着一些色彩斑斓的开花阔叶草本植物，一些乔木和灌木散生其间。热带稀树草原、稀疏灌丛和苔原在某种情况下也会被划归草原。图G.1的世界地图上展示了大草原的分布，而在林地、森林、灌木丛和沙漠中还散布着一些小块草地和长草的开放空间。发生野火或者弃耕后，这些地方会形成草地。这种草地状态可能仅能维持数年，也可能持续

几千年。

广袤的大草原可分布于各种不同的地理环境中，比如青藏高原的高海拔地区、温带的阿根廷潘帕斯、亚高山带的新西兰草丛地带、地中海盆地的灌木区和热带的非洲稀树大草原。根据所处位置的不同，永久草原的成因至今在学术上还存在着争论。草原也许源于人为的火灾、耕作、树木砍伐、牧场清理，但是也可能是由于土壤、干旱、不规律的降雨、极端的温度、高海拔、频繁的火灾、动物啃食等原因，更可能是这些因素的共同作用。除了南极洲和格陵兰岛，大约41%的地球表面是广阔的大草原，储存了地球上30%的土壤碳。由于草地的定义不同，这一估值有着很大的变化（White et al. 2000）。

草原上的动物

禾本草出现在5 500万年前。在第3纪中新纪，山脉隆起，形成了大面积干旱的雨影区，禾本草随之迅速散播于世界各地。草

图 G.1

来源: Olson et al. 2001, Riccardo Pravettoni（手绘）和 UNEP/GRID-Arendal 2009.

草原的定义和包含的类型是在不断变化的。随着沙漠的扩张或退缩，以及木本植物的入侵或后退，草原本身也会随着时间的流逝而不断变化。草原上的本地野生动植物凭借其机动性和灵活性，适应着气候和资源的异质性和不断发生的变化。除了图上标出的大块区域，草地可能也小面积地散生在其他的植被类型中。

苔原地带

北方针叶林

温带森林

温带草原、热带稀树草原和灌木地带

沙漠和干燥的灌木地带

热带和亚热带草原、热带稀树草原和灌木地带

热带和亚热带森林

原面积的扩大促进了各种食草动物的快速进化。食草动物拥有牙齿和消化系统，所以可以食用低蛋白、高纤维、含硅的禾本草。它们的眼睛长在头部的两侧，扩大了它们的视野范围。这些动物有蹄子，从而可以在开放的空间快速奔跑，以便逃避捕食者。反刍动物→偶蹄动物→有蹄食草动物→四室消化系统的进化，使这些动物可以最大限度地利用细胞壁中的纤维素产生能量。食草动物的种类丰富，包括微小的原生动物、昆虫和羚羊和长颈鹿这样的大型动物。

草原植物通常对动物的啃食具有一定的耐受力和抵御能力。一些植物有毒或者味道很差；另一些则有令人讨厌的黏性物质，这些物质有助于将种子黏在动物的皮毛或者人的衣服上进行传播。草的生长点通常靠近地表，使之免受动物的啃食或者剪草机的修剪。叶片被吃掉或者被剪下后，草仍然能够快速的再生。一小块草地依靠其地下穿行的根状茎或者地表爬行的匍匐茎，不开花也可以向四周扩展。"丛生型"或者"匍匐型"的禾本草可以通过其深植于土壤中的固着根系贮藏营养和汲取水分。一年生的禾本草可以产生大量的种子，这些种子可在土壤中存活许多年。这些特征都有助于草的存活或者免受干旱和火灾的影响。

草原上的食草动物是狮子、土狼、狼这些捕食动物的猎物。这些捕食者具有敏锐的视力，在很远的地方就可以看见它们的猎物以及捕猎的同伴。地球上跑得最快的陆地动物——猎豹在非洲的草地和热带草原上搜寻着它们的猎物。白头鹰和老鹰利用开阔的视

野从上空向猎物俯冲而下。一些草原上的特有鸟类在浓密的草丛中筑巢或者穴居于洞穴中。草原的初级生产力主要集中于近地表的空间内。在这样的生态系统中有大量的啮齿动物和昆虫，爬行动物就以它们为食。在2000年，由世界自然保护联盟（International Union for Conservation of Nature, IUCN）以及国际保护联盟和世界野生生物基金会（World Conservation Union and World Wildlife Fund）公共认定了一些植物多样性中心（The Centers of Plant Diversity, CPD），其中至少17%分布在草原，另外的30%也含有部分草地生境。由国际特有鸟类联盟（Endemic Bird Life International）划定的特有鸟类区域（Endemic Bird Areas, EBA）中，11%是以草原为主要生境的。在世界野生生物基金会（World Wildlife Fund）认定的多样性突出和优先保护的陆生生态系统中，草原占了26%（White et al. 2000）。

传统的草原利用

放牧是大草原的显著特征。食草动物将人类不能食用的植物转化为高质量的蛋白质，包括血、肉和奶。野生食草动物随水或降雨而迁移，或者随季节迁徙，利用草地资源的异质性来避免严重的干旱和寒冷。然而北美大平原的美洲原住民并没有驯化北美野牛，而是跟着这些野牛穿过大平原迁徙和狩猎。蒙古牧人、非洲马赛族人、萨米的驯鹿人、欧洲的牧羊人以及其他的许多牧民都是随着牧群迁移。人和牲畜的迁移是全世界草原生活方式的一大特征。草原的管理更倾向于草原的灵活使用和共享，这为草原上的迁徙提供了便利。传统上，控制牧畜数量和放牧方式的因素，包括干旱（那会造成牧畜数量的减少）、氏族和部落的水井所有权、当地风俗以及部落统领分配放牧的权力。

牧民们可以维护或者开垦新的草地。牧人和猎人通过放火清除灌木，阻止木本植物入侵草原、草地和草场。有些地方的畜牧业只是农业的一个部分，在那里一年中至少有一部分时间，人工栽培的牧草可以使牧民不必迁徙。然而在干旱和热带草原上，耕作活动正在破坏那里的土壤结构，并丧失了生态系统中的水分。

对草原可持续性的威胁

具有良好灌溉条件的温带草原一般土壤肥沃、深厚，上层土壤有机质含量高，非常适合耕作。像许多其他地方的温带草原一样，北美大草原几乎已经完全用于作物生产。这些作物是一些人为驯化的禾本草或者谷物类。其中三种谷物：水稻、小麦和玉米，据估计产生了人类所需能量和碳水化合物的一半以上。干旱和半干旱草原一般为沙壤土，当植被破坏或者减少以后，土壤容易被侵蚀。牲畜啃食和放牧在土地沙漠化中的作用，是一个普遍关心的问题。覆盖于沙漠土壤上的植物被破坏以后，土壤侵蚀和干燥程度会加剧。在这一假定的循环中，"沙漠化（desertification）"是一个很流行的词语。在那些由于过度放牧而引起的沙漠化地区，放牧规模已经减少，牧民也已经迁移或者不允许进入。在撒哈拉沙漠进行的研究表明，天气模式和气候的变化是预测沙漠扩张和回缩最好的方法。沙漠化和放牧的相互关系是一个争论的主题，土壤碳贮备的结果是这个争论的一个部分。有人认为气候变化也许导致干旱增加，从而有利于沙漠的扩张和土壤的流失。

自然的热带和亚热带非洲稀树草原，木本植被和草本植物之间的平衡是由火灾和世界上种类最多的有蹄的草食动物的啃食来维持的。周期性的洪水和干旱也限制了这些草原上的木本植物。热带草原土壤，像热带森林土壤，是典型的被大雨高度淋洗的、营养元素水平中等到低等、有机质含量低的土壤。耕作使土壤贫瘠，这是一个重要的问题，其他的威胁还包括水分转移、过度狩猎、政权更迭、火灾频发和迁移路径的中断。砍伐森林也许是贫穷的农户和移民通过清除大树来增加牧场和农田，也可能是被冷漠的投资者支持的大型农业和畜牧业公司实施的。

木本植物入侵草地显著改变了生境。一些科学家认为，在美国西南部，大气中二氧化碳的增加有助于豆科灌木入侵草地。交通工具排放的废气，包括氮，增加了道路旁土壤的肥力。在美国西部发现，通过这种方式增加的氮素供应有利于入侵植物的生长。入侵植种可能在人为购买用于饲料生产和观赏植物种植时引入，也可能通过种子、牲畜和到访者无意带入。干旱草地的耕翻，有的时候也称作草地垄耕（Sod-busting），导致了严重的土壤风蚀，以北美 19 世纪 30 年代的干旱尘暴（dust bowl）闻名。草原被冲刷、矿化和干枯，干枯是由于地下水抽走和水分转移造成的。在沙漠的边缘，流沙和干旱交替的方式也减少或者改变了草原。现如今，道路和住房的发展以及土地使用方法的改变，是草原分割和减少的主要原因。

草原上迁移的牲畜经常会与栖息地的生活方式、当地的业主和确定的政治边界有矛盾。例如，在美国，漫步在黄石公园边界上的北美野牛就会和私人农场主发生冲突。由于威胁作物和房屋，在世界各地放火被禁止。在欧洲，传统的季节性迁移放牧——在夏季把绵羊、山羊和牛赶上山，由于年轻人普遍地寻找其他的职业和发展，现在阿尔卑斯山脉已经很少有了，这一现象致使景观不成形，导致了灌木的侵入和生物多样性的损失。美国牧场主经常说，他们认为不必要的规定以及景观的分片和发展，有助于将大的牧场销售，转为家庭使用。在中国北方的阿拉山沙漠，奖励牧场主搬入城镇，大量的土地被圈起来禁止放牧。政治的大变动、人口的迁移、城镇化的扩张和传统放牧系统的破坏，已经导致了土壤侵蚀、植被变化和草原生境的丧失。

牧民，草原和发展

现如今，长期的贫困和草原生产力下降影响着许多草原地区。与之对应，几乎所有的牧民发展项目都采用一种称作 SIP 的模型。在这个模型中，定居（Sedenterization, S）导致联系增加（Intersification, I），然后促进了农业生产（Production, P）。但这种方法并不奏效。

假定一些牧业体系维持了几千年的传统制度被打破，牧业发展体系一般会引入新的制度，包括个人土地所有权，并建立一套牲畜承载体系，尝试改善牧场，增加牧民收入。部分改革也把牧民安置在原来的定居点，采用一些牲畜良种和饲料鼓励他们发展生产。游牧不太可能了，不管天气如何，牲畜都待在原地。而且，如果不同的家庭分享草原时，他们可以共享劳力，可以把不同品种、良种、幼畜、公畜和母畜等分开。当每个家庭被限制在一个地点时，牲畜必须一起由一个家庭来放牧，而不是由共享的劳力来完成。想办法把水送到每一个定居点和修建栅栏都很有必要。然而，良种和集约化生产需要好的饲料和饲养技术，牧民本身是不可能提供的。这导致了饲料作物的栽培破坏了土壤，而且需要使用原本不足的水源来灌溉。传统上，牧民混合放牧，比如绵羊、骆驼和山羊一起放，最大化地利用不同的草地资源，减少了干旱和疾病的风险。但是集约化生产经常号召饲养单一的物种甚至一个品种，增加了灾害性损失发生的风险。

草原以稳态为基础的生态模型是基于植物竞争导致最终稳定的平衡的（或者达到顶点的）植物群体的理论。符合这个模型的草原，每单位面积需要维持相对恒定数量的牲畜（或者野生的捕食者）。以非稳态为基础的生态模型，似乎可以很好地解释干旱和半干旱草原以及其他一些经常受干扰的草原的动态变化，在这些草原上，干旱、不稳定的降雨和火灾经常发生。在这些地方，非生物胁迫对植被的影响与放牧和生物间的相互作用，如植物间的竞争相比影响更大。适应性肯定是管理策略的核心，包括在合适的时候减少牲畜、迁移，交换饲料或者采用其他来源的饲料。这两种草原生态系统的理解方法对草原生态、牧业体系和牧场的发展有不同的影响（见表G–2）。

表G–2　稳态和非稳态系统的典型特征以及可持续利用的相关策略

稳 态 系 统	非 稳 态 系 统
假定的生态因子	
气候稳定	气候变化
可预测的初级生产力	变化的初级生产力
牲畜群体由与密度有关的因素，如植被一样的生物因素来控制	牲畜群体由与密度有关的因素，如包括降雨量和温度在内的非生物因素来控制
植被—牲畜之间的关系是线性的和可逆的；可以根据牲畜密度的变化来预测植物组成的变化	植被—牲畜之间的关系是非线性的和不可逆的；牲畜的轨迹不能用来预测饲料的生产
潜在的承载能力是可以预测的；可以根据潜在的承载能力来调控放养密度	潜在承载能力的预测是没用的；未来发生的事情是不确定的
可以根据离理想的、可预测的和不变的顶点的距离来判断生态的安全性	预期的植物群体在现存的非生物因素决定的条件下培育
可能的管理措施	
以单一种类为导向的管理措施	同时管理绵羊、山羊、骆驼、牛和马等多种牲畜
严格调控放养率	根据现有的条件调整存栏率
固定的土地使用制度（私有化或者排除公有的其他制度）：核心在确保所有者的权利	灵活的土地使用制度（集体所有制和其他各种所有制的混合）：更关注确保资源的获取
应对干旱：通过设施改善和购买饲料，待在自家的草场上以抵御灾难	应对干旱：迁移到更好的草场上以抵御灾难

（续表）

稳 态 系 统	非 稳 态 系 统
可能的管理措施	
传统的草场管理：饲料种植、循环放牧、小牧场经营和修筑栅栏	灵活的土地使用：迁移性和灵活性，没有栅栏
有计划的发展	灵活的，可以调整的计划，结合当地的情况，并意识到不确定性
采取措施，增加碳的捕获是可能的	保护土壤阻止碳流失，不可能通过管理措施持续增加碳捕获
可能的发展	
经济的目的是商业的，聚焦在商品生产：畜牧业的发展	主要是可以维持生计的经济，聚焦在生计：牧民的发展
收益是经济上的，受市场影响	收益是生产性的资本与市场不是紧密关联的
通过集中的推广服务提供服务包；推广人员提供技术服务	牧民组织提供当地的管理方法；推广人员作为制度的组织者以及和外界沟通的媒介

引自：Oba et al. 2000 和 Scoones 1994.

采用非稳态系统，大部分草原更容易被理解，在这些地方像降雨量等非生物学意义上的（例如非生物的）因素掩盖了人类管理措施的影响。然而在适度需水的草原上，稳态系统也许会更好地解释生态动力学。

改善草原的可持续性

在牧业体系中，我们已经看到了创新的制度安排恢复了迁移性。例如，在中国，一些牧民自愿组织成集体单位来管理。在美国和澳大利亚，牧民通过共享或者租赁牧场来增加干旱来临时的应对能力，并且实验建立草原银行——节约、共享草地，在干旱时使用。在非洲，以社区为基础的自然资源管理项目和"狩猎"企业通过社区来强化野生生物和草原的价值，并且已经在支持如大象和其他物种的保护方面取得了一些成功。消费者对来自草原"野味"的肉感兴趣，这可能有助于支持牧区经济的发展，因为那里存在这个市场。需要通过一些策略，包括增加土地使用的灵活性和应对条件变化的快速反应能力，来维持草原和牧民以及野生的食草动物和草原之间的关系。

在一些国家，用草地来生产生物燃料已经被建议甚至被鼓励。这也许会增加全球经济中草原的价值，也可能更多的草地会被开垦，用于种植外来物种。强调林木作为碳贮备，鼓励造林也许会导致草原上植树和促进木本植物的栽植。干旱和火灾也许证明了用这种方法来构建碳储量是无法超越的障碍。另一方面，保护和构建土壤的一些措施，可能的话，在不受管理约束的干旱或者其他的外部因素条件下，有潜力以维持和增加草原对全球碳贮量的贡献。

在接下来的几十年，依赖于大规模开放草原品种和栽培的方法将逐渐不再使用，贫穷和政治变革将继续动摇草地系统，气候变化也将影响草地。土地使用和放牧方式上不太可能调整的能力和这种挑战是有冲突的。

李文军（Li Wenjun）

北京大学

卢恩·离特辛格（Lynn HUNTSINGER）

加州大学伯克利分校

参见：畜牧；生物能源与生物燃料；牧场。

拓展阅读

Adler, Paul. R.; Sanderson, Matt A.; Weimer, Paul J.; & Vogel, Kenneth P. (2009). Plant species composition and biofuel yields of conservation grasslands. *Ecological Applications, 19* (8), 2202–2209.

Behnke, Roy H.; Scoones, Ian; & Kerven, Carol. (1993). *Range ecology at disequilibrium: New models of natural variability and pastoral adaptation in African savannas.* Regent's College, London: Overseas Development Institute.

Christensen, Lindsay; BurnSilver, Shauna; & Coughenour, Michael. 2006. Integrated assessment of the dynamics, stability, and resilience of the Inner Mongolian grazing ecosystems. Nomadic Peoples, *9* (1 & 2), 131–145.

Ellis, Jim E., & Swift, Dave M. (1988). Stability of African pastoral ecosystems — Alternate paradigms and implications for development. *Journal of Range Management, 41* (6), 450–459.

Fernandez-Gimenez, Maria E., & Allen-Diaz, Barbara. (1999). Testing a non-equilibrium model of rangeland vegetation dynamics in Mongolia. *Journal of Applied Ecology, 36* (6), 871–885.

Gillson, Lindsay, & Hoff man, Timm M. (2007). Rangeland ecology in a changing world. *Science, 315* (5808), 53–54.

McAllister, Ryan R. J. (2010). Livestock mobility in arid and semi-arid Australia: Escaping variability in space. *Pastoralism: Research, Policy, and Practice, 1* (1), 38–55.

McIntyre, Sue; Heard, Katina M.; & Martin, Tara G. (2003). The relative importance of cattle grazing in subtropical grasslands: Does it reduce or enhance plant biodiversity? *Journal of Applied Ecology, 40* (3), 445–457.

Neely, Constance; Bunning, Sally; & Wilkes, Andreas. (2009). *Review of evidence on drylands pastoral systems and climate change.* Retrieved January 20, 2010, from ftp: //ftp. fao. org/docrep/fao/012/i1135e/i1135e00. pdf

Oba, Gufu; Stenseth, Niles C.; & Lusigi, Walter J. (2000). New perspectives on sustainable grazing management in arid zones of sub-Saharan Africa. *BioScience, 50* (1), 35–51.

Olson, David M., et al. (2001). Terrestrial ecoregions of the worlds: A new map of life on Earth. *Bioscience, 51* (11),

933–938.

Scoones, Ian. (1994). *Living with uncertainty: New directions in pastoral development in Africa.* London: Intermediate Technology Publications.

Seaquist, J. W.; Hickler, Th omas; Eklundh, Lars; Ardo, Jonas; & Heumann, Benjamin W. (2009). Disentangling the eff ects of climate and people on Sahel vegetation dynamics. *Biogeosciences, 6* (3), 469–477.

Silver, Whendee L.; Ryals, Rebecca; & Eviner, Valerie. (2010). Soil carbon pools in California's annual grassland ecosystems. *Rangeland Ecology and Management, 63* (1), 128–136.

Tucker, Compton J., & Nicholson, Sharon E. (1999). Variations in the size of the Sahara Desert from 1980 to 1997. *Ambio, 28* (7), 587–591.

United Nations Environmental Programme (UNEP) / GRID-Arendal. (2008). Savannas and tropical grasslands. Retrieved Jan. 20, 2010, from http: //maps. grida. no/go/graphic/savannas-and-tropicalgrasslands

Wedin, Walter F., & Fales, Steven L. (2009). *Grassland: Quietness and strength for a new American agriculture.* Madison, WI: American Society of Agronomy.

Weiss, Stuart B. (1999). Cars, cows, and checkerspot butterflies: Nitrogen deposition and management of nutrient-poor grasslands for a threatened species. *Conservation Biology, 13,* 1476–1486.

Westoby, Mark; Walker, Brian H.; & Noy-Meir, Immanuel. (1989). Opportunistic management for rangelands not at equilibrium. *Journal of Range Management, 42* (4), 266–274.

White, Robin; Murray, Siobhan; & Rohweder, Mark. (2000). *Pilot analysis of global ecosystems (PAGE): Grassland ecosystems.* Washington, DC: World Resources Institute. Retrieved January 20, 2010 from http: //www. wri. org/publication/pilot-analysis-globalecosystems-grassland-ecosystems

Green Revolution

绿色革命

绿色革命是一项旨在为欠发达国家农民开发可采用的更高产粮食作物的计划。这些作物成功地避免了大范围饥荒带来的威胁，但是其相关技术在环境上却被证明是不可持续的。对于那些创建了绿色革命的组织来说，现在不得不在维持产量以及在此基础上增产的同时降低对环境的影响。

在20世纪60年代中期，许多欠发达的人口大国面临严重的粮食短缺，受到大范围饥荒的威胁。这些国家包括印度、巴基斯坦、埃及、印度尼西亚和韩国。为此，一些西方政府机构和慈善组织合作开发了一个农业生产体系，这些国家的农民可以采用该体系以克服饥荒威胁。这个系统的开发和推广被称为"绿色革命"（The Green Revolution）。

虽然绿色革命通常以特定"神奇"作物和种植作物的"神奇"技术来描述，但是，作物和技术本身并没有什么真正与众不同的地方。相反，它只是向这些国家的"传统"农民提供必要的、之前不完善或不存在的基础设施。

绿色革命主要关注的是粮食作物，其核心技术是通过选择性异花授粉创造农作物新品种的方法。在传统耕作中，农民要从现有作物的植株中找到最满意的作为下一代作物的种子。有了绿色革命，这个循环被打破了，农民改用专业化、规模化的生产设施中产出的、农场无法复制的种子。选择的目的是为了获得具有更多所需特性的新品种，如种子（或其他有用的部分）产量更高、发芽率更高、生长和成熟更迅速、收获更加便捷等。增加的产量通常是以抗逆、抗病虫害、抗寒能力的降低为代价获得的。它们还需要依靠更多的化肥来增加养分，并需要杀虫剂、除草剂和更好的水分条件。

该技术主要起源于美国赠地大学。这些赠地大学遍布美国各州，是在1862年《莫里尔赠地法》和与之相关的《1890农业院校法》的授权下成立的，给每个州以联邦资源，提供一所大学，除了常见科目外，还教授农业、"机械工艺"以及军事科学。此外,赠地大学要将教育面向"工人阶级"(美国法典304条),即所谓的普通劳动人民,包括农村劳动者,而不是面向社会和经济精英,后者通常被认为是高等教育自然而然的候选人。之后的立法支持发展出大型农业推广服务体系。随着这些院校逐步发展为研究型大学,农业院系从它们为之服务的各州农民和农场企业获得了研究机会,如此农业推广体系又保证了它们的研究成果能用于各州人民。众多私有企业的商业开发支持着这种大学的研究和推广体系。大学做基础研究,按照企业的要求开发新品种和数据、申请专利,并依法将它们变成公众可以免费使用的公共财产。私有企业竞争性地而不是垄断性地使它们可供利用。此外,根据可以追溯到联邦政府新政时期的法律,美国农民有不同于商业信用来源的、发达的农业信贷资源,同时还有合作社这类对农业进行支持、采购和销售的庞大系统。所有这些的目的都是为了将成本、风险最小化,使农民能获得并应用这些新品种。

为了将技术传播到欠发达国家,有必要进行与基础设施相辅的建设。此外,由于欠发达国家大多数农民拥有的土地和资本比美国的农民少得多,种子和投入品的价格必须非常低廉,而且考虑到成本,规模必须适中。在一些大多数农场面积不足5公顷的国家,一项只能用于50公顷以上农场的技术将是无用的。这需要通过捐助国的发展部门创建一个全球网络性新机构,这些发展部门包括美国国际发展局、美国赠地大学联合会、各级政府、受助国家的大学和私人慈善组织——主要是福特基金会和洛克菲勒基金会。从这个意义上讲,绿色革命不仅是农业革命,而且是全方位的社会革命。这场真正的民主革命,代替了苏联提出的、建立在集体化基础上的、中央集权式的"红色革命"。

开发核心技术

用绿色革命的方法创造出来的作物品种,被认定为是区别于普通品种的高产品种。高产品种不能通过正常的农场繁育保持适宜的性状。 如果这些高产品种被再次种植时,种子会继续生长出作物,但是产量和质量会下降,因此,几年以后就要从农场以外获得种源。

高产品种粮食作物的发展始于墨西哥,即1943年,洛克菲勒基金会和墨西哥政府建立了一项合作研究计划来提高小麦和玉米的产量。墨西哥是玉米生产的发源地,但是它的产量在20世纪40年代是世界上最低的。小麦是墨西哥第二重要的粮食作物,但墨西哥却是小麦净进口国。

墨西哥研究项目的第一位主任是乔治·哈拉(George Harrar)博士,他是华盛顿大学的植物病理学家。1944年诺曼·博洛格(Norman Borlaug)博士加入了他的团队。1961年哈拉博士成为洛克菲勒基金会主席。他们的策略是基于遗传学的,但经过了通盘考虑。博洛格的目的是生产出最"高效"的作物用于粮食生产。这里高效概念的一个重要方面,是作物对使用大量化肥所做出的正面响应能力。

该方法从基因方面来观察作物种群,并想办法改变基因的平衡得到更理想的性状。该项目建立了一个来自世界各地的、丰富的农作物品种"基因库"。比如小麦，其最重要的成就之一是与日本小麦杂交，获得植株矮小的基因，同时与墨西哥和哥伦比亚小麦杂交获得了第一个矮化的 HYV 小麦品种，使种子重量占作物总重量的比重更高。这些成果于1961年面世，到1965年它们成为墨西哥最重要的小麦品种，产量比1950年提高了400%（Randhawa 1986, 365）。

该计划的第二个主要目的是考察不同遗传品系的生长条件，并提出制度和基础设施方面的建议。高产品种建议一般包括提供灌溉、更好的信贷和农化物。

墨西哥计划取得了巨大的成功。从1945年至1965年，玉米产量增加了四倍，小麦产量增加了六倍。棉花，该计划关注的另外一种作物，产量从107 500公吨增加至605 000公吨，成为墨西哥主要出口商品（Randhawa 1986, 365）。

1960年，墨西哥计划的研究策略和方法在国际上得以复制，洛克菲勒和福特基金会共同成立了国际水稻研究所（the International Rice Research Institute, IRRI），毗邻菲律宾大学农学院，靠近马尼拉（Chandler 1982, 2），罗伯特·钱德勒（Robert Chandler）博士是其第一任主任。这已经成为一些类似的、关注其他作物的国际机构的发展模式，这些机构数量巨大，而且数量依然在递增。

洛克菲勒基金会于1962年正式关闭了墨西哥原有的合作研究计划，但是，在墨西哥政府的要求下，基金会保留了一定数量的资深科学家。1963年，这些科学家们被召集在一起，在一项新的协议下成立了国际玉米和小麦改良中心（El Centro Internacional de Mejoramiento de Maíz y Trigo, CIMMYT）。

应用与推广

尽管墨西哥小麦和玉米的革新早在1950年以前就进行了，世界范围的绿色革命被普遍认为开始于1965年前后。在作物和技术推广之前，各国政府必须了解需求，并且建立必要的实施机构。

二战前，世界上大多数国家的农业政策，都是殖民帝国贸易和经济政策的一部分。殖民大国所感兴趣的主要集中在他们需要进口的作物上，殖民地农业的发展主要体现在诱导或强迫当地农民生产这些作物。生产这些作物的农民普遍被认为是"进步的"，受到政府的青睐，而那些种植作物用作自己和当地消费的农民则被认为是"传统的"，不受官方政策的鼓励；包括对他们的方法采取明确批评的态度、农业推广工作者采取优先次序、蓄意不支持以及设立不利的贸易条件。

在第二次世界大战的余波中，前殖民地成为独立国家。然而就在同时，世界政治争论和经济关系被冷战所主导。长期的殖民统治已经使殖民大国和被殖民群体之间的经济差距日益增大。许多殖民地也曾经是二战战场。其后果是，这些新独立国家面临巨大的问题，但是，他们自身几乎没有能力去解决这些问题，他们面临着需要去极度两极化的外部世界中寻求帮助。

当时的国际发展理论也存在问题。当农业科学家试图从农场层面自下而上建立绿色革命的基础时，西方的"发展经济学家"和共产主义思想家一致认为，提高人均收入的关键是工业化。为了实现工业化,他们都认为要从农业——特别是传统农业获取资源。当这些政策与改善公共健康和卫生政策一起执行的时候,其结果就是人口快速增长,并且,伴随着农业生产投资减少。到1965年,各发展中国家发生了严重的粮食短缺,其中包括印度尼西亚、埃及、巴基斯坦、印度和韩国。如果不是来自阿根廷和澳大利亚的小麦销售,以及在《公共法案480》(国会法案,使得各国购买美国的商品以当地货币而非美元结算)资助下的美国补贴进口,饥荒就会大范围扩散。正是因为这一点,受到粮食安全威胁国家的政府转向实验高产品种,以满足需求。关键问题是如何去做。答案有两个:一个是建立与美国赠地大学对等的机构;另外一个是建立能部分替代这类机构的组织,方法是通过扩大殖民时期建立的农业部门的作用,并在这些农业部门增加或加强推广服务。

美国国际开发总署与福特基金会一起,召集美国大学联合来制定方案,将美国的赠地模式转移到发展中国家,并在印度、巴基斯坦、孟加拉国和尼日利亚建立起初始方案。与此同时,世界银行(世行)扩大贷款,在这些国家和其他一些国家建起很多大型地面灌溉项目。世行还建立了一个大规模的计划,以简化和扩大推广活动,以"培训加访问"的理念将推广服务送到这些国家和一些没有农业大学、实行更严格政府控制的国家。最后,大多数欠发达国家政府放松经济管制,通过私人头卖来提供更多所需的投入品和机械。

国际研究中心网络也建立起来。1966年,继国际玉米和小麦改良中心协议以后墨西哥政府又签订了一项计划并授予它"完全国际地位",将它扩大成如国际水稻研究所一样的全面性的国际组织,由洛克菲勒基金会和福特基金会提供更大力度的支持。国际玉米和小麦改良中心目前在世界另外17个国家有分支机构。在1967年,以同样的模式,国际热带农业中心(the International Center for Tropical Agriculture, CIAT)在哥伦比亚的卡利建立,国际热带农业研究所(the International Institute for Tropical Agriculture, IITA)在尼日利亚建立。

最后,在1971年,福特和洛克菲勒基金会、世界银行、联合国粮农组织、联合国发展组织和一些政府机构同意建立一个顶层组织,负责协调它们和其他绿色革命科研机构的经费,这个组织就是国际农业研究磋商组织(the Consultative Group on International Agricultural Research, CGIAR)。

目前,国际农业研究磋商组织将60个国家政府的农业部门和其他多家私人基金会组织在一起。除了4个创始组织,它还支持14个致力于在全球范围内提高粮食和其他作物产量的主要研究机构。在全球最高层面上,绿色革命就这样正式地制度化运行起来了。

成果

在1965年至1985年期间,世界粮食生产增长快于需求。随后,这种增长开始放缓并下降,1995年以后又再次提高。很多之前面临饥荒威胁的国家现在都实现了自给自足。图G.2表示谷物每年的产量和单位产量与1960年水平的比值以及每人每天的绝对平均产量。

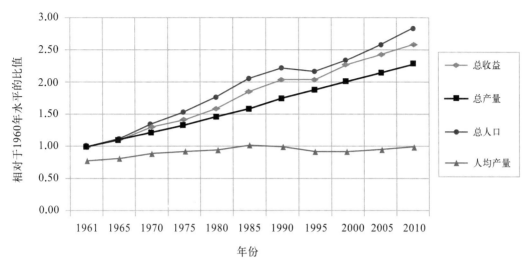

图 G.2 世界谷物与人口，1960 年—2010 年

数据来源：FAOSTAT 2011；UN 2008.

图 G.2 表示的谷物每年的产量和收益与 1960 年水平的比值，以及人均产量。总产量的增加主要反映了单位产量的增加而不是耕种面积的增加。

正如图中所示，总产量的增加主要反映了单位产量的增加而不是耕种面积的增加。全球主要粮食作物的耕作面积的确从 1961 年的 11.2 亿公顷增加到 1985 年的 12.2 亿公顷，不过随后又降低到 12 亿公顷。虽然非洲和亚洲分别将耕地面积永久性地分别增加了 89% 和 23%，美洲耕地面积仅比 1960 年增加了 3%，欧洲则降低了 16%。单位产量的增加反映出 HYV 作物在更多耕地上的种植，反映出化肥、杀虫剂的大范围使用以及相关技术基础设施的建立。1996 年以后，产量的增加也反映出对转基因作物越来越多的应用。

每种作物的变化趋势随地区差异很大，由于太复杂，无法在此详述，但是，却可以很好地从中获取一般的经验教训。从本质上讲，在早期阶段，国际机构和支持者的主要关注点集中在作物和技术上并留给受援国去认识它们所处社会和环境的重要性。如果高产作物没有使用相应的技术，它们通常根本不会增产。如果它们有相应的技术但是没有适当的管理组织，它们的表现也会大打折扣。有一个能很好说明后一种情况的例子，就是 20 世纪 70 年代在巴厘岛引进的 HYV 大米，它是由印度尼西亚中央政府引进，而没有与当地农民实行的水资源管理和合作计划相联系。在当地传统中，农民要聚集在"水神庙"，商量决定水资源的使用安排计划。按照这些安排，占农田总面积 1/3 的邻近地块，每三个季节要休耕一次，以便杀死害虫。但是，在政府管理主导下，由农业专家决定种植品种和种植方式。这样做的后果是，即使最初的产量有所增加，但产生了如 J. 斯蒂芬·兰辛（J. Stephen Lansing）描述的景象："80 年代中期，巴厘岛的农民陷入了与害虫的较量中，他们必须抢在下一季的害虫到来之前，种下绿色革命最新的抗病品种。

尽管新品种水稻会带来现金收益,但是许多农民依然迫切要求恢复到'水神庙'的灌溉安排,以降低害虫数量"(Lansing 1991,115)。几年之后,当地又恢复到传统的灌溉安排。1997年亚洲开发银行重新评估后得出结论:害虫又得到了控制(同时保留了HYV大米的种植),其他类似问题都应该通过农民参与的方法解决。

相比之下,在一开始就引入高产品种并得到有关组织支持、同时保留农民组织自治权的地区,HYV作物的增产往往伴随着其他作物产量的增加。印度旁遮普州依照美国赠地大学的模式成立了特别有效的农业大学,为农民提供农业推广和科研支持服务,同时协助州政府规划和制订政策。国家还启动了完善的由农民管理的信用合作社制度,对农民种植任何作物不加限制。结果是农民在采用高产品种的同时也极大地强化了饲料的生产。同时,截至1978年,绿色革命又在牛奶生产中开展了"白色革命"(White Revolution),获得了较好的营养价值和经济收益。

通过墨西哥、巴厘岛和旁遮普这些案例之间的反差,全球发展机构认识到极有必要尊重当地的组织和当地人的经验。在绿色革命之前,让遵循传统种植的农民成为经济现代化重要的合作伙伴的想法几乎不可想象,而现在几乎被普遍接受。但是,在所有的参与政府和国际农业研究磋商组织网络中,这种方式依然没有得到全面实施。

局限性

目前绿色革命技术已经得到了全球的接受和制度化,但仅靠这种方法不能满足未来的所有需求,有以下几个原因:首先,谷物生产总量的增加并没有反映在饮食的其他方面。全球的豆类作物是大多数人的蛋白质主要来源,其产量在同期仅增长51%;第二,绿色革命损害环境。除草剂和杀虫剂的使用,与包括癌症在内的严重疾病的发病率增高有关。大量使用化肥又没有足够的水将土壤中盐分的残留物清洗掉,会引发土壤肥力丧失,最终导致土壤贫瘠化。同时,化肥、农药和除草剂通过径流对淡水、海洋渔业和珊瑚礁造成严重损害;第三,化肥是能量密集型产品。化肥的生产需要能源,许多情况下使用矿物燃料或天然气作为原料。生产1吨无水氨(氮肥的主要成分),约需3 500立方米的天然气。在能源方面,这类化肥消耗或代表了每千克约78兆焦耳的能量。1983年旁遮普HYV小麦常见的建议用量是每公顷494千克。一般的产量是4 200千克/公顷,而具体产量与品种有关。如此产量全麦面粉的食物能量为57 976兆焦耳。仅氮肥的能源成本就是39 561万焦耳。除草剂生产也是能源密集型的，建设灌溉系统、抽水设备和其他农业机械也是如此。如果计算1983年旁遮普推荐使用的所有投入品的总和，其能源消耗达到55 893兆焦耳。也就是说，实际上没有净收益。大卫·皮门特尔（Darid Pimentel）等生态学家进行了大量这类能源预算的研究，试图预测出依赖不可持续能源的后果以及与这些技术支持下不断增长的人口之间的关系（Pimentel & Giampetro 1994; Pimente & Pimentel 1990, 2002）。这些研究得到的一致性结果是，工业化国家能量输出／输入比由原来的大约1.2或更低，下降到0.4（荷兰）。0.4的比率表明，矿物燃料能源每用一个单位，该国的农业返还0.4个单位的食物能量。在没有现代化和能源依赖型农业的国家，这个比率就高得多，最高的是加纳，比率为63。农业系统低输出／输入比的国家，其农业在很大程度上依赖于矿物燃料。当燃料变得更加昂贵或不可得的时候，这类系统必然是不可持续的。此外，所有形式的能源使用都会造成全球变暖，全球变暖反过来又造成农业的不稳定：由于适应从前环境的作物不再适于耕种而必须开发新的替代品种。

正如在巴厘一样，全球范围内的农民至少都认识到了化肥和农化物的一些不利影响。从1960年到1990年，世界氮肥的消费量从1 160万吨增加至7 700万吨，每年增加1.3%。然后，每年增长速度下降到约0.3%。

由于认识到这些问题的不断增加，2000年世界各国领导人达成了全球共识，并制定了8个联合国千年发展目标，包括在消除贫困和饥饿的同时，确保环境可持续发展。同年，国际农业研究磋商组织将同样的两个目标融入一份主要的政策声明中，称为"人类粮食安全的世界：通向新的愿景"。

现在和未来

绿色革命的植物育种技术受到条件限制，即要求任何给定的基因库的植物必须是同一种类。自20世纪90年代初，基于分子生物学的进展，技术的进步能够从完全不同的物种中转移特定的基因，甚至从昆虫或动物转移到植物。当最终获得的生物是粮食作物的时候，它们就被称为转基因食物（Genetically Modified Foods，GMF）、转基因农作物或转基因食品。目前，有两种转基因作物最为重要，一种携带来自苏云金芽孢杆菌（Bacillus thuringiensis，Bt）的基因，可以产生对各种昆虫有毒的成分，从而减少或不需要喷洒杀虫剂；另外一种携带耐受一种或另一种除草剂的各种基因，从而降低或省去了用翻耕减少杂草的措施。世界各地最重要的转基因粮食作物是大豆，2009年全球大豆总种植面积约9 000万公顷，其中就有69%是转基因大豆（GMO Compass 2011），很多是孟山都公司开发的"草甘膦"大豆（"草甘膦"指的是植物不受同样是孟山都制造的草甘膦除草剂的影响；因此，草甘膦可用来除杂草而无须机械翻耕除草）。第二大种植的转基因作物是棉花，转用Bt基因，对各种除草剂有耐受作用；第三大种植的转基因作物是玉米。虽然美国没有批准转基因作物可以直接用于人类消费，但是，2010年美国种植玉米的94%是Bt大田玉米,用作饲料,或用于玉米面、玉米糖以及其他的食品和饲料成分(GMO Compass 2011)。中国是转基因玉米第二大种植国家,种植的转基因玉米主要用于肉类生产。但是,最近中国政府批准了几个转基因水稻品种可以供人食用。

转基因作物自首次开发就引起了大众和科学界的焦虑,主要有两种原因。一种是该技术对人类健康、其他作物、生物多样性以及环境的可能影响。这是一些现实的重要问题,但目前还没有可以广泛接受的答案。另一个疑虑关系到公司开发许多新植物的商业行为。与绿色革命的作物不同,转基因作物的开发是为了赚取利润,同时大型国际农业公司和这些公司的商业行为,经常是将企业收益置于农民、消费者和环境的长期利益之上。

关于有问题的商业行为中最著名的例子,是印度的孟山都“终结者”技术。有质疑认为,转基因植物中的转基因会传播给周围的植物。作为对这种质疑的回应,或至少部分回应,1998年孟山都公司宣布它正在进行涉及一个基因的实验,该实验将会使所有由该种子培育出的植物结出的种子没有繁殖能力。实验引起了农民极大的关注和抗议。农民组织要求停止这类实验,同时公布实验地点。国际农业研究磋商组织和印度政府官员也提出反对。原因有两个,一是贫困农民以往一直都使用来自上一代作物的种子,现在这样做会让他们不知道自己种下去的是什么种子。如果没有作物生长出来,他们就无钱恢复正常生活且面临饥饿;二是人们担心,尽管孟山都公司做出了保证,该基因还是会通过花粉传播到相同

类型的其他作物,使它们绝育。作为回应,孟山都说至少暂时不会考虑推广这种技术。如果这种事情发生,一些观察员肯定会跟进,说使其他所有品种无繁殖能力其实就是孟山都一直想做的。

目前,转基因技术正努力通过与绿色革命技术相同的渠道和相似的条件得以推广。在1990年,克莱夫·詹姆斯博士仿照国际农业研究磋商组织的模式创办了国际性非营利组织国际农业生物技术应用服务组织(the International Service for the Acquisition of Agri-Biotech Applications, ISAAA)。国际农业生物技术应用服务组织董事会董事包括开发新技术的领衔科学家,其科学的完整性被广泛认可。它既定的使命是在“国际社会”进行知识分享和传播,以便通过“公私伙伴合作将技术推广到发展中国家”,为“全球共同努力,助推实现农业可持续发展”作出贡献(ISAAA 2011)。

我们不可能走回头路。绿色革命技术业已开启,其组织机构已经成立,它提倡的科学技术已经在世界各地推广,世界人口已经增加。但是,在实现经济和社会效益的同时控制和改善环境代价,我们还有很长的路要走;至今,绿色革命的各个组织还没表明能胜任这项任务。

穆雷 J. 里夫(Murray J. LEAF)
得克萨斯大学达拉斯分校

参见:农业(几篇文章);生物能源与生物燃料;棉花;施肥/肥料;食品(几篇文章);粮食作物;营养失调;水稻;球根类作物。

拓展阅读

Arizpe, Nancy; Giampietro, Mario; & Ramos-Martin, Jesus. (2011). Food security and fossil energy dependence: An international comparison of the use of fossil energy in agriculture (1991–2003). *Critical Reviews in Plant Sciences, 30*, 45–63.

Asian Development Bank. (1997). Reevaluation of the Bali Irrigation Sector Project (loan no. 522-INO) in Indonesia, December 1997. Retrieved June 1, 2002, from http: //peo. asiandevbank. org/Documents/ Reevaluation_Study/RE-27. doc

Cernea, Michael, & Kassam, Amir H. (Eds.) (2006). *Researching the culture in agriculture: Social research for international development.* Wallingford, UK: CABI Publishing.

Chandler, Robert F. (1982). An adventure in applied science: A history of the International Rice Research Institute. Retrieved August 16, 2011, from http: //dspace. irri. org: 8080/dspace/handle/10269/215

Consultative Group on International Agricultural Research (CGIAR). (2000). *A food secure world for all: Toward a new vision and strategy for the CGIAR.* Retrieved September 9, 2011, from www. fao. org/docs/ eims/upload/215055/New_vision_strategy_CGIAR. pdf

Consultative Group on International Agricultural Research (CGIAR). (2002). Who we are. Retrieved May 27, 2011, from http: //www. cgiar. org/who/index. html

De la Riva, Gustavo A.; González-Cabrera, Joel; Vázquez Padrón, Roberto; & Ayra Pardo, Camilo. (1998). The *Agrobacterium tumefaciens gene transfer to plant cell. Electronic Journal of Biology, 1* (3), 1–14. Retrieved May 27, 2011, from http: //www. ejbiotechnology. info/content/vol1/issue3/full/1/bip/

Food and Agriculture Organization of the Union Nations Statistical Databases (FAOSTAT). (2011). Food and agricultural commodities production. Retrieved September 9, 2011, from http: //faostat. fao. org/site/339/ default. aspx

GMO Compass. (2011). Homepage. Retrieved August 12, 2011, from www. gmo-compass. org/eng/home/

International Service for the Acquisition of Agri-Biotech Applications (ISAAA). (2011). Homepage. Retrieved August 12, 2011, from http: //www. isaaa. org

Lansing, J. Stephen. (1991). *Priests and programmers: Technologies of power in the engineered landscape of Bali.* Princeton, NJ: Princeton University Press.

Leaf, Murray J. (1998). *Pragmatism and development: The prospect for pluralist transformation in the Third World.* London: Bergin and Garvey.

Pimentel, David, & Giampetro, Mario. (1994). Food, land, population and the US economy. Carrying Capacity Network. Retrieved May 27, 2011, from http: //www. dieoff. com/page55. htm

Pimentel, David, & Pimentel, Marcia (1990). Comment: Adverse environmental consequences of the Green Revolution. *Population and Development Review, Vol. 16. Supplement: Resources, Environment, and*

Population: Present Knowledge, Future Options, 329–332.

Pimentel, David, & Pimentel, Marcia. (2002, Summer). The Green Revolution, its demographic and environmental consequences. *The Social Contract*, 261–267.

Randhawa, Mohinder Singh. (1986). *A history of agriculture in India. Vol. 4: 1947–1981*. New Delhi: Indian Council of Agricultural Research.

United Nations (UN). (2008). population prospects: The 2007 revision. Retrieved May 16, 2011, from http: // esa. un. org/unup

Greenbelts

绿化带

绿地是用于连接绿色开放空间的战略环境规划工具，能够限制城市的向外扩张，并给人们提供娱乐休闲的空间。但是绿化带所带来的问题是上下班时间的延长和住房成本的增加，使原本可持续发展的规划发生改变和破坏。然而，由于绿地作为一种限制城市扩张和保护宝贵农田的有效方式，它仍可能对可持续发展产生积极的影响。

早在19世纪，早期的绿地是城市区域规划的重要元素。城市规划者们很多从中世纪的城市建设中获得灵感，利用现有的城市森林资源和缓坡来保护城市边界以外的绿色空间。例如威廉莱特上校提出的1837计划，该计划用于澳大利亚城市阿德莱德周围的城市公园；彼得·约瑟夫仑内（Peter Joseph Lenné）针对柏林提出的1840花园计划；约瑟夫·斯科夫（Josef Schöffel）于19世纪晚期在维也纳保留的森林和草地带。在19世纪和20世纪早期，绿地、园林道路、公园大道和公共绿地的概念就已经引起人们的重视。

然而，绿地概念被最终认可并公认为城市规划的主要途径是通过埃比尼·泽霍华德（Ebenezer Howard）提出的具有高度影响力的花园城市概念（1902）。花园城市的概念包括将城市绿地作为城市不可或缺的组成部分，并将其形成独立的布局点。城市绿地提供的各种开放空间具有很多用途，比如可以作为精神病患者的房屋，作为农场、果园和城市休闲绿地。在1930年代罗斯福总统新政时期，保留土地农业带被纳入"城镇绿地"计划，并且作为美国联邦计划政策的一部分。在20世纪30年代，俄罗斯也将城市绿地用作分离卫星城镇作为共产党政策的一部分。

霍华德是现代城市规划的创始人之一，为城市绿地这一概念带来了巨大的分量。这一概念的进一步加强得益于很多城市规划的杰出人物，比如F. J.奥斯本（F. J. Osborn）、雷蒙德·安文（Raymond Unwin）和帕特里克·阿伯克龙比（Patrick Abercrombie），这些人都主张用城市绿地来限制城市扩张。1935

年，城市绿地的概念实现了多方统一，当年伦敦郡议会设立了一个贷款计划，该计划通过了伦敦周边的当局可以购买土地来建设城市绿地。在三年半的时间里，联盟的地主、地方议会和国家政府的各个分支机构已经成功保留了多达 68 000 英亩（约合 11 400 公顷）的土地，尽管那个时候城市发展对土地具有很高的需求。随后，1938 年绿带法案的通过，将这部分土地永久地保留了下来。

尽管在 1947 年之后，随着英国规划体系的改变，通过购买土地实现对绿地的保护不再是必要的，在 1955 年，绿地仍然得到国家政府的大力支持。目前，绿带政策已经占据了英国规划政策声明的 1/25。1944 年帕特里克·阿伯克龙比的计划使英国绿地深受影响，直接带来影响的是墨尔本区域计划（1944），同时带来影响的城市还有悉尼（1948）、克赖斯特彻奇（1948）、渥太华（1950）、东京（1956）和首尔（1970）等等。目前，绿化带存在于世界各地并以不同的形式存在。比如它们在用于分隔澳大利亚南海岸的沿海定居点并且防止其被合并。当然绿地还为野生动物提供穿越国界的迁徙通道，比如国际自然保护联盟遵循先前"铁幕"的路径而建设的"绿带窗帘"。

可持续发展的出现和全球性规划政策者的采用，使得绿地的概念开拓性地得以重新评估。绿地具有自身的审美价值，同时也是环境保护主义者据理力争的主要根据，其实早在可持续发展的概念提出前就存在了。如果绿地不能很好地为生态系统服务，其关注重点在于保留自身的空间的论断就很难进行辩证的评判。在与提供保障性住房平衡的决策中，要继续进行绿地的保护显得越发艰难。当那些主张保护绿地者本身位于绿地附近时，他们会坚持从保护中获利。这导致了指责他们的抵抗是"邻避症候群"的主要来源。

虽然关于评估绿地对土地市场的影响相关的研究有很多，但是在实际过程中，要确定绿带政策带来的准确影响是十分困难的，原因在于计划系统本身在很多方面是存在局限性的。比如英国的规划体系就包括保留城市开放空间的各种方案。在新南威尔士和悉尼，新南威尔士城市规划部门对于用于城市发展的边缘土地释放进行相当严格的控制，尽管这项政策在 19 世纪 50 年代初就被摒弃了。

可持续发展的框架为现有和新兴的绿地提供了两个不同的选项。对于已经拥有绿地的国家或城市，绿地空间若要继续存在下去可能需要不断地更新。这些领域可以整合成为一个鲜明的绿色基础设施网络，可以为人类提供更好的生态环境和休闲空间。

生态保护用地的增加或保留可以使得目前已经存在的绿地得到进一步的开发。对于那些即将接受城市绿地概念的城市，可持续发展原则和历史的发展过程表明，很多因素都会影响相关政策的成功实施。一个清晰的城市绿地未来定位、一个强大和支持性的区域规划系统和重要相关利益者（如土地拥有者）的支持或参与，都是必不可少的重要因素。

马可·阿玛蒂（Marco AMATI）
麦加利大学

参见：保护的价值；生态旅游；海洋公园和保护区；国家公园和保护区；荒野区域公园和保护；户外游憩；旅游。

拓展阅读

Amati, Marco. (Ed.). (2008). *Urban green belts in the twenty-first century*. London: Ashgate.

Amati, Marco, & Taylor, Laura. (2010). Special issue: Green belts. Planning Practice and Research, *25*, 2.

Amati, Marco, & Yokohari, Makoto. (2006). Temporal changes and local variations in the functions of London's green belt. *Landscape and Urban Planning, 75* (1−2), 125−142.

Amati, Marco, & Yokohari, Makoto. (2007). The establishment of the London greenbelt: Reaching consensus over purchasing land. *Journal of Planning History, 6* (4), 311−337.

Freestone, Robert. (2002). Green belts in city and regional planning. In Kermit Parsons & David Schuyler (Eds.), *From garden city to green city: The legacy of Ebenezer Howard* (pp. 67−98). Baltimore: Johns Hopkins.

Konijnendijk, Cecil. (2008). *The forest and the city: The cultural landscape of urban woodland*. London: Springer.

Greenhouse Gases

温室气体

早在18世纪工业革命时期,人类活动就开始导致大气中温室气体的增加。大气平衡的改变导致了全球气候变暖。科学家们已经认识了目前已知的温室气体与地球系统以及和人类活动的关系。

温室气体是大气中能够在能量范围内吸收电磁辐射(红外线)的一类气体的总称。太阳辐射是地球获得能量的主要来源,同时也是一种高能辐射(可见光和紫外线)。可见光辐射的主要部分通过大气传播并且最终被地球吸收。同时,地球会将吸收的能源重新辐射出去,这种能量通常具有较低能量值(热能)。大气中的温室气体可以很容易地吸收从地球反射到大气中的能量。这种情况就像在温室中,玻璃或塑料会允许太阳能进入温室,但是重新返回的能量得不到释放而保留在温室中,使得温室内气温升高。在大气中的温室气体最主要的成分是水蒸气、二氧化碳、甲烷和氮氧化物。其他还包括臭氧、氢氟碳化物和很多成分复杂的人造气体。

温室气体浓度

大气中温室气体的主要成分与自然环境和人类活动密切相关。事实证明温室气体浓度与全球气温具有直接关系。二氧化碳、甲烷和氧化氮在大气中含量的激增在过去的200年体现得尤为显著。

水蒸气

水蒸气是温室气体的最主要成分。其丰度并不与其他温室气体一样显示出在工业革命时期的相关趋势,由于缺乏如其他温室气体历史上数据的记载,对于它产生的气候变化相关研究很少,所以不能推断出人类活动对其浓度的影响。水蒸气的含量比其他温室气体高出好几个数量级,而且地域性的变化程度也很大。虽然作为一种物质,水是研究最多的一个,但是有关水蒸气对于气候变化和全球变暖的影响研究甚少。水蒸气的含量与气温有关,并且随着大气温度的增加而升高。最直接的影响在于温室效应的增加,从而加速全球变暖。但是另一方面，随着气温的升高，水蒸气的含量增加，云形成的概率也会增加，这样会增加地球的遮蔽度，使得地球从太阳吸收的热量降低，由此会减缓全球变暖。水蒸气对这两方面的影响如何平衡，目前并没有得到很好的解释。

二氧化碳

二氧化碳是人们研究最多的温室气体。二氧化碳的大量增加可以追溯到18世纪工业革命和碳燃料的燃烧。最常用来表示二氧化碳浓度的单位是ppm（10^{-6}，百万分率）。至少在工业革命之前1万年，二氧化碳浓度是260～280 ppm，而如今这个值升至约400 ppm（Ahn et al. 2004; Petit et al. 1999; Siegenthaler et al. 2005）。一些科学家预计二氧化碳浓度350 ppm左右是一个临界点，在这个临界值下灾难性的地球变化是不可避免的，比如全球变暖、极地冰川融化导致的海平面上升和随之而来的沿海栖息地的破坏。

大气中二氧化碳的增加可以归纳成两个因素：碳燃料燃烧的增加和地球去除二氧化碳能力的减弱。二氧化碳可以通过被海洋吸收或二氧化碳循环而从大气中排出，二氧化碳也可以通过植物的光合作用转化为氧气。随着海洋吸收二氧化碳的增多，它们的吸收能力会逐渐降低，但是这种降低的程度仍未探明。由于二氧化碳吸收的增加，海洋的酸性也越来越强。同时，自20世纪60年代以来森林的大

面积砍伐也使得二氧化碳循环的效率大大降低，从而降低了二氧化碳浓度的减少程度。

甲烷

甲烷作为一种温室气体，其造成的温室效应大约是二氧化碳的20倍，但同时它的大气浓度较二氧化碳低200倍。大气中大部分的甲烷来自人类活动，尤其是农业。美国环保署最近发表的一份报告显示，超过50%的甲烷排放与人类活动相关（USEPA 2010）。未来，由于全球变暖导致的冻土地区的加速融化，将释放更多的甲烷气体。甲烷是由生物质能的衰败产生的，它们大部分都被困在陆地和海洋地球的冻土层，会随着全球变暖而加速融化。

人类活动和温室气体趋势

目前人类的各种经济活动都会增加温室气体向大气的排放。最主要的包括农业、商业、住房、交通和工业。人类活动贡献了年均2 ppm二氧化碳总量的升高（NOAA 2010）。尽管人类采取了很多措施来控制温室气体的排放，其他温室气体的浓度也继续上涨。

约翰·G. 史蒂文斯（John G. STEVENS）
北卡罗来纳大学阿什维尔分校

参见：碳的捕获和固定；煤；冰川；制冷和供暖；氢燃料；石油；大洋与海。

拓展阅读

Ahn, Jinho, et al. (2004). A record of atmospheric CO_2 during the last 40,000 years from the Siple Dome,

Antarctica ice core. *Journal of Geophysical Research, 109*, D13305.

Alley, Richard B. (2002). *The two-mile time machine: Ice cores, abrupt climate change, and our future.* Princeton, NJ: Princeton University Press.

Holdren, John (2008). Meeting the climate change challenge. Eighth Annual John H. Chafee Memorial Lecture on Science and the Environment. Washington, DC: National Council for Science and the Environment.

Intergovernmental Panel on Climate Change (IPCC). (2006). 2006 guidelines for national gas inventories. Retrieved June 20, 2011, from http: //www. ipcc-nggip. iges. or. jp/public/2006gl/index. html.

National Climatic Data Center (n. d.). Greenhouse gases: Frequently asked questions. Retrieved June 20, 2011, from http: //www. ncdc. noaa. gov/oa/climate/gases. html.

National Oceanic and Atmospheric Administration (NOAA). (2010a). Emissions of potent greenhouse gas increase despite reduction eff orts. US Department of Commerce. Retrieved June 20, 2011, from http: // www. noaanews. noaa. gov/stories2010/20100127_greenhousegas. html.

National Oceanic and Atmospheric Administration (NOAA). (2010b). NOAA annual greenhouse gas index (AGGI). Retrieved June 20, 2011, from http: //www. cmdl. noaa. gov/aggi.

National Oceanic & Atmospheric Administration (NOAA) Earth System Research Laboratory. (2011). Trends in atmospheric carbon dioxide [Data file]. Retrieved September 20, 2011, from ftp: //ftp. cmdl. noaa. gov/ccg/ co2/trends/co2_mm_mlo. txt.

Petit, Jean Robert, et al. (1999). Climate and atmospheric history of the past 420,000 years from the Vostok ice core, Antarctica. *Nature, 399* (6735), 429–436.

Siegenthaler, Urs, et al. (2005). Stable carbon cycle: Climate relationship during the Late Pleistocene. *Science, 310* (5752), 1313–1317.

United States Environmental Protection Agency (EPA). (2010, April). *Methane and nitrous oxide emissions from natural sources.* Retrieved September 20, 2011, from http: //epa. gov/methane/pdfs/Methaneand-Nitrous-Oxide-Emissions-From-Natural-Sources. pdf.

US Environmental Protection Agency (EPA). (2011). 2011 inventory of greenhouse gas emissions and sinks. Retrieved June 20, 2011, from http: //www. epa. gov/climate change/emissions/index. html.

Guano

鸟粪肥

鸟粪肥，一种从鸟类和蝙蝠粪便提取的天然肥料，阐述着许多和自然资源管理的相关问题，包括战争和殖民的历史、不公平的劳动方式和过度捕捞。直到被人工肥料所取代，鸟粪肥一直是秘鲁经济的主要组成部分。今天，它仍然用作有机肥料，但其供应是极大地减少了：产生鸟粪的鸟类数量正由于鱼类的过度捕捞而锐减。

鸟粪肥是一种从海鸟或蝙蝠累积的粪便中提取的天然肥料。最早将海鸟鸟粪用作肥料的是秘鲁沿海的前印加文明，如莫奇卡部落（公元前500年）。印加帝国不断使用鸟粪来种植薯类并规范其生产和分配。在印加帝国的语言克丘亚语中，*wanu*意思是"鸟的粪便"。尽管在整个殖民期间，西班牙观察者对鸟粪的特性有所了解，而安第斯的农民不断用它来肥沃他们的土地，不过直到19世纪，当秘鲁鸟粪引发的农业革命领先于工业革命时，欧洲人才开始注意到鸟粪的特性。在1842年，秘鲁政府国有化了其鸟粪储量，步入了随后

40年历史学家所称的"鸟粪时代"。

秘鲁鸟粪的肥沃程度取决于环境因素。最优质的鸟粪都聚集在秘鲁海岸外的钦查群岛。在这一地区，洪堡洋流携带了大量浮游生物，给大量以此为食的鱼群带来了食物，从而维持了如鸬鹚、鹈鹕和塘鹅等把窝安在这里或其他南美太平洋贫瘠的岛屿上的鸟类生存。寒冷的洪堡洋流和温暖、干燥的空气交汇阻止了降雨，在秘鲁沿海形成了荒漠。这里一般大气干燥并缺少雨水，这防止了鸟粪中的硝酸盐、磷酸盐和氨的挥发。在鸟粪热潮开始时，一些岛屿的鸟粪积累，几千年来达到30米或45米深。

秘鲁的鸟粪被英国商人垄断，给秘鲁政府带来了稳定的现金流，但也导致了一些国际冲突。其他国家，如玻利维亚和厄瓜多尔，也开始从他们的海岸挖取鸟粪，即便其被认为是低质量的。在1842年，智利国会声称对其邻国玻利维亚许多生产鸟粪的地区拥有主权，1865年西班牙占领了钦查群岛来强迫秘

鲁政府付清赔偿。智利对鸟粪的兴趣最终导致了太平洋战争（1879年—1883年），这场战争使得玻利维亚割让了海岸线给智利，智利占领了秘鲁三年。对于英国垄断鸟粪市场，美国大会颁布了1856年鸟粪法，使美国对任何美国公民开发的鸟粪生产地区都拥有主权。根据这一法律，美国获得了太平洋上（如霍兰德、贝克和贾维斯群岛）和加勒比地区（如纳瓦萨、帕特洛和塞瑞尼拉）的一系列群岛。

从鸟粪和其开采的自然环境中获得的大量利润导致广泛的使用强制劳动行为。早在1842年，玻利维亚就让罪犯到其鸟粪岛上工作，秘鲁用逃兵来补充罪犯数，与中国劳工签契约，绑架太平洋岛民和少量黑人奴隶。类似劳动行为在别处也存在：美国在太平洋的鸟粪挖取作业也雇用了太平洋岛民，在加勒比地区，他们依靠西印度的黑人或在大陆的贫穷的黑人。鸟粪挖取的条件是特别恶劣的，需要连续长时间的工作，工作条件也极为恶劣，并且劳动者会碰上很多意外和疾病。鸟粪生产过程中产生的灰尘和氨蒸气会导致呼吸、皮肤和胃肠道疾病。

尽管发现替代鸟粪的资源，秘鲁鸟粪沉积物的耗竭、太平洋战争造成的严重破坏都促进了秘鲁"鸟粪时代"的终结，但是人工肥料和过磷酸钙的产量增加给予了其最终一击。到了20世纪初，秘鲁只生产极少量鸟粪出口，之后，便只提供其国内市场。虽然秘鲁政府立法保护鸟粪岛屿的环境，并试图鼓励秘鲁农民使用鸟粪，但鸟粪再也没有恢复成为秘鲁的主要收入来源。

在20世纪末，有机农业的发展使得人们重新对鸟粪产生兴趣。蝙蝠粪和鸟粪大量销售给参与有机农业的农民和园丁。秘鲁鸟粪作为一种可选择的肥料，已经因为环境因素而陷入危机。洪堡洋流的温度增加和渔业过度捕捞已经减少了曾经巨大的鱼群数量，也因此使得秘鲁海岸的鸟类数量大大降低，再加上厄尔尼诺现象（沿南美洲西海岸不定期出现的异常暖流），使得许多秘鲁鸟类的筑巢区域被破坏，并扰乱了该地区的天气模式。具讽刺意味的是，在这样一个时代，我们已经开始重视有机农业了，而有机肥料的潜在来源之一——鸟粪，却因为环境和人类的影响已大量减少。

弗雷德里克·瓦鲁（Frederic VALLVE）

圣玛丽大学

参见：粪；施肥/肥料；动物粪肥；人的粪便；氮；磷；钾。

拓展阅读

Bonilla, Heraclio. (1974). *Guano y burguesía en el Perú* [Guano and bourgeoisie in Peru]. Lima, Peru: Instituto de Estudios Peruanos.

Gootenberg, Paul. (1989). *Between silver and guano: Commercial policy and the state in postindependence Peru.* Princeton, NJ: Princeton University Press.

Gootenberg, Paul. (1993). *Imagining development: Economic ideas in Peru's "fictitious prosperity" of guano, 1840–1880*. Berkeley: University of California Press.

Hunt, Shane J. (1985). Growth and guano in nineteenth-century Peru. In R. Cortés Conde & S. J. Hunt (Eds.), *The Latin American economies*. New York: Holmes and Meyer.

Mathew, William M. (1981). *The house of Gibbs and the Peruvian guano monopoly*. London: Royal Historical Society.

Querejazu Calvo, Roberto. (1979). *Guano, salitre, sangre, historia de la Guerra del Pacífico* [Guano, saltpetre and blood: History of the Pacific War]. La Paz, Bolivia: Los Amigos del Libro.

Scaggs, Jimmy M. (1994). *The great guano rush: Entrepreneurs and American overseas expansion*. New York: St. Martin's Press.

H

Heating and Cooling

制冷与供暖

与建筑物制冷供暖相关的能源消耗量已经非常巨大。有证据表明,气候变化和对室内舒适度的更高要求(包括家庭和办公室冬暖夏凉)将会加剧对能源的需求。改变冷热舒适度期望、抛弃应对极端温度的传统方式及其相关技术,对室内环境可持续性具有重要意义。

正是依赖一系列的制冷供暖技术,全世界的人们能够获得舒适的室内环境,而且可以控制由室外气候引起的室内温度变化。在许多国家,集中供暖已是建筑环境的一个普遍特征。在1970年,英国仅有560万个家庭实行集中供暖;到2000年时,增加到了2 170万户,覆盖了将近90%的家庭(DTI 2002, 23)。在2001年,美国供暖、通风、制冷(HVAC)占据了家庭用电的31%,其中一半的电量用在了中央空调上;使用这些设备的美国家庭数量,已经从1980年的27%上升到2001年的55%(US EIA 2005)。随着气候变化和人们对舒适度要求的提高,家用空调的市场预计将会有全球性扩张。

与建筑制冷供暖相关的能源需求和碳排放量已经相当大。目前,全球住宅区供暖已经占了居民建筑能源消费最大的比例,约占总初级能源需求的40%(IAC 2007, 32)。自1970年以来,英国用于家庭供暖的能量消耗约上升24%,而且供暖占到了家庭总能量消耗的58%(DTI 2002, 23)。有证据表明,人们对室内舒适度的标准正在提高,因而会增加制冷供暖的能源负担。在英国,冬天室内的平均温度已经从1970年的13℃增加到2000年的18℃(DTI 2002, 26),而一份最近的家庭调查结果表明,许多家庭现在正在这个水平以上进行供暖。在美国,由于对空调的依赖,夏天室内温度低于冬天的室内温度已经是一个很普遍的现象。由于空调在全球已经变得很普遍,人们预测能源设施与制冷供暖的矛盾将会变得很突出。这很可能影响人们正常的生活,像2003年的欧洲热浪,能源供应设施就没能够满足人们使用空调制冷的需求。

上面的这些趋势表明，制订一个既舒适又节能的室内温度标准，已经成为环境能源政策制订者和从事建筑研究设计人员当前最为紧迫的问题之一。

提升制冷供暖的能量效率

应对制冷供暖能量需求方案的关键是提高能量使用效率。在欧洲，更高能源标准的住宅和更有效空调及供暖设备的引进已经非常普遍。在19世纪70、80年代，为了更高效率的利用能量，许多英国家庭对房屋进行了隔热处理。虽然在1970年—2000年间，英国家庭通过房屋隔热处理和提升供暖效率等方面节省了大量能源，但是总体能耗和用电量并没有因此下降。这种现象与许多因素有关。

虽然与原来供暖设备相比，新设备效率更高，但数量增多，而且使用频率增加。在英国，对那些设备能量消耗较少家庭的研究证实，房子供暖有一个反弹效应：隔热处理的引进及高效的集中供暖方式可以为更多的房间持续供暖，从而导致了能源消耗的增加。基于场地供暖的能源节省也不理想，与当今社会发展趋势相悖，例如，单人住宅数量的增加和平均家庭住宅面积的增加。在美国，平均房屋面积从1950年（90平方米）到2000年（200平方米）增加了一倍多，因而大幅度增加了制冷供暖的面积（Diamond & Moezzi 2004, 3）。在美国南部，新建房子数量正在持续增加，且都使用中央空调，这将直接导致全国家庭用电量进一步增加。

由于住房条件和生活方式的改变，虽然节约能源的制冷供暖技术被采用，但是碳排放却没有显著减少，也无法达到《京都议定书》

中所设立的目标。现行方案也不可能引起人们长期以来所形成的生活方式的改变，以应对未来的能源危机和气候变化。这种情况表明，改变我们现有家庭和工作场所的制冷供暖方式是至关重要的。

舒适度和室内温度

为了准确了解人类对室内制冷供暖技术的依赖性是如何形成的，有必要重新审视舒适度及与其有关的室温控制技术的发展历程。

在美国，室内制冷供暖技术的发展历史很复杂，涉及多种因素，例如人们对冬天和夏天舒适度的要求在不断变化——控制技术发展以及不同类能源的可获得性。在过去的两个世纪里，传统技术（如火炉和明火）和其他应对天气变化的办法（如冬天多穿衣服、夏天移到山麓地区或利用阳台阴凉空间或为了躲避高温而午休）在今天都已经发生了极大变化。值得注意的是，这种不够集中的能量利用方式现在已经落伍了，取而代之的是机械驱动方式，不过新方式改变了对能量的需求，也给环境带来了显著的影响。

在20世纪的最后阶段，随着机械科技的发展，人们对舒适度的概念和要求也有了一个明显转变。特别是，人们对舒适度进行了科学定义和量化。对于这样一种转变，奥勒·范杰（Ole Fanger, 1934—2006）的工作特别值得提及。作为丹麦科技大学的一名教授，奥勒·范杰的工作是研究室内环境下人的热感受和舒适度的量化。通过设计人体生理学方面实验，测试人体在不同室内温度下的舒适程度，可以对人体舒适度等级、舒适参数值和舒适属性进行定义。这个实验模型随后获得了发展，当今被许多国家用作设计和建设房屋、供暖、排风、空调等设施的标准和指南。这样一个舒适度与室内温度关系的实验，引起了很多国家的注意，用作本国最佳室内温度参照（如维持温度在22℃附近）。另外需要指出的是，满足这些精确的温度要求需要机械装置的控制。

一系列室内温度控制技术市场的形成，对未来提升人们舒适度水平和管理方式产生了深远的影响。在美国，随着铸铁火炉代替平炉和发展地下室锅炉为整栋建筑供暖，室内供暖的变化贯穿了整个19世纪。有关美国室内温度环境有两次重要转化，而集中供暖方式的形成与第一次转变有关。随着人们对冬天温暖的期望提高，室内寒冷空气排除，形成了更高温度的室内环境。在英国也有类似的情况，集中供暖使得室内温度易于控制，现在室内温度比19世纪70年代要高得多。

在此100年后，美国室内温度环境发生了第二次重大转变，其与美国人想改变夏天的闷热与潮湿有关。在《空调与美国》这本书中，盖尔·库珀（Gail Cooper）讲述了一个引人入胜的空调历史故事，解释了空调技术是如何缓解当地天气引发室内温度变化的，也介绍了空调技术如何在美国北部大陆变得无处不在。另外，这本书还特别讲述了空调是如何被引入建筑物设计和建造中去的。在1955年仅有不到2%的美国家庭有空调，而1980年已达到了50%，且超过1/4的家庭拥有中央空调（Biddle 2008, 402）。当今，每四个美国家庭拥有三个某种形式的空调，在美国南部各州拥有空调的情况更为普遍。

与美国相比，世界其他地区的空调数量较少，包括欧洲的一些国家及许多发展中国家。未来发展趋势不仅是某些地方增加空调数量，而且是空调会跨越日常生活的各个领域（如空调汽车和空调商场）。自从20世纪90年代以来，空调在经济快速增长的中国和印度等国家中呈现出一种迅猛增长的态势，尤其是在那些新兴的中产阶级人群中。在1998年末，中国只有20%的城市居民拥有空调，但是在一些大城市（如上海、广州、重庆等），拥有空调的情况则要高得多（大约70%），其他城市空调数量也在快速增长（Fridley et al. 2001, 4）。在整个21世纪，亚洲空调需求增长会导致能源需求增长（2100年制冷需求增加50%），其主要原因是收入增加、人口增长、快速城镇化、住房面积变大以及气候变化（Isaac & van Vuuren 2009, 507）。

舒适度的要求和标准

全球制冷供暖技术的发展以及舒适度期望和感受标准化，深刻影响了室内温度环境。现在，全世界普遍认为，室内温度21℃～22℃是一个有利高效工作或舒适生活的环境。这个温度也适合于生活在不同的气候条件下或者具有不同的文化背景的人们，即他们具有更大的舒适温度范围。

在一些行业研究报告中介绍了不同文化背景的人是如何管理、看待和维持室内温度环境的，并且介绍了如何利用一些能源集约的方法和技术来适应环境温度。但是，很多这种传统控制温度的方法正在消失，墨西哥的午休制度就是一个不需要空调而避免白天高温影响的例子。但是在1999年4月，墨西哥政府宣布，全国160万员工的午休制度正式结束。在潮湿的热带气候条件下，人们已不必在夏天去房子或花园附近寻找阴凉的地方,也不必在冬天去寻找温暖的地方,而是依靠技术来解决室内冷热问题。

同时,一些国家为了响应节能减排的环境承诺,正在提出修订室内制冷方法的倡议。2005年,日本环境部启动了清凉商务计划,通过一系列措施来达到减少电力消耗的目的,包括限制政府部门空调的使用(如空调温度设置不能低于28℃),说服工作人员不戴领带、解开衬衫纽扣、脱掉夹克等。在其他国家,比如中国,则制订规则禁止居民夏天把空调温度设置在26℃以下。但是,在多大程度上,如此的管理措施能够补偿变化的消费者经济以便支持新的供暖制冷设备的生产,仍旧是不清楚的。

未来展望

气候变化与制冷供暖之间的关系是复杂的。政府间气候变化委员会的数据表明,场地制冷所需的电力正在大幅度的增加,而供暖所需的电力却好像在减少。随着制冷增加的能源消耗超过了供暖减少能源消耗,其结果是大幅增加了能源消耗(Isaac & van Vuuren 2009)。在制冷过程中,如何对舒适温度控制仍然是一个大问题。使用空调控制较暖环境的方法无意中进一步加剧了全球变暖,形成一种自相矛盾的解决方案,而对这一问题的各种回应正在引发争论。

一种可靠和经过试验的方法,就是如何让现有的制冷供暖设备和建筑物的能效更高。这样的想法可以通过提高建筑技术来实现,例如,基于太阳能利用的设计,或者高能效空调机组和太阳能制冷系统的使用等。对于新建建筑物而言,为了达到最佳效果,最好从地基开始就把能源与生态的因素考虑进去。另外一种办法,就是允许更大程度的个性化操作、活动和选择(如具有可随意开关的窗、放松着装要求或提供荫凉的室外区域)。然而,这些选择可行性取决于实际工作情况的灵活性、传统习惯与室内温度集中控制原则的协调。这进一步表明进行更广泛的经济和政治改革的必要性,诸如保证监管体系和税收政策能够刺激人们购买更高能效的设备和部件,促进开发更小的住宅和进行更灵活设计。一些人认为需要进行一个重大改变,即改变人们现行能源依赖强度的生活方式和对舒适度的要求,并且重新考虑不同文化背景人们应对气候的方法,比如午休。上面所提及的一些办法都是对地球无危害的、对可持续性制冷供暖有潜在影响的方案。

希瑟·查普尔斯(Heather CHAPPELLS)
圣玛丽大学

参见:产品和工业设计;地热能;室内照明;太阳能。

拓展阅读

Ackermann, Marsha E. (2002). *Cool comfort: America's romance with air conditioning*. Washington, DC: Smithsonian Institution Press.

Biddle, Jeff. (2008). Explaining the spread of residential air conditioning, 1955–1980. *Explorations in Economic History,* 45 (4), 402–423.

Boardman, Brenda. (1991). *Fuel poverty: From cold homes to affordable warmth.* London: Belhaven Press.

Chappells, Heather, & Shove, Elizabeth. (2005). Debating the future of comfort: Environmental sustainability, energy consumption and the indoor environment. *Building Research and Information,* 33 (1), 32–40.

Cooper, Gail. (1998). *Air-conditioning America: Engineers and the controlled environment,* 1900–1960. Baltimore: Johns Hopkins University Press.

Crowley, John. (2001). *The invention of comfort.* Baltimore: Johns Hopkins University Press.

Department of Trade and Industry (DTI). (2002). *Energy consumption in the United Kingdom.* London: DTI.

Diamond, Rick, & Moezzi, Mithra. (2004). Changing trends: A brief history of the US household consumption of energy, water, food, beverages and tobacco. Proceedings of the 2004 Summer Study on Energy Effciency in Buildings, American Council for an Energy Effcient Economy, Washington DC. Retrieved January 23, 2011, from http: //epb. lbl. gov/homepages/rick_diamond/LBNL55011-trends. pdf.

Fanger, P. Ole. (1970). *Thermal comfort analysis and applications in environmental engineering.* New York: McGraw Hill.

Fridley, David.; Rosenquist, Gregory.; Lin, Jiang.; Aixian, Li; Dingguo, Xin; & Jianhong, Cheng. (2001). Technical and economic analysis of energy efficiency of Chinese room air conditioners. Retrieved April 29, 2011, from http: //www. clasponline. org/files/ChinaACTechEconAnalysis_020701. pdf

Harris, Howell John. (2008). Conquering winter: US consumers and the cast-iron stove. *Building Research & Information,* 36 (4), 337–350.

Heschong, Lisa. (1979). Thermal delight in architecture. Cambridge, MA: MIT Press.

Humphreys, Michael A. (1976). Field studies of thermal comfort compared and applied. *Building Services Engineering,* 44, 5–27.

InterAcademy Council (IAC). (2007). Lighting the way: Toward a sustainable energy future. Amsterdam: IAC.

International Energy Agency (IEA). (2004). *World energy outlook.* Paris: IEA.

Isaac, Morna, & van Vuuren, Detlef P. (2009) Modeling global residential sector energy demand for heating and air conditioning in the context of climate change. *Energy Policy,* 37, 507–521.

Milne, Geoff, & Boardman, Brenda. (2000). Making cold homes warmer: The effect of energy effciency improvements in low-income homes. *Energy Policy,* 28 (6–7), 411–424.

Moffett, Sebastian. (2007, September 11). Japan sweats it out as it wages war on air-conditioning. *Wall Street Journal,* p. A1.

Nicol, Fergus.; Humphreys, Michael A.; Sykes, Oliver; & Roaf, Susan. (Eds.). (1995). *Standards for thermal comfort: Indoor air temperature standards for the 21st century.* London: Chapman & Hall.

Nicol, Fergus, & Humphreys, Michael. (2002). Adaptive thermal comfort and sustainable thermal standards for buildings. *Energy and Buildings*, 34 (6), 563−572.

Shove, Elizabeth (2003). *Comfort, cleanliness and convenience: The social organisation of normality.* Oxford, UK: Berg Publishers.

Shove, Elizabeth; Chappells, Heather; & Lutzenhiser, Loren. (Eds.). (2009). *Comfort in a lower carbon society.* London: Routledge.

US Energy Information Association (US EIA). (2005). Residential energy consumption survey. Retrieved September 6, 2010, from http: //www. eia. doe. gov/emeu/recs/.

Heavy Metals

重金属

　　自古以来，重金属就已经被人类认知和使用；其生产却是与现代工业的发展紧密相连。从生物学的角度来看，许多重金属对生物体是必需的。然而，高浓度和高剂量的重金属却会造成严重的环境污染和人类健康问题。

　　重金属是具有金属特性，相对密度大于每立方厘米4.5克的元素。他们在自然界中以不同的形式出现在岩石、水、土壤及生物体中，其浓度通常非常低。重金属包括铜、镉、铅、硒、砷、锌、镍、汞及铬等。但研究人员对重金属所包含的种类意见不一（Duffus 2002）。有些重金属，如硒、铜和锌是微生物、植物和动物繁殖和生存所必需的微量元素。其他元素在某些情况下可能是有益元素。然而，超过特定的剂量和浓度，重金属则可能对人类健康和环境产生不利影响。因为无法化学分解或生物降解，释放到环境中的重金属会无限期地停留在生态系统中。但如果形成重金属的化合物，其对生物系统的可利用性和有效性也会相应改变。

重金属一旦进入食物链，会在食物链中逐级传递，通过生物富集作用，生物体内的重金属浓度会不断增加，因此重金属很危险。人类位于许多食物链的顶端，因而有可能易遭高浓度的有毒金属的攻击。例如我们吃了富集汞的鱼，就会受到高浓度汞的影响。与环境及工作相关的疾病、各种类型的癌症、肾脏疾病、贫血、生长发育迟滞、心血管及神经疾病等都可能是接触了超量重金属造成的。

　　重金属的生物地质循环和进入大气的释放源都会受到自然因素及人类活动的影响。重金属最常见的自然释放过程是地质活动和火山爆发。人类活动包括开矿、冶金、化工、化石燃料的燃烧、城市和工业废物的处置。一般来说，在偏远地区或人烟稀少的地方，重金属主要存在于自然循环过程中，而在城市和工业区，则是人为过程占主导地位。然而一经排放，某些迁移性较强的重金属可以通过空气、水和土壤影响到远离其排放地的地区和生态系统。

工业化前的社会

在当代工业社会和国内生产活动中，重金属的生产和使用开始具有重要战略意义。因此，排放重金属造成的环境污染只是到了当代社会才出现。但是自从人类知道了火的使用方法，发明了开矿和冶炼技术后，重金属的问题就已经存在了。事实上，一些主要的重金属，如铜、铅和汞，自古以来就为人类所利用。在工业化前人们利用一些原始技术生产重金属，就已经无法避免地造成了痕量金属排入了大气中。

铜是为数不多可以以金属形式存在于自然界中的金属，所以也是最早（公元前4200年）被人类认识和使用的金属之一（Tylecote 1987）。它所具有的可塑性、延展性和耐腐蚀等特性使其可以代替石头、木头或骨头用来制作武器、工具及家用器具等实用物品。

铅在自然界中不以金属状态存在，但是以铅为主要成分的混合矿物（如方铅矿、铅硫化物）储量丰富。公元前3500年以后铅得到了普遍使用。事实上，大多数银矿即铅矿，而且铅和银的冶炼一直是密切相关的。铅的熔点很低，只有328℃，易加工、耐腐蚀。这些特点使铅特别适用于制作各种家庭用品及水管。即使在古代，一些希腊和罗马的学者也认为铅的广泛应用可能会危害人体健康。

早在公元前1750年时，古人就将汞视为有毒物质。汞一般是通过蒸馏朱砂（汞的一硫化物）进行提炼的，在古希腊和古罗马时期汞就被用于镀金，在古代埃及汞也很可能用于宗教仪式中。在建于公元前1500年的埃及古墓中就发现了汞的存在。从工业的角度来看，汞的重要性在于它可以和其他金属形成汞合金（汞齐）。

工业革命前最后一个为人所知的重金属就是砷。它广泛分布于地壳中，通常与其他金属伴生。小剂量服用，砷可治疗某些疾病（例如梅毒），但是它具有很强毒性，并且可致癌。砷在17世纪才被确认为是一种元素，但砷的化合物早在公元前4世纪就已为人所知，并用于早期的铜冶炼中。古代埃及人用砷铜矿这种天然合金来改善铜制品的力学性能（Darling 1990）。

虽然很难追踪工业革命之前的重金属污染情况，但是通过分析各种类型的自然沉积物，尤其是沼泽、水体沉积物和极地冰盖，可以获得一些非常重要的数据。事实上通过这些研究，人们可以重现从古至今的长期污染场景。已有数据显示，罗马帝国时代（公元前500年—公元300年）北半球的微量金属，特别是铜和铅的排放量在增加。证据表明从11世纪开始，中欧的采矿和冶炼活动有所增加，到16世纪时这些活动再次加剧。16世纪佩蒂奥混汞提银法（与汞齐有关）引入美洲大陆，用以生产银，造成了当地汞污染的急剧增加（Nriagu 1996; Hong et al. 1996）。

工业化和重金属污染

金属生产和利用的增加被认为是物质文明进步的最好指标之一。自工业革命以来，重金属的生产呈指数增长，这导致了大气中的有毒金属人为排放量不断增加。根据工业生产强度和所用技术方法的不同，各个排放源的相对比重也不尽相同。采矿、冶金（尤其是有色金属）、化学工业的某些分支一直是当代重金属排放的主要人为来源。

大部分重金属污染，尤其是进入水环境（河流、湖泊和海洋）的污染物，不是来自生产环节，而是来自生活垃圾及工业废弃物。许多国家不再将城市和工业垃圾进行填埋，而是采用焚烧的方法进行处理，这成为二噁英和有毒重金属排放的主要源头之一。用于火力发电和供热的化石燃料（尤其是煤炭、石油和木材）也是主要污染源。煤炭是工业革命早期的主要能源，也是发展中国家最实惠的能源。然而煤炭燃烧是汞、砷、铬和硒的主要污染源，而石油是镍和钒最重要的污染源。

就单个重金属对环境的负面影响而言，铅的影响很可能是最为严重的。铅用于生产日用品、蓄电池、汽油添加剂、颜料、电缆涂层、玻璃、弹药、屋面、水管内涂衬以及腐蚀性化学物质的处理和运输系统。与铅生产有关的污染物包括气体污染（主要是硫氧化物和颗粒物，包括铅氧化物、砷和其他金属化合物）和固体及液体废弃物（含锑、砷、铜、锡及其他元素，这取决于投入的原材料）。金属铅的废弃物容易回收并可重新利用，但是含铅化合物通常会释放到大气中，无法回收。含铅化合物存在于某些杀虫剂、油漆颜料以及含铅汽油中，这些产品造成了严重的空气污染问题。

汞主要用于各种电气设备，如氯气和烧碱的电解生产、其他金属中杂质的去除以及配线设备和开关、荧光灯、电池及测量和控制仪器。除生产这些设备会造成汞污染外，处理含汞产品时也会产生危害，无论是填埋还是焚烧，汞最终会进入土壤、地下水和大气中。当汞进入水生生态系统时，微生物将其转换为甲基汞——一种高毒性的有机汞。这种情况下，汞在食物链中的生物富集会导致严重的健康问题，如著名的日本水俣市案例。这一事件发生在1956年，Nippon Chyisso Hiryo公司（化学公司）排放的污水污染了海湾中的鱼，人们

食用后引发了汞中毒综合征，即所谓的水俣病。汞污染的水也会降低土壤的质量和肥力，造成减产，进而损害农业和畜牧业。

大约从1975年开始至20世纪80年代初，铜的消费量开始降低。这是由于铜在某些方面被其他材料所替代，如在配线及远程通信所需的光纤中为铝所代替、管道改用了塑料等。但铜仍然被广泛应用。如今，铜经常用于电子电气产品、机械设备、交通运输、化工、医疗、杀菌剂、木材防腐剂及色素。冶炼过程中释放的废气（含有二氧化硫以及铜和铁的氧化物、硫酸盐和硫酸颗粒物）和电解精炼工序产生的废水是铜工业的主要污染问题。

锌是最重要的工业金属之一，是继铁、铝、铜之后第四个被最广泛应用的金属。它的主要用途如下：辅助生产其他商品、镀锌（提高其他金属抗腐蚀性）、汽车和建筑业中的压模铸造、电气和机械制造业、制造铜锌合金（主要用于生产黄铜），以及生产化合物、医药和涂料。闪锌矿（锌硫化物）是生产锌最常用的矿物。二氧化硫是闪锌矿焙烧过程中的副产品，也是这个行业内最主要的污染物。锌生产的炉渣中还含有铜、铝、铁、铅。

砷是地壳中的一种天然元素，然而它也是一种环境污染物，尤其当它进入地下蓄水层及供水系统时会产生严重的危害。地球的自然沉积或人类活动都可能造成砷污染。锡和铜的开采和冶炼、煤的燃烧及农用杀虫剂都是人为砷污染的主要来源。

在古代镍和铜的合金就已经用于制造硬币，然而直到1751年镍才被认定为金属。作为合金金属，镍继续用于制造不锈钢及其他黑色和有色金属合金，以提高合金的硬度、耐热性

表H-1 全世界重金属的生产情况（每一时期的平均值，单位吨）

	铬	铅	锌	铜	镉	砷	汞	硒	镍
1900—1919	44 280	1 040 600	743 000	878 900	59	12 152	2 908		23 665
1920—1939	166 295	1 223 072	1 110 300	1 457 500	1 738	41 070	3 752		54 720
1940—1959	774 550	1 781 333	2 194 000	2 581 000	6 473	37 090	6 288	573	180 950
1960—1979	1 850 000	3 093 500	4 950 500	5 692 000	14 965	35 105	8 548	1 110	557 000
1980—1999	3 550 000	3 207 500	6 933 500	9 210 500	19 340	35 740	4 513	1 600	925 550
2000—2009	5 517 000	3 399 000	9 978 000	14 580 000	19 340	54 950	1 509	1 835	1 436 000

来源：美国地质调查局，数据序列140，美国矿物和物质商品的历史统计数据.

及耐腐蚀性。其他重金属，包括铬、镉、硒，发现得更晚。直到20世纪，这几种重金属的工业用途才得以开发。它们对环境和健康的影响有很大的不同，例如，铬不会在食物链中进行生物富集；镉是一种剧毒金属；超过一定浓度硒有毒性，但它却是一种人体必需的微量元素。

最近趋势

进入21世纪后，世界经济持续增长，这与重金属生产和消费的增长密切相关（见表H-1）。重金属人为排放在经历长期、高强度持续增加后，该趋势在最近的几十年中发生了显著变化。特别是发达国家，20世纪70年代的工业危机、技术变革和更加严格的环境政策使重金属排放率大幅降低。由于污染控制技术的重大改进和严格的公共监管和立法，现在重金属排放得到了很好的控制，每单位加工品的重金属排放量普遍下降。然而，在某种程度上，发达国家采取的调控措施仅仅意味着这些污染活动已经转移到了那些限制较少、通常不发达的国家。考虑到污染可能发生在距污染源数千千米以外的遥远地区，因此污染物的削减效果将取决于所采取的国际协议，项目的支持以及广泛的合作。另一方面，新兴经济体的工业增长造成了污染排放在地理上的重大变化，亚洲和南美国家的污染排放增加显著（Pacyna & Pacyna 2001）。因此，中国、印度和巴西等经济体的表现将在未来几十年中起着决定性的作用。

拉斐尔·尤利阿特·阿约（Rafael URIARTE AYO）
巴斯克地区大学

参见：铬；铜；电子产品的原材料；黄金；铅；矿产资源稀缺性；采矿业——金属矿床开采；稀土元素；回收利用。

拓展阅读

Callender, Edward. (2003). Heavy metals in the environment: Historical trends. In Heinrich D. Holland,

Karl K. Turekian (Exec. Eds.) & Barbara Sherwood Lollar (Vol. Ed.), *Treatise on geochemistry: Vol. 9*

Environmental geochemistry, pp. 67–105. Amsterdam: Elsevier.

Centre on Emission Inventories and Projections (CEIP). (2010). Emissions per capita and GDP (1990–2008). Retrieved June 7, 2011, from http: //www. ceip. at/fileadmin/inhalte/emep/pdf/2010/ Emissions_per_capita_ GDP_2010. pdf

Darling, A. S. (1990). Non-ferrous metals. In Ian McNeil (Ed.), *An encyclopaedia of the history of technology*, pp. 47–145. London & New York: Routledge.

Duchin, Faye, & Lange, Glenn-Marie. (1994). *The future of the envi- ronment: Ecological economics and technological change.* New York: Oxford University Press.

Duffus, John H. (2002). "Heavy metals": A meaningless term? (IUPAC Technical Report). *Pure and Applied Chemistry, 74* (5), 793–807.

Hong, Sungmin; Candelone, Jean-Pierre; Patterson, Clair C.; & Boutron, Claude F. (1996). History of ancient copper smelting pollution during Roman and Medieval times recorded in Greenland ice. *Science, 272* (5259), 246–249.

Kelly, Thomas D., & Matos, Grecia R. (2010). Historical statistics for mineral and material commodities in the United States. *U. S. Geological Survey*, Data Series 140. Retrieved June 7, 2011, from http: //minerals. usgs. gov/ds/2005/140

Newell, Edmund. (1997). Atmospheric pollution and the British cop- per industry, 1690–1920. *Technology and Culture, 38*(3), 655–689.

Nriagu, Jerome O. (1996). A history of global metal pollution. *Science, 272* (5259), 223–224.

Nriagu, Jerome O. & Pacyna, Jozef M. (1988). Quantitative assess- ment of worldwide contamination of air, water and soils by trace metals. *Nature, 333*, 134–139.

Pacyna, Jozef M., & Pacyna, Elisabeth G. (2001). An assessment of global and regional emissions of trace metals to the atmosphere from anthropogenic sources worldwide. *Environmental Reviews, 9* (4), 269–298.

Smith, Duane A. (1987). *Mining America: The industry and the environ- ment, 1800–1980.* Lawrence: University Press of Kansas.

Tylecote, Ronald F. (1988). A *history of metallurgy.* London: Mid- County Press.

Hemp

大　麻

人们栽植大麻用来生产"麻"(纤维和种子)和使人兴奋的药品(包括违法的大麻和合法的药品)。关于生产环境友好型的大麻有夸大的报道。大麻有一些显著的特征,很适合可持续的农业生产,然而在其他方面,与大多数传统的作物相比,它还是有差距的。违法的栽培大麻对环境是有害的,而且违法的使用已经使针对大麻优点的客观评价复杂化了。

大麻(Hemp)通常指 *Cannabis sativa L.*,尽管这个词也被用于许多其他的物种。作为世界上最古老的作物之一,它是一种一年生的草本植物,茎稍木质化,一般1~5米高,有些品种只开雄花、一些仅开雌花(见图H.1),一些栽培品种则是雌雄两性的。它的茎被用于生产纤维(也叫麻),种子(形态学上叫果实)用于生产食用油。在大麻上还发现一种有毒的蜡,尤其在苞片上,包裹着种子。尽管在历史上,"Hemp"主要指栽培用于生产纤维的植物,"Marijuana"主要指用于药物栽培的种类,但是现在"Hemp"和"Marijuana"都可以指大麻中用于生产纤维、种子和药品的品种。"Industrial hemp"这个词被用于指生产纤维和油料的品种。用于毒品或者药品目的生产的大麻品种总是含有大量的导致兴奋的化学物质 Δ^9-四氢大麻酚(delta-9 Tetrahydrocannabinol, THC),生产纤维和油料的品种中这种组分的含量一般比较低,在一些国家种植大麻的确需要有证书,证明其中这种物质的含量低。大麻商业上被种植在除美国以外的30多个国家。

功能

在16—18世纪,大麻是温带地区最主要的纤维作物之一。它广泛地用于防腐、粗糙的纤维制品例如帆布,也用于造纸,是世界上领先的绳索纤维(被用于绳索和相似的目的)。到20世纪早期,由于来自其他纤维植物的竞争,人造纤维的发展以及 *Cannabis sativa* 作为一种潜在的有害的药品的指责越来越多,大麻纤维生产下降。在20世纪80年代和90年代，大麻的种植又重新兴起，主要在欧洲和英联邦国家。然而，大麻目前仅提供少于0.2%的世界纤维总量，世界的大麻总产从20世纪60年代的30万吨到21世纪第一个10年的大约3万吨。

　　大麻纤维通过浸提的方法获取，可以把茎浸在水中沤麻，也可以放置在田间湿润的地方或者直接浸在水中。后一种方法可以生产高质量的纤维，但是水被化学污染了。这种污染在大多数发达国家被禁止，但是在一些地方环境条例是宽松的（主要是中国和一些东欧国家），这些地方也出产世界上大部分的大麻纤维。自从20世纪90年代，欧洲国家已经尝试开发非污染的纤维提取技术，但是还不成熟，在欧洲，大麻纤维的出产主要依靠大量的政府补贴。

　　作为一种消遣和地方性药品，大麻毒品已经在南亚和极少部分的非洲地区应用了几千年。尤其在二战以后，大麻发展成世界上最常用的违法兴奋剂。在20世纪，在大多数国家，生产、销售和消费大麻的原材料被禁止。

图H.1　大麻（*Cannabis sativa*），左侧是雌株，右侧是雄株

来源：Baillon, M. H.（1876–1892）. *Dictionnaire de Botanique*（Vols. 1–4）. Paris：Librarie Hachette.

在法律禁止大麻这一点上，民众在平衡大麻的毒性和自由使用之间有大量的争论。在一些国家，有限剂量的大麻药用已经合法化。大麻的药效是极具争议的，和兴奋剂使用的关系已经客观地评价了大麻困境的是非曲直，的确大麻作为一种作物的生产发展已经减慢或者被阻止了。违法种植大麻作为兴奋剂，对于环境是非常有害的。在建筑物中偷偷地种植仅仅浪费大量的电。而种植在森林、公园和农田中会产生一系列损害生态系统的问题。

尽管大麻的种子用于人食用和牲畜饲料，以及极少量地用于工业用途已经有几千年的历史。栽培大麻作为油料作物主要在19世纪和20世纪初的俄国广受欢迎。目前已经实验成功把大麻籽油用于柴油机的燃料，但是用相当便宜的菜籽油也可以。世界上大麻籽的生产（主要在中国），从20世纪60年代初期的大约7万吨下降到21世纪初的大约3.4万吨。由于发现大麻籽油有益于健康，现在大麻籽的生产又增加了。继续发展大麻作为一种油料作物与继续发展大麻作为一种纤维和药用作物相比是更有前景的。中国一直是大麻的主要生产国（主要生产纤维和油料种子），尽管中国颁布的食用大麻种子有机生产标准主要用于国内，但也同样有利于允许生产大麻国家的种植者。

可持续性

几十年来，在大众媒体上，大麻一直被鼓吹为对环境非常有利，种植大麻对环境的有利影响很大程度上被夸大了，但是大麻尤其适合于有机农业，因为与许多其他作物相比，大麻是生态低毒的。

普遍宣称大麻是环境友好型作物的原因在于，多使用大麻可以少砍伐用于生产木材和纸浆的树木。然而农业作物的残茬（例如收获后剩余的稻草）是一种便宜的替代物，农田林网（植树作为农作物）可能也是一种易受环境破坏的方式。关于大麻，另一种夸大的说法是它的生物质能（适合于加热和作为运输燃料的物质）远大于其他作物。关于这一点的研究比较极端。总的来说，大麻仅是潜在的生物质能作物之一。

一种最有根据的大麻属于环境友好型作物的说法是关于农药（杀虫剂、杀真菌剂和除草剂）的使用。大麻抗虫和抗菌能力很强，很少需要施农药。如果用于生产纤维，大麻的种植密度很高，会抑制杂草的生长，也很少需要施用除草剂。但是用于生产大麻的农田在种植前，也经常使用除草剂以清除杂草。在贫瘠的土壤上，大麻也经常衍生为杂草。然而，为了增加大麻产量，也需要施用肥料来改良土壤。大麻尤其适合于施用农家肥，但是大部分地区仍使用传统的化肥来种植大麻，这对环境是有害的。作为一种农作物，大麻也需要适度的灌溉来增加产量。因此，种植大麻对于环境的影响，依赖于采用的耕作措施。采用可持续的方法生产大麻是可能的，但不是所有的种植者都是这样做的。大麻加工对环境也有影响。

欧内斯特·斯莫尔（Ernest SMALL）
加拿大农业及农业食品部

参见： 生物能源与生物燃料；棉花；毒品的生产和贸易；施肥/肥料；纤维作物。

拓展阅读

Montford, Suzanne, & Small, Ernest. (1999). Measuring harm and benefit: The biodiversity friendliness of *Cannabis sativa*. *Global Biodiversity*, 8(4): 2–13.

Montford, Suzanne, & Small, Ernest. (1999). A comparison of the biodiversity friendliness of crops with special reference to hemp (*Cannabis sativa* L.). Retrieved June 30, 2011, from http://www.drug-library. org/olsen/hemp/iha/jiha6206.html.

Small, Ernest. (2007) *Cannabis* as a source of medicinals, nutraceuticals, and functional foods. In Surya N. Acharya and James E. Thomas (Eds.), *Advances in medicinal plant research* (pp. 1–39). Kerala, India: Research Signpost.

Small Ernest, & Catling, Paul M. (2009). Blossoming treasures of biodiversity, 27. *Cannabis:* Dr. Jekyll and Mr. Hyde. *Biodiversity*, 10(1): 31–38.

Small, Ernest, & Marcus, David. (2002). Hemp: A new crop with new uses for North America. Retrieved June 30, 2011, from http://www.hort.purdue. edu/newcrop/ncnu 02/v5–284.html.

Van Der Werf; Hayo M. G. & Turunen, Lea. (2008). The environmental impacts of the production of hemp and flax textile yarn. *Industrial Crops and Product*, 27: 1–10.

Honeybees

蜜　蜂

　　人类已有几千年的养蜂史。然而，19世纪中叶带活动框的人工蜂箱的发明，使蜂巢的收集更为方便，加速了蜂蜜的商业化生产。20世纪，工业化养蜂兴起，但近亲繁殖可能导致基因弱化，使蜜蜂对疾病及环境毒素更为易感。

　　蜜蜂是人类开发利用自然资源的一个经典案例，它是仅有的两种人类驯化成功的昆虫之一（另一种是蚕）。

　　史前时期，人类已经养蜂。具体起源，因历史过于久远而难以确切界定。在大约一万到一万五千年前的岩画上，可见男子顺着绳或杆爬至悬崖顶处的蜂巢，拿着桶或篮子收集蜂窝，周围则是成群的蜜蜂（这样的岩画，位居人类从野生蜜蜂处采蜜的最早记载之列）。

　　蜜蜂（Honeybee）为蜜蜂属（*Apis*），被认为起源于亚洲。因依据的分类学不同，可分为4至11种，但总体而言归属于四大类。大蜜蜂（*Apis dorsata* 和 *A. laboriosa*）和小蜜蜂（*A. florea* 和 *A. andreniformis*）做一个悬挂于岩石或树枝的单一易见的巢窝。它们的蜜（及蜡）的收获（或袭击）方式仍与石器时代大致相同。在生产力水平低及偏远的地方，这种情况仍可维持；在当代也没有随着森林砍伐或城市扩张而给蜜蜂们带来明显威胁。

　　西方蜜蜂（*A. mellifera*）和东方蜜蜂（*A. cerana*）都在树洞及岩石缝等黑暗空隙筑平行悬挂的窝，因而便于人类的驯养。特别是西方蜜蜂是目前地球上分布最广的蜜蜂品种，已由其发源地扩散至南北美洲及澳大利亚等本无蜜蜂的地方。

　　尽管没有牛、羊及其他驯化家畜那么温顺，非人工饲养的西方蜜蜂现在极少，而且即使存在，也应称其为野外逃逸者，而不是真正意义上的野生蜜蜂。

养蜂

　　古埃及、古希腊和古代中国尚存的记录显示，有组织的蜂房养蜂已有数千年之久。早期的蜂房很简单，如空心的大木头、陶管或柳条编织物。管理方式则类似于放在草编篮子中群养（蜜蜂筐），这样一直到 19 世纪末。获取满载蜂蜜的蜡巢的方法是转移蜜蜂，或者把蜜蜂们捉到一个小的容器里，或者鼓励它们自己移居到旁边的空巢里，以腾出有蜜的蜂巢。烟可以使蜜蜂安静。实际上，当蜂生产足够的蜜后，烟触发了报警响应，蜂群发现一个潜在的新居所后，就会迁徙，并弃大部分累积的蜂蜜于不顾。不幸的是，炽热的烟火常常烧死蜜蜂，而当时人们认为这种收获过程中的损失是不可避免的。

商业化

真正可持续的蜂蜜和蜂蜡的收集，出现在带活动框的木制蜂箱发明与获取专利之后。蜜蜂易于在其中建筑自己的巢，隔断可以插在各蜂房间，以从部分或全部蜂房中集中或排除蜜蜂，便于收集有蜜的蜂巢。在夏天流蜜期，养蜂人可以增添蜂巢，而在冬天，为了过冬可以缩减到便于管理的紧凑的规模，使蜜蜂们紧紧地聚在中间，相互依偎取暖。

费城出生的牧师洛伦佐·兰斯特罗斯（Lorenzo Langstroth，1810—1895）于 1852 年为其革命性发明"可移框蜂箱"申请专利，其仍然为目前所用的绝大多数蜂箱之基础。这一发明的成功之处在于他证明了这种结构的实用性和多功能性，但有证据表明他的创

意借鉴了其他养蜂人的主意。17 世纪中叶出现可视蜂巢，用于观察蜜蜂在神秘的、黑暗的蜂巢深处的真实活动。

得益于生理学和遗传学越来越科学的认识，现代养蜂人更能控制分蜂这件事。饲养一个新的蜂王，然后带着大量工蜂离开老蜂王。对想扩大规模的养蜂人来说，这一过程可以增加蜂群数，但对日复一日的蜂蜜生产具有破坏性。养蜂人还能通过引入的雌蜂或雄蜂进行人工授精繁殖以得到更温顺、更高产的蜂群。

蜂蜜（约 120 万吨）和蜂蜡（估计在 12 000 吨）是养蜂业的主要产品。其他产品则包括花粉丸、蜂胶（植物树脂，在蜂巢中收集并用作胶和密封胶），以及蜂王浆（一种富含蛋白质的分泌物，在蜂巢中用于喂幼，特别是未来的蜂王）。上述三个产品可用于健康食品和医学替代品。

工业化

在 20 世纪后期，养蜂由小规模和业余爱好经济转型到工业化蜜蜂养殖。特别是在美国，原来可能在农民的果园有少量或几十个蜂箱，现在则是使用数百个人工控制的蜂房以生产蜂蜜和蜂蜡。这些蜂房并不全年停留在同一个地方，而是随着要采的花期用卡车从一个州运到另一个州，或是因果园业主的需要来完成蜜蜂最重要工

作——授粉。

加州应该是世界上蜂箱使用量最大的地方。每年2月，15万蜂箱运到加州，为当地60万英亩的杏树授粉（Benjamin & McCallum 2008）。

蜂群衰竭

但是，统一蜂房、统一喂养蜜蜂的规模效应也有意想不到后果的可能性。2006年，美国养蜂人开始注意到原因不明的蜜蜂损失和大量空蜂箱。蜂群衰竭失调（Colony Collapse Disorder, CCD）是最新的一系列突发的、广泛的和灾难性的蜜蜂疾病。蜂群衰竭失调病已知与转基因作物、新型烟碱类杀虫剂及手机天线塔有关。对这个现象的原因还不清楚，但它的传播类型与前几次蜜蜂灾难相似，如在20世纪蹂躏英国蜜蜂的怀特岛疾病、20世纪70年代席卷美国半壁国土的消失病（蜜蜂类似于消失了）以及自20世纪60年代以来亚洲寄生瓦螨的蔓延（Miller, Vandome & McBrewster 2009）。

展望

导致蜂群崩溃消失的不管是什么原因，

都很容易从蜂巢到蜂巢、从养蜂人到养蜂人的快速扩散，因为当今世界的蜜蜂缺乏其早期祖先的遗传变异。通过易于获得的商业蜂种，而今的蜜蜂是如此基因相似，它们对疾病、化学品都高度敏感，无论最终具体是哪种神秘的毒素导致它们的衰退。通过与相对原始的亚种杂交可能是未来得到强壮、基因多样以维持健康种群的一条途径。

1957年，一次早期的试图培育出强健蜜蜂品种的实验出现了重大错误。一位养蜂人在巴西圣保罗意外地释放了正在实验中的非洲亚种蜜蜂（*A. mellifera scutellata*）的蜂王，结果它们很快就与正常温顺的早前被引入新大陆的欧洲亚种（*A. m. ligustica*）杂交。杂交种身强体壮、充满活力，但极富攻击性，很快就获得了"杀手"蜜蜂的称号。它们已扩散到美国南部从得克萨斯州到加利福尼亚州的广阔地带，并继续威胁公众安全。

理查德·A.琼斯（Richard A. JONES）
英国皇家昆虫学会

参见：农业（几篇文章）；昆虫的益处；昆虫的害处；有害生物综合管理。

拓展阅读

Aston, David, & Bucknall, Sally. (2004). *Plants and honeybees: Their relationships*. Hebden Bridge, UK: Northern Bee Books.

Bailey, Larissa L., & Ball, B. V. (1991). *Honey bee pathology* (2nd ed.). London: Academic Press.

Crane, Eva E. (1999). *The world history of beekeeping and honey hunting*. New York: Routledge.

Benjamin, Alison, & McCallum, Brian. (2008). *A world without bees*. London: Guardian Books.

Free, John Brand. (1993). *Social organization of the honeybee*. Hebden Bridge, UK: Northern Bee Books.

Goodman, Lesley J. (2003). *Form and function in the honey bee*. Cardiff, UK: International Bee Research Association.

Howes, Frank Norman. (2008). *Plants and beekeeping*. London: Faber & Faber.

McCabe, Philip, et al. (2010). *The Collins beekeeper's bible: Bees, honey, recipes and other home uses*. New York: HarperCollins.

Miller, Frederic P.; Vandome, Agnes F.; & McBrewster, John. (Eds.). (2009). *Diseases of the honeybee*. Beau Bassin, Mauritius: Alphascript Publishing.

Morse, Roger A., & Flottum, Kim. (Eds.). (1998). *Honey bee pests, predators and diseases* (3rd ed.). Medina, OH: A. I. Root.

Ribbands, C. R. (1953). *The behavior and social life of honeybees*. London: International Bee Research Association.

Ruttner, Friedrich. (1987). *Biogeography and taxonomy of honeybees*. Berlin: Springer.

Sammataro, Diana, & Avitabile, Alphonse. (2006). *The beekeeper's handbook* (3rd ed.). Ithaca, NY: Cornell University Press.

Sammataro, Diana, & Avitabile, Alphonse. (forthcoming 2011). *The beekeeper's handbook* (4th ed.). Ithaca, NY: Cornell University Press.

Winston, Mark L. (1987). *The biology of the honeybee*. Cambridge, MA: Harvard University Press.

Hydrogen Fuel

氢燃料

氢燃料是一种可持续的化石燃料替代品,对其需求有望增加。氢燃料获得需要几个利用化石燃料作为初级能源的生产工序,而通过现有技术进行可再生氢的生产仍然十分昂贵。作为一种车辆能源,氢气在使用方面的主要挑战是进行高效生产、储存和补给的基础设施的建设。

为了维持当前的生活水平和构建一个环境友好的可持续发展的能源未来,科学家、环境学家、政府官员和其他人士正在形成一致的共识:必须开发和实施新的管理能源和燃料的措施。不安全的能源供给、不断下降的化石能源和其对环境不利的影响,已经激发了世界范围致力于寻找传统含碳燃料的替代品。许多专家寄予希望的一种燃料即是氢。

为什么是氢?

氢(H)本身不是一种能源。就像电一样,氢只是一种必须通过初级能源才能产生的能量载体。初级能源诸如化石、核能和可再生能源(如太阳能、风能、生物能),都能够转换成燃料和电能,而被消费者用来产生热量、光照和动力(注意一些初级能源,如煤和天然气,其本身既是能源又是燃料)。由于氢独特的性质和特点,可在以下几个方面满足作为可持续燃料的要求:

● 氢是已知燃料里面单位质量含热量最高的燃料,例如,汽油单位质量热量为47.3MJ/kg,而氢为141.6 MJ/kg(基于燃烧后生成液态水的一个高热值);

● 氢可以通过任意一种初级能源生产;

● 氢能可以无害化排放(氢的氧化产物只有水蒸气),是一种环境清洁能源。需要注意的是,如果氢气通过天然气或者煤进行生产,就会产生CO_2或其他物质排放,除非制备工艺使用碳捕获或封存技术;

● 氢能可以通过电化学设备(如燃料电池)高效地转换成其他形式能(如电能、热能);

● 与电不一样的是,氢能可以以大量和高能量密度的方式进行存储(能量密度是指

单位体积或质量的物质所存储的能量);

● 氢能具有天然的安全性(在过去几十年的工业使用中,氢具有良好的安全记录)。

氢有可能结束长期以来人们对化石燃料的依赖性,从而避免对环境不可逆转的破坏。在世界任何一个地方,使用水和当地的初始能源就可进行氢的生产,因而有可能从根本上改变全球经济的相互作用,避免社会和政治动荡。

21世纪的地位

在化工、石油、冶金、药物、电子和食品工业中,氢都是一种很重要的原材料。在世界上,氨气制造业是氢的最大消费者(61%),其次是石油精炼行业(23%)、甲醇生产企业(9%)、商业(4%)及其他行业(3%)(Gupta 2009; SRI Consulting 2001)。

据国际能源署(IEA 2007)估计,到2007年,全球氢年产量为6 500万吨(5 900万公吨),然而这还不到全球初级能源供应的2%。几乎所有的氢都被用在了工业生产上(见上面数据),仅仅有一小部分用作了燃料。目前,生产的氢多数被石油精炼厂和化工厂在当地使用(指氢在原地生产出来后即被原地使用而没有出售)。在世界上,美国是氢的最大生产国,大约每年生产商业用氢900万~1 000万吨。这些氢可供给2 000万~3 000万辆以氢为燃料的汽车,或者满足500万~800万个家庭的生活能量需求(National Hydrogen Association 2010; USDOE 2002)。欧盟每年氢产量为800亿立方米(或者670万吨),其中德国和荷兰的年生产量分别为220亿和100亿立方米(Ball & Wietschel 2009)。

全世界每年所生产氢的总经济值约为2 800亿美元,并且每年以10%的速度增长(Winter 2009)。工业制造的氢的主要来源是天然气(48%)、精炼厂或化工厂的废气(30%)和煤(18%),仅有少部分氢(大约4%)是通过水电解(通过电流将水分解成氧气和氢气)方法获得(IEA 2007)。

在21世纪初期,利用化石燃料生产氢的技术包括蒸汽甲烷重组法(或者说SMR技术,一种利用蒸汽将天然气转化为氢的多重工艺技术)、煤和重质油渣气化法。迄今为止,蒸汽甲烷重组法仍是最经济和应用最广的工业制氢技术,世界上约有一半的氢是用这种方法生产的。在美国,该技术生产的氢约占全国产量的95%(DOE 2008)。然而,这些工业生产氢的技术却是不可持续的,因为它们高度依赖正在日益减少的化石原料。而这些原料,尤其是天然气,正是制备氢所需的原材料。另外,这些技术会产生大量的温室气体。美国可再生能源实验室估计,运用SMR技术每生产1千克氢气就会产生13.7千克的CO_2(Spath & Mann 2000)。

随着汽车废气排放规范的日益严格(尤其是硫和氮的排放)及大量的重质高硫原油和焦油砂需要处理,精炼企业大幅度增加了加氢脱硫工艺和加氢脱氮工艺,因此氢的需求量也随之大幅度增加。这样导致当今的精炼企业变成了氢的最大净消耗者,他们甚至在厂区内建立了专门的制氢厂。在中长期时间内,氢在精炼厂的供应和需求都会是非常紧张的(Gupta 2009)。

作为一种主要的化工商品,气态和液态氢都需要存储和通过管道、高压罐拖车、双层内壁的低温储存罐等工具进行运输。氢管道网已经在一些具有良好安全记录的国家运行，如美国（约2 000千米管道）、德国（210千米）、比利时等（National Hydrogen Association 2010; Winter 2009）。世界上最大的液态氢存储器是3 000立方米，其位于美国佛罗里达的肯尼迪空间中心，为国家航空航天局（NASA）的航天飞机项目服务。

由于非常活跃的研究、开发和示范，氢作为燃料在交通运输方面应用已经实现。作为一种燃料，氢可以用在许多类型的发动机上，如内燃机、涡轮机和不同类型的燃料电池。相对于内燃机，以燃料电池为能源的车辆具有无排放和高效能（约2倍）的优势。在2008年，美国已有210辆氢能车辆、12辆公共汽车、61座氢能燃料供应站（National Hydrogen Association 2010）。全球范围内，已有400辆车辆、100辆氢燃料公共汽车和140座氢燃料供应站（IEA 2007）。戴姆勒、本田、丰田、通用等汽车厂商已经宣布，计划在2011年至2020年将燃料电池型车辆投入市场。便携式燃料电池和固定发电系统也是活跃的技术开发领域。

氢燃料的经济

以天然气为原料通过蒸汽甲烷重组法是性价比最高的氢生产方式。值得注意的是，氢生产成本受到天然气价格、经济规模以及发送和销售基础设施的强烈影响。若天然气价格为6～9美元/GJ，蒸汽甲烷重组法大批量生产氢的成本是10～15美元/GJ，小批量生产成本则超过50美元/GJ，两者是分开生产的（IEA 2007）（GJ是一个能量计量单位，1 GJ相当于8.3千克氢所含有的能量）。通过电解水

生产氢的成本大约为30美元/GJ（IEA 2007）。若将获得的氢分成气态氢和液态氢，需在其原成本的基础上增加1～2美元/GJ和7～10美元/GJ，发送到燃料补给站还需再增加3～9美元/GJ（IEA 2007）。

在目前技术条件下，可再生氢的生产仍然非常的昂贵，与利用化石能源生产的氢相比没有竞争性。然而，自19世纪90年代以来，经过全世界人们的不懈努力，燃料电池的成本已经明显下降。虽然固定式燃料电池的成本已经从1960年和1970年的几十万美元/千瓦下降到2009年的4 500美元/千瓦，但是仍然比天然气燃料涡轮机贵10倍（大约400美元/千瓦或者更少）（DOE 2009）。

安全和公众的认知问题

氢作为一种安全燃料的观念被大众接受，这对氢产业发展至关重要。公众对氢谨慎的态度主要是由两个方面原因造成的：一方面对氢是一种清洁的可替代燃料的认识不充分；另一方面认为1937年的兴登堡飞船事故和1986年的挑战号航天飞机事故与氢有关。实际上，氢有良好的安全记录。自从20世纪初期以来，氢就开始作为给料和燃料在许多工业生产中应用。德国宝马汽车公司（BMW）已经成功地让一支以氢为燃料的车队运行了很多年，且没有发生过一场事故。在过去几十年里，美国国家航空航天局已经成功地将大容量装在低温存储罐中的液态氢（60立方米）通过卡车从路易斯安那的制氢厂运抵肯尼亚空间中心（超过1 000千米），期间没有发生过任何严重事故。

尽管氢具有较好的安全记录，但是氢作

为一种可替代传统交通运输燃料的能源,在被广泛地引入国际市场之前,制造商和用户必须充分了解氢燃料潜在的危险性。氢燃料潜在风险与它的物理性质有关,例如,氢无色无味且在任何浓度下人的感觉器官都无法觉察到,这使氢成为一种易于引人窒息的气体和易于被引燃的物质。

氢基础设施建设方面的挑战

尽管氢技术开发快速发展,但如果要让氢与其他传统燃料竞争,就必须克服以下问题。氢基础设施建设取决于开发一套高效和良好经济效益的氢生产、储存、运输和发送系统。从可再生资源中生产氢的首要技术挑战是如何使生产成本降低 3 到 10 倍(IEA 2007)。随着基于氢燃料的运输系统的出现,需要高效和安全的可车载的氢储存系统。到 2010 年,车辆储氢需要面对大量技术、经济以及安全相关方面的挑战,这也是基于氢能运输系统的一个最大的瓶颈。

为了能够与碳氢燃料竞争,未来氢储存系统必须满足一系列要求,包括容量、成本、持久性/可操作性、氢充放速率、燃料品质、安全性、对人体健康影响等。在 2009 年,美国能源部门设立的目标是,在 2015 年实现储存 0.055 kg H_2/1 kg 装置,其成本为 3 ~ 7 美元[与每加仑汽油相当(GGE)],并确保氢燃料车辆行程至少有 480 千米(单位 kg H_2/ kg 装置是按可用氢的质量除以总储存装置的质量定义的)。对于氢储存而言,一个极限的目标是 0.075 kg H_2/1 kg 储存装置,且成本为 2 ~ 3 美元(DOE 2010)。对于车载氢储存而言,可用不同的方式,一是压缩液态氢,二是金属与氢

化物、高表面吸附剂、碳材料、硅微球、纳米复合物、金属有机复合物和其他一些先进材料的使用(金属复合物、吸附剂和其他固态储存装置可在环境温度下储存氢,而当温度升高时将氢释放)。现有的车辆氢储存装置都远远没有达到美国能源部的标准。

燃料电池大规模进入市场也面临着与其高成本、有限持久性和可操作性有关的巨大挑战。由于车辆氢储存和燃料电池系统对氢基础设施建设至关重要,所以现在世界上强大的研究和技术开发都集中在这些领域。

未来展望

随着向环境友好的可持续能源系统的转变,且氢具有成为未来主要能量载体和交通运输燃料的巨大潜力,预期到 2030 年时对氢的需求量会显著增加。除了交通运输外,其他潜在的大规模氢燃料用途还包括集中式氢发电厂、分布式的工业和住宅区氢发电和制热系统以及基于液态燃料的航空工业。

专家预测,在中短期时间内,与碳的捕获和固定技术(即 CCS 技术,可大幅度减少 CO_2 排放)相结合的氢核能生产和化石氢生产将极大有助于满足氢燃料的需求。美国能源部估计,通过天然气分散重组的技术,在大批量生产情况下,氢生产成本为 3 美元/千克,可与汽油生产成本竞争(National Hydrogen Association 2010)(天然气分散重组技术是一种在蒸汽甲烷重组工艺基础上的一个小规模版本,优点是位于氢使用的地点,因而省略了比较麻烦的氢运输环节)。基于煤的氢生产成本(使用 CCS 技术)是 0.8 ~ 1.2 美元/千克(IEA 2007)。需要注意的是,如果 CCS 技术在

全世界范围内实施,需要进行一个与长期生态影响有关的重要风险因素的评估。

在未来一个中期时间尺度上,对于氢燃料生产而言,基于核能的氢气生产被认为是一个具有前途的无碳能源技术。通过与传统水电解技术相结合,现代核电厂近期即可实现氢的生产。从长远来看,一个可行的方法是利用高温(850℃～950℃)原子核反应堆(比如氦气冷却核反应堆),通过电解法或者热化学循环法来裂解水。在2020—2030年时,通过核能生产氢的成本可能在10～20美元/GJ(IEA 2007)。

人类面临的解决能源和环境问题的最终办法是氢燃料的生产,由于其来自水和不枯竭的可再生能源,如太阳能(包括太阳能的其他形式,如风、海洋热差、波浪、生物质能)、地热、水电、潮汐能等。在近期,基于太阳能氢生产可以通过水电解并结合光伏电池或太阳聚焦系统实施。1995年,在埃尔塞贡多和加利福尼亚,一种基于光伏电解系统的太阳能制氢设备开始运行,生产量达到50～70立方米氢/每天(Scott 2003)。在近期,风涡轮–电解系统也能进行可再生氢的生产。根据美国能源部计划,通过风能–水电解技术生产氢的成本将低于每千克2美元。国际能源机构(2007)计划将通过太阳能聚焦系

统获得的氢的成本控制在20～30美元/GJ。基于太阳能的长期制氢技术包括光催化、使用染色物质吸收可见光的光电化学系统、半导体、使用微藻和光合作用微组织的光生物系统。这些技术前途广阔,具有挑战性,而且需要有更多的科技突破。

由于建立一个新的氢基础设施需要巨大的成本,氢最有可能通过分散式生产装置的实施而进入市场(如基于重组和电解的技术)。在这种形势下,一个转变是大批量、集中式、无碳的氢生产系统的形成和全世界燃料电池车辆的广泛使用。由于碳减排鼓励政策,相比于传统燃料可以节省25～50美元/吨的CO_2排放费用,极大提高了氢竞争性(IEA 2007)。有理由认为,氢燃料逐渐进入世界市场可能在2020年,并且,到2050年时,每年氢能量将会达到$(1.25～2.2)×10^{19}$ J(相当于大约3亿～5亿吨石油),其可以满足70亿辆燃料电池汽车,也可用于其他工业(IEA 2007)。

氢是一种灵丹妙药吗?

氢不是一种包治百病的灵丹妙药,但是如果没有氢,建立一个新的可持续的能源系统将是极其困难的。正如德国能源与工程教授卡尔–约享·温特(Carl-Jochen Winter)(2009)所指出的,无论有或没有氢,从化石燃料到可再生能源的转变都是迫在眉睫的,只是氢可以把巨大数量的无碳可再生资源非常

便捷地带入到世界能源贸易中。有或者没有氢，化石燃料都必须进行除碳化处理，以避免对地球生物圈的严重破坏。但是，有了氢，这种转变可以在更加高效、对环境友好的方式下进行。对环境友好和可持续的能源的未来而言，氢燃料是一个关键因素。

纳济姆·莫拉多夫（Nazim MURADOV）

中佛罗里达大学

参见：生物能源与生物燃料；碳的捕获与固定；煤；产品和工业设计；工业生态学；天然气；太阳能；钍；铀；风能。

拓展阅读

Ball, Michael, & Wietschel, Martin. (Eds.). (2009). *Hydrogen economy: Opportunities and challenges. Cambridge*, UK: Cambridge University Press.

Gupta, Ram B. (Ed.). (2009). *Hydrogen fuel: Production, transport and storage.* Boca Raton, FL: CRC Press.

International Energy Agency (IEA). (2007). *Hydrogen production and distribution: IEA energy technology essentials.* Paris: OECD/IEA.

Muradov, Nazim, & Veziroglu, Nejat. (2008). "Green" path from fossil-based to hydrogen economy: An overview of carbon-neutral technologies. *International Journal of Hydrogen Energy, 33,* 6804–6839.

National Hydrogen Association. (2010). *Hydrogen and fuel cells: The US market report.* Retrieved April 2, 2010, from http: //www. hydrogenassociation. org/marketreport

Rifkin, Jeremy. (2002). The hydrogen economy: *The creation of the world-wide energy web and the redistribution of power on Earth.* New York: J. P. Tarcher/Putnam.

Scott, Paul. (2003). Solar hydrogen in your future. *NHA News. Retrieved February* 22, 2010, from http: //www. hydrogenassociation. org/advocate/ad81sol. asp

Sigfusson, Thorsteinn. (2008). *Planet hydrogen: The taming of the proton.* Oxford, UK: Coxmoor.

Spath, Pamela, & Mann, Margaret. (2000). *Life cycle assessment of hydrogen production via natural gas steam reforming* (Technical Report NREL/TP-570-27637). Golden, CO: National Renewable Energy Laboratory.

SRI Consulting. (2001). *Chemical economics handbook: Hydrogen.* Menlo Park, CA: Author.

United States Department of Energy. (2002). *National hydrogen energy roadmap.* Washington, DC: Author.

United States Department of Energy (DOE), Energy Effciency & Renewable Energy. (2008, December 15). Natural gas reforming. Retrieved February 23, 2010, from http: //www1. eere. energy. gov/ hydrogenandfuelcells/production/natural_gas. html

US Department of Energy (DOE). (2009, December 17). Fossil energy: Future fuel cells R&D. Retrieved April 21, 2010, from http: //www. fossil. energy. gov/programs/powersystems/fuelcells/

US Department of Energy (DOE), Energy Effciency and Renewable Energy. (2010, January 4). Hydrogen storage. Retrieved February 18, 2010, from http: //www1. eere. energy. gov/hydrogenandfuelcells/storage/current_technology. html

US Department of Energy (DOE), Hydrogen Program. (2007). *Multiyear research, development and demonstration plan*. Washington, DC: Author.

Winter, Carl-Jochen. (2009). Hydrogen energy — abundant, effcient, clean: A debate over the energy-system-of-change. *International Journal of Hydrogen Energy,* 34 (Suppl. 1), S1−S52.

I

Indigenous and Traditional Resource Management

本土与传统资源管理

  自19世纪以来，自然科学家和社会科学家就开始对资源管理的传统和本土认识进行了研究。到了近代，他们开始研究传统中有关当地生态的认识如何促进了全球可持续的发展理念。由于文化之间的误解，使得西方与本土理念相结合的努力变得复杂，相关争论和讨论还在继续。

  人类学家达雷尔·波西（Darrell Posey）回忆说，当年住在巴西亚马孙河盆地鑫谷河流域的寄宿家庭时，他扔掉了一大块长满蛆虫的貘肉，路过邻居看见后非常高兴（Posey & Plenderleith 2004, 54）。他还详述了当知道他的所作所为时，他所寄宿家庭的主人有多么气愤和震惊：波西不知道蛆虫唾液所含的酶有助于肉的保存，可供以后食用。这是个传统生态认知的例子——那些祖祖辈辈生活在当地的人对于特定的生态环境和当地的物种有专业化的理解。社会和自然科学家早就开始调查这类本土智慧。近几十年，由于政治目的，本土智慧也得到一些社会活动家的推崇。例

如，波西对原住民及其在资源管理决策中的非主流知识大加倡导，但是他的研究项目使一些重要的细微差别模糊不清，所以人类学家尤金·帕克（Eugene Parker）把波西的研究称为"纸牌搭的华丽房子"（Parker 1993）。帕克辩称道，波西的说法不仅基于对本土经验的误解，也基于他对来自原住民的诉求有意忽视，所以波西的解释范畴没有体现出原住民如何看待他们的栖息地以及如何与栖息地互动。总之，波西把自己对可持续文化行为的想法强加于巴西的卡亚波人。波西的生活和工作作为微观的个例，显示出西方学术界如何用复杂而有争议的方式对本土和传统生态知识进行了传播、普及、使用和滥用。

  关于传统资源管理效率和可持续性的争论，常见于有关本土和其他原住民人口的对话当中。许多学者对本土知识和资源利用的描述过于浪漫，而另一些学者则试图推翻这种简单化的处理方式。这类冲突使得一些学者试图将传统生态知识和西方科学管理体系相结

合的研究更加艰难和微妙。这种结合的尝试未来会如何尚不清楚，但很明显的是，传统的知识既不能完全顺从西方科学的理解模式，也不能无望地远离西方理念。

学术界对传统资源管理的关注

人类总要在一定程度上"管理"自己的栖息地。近期的研究表明，传统民族总是积极地进行着生态系统的管理。知识分子和学者对于特定种族如何与他们栖息地互动的关注，直到19世纪后期才出现。当时动植物系统分类体系已非常发达，欧洲人通过殖民的手段与部落居民接触，第一次对异域植物及其传统利用进行了有组织的收集和编目。将这些外来物种在植物园和动物园里展示，供公众欣赏，也许是第一次与所谓的民族自然科学相结合。殖民扩张对新的植物和动物的知识积累，也影响到了欧洲科学组织，包括英国皇家学会。到了19世纪末，民族植物学被作为一个学术兴趣研究领域，如人类学家弗兰克·博厄斯（Franz Boas）和他的学生弗兰克·斯佩克（Frank Speck）开始了对本土分类体系和资源利用的描述工作。到20世纪中叶，第一篇关于民族生态学的博士论文完成（Harold Conklin），理查德·舒尔斯特（Richard Schultes）也已经开始了他的不朽之作，对美洲本土文化中的植物知识进行编目。在短短几十年的时间内，相关领域的专业学位就出现了。

在许多情况下，这些调查的重点是相对有魅力或有重要性的植物，比如用于药物的植物或有重要礼仪或象征意义的动物，或者重点是阐明特定的民俗分类法。例如，人类学家马文·哈里斯（Marvin Harris 1966）指出，印度次大陆对牛的管理关系到印度人世界观的特定方面，它主要是由于生活在资源匮乏环境下的经历造成的。罗伊·拉帕波特（Roy Rappaport）对巴布亚新几内亚赞巴格人屠宰猪的仪式的研究（1967），以及赫拉尔多·赖歇尔-多尔马托夫（Gerardo Reichel-Dolmatoff）对亚马孙图卡诺人的研究（1976），都说明了本土资源管理的复杂性。这些研究，与其他人的研究一起都说明了一点，即西方关于资源管理的说法不适用于这些文化，因为传统的资源管理既全面又具有可持续性。随着可持续发展越来越成为一种流行语和政治目标，土著文化常被誉为重要的提示，让人们认识到人类可以而且的确已经生活在他们栖息地的承载能力之内了。

并非所有的学者都认为本土或传统资源管理更具可持续性。古生物学家保罗·马丁（Paul Martin）在他广为人知的夸张假说中认为，人类捕猎者造成了美洲境内巨型动物的消失（Martin 2007）。贾雷德·戴蒙德（Jared Diamond）的畅销书《坍塌》还提供证据表明，对自然资源基础的过度开发，加上社会无力做出反应迅速改变其行为，是许多文化凋零的祸根，包括美洲原始部落的消失（如玛雅人和现代新墨西哥查科峡谷的原普韦布洛人）（Diomand 2006）。同样，在对北美原住民的研究中，人类学家谢巴德·克雷西（Shepard Krech 1999）认为，用现在的话讲，这些原住民完全谈不上是"自然资源保护者"；同时，与其他种族一样，时常在过度利用资源库。人类学家和北美原住民专家萨姆·吉尔（Sam Gill 1987）还提出，"地球母亲"这个被认为是源自土著民的地球友好概念，其实是19世纪北美土著人取自西方文化的一个主题。

　　这类对原住民的描述是有争议的。比如，拉科塔宗教学者范·狄拉利亚（Vine Deloria）就反对过度猎杀的说法，还特别反对克雷西对生态印度的评价，认为它们具有误导性（Deloria 1997 & 2000）。其他学者已经证明，往往与传统种族和可持续性相关的某些概念随着时间而不断演变。例如，人类学家罗宾·莱特（Robin Wright）（1998 & 2009）已经阐明，神的形和意的演变方式与社会、政治和经济环境相关，而且他将自己的分析延伸到可持续发展的复杂性当中，即可持续发展是受到外部资源的支持和控制的。

　　情况是复杂的。本土和传统的资源管理不能保证可持续的发展，而且，在世界的许多地方，可持续的地方管理活动没有明确涉及西方理念中的保护或可持续性，而是通常与实际问题相关、与社区的切实利益相关。当然很明显，在某些情况下，能够适应当地的管理办法对长期的、大规模的可持续性规划具有重要意义。在某种程度上，这是因为它们对社会生态环境的变化做出了多种响应。对于许多学者和倡导者而言，保护本土文化及其土地所有制和土地管理的传统模式本身，就与保护濒危物种一样重要。

民族科学的普及

　　从 20 世纪晚期起，生态、政治和社会运动开始利用研究传统资源管理的社会科学家的成果，作为其宣传的一部分内容。学者本身也转向行动主义，将他们的理论向更广范围的公众进行传播。

生物与文化多样化

　　考虑到发展（以及后来的可持续发展）造成的生物与文化单一化的影响，20 世纪中叶，趋向"参与式的"或行动主义人类学的运动开始兴起，常强调将民俗分类体系和传统资源管理本身视作濒危和重要的资源（Wright 1988）。自爱德华·O. 威尔逊（Edward O. Wilson）和其他人关于岛屿生物学以及社会行为的生物与遗传驱动因素的重要早期研究开始（Wilson 1975 & 1971；MacArthur & Wilson 1967），物种的多样性就被认为对生态系统的适应力（干扰后恢复的能力）极其重要。在后来保护自然的行动中，生物多样性一词成为政治工具（Takacs 1996）。文化人类学家开始做出类似的有关文化多样性的评论，认为在持续的人口增长和资源减少的时代，干扰更加频繁，因此，文化多样性能够有助于确保更强的适应性。恢复传统的土地产权和管理能力一直是生态抵抗运动的关键目标（Guha 1990），20 世纪 90

年代起一直被可持续发展倡导者不断提起（Blaser, Feit & McRae 2004; Palmerand Finlay 2003; Pigem 2007）。生物和文化多样性之间的联系，现在常被称作生物文化多样性，正在得到越来越广泛的认可。也有更多证据表明，具有高度生物多样性的地方，文化和语言也呈多样性；反之亦然：具有文化和语言多元化的地方，生物也呈现高度多样性（Maffi & Woodley 2010）。

国际政治对传统和原住民族的关注

随着南半球新兴经济体的出现，活动家们越来越重视社会方面的发展。有趣的是，世界基督教联合会（the World Council of Churches, WCC）是最早提出要重视传统和原住民族的机构之一，认为这些在有关发展的国际谈判中被忽略了。1971年世界基督教联合会在巴巴多斯召开会议，作为打击种族主义长期计划的一部分，会上社会科学家批评了各项发展措施对传统和原住民族的忽视现象。这些科学家声称，即使原住民的存在被注意到了，他们在规划过程中也没有话语权。他们还进一步认为，发展（以及后来的可持续发展）的目的与传统资源管理战略无关，与其相关的是为了重新构造原住民的社会经济系统，使其能够参与全

球市场（Wright 1988, 373）。这些社会科学家呼吁，要关注已经在所谓的不发达国家的"第四世界"人民，他们不仅被广大国际经济和政治强国剥夺了公民权，而且被自己国家的政府剥夺了权利。在20世纪70年代，发展中世界的几个国家提出了《建立新国际经济秩序宣言》（the New International Economic Order, NIEO）。联合国分析师小组的成员认为，这是一项具有历史性重要意义的提议，但是，对于如何将提议付诸实施，却没有采取任何措施（Jolly et al. 2004, 23 & 121）。另一次巴巴多斯会议召开于1977年，其目标是将巴巴多斯第一次会议或巴巴多斯I所关心的问题与加强土著事业的宣传相结合。参加巴巴多斯I的大多是社会科学家，而很多第二次会议的参与者是土著活动家，标志着他们的影响力已经扩展到国际政策制度当中。但是，像巴巴多斯I一样，会议提出的声明很少或没有采取任何行动。巴巴多斯声明最终让支持土著事业的土著人民和社会科学家感到失望。

直到20世纪80年代末和90年代初，原住民和土著人很少得到国际政治机构如联合国及其附属项目的支持。可能是由于联合国和类似组织是由国家组成并为国家服务的——他们主要关心的是国家的人民，可以想见，国家为了他们的利益充当喉舌。这样

的组织及其高层会谈，没有顾及在自己的国家没有政治发言权的人。虽然常被自己国家剥夺政治权利，但是世界各地的土著从20世纪90年代起形成了横向的网络联系，这些伙伴关系跨越了地域和政治的边界，支持了真正国际关注的土著权利。1992年巴西里约热内卢的世界环境与发展大会（通常被称为地球峰会）就是第一个和最明显的这类网络联合的重要表现和事件。

地球峰会聚集了来自世界一百多个国家的元首和上千名代表（Baker 2006，55）。为筹备此次会议，领土、环境与发展世界土著人会议提前一周在里约郊区卡拉欧卡召开。土著领袖聚在一起，着重商讨一系列与国家元首在里约会议上的讨论有所不同的问题，包括食物生产以及不同的经济和环境地位（Hart 2005, 1764）。这个非正式会议将另外大约2万余人吸引到了里约。这样，可持续发展的理念及其基本观点，同时获得了国家制度和社会精英阶层以及抵制性亚文化的支持。但是，这些不同支持者对实现可持续发展的核心价值观和做法却存在极大的差别（Johnston 2009）。

对西方参与原住民的批评

鉴于西方的殖民历史以及它系统地破坏了原住民的生活方式和传统资源制度，毫不奇怪，一些土著领导人对西方科学家（有时不请自来）会有戒备，因为他们的解决方案和建议是基于西方思想的。一些全球南方的活动家和学者指控西方科学家，尤其是以西方为基础的跨国公司在进行生物剽窃（Shiva 2000）。这些批评者认为，西方的自然科学和社会科学是研究资助的最前沿，是西方科学家利用传统生态知识培养下的传统药物和遗传多样性来进行的对传统本土资源的专利开发。这样的过程被称作是将财富和知识从土著人民向全球北方新殖民主义的转移。

其他批评者指责说，全球北方对生物多样性保护是个不可转变的科学理念，实际阻碍了传统资源的本土管理（Guha 1989）。研究进一步表明，主张传统权利的全球南方土著人民被南方和北方的精英阶层传奇化了。"局外人"对印度土著契普克运动的描述就是证据。在西方话语中，契普克运动表示妇女对树的拯救运动，而实际情况要复杂得多，同样也是对男人圈占传统资源的反抗运动（Haripriya 2000）。另一个有问题的双向过程也会发生在土著社区，他们与外界帮助保护当地资源的非政府组织形成联系。过程的第一部分是土著人会不再信任自己的民族观念、语汇和管理资源的传统方式；第二部分是他们将外来者当成陪衬物，在此背景下演绎土著内部的权利斗争（Braviskar 2005）。为了帮助消除这些破坏性发展的影响，外来的非政府组织在开展保护和管理资源的工作时，试图与土著人建立平等的关系很重要。有一个非政府组织，通过时常与全球南部的土著人建立伙伴合作，试图跨越文化、性别和社会经济界线开展工作，这个组织就是半干旱热带地区作物研究所（the International Crops Research Institute for the Semi-Arid Tropics，ICRISAT）。

民族科学的积极利用与可能融合

尽管对传统资源管理的研究会受到批评，但依然有社会运动表明它有潜力揭示实践与理论框架，并将框架有效地运用在可持续的问题上。

本土与西方框架

有些情况下，西方学者接触到土著社会的时候就已经认识到了他们的偏见。尽管用"可持续"这个词对本土和传统活动的描述可能与促进和资助可持续发展项目的组织相一致，但是这些资助团体和支持它们的学者倾向于"从西方的视角看本土目标，并依靠几个具有双重文化的人作为领导者"（Conklin & Graham 1995, 704；引自 Wright 2009, 204）。在这种情况下，人类学家可能无意中在制造，而不是在培养可持续社会。这种想法催生了近期的认识，即原住民对当地资源利用有自己的想法。很多时候，这种认识是根植于口头传统的，是在当地发展起来并融入礼仪禁忌和资源利用的季节交替中（Ntiamoa-Baidu 2009）。多数情况下，扎根于文化习俗的礼仪限制和系统的资源利用，不是为了保护资源而专门设计的，至少西方的理解如此

（Berkes, Colding & Folke 2000），而是对不断变化的可利用资源的有意和务实的行为。西方自然科学重视理性（有时抽象）的知识，而传统资源管理被认为是特定地点的实践，除了理论或理性知识是高度情感的或精神的信仰［Berkes 2008（1999）］。这些实践使一些学者认为，某些传统社会的生态系统具启发性，不是因为人们具有一些天生的可持续伦理或世界观，而是因为他们的社会结构对生态系统的种种纷扰更加敏感（Berkes, Folke & Colding 1998）。倡导与本土科学接触的学者认为，社会和宗教知识可以积极地随时间推移而不断变化适应（文化学习曲线），从而有效地保证社会处在栖息地的承载能力之内。这些学者认为，这对于重新思考如何在工业化世界中构建社会政治体系提供了宝贵的经验。

决策模型，生态和冲突

一些研究已经开始将这种对人地关系完整的传统认知与西方主导的管理制度结合在一起（Berkes 2008; Hukkinen 2008）。实际上，多数此类努力都是在与当地多方利益相关者的协商中进行巧妙实践，试图将不同的认识汇聚成统一的生态体系资源。然而，逐渐地，不同利益相关者的联盟被认为是管理生物文化多样性的有效工具（World Bank 2006）。

看上去，最大的困难在于要不加批判地"融合"或强制组合对非人类世界的特定文化理解，以及与非人类世界的互动。将西方科学管理体系与传统生态知识结合不仅是困难的，而且可能被证明是没有必要和最终事与愿违的。无论是由于经济（如资本主义）、社会（如民主）还是意识形态（如人类尊严，或自由）的

原因，发展的目的并不是将"发展"或"进步"的一个特定方面最大化。正如很多分析家认为，对特定文化知识与思维方式要给予极大关注，因为越来越有限的资源带来的冲突在未来几十年一定会出现。

总之，通过定义不同利益相关者的价值，更加明确不同人与生物系统和人与制度系统之间的差异，有助于解决看上去难以驾驭的跨文化误解。这样的明确性有助于形成对传统资源更好的管理制度，跨越过去曾经占主导地位的相互不信任和殖民主义关系。的确，对资源管理不同思路的理解加强了，因为人类增进了对大脑如何工作的理解。顶级的科学家们对人类作为个体和群体如何做出有关资源利用的决策模型有了更进一步的理解。很多时候，这些决定凝练于或反映自与邻近人民共享的资源基础。有时，与其他人的亲密接触会导致对有限资源的冲突。其他的情况下，这种亲密接触可以促成不断发展的生物文化环境，在这个环境中，社会结构就在发展与共享地方资源中建立起来。巴厘岛爪哇传统稻田就是后面一种情况。在这里，人类学家斯蒂芬·兰辛（1991）发现，水神庙调节的社会关系帮助管理区域水稻梯田生态系统。人类学家斯科特·阿特兰（Scott Atran）、诺伯特·罗斯（Norbert Ross）和心理学家道格拉斯·梅丁（Douglas Medin）进一步指出了民俗生态学是如何构思出来的，也指出了当地生态系统的管理和互动，在很大程度上是由社会网络塑造的。他们的研究表明，有关资源的文化专业知识被纳入到理论框架当中，为资源专家所共享，这些专家便形成了受到宗教文化理念限制（通常是神文化

限制）的资源利用共享模式。资源共享就是以这种方式逐步发展起来的。同时，不是一个地区的所有人都会用同样的方式看待当地资源，以致发生资源冲突。

应用生态学家菲克雷特·贝尔克斯（Fikret Berkes）认为，传统生态知识体现了一种生活方式，这种生活方式就是长期居住在某个地区的结果，这种知识可以与西方科学结合在一起实现"可持续"（Berkes 1999, 154–155）。这些文献建议方法论的多样化和政治接触点的民主化，这样，多方之间的对话和共享的认识会形成一个起点，特别包括了在政治过程中有关土著观点和土地制度的立法。然而在很多情况下，国际政治中对土著智慧的使用与误用，会造成人类学家认为的对土著或边缘文化的持久的家长式统治（Wright 2009）。公开这种家长式统治去认知土著视角的特别贡献，促成了联合国土著民族权利宣言（the United Nations Declaration on the Rights of Indigenous Peoples，UNGA 2007）的诞生。这份文件与多数国际宣言一样，并不具有约束力。尽管如此，它的价值在于它尖锐批评了西方殖民文化在破坏土著文化中的历史阴谋；在于它对自然资源的治理和保护；也在于它对传统做法、身份标识以及土地制度的防护。这些，正如文件指出，是"土著世界人民生存、尊严和福祉的最低标准"（第43条）。

未来挑战

本土和传统资源管理在未来几十年面临的紧迫问题包括土著人对本土资源控制的丧失，移民、外来者入侵造成的生物多样化的丧失，土著语言的消亡，污染和有毒物质对本土

管理制度的入侵以及土著居民与外来定居者
有关日趋稀少的资源的冲突。如何解决这些
问题？土著人在积极管理自己的资源以实现
文化和生物可持续性中应该起到什么作用？
这些都将成为土著人首要关注的问题。分配
正义和后殖民政治权利的概念，加上土著人民
持续的国际联系，将可能决定未来学者们如何
构架这些争论和关注，以及如何进行调节。

卢卡斯 F. 庄士墩（Lucas F. JOHNSTON）

维克森林大学

托德·莱维塞尔（Todd LeVASSEUR）

查尔斯顿学院

参见：丛林肉；冲突矿物；保护的价值；食品
历史；食品安全；森林产品——非木材林产品；自
然资源经济学；偷猎。

拓展阅读

Atran, Scott; Medin, Douglas L. ; & Ross, Norbert O. (2005). The cultural mind: Environmental decision making and cultural modeling within and across populations. *Psychological Review,* 112 (4), 744–776.

Baker, Susan. (2006). *Sustainable development.* London: Routledge.

Baviskar, Amita. (2005). *In the belly of the river: Tribal conflicts over development in the Narmada Valley.* New York: Oxford University Press.

Berkes, Fikret. (1999). *Sacred ecology: Traditional ecological knowledge and resource management.* Philadelphia, PA: Taylor & Francis.

Berkes, Fikret. (2008). *Sacred ecology* (2nd ed.). New York: Routledge.

Berkes, Fikret; Folke, Carl; & Colding, Johan. (2000). Rediscovery of Traditional Ecological Knowledge as Adaptive Management. *Ecological Applications, 10* (5), 1251–1262.

Berkes, Fikret; Folke, Carl; & Colding, Johan (Eds.). (1998). *Linking social and ecological systems: Management practices and social mechanisms for building resilience.* Cambridge, UK: Cambridge University Press.

Blaser, Mario; Feit, Harvey; & McRae, Glenn. (Eds.). (2004). *In the way of development: Indigenous peoples, life projects and globalization.* London: Zed Books.

Conklin, Beth A., & Graham, Laura R. (1995). The shifting middleground: Amazonian Indians and eco-politics. *American Anthropologist,* 97 (4), 695–710.

Deloria, Vine, Jr. (1997). *Red earth, white lies: Native Americans and the myth of scientific fact.* Golden, CO: Fulcrum Publishing.

Deloria, Vine, Jr. (2000). The speculations of Krech: Book review. *Worldviews: Environment Culture Religion,* 4 (3), 283–293.

Diamond, Jared. (2006). *Collapse: How societies choose to fail or succeed.* New York: Penguin.

Gill, Sam. (1987). *Mother Earth: An American story*. Chicago: University of Chicago Press.

Guha, Ramachandra. (1989). Wilderness preservation: A third world critique. *Environmental Ethics, 11* (1), 71–83.

Guha, Ramachandra. (1990). *The unquiet woods: Ecological changes and peasant resistance in the Himalaya*. Berkeley: University of California Press.

Haripriya, Rangan. (2000). *Of myths and movements: Rewriting Chipko into Himalayan history*. New York: Verso.

Harris, Marvin. (1966). The Cultural Ecology of India's Sacred Cattle. Current Anthropology 7 (1): 51–54; 55–56.

Hart, John. (2005). World conference on indigenous people. In Bron Taylor (Ed.), *Encyclopedia of religion and nature* (pp. 1763–1765). London: Continuum.

Hukkinen, Janne. (2008). *Sustainability networks: Cognitive tools for expert collaboration in social-ecological systems*. London: Routledge.

Johnston, Lucas F. (2009). International commissions and declarations. In Willis Jenkins & Whitney Bauman (Eds.), *The Encyclopedia of Sustainability: Vol. 1. The Spirit of Sustainability* (pp. 238–242). Great Barrington, MA: Berkshire Publishing Group.

Jolly, Richard; Emmerij, Louis; Ghai, Dharam; & Lapeyre, Frédéric. (Eds.). (2004). *UN contributions to development thinking and practice* (United Nations Intellectual History Project). Bloomington: Indiana University Press.

Krech, Shepard, III. (1999). *The ecological Indian: History and myth*. New York: W. W. Norton.

Lansing, Stephen. (1991). *Priests and programmers: Technologies of power in the engineered landscape of Bali*. Princeton, NJ: Princeton University Press.

MacArthur, Robert, & Wilson, Edward O. (1967). *The theory of island biogeography*. Princeton, NJ: Princeton University Press.

Maffi, Luisa, & Woodley, Ellen. (Eds.). (2010). *Biocultural diversity conservation: A global sourcebook*. London: Earthscan.

Martin, Paul. (2007). *Twilight of the mammoths: Ice-age extinctions and the rewilding of America*. Berkeley: University of California Press.

Medin, Douglas; Atran, Scott; & Ross, Norbert. (2005). The cultural mind: Environmental decision making and cultural modeling within and across populations. *Psychological Review, 112* (4), 744–776.

Ntiamoa-Baidu, Yaa. (2008). Indigenous beliefs and biodiversity conservation: The effectiveness of sacred groves, taboos and totems in Ghana for habitat and species conservation. *Journal for the Study of Religion, Nature and Culture, 2* (3), 309–326.

Palmer, Martin, & Finlay, Victoria. (2003). *Faith in conservation: New approaches to religions and the environment.* Washington, DC: World Bank.

Parajuli, Pramod. (2001). No nature apart: Adivasi Cosmovision and ecological discourses in Jharkhand, India. In Philip P. Arnold & Ann Grodzins Gold (Eds.). *Sacred landscapes and cultural politics: Planting a tree?* (pp. 83–113). Burlington, VT: Ashgate.

Parker, Eugene. (1993). Fact and fiction in Amazonia: The case of the Apêtê. *American Anthropologist, New Series, 95* (3), 715–723.

Pigem, Jordi. (Ed.). (2007, March 22–24). Faith-based organizations and education for sustainability: Report of the international experts' workshop. Barcelona, Spain: Centre UNESCO de Catalunya.

Posey, Darrell Addison, & Balick, Michael J. (2006). *Human impacts on Amazonia: The role of traditional ecological knowledge in conservation and development.* New York: Columbia University Press.

Posey, Darrell Addison, & Plenderleith, Kristina. (Eds.). (2004). *Indigenous knowledge and ethics: A Darrell Posey reader.* New York: Routledge.

Rappaport, Roy. (1967). *Pigs for the ancestors: Ritual ecology of a New Guinea people.* New Haven, CT: Yale University Press.

Reichel-Dolmatoff, Gerardo. (1976). Cosmology as ecological analysis: A view from the rainforest. *Man, 2* (3), 307–318.

Rist, Gilbert. (1997). *The history of development: From western origins to global faith.* London: Zed Books.

Schultes, Richard. (1979). *Plants of the gods: Origins of hallucinogenic use.* New York: McGraw Hill.

Schultes, Richard Evans, & Von Reis, Siri. (2008). [1995]. *Ethnobotany: The evolution of a discipline.* Hong Kong: Dioscorides Press.

Shiva, Vandana. (2000). *Stolen harvest: The hijacking of the global food supply.* Cambridge, MA: South End Press.

Takacs, David. (1996). *The idea of biodiversity.* Baltimore: Johns Hopkins University Press.

United Nations General Assembly (UNGA). (2007). United Nations Declaration on the Rights of Indigenous Peoples. General Assembly Resolution 61/295. Retrieved June 30, 2011, from http: //www. un. org/esa/socdev/unpfii/en/drip. html

Wilson, Edward O. (1971). *The insect societies.* Cambridge, MA: Harvard University Press.

Wilson, Edward O. (1975). *Sociobiology.* Cambridge, MA: Harvard University Press.

Wilson, Edward O. (2000). *Sociobiology: The new synthesis.* Cambridge, MA: Harvard University Press.

World Bank. (2006). *Faiths and the environment.* Washington, DC: World Bank.

Wright, Robin. (1988). Anthropological presuppositions of indigenous advocacy. *Annual Review of Anthropology,* 17, 365–390.

Wright, Robin. (1998). *Cosmos, self and history in Baniwa Religion: For those unborn.* Austin: University of Texas Press.

Wright, Robin. (2007). Indigenous moral philosophies and ontologies and their implications for sustainable development. *Journal for the Study of Religion, Nature and Culture, 1* (1), 92–108.

Wright, Robin. (2009). The art of being crente: The Baniwa Protestant ethic and the spirit of sustainable development. *Identities: Global Studies in Culture and Power, 16,* 202–226.

Industrial Ecology

工业生态学

工业生态学出现于20世纪90年代末，其目的是研究工业生产过程和自然生态过程（比如新陈代谢、生命周期以及进化）的异同，从而了解并减少工业生产和消费对环境的影响。工业生态学通过不同生产规模物质和能量流来研究环境问题，强调系统分析方法的重要性。

工业生态学是一门相对新的学科，重点研究社会中能量和物质的流动。工业生态学在两个重要方面与自然资源相关联：第一，它借鉴了生态系统的组织结构作为社会生产和消费活动可持续组织的潜在模型；第二，它关注的是生态系统的健康和天然资源的可获得性，并制定策略和提供方法来估测人类社会对自然环境的影响，使这种影响最小化，达到保护自然资源的目的。因此，工业生态学的重点是研究以不同规模通过社会系统的物质和能量流，从而理解和管理它们对环境的影响。

历史与发展

工程、系统分析、生态学以及环境科学是工业生态学的理论和方法基础，经济学、社会学和地理学也对工业生态学的发展具有重要影响。相关的学科还包括更清洁的生产、污染防治、生态经济学、可持续工程和绿色化学。

20世纪80年代末是工业生态学发展的重要时刻，有三个方面的原因。首先，1989年罗伯特·弗罗施（Robert Frosch）和尼古拉斯·盖勒普罗斯（Nicholas Gallapoulous）在《科学美国人》（Scientific American）上发表的题为"制造的战略"一文中，提出了"工业生态系统"的概念。这个概念催生了一个新的研究领域：工业生态学；其次，罗伯特·艾尔斯（Robert Ayres）由此提出"工业代谢"的概念，认为物质平衡可以用来了解在社会系统，如工厂、城市、经济体中物质的输入、产出以及转化。工业代谢和基于物质与能流分析的工具成为工业生态学的核心；最后，在丹麦小镇卡伦堡发现了一个充满活力、欣欣向荣的工业生态系统,包含各类产业,显示了这一概念的可行性和可营利性。

1992年美国国家工程院的会议促进了这门学科的产生。1997年第一份致力于工业生态学的同行评审出版物——《工业生态学学报》(*Journal of Industrial Ecology*)创刊。2001年国际工业生态学协会(The International Society for Industrial Ecology)成立。涉及工业生态学的专业课在欧洲、北美洲和东亚的大约20个大学迅速发展起来。此外,世界各地数十所大学都开设了工业生态学课程。

核心概念

一个经常用到的概念将工业生态学描述成"研究工业和消费者活动中物质和能量流动及其对环境的影响,以及经济、政治、法规和社会因素对资源流动、利用和转换影响的学科"(Allenby & Richards 1994, v)。

系统思维是工业生态学的关键组成部分,因为它认识到所有的人类活动都发生在生物物理和社会经济领域,认识到这些不同领域之间存在着深入的互动及反馈。比如,为了降低产品的环境影响,仅仅提出工程解决方案使产品更有效率是不够的,还必须考虑到它所在的整个系统,这个系统决定了该产品如何生产、使用和处理,并且决定了与它相关的社会认同和价值。

生态学中有几个概念可以用来理论性地表述工业系统是如何运作的,同时作为工业生态学研究方法的基础。最重要的一些概念如下:

● 新陈代谢。生物摄取能量和物质,将它们转换用来维持生命、发挥功能、生长、繁殖

以及将废物排出。任何实体组织,如工厂、城市、国家或全球社会,都在代谢能量和物质,用于发挥功能和发展。

● 生命周期。所有生物都有确定的出生、成长和死亡的生命周期。同样,所有的工业产品也可以被认为有生命周期,从获取和加工资源开始,然后是制造、运输、产品使用,最后是废物的回收和处理。

● 生态系统组织。生态系统包括很多不同的物种,构成食物网络。在网络中,有些生物产生初级能源,一些生物将另外一些生物作为食物,一些将系统中死去的有机质利用。工业系统也是由一些不同"种类"的产业所构成,这些产业既生产产品、消费其他产业生产的产品,也进行回收和重新利用物质和能量。

● 进化和复杂性。个体在不断地适应环境,物种通过与环境中其他个体、物种和非生命元素的互动而不断进化。整个生态系统经历了结构和资源从建立到分解的演替过程的各个阶段,即被称为复合适应循环(complex adaptive cycles)的过程。人类以及商业和工业同样地在一个复杂、可适应的社会经济系统中不停地适应着变化的环境。

策略与方法

工业生态学家来自多种学科,因而许多不同策略和工具被用来将这些核心概念付诸实践。

物质与能量流分析

基于新陈代谢的理念,物质与能流分析(Material and energy Flow Analyses,MFA)是很多工业生态学研究的起点,可以用在多种不

同层面上，包括加工单元（即制造中的单个、标准步骤）、工厂或公司、供应链、地区、全国以及全球。

对于研究中的一个系统，物质与能流分析通常是量化通过系统的所有能量和物质的存量和流量。物质溢流分析（Substance Flow Analysis，SFA）只量化单一成分或物质。物质与能流分析的全经济分析通常要分析通过一个经济体的所有物质的总量，并将这个总量合计为一个数值（Fischer-Kowalski 1998）。

生命周期评价

生命周期评价，通过分析与特定产品或过程相关的所有生命阶段，成为运用系统方法研究环境问题和修复方略的核心方法之一。在产品设计、营销和公司政策等工业生产中，生命周期评价已被广泛应用。由于能为不同环境问题的决策提供科学依据，这种方法在公共政策领域也得到越来越多的重视。

在ISO 14040框架（ISO 2006）下，生命周期评价程序已经得以标准化，即可分为四个阶段：目标与范围的确定、生命周期清查（Life Cycle Inventory，LCI）、生命周期影响评价（Life Cycle Impact Assessment，LCIA）和诠释。几个"足迹"分析工具利用生命周期评价的措施和方法来计算一个给定系统中（产品、交易、人类）消耗或影响的自然资源，并将易于理解的结果公布于众。这些"足迹"分析工具包括生态足迹，即评估满足人类需求所用的自然资源，并将它们的影响转化为土地利用的"足迹"指标；碳足迹，即解释与所研究的系统相关的所有温室气体；水足迹（也称虚拟水核算），即测量系统运转需要的水资源。

基于环境保护的设计

作为前瞻性的研究领域，工业生态学旨在甄别出对环境产生最小影响的产品、系统和政策，而不是形成污染之后再去清理。很多企业采用了基于环境的设计（Design for Environment，DfE）或生态设计，即通过选择更多有益的材料、更清洁的生产方式和更高的可回收性降低对环境的影响。

环境投入—产出分析

环境投入—产出分析（Environmental Input-Output Analysis，EIOA）将环境考虑纳入到已有的经济投入—产出分析工具中，即以货币的形式去量化一个国家或一个地区经济的各部分之间的联系。环境投入—产出分析能够分析各部分消耗的自然资源以及产生的废物和排放，并以物质量的形式而不是以货币价值的形式给出结果。研究人员还开发了一种混合式分析的方法，即使用投入—产出方法进行生命周期评价，被称作环境投入—产出生命周期评价（Environmental Input-Output Life Cycle Assessment，EIO-LCA）。

工业共生

工业共生（Industrial Symbiosis，IS）是将工业生态学在一个地理区域内付诸实施。这一术语是指"传统独立的产业"参与以"形成竞争优势的集体方式进行物质、能源、水以及／或副产品的交换"（Chertow 2000, 313）。最常见的协同方式是一家公司使用另外一家公司的废弃物为原料（副产品交换），实行设备与基础设施的共享管理（如能源或废物处理），共享提供环境效益配套服务。企业在这些工业生态系统中可以被协同安置或放置在一个较大的区域内。

工业共生的最重要动力被认为是经济和监管压力,而潜在合作伙伴在过程中的技术可行性、经理人之间的沟通与信任被认为是关键的潜在因素。西方最成功的工业生态体系已经出现,没有国家规划,而是经历了漫长的时间自发地发生的,就像丹麦卡伦堡,在那里发电厂、炼油厂、制药公司和其他产业发展出相互之间的以及与市政当局共同的废物再利用和资源共享安排。一些国家,特别是东亚地区的政府主管部门正在对一些模式进行实验,规划某些方面的资源共享(如提供共享设备或废物处理),促进不同行业之间的协同性。

生产者责任延伸

生产者责任延伸(Extended Producer Responsibility, EPR)目的在于改善产品的环境表现,特别是产品在生命后期(废物管理)的表现,即让生产者担负起当产品被消费者废弃时的管理责任(OECD 2001)。生产者责任延伸寻求在产品价格内部消化其寿命末期处理成本,给生产者财政激励,以便设计出的产品便于循环利用以及相关处理。生产者责任延伸最明显地被用于包装、电子、汽车和有害废物等方面,欧盟和日本在生产者责任延伸政策发展中起到了关键作用。

闭合性循环

闭合性循环是工业生态学中一个与相关的生态学概念类似的提法,即自然界中没有浪费——所有的废弃物最终都得到循环利用。如果像自然系统一样运转,工业系统也是可持续的。闭合性循环强调,要在各级工业系统中都增加物质的循环利用。闭环已作为一种战略被很多国家纳入环境政策:在德国称作循环性经济,在瑞典称作"周期",在中国称作循环经济,在日本则称作"循环型"社会。

可持续消费与生产

工业生态学研究主要考虑生产活动和消费问题,它们在可持续中的作用也受到越来越多的关注。这类研究验证了与不同产品和生活方式选择相关的环境影响,不仅量化了基于单个产品的环境负担以便能找出更绿色的消费选择,而且还在经济整体范围的基础上评估了不同种类产品的相关影响。

减量化

减量化是在不同层面上应用的策略。当用在产品或生产过程时,它表示通过提高效率和材料选择等方法,用更少的材料或产生更少的废物,实现给定的功能。在国家或全球层面,减量化意味着在整个经济产出中使用更少的自然资源,同时减少对环境和人类健康的损害。一个正在进行的研究方向是探讨一个实现了高度富裕和从工业向服务业转型的社会,(后工业化社会)是否会转变为一个更低物质需求的经济。减碳化强调减少气候变化——从而对产品和企业产生影响,就是减量化策略的一种类型。

展望

在较高工业化水平的国家,工业生态学原理被越来越多地融入公共政策之中。工业代谢、生命周期评估和生产者责任延伸等方法和概念,为这些国家自然资源管理的信息与指导提供了工作框架。从企业的角度看,物质与能流分析、工业共生、生命周期评价以及相关的足迹以及基于环境的设计方法,能为企业改变产品设计、生产实践以及营销关系提供重要信息,使企业能减少对自然资源的影响与消耗。要使这些方法和发现更易于被广大公众(即产品的最终消费者)接受和运用,还有很多重要的工作需要去做。

未来工业生态学的发展可能包含以下几方面:

● 进一步扩展到更多社会关注的领域,如城市系统、基础建设系统、人类消费活动、发展中国家经济以及气候变化等;

● 在物质与能流分析、生命周期评价、环境投入—产出分析和工业共生等方法中,增加量化的措施和方法学的优化,以便能够用来处理影响社会生产和消费的巨量数据和变量;

● 进一步与社会科学融合,以便通过公共政策、机构和消费者的行为,去了解社会是如何向可持续转变的;

● 更多依靠从复杂性理论中得到的概念与模型方法,去理解社会系统如何与自然环境互相影响,以及如何可持续地处理这些关系。

工业生态学最终目的是,通过增强我们对社会与自然之间互动的理解,为社会提供一条可持续管理社会需求与地球自然资源的路径。

韦斯林 S. 阿什顿（Weslynne S. ASHTON）
伊利诺伊理工大学
里德 J. 利弗赛特（Reid J. LIFSET）
耶鲁大学

参见：产品和工业设计；制冷与供暖；室内照明；替代材料；纳米技术；自然资源经济学；有害生物综合管理；废物处理。

拓展阅读

Allenby, Braden R., & Richards, Deanna J. (Eds.). (1994). *The greening of industrial ecosystems*. Washington, DC: National Academy Press.

Ayres, Robert U., & Simonis, Udo E. (1989). *Industrial metabolism*. Tokyo: United National University Press.

Baumann, Henrikke, & Tillman, Anne-Marie. (2004). *The hitchhiker's guide to LCA*. Lund, Sweden: Studentlitteratur.

Bundesminesterium fur Umwlet, Naturschutz und Reaktorsichereit (Federal Ministry for the Environment, Nature Conservation and Nuclear Safety). (2006). Act for promoting closed substance cycle waste management and ensuring environmentally compatible waste disposal (*Kreislaufwirtschafts- und Abfallgesetz* KrW-/AbfG-). Retrieved April 8, 2010, from http: //www. bmu. de/files/pdfs/allgemein/application/pdf/promoting. pdf

Chertow, Marian. (2000). Industrial symbiosis: Literature and taxonomy. *Annual Review of Energy and*

Environment, 25, 313–337.

Economic Input-Output Analysis Life Cycle Assessment (EIO-LCA). (2010). EIO-LCA: Free, fast, easy life cycle assessment. Retrieved April 5, 2010, from http: //www. eiolca. net/

Ehrenfeld, John R. (2007). Would industrial ecology exist without sustainability in the background? *Journal of Industrial Ecology, 11* (1), 73–84.

Fischer-Kowalski, Marina. (1998). Society's metabolism. *Journal of Industrial Ecology, 2* (1), 61–78.

Frosch, Robert, & Gallapoulos, Nicholas. (1989). Strategies for manufacturing. *Scientific American, 261* (3), 144–152.

Graedel, Thomas E., & Allenby, Braden R. (2009). *Industrial ecology and sustainable engineering.* Upper Saddle River, NJ: Prentice Hall.

ISO. (2006). *ISO 14040 (2006): Environmental management—life cycle assessment, principles and framework.* Geneva, Switzerland: International Organization for Standardization (ISO).

The Kalundborg Center for Industrial Symbiosis. (2010). Homepage. Retrieved April 5, 2010, from http: //www. symbiosis. dk

Organisation for Economic Cooperation and Development (OECD). (2001). *Extended producer responsibility: A guidance manual for governments.* Paris: OECD.

United States Environmental Protection Agency (EPA). (2010). Design for environment: An EPA partnership program. Retrieved April 5, 2010, from http: //www. epa. gov/dfe/

昆虫的益处

尽管很多人仅仅视昆虫为无用的滋扰,实际上几千年来,昆虫在诸多方面为人类带来了益处,如:在食品、制造、医疗、农业及病虫害防治等方面。它们还可以带动旅游业,并成为康乐环境的标示物。

纵观历史,昆虫为人类提供了重要的自然资源,如被土著民作为食品吃掉、用作药物或毒物。紫胶虫的树脂类分泌物可制漆,人们收获胭脂虫以得到红色染料。在发达国家和西方文明中,现在大概是历史上直接利用昆虫的最低点,只有蜜蜂和家蚕两种昆虫已工业化并进入全球经济。然而,昆虫对人类福祉仍很重要,它们作为默默无闻的授粉者、生物防治者和环境标示物,帮助我们维持自然界的平衡。

可食昆虫

《圣经》中关于营养平衡有一些建议,列出了能否安全食用的动物名单。与常见的偶蹄动物、反刍动物一起,一些昆虫也被列为可食的肉类:"甚至蝗虫、蚂蚱、甲虫、蚱蜢这些昆虫你们都可以吃"(《利未记》11:22)。长期以来,人们一直在争论具体哪些昆虫是上帝认为可以吃的,尤其是因相关文字表述中关于它们足数的混淆不清(上帝说四足而非六足的昆虫可以吃)。

上述争论的存在很可能是在历史长河中语种间翻译缺失所致。但在远离地中海东岸的地方,蝗虫、蚱蜢之类仍被食用。即便不是普遍现象的话,至少也是相当广泛的。其他人类吃昆虫的著名例子,包括栖息时被澳大利亚土著人大量捕获的布冈夜蛾(*Agrotis infusa*)及发生在澳洲的木蠹蛾幼虫(各种飞蛾木上产的大幼虫,主要品种为 *Endoxyla leucomochla*)。

这些昆虫可能一度曾为世界各地的主食,但它们现在的食用量锐减,大概也就是新奇的食品这个范畴吧,如涂巧克力的蚂蚱,或内有一只蚱蜢的薄荷味棒棒糖(美国有售,名为"Cricket Lick-it")。原住民食用昆虫的下降和这些古怪的现代食品有限的营销市场,并不影响食用昆虫的持续存在。

药用昆虫

大多数传统药物是基于植物,尤其是草本植物,而发展成为重要的现代药物。如吗啡来自罂粟、阿司匹林来自黄华柳、洋地黄来自毛地黄等。以昆虫为基础的药物很少,虽然有几个自古即知。斑蝥素是一种腐蚀性和有毒的油,为芫菁或斑蝥(皆属于芫菁科)的分泌物,曾一度被广泛用于治疗各种疾病,如治疣和去除纹身,及诱导起泡(当治疗需要时)。斑蝥素还可作为春药及杀人毒药。传统的东方药物有时也包括无脊椎动物的成分,如蜈蚣、蝎子、螳螂、蝉和蟋蟀等。

现在,在西医中最重要的昆虫是肉蝇蛆(绿蝇属)。在过去的几个世纪,人们在法国—哈布斯堡战争(1551—1559)、拿破仑远征埃及(1798—1801)、克里米亚战争(1853—1856)和美国内战(1861—1865)中分别发现,这些蝇蛆在伤口的滋生,实际上帮助了伤员的恢复(Service 1996)。在战场上,当伤员被救援或俘虏前的日子,苍蝇飞到无人顾及的伤员身上,肉蝇蛆在开放的伤口中,优先吃掉病变及坏死组织,而非健康部分。现在世界各地的医院中,经常用无菌培育的蝇蛆,于手术或外伤后清理坏死,甚至是腐败和感染的伤口。

商用昆虫

胭脂虫(*Dactylopius coccus*)是一种小型的、类似于蚜虫的昆虫,生长于中美洲和南美洲各种带刺的仙人掌上(仙人掌属)。它的身体可以产生一种苦味,但非常明亮的深红色色素,称之为胭脂红。尽管胭脂虫以给糖果着色最为著名,但它最初是用来染布料和化妆品,并至少自公元前2200年就已进行国际贸易。1600年,西班牙征服墨西哥后,胭脂虫在其欧洲贸易价值中位居第二,仅次于银。1787年,大英帝国特意将寄居有胭脂虫的仙人掌引至澳大利亚,来获取这种重要染料。目的是为服装行业染色,特别是为英国军服所需。不幸的是,胭脂虫的寄主仙人掌成为当地的外来入侵物种,占据牧场并使其退化,直到1920年才寻找到生物解决方案(具体内容见下文)。同时,随着化学合成染料的出现,劳动密集型的胭脂虫产业在全球范围内土崩瓦解。然而近些年来,由于对化学合成染料安全性的恐慌,胭脂红等天然食品染料卷土重来。胭脂虫的养殖规模正在加速恢复。2009年,美国农业部所发布的关于食品和药品标签的更新指南中包括胭脂红,也称为“自然红”染料。

紫胶虫,涉及介壳虫的各属(半翅目,介壳虫总科),产于中国、印度、东南亚和墨西哥,是蚜虫(蚜虫类)无翅的亲戚。它们在栖息的树枝上分泌坚硬的红色树脂并固化,收集后可用作漆。在远东,一般将其用于昂贵的观赏品和装饰品,而在欧洲,则一般漆在小提琴及其他高档商品上。在19世纪,紫胶树脂成为一种重要的全球贸易商品。溶解于甲基化酒精或其他溶剂,紫胶树脂成为紫胶清漆,广泛用于漆地板、木板、家具及乐器。在20世纪的前10年,虫胶用于小的装饰线条,如微型相框、首饰和假牙。但早期以虫胶为原料制作的压制唱片,最为人们所难忘。现在塑胶和人造树脂清漆已极为普遍,但虫胶作为一种清漆,因其内在强度、柔和色调、美学特质和自然来源等优点，仍在销售。

工业用昆虫

人类真正开发利用的仅有两种昆虫，且完全达到工业化规模。如蜜蜂几乎已被完全驯化，其饲养规模从爱好者养在后院的单个蜂群到工业化蜂场的数百蜂群不等。养蜂业的主要产品有蜂蜜和蜂蜡，规模经济使这些昔日的奢侈品成本下降，目前已成为日常消费品。蜜蜂，特别是西方蜜蜂（*Apis mellifera*），再也不能算是真正的野生品种。但当工业化所用蜜蜂的品质衰退时，使用驯养较少、甚至野生的亚种，有望从基因层面帮助恢复蜂群质量。

家蚕（*Bombyx mori*），为蚕蛾中的一个品种，家蚕名称更具体的毛毛虫，已被人类选择并繁殖了数千年，已经没有野生种。家蚕室内饲养于采摘的桑叶上。每个发育成熟的幼虫，用股单丝为自己做茧，最终变态为成蛾。煮此丝茧，去除外层蛋白，然后用机器抽丝、纺纱、染色、织绸布。

丝绸依然是个劳动相对比较密集的产业。但机械化及规模化生产，也使它由曾经的帝王专属物，变为如今的常规面料。目前全球年产丝绸几十万吨。在现代合成纤维诞生前，人们寻找家蚕丝绸的替代品。家蚕的近亲舞毒蛾（*Lymantria dispar*）于1868年被带到美国，以尝试杂交得到新的产丝品种，能以当地的植物为食。但它们很快从实验室逃脱，并成为臭名昭著的林业害虫，每年吃掉数百万英亩的树叶。

昆虫旅游

正如狩猎、海豚奇遇、观鸟游轮等现有野生动物相关旅游项目深受度假者和旅行者喜爱，昆虫旅游业亦有潜力。蝴蝶爱好者已组织前往参观温带和热带琳琅满目的昆虫品种，尽管目前规模较小，但存在成为大众旅游的可能性。

澳大利亚和新西兰已建成萤火虫洞穴的商业旅游景点。在这些大型地下洞穴的顶部，生活着某些蕈蚊（*Arachnocampa*及其他种）能发光的幼虫。它们的食物是一些飘荡在空气和水流中的昆虫。在黑暗的洞穴中，这些昆虫被顶部的光亮吸引向上，被幼虫分泌的粘丝陷阱所纠缠。现场景象极为壮观，洞顶闪耀得就像夜里的星空。这种旅游需由导游带领，步行或乘船观赏，并通过限制游客数量来保护景点。

加拿大和美国的帝王蝶（*Danaus plexipus*），每年迁徙到墨西哥城以西约30个避风山谷越冬。据估计，每年11月，约两亿五千万只蝴蝶参与迁徙，到达那儿的冷杉树及周围灌木丛中定居。在数以百万计的蝴蝶的重压下，大量树木嘎吱齐响的场景，及空气中充斥的蝴蝶翅膀的沙沙声，相当震撼，因此成为自然主义者、野生动物摄制组、摄影爱好者和观光者的圣地。这是一片脆弱的生态环境，虽然目前并不便于进入，但即便常规的旅游交通，如步行、骑骡或开车，都会破坏其原貌。

生物防治

实践证明，昆虫是非常有效的生物防治武器，因意外（或蓄意）释放到世界各地的害虫、杂草等中间，维护自然平衡。一个早期案例是1888年来自澳大利亚的澳洲瓢虫（*Rodolia cardinalis*），成功帮助美国加州柑橘业控制住来自新西兰的害虫吹绵蚧（*Icerya purchasi*）。一种墨西哥蛾（*Cactoblastis cactorum*）于1926年—1932年间被引进到澳大利亚，以控制当地泛滥的仙人掌。这些仙人掌19世纪来自中美洲，作为胭脂虫的寄主而引入，却成为当地的外来入侵物种。而这种墨西哥蛾的幼虫取食仙人掌，很快控制住仙人掌的泛滥（Naumann et al. 1991）。

　　另一个显著成功的例子是20世纪中叶由非洲和美洲引进澳大利亚的几个蜣螂品种。由于澳大利亚当地甲虫只吃干燥的袋鼠粪而不能移除并循环利用半流体的牛粪，大量积累的牛粪使牧草成片死去，而作为营养丰富的栖息地，滋生澳大利亚灌木蝇（*Musca vetustissima*）的数量庞大成灾。

　　然而，类似的物种引入也有可能是危险的。如在北美曾引入欧洲七星瓢虫（*Coccinella septempunctata*）和日本瓢虫（*Harmonia axyridis*），以控制各种外来蚜虫。结果，当地瓢虫不仅被这些外来瓢虫击败，甚至成为它们及其贪吃幼虫的美食，导致群落衰退。

　　雄性不育技术是一种高精度、技术复杂的昆虫控制方法。在目标区域释放大量被辐射过因而不育的雄性昆虫，与雌虫交配后产生的几乎全是不能孵育的卵，从而导致种群崩溃。食肉南美螺旋蝇（*Cochliomyia hominivorax*）于1988年不小心被引入利比亚，旋即大批滋生于

牲畜因铁丝网、多刺灌木及牲畜间伤害等原因而常有的伤口，严重威胁整个非洲大陆动物（和人类）的生命。当时，利比亚是一个被排斥的国家，但是联合国发起了一个扑灭计划，以避免巨大灾难。1990年12月到1991年10月间，13亿在美国繁殖的不育雄蝇装在小纸箱中由飞机低空空投，最终这种食肉螺旋蝇得以成功根除（WHO 2011）。类似的案例是在美国本土投放不育的地中海果蝇（*Ceratitis capitata*），以控制这个近乎世界性影响的果园害虫。

　　不是所有的生物防治都能用外来品种来控制外来害虫，也有庞大的国内市场能提供瓢虫等天敌以控制花园害虫。如集栖瓢虫（*Hippodamia convergens*）每年定点汇聚于北美丘陵和山区的岩洞，先来者发出安全信息素（气味），吸引同类加入，成千上万齐聚一堂。然后，人们用水桶和铁锹收集它们，包装后出售给园主。这些信息素留存在岩洞中，帮助历代瓢虫年复一年地飞回此洞。

环境指示

　　谈及环境，通常人们的兴趣集中于大型的、令人印象深刻及美丽的鸟类和动物。当考虑到昆虫时，一般视其为鸟类的食物或打扰野

餐的小东西。或许偶尔地欣赏一下停在花朵上的可爱蝴蝶。然而，昆虫其实是环境中造福人类的最重要物种之一。

昆虫的体形比较小，所以较少直接为人类所用。但其庞大的数量，使之以隐藏的方式不断地参与各种人类活动。如为花、水果、蔬菜授粉，回收利用畜禽粪便、腐肉、倒下的树木及其他腐烂的有机物，作为其他动物的食物（昆虫几乎主宰了所有食物链、食物网的中间部分）及作为"益虫"杀死并吃掉其他害虫，以维护自然平衡。

然而，这些小东西对人类还有更微妙的用处。大多数昆虫种类对栖息环境要求很高，如它们仅栖息在一种植物（或一个植物种的有限几类）上，或仅生活在某类微环境，或被限制在一个精确的地理区域。通过研究昆虫的复杂生态，昆虫学家能够对栖息地价值（或价值损失）、环境卫生（或环境恶化）、生物多样性、污染及气候变化做出大尺度评估。由于体形小、数量大、广泛的多样性，昆虫可以作为世界各地环境何处好、何处差的衡量指标。

理查德・A.琼斯（Richard A. JONES）
英国皇家昆虫学会

参见：农业（几篇文章）；生态旅游；蜜蜂；本土和传统资源管理；昆虫的害处；药用植物；有害生物综合管理。

延伸阅读

Aston, David, & Bucknall, Sally. (2004). *Plants and honeybees: Their relationships*. Hebden Bridge, UK: Northern Bee Books.

Benjamin, Alison, & McCallum, Brian. (2008). *A world without bees*. London: Guardian Books.

Berenbaum, May R. (1995). *Bugs in the system: Insects and their impact on human affairs*. Cambridge, MA: Helix Books.

Chang, Franklin. (1982, September 15). Insects, poisons, and medi- cine: The other one percent (Proceedings from Presidential Address, presented at the December, 1979 meeting of the Hawaiian Entomological Society). *Hawaiian Entomological Society, 24* (1), 69–74. Retrieved January 3, 2011, from https: // scholarspace. manoa. hawaii. edu/bitstream/10125/11139/1/24_69–74. pdf

Clarke, John. (1839). *A treatise on the mulberry tree and silkworm: And on the production and manufacture of silk*. Retrieved January 3, 2011, from http: //www. biodiversitylibrary. org/item/82191

Greenfield, Amy Butler. (2005). *A perfect red: Empire, espionage, and the quest for the color of desire*. New York: Harper Collins Press.

Jones, Richard A. (2010). *Extreme insects*. London: Harper Collins.

Naumann, I. D., et al. (Eds.). (1991). *The insects of Australia: A textbook for students and research workers* (2nd ed.) (2 vols.). Carlton, Australia: Melbourne University Press, CSIRO, Division of Entomology.

Penang Butterfly Farm. (2011). Butterfly houses of the world. Retrieved January 3, 2011, from http: //www. butterfly-insect. com/butterfly-houses-of-the-world. php

Scoble, Malcolm J. (1995). *The lepidoptera: Form, function and diversity* (2nd ed.). London: Oxford University Press & Natural History Museum.

Service, Mike W. (1996). *Medical entomology for students*. Cambridge, UK: Chapman & Hall.

World Health Organization (WHO). (2011). Homepage. Retrieved January 3, 2011, from http: //www. who. int/en/

昆虫的害处

在创建人类文明的过程中，对于滋扰自己生活的昆虫，人类也会进行处理。可恶的昆虫侵扰我们的庄稼、食物供应、房屋、宠物，甚至有时候包括我们自身。它们会导致致命的疾病，并相对容易地传播。虽然昆虫有时可以靠农药控制，但这些化学品的使用又常常会对人类与环境带来许多负面影响。

竞争资源是自然进化的关键驱动力之一。在进化成为现代人类前，我们的祖先与其他动物争夺有限的食物、住所及领土。大量的竞争对手是害虫，至今仍困扰着人们。只要人类狩猎、收获和存储产品，害虫就来坐享其成。人类一开始饲养牲畜或种植庄稼，害虫立马就来分羹。只要人类还生活在地球上，他们就一直为血吸虫所追随并成为它们所传播疾病的牺牲品。

人类已尝试各种手段来消灭这些害虫：改进耕作和饲养方法、改变家居及社会行为，使用物理方法及现在用得越来越多的化学杀虫剂。而在与害虫的多次交锋中，因虫类繁殖快、适应能力强，人类的行动有时会产生意想不到的恶果，危害人类、野生生物及整个环境。

作物害虫

农作物害虫包括那些攻击林业（破坏或损坏重要建筑材料的木蛀虫和食叶虫）、农业（吃作物的食叶虫及那些攻击种子、水果和块茎的虫子们）、园艺（那些破坏花园里的花和叶）。长期以来，这些虫子已经选好特定种类的作物为食物。

在为人类所大量栽种前，这些植物零星地存在于广泛的环境中，新生的害虫首先需要找到适于它们吃的植物之所在。因作为食物的植物分布的不均匀，相应地，害虫的分布也就不均匀。但当人类开始高密度、后又单一地种植农作物（包括树木）后，这些食植物的昆虫才开始成为严重的虫害。在一个现代化的农田或森林，进入快速生长期的少量害虫即可非常迅速地导致严重的落叶或其他类型的损害。同一作物的连年重复种植使下一代的害虫不必远移就能轻松找到现成的、丰富的食物来源，所以新的虫害就再次轻易、迅速地发生。在发达国家，更高的机械化程度和更为单一的作物品种也日趋加重了这些作物害虫的肆虐。越来越多地使用化学农药导致了许多安全隐患（对农药喷施者及所产生的食品）和难以预见的环境破坏。主要的农作物害虫包括土豆上的科罗拉多甲虫（*Leptinotarsa decimlineata*）、苹果上的小卷蛾（*Cydia pomonella*）及芸苔上的菜粉蝶（*Pieris species*）等。

仓储害虫

有些害虫吞噬储存的食物和作物，有的还吃熏或者腌的食物、皮革、皮草、皮肤，还有一些攻击天然纤维，如衣服、地毯、羊毛、棉花、丝绸等。仓储害虫可能起源于种子和坚果的食腐者，在森林地面或干燥草原和热带草原的杂草根处勉强维持生计。当人类开始为冬季大量储存谷物和水果，这些早期的食腐者在温暖、干燥、没有天敌的安全地带得到现成的供养。在这些食品储存处，避免了恶劣的天气、气候和季节等袭扰，所以这些仓储害虫可以在比以往更为广阔的地理区域内生存。现在许多仓储害虫在野外难觅，它们的真实地理起源已难以知晓，

但它们却可以存在于全世界的库房中。现在，只要有粮食储存的地方，就可以发现谷物象鼻虫（*Sitophilus granarius*、*S. oryzae*）和锯谷盗（*Oryzaephilus surinamensis*）的身影。在小麦、大麦、燕麦和大米的种子被农民播种之前，就已经成为仓储害虫的美食了。越来越多的货物运输，也把这些害虫不断扩散、再扩散于世界各地。

食皮革、毛皮和织物的害虫也是慢慢发现了人类所提供的食物来源的。它们或起源于动物和鸟类的巢穴，以羽毛、羽绒、毛发为食；或本为食腐昆虫，以食肉蝇蛆残留下风干的皮肤、肌腱、硬骨或软骨为食。其中最臭名昭著的当属博物馆甲虫（*Anthrenus verbasci*），为博物馆收藏的动物或昆虫标本上的昆虫，在宽松的树皮绉下零乱的蜘蛛网上，捡食蜘蛛吃剩的昆虫猎物残骸。

化学喷剂外的现代技术发展一定程度上降低了这些害虫的危害。人们通过工业化冷库和几乎密封的仓库提高了产品存储的安全性。小型一点的，则有家用冰箱、气密食品储存容器和保鲜膜来保护家庭食物储存。而合成纤维和吸尘器则减少了地毯害虫，现代干洗或水洗技术则可清洁衣物。

然而，有证据显示，由于人们更喜欢羊毛、棉花等天然纤维，而不是昆

虫不可食用的合成纤维，如尼龙、人造丝和聚酯，所以现在衣服蛾等食天然纤维的害虫的数量有所增加。

住宅害虫

家居害虫包括如谋求室内冬眠的大量瓢虫及可造成严重健康问题的蟑螂、苍蝇等昆虫。一些昆虫物种把人类住宅当成完美的冬季营地，因为温暖、干燥、无天敌所吸引。而因其不洁或掉进食物，家居昆虫被人类怨恨。关于室内瓢虫聚集最主要的抱怨是这些昆虫会落入酒桶，污染葡萄美酒。这个抱怨新近在一定程度上为新型建筑和窗口设计所克服。

蟑螂、苍蝇经常越过藏污纳垢处、污水、腐肉或其他腐烂物等，再为人类食物所吸引，故容易带来传播疾病的生物，包括细菌、病毒、原生动物等。而污水处理技术、卫生意识的发展，以及冰箱和密闭的食物储存容器等进步，都有助于在20世纪减少疾病传播，至少在发达国家。有意思的是，汽车内燃机还有助于减少城市苍蝇（因马减少了，从而马粪减少了），而这曾经是19世纪末城市中的健康问题。

牲畜害虫

牲畜害虫包括吸血跳蚤和虱子，以及破坏性的牛皮蝇和肤蝇，它们是疾病的传播者。对牛而言，它们的幼虫钻入牛体中，造成牛紧张不适和肉的损失，并广泛地藏在牛皮革中。对马而言，则是进入马的内脏，引起溃疡和不适。现代治疗方法通常是将杀虫剂注入动物肉内或掺杂在动物食物中。在欧洲和北美的部分地区，这些以前的害虫已经完全被根除，但也出现了关于后续的环境影响的问题。治疗肠道寄生虫的伊维菌素药物导致粪便中含有毒素，可能杀死甲虫等昆虫，而它们本会从牧场去除、分解和回收粪便。

人类寄生虫

人类正显著地摆脱寄生昆虫的干扰。人类的跳蚤攻击许多其他动物，而且可能适移到家猪。没有其他的灵长类动物受蚤类之苦，因为其他灵长类动物都没有长期的窝，不便于跳蚤幼虫发育。在发达国家，随着吸尘器的诞生，人类逐渐摆脱跳蚤的困扰。

有两种虱子侵袭人类。体虱（有时亦称为衣虱）一般与病变、穷困潦倒者的长期不洁、难民、战争受害者、受伤的士兵及自然或人为灾难导致的无家可归、无依无靠者相关。体虱问题最易解决，只需将它所寄居的衣物移除即可。不幸的是，它们的受害者通常都太穷了，他们仅有身上的衣服。因虱子蓬勃发展的原因是极端贫困，所以只要解决贫困问题，体虱的问题也就迎刃而解了。与性病相关的阴虱会给人带来轻微的刺激（和尴尬）。

头虱一度被认为是不洁、不健康、下层人的标志。但自20世纪70年代以来，因产生杀虫剂抗性，导致头虱问题更为严重。令太多中产阶级父母惊愕的是，无论哪个社会阶层的学龄儿童头虱都很多。杀虫剂仍在继续使用，但目前大多数社区健康计划都致力于检查和梳理头发等更可持续的措施，以摆脱头虱滋扰。

疾病传播者

对人类来说，最易致死的五大传染病是疟疾（由蚊子传播）、利什曼病（由白蛉传播）、昏睡病（由采采蝇传播）、淋巴丝虫病（也是由蚊子传播)及血吸虫病(由淡水螺传播)。其中前四者都是由昆虫传播。这些昆虫传播的疾病,据估计一年约致400万人死亡,其中约有一半死于疟疾(WHO 2011)。

在19世纪末,一旦这些昆虫开始传播疾病,危害就呈阶梯式增长,特别是在热带国家,传染病更为猖獗。为了人类健康(并考虑对商务的影响)的利益,广大地区已通过使用有效的化学杀虫剂,或将特别易于滋生蚊子的沼泽排水等调整,以解决这些问题。DDT等一些化学杀虫剂已在很多国家被禁用,但在很多热带国家,它们仍然被广泛用来对付害虫(虽然颇有争议)。其他围绕预防性药物和预防疟疾的疫苗正在开发和发展过程中。

农药

工业化使化学农药易于获得,加之农民们发现农药可以帮助他们轻松避免重大经济损失,所以化学农药的使用开始普及。但是在环境中施用这些药物,已经产生人们本该预料到的后果。早期广泛使用的杀虫剂是当时已知的危险和有毒的化学物质。巴黎绿(乙酰亚砷酸铜,有时混有砷酸铅)是一种鼠药,同时也漆于船底以避免藤壶黏附。当它的性能真正为人们所知时,它已被广泛用于各种农作物。尽管在早期人们已认识到它对施药的农工是有毒害作用的,以及人们所熟知的当没有充分稀释时它会引起植物的燃烧效应。

DDT是最知名的化学合成杀虫剂,它最早于1874年出现,直到1939年它的杀虫潜力才被发现。在随后的30年里,DDT是许多大型农药喷洒作业的首选杀虫剂。20世纪70年代起,因致癌性等健康担忧及考虑其对很

多非靶标野生动物(特别是鸟)的影响,DDT开始被部分禁用。当进入食物链后,DDT被指责会造成蛋壳变薄、导致鸟蛋在巢中易碎以及使白头鹰、游隼和鱼鹰等重要鸟类品种数量下降。

反对喷洒杀虫剂的主要观点是认为在环境中,只有很小的一部分昆虫是害虫,但喷雾杀虫剂会导致占绝大多数的有益或无害的昆虫物种跟着遭殃。喷雾后的农药会漂离农田进入花园、野生动物保护区和水源地,这也使人们对作物喷洒农药产生置疑。尽管人们已发展农药喷洒控制技术、开发更具靶标特异性的农药及更多的使用如苏云金芽孢杆菌等天然存在的、能攻击和杀死某些害虫的微生物等措施,环保主义者仍担心更广泛的环境破坏。

昆虫入侵

世界范围的货物流动曾导致一些最具破坏性虫害的爆发,特别是与欧洲对南北美、印度次大陆、东南亚和大洋洲的侵略相伴的贸易殖民扩张。

害虫通常是因为由一个大陆来到另一个大陆,从而达到灾害规模。在其原生地,这些昆虫可能是无害或微害的,它是当地自然平衡的一部分,因其天敌、寄生虫、疾病,或其自然宿主植物(或动物)的有限而保持适当规模。但来到一个新的生物区后,或者是其找到了一个新的适宜的小生境或供其食用的植物,或者是逃避以前阻止其暴增成患的控制因素。

这方面的经典例子是许多目前危害北美地区的害虫:如来自欧洲的地中海果蝇(*Ceratitis capitata*)、舞毒蛾(*Lymantria dispar*)、

欧洲玉米螟（*Ostrinia nubilalis*）和白色小蝴蝶（*Pieris rapae*），来自大洋洲的吹绵蚧（*Icerya purchasi*）以及来自远东的东方果实蛾（*Grapholita molesta*）。

黄蜂

新西兰现存一些对农业、土著动植物及人类构成严重威胁的外来昆虫。欧洲群居的黄蜂（*Vespula*）在其原产地欧洲做年度性活动：开始是一个受精的蜂王独自工作，建成一个小小的胚窝，产下第一批蜂，然后它们负责觅食和接着搭建蜂巢，而蜂王则专注于继续产卵。至秋末时，规模已达可容纳1万只黄蜂的篮球大小的蜂巢。但在冬季，除了蜂王冬眠以待明年白手起家、从头再来，其他蜜蜂全部死亡。但新西兰温和的气候则允许黄蜂连续数年持续筑巢、扩大规模，直到蜂巢达到轿车那样的尺寸，其内部可容纳10万多只黄蜂。

科罗拉多甲壳虫

到达欧洲的科罗拉多甲虫（*Leptinotarsa decimlineata*）是一起有名的害虫入侵案例，最初于1811年时，在落基山脉的刺萼龙葵（*Solanum rostratum*）上可见其踪影，随后于1859年时在内布拉斯加州发现其攻击土豆（*Solanum tuberosum*）并迅速向东蔓延，1874年时即到达大西洋沿岸地区。包括土豆在内的国际粮食作物贸易无疑帮助这些甲虫由美国到达了大洋彼岸的欧洲。当1877年发现它们在德国的米尔海姆危害农田时，这些农田被封锁、浇上煤油并烧毁因而这第一次甲虫侵袭得以根除。但1922年在法国的波尔多，第一次世界大战（人们判断就是在一战的混乱期，

这些甲虫再次卷土重来）之后，人们又再次发现它们。这次它们分布广泛，使人们难以遏制，所以它们现已在欧洲及亚洲部分地区站稳脚跟。不过瑞典、芬兰、爱尔兰和英国等周边国家仍幸免于难。

害虫乐园

美国和澳大利亚（一定程度上新西兰也是）是被视为特别容易受到害虫侵袭的地方。因为这些国家有广谱的生境类型和从寒带、温带到热带的多样气候。这些国家长而曲折的海岸线，对来自世界各地的外来入侵昆虫而言，不管是从生境还是从气候的角度，总有一处地方会非常适合作为它们的栖息地。此外对一些入侵昆虫物种来说，这些地方也是未经开垦的处女地。

但是对欧、亚、非三洲来说，尽管幅员辽阔，明显为不同的大陆，且有各大河、地中海、红海、撒哈拉沙漠和喜马拉雅山脉等强大分隔体，但它们仍是联体的。在整个进化过程中，绝大多数物种都有迁移扩展的机会，然后达到某种形式的自然平衡。对负责保护农业和环境的政府机关来说，洲际入侵仍然是一个令人担忧的隐患，他们明显的反应是采取了貌似严格的隔离检疫控制和严厉的边境生物安全措施。

到达任何一个北美或澳大利亚的国际机场的乘客都会看到紧急标志、海报和多媒体等信息，来告诫他们必须申报任何新鲜食物（肉类、蔬菜、水果）或宠物（或任何形式的牲畜）。然后环保官员再决定这些物品是否会给本国的农业和野生动物带来威胁。即使是盒装午餐中吃了一半的苹果，也必须集中于

专门的违禁箱进行处理。嗅探犬在到达和过境大厅巡逻，相较非法毒品而言，更容易寻找到未申报的食品。

气候变化

　　动物有一种分散、迁往新的区域并扩大其地理范围的自然倾向。按说这样的扩张速度慢，并受天气和气候等复杂因素所限。天气和气候等因素允许或阻挠动物们完成其生命周期（及其捕食者的生命周期）、成功越冬、适宜栖息地和作为食物的植物的情况。气候变化可能会带来破除这些限制的威胁，消除了以前制约某些物种迁移的温度、降雨、寒冷、潮湿或洪水等障碍。

　　许多上述威胁仍然含糊不清、无法量化，但这并不妨碍科学家们对可能发生情况的关注。除了担心降雨模式变化将使得发达国家许多地区荒凉和不发达国家不适宜居住，还担心气候改变栖息地将使许多害虫迁徙。除了来自全球的害虫更容易入侵，气候变化可能带来的后果包括破坏自然害虫防治，从而使相对无害的滋扰成为大型虫害及丧失一些自然事件的同步性，如开花和常规授粉行为的出现。丧失原来寒冷所拥有的调控能力，如大黄蜂无法向北迁移越过山脉屏障，以及疟疾（和其他昆虫传播疾病）回归到欧洲和北美。

理查德·A.琼斯（Richard A. JONES）
英国皇家昆虫学会

参见：农业（几篇文章）；食品（几篇文章）；蜜蜂；昆虫的益处；有害生物综合管理。

拓展阅读

Berenbaum, May R. (1995). *Bugs in the system: Insects and their impact on human affairs*. Cambridge, MA: Helix Books.

Chang, Franklin. (1982, September 15). Insects, poisons, and medicine: The other one percent. Proceedings from Presidential Address, presented at the December, 1979 meeting of the Hawaiian Entomological Society. *Hawaiian Entomological Society,* 24 (1), 69–74. Retrieved January 3, 2011, from https: // scholarspace. manoa. hawaii. edu/bitstream/10125/11139/1/24_69–74. pdf.

Entomological Society of America (ESA). (2011). Homepage. Retrieved January 3, 2011, from http: //www. entsoc. org/home.

Horowitz, A. Rami, & Ishaaya, Isaac. (Eds.). (2010). *Insect pest management: Field and protected crops*. New York: Springer.

Jones, Richard A. (2010). *Extreme insects*. London: Harper Collins.

Lehane, Michael J. (2005). *The biology of blood-sucking in insects* (2nd ed.). New York: Cambridge University Press.

Morse, Roger A., & Flottum, Kim. (Eds.). (1998). *Honey bee pests, predators and diseases* (3rd ed.). Medina,

OH: A. I. Root.

Naumann, I. D., et al. (Eds.). (1991). *The insects of Australia: A textbook for students and research workers* (2nd ed., Vols. 1 & 2). Carlton, Australia: Melbourne University Press, CSIRO, Division of Entomology.

United States Environmental Protection Agency (EPA). (2009). Pesticides and public health. Retrieved January 3, 2011, from http: //www. epa. gov/history/publications/formative6. htm.

World Resources Institute. (1998, May). Climate change will affect plant pests and diseases in the same way it affects infectious disease agents. *In World resources 1998–1999: Environmental change and human health* (Chap. 2). Retrieved January 3, 2011, from http: //www. wri. org/publication/content/8486.

World Health Organization (WHO). (2011). Homepage. Retrieved January 3, 2011, from http: //www. who. int/en/.

Iron Ore

铁矿石

　　铁矿石是钢铁的主要原料，铁对于现代的基础设施和技术而言是非常关键的一种金属。铁资源很丰富，但只有含量高、规模大的铁矿才具有开采价值。钢铁生产的可持续发展需要关注物流运输、开采和运输的能源选择、负责任的土地和水资源管理等领域。

　　铁矿石是用来生产钢铁的原生矿物，而钢铁在基础设施、技术、材料消耗、经济发展、社会进步方面都是至关重要的。人均钢材消耗量是用来衡量经济发展水平的一个常用指标，也间接地反映了一个国家或地区的发展现状。因此，铁矿石、钢铁及相关的环境问题对认识和评价自然资源的可持续利用非常关键。

铁矿资源和生产

　　铁（Fe）在地壳中的含量相对比较丰富，存在于多种矿物中。但只有少数种类对钢铁生产具有开采价值，其中赤铁矿（Fe_2O_3）、针铁矿［$FeO(OH)$］、磁铁矿（Fe_3O_4）是最主要的3

种铁矿石。一些地区也有用黄铁矿（FeS_2）进行小规模生产的。具有开采价值的铁矿中，铁的含量通常为40%～60%。

　　根据不同的经济假设，可采铁矿资源的估算值差距巨大（最近的估算值请见USGS 2011），其中的关键因素包括矿物类别（特别是赤铁矿与磁铁矿之比）、矿石等级（含铁百分比）、有害杂质、总储量的规模、基础设施及环境问题。澳大利亚、巴西和俄罗斯拥有的铁矿资源最多。乌克兰、中国、南非和美国的铁矿资源也很丰富。全球铁储量估计至少在870亿吨。还有一些已探明的储量，其开采价值还不能确定。由于亚洲，尤其是中国的需求强劲，近年来铁矿勘探急剧增加，导致了世界许多国家（尤其是澳大利亚、印度、巴西）的铁矿经济储量上升。

　　典型的铁矿矿山都基于大型矿床，采用露天开采法。全球4个最大的铁矿石生产国分别是中国、澳大利亚、巴西和印度，合计超过全世界年度总产量的80%。虽然中国的铁矿产量为澳大利亚和巴西的2倍，但是其矿石品级低，因而中国愈加希望进口高品级铁矿石以维持其钢铁生产，满足其需求。在出口方面，澳大利亚和巴西在铁矿石海洋贸易中占据了主导地位，尤其是出口到日本、中国和韩国的大型钢厂。2010年全球的铁矿石产量约为24亿吨。

由于铁矿石的开采和加工技术相对简单，因此其主要挑战是物流运输，尤其是长距离的铁路和沿海港口运输。这些交通设施通常有利于大型矿山的长久运营（如澳大利亚西部的皮尔巴拉地区或者在巴西的卡拉加斯），这可使其维持较低的单位生产成本。另一个主要问题是磁铁矿的品级通常较低，需要进行大量的加工处理以形成铁矿球团，因而人们偏向于直接进行海运或直接利用赤铁矿。

可持续发展问题

在21世纪，许多错综复杂的问题都会影响到铁矿石资源的可持续利用。首先，开矿和运输目前还需要化石能源来驱动铲车、卡车和火车。由于人们日益担忧所谓"石油峰值"（即全球石油生产的限度）的临近，因此迫切需要考虑长期的替代能源，如生物柴油或电力能源。其次，采矿层越来越深、运输距离越来越长，加工环节增多，还需要处理杂质，铁矿石生产过程中的碳排放强度面临上升的压力。与全球温室气体减排和防止气候变暖的趋势相适应，针对铁矿石生产过程中温室气体排放的审查将会日益增多。

防止采矿对水资源及周边土地的影响依然是一个持续的挑战。铁矿开采的占地规模

很大，会影响到当地的景观、地表水和地下水资源。在澳大利亚、巴西、印度以及非洲的新建项目中，几乎所有的铁矿山都地处热带地区。因为洪水和污染的风险，在这些地区水治理成为人们关注的焦点。

典型的原矿中铁含量为40%～60%，加工后的精矿中铁含量可提高至60%～65%。即便如此，多数情况下铁矿需要进一步精炼，才可冶炼成钢。这些铁矿石中只有一小部分会成为矿渣（小于20%）。然而利用低等级的磁铁矿，每生产1吨铁矿球团就会产生1吨的矿渣。不管哪种情况，每年因铁矿石的大量开采和加工，在全球产生了巨量的矿渣。尾矿坝是处理矿渣的主要方法，然而在加拿大，一些铁矿山处理铁矿渣的方法是将其沉于湖中。

在铁矿石开采中，人们越来越认识到酸性矿山废水的风险。虽然具有开采价值的铁矿主要是氧化物或氢氧化物，然而铁矿石的外层可能包有黄铁矿（硫化铁）。当黄铁矿暴露在外，会与水和氧起反应形成硫酸，硫酸反过来溶解盐和重金属形成酸性矿山废水。例如，在澳大利亚西部的皮尔巴拉铁矿区，细粒页岩产生了严重的酸性矿山废水风险。细粒页岩是废弃的岩石，需要积极地规划、监测和管理（见Waters & O'Kane 2003）。尽管酸性矿山废水的风险仅存在于特定的矿区，但是它一旦发生，影响范围甚广，切不可掉以轻心。

目前，人们对铁矿行业的经济效益流存着很大的争议，尤其是在现有的矿石出产国（如澳大利亚），同样也存在于非洲新兴的铁矿生产国。争议的主题包括经济利益共享、税率以及将部分经济效益流存入银行，形成主权财富基金以建立金融资本的可能性。这些都是

国家经济可持续发展的关键。

在发达国家中，钢铁回收已经成为铁资源可持续利用的长期发展趋势。现在大多数的钢是将回收的钢铁置于炼钢电弧炉（Electric Arc Furnace，EAF）进行处理加工而来的（见世界钢铁协会 2007）。利用电弧炉技术，钢铁生产的碳排放强度已经很低了。回收钢铁还缓解了铁矿石持续供应的压力，两者均有利于铁矿资源的可持续利用。

在未来几十年内全球铁矿开采业都不会有问题。因为现有的矿石储量和矿产资源的数量巨大，并且还在不断增长。然而，一些直接的和中期的问题将对铁矿业领域产生影响，如石油峰值和能源安全、温室气体排放和气候变化政策、经济和税收政策以及水资源管理所面临的挑战等。

加文·M. 马德（Gavin M. MUDD）
莫纳什大学

参见：铝；铬；钶钽铁矿；铜；电子产品的原材料；黄金；重金属；铁矿石；铅；锂；矿产资源稀缺性；采矿业——金属矿床开采；镍；铂族元素；稀土元素；回收利用；银；钍；锡；钛；铀。

拓展阅读

International Institute for Environment and Development (IIED), & World Business Council for Sustainable Development (WBCSD). (2002). *Breaking new ground: Mining, minerals and sustainable devel- opment*. London: Earthscan Publications for IIED and WBSCSD.

Raymond, Robert. (1984). *Out of the fiery furnace: The impact of metals on the history of mankind*. Melbourne, Australia: Macmillan.

United States Geological Survey (USGS). (2011). Minerals commodity summaries 2011. Reston, VA: author. Retrieved September 29, 2011, from http: //minerals. usgs. gov/minerals/pubs/mcs/

Waters, P., & O'Kane, Michael. (2003). Mining and storage of reactive shale at BHP Billiton's Mt. Whaleback Mine. Proceedings of the Sixth International Conference on Acid Rock Drainage (6th ICARD), T. Farrell & G. Taylor (Eds.), Australasian Institute of Mining & Metallurgy (pp. 155–161). Cairns, Queensland, Australia.

World Steel Association. (2007). Steel statistical yearbook 2007. International Iron & Steel Institute (IISI) Committee on Economic Studies, World Steel Association (WSA). Brussels: author.

Yellishetty, Mohan; Mudd, Gavin M. ; & Ranjith, P. G. (2011). The steel industry, abiotic resource depletion and life cycle assessment: A real or perceived issue? *Journal of Cleaner Production, 19* (1), 78–91.

L

Lead

铅

铅矿开采是世界最古老的采矿业之一，可以追溯到几千年前。到20世纪中期时，铅已广泛用于电池、油漆、汽油添加剂、化学品、金属合金以及其他许多物品中。然而，到了20世纪后期，人们认识到铅是一种很难处理的污染物，它破坏环境、危害公众健康，因而将铅从油漆和汽油中去除，并发起了含铅电池的回收计划。

铅是一种重金属，它质地较软，外观银色，导电性能差，耐腐蚀。鉴于铅的这些特性，历史上铅在长达几个世纪的时间里被用于制造水管、硬币、家用器皿以及军事装备。车用铅酸蓄电池是铅的主要用途。铅也用于屏蔽辐射、化工（包括油漆）、弹药、电子产品（尤其是焊料）等方面。以前，铅用作汽油添加剂以提高发动机效率。

罗马帝国曾大规模地开采铅矿，特别是在西班牙南部里奥廷托地区，较小规模的开采则遍及整个欧洲。19世纪中期以来，世界铅产量稳步增长，只在第一次和第二次世界大战期间有短暂的中断。从1950年开始，随着战后工业化的大力发展，铅产量迅速增加。然而到19世纪70年代，人们清楚地认识到了铅的毒性，尤其是汽车尾气对城市人口的慢性毒害，以及毗邻铅矿矿山或冶炼厂的居民受到的更为严重的伤害。到21世纪，中国铅矿的大规模扩张导致了全球铅产量的再次上升。

经济地质学和生产

铅通常存在于硬质硫化物矿床中（如方铅矿），常常与锌（Zn）和银（Ag）同时出现，偶尔也出现在多金属的铅–锌–铜–银–金矿床。这些矿床遍布世界各地。中国、澳大利亚、美国、加拿大、墨西哥和秘鲁是主要的出产国。

铅矿的主要生产方式是地下开采，只有少量采用露天开采。随后是浮选，可将铅分离为高等级的精矿用于冶炼，其中往往含有比较丰富的银。精铅矿冶炼会排放出大量的二氧化硫，以及富含铅、镉和锌等重金属的颗粒物。普通品级铅矿的含铅量为1%～10%，而铅精矿的含铅量约为50%。

目前中国在全球的铅生产中占据主导地位，其产量在1973年时达到高峰，约370万吨，1993年时降到270万吨，2009年时又上升到390万吨的新高。虽然发现了新的铅矿（如澳大利亚的坎宁顿），但是并不清楚现有铅矿资源在何种程度上可以继续满足对铅的需求。这表明需要加强对资源的估算和铅的回收利用，以促进铅的可持续利用。

因经常暴露于铅污染中而受到伤害，主要途径是空气污染。作为汽油添加剂，铅在城区的灰尘和土壤中逐渐积累。虽然自汽油中去除铅以后，铅的累积效应有所降低，但积累现象依然存在。儿童铅摄入与一系列发育和健康问题密切相关。

现在儿童直接接触的产品中已经不再使用铅。易于造成环境污染的一些应用中也不再使用铅。主要来自电池和金属合金的大量的铅现在也都进行了回收。

环境和公众健康问题

铅是一种有毒的重金属。其使用量日益增加，也越来越严重地影响到了工人和公众的健康，特别是在矿山及邻近矿山和冶炼厂的社区。铅会影响中枢神经系统、身体发育、认知发育及行为。对小孩尤其危险。罗马文字中的"铅"——*Plumbism*，就是因铅暴露而引发的各种问题的统称。

矿山和冶炼厂的工人和邻近社区的居民

加文·M. 马德（Gavin M. MUDD）
莫纳什大学

参见：铝；铬；钶钽铁矿；铜；电子产品的原材料；黄金；重金属；铁矿石；锂；矿产资源稀缺性；采矿业——金属矿床开采；镍；铂族金属；稀土元素；回收利用；锡；钛；铀。

拓展阅读

Mudd, Gavin M. (2009, August). Historical trends in base metal mining: Backcasting to understand the sustainability of mining. In *Proceedings of the 48th Annual Conference of Metallurgists* (pp. 273–284). Sudbury, Canada: Canadian Metallurgical Society.

Raymond, Robert. (1984). *Out of the fiery furnace: The impact of metals on the history of mankind.* University Park: Pennsylvania State University Press.

Taylor, Mark P. ; Mackay, Alana; Hudson-Edwards, Karen A. ; & Holz, Eric. (2010). Soil Cd, Cu, Pb and Zn contaminants around Mount Isa City, Queensland, Australia: Potential sources and risks to human health. *Applied Geochemistry, 25*, 841–855.

Lighting, Indoor

室内照明

室内照明是一个主要影响能源消耗和二氧化碳排放的因素。替代白炽灯的高效率能源技术已经有效地提高了照明效率，但是全球照明需求仍然保持一种不可持续的上升态势。为了转变对能源照明的依赖性，与关注技术效率提高一样，也必须关注人们的照明偏好和习惯。

光照对人类的生存至关重要。光使我们能够开展日常工作及改善我们的心情。照明条件对室内空间的质量及对使用它的人的生活状况影响很大。自然日光是维持我们生物钟及标示每天事件的一种重要方式（如黎明、中午和夜晚）。人造光能够把一个黑暗与郁闷的地方转变成一个令人兴奋的地方，而且对现代社会至关重要，可以使工作时间在日落之后得以延长。然而，使用人造光也引起了人们身体和视觉的不适，长期使用不利于人们的健康。

室内照明也是影响能源消耗和二氧化碳排放的重要因子。全球19%电量被用于电气照明（IEA 2006, 25）。在2008年，美国照明电量占了全国居民用电总量的15.4%（US EIA 2008）。国际能源署预言，如果不迅速采取行动，2030年全球照明消耗的能源将比2006年增加80%（IEA 2006, 26）。在发达国家，照明能源需求已有显著增加，如英国在1970年到2000年间需求量增加了63%（DTI 2002, 26）。像中国和印度这样快速发展的国家，随着人们对照明质量要求的提高及人口和建筑数量的迅速增加，会引发全球照明需求量显著增加。

在能源消耗方面，当今使用的许多照明技术被认为效率低下。在北美和欧洲的家庭中，白炽灯普遍使用，然而这种照明方式所消耗能量的90%以热量的形式散失。据估计，自20世纪90年代以来，通过引进高效的照明方式，比如折叠式日光灯（节能灯），累计节省了总照明用电量的8%（IEA 2006, 28）。在欧盟，最近通过法律禁止白炽灯的销售来提高成员国的照明效率，但是节能灯等替代技术的使用和发展仍有许多不确定性。例如，节能灯的使用寿命虽然比白炽灯长，但是其价格较高（通常是比白炽灯高3～4倍），而且许多家庭表示他们更喜欢白炽灯光的特点（Mills & Schleich 2010, 376）。

人造灯光的需求

相对来说，人类只是在近期才形成了对人工灯光的依赖。在电灯出现之前，许多光源主要是来自炉火，其次是煤油灯和蜡烛。在19世纪初期，煤气灯的出现使这种状况发生改变。煤气灯主要安装在工厂、商店及街道，使城市居民的夜生活成为可能。在19世纪后期，电气照明的发展进一步改变了城市景观，如百老汇不夜城耀眼的电动招牌就是一个典型例子（Nye 1990）。

电气照明的需求不是无缝衔接或者自主产生的。在1879年，当托马斯·爱迪生发明了电灯时，运行良好的天然气公司主导着家庭和办公场所的照明。当初许多美国人更喜欢煤气灯柔和的灯光而不是电灯的亮光，然而白炽灯通过改善固定位置和遮影赢得了消费者。最初，电器照明是少数富人的一种奢侈品，直到20世纪30年代，才在普通家庭中变得便宜和流行。这种新照明方式的显著优势是它为人们日常生活提供的灵活性，从而在历史上第一次实现了人们的工作时间可以是一整天，而不仅仅只局限于白天的时间。

电气照明的出现已经对社会产生了深刻影响。我们可以按照工作需求安排时间，而不需要按照太阳光照时间和亮度来进行工作。技术创新（如电灯）已经强有力地把地球变成了一个24小时的社会。许多人每天有90%以上的时间是待在室内，因而无论白天还是夜晚，人造灯光对人类产生的视觉舒适性变得非常重要。

室内照明标准

人类已经习惯了光照的强度和日照时间的不断变化，但是应用在建筑设计的标准照明只是一个狭小的优化范围。室外自然光照强度变化的范围很大，其在晴朗的白天高达到100 000勒克斯（一个标准光照强度是指在特定的区域内的光量），而在冬天阴冷的晚上则仅有几千勒克斯（Altomonte 2008, 7）。因此，在北美和欧洲地区，室外平均光照水平高于工作场所规定的标准，其典型光照强度为300～500勒克斯，且具体光照强度与活动类型有关（Altomonte 2008, 5）。

良好的照明不仅仅意味着提供一个适宜的灯光强度。灯光的颜色（根据一个光源白色阴影而对光谱的测量）能够提高人们的主观幸福感，然而现有的许多办公环境设计是为了建立中性及配备统一的室内照明装置。不良的照明环境是由很多因素引起的，例如，炫光和闪烁会导致人们精力不集中且易于产生疲劳。科学界的共识是，白天室内活动的健康光照受很多因素的影响，而不同于现有的照明标准和法规。

过度依赖人工照明也与日光不足和天气阴沉有关。关于在人造光下长期工作对健康的影响，已经引起了人们对于自然光线基本需求的争论。从历史的观点来看，日光的重要性已经在立法的层面显示出来了，比如罗马通过法律规定，确保公民拥有接触日光的权利；而波士顿和纽约在20世纪初实行的制度里面,则提到禁止在城市的中心出现缺乏日照的街道峡谷(the dark street canyons)(Altomonte 2008, 3)。但是在今天很多的建筑物设计标准中,对工作场所的光照强度都没提及法律要求或者量化导则。

全球趋势和文化差异

除了直接的健康问题外,由于发电过程中释放大量二氧化碳,人工照明在电量消耗和环境损害中也有很大影响。当今灯光照明存在着大量的浪费,例如,在没有使用的空间也会亮灯,建筑物内经常使用漫射光源而不是定点提供所需灯光。一般建筑设计中,强化人造光使用而忽略自然光,使这一问题更加突出。但是,在世界各地,照明需求和相关习惯方式千差万别。最近的几项研究为不同国家或文化地区的照明习俗提供了详细资料,能够帮助我们了解这些社会的背景,从而实施可持续且高效的照明系统。

在世界上的一些地方,仍然主要靠太阳光来提供照明,或者靠蜡烛或其他燃料的燃烧来形成局部的光源。目前,全球约有16亿人没有使用电灯,而主要依靠煤油或柴油的燃烧照明。这些形式的照明仅占全球照明的1%,但是,二氧化碳的排放量却占全球照明排放总量的20%(IEA 2006, 25)。虽然全球照明总的趋势是使用电灯,但是这些照明技术在不同情形中的应用仍存在着明显的差异,因而也形成了不同的照明效率。一项跨文化的照明行为研究发现,挪威家庭的客厅中使用的灯泡数通常多于日本家庭(Wilhite et al. 1996)。在挪威,多光源照明(包括桌面、阅读和点形灯)被认为对产生一个舒适的心情非常重要;然而

在日本,天花板上的灯具和荧光灯被认为是保证空间灯光充足所必需的。另外,在日本,人们离开房间或者外出时关灯的频率较高。某些光质偏好和某些照明习惯的形成,明显受到地理和文化的影响,这一点将会影响到可持续的照明政策实施。

改变照明设备

最新的研究进展仍然聚焦在照明技术的开发,以便通过技术替代产生高的能源利用效率。在20世纪末,在家庭和商业应用方面,节能灯已经被越来越多的应用。与这一趋势相吻合,是基于发光二极管的照明技术已经出现。这些照明技术具有良好能源效率和更长的使用寿命,但是还没有达到其他照明技术的亮度和色彩品质。

尽管技术替代有可能显著降低照明的能源负荷,但是到目前为止收效甚微。据估计,节能荧光灯(CFLs)只占全球市场的4%和欧洲市场的6%(Mills & Schleich 2010, 364)。居民家中用荧光灯的数量要少于服务场所,且许多欧洲用户表示,他们仍旧喜欢白炽灯发出的令人感到温暖的黄色灯光。禁止使用白炽灯的监管措施可能会加快这种已经成熟技术的应用,但是要让人们转变原来的照明习惯,还需要其他的政策支持。

在世界上电气化发展缓慢或者稀少的地方,替代技术解决方案也在不断发展着。例如,在印度和中国偏远的农村,太阳能灯具被认为是一个高效节能的照明方法。由于具有照明质量较高、耐用度强及功能齐全等优势,这种替代品被认为拥有巨大的潜力,但在推广时仍然需要面对社会、经济和文化等方面

的障碍。

在建筑设计上，更有效的利用自然光，是政府部门减少照明能源政策的另一重要组成部分。在建筑物中，设定最低采光要求非常重要，但是采光标准在节省能源方面效果并不明显。增加窗口面积能够有助于减少照明耗能，但是太阳照射增加则会导致室温的增高，这将增加人工制冷所需的能量。在这种条件下，建筑管理条例需要制定一个将视觉舒适性与温度舒适性通盘考虑的办法，例如，利用遮阳方法来减少强光和热量。另外，如何改变无人房间内仍旧亮灯的习惯，也是一项重大挑战。在这一方面，新的立法规定，要求使用自控技术关闭无人房间照明，且作为高效建筑设计的一个重要组成部分。

其他研究表明，如果他们不能解决文化偏好问题或者改变照明习惯，那么解决全球照明能源危机的技术方案将受到限制。除了改变建筑照明标准和管理之外，通过改变居住者活动的方式，以此来更好利用每天或者季节的自然光照变化，也能够更好地节省能源。更重要的是，为了更好解释高效能源在节约能源方面所具有的潜力，有必要提高我们对人类不同形式照明偏好的认识。用荧光灯代替白炽灯，是降低家庭用电量的一个快速而有效的方式，但是从人文学角度上去了解人们的开关灯习惯、了解这种习惯如何收到视觉感官上的舒适度影响，都是至关重要的。关于照明文化，争论的另外一个层面是设立照明标准，以改变关于照明品质那些不可行的想法。例如在中国，目前实施的办公室光照强度标准为100～200勒克斯，但是有迹象表明，正在采纳西方的300勒克斯或更高的标准。

启迪未来？

当前室内照明政策的重点是在不增加能量消耗的前提下，鼓励使用更有效的照明技术来提供相同或者更高水平的照明服务。为了改变人类对能源的依赖和不健康的用灯习惯，除了提高技术水平，另一重要的影响因素是重新考虑基于自然变化的夜晚和白天的作息制度。

希瑟·查皮尔斯（Heather CHAPPELLS）
圣玛利亚大学

参见：产品和工业设计；制冷与供暖；太阳能。

拓展阅读

Altomonte, Sergio. (2008). Daylight for energy savings and psychophysiological well-being in sustainable built environments. *Journal of Sustainable Development*, 1(3), 3–16.

Baker, Nick; Fanchiotti, A. ; & Steemers, Koen. (Eds.). (1993). *Daylighting in architecture: A European reference book*. London: Earthscan.

Bowers, Brian. (1998). *Lengthening the day: A history of lighting technology*. Oxford, UK: Oxford University Press.

Crosbie, Tracey, & Guy, Simon. (2008). En-lightening energy use: The co-evolution of household lighting practices. *International Journal of Environmental Technology and Management,* 9(2–3), 220–235.

Department of Trade and Industry (DTI). (2002). *Energy consumption in the United Kingdom.* London: DTI.

International Energy Agency (IEA). (2006). *Lights labour's lost: Policies for energy-efficient lighting.* Paris: OECD.

Mills, Bradford F., & Schleich, Joachim. (2010). Why don't households see the light? Explaining the diffusion of compact fluorescent lights. *Resource and Energy Economics*, 32, 363–378.

Nye, David. (1990). *Electrifying America: Social meanings of a new technology, 1880–1940.* Cambridge, MA: MIT Press.

US Energy Information Administration (US EIA). (2008). Residential energy consumption survey. Retrieved October 1, 2010, from http: // www. eia. doe. gov/ask/electricity_faqs. asp#electricity_lighting.

Wilhite, Harold; Nakagami, Hidetoshi; Masuda, Takashi; Yamaga, Yukiko; & Haneda, Hiroshi. (1996). A cross-cultural analysis of household energy use behaviour in Japan and Norway. *Energy Policy,* 24(9), 795–803.

Lithium

锂

锂是最轻的金属元素，它在制造业与化学方面有着多种用途。也许它最吸引人的潜在用途是驱动混合动力或电动汽车。为了满足这种预期需求去创造一个低排放的未来，锂矿的开采量正在增加，新的锂来源也已经被发现。采用适当的提取技术，锂可以从硬岩矿床或者卤水中被提炼出来。

锂作为最轻的金属元素已经被广泛地应用在玻璃和陶瓷制造领域，同时它被更多地用于制造电子产品和电动汽车的电池。锂的次要应用领域主要包括塑料、胶片的冲印、空调系统、铝的精炼以及制药方面（主要是精神类药物）。锂矿开采正在稳步增长，如果世界范围内的汽车制造都转向混合动力或纯电力技术，那么预计锂开采将会飞速发展。锂已经被发现广泛地蕴藏于硬岩矿床和卤水中。

锂产品的经济地质学

锂（Lithium, Li）广泛存在于多种矿物中，最重要的是锂辉石、透锂长石、锂磷铝石、锂云母、锂霞石、贾达尔石和锂蒙脱石。此外，卤水中也有丰富的锂，如盐湖、地热流体、油田卤水。历史上，在20世纪80年代之前，锂生产的规模相对较小，全球的锂需求主要由少数几个矿的生产来满足，主要是硬岩矿。到2010年，卤水已经成为锂的主要来源。2010年世界锂年产量已经达到约25 000吨（Mohr et al. 2010；USGS 2011）。

对于硬岩矿，主要的经济矿石是锂辉石，它是呈现绿色的硅酸铝锂（$LiAlSi_2O_6$）。典型矿石的氧化锂（LiO_2）含量达到1%～3%或锂含量达到0.5%～1.5%，开采方式以露天开采或地下挖掘为主。矿石中氧化锂含量被富集到5%后可以直接被用于玻璃或陶瓷工业的生产中。从1982年开始开采的西澳大利亚的格林布什矿（Greenbushes）是世界上最大的锂辉石矿，它几乎供应了世界四分之一的锂需求，并一直是世界储量最大的锂矿之一。锂辉石也可以被转化成碳酸锂后用于电池制造业，但是这个工艺成本居高不下。

富含锂的卤水在全球分布广泛，尤其是

在南美洲高大的安第斯山脉、中国以及美国的西部。不同机构对于来自卤水的锂资源储量的估计相差甚远，这种差异引发了关于这部分锂资源能在多大程度上支持未来电动汽车发展之争议。从卤水中分离锂的工艺主要包含以下流程：从盐湖（在南美被称为"盐沼"）中抽取卤水，蒸发以及化学处理，最终获得可用于锂电池的碳酸锂。影响卤水资源可利用程度和锂的提取能力的关键因素包括：锂的含量（如盐水浓度）、溶解的镁离子与锂离子比例、孔隙率、流体密度、盐水深度和蒸发率。

未来

已经爆发的重大争议集中在有赖于锂资源来促进电动交通工具的发展以及创造低排放未来的经济可行性。基于对盐水资源存量的假设不同，人们估计锂的可利用量最低值为1 000万吨，最高值则超过5 000万吨。如果未来电动交通工具时代真的到来了，那么人类对于锂的需求将以惊人的速度增长。这种预期已经驱使人们对新的硬岩矿和卤水资源进行勘探并已有所发现，例如位于塞尔维亚的新雅达河硼锂矿（新型矿石雅达尔石的首次发现地）。相较于金和铜，全球锂矿业都相对年轻，因此锂矿的未来将非常乐观。目前，锂还没有被广泛地回收利用，但随着电池使用可预期的增长，人们需要更加系统化的锂再生来保证锂的持续供应。这与目前从铅酸电池中回收铅的做法一致。

盖文 M. 马德（Gavin M. MUDD）
莫纳什大学
史蒂夫 H. 莫尔（Steve H. MOHR）
悉尼技术大学

参见：铝；铬；钶钽铁矿；铜；电子产品的原材料；黄金；重金属；铁矿石；铅；矿产资源稀缺性；采矿业——金属矿床开采；镍；铂类元素；稀土元素；回收利用；银；钍；锡；钛；铀。

拓展阅读

Garrett, Donald E. (2004). *Handbook of lithium and natural calcium chloride: Their deposits, processing, uses and properties.* Amsterdam: Elsevier Academic Press.

Hope, David. (22 March, 2011). Hybrid cars & lithium batteries an economic push in S. America. *Online Journal.* Retrieved August 31, 2011, from http: //onlinejournal. com/artman/publish/article_7226. shtml

Mohr, Steve H.; Mudd, Gavin M. ; & Giurco, Damien. (2010). *Lithium resources: A critical global assessment.* Prepared for CSIRO Minerals Down Under Flagship — Mineral Futures Collaboration Cluster by the Department of Civil Engineering (Monash University) and Institute for Sustainable Futures (University of Technology Sydney).

Local Food Movements

本地化食品运动

地方食品运动始于20世纪70年代,它是人们为了应对主流的农业与食品的工业化运作方式而开展的,后者通常涉及全球范围内的食品运输。与此相反,本地化食品运动旨在将自己社区或邻近社区的生产者和消费者更为直接地联系起来,推动小型家庭农场与可持续耕作方式的发展,带来更加健康和营养的食品。

在20世纪70年代和80年代,社会活动家和政策制定者们开始制定和执行一些项目,以期更直接地连接本地的食品生产者与消费者。这种新兴的运动促进了本地食品的生产和消费。一位作家把这个运动定义为"通过合作性的努力去构建更加本地化的、自力更生的食品经济。可持续的食品生产、加工、分销和消费等环节在其中被整合起来,以此促进特定地点的经济、环境和社会健康的发展"(Feenstra 2002, 100)。从这个定义来看,本地化食品运动着眼于在食品生产者、加工者和消费者间建立网络。运动的目标是建立和维持本地的经济价值,提高生物多样性和促进环境保护,也鼓励人们更多地获取健康和富有营养的食品。

地方食品运动源自应对结构性经济问题和全球化。它的理论基础可以追溯到20世纪70年代,当时一种理论认为小规模的、分散化的经济系统要优于相对应的大规模甚至全球化的经济系统。这种思想得到经济学家E. F.舒马赫(E. F. Schumacher 1973)的拥护,这体现在他的名为《小即是美:以人为本的经济学》的论文集中。20世纪70年代的能源危机和环境运动的出现激起了人们对于这种理论的兴趣,尤其是其中的自给自足和分散化两个方面。与此同时,在20世纪60年代到70年代的美国,人们发起了回归土地运动,引导城市居民回到乡村,产生了一个有志于进行有机农业生产的农民群体。另外,全球化的农业系统受到强烈的批评以及快餐飞速发展,这些因素都有助于激发民众对新的食品生产和消费方式的兴趣。

这个运动有着广泛的支持者,他们包括环保人士、健康和营养专家以及那些有志于繁荣农村和小镇的人。它的支持者们质疑主流农业—工业化食品体系的优点,认为该体系过于依赖机械化、能源密集和规模化的运作;它在全球范围内整合,经济上越来越高度集中化;它重视价格甚于质量;它只是生产了标准化和同质化的产品。他们批评农业—工业化食品体系对民众的健康、环境,对社会与经济福利都是有害的(Schlosser 2002)。

与之相对,本地化食品运动的目的在于促进小型家庭农场的发展,使用更可持续的耕作方式,生产更多健康和营养的食品,更直接地联系当地生产者和消费者,将经济价值留在当地,并为本地的从事食品的生产和加工的劳动者提供更好的工作和生活环境。本地化食品项目也促进了当地的食品生产、加工和消费,鼓励消费者购买本地的、传统的和季节性的食品。运动的支持者们声称,地方食品项目提高了生物多样性,对资源保护和再生做出了贡献。这是因为他们发展的小规模耕作极少使用那些在农业—工业化食品体系中普遍使用的、非可持续的耕作方式(如单一栽培),并且他们对"本地"和"区域性"的关注有助于促进农村与小镇的发展(Knox & Mayer 2009)。而且,本地化食品运动的支持者们还宣称,让消费者接触多样化的本地生产的食品可使得他们更希望从本地获取食品,这有助于较小农村地区的经济得到发展。

慢餐

慢餐运动是本地化食品理念的体现之一,它被构想为直接对抗全球化。在 1986 年,麦当劳宣布了一个令人吃惊的计划,他们将要在罗马城核心位置西班牙广场开一家快餐厅。震惊于这个消息,意大利记者和食品专栏撰稿人卡罗·佩特宁(Garlo Petrini)创立了慢餐运动。他采用这个名字就是为了体现那些迥异于快餐行业的品质:可持续的耕作;手工制作;新鲜、本地化和季节性的农业生产;经典传世的菜谱;与家人和朋友悠闲而愉快的用餐。慢餐运动在 1989 年发起,它的宣言是"重新找回本地食品烹饪的风味和特色,消除快餐带来的负面影响"(Slow Food 2010b)。慢餐的愿景是"抵御快餐和快节奏生活对人们的影响,拯救消失的本地烹饪传统,找回人们对食物的兴趣,让人们关注食物从哪里来、风味如何、并且思考我们对食物的选择如何影响到世界上的其他地方"(Slow Food 2010a)。慢餐运动触动了一些关键因素来保持当地经济的活力,尤其值得注意的是慢餐的本地特性,它的目的是维护本地行业的活力,这包括屠宰商、焙烤师、餐馆和农场。慢餐也强调各地在饮食方面的特色,包括传统招牌菜、传统食物,制作和培育红酒、奶酪、水果和蔬菜等农产品的传统方法,以及烹饪特色菜肴的传统方法。就在 2010 年,慢餐已经拥有分布在 100 多个国家的超过 10 万个会员。

本地化食品运动的案例

本地化食品运动的形式是多种多样的,他们在世界范围内有许多项目和计划。通常,这些活动可以被分为三类:① 旨在缩短食品链并使之本地化的项目和计划;② 提高当地食品品质的项目;③ 让更多的人受益于可承受价格的、健康且营养丰富的食物之活动。

缩短食品链

许多项目着眼于缩短食品链，为紧密联系生产者和消费者牵线搭桥。例如，定期举办的农贸集市可以将当地生产者与消费者聚集到一起，并为朋友和邻里社交提供了场所。在美国，农贸集市的数量由1994年的1 755个增加到2009年的5 274个（United states Repartment of Agriculture 2010）。这一增长反映了农贸集市的蓬勃发展，因为这些农贸集市给农民提供了直接销售产品的机会，也给消费者提供了获得新鲜的、季节性的农产品和食品之便利。另一个范例是通过社区支持型农业（Community Supported Agriculture，CSA）来联系地方食品生产者与消费者。通过社区支持型农业会员身份，消费者可以用预先付款的方式来支持农民，然后他们可以分享农民本年的收成。参与计划的消费者会定期收到农产品并体验到季节性的农业生产，通常每周会收到一次。在这个模式下，消费者和农民共同承担了风险，因为他们提前支付了一年的钱，但是并不能保证全年都能获得稳定的供应。天气因素和收成的波动都可能导致每周农产品供应的变化。农贸集市和社区支持型农业通常因为缺乏规模和充分保障小型农场未来可持续发展的能力而饱受批评。为了解决这个问题，本地化食品活动家已经开始开发公共机构食品采购项目，建议规模较大单位（如学校、大学、酒店、公司等）的食堂来采购本地食品。在美国，公共机构食品采购方式主要依赖于农业-工业化系统，对食品需求量大而且稳定。本地化食品活动家们看到了将这些需求引入本地的巨大潜在可能性。例如，在俄勒冈州，由非营利组织生态信托（Ecotrust）推动的"从农场到学校"项目已经成功地推动了区域性的食品供应（Ecotrust 2010）。这些项目通常都含有教育成分，帮助学生们了解本地的季节性的食品好处在哪里。食品活动家的积极游说已经促成俄勒冈州农业与教育部设立新的职位，专门关注学校食品采购方面的问题，以及食品、农业和园艺方面的教育。其他活动旨在缩短食品链，包括推动社区食品企业和本地农业合作社的发展。弗吉尼亚的阿巴拉契亚农业网络已经帮助以前的烟草种植户让他们的农场过渡到种植有机水果和蔬菜（Wallace Center 2009）。这个网络机构和州内的大型超市谈判，后者现在正在出售有机食品。这个例子显示了经济上是如何从本地化食品运动中获利，促进新型食品生产和推动更加可持续的生产技术。

强化地方食品品质

本地化食品运动的另一个目标是提升地方食品的质量。其理念是通过强化产品特有的原产地性、历史传承和高品质来推广地方食品。在欧洲，这些努力获得了官方机构的巨大关注，1992年，欧盟颁布条例来保护原产地标志。截至2007年，欧盟已经认证了超过750种产地标志产品，这些产品包括像来自意大利索伦托的柠檬、德国德累斯顿的传统圣诞蛋糕、瑞士瓦莱地区的黑麦面包。慢餐基金会的美味方舟项目列出了那些有可能消失的食品品种。运动通过在超市里推广这些食品来培养消费者对于这些食品的需求。他们的理念是吸引人们对特定产地供应的独特食品的关注和需求。

获取地方产品

本地化食品运动也解决一些市场失灵问题，例如在有些社区，美味、健康和营养的食品供应不足。相应的行动包括调查和确定那些被称为"食品沙漠"，换句话说即健康且价格可承受食品供应不足的区域。这类行动中的例子包括政府努力引导超市在那些缺乏食品服务的地方开店。在很多城市和小镇，比如纽约市，政府与小的食品店（便利店、杂货店等）合作，提高他们的供应水平。另外，政府政策制定者正在改善与食品运输有关的交通运输条件，并根据社区或规划区域的食品相关基础设施条件来重新考虑土地使用规划和选址。项目通常也包含劳动力开发和提升都市农业等目标。一个非常有趣的范例是来自弗吉尼亚的林奇堡市，一个叫林奇堡种植（Lynchburg Grows）的非营利机构，在紧靠近市中心的地方将一个老玫瑰园改建为都市农场。这个农场现在可以为市区的市场供应食品，同时也为本地年轻人提供了劳动力开发和食品培训。

对本地化食品运动的批评

地方食品运动并没有少受到批评，三个突出的争论已经被激起。首先，运动如何来定义一些术语并不十分明确，例如"本地"、"区域性"和"正宗"。关于食品来源和消费的地理界限，没有被广泛接受的定义。有时候，"本地"是指一个完整的州（例如，在爱荷华州，地方食品积极分子组织一个食品集会就声称以爱荷华州产的为"地方特色"），但是"本地"也可能指一个大的地理区域，如西北太平洋的三文鱼产区，或者指一个小镇，如称作为维奥利诺的特制腌肉则来自意大利北部小镇基亚文纳。同样地，声称地方食品等同于正宗食品也受到了批评。因为这个概念似乎认为古老工艺和产品胜过新的、更现代的方法和产品，过于强调食品狭隘的地域属性（Pratt 2007；Feagan 2007）。

其次，本地化食品运动的批评者（他们同时也批评有机食品运动）指出，本地化的、有机的食品要比农业—工业化体系生产出来的产品贵很多，结果导致本地化或有机食品项目看起来通常是为了那些精英美食家定制的。地方食品成本更高是由于它无法利用规模经济，而基本都是在小农场生产。但是反过来，本地化食品运动方面提出，农业—工业化食品体系一些成本并没有计算到食品的真实价格中，例如，全球化的运输成本通常被政府补贴所掩盖。进一步说，主流食品体系所造成的环境退化和健康问题的长期成本也没有被计算。这些问题使地方性食品（有时也称为有机食品）的价格很难和与之相对应的工业化生产食品的价格进行直接比较。

另一些争论质疑本地化食品项目能否有效地满足大规模消费和全球食品需要。批评者质疑销售单一食品种类项目的可行性，例如慢餐运动开发的一些项目。他们认为，只关注于单个产品的运作方式创出"拼凑的特色"，并不关注地方食品系统的复杂本性（Pratt 2007, 292）。另外一些人质疑此类运动能否形成规模市场。他们质疑农贸集市、社区支持型农业、食品消费合作社和类似的组织不能全面地满足社会对食物产品的需求，相反，仅仅为少数农民和消费者提供一点量身定制的机会而已。但这个问题并非不能解决，例如，机构性的采购项目可以带动这些运动发展到相应的规模。这些单位保证了一个稳定与持续的需求，也许非常有希望与当地的农民建立一个长期的供求关系。

本地化食品运动与可持续性

尽管受到批评，本地化食品运动仍然为迈向更加可持续的未来做出了重要的贡献。那些重新连接地方生产者和消费者的努力可以对农村地区和小镇的经济产生深远的影响。此外，发展更加可持续的农耕技术也为大幅改善自然环境提供了保证。最后，尽力确保人们都能得到价格可承受的健康的食物也体现了公平性。因此，本地化食品运动以一种全方位的途径推动经济、环境和社会的可持续性。

海克·迈尔（Heike MAYER）
伯尔尼大学

参见：农业（几篇文章）；食品（几篇文章）；绿色革命；自然资源经济学。

拓展阅读

Ecotrust. (2010). Farm to school. Retrieved June 8, 2010, from http: //www. ecotrust. org/farmtoschool/.

Feagan, R. (2007). The place of food: Mapping out the "local" in local food systems. *Progress in Human Geography,* 31 (1), 23–42.

Feenstra, Gail. (2002). Creating spaces for sustainable food systems: Lessons from the field. *Agriculture and Human Values*, 19, 99–106.

Knox, Paul L. & Mayer, Heike. (2009). *Small town sustainability: Economic, social, and environmental innovation.* Basel, Switzerland: Birkhauser.

Pratt, J. (2007). Food values: The local and the authentic. *Critique of Anthropology, 27* (3), 285–300.

Schlosser, Eric. (2002). *Fast food nation: The dark side of the all-American meal.* New York: Houghton Mifflin.

Schumacher, E. F. (1973). *Small is beautiful: A study of economics as if people mattered.* London: Blond and Briggs.

Slow Food. (2010a). Homepage. Retrieved June 8, 2010, from http: //www. slowfood. com/.

Slow Food. (2010b). The Slow Food manifesto. Retrieved June 8,2010, from http: //www. slowfood. com/ about_us/eng/manifesto. lasso.

United States Department of Agriculture. (2010). Farmers market growth: 1994–2009. Retrieved June 8, 2010, from http: //www. ams. usda. gov/AMSv1. 0/ams. fetchTemplateData. do?template=TemplateS&navID= WholesaleandFarmersMarkets&leftNav=WholesaleandFarmersMarkets&page=WFMFarmersMarketGrowt h&description=Farmers%20Market%20Growth&acct=frmrdirmkt.

Wallace Center. (2009). *Community food enterprise: Local success in a global marketplace.* Retrieved December 28, 2010, from http: //www. wallacecenter. org/our-work/Resource-Library/overviewsheets/CFE_ Overview. pdf.

Malnutrition

营养失调

目前,世界人口接近68.9亿,其中超过一半遭受了营养失调的折磨,主要原因是由于耕地与水资源短缺情况持续增加和化肥使用量持续减少,所导致的人均粮食产品下降。人口的快速增长(每年新增220万)和支撑农业与食品生产的自然资源持续性退化与消耗,正在威胁着人类生存与生活的质量。

与其他疾病对人类的影响相比,每年全球性营养失调导致了更多人的健康问题,造成更多的病患与死亡(Pimentel et al. 2007)。根据联合国粮农组织报道,2010年基于蛋白/卡路里营养失调的人数为9亿2千5百万人,而2009年是不到10亿2千万人,但是这种情况还是令人极为担忧(FAO 2010,低于预测值的最主要原因应是2010年亚洲经济改善)。

作为一个术语而言,营养失调一词有些令人混淆。根据联合国儿童基金会(the United Nations Children's Fund, UNICEF)的定义,在过去,营养失调是被用于描述缺少营养的同义词;而现在,这个术语也指营养过剩或者肥胖(例如卡路里的过量摄入)。对于营养不良的人而言,主要是饮食不能提供足够的能量和蛋白来维持他们的生存和成长,或者他们因为疾病而不能完全利用他们摄入的食物(UNICEF 2010)。据《韦伯第三版新国际词典》,营养失调被定义为"不充足或不平衡的营养素摄入,或者他们的营养吸收与利用功能受损而导致的营养缺陷"。美国医学文献联机检索系统(Medline Plus)对营养失调的定义是,出现营养不能满足机体需要的状态。在本文中,营养不良主要关注的是营养缺乏。

营养失调的原因包括:不平衡或不足饮食、消化和吸收障碍、某些疾病。如果一个人没有足够食物,就可能出现营养失调,因为饥饿本身就是一种形式的营养失调。如果饮食中缺乏某种维生素,这也可以让人患上营养失调症。在一些情况下,营养失调非常轻微,机体不会出现任何症状。但有时候,它会非常严重,即使患者能够存活,却会给患者身体造成不可逆的损害。在世界范围内，营养失调仍将是一个重要问题，尤其在儿童中。造成营养失调的因素多种多样，且不局限于发展中国家，如饥荒、自然灾害、政治问题和战争等，都可以造成营养失调和饥饿的流行（Medline Plus 2011）。铁元素的缺乏是最严重的营养失调问题之一，全球超过20亿人因为在食物中铁元素的摄入不足而受到影响。高铁食物包含肉类、豆类、全谷类和一些绿色蔬菜，比如西兰花和菠菜。多数食物铁含量较低。由于它们本身对与自然资源的消耗和种植成本的原因，多数高铁食物都相对较贵。根据世界卫生组织的报告，每年因为缺铁会造成几百万人的死亡外，缺铁还影响青少年的智力发育（WHO 2000）。

世界卫生组织（2000）已经确认，碘营养不良将是缺铁元素之后又一个最重要的营养问题。仅仅2000年，全球就有7.4亿人受到缺碘的影响。根据世界卫生组织的调查，"缺碘（IDD）是导致胎儿和婴儿可预防性的大脑发育受损以及儿童智力发育低下最重要的单一因素"。呆小症、死胎和甲状腺肿大只是缺碘的极端后果，然而那些较轻和不明显的症状则更为广泛，"他们表现为轻微的智力受损，因而影响他们在学校的学习、智商的发育以及以后的工作能力"（WHO 2000）。排在碘元素之后的下一个最大营养失调问题，是5亿4千万营养不良的老人。儿童、成人和老人缺少一种营养素时，常常也会诱发其他营养素的缺乏。在2000年，有300万人维生素A营养不良，缺乏维生素A不仅影响发育，也可以使人致盲（WHO 2000）。

人口过剩与粮食供给

大卫·皮门特尔（David Pimentel）和玛西亚·H. 皮门特尔（Marcia H. Pimentel）的研究显示，地球上可利用自然资源和几十亿依赖这些资源生存的人口之间存在尖锐矛盾（Pimentel & Pimentel 2008）。人口过剩正在威胁着人类的生存，威胁着人们赖以生存的环境，包括食物的供给问题（Pimentel et al. 2009）。按照年1.2%的人口增长率，每年将有约820万新增人口加入到我们这颗拥有68.9亿人的星球（Population Reference Burea 2010）。随着人口快速增长，人类对自然资源进行过度的开采和使用，导致了包括食物、淡水、土地、能源和生物多样性等资源污染、退化和枯竭，对于像化石燃料这些支持人类生活的有限资源的影响尤其如此（Pimentel et al. 2009）。

粮食减产

需特别指出，人口增长在影响着耕地；在2008年前的10年间，世界范围人均耕地面积减少超过22%（Pimentel & Pimentel 2008）。从那时开始，人均耕地持续减少的原因可以归结于以下几方面：① 人口快速增长；② 肥沃的土地被用于建造房屋和公路；③ 水土流失；④ 土地盐碱化（降低肥力的灌溉措施引起了土地盐含量的增加）。每年由于水土流失和土地盐碱化造成耕地减少数量大约有2 000万公顷（Pimentel et al. 2009），人们正通过大量的砍伐森林来弥补耕地的减少。一个重要问题是，森林是大多数贫困人口重要的生活燃料来源。

农业生产需要大量的灌溉用水。例如，种植1公顷的玉米，在其约3个月的生长期需要超过650万升的水（Pimentel & Pimentel 2008）。水稻需要的水更多，约1 100万升水/

公顷。在世界的许多地区,农民必须使用大量的水来灌溉他们的土地。在世界范围内,约17%的耕地必须采用人工灌溉。这些耕地每年提供的粮食约占全球粮食产量的40%(FAO 2003)。全球用于农业灌溉的水量约占全部用水量的70%。在美国,15%的作物需要灌溉,其水量占全部用水的80%。全球人均灌溉耕地面积以每年约10%的速度减少,导致了世界粮食产量下降(Pimentel & Pimentel 2008)。另外,人口的增加、能源价格上涨和地下水的枯竭都是人均耕地面积减少的重要原因。

根据国际肥料工业协会的数据,世界粮食减产的另一个原因是在作物生产中化肥使用减少了。自1998年以来,人均化肥使用量减少了22%(IFA 2009)。价格过高是化肥减少使用的主要原因,特别是发展中国家的贫穷农户。

在20世纪40年代绿色革命时期,高产的杂交玉米和小麦品种被成功的培育,在此之前全球人均年谷物消费量约250千克(Earth Policy Institute 2009)。到1951年,人均年谷物消费量增加到255千克,而1960年这一数字达到了272千克;从1960年至1984年期间,人均谷物消费量继续增长。在此期间,人均谷物消费量的增长,很大程度上归结于绿色革命技术及其对粮食产量的影响。在发展中国家,绿色革命主要集中在提供必需的氮肥和杀虫剂来提高作物产量,例如水稻、小麦和玉米(谷类作物)。但是,从1984年开始,人均谷物产量和消费开始减少,一直持续到2008年,这其中最可能的原因是全球人口的增长。

谷物生产是一个可靠的粮食生产指标,因为全球80%的食物来自谷物以及世界上50%的耕地被用来种植谷物(Pimentel & Pimentel 2008)。因为世界人口快速的增长,耕地和水源的短缺,加上化肥使用减少,预计未来人均谷物产量将会继续降低(Pimentel et al. 2009)。

未来规划

因为人们对化石能源的利用,解释了那个一直延续到1984年的谷类粮食产量的持续增长。以此类推,未来100年化石燃料(包括石油、天然气与煤炭等)供应预期将会不断地减少,因此人均粮食产量也应该随之降低,饥饿和营养不良人数还会继续增加(Pimentel et al. 2009)。世界饥饿问题组织(WorldHunger.org)表示,贫穷、不公平的经济体系,冲突、气候变化和饥饿(导致工作能力丧失)都诱发营养不良(WHES 2011)。此外,1996年世界粮食首脑会议(World Food Summit)提出,到2015年将营养不良人口数量降低到1992年1/2的目标恐难以实现。国际粮食政策研究所(International Food Policy Institute)的一份基于气候变化的报告声称,由于气候变迁引起的气温升高,最终将会减低作物的正常产量,促进杂草生长与害虫大量繁殖,这些对全球农业来说都是巨大的负面影响,对发展中国家农业的冲击尤其如此。这将会在原有风险的基础上放大新的粮食安全问题(Nelson et al. 2009)。德国粮食政策专家乔西姆·冯·布劳恩(Joachim Von Braun 2009)发现,发展中国家的贫困人口将他们收入的50%～70%用于食品消费,当他们面对像2007年那样的世界经济低迷和全球粮食危机导致食品价格出现大幅波动时,他们将缺乏最基本的应对能力。在食品价格持续波动的环境下，依靠苦力获得收入的贫困人口无法保证正常的生活，因此，他们只有采用减少食物消费和能量的摄入，这将增加他们患营养不良的概率。

化石能源对于谷物和其他粮食作物的生产是极其重要的。当前，在现代农业–工业化粮食生产过程中，这些能源被用来生产化肥、农药以及农机的动力。在理论上，地球的最适人口载量约20亿，但截至2010年，地球上已经有了68.9亿居民（Population Reference Bureau 2010）。与此同时，世界上支持粮食生产的耕地、水源和肥料的分布并不均衡。无论如何，解决这一问题的唯一方法就是人口总量的减少和人口的重新分布，这两个方法都是可行的。到2010年为止，这些方法业已实施。美国就是一个人口持续进行重新分布的例子：那些在亚洲或欧洲国家经历了人口过度增长导致的贫穷、工作机会缺乏、社会政治与宗教迫害的人们不断地移民到美国。另一个非常值得关注的人口控制例子是中国的独生子女政策，在中国推行了30多年的这一政策减少了约4亿新生人口。中国计划无限期地继续推行这个政策，但是这个政策正在遭受国内的强烈反对（Olesen 2010）。

戴维·皮门特尔（David PIMENTEL）和
帕特里夏·J.萨科维兹（Patricia J. SATKIEWICZ）
康奈尔大学

本研究的部分资助来源于康奈尔荣誉退休教授协会给予的阿伯特·波德尔（Albert Podell）基金项目。对此，作者表示衷心的感谢。

参见：农业（几篇文章）；历史上的食品；食品安全；谷类作物；绿色革命；磷；水稻。

拓展阅读

Braun, J. Von. 2009. Financial meltdown and malnutrition. *UN Chronicle 46* (1/2): 4–5. UN Department of Public Information. Retrieved February 3, 2011, from http: //findarticles. com/p/articles/mi_m1309/is_1–2_46/ai_n42723708/.

Earth Policy Institute. (2009). *Grain indicator data.* Washington, DC: Earth Policy Institute.

Food and Agriculture Organization (FAO). (2003). Crop production and natural resource use. In Jelle Bruinsma, Jelle. (Ed.), *World agriculture: Towards 2015/2030. An FAO perspective.* London: Earthscan.

Food and Agriculture Organization (FAO). (2010). *State of world food insecurity 2010.* Rome: Food and Agriculture Organization. Retrieved December 28, 2010, from http: //www. fao. org/docrep/013/i1683e/i1683e. pdf.

International Fertilizer Industry Association (IFA). (2009). Statistics. Retrieved December 11, 2009, from http: //www. fertilizer. org/Home-Page/STATISTICS.

Medline Plus. 2011. Malnutrition [Defi nition]. Medline Plus. A Service of the U. S. National Library of

Medicine, Rockville Pike, Bethesda, MD and US Department of Health and Human Services. Retrieved February 3, 2011, from http: //www. nlm. nih. gov/medlineplus/ency/article/000404. htm#Defi nition.

Nelson, Gerald C., et al. (2009). Climate change: Impact on agriculture and costs of adaptation. *Food Policy Report*. International Food Policy Research Institute, Washington, D. C. Retrieved September 16, 2011, from http: //www. ifpri. org/sites/default/fi les/publications/pr21. pdf.

Olesen, Alexa. 2010. One-child policy in China will not be relaxed. *Christian Science Monitor*. September 28, 2010. Retrieved February 3, 2011, from http: //www. csmonitor. com/World/Latest-News-Wires/2010/0928/One-child-policy-in-China-will-not-be-relaxed.

Pimentel, David, et al. (2007). Ecology of increasing diseases: Population growth and environmental degradation. *Human Ecology, 35* (6), 653–668.

Pimentel, David, et al. (2009). *Limited energy, land, water, and hunger will control human population numbers worldwide. Human Ecology 38* (5), 599–611.

Pimentel, David, & Pimentel, Marcia H. (2008). *Food, energy and society* (3rd ed.). Boca Raton, FL: CRC Press (Taylor and Francis Group).

Population Reference Bureau. (2010). 2010 Population reference datasheet. Retrieved December 30, 2010, from http: //www. prb. org/pdf10/10wpds_eng. pdf.

United Nations Children's Fund (UNICEF). (2010). Malnutrition definition. Retrieved December 30, 2010, from http: //www. unicef. org/progressforchildren/2006n4/malnutritiondefi nition. html

World Health Organization (WHO). (2010). World health statistics. Retrieved December 28, 2010, from http: //www. who. int/whosis/whostat/EN_WHS10_Full. pdf.

World Hunger Education Service (WHES). (2011). 2011 World Hunger and Poverty Facts and Statistics. *World Hunger Notes*.

World Hunger Education Service. Washington, DC. Retrieved February 3, 2011, from http: //www. worldhunger. org/articles/Learn/world%20hunger%20facts%202002. htm.

Worldwatch Institute. (2009). *State of the world 2009: Into a warming world.* New York: W. W. Norton & Company, Inc.

Manganese

锰

　　锰作为一种化学元素存在于沉积矿床中,其主要分布在南非、巴西和乌克兰。它主要被用于生产钢材和铝合金产品。尽管锰产业也受到了2008年全球经济危机的重创,但是从2009年开始随着钢铁的健康增长,锰产业也开始恢复。

　　天然锰(Mn)存在于多种类型岩石和土壤中,当然在水、粮食、空气和土壤中也含有微量的锰元素(US EPA 2010,1)。锰是一种银白色的金属,可以与氧元素、硫元素和氯元素形成多种化合物。作为地壳中第12大常见元素,相较而言其储量丰富(Olsen, Lindstad & Tangstad 2007,11)。虽然储量丰富,但是从开采角度来看,300多种含锰矿物中只有差不多12种矿物具有开采价值(International Manganese Institute n.d.1)。化学过程形成的沉积矿是主要的商业锰矿石原料(International Manganese Institute n.d.21)。

　　2006年,全球锰储量为57亿吨,其中南非储量居第一位(约有40亿吨),其次为巴西(5.65亿吨),乌克兰居第3位(约5.2亿吨)(马蒂内斯和桑塔纳2007)。加蓬、澳大利亚、印度和中国锰储藏量为100兆吨到160兆吨范围,其余为其他国家所有(Mártires & Santana 2007,1)。从全球锰产量来看,第一是巴西(27.5%),随后是南非(16.9%),澳大利亚(11.5%)和加蓬(11.9%)。从1970年以后,美国就不再开采锰矿,锰矿石主要进口自加蓬、南非、澳大利亚和巴西,而锰钢(是一种锰和铁的合金)主要从南非和中国进口。

　　锰被发现存在于1万7千年前的颜料中(Olsen, Lindstad & Tangstad 2007,11)。斯巴达人将锰矿物用于铁制武器的制造,埃及和罗马人则将这些矿物用于玻璃制造(Olsen, Lindstad & Tangstad 2007,11)。现在,金属锰主要用途是铁合金和钢材的生产,这一部分使用量约占锰总用量的85%(Mártire & Santana 2007,2)。其他方面,锰化合物作为添加剂在化工产品和生活消费品使用。例如,二氧化锰常被用于制造蓄电池、烟花和火柴等(US EPA

2010,1）。氯化锰被用于动物饲料，而硫酸锰可以添加到肥料、胶合板和陶瓷中。

锰作为微量元素对人体健康非常重要，它存在于人体内，尤其是骨骼、肾脏、肝和胰腺（UMMC 2011，1）。然而，锰中毒或缺乏对身体健康造成的多方面影响也是显而易见的。一些研究表示，长期接触锰而导致的慢性中毒可以对身体造成不可逆的损伤（NIEHS 2011，1）。长期吸入锰或许会引起锰中毒，它可以表现为嗜睡、震颤和心理疾病症状，如焦虑、情绪不安和幻觉。其他报道的影响，还包括了呼吸综合征（如咳嗽和支气管炎），或者更严重，可直接发展成肺病。锰中毒还危害人的发育和生殖系统。在 1999 年，一个由美国国立环境卫生科学研究所资助的研究发现，长期接触锰的矿工和钢铁工人表现出平衡和精细运动协调能力变差的症状，甚至他们患上帕金森症的风险也比普通人更大。这些来自美国国立环境卫生研究所和美国环境保护署的发现，已经让美国联邦政府开始控制饮用水中的锰含量。

由于约85%的锰用于钢铁工业，所以市场对于锰矿的需求也在很大程度上依赖于钢铁产业的发展。2010年，锰市场随着钢铁市场的增长和世界经济从危机中恢复而实现扩张，结果是美国的锰使用量增长了约66%（Corathers 2011，101），5 个美国矿企计划增产，南非锰冶炼业务也预期相似地增长。其他国家的锰矿企业也将增产，以满足全球钢铁工业需求的增长。

丹尼尔·巴拉杰（Dianne BALRAJ）和

J. 安德鲁·格兰特（J. Andrew GRANT）

皇后大学

参见：铝；铬；钴；铜；电子产品的原材料；黄金；重金属；铁矿；铅；锂；矿产资源稀缺性；采矿业——金属矿床开采；镍；铂族元素；稀土元素；回收利用；银；钍；锡；钛；铀。

拓展阅读

Corathers, Lisa A. (2011, January). Manganese. Retrieved June 3,2011, from http: //minerals. usgs. gov/ minerals/pubs/commodity/manganese/mcs-2011-manga. pdf

Corathers, Lisa A. (2010, September). Manganese. Retrieved June 4,2011, from http: //minerals. usgs. gov/ minerals/pubs/commodity/manganese/myb1-2008-manga. pdf

International Manganese Institute. (n. d.). About Mn. Retrieved June 4, 2011, from http: //www. manganese. org/about_mn/introduction

Mártires, Raimundo Augusto Corrêa; & Santana, André Luiz. (2007). Manganese. Retrieved June 3, 2011, from http: //www. dnpm. gov. br/enportal/conteudo. asp?IDSecao=170&IDPagina=1093

Mining Review. (2011, May 17). SA manganese sector geared for large-scale expansion. Retrieved June 4, 2011, from http: //www. miningreview. com/node/19451

National Institute of Environmental and Health Sciences (NIEHS). (2011, June 1). Manganese and brain damage. Retrieved June 4,2011, from http: //www. niehs. nih. gov/health/impacts/manganese/index. cfm

Olsen, Sverre E. ; Lindstad, Tor; & Tangstad, Merete. (2007). *Production of manganese ferroalloys*. Trondheim, Norway: Tapir Academic Press.

University of Maryland Medical Center (UMMC). (2011). Manganese. Retrieved September 17, 2011, from http: //www. umm. edu/altmed/articles/manganese-000314. htm

United States Environmental Protection Agency (US EPA). (2010,February 17). Manganese compounds. Retrieved June 4, 2011, from http: //www. epa. gov/ttnatw01/hlthef/manganes. html

Manure, Animal

动物粪肥

动物粪肥简称畜肥，是一种古老和非常优质的肥料。它含有16种庄稼需要的重要营养成分，还可以用作燃料。然而，粪肥含有有害微生物，且通过厌氧发酵产生甲烷，众所周知，甲烷是一种可以强烈引起温室效应的气体。但是，在世界能源价格和对农产品需求都不断增加的今天，粪肥可能再次成为一种可再生与持续利用的资源。

动物粪肥包含了粪和尿，它们可以变成优质的肥料。动物粪被干燥以后，还可以用作燃料（其中，还有更加另类的应用，例如，伊利诺伊的一家动物园将驯鹿的干粪填充进珠宝内，印度的工匠用大象的干粪制作成时尚的纸品）。然而，不经处理的动物粪便会引发问题，因而我们需要花费金钱对其进行处理，否则把它们堆积起来、任其腐败就会散发臭味和污染水源。然而，在自然条件下，粪肥可以自己完成循环：植物吸收16种营养成分进行生长，动物采食植物，形成粪便；粪便经分解后，养分元素再回归土壤。由于家畜和植物在空间上被分隔开了，农民们破坏了这样的物质循环，尤其是现代农业，越来越多的粪肥不再回到田地。这一趋势会威胁到发展的可持续性吗？

农业上的价值

仅使用畜肥作为肥料，就可以完全满足高产作物的需求。农民使用合成肥料的原因之一，就是没有充足的畜肥来种庄稼。另外，有充足粪肥的农民也仍然添加化肥，其主要原因在于满足不同的土壤和特别的作物对个别营养成分的特殊需要，以此弥补此种成分在粪肥中相对的不足。

为农业生产而有效收集的畜肥包括尿和粪便，尿中含有大量的氮和钾，而粪便中则含有绝大部分的磷和其他必须营养成分。自古以来，收集动物粪便的方法包括给饲养的动物添加可以吸收粪便的垫料，或在草场上饲养、或在耕种前土地上放养动物。由于禽类的尿进入粪便，粪便呈现了半固态，且白色的尿附着在粪便表面,因此禽类粪更便易于收集,因而也使得禽粪尤其有肥料价值。相对于老方法,现代禽类饲养设施中增加了水泥地板,可以通过水冲的方法通过管道将粪便收集到储存罐或者化粪池中。

当粪便被收集储存后,分解微生物开始利用粪便,并且释放出含氮化合物的气体,其中最主要的成分是氨气。微生物会快速利用尿中成分,降解主要的含氮化合物、尿素,而氨的臭味释放到空气中。

对于粪肥来说,空气和水具有两面性。在空气存在情况下,属于有氧环境,它可以快速分解并且提高可供作物利用的营养成分,但是过度的敞开在空气中又会导致氮的流失。降水或流水都会冲刷裸露的粪便,淋失营养成分。然而,对于粪肥来说,水也有它有益的一面。因为氨可以溶解在水里,从而减少氨的挥发。在这些粪便氨中,仅有很少一部分能够被结合在湿润的土壤中。另一方面,当粪便被放置在土壤表面且干湿交替的环境下,或者将其施在干旱的土壤里,那么将有超过一半的氮会被挥发到空气中。

正确的方法是将粪肥与其他有机质混合在一起进行堆肥,这样就可以避免过多营养成分损失。合理的湿度既有利于粪肥的分解,又能避免水冲刷和淋失导致的营养成分流失。适当的氮含量将有助于粪肥的储存,其理想的碳氮比为30∶1。粪肥中的氮含量是这个比例的2～4倍,如果单独堆沤就会将多余的氮释放到空气中。因此,通过混合和分层的方法,将粪肥与适当比例的有机质（如落叶、稻草、作物秸秆甚至木屑）一起堆肥以降低氮含量,既可以加快分解速度又可减少

养分损失。

尽管粪肥是如此有用,但是,在现代农业中它并没有被普遍使用。它的作用被农场布局、粪便的特殊性和与其具有竞争性的化肥应用所改变。

历史上畜肥的使用

畜肥在农业上的使用早于公元纪年开始的年代。早在公元前2世纪和公元前3世纪的中国及公元前2世纪的罗马,记录者们已经详细描述粪肥的处理和使用方法。自此之后,在不同的文明中,畜肥的使用被逐步改进。

东亚农民通常混合粪肥与作物秸秆、或者在非耕种山坡收集的叶子和荒草一起进行堆沤。畜肥的主要来源是黄牛或者水牛的粪便。另外还有从农舍周围打扫的猪、鸭和鸡粪以及农产品残留物或副产品。

在西方,牛、绵羊和其他草食动物是主要家畜。从印度到北欧,农民在一个季节或者几年的牧场上交替种植着庄稼。畜群被圈在那些粪便容易被运走的地方过夜,或者移动羊圈被建在将要种植庄稼的地方。在冬天非常严寒的地方,家畜在畜棚过冬,然后留下厚厚的粪便与稻草或树叶的混合物,为来年春天的耕种提供了良好的肥料。

也不是所有的动物粪便都可以变成肥料。在树木稀少的地区,粪便是用作燃料的,如在南亚的部分农村地区,此外,作为冰岛历史遗存的一部分,那里的超市会出售用羊粪熏制的鱼和肉。

在整个非洲地区,历史上对粪肥在庄稼上的使用也并不一致。游牧民族不可能去收集动物粪便来种花种草。对于刀耕火种

的原始生产者，即使他们养牛也对粪便使用极少。有些地方则采用放牧耕种轮替的方法。

在绝大部分的美洲大陆，饲养的家畜，例如火鸡或本地鸭（番鸭）数量很少，更谈不上什么粪肥收集了。但安第斯山地区是个例外，那里有美洲驼羊和羊驼在耕地附近饲养，它们在夜晚会被关在圈内；另外，当地农户还饲养豚鼠。在西班牙的征服者到来之前，印加国组织粪便收集和使用。小岛四周的海鸟粪便也是他们重要的粪肥来源之一。

从秘鲁到德国和中国，在19世纪合成肥料使用之前，畜肥是最好的肥料。但是，从那之后，畜肥就开始为化肥让路了。

现代资源与问题

在1950年之前，化肥通常都是作为畜肥的补充而不是替代。然而，随着氮肥价格的下降和绿色革命推动的高产作物品种对高营养水平肥料的需求，化肥的使用开始急剧飙升。部分由于作物产量增加，家畜也增加，畜肥也随之增加，但是回到土地的部分却减少了。值得注意的是，在西欧和北美，农业的专业化是产生这种变化的因素之一。在畜牧饲料的绝大部分和全部需要进口之前，养殖业在持续地增长。结果，美国研究发现，在一个农场里动物产生的粪肥中60%的氮和65%的磷都超过了农场自身种植和草

场肥料所需（Kellogg et al. 2000）。

尽管一些农场可以将多余的畜肥卖给邻近的农场，但由于畜肥的体积大、肥分含量低，所以随着距离的延长而再利用成本也上升。例如，以氮含量计算，大部分的鲜畜肥含0.5%～1%，干的禽粪肥中约占5%，而在美国用量最大的化肥液氨中氮含量达到83%。

许多农场通过保持粪肥处于液态以减少处理费用，用罐车运输到最合适的距离后喷洒或倒入土壤。尽管有这些创新，但是在有粪肥可以利用的地方，它的使用量还是在下降。2006年，仅有5%的美国种植农场使用畜肥，尽管超过一半的农场同时也饲养家畜（MacDonald et al. 2009）。

本来是资源现在却变成了一个难题。如果畜肥超量施到耕地里，畜肥的养分会进入地表水或渗透到地下水。已经有一些例子显示，未经处理的畜肥污染了地下和地表水，从而破坏渔业养殖。幸运的是，人的水源供应和处理能力远超过家畜的密度。

尽管相对于人类粪便来说，家畜的粪便对人类健康威胁要小得多，但动物粪便中携带的微生物也可以引起人类的疾病。在卫生设施不完善的地方，农场工人就在这种危害之下进行工作生活。也有公众因生食畜肥栽培的蔬菜而导致疾病感染。通常来说，种植前堆肥和施肥到土壤的过程已经相当于无害化处理了，但是这一过程对有害物质的消除程度还是一个需要持续研究的课题。食品生产期间，动物粪便与病原的污染已经

引起了致死性疾病的爆发，例如，大肠杆菌对猪肉的污染、沙门氏菌对破损鸡蛋污染、多种微生物对奶制品的污染等。良好的环境卫生、巴氏杀菌处理和烹饪时煮熟，都能有效地杀死其中的致病菌和阻止疾病的发生。

使用畜粪来生产能源或许是一个很好的处理方式，如发电和生产沼气。正在进行的生物燃料研究包括了一个先导项目，即通过热和催化处理，将粪便转化为可燃气和液体燃油。无论通过何种方法，能源生产消耗了粪便的有机质，防止它们过多地进入土壤，但或多或少都保留了其作为肥料的营养成分，当然这点要取决于处理方法。

沼气生产是通过厌氧分解粪便和其他的有机质产生一种混合气体，含有2/3的甲烷（CH_4）和1/3的二氧化碳（CO_2）。这种气体含有少量氮和硫，但大部分肥料成分依然得以保留。沼液需要被稍加浓缩，来减少那些有机质残渣的体积和重量，然后用作肥料。因此生产沼气可以带来两种产品：一种是可燃气，另一种是肥料。然而，这个系统中，相对于能源产出来说，投入的成本却是非常高昂的。

直接燃烧干粪便虽然资金投入更少，但是氮和硫需要被排入烟囱。如果保留的话，灰烬中还有些养分，但是绝大部分的电厂都是将粪便与煤炭混合燃烧的。它们产生的灰分就无法用于农业了，因为其中含有有害的重金属。

就像化石燃料一样，粪便中的主要能量来自碳的燃烧，其排放威胁着气候。然而结果表明，不同来源的碳导致的结果并无什么差别。

粪肥与全球气候变化

粪肥在碳循环中扮演着重要角色。通过光合作用，植物利用空气中的二氧化碳形成含碳组织。动物采食植物和产生粪便，其非常迅速地分解后，又主要以二氧化碳的形式将碳又释放到空气中。虽然，这部分二氧化碳对大气的影响是微不足道的，但也有例外。

粪肥的长期使用，能够直接增加土壤里的有机质和促进植物根系生长，从而提高土壤碳含量。土壤是一个重要碳库，其碳储量远远超过了植被层。因此，粪肥的使用可以减少大气中的碳。当然，粪肥的使用也有另外一些问题。

被厌氧降解后，粪便释放的甲烷是一种非常强烈的温室气体。一旦释放到大气中，它可以被氧化为二氧化碳，但是这个过程非常缓慢。如果甲烷保持恒定的速度释放超过100年，那么它产生的温室效应是同样数量二氧化碳的25倍（Forster et al. 2007）。在不泄漏和充分燃烧时，沼气转化为无害二氧化碳。动物粪便在潮湿的环境下会自发产生甲烷，例如，将动物粪便储存在罐子里和施肥到稻田里后，就有大量的甲烷产生并释放出来。

粪便在土壤里分解时也可能会释放出一氧化二氮（N_2O），它是另一种半衰期更长的温室气体。当然，含有氮元素的化肥也会发生同样的情形。如果将肥料施到土壤几英寸深处，减少翻动和选择合适的作物，可以将N_2O的释放降低到极低的水平。

前景

世界人口仍将继续增长，而人们对于畜产品的需求不仅增长而且会更快。在这种情况下,农业的可持续性发展不仅取决于我们对农业基本资料的保护(例如,水和土壤),也取决于对支撑系统的保护。

支撑系统的一个重要方面就是能源。动物粪便可以替代那些需要消耗大量能源的化肥。但是要提高粪肥的使用效率,就必须缩短动物饲养场和使用动物粪肥农场之间的距离,扭转以前高密度饲养的趋势。对于那种高密度的养殖,则可以选择将动物粪便作为能源来处理,这可以替代少许化石能源。

用在农业方面的动物粪便可以替代那些不可再生的资源。这些包括合成化肥所需的原料,但是氮除外,因为氮循环仅在生物与大气之间进行。相对于磷的使用而言,可回收的磷资源非常有限,这给了我们非常充分的理由去回收它和保护磷资源。一种策略就是有效使用动物粪便作为肥料,或者使用产生能量后剩余的养分。

在与农业和其他产品需求相关的便宜能源和丰富自然资源的世界,动物粪便的处理变成了一个问题。在供给和需求端的变化下,会使人们更喜欢使用那些可再生的资源。

丹尼·E. 瓦齐(Daniel E. VASEY)
圣言学院(荣誉)教授

参见:农业(几篇文章);畜牧;生物能源与生物燃料;粪;施肥/肥料;温室气体;鸟粪肥;人的粪便;氮;磷;钾。

延伸阅读

Bowman, Dwight. (Ed.). (2009). *Manure pathogens: Manure management, regulation and water quality protection.* New York: McGraw Hill.

Forster, Piers, et al. (2007). Changes in atmospheric constituents andin radiative forcing. *In Climate change 2007: The physical science basis.* Contribution of working group I to the fourth assessment report of the intergovernmental panel on climate change. Cambridge, UK, and New York: Cambridge University Press.

Fulhage, Charles D. ; Sievers, Dennis; & Fischer, James R. (1993). Generating methane gas from manure (pamphlet). Columbia: University of Missouri Extension. Retrieved February 18, 2010, from http: // extension. missouri. edu/publications/DisplayPub. aspx?P=G1881

Kellogg, Robert L. ; Lander, Charles H. ; Moffitt, David C. ; & Gollehon, Noel. (2000). Manure nutrients relative to the capacity of cropland and pastureland to assimilate nutrients: Spatial and temporal trends for the United States. Washington, DC: United States Department of Agriculture, Natural Resources Conservation Service, Economic Research Service.

Lal, R. (2000). Soil carbon sequestration impacts on global climate change and food security. *Science*, 304, 1623–1627.

MacDonald, James M. ; Ribaudo, Marc O. ; Livingston, Michael J. ; Beckman, Jayson; & Wen Huang. (2009).

Manure use for fertilizer and for energy: Report to Congress. Washington, DC: United States Department of Agriculture, Economic Research Service, Administrative Publication No. (AP–037).

Natural Resource Conservation Service. (n. d.). *Agricultural Waste Management Field Handbook*. Washington, DC: United States Department of Agriculture. Retrieved March 6, 2010, from http: //www. wsi. nrcs. usda. gov/products/W2Q/AWM/handbk. html

Manure, Human

人的粪便

人的粪便（包含粪和尿）是一种可持续的肥料，人们使用它已经超过 2 000 年了。它帮助土壤保持它的有机质含量和为植物提供养分。但是人的粪便需要经过适当的处理后用作粪肥，才可以有效阻止病原和污染的传播。文化偏见的存在导致人们反对对它的使用，也反对一些环保主义者所呼吁的更有力的管理和循环利用战略。

循环利用可以促进可持续性，在农业领域，人粪和尿的使用形成了一个循环；以一种形式离开了土地的物质，又以另外一种形式回到了土壤中。人的粪便有助于土壤保持有机质（如土壤中的有机成分）。通过对人粪便中肥分的回收利用，可以替代相当部分的化肥。然而，在现代社会中，人们会把这些潜在的资源看作为令人不愉快、心理抵触或者传播病原的东西，因此它在农业上的使用也逐步下降。逆转这种趋势的关键是要回答好以上问题。

历史

把人们使用过的废弃物或者粪便作为肥料，在东亚是非常流行的，在印度也很普遍，在绝大部分的农业地区都可以看到这种现象。在公元前，中国的农艺书籍就推荐使用人粪便作为肥料，在罗马记载中，也曾提到它在农业上的应用。

随着城镇化的发展，垃圾的处理也成为问题。罗马帝国（第1～5世纪）建立了公共厕所和完善的城市污水处理系统，并将它们排入泰伯河。与之相对，江户时代（1600/1603–1868）的日本江户（现代的东京）已经居住超过百万人口，他们组织收集、处理和运送垃圾到农村。在许多现代欧洲城市，早期都建立了污水排水系统，但那仅仅是将地表水排走，而粪便还是依赖推车运送到农村。当便池满了和尿液被倾倒入街道时，清洁工们会将其收集起来，并作为肥料出售。

在19世纪的西方城市，抽水马桶和改进下水系统将污水和粪便排走，经过管道汇集到污水处理厂，在大的固体颗粒被沉淀出来之后，剩下的排到田地里。随着垃圾处理作为目标，废水使用超过了作物和牧场的需要，绝大部分污水就被直接排到河里。曾经有科学家跟踪调查污水和垃圾处理后河流下游的流行病学情况。在20世纪，新的垃圾和污水处理方法已经成为一种常规并快速发展到了全世界。

处理是从废水里沉淀和过滤分离被称为污泥的固体物开始的，经过生物处理和消毒后的污泥可以作为肥料使用。自从第二次世界大战之后（1945年），欧洲污水处理的污泥作为肥料已经非常普遍。在美国，农业使用了大约50%的生物固废，这在任何的政府机构中，都是需要优先考虑的问题。废水也会被进一步进行处理，绝大部分都将进入水体，但也广泛用于灌溉和施肥。

然而，在那些曾经使用粪便作为肥料的地方，现在粪便的使用也正在减少。在21世纪的日本和中国，只有很少的粪便能够回到耕地，化肥已经取代了它的地位。

价值和异议

由于动物粪便的肥分依赖于食谱，因而与动物粪便相比较，人的粪便是中等甚至高品质的肥料。尿的成分使粪便的肥分最大化，因为人排出氮的64%～88%和磷的25%～64%存在于尿液（Jönsson et al. 2004），剩下的部分在粪便中。相较于化肥，人粪便提供了更低浓度的必须肥分，那些存在于固体中的养分不能被植物立即吸收，但是人粪便增加了土地的有机质成分，这些是化肥无法做到的。

尽管人的粪便很有价值，但人们普遍对此感到厌恶。在许多文明中，粪是一种施行巫术的对象，是一种用来对付排泄它的人的武器。在印度一些地方，粪便收集被看作是一种非常肮脏的职业或者是不可接触的低等阶层，当然，这在当前印度的大部分邦中是被禁止的。伊斯兰教声称：粪和尿是肮脏的。尽管，沙特的农民用废水灌溉、印度尼西亚和马来西亚的农民在鱼塘上建厕所和用塘水浇灌作物，但在穆斯林地区，粪便不可以直接被用于种植庄稼。

人类的粪可以传播寄生虫和感染性疾病，这包括痢疾、伤寒、霍乱、小儿麻痹症、肝炎和可以引起腹泻的病毒等。传统的亚洲人处理方法是进行堆肥和储存在罐子里以杀死病原，但是仍然不能彻底消除它们，这或许也是中国人很少吃生蔬菜的原因。如果粪便带有病原，那么食用植物局部被污染的风险是存在的。洗涤并不能完全去除这些病原，那么当被人吞咽之后，它们将会致病，通常会引起腹泻而且可以迅速传播。病原最适合的生长温度是20℃～40℃，但是它们对低温和高温都很敏感。加热到55℃就可以有效控制它们。

尽管最好的现代污水处理方法可以消除病原，但是这些处理方法却引起了另外一些健康和环境威胁，因为典型的现代城市污水处理系统混合了来自工业的有毒废水和生活污水，其中生活污水包含了排泄物与生活废水，而化学物质则包含了重金属如镉、汞，有机化合物含有溴、氯和氟等元素。

由于通常无法从污泥中去除这些污染物，因而最好的解决办法是通过污水系统排出它们。监测能够帮助人们去鉴别污染成分,一旦被确定,可以选择合适的处理方法将污染物控制在它的源头或采用无害化处理。因此,欧洲的一些国家已经和工业界合作,在减少污染物排放方面取得了极大的成功。

就像中国的局部地区已经实行的方法一样,当控制失败时,政府将禁止污泥用于农业。然后,他们必须寻求其他处理方法,如焚烧和填埋。

前景和争议

增加人类粪便在农业上的使用,可以减少非再生磷矿的采掘和化肥生产所需的化石燃料,进而节省重要的资源。一些例子还表明,甚至污水还可以提供一些能源,例如分解产生沼气或污泥用作发电厂的燃料。

环保主义者极力敦促人们关注污水产品,例如,赛拉俱乐部(Sierra Club 2008)原则上接受以农业使用代替燃烧污泥和释放有毒物质到空气中,或者倾倒富含肥分和有机质的污泥进入水体,这样做会消耗水中大量氧气而引起水体富营养化。然而,它不建议在美国使用,因为美国环境保护署设定了美国土地上污染物的最低限值,通常低于欧洲同类污染物限值的10倍。

激烈的批评者质疑污泥在任何粮食生产上的应用。例如,这方面的活跃分子艾比·洛克菲勒(Abby Rockfeller 2002, 342)抗议说污泥是无法监测、难以管控和不可救药的。他们给出的解决方案是从源头上隔离这些垃圾。洗涤产生的"回收水"用于浇灌草地,然而一种马桶可以分别收集尿液和粪便并进行堆肥处理或者烘干。如果堆肥产生的热维持温度恒定在66℃(150°F)左右,那么粪便中的病原几乎都可以被杀死。能够达到这种目的的设计需要整合搅拌、混合有机质和隔离堆肥垃圾与新收集的粪便,其中混合目的是提高通气量、维持恒定温度。堆肥的粪便在独立的储存系统里、在温热环境下经过1年后能够变得安全无害。与粪相比,尿很少携带病原。如果有病原存在,储存在温热的环境下几周就可以消灭它们,但温度越低,处理时间则越长,在接近冰点时,伤寒菌存活时间可以长达4年(Schönning & Stenström 2004, 14)。

这些再生策略中的每一项都势头迅猛。尽管堆肥马桶已经被广泛地接受,销售与制造商的数量也在增长,但城市污水处理系统(例如污水的排出和处理)还是主流。

丹尼·E. 瓦齐(Daniel E. VASEY)
圣言学院

参见:农业(几篇文章);畜牧;粪;施肥/肥料;鸟粪肥;动物粪肥;废物处理。

拓展阅读

Del Porto, David, & Steinfeld, Carol. (2000). *The composting toilet system book: A practical guide to choosing, planning, and maintaining composting toilet systems.* Cambridge, MA: Center for Ecological Pollution Prevention.

Environmental Protection Agency. (n. d.). Biosolids. Retrieved January 30, 2010, from http: /www. epa. gov/ waterscience/biosolids/

George, Rose. (2008). *The big necessity: The unmentionable world ofhuman waste and why it matters.* New York: Metropolitan Books.

Jenkins, Joseph. (2005). *The humanure handbook.* Grove City, PA: Author.

Jönsson, Hakan; Stintzing, Anna Richert; Vinneras, Bjorn; & Salomon, Eva. (2004). *Guidelines on the use of urine and feces in crop production.* Stockholm: Stockholm Environment Institute.

National Biosolids Partnership. (n. d.). Retrieved September 3, 2011,from http: //www. wef. org/biosolids/

Rockefeller, Abby A. (1996). Civilization and sludge: Notes on the history of the management of human excreta. *Current World Leaders, 39* (6), 99–113.

Rockefeller, Abby A. (2002). *Sewers, sewage treatment, sludge: Damage without end. New Solutions, 12* (4), 341–346.

Schonning, Caroline, & Stenstrom, Thor Axel. (2004). *Guidelines on the safe use of urine and feces in ecological sanitation systems.* Stockholm: Stockholm Environment Institute.

Sierra Club. (2008). S*ierra Club conservation policies, zero waste, land application of sewage sludge.* Retrieved February 1, 2010, from http: //www. sierraclub. org/policy/conservation/LandApplicationSewageSludge. pdf

Materials Substitution

替代材料

产品设计师们曾习惯于选择特定的材料来最优化产品的形态、功能和成本，但现在他们越来越多地将产品对环境的影响作为第四个要素来考虑。随着那些使用环境可持续性更高的替代材料之产品设计得到越来越广泛的接受，企业界将继续采用各种策略和工具来评价和降低他们产品所使用的材料对环境的影响。

产品开发工程师们和设计师们在材料选择方面惯于采用严格的标准。尽管产品设计方面的很多因素影响到这些选择，其中主要的因素是产品的形态、功能和成本。随着公众消费群体的环保意识以及他们对更加"绿色"的产品之需求不断增长，制造商对更具环境可持续性的产品之关注也相应增加，产品所用材料对环境的影响正日益成为决定材料选择的关键性的第四个因素。

决定材料选择

作为产品材料选择的首要决定因素，产品预期的形态是指消费者包括最终用户与产品进行互动的方式。产品形态包括产品全部的美学设计要素，包括其颜色、形状、产生的气味和声音、质地以及相关的其他考虑，比如产品使用方面的人机功效，对产品相容于更大的组合体，甚至成为其一部分的要求，也会影响到产品的外形和尺寸、部件之间结合的形式以及所用材料的类型。

产品的功能是决定产品材料选择的第二个关键因素，它是指能使产品执行其核心功能的属性。产品的形态自身即可实现其功能，或者可与一些外部的机械、化学、电子或者其他因素相结合来达成此目的。比如，一些具有令婴儿愉快的视觉和听觉效果以及有触碰感特性的材料和元素，构成了婴儿玩具的形态特征。玩具的功能是在安全的前提下娱乐婴儿。在提供令婴儿愉悦的形态元素之外，婴儿玩具所用的材料和外形设计必须确保使婴儿在触碰和咀嚼时是安全的，并且必须符合任何关于儿童玩具的规定。

一些更复杂的产品，比如手机，其设计者必须考虑其他一些形态和功能方面的因素，后者限制了可用材料的范围。比如，手机的印刷电路板所使用的材料的电阻必须最小化，以使手机在传递电能和信号的时候不产生过多的热量；而结构材料必须有足够的强度，同时又轻盈小巧；而将这些部件连接在一起的黏结剂必须能承受日常使用中的各种物理影响。

成本是决定产品材料选择的第三个决定因素。设计师和工程师们通常必须将产品的成本控制在一个目标值，或者控制好每个产品生产和运输过程中的单位总成本。产品成本中最简单的组分就是直接的材料成本。比如，银的导电性优于铜，但是因为银的单位成本相比铜高得多，其在电子工业中的应用很有限（Davis 2001）。材料选择也可能影响到间接成本，比如用来实现产品预期形态的制造过程之成本。在某些情况下，设计师和工程师为产品选择的材料必须在世界上一个特定的区域中提炼、获取、种植、提纯或者加工，这就会影响到运输和处理成本以及其他一些与所在地区有关的可变成本，包括劳动力、能源以及公共基础设施状况等。

最后，产品开发工程师和设计师们还要考虑他们所选材料对环境的影响作为第四个决定因素。随着公众对产品的环境影响的理解越来越广泛，产品开发工程师和设计师们也意识到，产品如果对于消费者而言仅仅是价格可承受、有效且符合美学原理，那还不够好。历史上很多产品，比如含铅涂料、石棉壁板、电子产品中的含溴阻燃剂、甲基叔丁基醚燃料添加剂，都满足了产品在形态、功能和成本上的

要求，但对人体健康和生态环境产生不利影响。这些环境影响导致一些社会问题，比如疾病发生率和工业区域污染的增加，并最终导致社会的财政负担加大。

各国政府被迫越来越多地承担这些外部因素带来的负担（产品制造商并不承担的、预期外的财政负担，比如医疗成本），他们因此开始通过引入诸如产品环境控制和制造者责任延伸之类的概念，将外部因素整合入产品的材料和生产成本中。同时，一些龙头企业正通过使用诸如对环境影响更小的材料之类的方法，来积极降低他们产品的环境影响，并以此获得竞争优势。为了影响到消费者的选择，这些公司中的一部分正将他们对环境友好产品的选择在环保方面所产生的优势传递给消费者，这种尝试被称为"绿色营销"。

材料的环境因素，或者说其累积环境影响，相比影响材料选择的另三个决定性因素而言，并不为人所熟知。美国环保署在人们对有害材料产生担忧的背景下于1970年成立。这种担忧的例子之一便是对杀虫剂DDT不受约束的使用，雷切尔·卡森在她1962年出版的书《寂静的春天》中首次对DDT造成的危害拉响了警报（Lewis 1985）。但是事实证明美国环保署的影响力很有限：美国环保署批准90%新发明的化合物使用不受限制，而美国境内正在使用的82 000种化学制品中只有25%进行过环境风险或人体毒性检测（Duncan 2006）。欧盟于2006年颁布了一个称为"化学制品登记、评估和授权法案（REACH）"的规定，以此来对抗现存的化学制品污染环境之问题。它规定在欧盟范围内所有现存和新发明

的化学材料都必须接受环境风险评估。制造商应当承担证明材料安全的责任,而不由政府来证明其不安全。另外,欧盟还同样于2006年颁布了称为"限制使用有害物质法"的法规,禁止在电子产品中使用一些已知对环境有害的材料。但是在世界范围内,环境监管的步伐还跟不上新材料发明的节奏。

产品使用寿命周期方法

企业正更多地使用产品使用寿命周期方法来更好地理解产品对环境的影响。例如国际标准组织创立的由 ISO 14040/14044标准来规范的使用生命周期评价综合方法。尽管材料选择只是产品使用寿命周期中的一部分,它却影响到了产品使用寿命周期中的每一个阶段。对于产品的经济成本来说,材料的选择通过材料提炼和运输过程对环境的直接影响,以及产品生产方法和生产场所地理位置对环境所带来的间接作用,影响到产品的综合环境责任。材料的选择还决定了产品组装过程中所使用的连接技术(比如胶水、焊接、紧固件等)的种类,也决定了对于产品的保护和运输来说必需的包装之种类,而这两者对环境都会产生影响。产品所选择的材料的耐久性决定了易磨损产品的寿命。最后,材料的选择还支配了产品使用周期结束后对环境的影响,决定了产品中的哪些组分可以回收

再利用,更决定了将产品报废后剩余的组分焚烧或者倾倒到垃圾填埋场中所可能带来的环境问题。

既然产品的材料选择对产品在整个使用寿命周期中对环境的效应都有广泛的影响,产品设计师和工程师们正在努力寻找同样能满足产品形态、功能和成本方面要求,同时对环境的影响较低的材料。比如,三星和斯普林特(美国通讯公司)的再生手机尽可能使用了回收自消费者的以及植物来源的塑料聚合物,来取代传统上来自石油工业的聚合物。Preserve(西班牙公司)的产品则在环保方面更进了一步,他们使用100%的回收材料来生产日常消耗品。因为通常而言金属回收后其材料特性不会有任何损失,很多大容量、一次性使用的金属产品使用了大量的回收材料:比如,2007年在美国生产的铝制饮料罐生产过程中,平均使用的材料中的68%为回收再生铝(PE Americas 2010)。Avery Dennison公司用聚丙烯来生产的一个新的活页夹产品系列,相比传统的聚氯乙烯产品而言,更耐用、更易回收,并且在生产过程中产生更少的环境问题。Staple公司也用替代材料生产了一些办公用品,包括用甘蔗渣纤维(砂糖生产中的废弃副产品)生产的一个系列的笔记本和纸张,以及用水和蔬菜为原料制作的墨水。

这些产品反映出一些材料选择方面具有

广泛意义的策略，这些材料能在产品的所有四个要求——形态、功能、成本和环境可持续性方面表现良好。上述策略包括：使用回收来自消费者和工业生产过程的材料，这些材料本身还可以回收利用；使用天然来源的材料；开创性运用废弃副产品；在同类材料中选择替代性材料，比如选择在产品使用寿命周期中对环境影响较小的塑料和金属材料来取代传统的同类材料。

公众意识和支持工具

公众消费群体日益意识到上述这些策略的存在，并在选择产品的时候注意其中哪些生产用到了此类策略。比如，许多产品上面标注着其使用特定比例的消费后回收材料生产，或者产品或者其包装材料本身可以回收，制造商以此来回应消费者对降低产品环境问题的要求。公开产品所用的材料和化合物清单能够满足公众对更高的材料选择透明度之要求，比如第七世代品牌的"绿色"卫生用品包装上列出的信息。在某些情况下，一些生态评估标签，比如森林管理委员会出具的关于可持续性生产的纸浆和木材制品的证明，能为这些绿色营销活动带来公信力。

毋庸置疑的是，以降低生产过程中材料对环境影响之方式来降低产品的环境问题，只是解决方案中的一部分，即生产过程部分。而消费行为方面的改变则定义了产品环境问题中的消费部分，这部分同样重要。随着消费者对产品材料在环境和社会方面的影响之认识越来越深入，他们能通过其消费行为来驱动产品研发上的创新和变革。比如，2010年美国国家毒理学计划和美国食品及药物管理局（the Food & Drug Administration, FDA）唤起了公众对双酚A（BPA）的潜在人体和环境危害性的关注。双酚A是一种塑料生产过程中使用的化工产品（Zeratsky 2010）。尽管这些危害效应并没有得到明确的验证，并且此行动受到塑料工业联盟的争议（BPA 2011），但此事件在公众中引起的扰动使得消费者开始寻找用替代材料制造的产品，而生产商也响应消费者的要求，开始提供不含双酚A的替代产品。

生产商要实现上述可持续发展的设计理念、满足顾客的需求，离不开支持工具。工程师和设计师们使用设计工具来评估他们的产品设计过程中涉及材料选择的四个关键因素：产品的形态、功能、成本和环境可持续性，以此来设计成功的产品。多种软件包让设计师们能够模拟产品的形态和功能、估算产品成本以及评估其环境影响。有一些软件包能允许上述两种或者三种功能的同时并且互动地实现。人们正在开发新的支持工具，来帮助产品设计师们在所有四个决定性标准方面同时优化他们产品材料的选择，这将使后者在产品设计过程中做出更有智慧的材料选择，并且在世界范围内引导人们对资源进行更可持续的利用。

埃希恩・A.法恩赛（Asheen A. PHANSEY）
达索系统SolidWorks公司；巴布森学院

参见： 产品和工业设计；电子产品的原材料；本土和传统的资源管理；工业生态学；矿产资源稀缺性；采矿业——金属矿床开采；非金属矿业；纳米技术；稀土元素；回收利用；废物处理。

拓展阅读

Bisphenol A. (2003–2011). Human health & safety: Bisphenol A and consumer safety. Retrieved August 22, 2011, from http: //www. bisphenol-a. org/human/consafety. html

Davis, Joseph R. (Ed.). (2001). *ASM specialty handbook: Copper and copper alloys.* Materials Park, OH: ASM International.

Duncan, David Ewing. (2006, October). The pollution within. *National Geographic.* Retrieved November 10, 2010, from http: //ngm. nationalgeographic. com/2006/10/toxic-people/duncan-text

European Commission Environment Directorate General. (2007,October). REACH in brief. Retrieved November 10, 2010, from http: //ec. europa. eu/environment/chemicals/reach/pdf/2007_02_reach_in_brief. pdf

Lewis, Jack. (1985, November). The birth of EPA. *EPA Journal.* Retrieved November 10, 2010, from http: // www. epa. gov/history/topics/epa/15c. htm

PE Americas. (2010, May 21). Life cycle impact assessment of aluminum beverage cans. Retrieved November 24, 2010, from http: //www. container-recycling. org/assets/pdfs/aluminum/LCA-2010-AluminumAssoc. pdf

Zeratsky, Katherine. (2010). What is BPA, and what are the concerns about BPA? Retrieved August 22, 2011 from http: //www. mayoclinic. com/health/bpa/AN01955

Medicinal Plants

药用植物

　　药用植物为我们提供传统药物，并且也是一些用于疾病治疗和缓解病痛常规药物的来源。为了维持人类药品的来源，植物种类、植物生长环境以及传统的关于植物入药的知识都需要被保护，以免过度开发。在一个可持续的药用植物系统中，植物、人类、制药企业、患者乃至环境都从药用植物的持续可用性中获得收益。

　　药用植物是一种宝贵的自然资源，目前至少有120种在传统医药中使用的化学物质来源于药用植物，并且药用植物是全世界各地无数社会所采用的传统医学体系的基础。几种广为人知的药物表明了许多现代制药最初都来源于植物，例如，用于治疗头痛和炎症的阿司匹林是从柳叶中提取的；用于治疗心脏衰竭的洋地黄毒苷是从熟地中获得的；还有，从马达加斯加长春花中提取出的长春碱和长春新碱，用于治疗白血病。全世界超过60%的人口的基础医疗保健都依赖于传统药用植物。

　　植物入药有着悠久的历史。药用植物的知识在最早被书写记录下来之前，经由故事、仪式、典礼的形式代代相传。在部落内部，巫师、药师由于通晓那些能治疗或缓解人们病痛植物的知识而受到众人的尊敬。14世纪中期，在致命瘟疫蔓延的欧洲，对药物的需求刺激带动了远洋船舶和航运的发展，这样他们才能抵达药用香料的产地亚洲，并最终有了15世纪克里斯托弗·哥伦布航行至北美大陆以及达伽马对印度的发现。西班牙征服者对南美的入侵使得欧洲人认识了金鸡纳树皮，这其中含有奎宁，曾一度为印加人用来退烧，同时也是治疗疟疾的良药。

　　近代以来，由于过度收割、栖息地破坏、生物剽窃和人为忽视，许多药用植物的可持续发展和多样性正处于危险之中。有数据指出，发展于印度的传统阿育吠陀医学系统中所使用的野生植物，有93%正面临灭绝的危险（Khan, Karnat & Shankar 2005）。一种植物物种的灭绝，既断绝了可能用于药物的天然化学物质的发现，也丧失了使用相关的种质来改善在药品生产中使用的植物的可能性。

具有药用价值的植物广泛来源于各种地域和环境。它们因具有潜在药用重要性的已知和未知的化学成分而成为全球的天然仓库。它们在地域性和文化性方面也相当重要。为了发现可以用来治疗人类和动物病痛的植物，制药公司为此已经建立了生物勘探方案，以确定那些有助于治疗人类和动物病苦的植物和植物提取物。从拯救生命或治愈疾病方面来测量一种药用植物或药用植物提取物的价值是困难的，但在两年前的一项比较研究中（Bishop et al. 1999）发现，与那时的标准治疗相比，从太平洋紫杉中提取的红豆杉醇，在乳腺癌的治疗中让妇女病患的存活率提升了19%。

药用植物的可持续发展

药用植物的可持续发展无论是对于为人类提供医药产品，还是用作传统药物保护人类社会的健康和生计都是十分必要的。世界卫生组织已经列出了21 000种具有显著药用性质的植物，但是在总共估计的380 800种植物中只有25%～30%的植物经过了测试检验（Taylor 2005）。世界范围内对于药用植物组织以及用于医药品、食品、膳食补充剂、化妆品和兽医产品的药用植物提取物的需求量，在过去几年内估计正以3%～7%的速率增长着。这一显著的增长很容易造成在经济利益驱动下的个人和组织团体对野生物种的不可持续的采伐，而

对这些植物的损失置之度外，不予理会。

本着公平和可持续发展的前提，全球对于野生药用植物的投资和贸易能给当地社会带来可观的效益，例如提供工作岗位和收入。但实际情况往往不是这样，为了实现可持续发展，药用植物的征收方式需要考虑到自然环境的保护，要保证植物的持续增长，同时要联合公平的劳动管理和工资管制，使人民群众劳有所得、使植物生态系统蓬勃发展。然而，需求的上升和过度采伐的做法，有时会导致植物剽窃和过度征收，特别是在一些不太发达的国家，使得当地居民既没能获得经济收入，也失去了传统治疗中的入药植物。尽管一些植物物种也可以在别的地区存活，但当地民众对于药用植物的过度采伐还是大大地降低了物种内部的遗传多样性。

虽然物种培育可以提供可持续的生产，但温带和热带地区的许多药用植物无法通过田间种植获得盈利。田间种植要求有适合的土壤和适宜植物生长的季节，还要求统一的播种、植物生长发育、成熟采收和其他可取的，但是在野生植物生长中并不常见的，或者对于野生植物的生长过于昂贵的农业特质。例如黑升麻的种子，它常被用来治疗更年期综合征，需要通过超过3个月热—冷—热的温控循环来诱使种子发芽分层，之后黑升麻需要3到5年的生长才能最终达到可以收获的尺寸大小（Greenfield,

Davis & Brayman 2006）。

对于药用植物可持续发展的生产需求已为人们所认同。在1988年，卫生专业人员和植物保护专家在泰国清迈举行会议，确立了对基础医疗保健、植物保护和可持续发展的承诺，其中就包括承认了药用植物在自我药疗国民健康计划中的重要性（WHO, IUCN & WWF 1988）。为了药用植物的可持续生产，世界卫生组织（WHO 2003）颁布了《种植与采收生产质量管理规范》（GACP），在保护知识产权和维系正受威胁濒危物种的同时，为人类提供安全、健康的药物产品。

好多年来都没有关于传统医疗中使用的药用植物的专利，那是因为任何植物只有在使用一年以内才能申请专利。此外，美国的专利法案在关于植物专利的问题上不承认一切野生生长的植物（Plant Patents 2011）。因而，保护必须从知识产权做起（WIPO 2011），在一些不发达的国家中，这或许是一个至关重要的原因，限制了当地人对于他们传统医疗中的潜在药用植物市场的认识。如果从业者使用传统药物的权利得不到保护，经过了几代人开发使用的药用植物可能就会因为法律的限制而无法将这些植物入药。企图以专利申请或是知识产权声明来进行植物商业化，对于那些在传统医疗中使用的植物来说属于生物剽窃。生物剽窃的一个例子是对于楝树（印度楝楝属）提取物的使用。虽然印度楝树是印度次大陆土生土长的物种，并且作为天然草药和杀虫剂而被广泛种植的历史已有数百年之久，从这些楝树中开发同一类型产品的专利刚刚在西方国家予以承认。当楝树提取物早已在印度使用的证据

呈递之后，许多这样的专利又被专利局撤销（Hellerer & Jarayaman 2000）。

社会和经济考虑

药用植物在许多社会的民众健康、当地文化、社会发展和经济生计中扮演着至关重要的角色。由于人口的增长，来自对抗疗法（常规疗法）的从业医生对于药用植物的疗效的认可以及发展中国家对于常规西医药物的准备不足，也使得药用植物的世界市场正蓬勃兴起。在发达国家，药用植物被使用在健康食物、膳食补充剂和药妆品中。据12个占主导的进口和出口国家的报道，在1991年到2003年间，药用植物和芳香植物的贸易量平均各自占到了3 320 550和369 100兆吨，而这种频繁的贸易的基础是在经济贫穷国家的廉价采购（Lange 2006）。

许多使用药用植物的人误认为植物原料始终都唾手可得。然而，对大多数业已濒危的药用植物物种来说，眼下并没有对这些植物原料和它们的栖居地的保护计划。类似地，由于常规的西医疗法的"入侵"，经过数千年传统医疗从业者传承的药用植物的知识也正面临散失的危险。只有相对很少的国家完成了当地药材品种的库存清点，这对于从业者、制剂和医疗应用以及用于支持植物保护和寻找药物、帮助调查确定相关植物和植物提取物是十分有用的。维持药用植物和它们的栖息地以及它们用途的知识积累，将有助于保证医疗和药品的开发不断进步。

莱尔·E.克雷克（Lyle E. CRAKER）

马萨诸塞大学

参见：毒品的生产和贸易；森林产品——非木　材林产品；本土与传统资源管理。

拓展阅读

Bishop, James F., et al. (1999). Initial paclitaxel improves outcome compared with CMFP combination chemotherapy as front-line therapy in untreated metastatic breast cancer. *Journal of Clinical Oncology*, 17, 2355–2364.

Greenfield, Jackie; Davis, Jeanine M. ; & Brayman, Kari. (2006). *Black Cohosh* (Actaea racemosa L.) (Horticulture Information Leaflet 135). Greensboro: North Carolina State University Cooperative Extension Service.

Hellerer, Ulrike, & Jarayaman, K. S. (2000). Greens persuade Europe to revoke patent on neem tree. *Nature*, 405, 266–267.

Khan, Sarah K.; Karnat, Mohan; & Shankar, Darshan. (2005). India's foundation for the revitalization of local health traditions pioneering in situ conservation strategies for medicinal plants and local cultures. *Herbal Gram*, 68, 34–48.

Lange, Dagmar. (2006.). International trade in medicinal and aromatic plants. In R. J. Bogers; L. E. Craker; & D. Lange (Eds.), *Medicinal and aromatic plants* (pp. 155–170). Dordrecht: The Netherlands: Springer.

Native Plant Conservation Campaign. (n. d.). Homepage. Retrieved July 14, 2011, from http://www. plantsocieties. org/

Plant Patents. (2011). FAQ: Nature and duration of plant patents. Retrieved July 28, 2011, from http://www. plant patent. com/faq

Taylor, Leslie. (2005). *The healing power of rainforest herbs*. Garden City Park, NY: Square One Publishers.

World Intellectual Property Organization (WIPO). (2011). Intellectual property and traditional knowledge (Booklet No. 2). Retrieved July 28, 2011 from http://www. wipo. int/ freepublications/en/tk/920/wipo_pub_920. pdf

World Health Organization (WHO). (2003). *WHO guidelines on good agricultural and practices (GACP) for medicinal plants*. Geneva: World Health Organization.

World Health Organization (WHO), the World Conservation Union (IUCN) & World Wide Fund for Nature (WWF). (1988). *Guidelines on the conservation of medicinal plants*. Gland, Switzerland: IUCN Publications.

Mineral Sands

矿　砂

矿砂是聚集在海滩的金红石、锆石、钛铁矿物，并常常伴有其他矿物。矿砂被用于颜料、保护涂层、制陶以及隔热内衬等的制作。由于海滩景观中矿砂的重要性，矿砂开采会产生一系列敏感的环境问题，尤其是对水资源、矿区修复和土地利用规划的影响。

矿砂中含有多种有用的矿物，如二氧化钛（金红石）、硅酸锆（锆石）、钛铁矿和白钛石（此两者属于不同矿物形态的富铁红金石）及独居石（稀土矿物–富含钍的磷酸盐矿物）。与沙（二氧化硅）相比，矿砂矿物相对较重，常见于高纯度沙或沿海海滩区重矿砂中。

从矿砂中提取的矿物具有广泛的应用。例如，金红石是绘画颜料、纸张、织物和特殊保护涂层等材料的成分；此外，由于能够吸收紫外线，金红石也被用作防晒霜遮光剂。由于锆石很难融化（即强耐热性），其备受制陶业青睐。铸造厂利用锆石修补裂缝，制作模具和耐火砖，并在其他高耐热性工业中应用（如核反应堆）。钛铁矿经提炼和化学加工除去铁元素，用于制造人造红金石。

经济地质学和生产

矿砂含量必须足够高，才具有开采和加工的经济价值。那些由化石和古海岸线形成的具有经济价值的矿砂矿，会在现在的海岸线或距现在海岸线数十或数百千米的内陆发现。海浪的不断作用使海沙重新分布，从而使得矿物聚集。

在矿砂开采中，各种矿物所占的比例决定了一个项目的经济效益。相对于富钛铁矿，开采者更喜欢具有更高价值的红金石和锆石矿床。随着较高价值矿物的开采和枯竭，开采者转而去加工那些低品位矿物和钛铁矿。然而，近期南澳大利亚西部的尤克拉盆地（Eucla Basin）富锆石矿砂矿床的发现表明，目前仍有发现新矿床的可能性。但是，由于主要矿产国矿产勘探已趋完成，新矿源发现变得越来越困难。不同矿床的储量规模有巨大差别，从小型

（1 000 万吨）到大型（数亿吨）矿床都有。

矿砂矿属于软沉积矿床，可通过湿法或干法进行开采。湿法开采使用浮动式挖掘机，将矿物泥浆泵进一个浓缩处理器中。各种干法开采技术差别很大，包括单斗卡车开采、挖掘机或铲土机开采等。

矿物初加工包括去除植物根系和其他非矿物残渣以及各种重力、磁力和静电力等处理。重力筛选机械包括螺旋选矿机、上升气流分类机、凯尔西离心夹具以及风力摇床分离机等；磁力筛选机械包括辊磁铁、稀土滚筒分离器和稀土磁力滚筒分离器等；静电筛选机械包括高强度滚筒分离器、静电板和筛板分离器及加强板辊分离器等。加工处理方法也分为干处理和湿处理两种，使用何种处理方法取决于矿石特性以及当地水资源状况。反复各处理步骤和/或按照连续的处理步骤（对矿石进行加工），可生产特定高级别畅销的红金石、锆石和独居石产品。

钛铁矿浓缩物则需要进一步处理：在烧窑中进行高温烧制，然后使用氯化铵和曝气的冶金过滤法除去铁元素。在20世纪60年代，澳大利亚联邦科学与工业研究组织（Australia's Commonwealth Scientific and Industrial Research Organisation）研究出用钛铁矿制造人造红金石的技术，使得矿砂中红金石成为可观新资源，而这些矿砂曾被当作废品、不需要的杂质或不具经济价值的资源。矿床中矿砂的粒径分布也至关重要，大粒径的矿砂处理容易；而小粒径矿砂不易被分离（在澳大利亚的维多利亚西部，在巨大的WIM矿床中的矿砂因粒径太小而难以用现存技术进行经济型加工）。

澳大利亚一直是矿砂的最大生产国，而南非、印度、挪威和美国则是与其并驾齐驱的竞争者。澳大利亚红金石和锆石的生产量独占鳌头，其他国家则主要出产钛铁矿。

直到20世纪90年代，矿砂中提炼出的独居石曾是稀土元素的主要来源，然而自20世纪90年代中期开始，中国一跃成为稀土族矿物的首要供应国，使得独居石身价一落千丈。独居石是一种极其难冶炼的矿物，需要大量的化学处理（即裂化）才能提炼出稀土元素。独居石中的钍含量并不稳定，但高钍含量会引起严重的辐射问题。

在2010年，全球红金石、锆石和钛铁矿产量分别为60、100和1 100～1 200万兆吨（ABARE 2010, 376; USGS 2011）。在全球范围内，具有经济价值的红金石和钛铁矿矿藏资源估测是不确定的，各国估测和美国地质调查局（US Geological Survey）公布的数据之间存在极大差距。总之，世界红金石和锆石矿藏资源估测可达千万吨（甚至可能高达1亿吨），而钛铁矿资源储藏量则可达数亿吨。

环境问题

矿砂开采引起的最主要环境问题包括对水资源、生物多样性和矿山修复有效性的影响。然而，沿海地区受到旅游业的青睐，并且是人口密集居住区，使得环境问题非常敏感。而且，在有些情形下，使得矿砂开采充满了争议。

一个矿砂矿山开采项目要有一系列的环境管理办法，包括用水量、灰尘、水质和生物多样性等的监测。因开采的地点不同，矿砂开采时所带来环境问题的影响程度和人们减轻这些影响的能力也有所差异。

要对采矿后区域进行规划和修复，以便实现希望的土地利用，诸如开展旅游业和农业生产。在采矿时，地表土和大量的植物种子要有选择性地进行保存，以便日后在该地区恢复植被，建立可持续的矿区生态系统。采矿地修复需要详尽的规划，在施工中需要环保人员的才智，并且还需要对施工地区进行实时监测。即便如此，一些修复结果还是不够理想。当被掩埋的独居石、被水或残积物覆盖的硫化湿地暴露于地表时，它们发生氧化，形成酸性硫酸盐土壤，从而引起严重的水体污染。此外，加工钛铁矿生产人造红金石需要大量能源和化学处理，因而此类工厂往往会带来严重的污染负荷。

未来

从矿砂中得到的矿物在科学和技术方面有许多应用，包括熔炉内衬、航空材料、药品、油漆染料等。对开采者和产矿国来说，保护水质和采矿地生态系统将是一项挑战。

加文·M.马德（Gavin M. MUDD）
莫纳什大学

参见：重金属；铁矿石；矿产资源稀缺性；采矿业——金属矿床开采；非金属矿业；稀土元素；回收利用；沙子和二氧化硅。

拓展阅读

Australian Bureau of Agricultural and Resource Economics (ABARE). (2010). Australian Commodity Statistics 2010. Canberra: ACT.

Department of Minerals and Energy, Western Australia. (1996). Mineral sands mining. Fact Sheet (pamphlet). Retrieved September 28, 2011, from http://www. dmp. wa. gov. au /documents/GSWA_MineralSandsPamphlet. pdf

Hou, Baohong, et al. (2011, June–July). Heavy mineral sands in the Eucla Basin, Southern Australia: Deposition and province-scale prospectivity. *Economic Geology*, 106 (4), 687–712.

Morley, Ian W. (1981). *Black sands: A history of the mineral sand mining industry in eastern Australia*. St. Lucia; New York: University of Queensland Press.

Roy, Peter S., & Whitehouse, John. (2000, August). Mineral sands occurrences in the Murray Basin, Southeastern Australia. *Economic Geology*, 95 (5), 1107–1128.

Towner, Roy Ronald. (1998). Mineral sands: Will Australia retain its importance? Canberra: Geological Society of Australia.

United States Geological Survey (USGS). (2011). Minerals commodity summaries 2011. Reston, VA: author. Retrieved September 29, 2011, from http://minerals. usgs. gov/ minerals/pubs/mcs/

Minerals Searcity

矿产资源稀缺性

地球的地质情况最终决定矿产资源的可利用性，但是现有技术水平、开采、加工和使用的经济意义以及地缘政治因素也非常重要。一种矿物的稀缺还取决于其最终用途的性质和场所以及潜在性的替代品（它的可替代性）。即使那些已知巨大储量的矿产，因政治和经济状况也可能引起其暂时短缺。

与悲观主义者关于采矿业可持续性的认识相比，矿产供应一般对中长期市场的需求能更好地适应和响应。然而这并不能保证周期性匮乏不会在较短时期内发生，尤其是在某些地区。

一般而言，所有矿物的供应都是有限的，但这并不一定意味着他们是稀有的。地壳矿物丰度（组成地壳的每种矿物所占的比重）决定矿物的有限性。矿物并不是在地壳中均匀地分布，而是被各种各样的地质作用富集起来的。此类富集矿或者矿床被用于经济开采的程度，取决于地质、地理、科技、经济、法律、环境、社会和政治等因素的复杂组合。对于不同矿物而言，这些因素的相对重要性不同并且随着时间的变化而变化。一些最普遍存在的元素，例如铝和铁，它们具有经济意义的开采含量仅高于其地壳丰度几倍。而另一个极端是，某些矿物具有开采可行性的含量超过其地壳丰度一千倍。每种矿物的固有特性和其存在的特点，决定它的边界品位，而高于边界品位才具有开采的经济可行性。如果地质作用有效地富集了一种矿物，那么即使它的地壳丰度低也未必意味其经济性矿床的稀缺。

任何矿产的资源状况和储量都无法精确得知，并且，所有推测实际上都带有概率性。作为矿产资源的一部分，矿产储藏量是测量到的且在现有技术和工艺条件下可以经济开采的那部分矿物。大部分矿产储量估测来自政府机构和咨询公司进行的地质调查，或者来自矿业公司实施的更加详细的勘探，这些估测是钻探和地质模拟的综合结果。无论这些估测做得多么巧妙，也总存在一个误差幅度，而且只有被开采出来后,矿物才是确定的储量。钻井开采非常昂贵,因而公司仅仅愿意勘查那些足量的矿物,以便保证他们对矿山和工艺设备的投资正确。因此,测定到的矿物储量仅仅是矿床中该矿物的一部分。随着时间推移,深化勘探和改进技术将提高已知矿床中矿物储量的确定性,并会导致进一步的发现。缺少已知储量可能并不意味着绝对稀缺,而只是表明对地质了解的不足或勘探的不充分。

经济性和可达性

相对于矿物地质的确定性,矿物储量的经济性意义更为重要。开采、加工和使用等技术的变化,一方面能改变无经济效益和边缘矿区之间的边界,另一方面也能改变那些具有经济效益矿区的边界。产品价格与成本之间比值的变化,也有类似的移动矿区边界的作用。矿区边界的移动既能增加,也能降低矿产的经济可采储量。例如,能源价格或外汇汇率的变化,能使以前的具有经济意义的储量变得没有经济价值,反之亦然。

地质可能性和经济可行性都会受到政治和社会因素的影响。一些已知的矿床实际上无法使用,因为在利用上有所限制,比如石棉或汞;或者在开采上有所限制,如铀的开采在澳大利亚被限制了多年。更普遍的是,在某些地区可能禁止任何类型的采矿活动,比如,国家公园、著名风景区和边境地区。不断严格的环境法规或社会考量可能同样会禁止已知矿床的开采。例如中国,在最近几年中,为了降低污染、增进健康和提高安全,已经关闭了许多小型的不同矿物开采矿井。在一些国家或地区,政治不确定因素或不稳定性,甚至武装冲突都可能会妨碍已知矿床的开发。由于所有这些可能的原因,即使是已知经济可采储量的矿床,也并不总是可以开采。许多准入限制或开发限制可能是暂时的,但是,它们在一些时期确是存在的。

为了获得具有商业价值的产品,多数矿床的矿物都需要进行加工。在许多情形下,矿石都可能含有多种产品,但对副产品储量常没有明确估测。即使充分得知副产品储量时,矿藏开采速度通常由对主产品的需求所支配。因此,由于是更广泛使用比较贵重原料的副产品或联产品,一些不太常见矿物的产量就可能会受到限制。相反地,当一些副产品矿物的产量与主要矿物产量内在相连时,副产品矿物则可能过度供给。因此,这在很大程度上将取决于处理的特点以及处理中产品被分离出来的阶段。

历史趋势和未来的关注

在历史上,大多数矿物的供给都与需求的步调一致,并且没有任何剧烈的价格波动或储采比变化。勘探技术和加工工艺的改进,已使得新矿产储量的发现和界定能够抵消随时间发生的矿贫化作用和矿品位降低趋势。在周期性经济上升期间,多年的价格急剧上涨夹杂着经济衰退期内强烈的价格下跌期。强烈上涨的价格和相对于成本的高价已经表示稀缺,并且稀缺已促进现有矿山的扩张、在以前未经开发矿床上新矿山的发展,以及导致额外矿床发现的勘探活动的开展。

有些人质疑这样的历史性模式是否会在未来重复出现,他们证据是,从更贫乏、更深的地层和更复杂的矿石中提取商业产品会导致能源成本的不断增长, 水源供给限制以及满足全球需求的环境成本和社会成本的不断上升。总之, 他们质疑在中长期内扩大矿产开发的可持续性以及重大投资的潜力。这种有关潜在价格上涨和稀缺性的担忧并不新鲜, 已在多年间被不时提出来。在过去并未成真的长期性短缺, 不能否定在未来发生的可能性。但是也存在低估新增矿物储量的潜力和技术变革持续性影响的倾向, 例如采矿和其他勘探技术的新进展以及新的消费习惯。尽管此类进展鲜有革命性, 但渐进式的变化可以产生相当大的累积效应。

在过去 10 年间, 亚洲市场矿物需求呈现强劲的增长 (中国领先, 但还有其他国家), 并且有关此需求在未来几十年间持续强劲增长的预期已加剧对潜在稀缺的担忧。自 2003 年—2004 年以来, 上涨的矿物价格, 仅在 2008 年—2009 年间短暂下跌, 这已被视为此类稀缺的先兆。由于各种限制因素的存在, 包括资金短缺、环保限制以及东道国要求更大矿产收入份额的压力, 致使矿业公司不能或不愿去投资; 即使对那些已探明储量的矿产也是如此。矿产需求暂时超过供应能力的情形已不是第一次出现了, 但是之前却有人表达出对储备充足和投资不足的担心。在这种情况下, 这种问题本身就提供了部分的解决方案, 即中国、印度和其他迅速壮大的经济体的矿物消费者, 将与传统的矿业公司一起进行投资。

需求和价格

当原料供给不足时, 价格上升会远远超过成本。这既能移动经济储量和边际储量之间的边界, 也能影响需求。虽然需求可能对短期内价格的变动相对不敏感, 但是, 其长期的反应通常会很强烈。除了黄金和宝石之外, 对矿产品的需求不是由它们的内在性质而是由它们的可使用性能所驱动的; 换言之, 它们的需求源于它们的最终用途。在许多用途中, 大多数矿物属性相重合, 并且许多情况下已确立的矿产品还会与其他新开采的矿物、回收的原料以及合成产品发生竞争。此外, 一个给定材料的所有用途并不同等重要, 有些可能是易于替代的、有些在生产链中可能不是关键元素。在原材料替代中, 可能涉及初始成本, 并且一些原材料在一些用途中得到偏爱。但是这种可替代性会削弱地质稀缺性的经济冲击, 例如, 在 20 世纪 70 年代后期, 刚果民主共和国沙巴省内战导致钴短缺, 致使永磁体中的钴被完全取代; 同样, 发生在 70 年代中期的锆石短缺, 也造成其在耐火材料中被大规模替代。

在诸如此类情况下, 持续时间相当短的价格飙升使稀缺性显得更加突出。当矿物是副产品, 且供给缺乏弹性时, 价格激增最常发生。一些矿物在矿区加工的初期阶段被分离出来, 因此它们的供给很大程度上取决于矿物的含量。其他一些矿物, 像用于电子产品的铟、锗和镓等稀有金属, 则是在其主要产品加工的最后阶段被提取出来。由于不是所有加工厂都有回收系统, 因而这些矿物的供给更依赖于充足的加工能力, 而不仅仅依赖于矿石的性质。

矿产品在多数使用中都不会消失掉, 一旦矿物构成的产品达到使用期限时, 它们又可以被重新利用了。矿物回收利用的重要性随着最终用途的性质、产品寿命、经济活动和政府规定的改变而改变。在许多情况下, 矿物也可能在中间产品中被回收，如不锈钢中的镍和碎玻璃中的硅砂。然而，不论产品以哪种形式被回收利用，次生原料为新的初生产品提供了补充，并且回收利用规避了稀缺性的威胁。

矿物富集地

当已知储量的矿物高度富集于相对较少的矿床时，生产者不仅需要具备控制价格和获得高于正常利润率的能力，也需要具备限制供应的能力。如绿宝石、红宝石和蓝宝石等，它们的稀缺提高了其价值却没有引起担忧。这强烈表明，正是矿物的供应有限性与矿物的使用特点和水平的结合，引发了人们对矿物稀缺的担忧。

矿床的地理位置与由此产生的地缘政治因素也与矿物稀缺的担忧相关。例如，一个美国生产商主宰着铍的供应，并且少数巴西和加拿大公司控制着铌的全球市场，但是人们却没有表示出对这些矿物稀缺的广泛关注。

另一方面，在20世纪70年代末和80年代初，美国和欧洲产生了关于数量有限的几种矿产——包括铬、钒及铂族金属——稀缺的担忧，这些矿物储量和产量均集中在南非和苏联。南非政治家和公司热衷于营造恐慌，称苏联可能在种族隔离搞得四分五裂的南非煽起动乱以制造人为短缺并剥夺西方战略矿产。在这个事件中，所谓的资源战原来只是虚惊一场。

在21世纪，人们的注意力转向中国——这个成为一系列矿物的领先供应商以及更多矿物主要消费者的国家。多年来中国产品的大量低价出口，逐渐导致其他地方矿山的永久关闭或封存，以及勘探和新矿开发的不足。中国在一些矿物的全球产量中所占的份额，远远超过它在其已知储量中所占的份额，受影响产品包括锑、萤石和钨。由于购买者通常不关心供给的潜在稀缺性或不安全性，并且愿意支付现行价格，因此这种趋势起初并没有引起太多关注。但是，随着中国国内消费的增长以及为改善健康和安全并降低污染，对小型矿山实施更加严格的限制，因而使得中国的出口量不足以满足需求，而且价格也相应地上涨。这导致了中国以外已知矿床的恢复生产。

稀土示例

稀土元素（某些地壳中含量丰富但是很少具有经济可采性的元素）也以中国生产为主导。多年来中国无疑一直是最主要的生产者，其出口导致了美国一竞争矿山的关闭并且抑制了一些可替代矿藏的勘探。中国拥有的稀土元素（钪、钇和镧系元素）储量占全球总量的36%，但其稀土元素产量则占全球总产量的97%。一些稀土元素的生产具有垄断性，并且这些元素在许多具有重要战略意义的行业中的应用迅速上升。当中国限制出口并大幅提高价格时，产生了对中国将保留供国内使用的生产，以确保需要稀土的产品为中国制造之恐慌。这就是一个人为引起稀缺性的例子，因为地壳中的稀土元素相当丰富。虽然与其他大多数矿石相比，发现可采的稀土富集物不常见，但是美国地质调查局认为，相对于预期的需求，未发现的稀土资源量非常大。中国以前准备以极具竞争力的价格出口，但是遏制了在其他地方勘探和对其他已知矿藏投资的兴趣。随着被封存美国矿山的重新开放以及其他项目正在积极的考虑之中,中国的政策随后也引起了快速的重新评估。

面对日新月异的技术,稀土元素或许是面临潜在短期稀缺性的矿物中最极端的例子。其他例子包括在蓄电池领域有重要应用潜力的锂和钒,并且,尤其当电动车辆市场大幅扩张时,它们将面临潜在的短期稀缺。在大多数这样的情况下,包括稀土元素,改变需求结构和价格—成本的关系不仅将使得在已知但没有经济效益的矿床上重新进行开发成为可能,也将鼓励进行新矿的勘探。换言之,稀缺可能是暂时的。

价格—成本关系的响应能力,也低估了技术变革的持续重要性。相反地,乐观主义者则可能没有充分认识到互补性投入不足引起的潜在限制,如能源和水的供给。从长远看,价格上涨不一定是稀缺性的表现,而是一种使得供给和需求重新达到平衡的机制。对供给的人为限制常常比地矿稀缺性更易受到关注,并且这种人为限制本身易于改变。

菲利普·查尔斯·弗朗西斯·克劳森
(Phillip Charles Francis CROWSON)
邓迪大学

启示

对未来矿产资源的可利用性问题,悲观主义者常常低估了供给和需求对不断变化的

参见:钶钽铁矿;冲突矿物;电子产品的原材料;宝石;锂;替代材料;采矿业——金属矿床开采;非金属矿业;自然资源经济学;稀土元素。

拓展阅读

Bardi, Ugo, & Pagani, Marco. (2007, October 15). Peak minerals. Retrieved October 25, 2010, from http: // europe. theoildrum. com/node/3086

Crowson, Phillip. (1993). *Mineral resources: The infinitely finite* [pamphlet]. Ottawa, Canada: International Council on Metals and the Environment.

Giurco, Damien; Prior, Timothy; Mudd, Gavin; Mason, Leah; & Behrisch, Johannes. (2010). *Peak minerals in Australia: A review of changing impacts and benefits* (Cluster Research Report 1. 2). Sydney: Institute for Sustainable Futures, University of Technology.

Tilton, John E. (2003). *On borrowed time? Assessing the threat of mineral depletion*. Washington DC: Resources for the Future.

United States Geological Survey (2010). Mineral commodity summaries 2010. Retrieved October 25, 2010, from http: //minerals. usgs. gov/minerals/pubs/mcs

Mining—Metals

采矿业——金属矿床开采

金属矿床开采是从地球中提取矿石,然后再加工成工业所需金属或贵重金属。从20世纪90年代初期,随着全球经济一体化的加强与范围扩展,全球采矿业也发生了变化。这些变化(包括提高技术效率和在第三世界的投资)已经对社会可持续性构成了挑战,并成为一个争议性问题。为此,民间社会组织对这些产业开始进行监督。

矿业开采是从地球中提取矿物质或其他有价值的地质材料。这些材料是构成我们工业社会许多物质的基本来源。重要非金属矿物包括盐、黏土、沙子、沙砾和工业原材料。虽然宝石主要用于珠宝饰品或作为一种储藏财富的方式,但是各种宝石(红宝石、钻石和绿宝石)也来自矿业开采。此外,其他被开采的非金属矿物原料包括石油、煤炭、天然气和铀矿石等各种燃料;重要的金属矿物开采涉及矿石发掘以及对这些矿物处理形成工业或贵重金属,例如铁、铝、镍、锡、铜、铅、金、银等。

金属矿床开采分为勘查、探矿、一般和详细勘探及矿物开采四个阶段。其中,勘探是一个关键阶段,包括对具有潜在开采价值矿物含量区域的鉴定,并且,在地质学家预期矿床存在的深度进行钻孔取样。矿产地质学家一般运用遥感技术、地形测绘学、地表指示物等,来准确定位潜在矿物的形成区域。这种矿物形成的地质活动是随时间推移不断进行的,在此过程中,岩石转化为含有高浓度且具有经济价值的矿物质。开采是从矿床中提取矿石的过程,之后进行的冶金过程是从矿石中提炼金属。金属一般通过加热或沥滤(溶解在化学溶液中)从矿石中提取。对于一些矿石,通过加热熔解,目标金属就可以与其他化合物分离。对于另一些矿石,例如黄金,在溶液中加入易于回收的化学药品能够将目标元素与其他物质分离。

金属矿开采分为两种基本类型,即地下采矿和地表采矿。矿物形成类型决定了采矿类型。对发生在地表以下几百到几千米深位置的矿脉，必须采用地下开采技术，即建造到达矿体的竖井（垂直隧道）、运输管道和采矿场（水平或倾斜隧道）。冲积性沉积金属矿（也叫冲积矿）是河流冲积而成的疏松表层沉积物。这些矿物开采则用表面采矿技术。

露天开采是最常见的地表采矿类型。在历史上，地下采矿占主导地位；然而，在21世纪，由于极具商业价值的地下矿体变得稀缺，地表采矿就变得比地下采矿更为常见。较新的加工技术（比如黄金氰化法）及其与大型开采装备相关的规模经济使得低品质、分散的地表采矿迅速兴起。

金属采矿一直是人类文明进步的标志，但是，自19世纪40年代工业革命兴起以来，采矿水平和范围迅速扩大。青铜器时代标志着人类开始广泛使用金属矿物。青铜合金最早出现在公元前3 000年的中东地区。大约在公元前12世纪，铜器时代让位于铁器时代。几个世纪后，罗马人开发了最早的大规模采矿技术，配备有复杂的隧道开挖系统和机械来去除覆盖层（矿床上方的泥土和岩石层）。中世纪时期，采矿技术在欧洲不断进步，随着工业革命的到来，美国进入大规模采矿时代。19世纪以来，工业采矿有3个最重要发展：炸药、钢缆（钢丝绳）和内燃机的发明。19世纪

后期，采矿业向美国西部扩张。例如，旧金山、加利福尼亚、丹佛和科罗拉多就是作为采矿地而被人们定居的。

20世纪70年代以来，我们进入了金属矿床开采的新时代，主要特征是矿产投资从传统投资地区（美国、加拿大和澳大利亚）向发展中国家的新兴经济体转移（Bridge 2004）。四种因素导致了这一变化：① 使低品位矿床有利可图的新型采矿技术；② 传统矿业国家矿产资源的枯竭；③ 新兴经济体的对外开放；④ 巴西、印度、中国和俄国工业发展对金属的需求。2000年以来，拉丁美洲和非洲的矿业投资增加了3倍。随着这些变化，金属矿床开采成为世界经济和环境可持续发展中的争议性话题。

在21世纪，世界大多数国家都允许或授权采矿公司进行矿床开采。政府一般把勘探许可证和开采许可证分开授权，并且采矿公司必须满足一定的技术、环境和社会需求才能获得许可证。为了吸引外资，大多数发展中国家对金属矿床开采的规章制度及其监管比较宽松。因此这种体制可能不利于对自然环境和当地社区的保护。这些矿产企业文化一般倾向于忽视雇佣与社区有关员工，并且，优先考虑降低生产成本，结果造成了缺乏公开透明的环保标准（Rees 2009; Dobra 2002）。

金属矿床开采与经济可持续性

当今，发展中国家如果不把矿业作为一种经济发展引擎，的确会导致本国经济发展不景气。金属矿开采是世界上许多发达国家早期经济发展的一种重要产业。尤其是美国和加拿大，从大规模的金属采矿产业中获益颇多，并使它们发展成为金属矿业大国。与此同时，这些国家正在进行的工业化，又能把其生产的金属材料用掉，这又进一步巩固了其他产业。此外，这些大陆国家的广阔区域，也促进了基于运输初级产品的复杂铁轨系统的兴起。因此，这些国家的金属矿业是工业发展和生产经营多样化的一个引擎。然而，在21世纪，对于南方国家（南半球发展中国家）而言，是外国公司实施矿床开采，并且开采的矿石多用于出口（Power 2002）。与19世纪50年代的美国相比，现在的大多数矿床开采隶属于国外矿业公司，这就意味着这些矿产开采业并不能很好地服务于本国的其他民族工业。更进一步来说，这些国家对矿产有严重依赖，矿床开采可能会导致"荷兰病"（Dutch disease）效应。该效应是指急剧增加的矿业部门，会从其他更具生产力的经济行业（比如制造业）挖走大量劳动力和资金。当矿业繁荣过后，开始萧条时，其他经济行业也因受矿业影响而衰弱下去。最终，当面对全球矿产价格剧变而带来的冲击时，这种依赖矿业发展的经济产业就很脆弱。因为矿产受控于急剧波动的市场价格，其商业价值也具有不确定性。当这些矿产的市场价格直线下降时，非常依赖矿产出口的国家将面临严重的经济危机。很多社会科学研究都支持这种"资源诅咒"论（resource curse thesis）（荷兰病效应）（Auty 1993；Power 1996；Karl 1997；Auty & Mikesell 1998；Ross 2001）。

虽然大的跨国公司主导着世界矿产行业，但是占相当比重的金属，尤其是产量小利润大的贵重金属，都生产于手工和小规模采矿者之手。这些手工采矿者比在19世纪40—50年代的加州淘金热中淘洗金砂取金的人还要多。其不同之处在于：许多手工矿工（包括许多童工），会暴露在剧毒化学品（比如，用于从矿石中萃取金属的汞）。在极端贫困和存在剥削的非洲、拉丁美洲和亚洲地区，手工采矿随处可见。许多可持续发展的倡导者认为，手工采矿有助于边缘地区减少贫困和提高福利，因为穷人自己控制着矿产生产方法。而其他倡导者认为，手工采矿不够正式且缺乏适当的管理，与公司采矿相比，这将导致更大的环境破坏和劳动力资源浪费。把手工矿工并入公司矿工的新型采矿模式提供了一种折中的办法。洪都拉斯的金湖组织与手工矿工合伙开采外销矿产是其中的一个范例。

金属矿床开采与环境可持续性

金属矿床开采的最大难题是：它可能对环境产生潜在的消极影响。这一难题能通过良好的开采技术和部门管理得到缓解。但是，由于在采矿工业中融资不易，许多公司为了节省资金，而不采用最佳的环保措施。

由金属开采而导致的环境破坏有3个主要方面：① 清除了森林植被和覆盖层；② 酸性岩废水排放；③ 尾矿物质的储存和处理（提取过程中的副产品）。要建一个露天矿，矿工必须去除表面植被和许多覆岩层以到达矿体。这样就会产生大量的粉尘，加速荒漠化和生态系统的破坏，并使得周边地区更容易被侵蚀。此外，除非有足够的树木种植在周边地区，否则去除森林植被会使更多的碳释放到大气中，进而加剧全球气候变化。最后，开采会在地球上产生很多矿坑，有些大到可以从太空看到，这也会影响地貌美学价值。

酸性岩废水主要是在采矿过程中产生，以硫化物居多。它是从地球表面之下萃取，然后被排放。硫化物暴露于大气中，与氧结合，在铁氧化细菌催化下腐蚀岩石。这可能会产生硫酸，并释放重金属（如锰、铅和砷等）。酸和其他有毒物质可以渗入土壤，雨水可能会把它们带入水体。如果这些重金属被排放到土壤，这可能会对矿石附近的农业生产和人类健康带来不利影响。因为这些金属都是致癌的，也对土壤肥力造成不利影响。反过来，这又会严重影响农业生产。而且，受重金属污染的土壤生产的农产品将这些毒素带入到人类体内，可以导致严重的疾病。矿山运营商通常用黏土来覆盖采矿过程中产生的硫化物，以防止硫化物接触空气和水，或者通过在岩石中撒入石灰，中和其酸性，从而防止酸性废水的产生。

为了获取目标金属，可能会用危险化学物质来萃取金属矿石。一旦危险化学品被使用，那么尾矿就可能含有有毒化学物质。采矿会生产大量尾矿废物，一般包含粉末状的岩石、重金属和其他毒素会出现在酸性废水中。在金和银的淋洗中，通常使用一种剧毒化合物（氰化物），因而，金和银矿山尾矿中则含有大量的潜在氰化物。在开采过程中，尾矿废物必须进行专门的存储和处理；当矿井关闭时，要进行现场整治和修复。这是采矿过程中最耗资的方面之一。高成本会使财

务管理者强迫采矿经理去限制尾矿废料储存设施的规模和使用成本高的设计，这就增加了出现不良环境后果的风险。尾矿控制区（Tailings enclosures）是一种精细设计的维护系统，但如果运行不当，有毒物质就能够逃逸进入环境。尾矿废料在干燥情况下，会形成氰化物尘埃飘出尾矿储存设施。如果是，有毒物质则会随着湿尾矿渗入土壤和地下水，堤坝倒塌时则会导致环境灾害。在过去一个世纪以内，世界各地就曾经有数以百计的尾矿大坝倒塌事件。

金属矿开采和当地社区

虽然大多数矿井都位于偏远且周围基础设施少的农村地区，但是，对于我们这样一个人口越来越密集的世界而言，新矿通常接近，甚至就位于人口稠密地区。因此，小社区中出现一个大型矿井会影响到当地的社会关系（Tauxe 1993; Gaventa 1980）。采矿公司倾向于吸引社区以外的劳动力，从而导致矿区人口快速增加。研究表明，这样的人口增长会增加酗酒、轻微犯罪和卖淫事件的发生（Laite 2009）。此外，虽然矿产开采可以为贫困地区创造新的就业机会，但由于矿产资源有限，公司采完矿物离开小镇后，会导致当地工人失业。例如，从非洲到落基山脉西部，矿山关闭导致了许多鬼城的出现。

自 20 世纪 80 年代以来，如关注独立国家的土著和部落民族的《国际劳工组织 C169 公约》(the International Labor Organization's C169 Convention) 和关注土著人民权利的《联合国宣言》(the United Nations Declaration) 等法律文件，已经使土著人民面临采矿项目时的自由

权、优先权和事先知情权制度化。根据这些国际规范，在采矿项目开始之前，要充分咨询原住居民，并且征得他们的同意。原住居民行使同意或否定权，并不等同于对采矿项目进行全盘否定。而是土著居民具有合理改变矿业项目的权利，把本地社区的利益最大化、把负面影响最小化。虽然这些国际组织（金属采矿国际理事会和世界银行）同意与当地居民进行一些磋商，但在多数情况下，这些自由权、优先权及事先知情权达不到国际法律规定的标准。

曼哈顿金矿公司计划在秘鲁北部的格兰德镇上游地区采矿就是一个案例。在2002年，面临移民的该镇居民进行了全民公投，来决定是否同意他们在该镇采矿。94%的参与者投票反对（Muradian, Martinez-Alier & Correa 2003）。其他地方也出现了类似情况，这种情况在危地马拉地区非常明显。自2005年以来，在42个直辖市中，超过40万人投票反对在他们境内采矿（Territorios indigenasy democracia guatemalteca bajo presiones 2009）。然而，这些投票并不具法律效力，因为政府往往拥有底土（subsoil）所有权，并且采矿业被视为国家利益。尽管如此，但是在发展中国家，他们传达出一种阻碍大规模、高技术采矿的信号。

自2000年以来，由于对采矿的争议越来越多，因此一种矿区可持续性观点应运而生。同时，全民社会对此的关注也不断增加。在2001年，随着一套包括人权、尊重本土文化和促进可持续发展在内的最佳方案的推出，金属采矿国际理事会（The International Council on Mining and Metals）（一个试图提高产业可持续性的矿业协会）成立。在2001年，由于来自激进组织的诸多压力，世界银行对牵涉矿业的投资作了深入检讨。形成的报告《采矿工业回顾》在2003年12月出版，并建议银行逐步停止向采矿业提供资金。在2002年，政府联盟、多边金融机构和民间社会组织共同制定了《采矿业透明度行动计划》(the Extractive Industries Transparency Initiative, EITI)，该计划根据税收透明度和廉政标准，对参与政府进行审计。这项备受瞩目的行动计划得到了世界上多数大政府和多边机构的认可。然而，许多小的非政府行动计划也在监督着全球的金属采矿业。例如，美国乐施会（Oxfam America）所做的工作，就是确保开采项目能贡献于可持续发展和尊重原住居民的人权。总部在华盛顿特区的非营利组织土木工程会（Earthworks）倡议"拒绝肮脏黄金"运动。在这一运动中，零售商表达了他们对和黄金开采相关的人权问题和环境问题的担忧。大型零售商（比如沃尔玛和蒂芙尼）已经签署了相关协议。

虽然许多潜在的可持续性难题与采矿业有关，但是，金属是构成我们工业社会的基础，采矿业可为贫困国家创造经济机会。采矿业雇佣和培养当地工人，并为当地政府和国家财政纳税。在2007年，世界上14大矿业公司为政府纳税290亿美元（Pricewaterhouse Coopers 2009）。在受采矿影响的地区，采矿公司也日益花费大笔资金在社区发展项目上，以补偿矿业对当地居民带来的负面影响（McMahon & Remy 2001）。采用发展当地慈善事业这一新趋势，被视为采矿的社会许可证。

从1990年开始，全球经济增长导致全球金属采矿业发生了变化，并限制了经济和环境的可持续性以及社会公平。同时，对矿业问题的日益关注和民间社会组织的增加，正在试图来减轻这些负面影响。

迈克尔·L. 多尔蒂（Michael L. DOUGHERTY）

伊利诺伊州立大学

参见：铝；铬；钶钽铁矿；铜；电子产品的原材料；黄金；重金属；铁矿石；铅；锂；矿产资源稀缺性；非金属矿业；镍；铂；钾；稀土元素；回收利用；银；钍；锡；钛；铀；合理利用运动。

拓展阅读

Auty, Richard M. (1993). *Sustaining development in mineral economies: The resource curse thesis*. New York: Routledge.

Auty, Richard M., & Mike sell, Raymond F. (1998). *Sustainable development in mineral economies*. Oxford, UK: Oxford University Press.

Bridge, Gavin. (2004). Mapping the bonanza: Geographies of mining investment in an era of neoliberal reform. *The Professional Geographer,* 56 (3), 406–421.

Dobra, John. (2002). *The US gold industry 2001* (Special Publication 32). Reno, NV: Nevada Bureau of Mines and Geology.

Gaventa, John. (1980). *Power and powerlessness: Quiescence and rebellion in an Appalachian valley*. Urbana: University of Illinois Press.

Karl, Terry Lynn. (1997). *The paradox of plenty: Oil booms and petro states*. Berkeley: University of California Press.

Laite, Julia Ann. (2009). Historical perspectives on industrial development, mining, and prostitution. *The Historical Journal*, 52,739–761.

McMahon, Gary, & Remy, Felix. (2001). *Large mines and the community: Socioeconomic and environmental effects in Latin America, Canada, and Spain*. Washington, DC: World Bank.

Muradian, Roldan; Martinez-Alier, Joan; & Correa, Humberto. (2003). International capital versus local population: The environmental conflict of the Tambo Grande mining project, Peru. *Society & Natural Resources*, 16 (9), 775–792.

Power, Thomas Michael. (1996). *Lost landscapes and failed economies: The search for a value of place*.

Washington, DC: Island Press.

Power, Thomas Michael. (2002, September 23). *Digging to development: A historical look at mining and economic development*. Boston: Oxfam America.

PricewaterhouseCoopers. (2009). *Total tax contribution: PricewaterhouseCoopers LLP global study for the mining sector*. Retrieved January 1, 2010, from http: //www. pwc. com/gx/en/mining/tax/index. jhtml

Rees, Caroline. (2009). *Report of international roundtable on conflict management and corporate culture in the mining industry: A report of an international roundtable* (Corporate Social Responsibility Initiative Report No. 37). Cambridge, MA: Harvard University, John F. Kennedy School of Government.

Ross, Michael. (2001, October). *Extractive sectors and the poor*. Boston: Oxfam America.

Tauxe, Caroline. (1993). *Farms, mines, and main streets: Uneven development in a Dakota county*. Philadelphia: Temple University Press.

"Territorios indigenasy democracia guatemalteca bajo presiones" [Guatemalan indigenous territories and democracy under pressure]. (2009). Retrieved April 25, 2010, from http: //www. guatemala. at/ido%20smi/ido_ sanmiguel. pdf

Mining — Nonmetals

非金属矿业

非金属采矿是从地球中提取包括石头、沙子、黏土以及用于化学制剂和肥料在内的矿物原料。尽管采矿业是一个重要产业，但是却给环境、人类健康和安全带来负面影响。尽管矿业也有所进展，但是职业危害仍然存在，社会福祉受到威胁，对环境可持续发展的影响主要也源于这个产业。为了解决这些问题，政府机构、民间社会组织及矿业公司做出了努力，制定了相应的法律法规和自愿措施。

采矿或从地球开采原材料可以生产燃料矿物或非燃料矿物。非燃料矿物分为金属和非金属。非金属矿业主要是挖掘块石（花岗岩、石灰石、大理石等）、碎石（如水泥岩、砂岩）、黏土和陶瓷（如耐火黏土、瓷土）、砂砾石（如卵石、二氧化硅）和化工和化肥矿物质（如氮、钾、磷等）。有些材料可以在较广的区域内出售（如石灰石），而某些材料由于运输成本高、利润薄，销售区域范围局限于当地市场（如砂，建筑用石，砾石）。

工业革命期间，由于制造业及相关行业对于自然资源的需求增大，使得采矿业在此期间迅速壮大（Eckley 2009, 10）。事实上，在1750年到1900年期间，矿物质的使用增加了10倍（Johnson & Lewis 2007, 176）。现代文明严重依赖于矿物质。城市建设需要建筑材料、工业生产需要原材料。住宅区、工业区、商业区和公共工程都要使用碎石头、沙子和砾石。就像生产玻璃、化肥、水泥、石灰一样，道路、桥梁、下水道系统、电网、机场、隧道等的建设也都取决于这些矿物质。

每个矿业项目都由几个阶段组成。在勘探和可行性论证阶段，发现矿点进而对于矿点进行可行性评估。如果矿点被认为是有价值的，随即进入开发阶段。采矿可能是通过露天/表面、地下和溶液采矿等方式进行，而采矿方式选择则是基于矿物类型、矿床特征及矿床地质条件。在1999年，96.7%的非金属矿采用表面开采的方法（Johnson & Lewis 2007, 180），这个过程需要爆破和移除土壤、岩石和植被（US EPA 1995, 13–14）。为获得矿石，地下采矿方式需要开凿运输通道,称为掘进。溶液采矿需要下钻到矿床并注射一种能够与所需矿物质混合的化学溶液。然后,混合溶液被运回到表面进行处理,以还原目标矿物。这两种方法都广泛用于矿物质开采中(如钾和硫)。

许多国家的经济依赖于非金属矿物开采。阿尔及利亚、白俄罗斯、约旦、肯尼亚、马其顿、摩洛哥、塞内加尔、多哥、特立尼达和多巴哥和突尼斯的经济发展都取决于非金属矿物贸易,这些非金属矿物出口量超出总矿产出口总量的80%。巴基斯坦和沙特阿拉伯的非金属矿物出口分别占该国总出口量的73%和71%。阿根廷、巴西、加拿大、中国、墨西哥和美国这些国家的非金属矿物出口占总出口量的19%～39%(Crowson 2009, 6–9)。为了满足生产发展对于矿产资源的迫切需求,对于矿产资源项目的投资在"采矿国家"和矿产资源丰富国家的投资已达到顶峰,反过来,这又推动了印度和中国等新兴经济体的快速增长。

尽管采矿业和世界银行已经为发展中国家经济增长的采矿业提供了便利,但是巨大成本支出依然束缚着采矿业的发展。那些严重依赖于矿业经济的国家面临着特殊的挑战。相对于那些不是严重依赖矿业的发展中国家,具有大型矿产经济体的发展中国家经济发展运营不佳(Auty 1993, 3)。出现这种状况的原因之一是,采矿业更多地依赖外国投资而很少依赖国内资源(如当地的劳动力)。虽然这并不适用于所有非金属行业,但是在宝石开采行业这种现象普遍存在。这种现象将产生一个"飞地工业",即一种与其他国内产业几乎没有联系的工业。这种采矿业所在国需要用收入支付外国投资者的分红和外籍人士的工资,以及偿还外

国银行的贷款(Crowson 2009, 18–20)。矿业收入的增加可能导致货币升值,这又使制造业和农产品的出口价格变得更加昂贵和缺乏竞争力。矿业所在国主要是通过税收费用和提成,从采矿业赚取利益,但矿业公司几乎不会将获取的利润投资到所在国内经济中。

因此,由于技术革命和经济全球化的原因,拥有大量矿产的国家反而没有从自己的矿藏中获益。海外的原生产厂家进行设备维修和配件供应,瓦解了采矿业和当地产业之间的潜在联系。通信手段的发展和交通条件的改善,为矿业公司进行海外维修和更换配件提供了低成本高效率的渠道。因此,东道国(矿业所在国)更可能是通过税收从采矿业获取利益,而不是通过提供就业机会(Crowson 2009, 3)。

采矿业中的健康和安全问题

采矿业仍然是高危职业之一,表现为员工受伤率高,而主要原因是粗心大意和监管不力(Eckley 2009, 17)。在1994年,物体和采矿设备造成的外伤占总伤害的40.1%,跌伤占18.9%。最近,美国疾病控制和预防中心发现,从2003年到2007年,损伤仍主要由材料的处理过程导致,其次是由滑倒和跌落引起(CDC 2007, 1)。更大损伤的范围从与运输相关的伤害(2.9%)到过度劳累(26.1%),接触有害物质(4.8%)和"其他"伤害(7.2%)(Sullivan & Krieger 2001, 530–531)。

在20世纪,采矿方法的改进和机械工具的提高促进了生产力的发展,也减少了人类暴露于危险环境的时间。电气工程、维护标准、防护设备和矿井环境中有毒物质的监视手段的提高和改进,对于生产力的提高和降低危险

都产生了积极的影响。延伸到职业危害之外，包括大众健康，这些大规模和间接的行业危害是亟须解决的难题。

环境管理的可持续性和意义

2002 年，联合国环境规划署发布了《矿业和可持续发展的柏林指导方针 II》（Berlin II Guidelines for Mining and Sustainable Development），宣称为了长期利益，在矿业项目中，实施可持续发展（即"综合考虑社会、经济和环境"）才能被环境和社会所接受（Botin 2009, 2）。环境可持续性尤其需要确保环境为人类提供重要服务的能力（如有益健康的空气、水等），同时，也需要把保护环境自身作为一个重要原则（Eggert 2009, 19）。

与矿业相关的污染源包括用于机器的碳氢润滑油和燃料、用于炸药制备的硝酸盐和燃油，以及切割、钻孔和爆破掉落的粉尘和废水。废料堆和尾矿（如采矿副产品）是在矿产开采阶段和生成阶段产生的（如炼油过程）。预防污染已成为采矿业的一个首要问题。采矿业已经采取了各种预防技术，这些技术既能降低成本也利于环保。这些技术主要包括材料的有效利用、矿业副产品的循环利用、更有效的技术管理和源头消减（一种从具体的开采过程中减少废弃物产生的策略）。

国内机构和相关法律管理和规范着整个采矿业。美国的《清洁空气法案》要求公司限制某些污染物的排放、安全操作和建筑许可，并确保监测和报告机制健全到位（美国濒危物种法案也有相关规定）（US EPA 1995, 53）。一些公司接受国家机构进行的主动监管，以促进环境管理符合规定、监控问责制、社区参与等相关过程。这些自愿承担上述安排的矿业公司，经常会得到公众的认可和政府机构的支持。

在稳定的民主国家，环境法规和财产权往往被划分得非常明确。中介、投资者、公司、东道国和当地社区及政府之间的纠纷，其诉讼过程会得到合法的裁决。在发展中国家，情况却不是这样的，环境法律可能刚制定、财产权可能不存在（或很难施行），立法机构通常是软弱或腐败的（Crowson 2009, 22）。

矿业所在社区的可持续发展

公司努力实现可持续发展目标被认为是越来越重要的事情，因为这些目标关系到一个公司的声誉和以后的盈利能力。因为社区可能并不总是欢迎大型矿业公司的出现，所以建立良好的社区关系可能会吸引新的投资者，并获得更多的商业机会。纽蒙特矿业公司已经提出了"社会许可经营"这个概念，这表明一个矿产企业的开始，需要得到社区的同意（Kurlander 2001, 1）。这个许可证以认可、合作及矿产企业与社区之间的关系为特征。除了企业政策，政府立法和国际法规在决定可持续性目标、标准和业绩目标中也扮演了一定的角色。

可持续发展不仅是环境问题，而且还包括经济、社会和文化的可持续发展（Eggert 2009, 20–21）。经济可持续性通过重视收入、教育和健康为当地人类提供福利。社会和文化的可持续发展是指采矿活动的利益和成本在社会中是否被公平分配。例如，矿产企业可能使一个当地社区迁移，然而总体上却为国家带来巨大的税收收入。然后，目标就是公平分配收入和利益。对矿业公司的抵制通常来自当地社区，而不是所在国家，因为国家可以获得税收收入，但不会将这些资金再投资到当地社区。

采矿业正逐渐趋向于采用一个包容与合作的方式进行开采，这种方式是通过当地社区的参与和相互磋商进行。通常，当地社区会因矿业生产而遭受负面影响。可持续性决定受矿业影响的地区居民的生活质量。一些跨国和当地非政府组织（Nongovernmental Organization, NGO）质疑，与矿业相关的成本是否超出了积累的利润。社区可持续性一般包括一个长期的发展战略、环境保护及企业社会责任（Corporate Social Responsibility, CSR）。因此，危及这些价值观的采矿活动是不可持续的，也会危及所在国家的生存能力。自21世纪开始，企业社会责任已经取得进步，且与所在国形成持续的关系。然而仅凭借公司的自我约束，企业社会责任的工作是不会充分的，特别是，如果所在国家和地方治理薄弱或存在腐败现象。

在矿业开采阶段，除了努力满足当地社区的期望，采矿公司也面临着为矿物的物理封闭及矿山复垦提供长期计划的压力。也就是说，开采结束后，要将开采区域恢复到一个可以接受的状态。对矿山关闭和复垦做出的早期规划，是一个采矿项目的重要组成部分（至少在那些强制执行法典法律和管理制度的国家要这样）。一些国家拥有国家矿业协会，其会员资格取决于矿业公司是否对协会政策的坚持（例如，加拿大矿业协会）。

在加拿大，立法机构和各级政府支持在采矿过程中与原住民社区进行有意义的沟通工作（例如，安大略省2009年的矿业法）。如此活动的主要目的之一，就是避免在采矿项目结束后留下一座废城。在采矿期间，采矿活动

有助于促进东道国社会经济的发展，一旦采矿结束，利益经常会缩减。

在世界的其他地区，整合当地居民关注的问题往往是一个棘手的问题。在拉丁美洲的部分地区，政府对原住社区的保护和支持通常是有限的。随着国际机构和非政府机构的倡导和宣传工作的开展，全球社区随之产生。而对全球社区社会及环境意识的日益增加，迫使公司在做决定之际要征求当地社区的意见（Canadian Foundation for the Americas 2008, 1）。

一些国际性新事态促进矿业公司和利益相关者就可持续发展的目的进行对话和谈判。《169号国际劳工组织公约》（the International Labour Organizations Convention 169）赋予原住居民自主决定权和开发权，而那些采用这一公约的国家为之提供一个框架，以确保这些原住社区的代表性和发言权能囊括于政府与矿业公司有关的管理体系中。在1999年，国际环境与发展研究所明确提出了采矿、矿物和可持续发展的项目，以鼓励所有感兴趣者之间进行对话，并起草了一个关于改革议程的研究报告（Danielson 2004, 328–329）。利益相关者也开始在国际范围内组织起来。例如，矿业公司成立了国际矿业和金属理事会（International Council on Mining and Metals），大约70个非政府组织创建了全球矿业运动。这种国际水平的动员和组织提高了矿业部门利益相关者之间的对话和谈判，因为这种代表平台被赋予了合法性，且具有分担矿业治理事务的能力（Danielson 2004, 331–332）。

前景

非金属矿业在现代社会发挥诸多重要功

能。尽管采矿业对人类生活质量及现代文明的维护和进步的影响是基础性的,但是当代的矿业必须适应日益增长的社会和环境意识。矿业公司为了实现这些新意识所做的工作经常被利益相关者批评为虚伪的、不起作用的或者不充分的。矿业公司和利益相关者之间的矛盾持续上升。目前,国内外更多机构开始调解矿业公司与利益相关者之间的分歧,进行关于管理策略方面的协商、参与和合作,以便逐步实现可持续发展。

戴安娜·巴尔拉杰(Dianne BALRAJ)和
J. 安德鲁·格兰特(J. Andrew GRANT)
皇后大学

参见:冲突矿物;电子产品的原材料;宝石;矿砂;矿产资源稀缺性;采矿业——金属矿床开采;磷;回收利用;食盐;沙子和二氧化硅;土壤;硫。

拓展阅读

Auty, Richard M. (1993). *Sustaining development in mineral economies: The resource curse thesis.* New York: Routledge.

Auty, Richard M., & Mikesell, Raymond F. (1998). *Sustainable development in mineral economies.* Oxford, UK: Oxford University Press.

Botin, Jose A. (2009). Introduction. In Jose A. Botin (Ed.), *Sustainable management of mining operations* (pp. 1–6). Littleton, CO: Society for Mining, Metallurgy, and Exploration.

Canadian Foundation for the Americas. (2008). *Sustainable communities: Mining and indigenous governance.* Ottawa: Canadian Foundation for the Americas.

Cawley, James C. (2003, November/December). Electrical accidents in the mining industry. IEEE Transactions on Industry Applications, 39 (6), 1570–1577.

Centers for Disease Control (CDC). (2007). Rate of lost-workday injuries by work location and type of incident, 2003–2007. Retrieved September 29, 2011, from http: //www. cdc. gov/niosh/mining/statistics/images/cb11. gif

Crowson, Phillip. (2009). The resource curse: A modern myth? In Jeremy Richards (Ed.), *Mining, society, and a sustainable world* (pp. 3–36). New York: Springer.

Danielson, Luke. (2004). Mining and minerals: Breaking new ground. In Tom Bigg(Ed.), *Survival for a small planet* (pp. 326–342). Sterling, VA: Earthscan.

Eckley, Wilton. (2009). Mining and mine management: Historical background. In Jose A. Botin (Ed.), *Sustainable management of mining operations* (pp. 7–18). Littleton, CO: Society for Mining, Metallurgy, and Exploration.

Eggert, Roderick G. (2009). What sustainability and sustainable development mean for mining. In Jose A.

Botin (Ed.), *Sustainable management of mining operations* (pp. 19–32). Littleton, CO: Society for Mining, Metallurgy, and Exploration.

Grant, J. Andrew. (2009). Digging deep for profits and development? Reflections on enhancing the governance of Africa's mining sector. SAIIA Occasional Paper No. 49. Johannesburg: South African Institute of International Affairs.

Johnson, Douglas L., & Lewis, Laurence A. (2007). *Land degradation*. Toronto: Rowman & Littlefield Publishers.

Lee, C. C. (2005). *Environmental engineering dictionary*. Oxford, UK: Government Institutes.

Kurlander, Lawrence T. (2001). Newmont Mining: The social license to operate. Retrieved September 29, 2011, from http: //www. ucdenver. edu/academics/International Programs/CIBER/Global Forum Reports/ Documents/ Newmont _Mining_Social_License. pdf

McPhail, Kathryn. (2009). The challenge of mineral wealth: Using resource endowments to foster sustainable development. In Jeremy Richards (Ed.), *Mining, society, and a sustainable world* (pp. 61–74). New York: Springer.

Mining & Minerals Business. (2011, January 28). US Department of Labor: Mining Deaths Rise in 2010. *Mining & Minerals Business*, 16.

O'Faircheallaigh, Ciaran. (2009). Public policy processes and sustainability in the mineral and energy industries. In Jeremy Richards (Ed.), *Mining, society, and a sustainable world* (pp. 437–467). New York: Springer.

Otto, James M. (2009). Global trends in mine reclamation and closure regulation. In Jeremy Richards, (Ed.), *Mining, society, and a sustainable world* (pp. 251–288). New York: Springer.

Rajaram, Vasudevan; Dutta, Subi joy; & Parameswaran, Krishna. (2005). *Sustainable mining practices: A global perspective*. London: Taylor and Francis.

Slack, Keith. (2009). The role of mining in the economies of developing countries: Time for a new approach. In Jeremy Richards (Ed.), *Mining, society, and a sustainable world* (pp. 75–90). New York: Springer.

Sullivan, John B., & Krieger, Gary R. (2001). *Clinical environmental health and toxic exposures*. Philadelphia: Lippincott Williams & Wilkins.

US EPA. US Environmental Protection Agency, Compliance Assistant and Sector Programs Division. (1995). Profile of the non-fuel, nonmetal mining industry (EPA/310-R-95-011 Code 14). Washington, DC: U. S. Government Printing Office. Retrieved September 29, 2011, from http: //www. epa. gov/compliance/ resources/publications/assistance/sectors/notebooks/nomtmisn. pdf

Wagner, Markus, & Wellmer, Friedrich-Welhelm. (2009). A hierarchy of natural resources with respect to sustainable development—a basis for a natural resources efficiency indicator. In Jeremy Richards (Ed.), *Mining, society, and a sustainable world* (pp. 91–121). New York: Springer.

Mountains

山　地

山地能够提供许多经济、文化和环境效益，包括森林、植被、淡水、水力发电、矿产、野生动物栖息地和游憩。自然过程和灾害影响着山体的景观结构和居住于山中居民的文化。全球化和气候变化对山区的影响比其他地区更大，因而山地的资源需要精心谨慎的管理以便维持其可持续发展。

山地占地球陆地面积的24%（Kapos et al. 2000）。多样性的山地从赤道到两极地区均有分布，在各个大陆既有独立的山系和山体，也有广袤的山脉。山地是世界上12%的人口的家园（Huddleston et al. 2003），许多山地居民生活在乡村社区，或是生活在山谷和海拔较低山坡上的都市和城镇。紧邻山地的地区往往人口高度密集：在全球范围内，有26%的人生活在山区、与山区相邻或接近山地的地区，而其中一部分生活在大城市中，而这一情形在拉丁美洲和中国尤为显著（Meybeck, Green & Vörösmarty 2001）。因此，超过十亿人依靠邻近的山地获得包括水、食物、林业产品、休闲游憩等生活用品和相关服务。他们和其他的几十亿人也从山区获得了其他方面的效益和服务，包括提供的能源和矿物质，以及山区对于生物多样性、旅游业和宗教活动的重要作用。

多样景观

所有的山地都是以其陡峭山坡和活跃地貌过程（如沉降与抬升）为特点的。山地部分景观还会遭受到一些"自然灾害"，如雪崩、坍塌和滑坡。雪崩主要破坏所到之处的乔木和灌木，也会破坏房屋、道路、铁路和旅游设施，而大规模的岩崩和滑坡则会给山地景观留下长久的痕迹。地震和火山爆发会影响到更大的区域。当这些过程同时发生时，便会产生毁灭性的影响。例如，1970年5月31日，一场地震导致秘鲁瓦斯卡兰山山峰上冰雪和岩石的崩塌，随后产生了泥石流，并以每小时480千米的速度移动，摧毁了12千米外的永盖镇，造成镇上18 000人死亡，并且还导致该地区52 000人死亡，使得200 000人无家可归。

山中居民一般具有丰富的山地知识，了解自然灾害可能发生的位置、强度和频率，因而，他们常常可避开危险区域或采取措施来控制灾害。但是，当人们刚搬入山地区域，或者因有利可图而建立旅游配套设施时，这些山地生活知识他们并不常用或了解。尽管我们预测地震和火山爆发发生的能力正在提高，但仍然很难预测哪里会受到冲击，尤其是当多个地质过程相互作用的时候。在20世纪末，山地灾害影响最严重的案例是1991年菲律宾的皮纳图山的喷发。当时，50亿到70亿兆吨的火山碎屑喷发而出，覆盖了350平方千米的土地。虽然造成不到400人死亡，但喷发直接影响了40多万人，间接影响了150万人，并影响了之后3年的全球气候。

丰富的自然资源

山地提供了丰富多样的自然资源，不仅造福于山地居民，而且也为很多生活在平地的人们带来福利。这些资源包括水、森林、农作物、矿物和生物多样性。这些资源的可持续管理对人类至关重要。

水资源

世界上几乎所有的主要河流都起源于山脉。山地提供了世界上大部分地区的用水。例如，在热带和亚热带的干旱和半干旱地区，山地提供了80%～100%的淡水；即使在湿润地区，山地供水也占有重要比例。因此，山地水源对全球食品安全有基础性的重要作用，尤其是在灌溉和粮食生产方面。在一些地区，超过95%的可用淡水资源用于灌溉和粮食生产(Viviroli et al. 2007)。山地水源也是重要

的水电资源，其在150多个国家提供了全球电力供应总量的19%。全球水电发展潜力巨大，但是，各地发展水平相差悬殊。例如，在挪威，可用于水力发电的资源潜能已开发了65%，而在尼泊尔和埃塞俄比亚只开发了不到1%(Pandey & Rechsteiner 2001)。由于促进了当地的发展，山地居民可以从小型水力发电项目中受益，大型项目主要有利于生活在低地的居民，他们不仅仅能获得电力，而且获得灌溉用水、洪水防控，并能在筑坝后的河流中开展航运。

除了上面提到的价值，山地水源还具有家庭、渔业、工业、游憩等重要用途。人们越来越普遍认识到，一定质量和数量的水流才能提供关键的"生态系统服务"，而持续提供这些服务就需要对山地流域进行精心管理。这就促进了对环境服务生态补偿原则的形成，即需要可靠淡水供应的机构和企业，应对上游经营者支付费用来保障长期供应。这样的例子包括纽约和基多(厄瓜多尔首都)市政府以及哥斯达黎加和瑞士的水力发电商等，他们都向管理上游流域的农民支付一定费用。

生物多样性

尽管热带低地雨林常常被认为具有最高的生物多样性，实际上，热带山地雨林才具有最高水平的生物多样性。例如，在厄瓜多尔，17 000平方千米的热带山地云雾森林包含3 411种植物，比相邻的70 000平方千米的低地雨林还要多300个物种。5个热带安第斯国家的总苔藓类种类估计超过整个亚马孙盆地7倍以上。安第斯山脉东部是保护国际基金会确立的34个全球生物多样性热点地区之一，这34

个热点地区有25个在山区中或包含了山区,如哥斯达黎加、巴西大西洋森林、南非的开普省、东喜马拉雅—云南地区、北婆罗洲及巴布亚新几内亚(Mittermeier et al. 2005)。与周围的低地相比,大多数的山区具有更丰富的生物多样性,这主要是因为由包括山地海拔和坡向(即山坡面向的方向)的差异性以及地理隔离等各种因素相互作用的结果。其中隔离使得山地物种与亲缘种分隔,并进行了长期地质进化(Körner 2002;Nagy & Grabherr 2009)。

山区丰富的生物多样性之所以重要,是因为其内在价值以及它给当地的居民生计的多种贡献,包括人们从非经营的生态系统中获得的木材、水果、蘑菇、药用和芳香植物。在遗传潜力方面,生物多样性也具有重要意义。许多粮食作物,包括小麦、玉米、马铃薯、豆类以及苹果的原始品种,都来自山区。它们提供了一个重要的遗传基因库,其全球价值可能会随着人口增长和气候变化而增加。山地高水平的生物多样性和极具魅力的景观,也是为什么世界约四分之一的保护区处在山区的原因,包括世界上第一个国家公园——美国政府于1872年选定的黄石国家公园。此外,山地还拥有三分之二的联合国世界自然和自然文化双重遗产名录(具有自然和文化的重要性)以及六分之一的文化遗产名录。全球各地经验表明,对于山地自然保护区的管理(包括关键物种和栖息地的保护),最有效方法是与当地社区、政府和非政府环境保护组织以及其他利益相关者进行合作。

紧迫的问题

在21世纪,山地面临着许多威胁其可持续发展的问题。在经济或政治方面,山地地区常常被认为是相对不重要的,但是,山地为更广泛的经济发展提供着关键的资源,如水资源和旅游业景观,其环境易受到影响而改变。对其产生影响的两个主要因素是日益相互关联的全球经济和气候变化。

全球化

高水平的生物多样性和文化多样性往往是相互关联的,因此,山地也是文化多样性的中心,其主要原因是山地具有一定的隔离性、主流文化避难所以及远离权力中心等。但是,全球化的浪潮威胁着许多山地区域的文化和传统,包括某些保障自然种植和栽培种在山地环境中的长期可持续利用的传统技艺的保持。几个世纪以来,一个普遍的事实是,山区矿物和木材被大量的开发,而山区居民往往没有获得太多利益,但他们和他们的环境却遭受严重的负面影响。同样类似的一个情况是,世界上的大多毒品(大麻、可卡因和海洛因)来自山地,但山地环境和居民都没有获得益处。

全球化对许多山区的其他影响体现在和山地相关的宗教意义、迷人的风景及山地提供的各类游憩活动。千百年来,山脉在每一个有人居住的地区都具有宗教意义,因此人们都是以朝圣者的身份游览大山。在印度山区喜马偕尔邦和北方邦,每年有近1 000万名清教徒进入加瓦尔地区的Dev Bhumi(众神的土地),那里有许多寺庙和神龛。北方邦近一半的国内生产值来源于旅游业。60%的游客都是朝圣者,并且几乎都来自印度。

在全球范围内,旅游业是世界上最大的产业。不论是在全球还是较小范围内,山地都是全球旅游与休闲中心。超过一半的人居住在城市地区，所以人们可能会定期去体验不同的环境，去享受各类户外活动和文化活动。随着时间的推移，一些游客成为"舒适移民"：人们因为某一地区具吸引力而移民到一些地区，而不是因为那些地区是工作的地方。这个现象在世界各地的山区都有，包括加利福尼亚的内华达山脉、捷克共和国的舒马瓦山脉与菲律宾的碧瑶地区。

在全球化（包括许多山区的旅游业和舒适移民的快速发展）中的一个关键因素是，随着各类交通（公路、铁路和航空）快速发展增加的可达性。这种增长在很大程度上是被山区外部需求驱动的，包括在山地旅游业的发展、获取原料的需要以及边境地区军事活动等等。公路和铁路建设可能会给一些山区居民带来新的机遇，但也会给他们的环境带来变化，使山地栖息地被破坏和破碎化。此外，交通工具的动力来自化石燃料，会直接导致温室气体的排放，并与气候变化相关。

气候变化

山区已经显著受到气候变化的影响，一个最明显的证据便是冰川的融化。这是一个全球性的现象，一些冰川已经消失，并导致某些地区（特别在热带山区）严重的损失；在这些地区，冰川是农村和城市居民重要的淡水来源。

另一个全球性的趋势是，山地植物向上的缓慢迁移。随着气候变暖，植物迁移到海拔更高的区域生长。到达山顶后，它们再也没有栖息地可迁移，而最终灭绝。在动物中，山地物种，特别是两栖动物，受到的威胁最大，并且一些种已经灭绝了。更普遍的是，气候变化给住在山区居民所带来了诸多挑战，如气温变化、降雨和降雪的模式的变化等。尤为重要的是极端天气，如飓风、风暴、洪水和山体滑坡的频率发生了变化，威胁着山区人民和那些依靠交通基础设施穿越山区的人们。

全球的挑战与响应

在一个迅速变化的世界里，山区及山区居民往往经历比世界其他地区更大和更快速的变化。气候变化对山区的影响可能会持续而毫无规律，影响山区生态系统和山区居民。长此以往，地球上一定程度靠着山地提供的货物、交易和生态系统服务生活的人都会受到影响。对于山区居民而言，他们居住地的相对吸引力的上升可能成为一个特别的挑战，因为在低海拔地区的气候变得越来越温暖和潮湿，这会伴随着疾病的频率增加；正如我们所看到的，疟疾已经出现在坦桑尼亚的乌桑巴拉山脉和安第斯山脉（Lafferty 2009）。同样，气温上升也可能会使作物在高海拔地区生长。

因此，虽然在许多山区有很多人移民离开，特别是年轻人和受过良好教育的人，但这种趋势可能会在21世纪初反弹。移民的原因之一是以农业谋生十分艰难，而农业仍然是在发展中国家山区人民的主要生活来源。良好的山地管理为下游提供生态系统服务，而农民和森林拥有者应该得到经济报酬。随着这一事实逐渐得到人们的认可，可能有助于减少山区向外移民的现象。

在一些全球性的论坛上，山地的重要性已经被越来越多的人认识到，其开始于21世纪议程（1992年里约地球峰会形成的联合国的行动计划）中关于山地可持续发展的结论。1995年，在政府间气候变化专门委员会发表的第2份报告中，有一章专门讨论了山地问题。1997，联合国大会宣布2002年是国际山地年。山地伙伴关系（Mountain Partnership）在2002年联合国可持续发展峰会上建立，为合作活动提供了一个框架。2004年，生物多样性公约缔约方对山地生物多样性保护拟定了广泛的工作方案。

　　这些重要的山地面临着许多挑战，它们会影响我们所有人：就如同国际山地年的口号所说，"我们都是山的子孙"（Diouf 2002）。

马丁·F.普赖斯（Martin F. PRICE）
高地与群岛大学珀斯学院

参见：咖啡；水坝与水库；毒品的生产和贸易；生态旅游；森林产品——非木材林产品；森林产品——木材；冰川；采矿业——金属矿床开采；非金属矿业；国家公园和保护区；荒野区域公园和保护；户外游憩；河流；茶；旅游；水（综述）；水能。

拓展阅读

Diouf, Jacques. (2002) Together we can move mountains. *Unasylva, 53* (208), 3–4.

Friend, Donald A. ; Byers, Alton C. ; & Price, Larry W. (Eds.) (2011). *Mountains and people*. Berkeley: University of California Press.

Harmon, David A., & Worboys, Graeme L. (Eds.). (2004). *Managing mountain protected areas: Challenges and responses for the 21st century*. Colledara, Italy: Andromeda.

Huber, Uli M. ; Bugmann, Harald K. M. ; & Reasoner, Mel A. (Eds.). (2005). *Global change and mountain regions: An overview of current knowledge*. Dordrecht, The Netherlands: Springer.

Huddleston, Barbara, et al. (2003). *Towards a GIS-based analysis of mountain environments and populations*. Rome: Food and Agriculture Organization of the United Nations.

Kapos, Valerie; Rhind, Jonathan; Edwards, Mary; Price, Martin F; & Ravilious, Corinne. (2000). Developing a map of the world's mountain forests. In Martin F. Price & Natalie Butt (Eds.), *Forests in sustainable mountain development: A report for 2000* (pp. 4–9). Wallingford, CAB International.

Körner, Christian. (2002). Mountain biodiversity, its causes and function: An overview. In Christian & Eva Spehn (Eds.), *Mountain biodiversity: A global assessment* (pp. 3–20). New York: Parthenon.

Körner, Christian, et al. (2005). Mountain systems. In Rashid Hassan, Robert Scholes & Neville Ash (Eds.), *Millennium ecosystem assessment, 2005: Vol. 1: Ecosystems and human well-being: Current state and trends: Findings of the Condition and Trends Working Group* (pp. 681–716). Washington, DC: Island Press.

Körner, Christian, & Spehn, Eva N. (Eds.). (2002). *Mountain biodiversity: A global assessment*. New York: Parthenon.

Lafferty, Kevin D. (2009) The ecology of climate change and infectious diseases. *Ecology*, 90, 888–900.

Messerli, Bruno, & Ives, Jack D. (Eds.). (1997). *Mountains of the world: A global priority.* New York: Parthenon.

Mountain Forum. (2010). Homepage. Retrieved January 7, 2010, from http: //www. mtnforum. org/

Meybeck, Michel; Green, Pamela; & Charles J. (2001). A new typology for mountains and other relief classes: an application to global continental water resources and population distribution. *Mountain Research and Development*, 21, 34–45.

Mittermeier, Russell A., et al. (2005). *Hotspots revisited: Earth's biologically richest and most endangered terrestrial ecoregions.* Chicago: University of Chicago Press.

Mountain Partnership. (2009). Homepage. Retrieved January 7, 2010, from http: //www. mountainpartnership. org/

Nagy, Laszlo, & Grabherr, Georg. (2009). *The biology of alpine habitats.* Oxford, UK: Oxford University Press.

Pandey, Bikash, & Rechsteiner, Rudolf. (2001) Mountains as global centre of hydropower. In Martin Price, Thomas Kohler, Ted Wachs & Anne Zimmermann (Eds.), *Mountains of the world: Mountains, energy, and transport.* Berne, Switzerland: Mountain Agenda.

Price, Martin F. (2002). *Mountains. Grantown-on-Spey*, UK: Colin Baxter Photography.

Price, Martin F. (Ed.). (2007). *Mountain area research and management: Integrated approaches.* London: Earthscan.

Price, Martin F. ; Jansky, Libor; & Iatsenia, Andrei A. (Eds.). (2004). *Key issues for mountain areas.* Tokyo: United Nations University Press.

Price, Martin F., et al. (1992–2002). Mountain agenda series. Retrieved January 7, 2010, from http: //www. cde. unibe. ch/CDE/ PubMed_Src_Cd. asp?series=10&action=Show

Viviroli, Daniel; Dürr, Hans H. ; Messerli, Bruno; Meybeck, Michel; & Weingartner, Rolf. (2007). Mountains of the world—Water towers for humanity: Typology, mapping and global significance. *Water Resources Research, 43* (7), W07447.

Nanotachnology

纳米技术

在许多不同技术领域，人们都期望运用纳米技术引发创新发展。纳米技术已在社会和商业的许多领域得到广泛应用，有鉴于此，它还有极大的潜力在人类生活的各个层面引起深远的改变。从产品生产阶段到废物阶段，纳米技术可能通过材料消耗的减少和改进，对可持续发展产生深刻影响。

1959年，美国原子物理学家（也是后来的诺贝尔奖获得者）理查德·P.费曼（Richard P. Feynman）曾经就"There's Plenty of Room at the Bottom"为题进行过一次演讲。在这次演讲中，他探索了纳米材料使用的可能性和它的潜在应用。在讲演中，费曼举了一个在针尖写满24卷百科全书内容的例子，来显示在微观尺度上物质操作的无限可能性。在15年后，东京科学大学谷口纪男（Norio Taniguchi）（1974）首次使用了"纳米技术"（nanotechnology）这一术语，表达"一种为了获得超高精度和超微尺度的生产技术，如纳米级的准确和细小"（DNA厚度约为3纳米或1米的30亿分之一）。

在21世纪，纳米技术是一个范围宽泛、富有多样性的技术领域，因而还没有能形成一个被广泛接受的定义。然而，在这个领域，物理学家、研究人员和有关专业人士都使用了以下的表述：纳米技术是指在一个小于100纳米（至少在一个空间维度上）的单个颗粒上，进行的材料制备和操作。纳米技术利用原子和介观（也为纳米观）之间的过渡区形成的特有的效应和现象（Paschen et al. 2003）。在本质上，纳米技术出现在独立原子和分子之间的范围（以1毫米百万分之一可度量），能够将纳米粒子特有行为（如化学制品或催化剂）与相应的更大颗粒物进行区分（Steinfeldt et al. 2007）。从国家安全到可持续等方面，纳米技术在很多领域都展示出了重要的应用前景。

纳米技术的时代

因为纳米技术的跨学科本质，纳米数量级的产品在生产方式上有非常巨大的范围可供选择。举例而言，不同的产品可以根据它们的纳米数量级的基本结构被区分对待：颗粒状结构（纳米晶体、纳米粒子和分子）、线性结构（纳米管、纳米线和纳米沟）、层状结构（纳米层），以及其他结构如纳米孔。各种材料，也可以在至少一个维度达到纳米尺度的方式从气体状态、液体状态或者是固体状态进行生产。

至于谈到大致推测一下什么时候纳米技术的潜力才能被充分挖掘出来，米黑尔·罗科（Mihail C. Roco）（2002），一位在美国国家科学基金会工作的高级顾问将工业原型和它们的商业开发分为以下阶段或者时代：

过去和现在：纳米技术最开始被使用是一个"巧合"。比如，炭黑已经被人类使用了好几个世纪，更准确地说，它们是从20世纪90年代早期开始就被单独使用在催化剂和复合材料上。

第一代：被动的纳米结构（c. 2001）。这个时期，它们被特定应用在了覆盖涂层、纳米粒和粒状基体材料（纳米结构的金属元素、高分子聚合物和陶瓷工艺制品）。

第二代：积极的纳米结构（c. 2005）。此时，它们的应用领域包括了晶体管、增强剂和自适应结构，但还并不仅仅局限于这些。

第三代：在拟生态的工艺流程和新的结构设计基础上，由多种多样的分子等微小颗粒构成的三维微纳米系统（计划c. 2020）。

纳米技术所具有的足以引发一场革命的潜力同时也带来了几个相当极端的预测。举例而言，如激进的"绿色主义"认为，在纳米技术的帮助下，人类可以解决所有的环境污染问题。相比之下，还有一种同样非常激进的恐怖设想——"灰雾"，根据他们的说法，地球上所有的生命体都会被失控的超微型机械人装置所毁灭（Joy 2000；ETC Group 2002）。尽管有一些危险确实可能会出现（Steinfeldt et al. 2007；NanoKommission 2008；Royal Commission 2008），这篇文章重点关注了基于纳米技术所生产出来的产品和它们相对应的生产流程在缓解环境重负的方面所蕴含的潜力。

给环境问题减负的潜力

纳米技术可以在很多方面帮助促进环境问题的减负——其中包括了管端处理的技术方式，例如，用生物学的或者化学的方法来处理被污染的水资源和空气或者一些固体废弃物。为了测量和监管环境污染，综合废水处理工厂可以结合纳米结构过滤系统、纳米孔膜、纳米涂层陶瓷和纳米纤维。但是，纳米的技术市场同时也可以影响"输入"一方的可持续性（比如，环保的工艺流程、产品制作和最终成品）。

基于纳米技术的应用，它的潜力使其在整体的创新和能源的使用方面占据了相当显著的优势。这其中包括了各种各样的产品，从不黏和耐划伤的涂层、经过改良的具有流变能力的高分子聚合物（譬如它可以解决物质的可流动性和形变问题）、可以抗磨损的汽车轮胎、阻燃剂、燃油添加剂、铁黏合剂、导电箔以及催化清洁涂层。这一些例子都是纳米技术的现实应用，但是只是其中一个很小的部分，它们在可持续发展的将来一定会做出更多其他贡献。

纳米科技提供了一种途径，可以将那些毒性比较强的或者比较稀有罕见的复合物，

用对环境比较温和的原材料和化学药品取而
代之。与此相反的是,纳米技术的使用也会
要求使用到更加有害的或者可利用性上有很
大限制的、提取比较困难的原材料和化学药
品(如很多电子设备的电路板都需要使用到
稀土金属)。

为了预测纳米技术所存在的潜力,并且
更好地实现它们的价值,研究者们越来越频繁
地使用一种在很多领域通用的方法——路线
图——它包括了对于现在已经拥有的技术的
回顾、对于未来即将出现的技术的憧憬与展
望,然后针对这些设定每一步发展的小目标。
那些目前就已经出现了的、被当作路标来使用
的技术,它们综合了各种最前沿的研究技术,
已经被概括写进了纳米技术的相关出版物中
(详情请参阅本文的附录中补充阅读部分所给
出的建议阅读书目)。通过寻找这些技术,研
究者们或许可以找到一些切实可行的可供选
择的新兴技术。我们所分析的对于纳米技术
的应用和相关设想的一些预测中,最多的部分
是在能源领域,这和我们之前所说的路线图法
中所研究的内容是一致的。我们可以把它们
通过不同的方式一一分类,如可以根据效能来
进行分类(诸如OLED——有机发光二极管,
又被称为有机电激光显示,或者LED发光二
极管照明),又如可以根据存储的方法进行分
类(诸如陶瓷制品的分离装置和锂离子的电
池),还有可以根据转变的方式进行分类(诸
如光电池的技术或者薄膜技术)。总而言之,
关于纳米技术在环境领域的可能性的定量的
科学调查和学术研究还很少见,因而基于纳米
技术应用与环境相关的预测,如今还只能停留
在定性的层面上。

定量的优点以及特定的应用

就针对与产品相关联的环境影响的评价
而言,生命周期评价是2011年度应用最为广
泛的一种方法。生命周期评价关注的是一个
产品的完整的生命周期,是它所受的环境影响
的累加和,从它开始被生产加工到最终被排放
回大自然。一个相关的专题讨论会,有众多
国际上的专家参加,他们的研究领域涉及生
命周期评价和纳米技术两个方面。他们在会
上探讨所得出的结论是,由国际标准化组织
(ISO 2006)所公布的生命周期评价的框架体
系是完全适用于所有基于纳米技术应用的生
命周期阶段(Klöpffer et al. 2007)。通过对
评估进行比较,我们非常容易就可以利用现
有的技术应用,推测出未来新的纳米技术的
应用可能存在的潜在的生态学优势。

专家们越来越多地开始在生命周期评价
研究领域,监测基于纳米技术所研发出来的产
品和相关的一些应用(详见表N-1,2002年至
2009年期间曾经被报道过的各个方面)。但
是,以2011年为例,很多研究都主要关注了一
些特定的评估,它们都是采用了从摇篮到大门
作为边界设定的盘查方式,分析一个产品的部
分生命周期,从它最开始的原始阶段(摇篮)
到它离开工厂大门的那一个时间点。产品的
使用阶段以及它被使用完之后的阶段(如,回
收利用和处理的阶段)则经常性是被省略了
的(Meyer, Curran & Gonzales 2009)。同时对
于这两个阶段而言,几乎没有数据资料表明有
环境影响因素存在的迹象。一个广义的生命
周期评价(比如针对一个从摇篮到坟墓,即从
生到死全过程的评估)可能会是一个很有用
的工具,可以用来评估环境的优势所在。

表 N-1 基于纳米技术应用的有关生命周期方面研究的综述

纳米技术的产品	方法途径	技术方面的优势	环境方面的优势	参考文献
运用于太阳能技术的抗反射玻璃与传统玻璃的对比	没有进行评估，只表明了环境方面优势的相关现象	增加了太阳能的传输	能源的效率高出了6个百分点	BINE 2002
运用了黏土-聚丙烯的纳米复合材料制作出的轻负荷的车体面板，用钢铁和铝制作的产品的对比	经济学上投入产出的生命周期评价（EIO-LCA）	减轻重量	总的来说可以减少对于环境的影响；节约了大量能源的使用	Lloyd & Lave 2003
在可以自发反应的催化剂中的纳米级别的铂族金属（PGM）微粒	根据生命周期评价的经济学方面的方法论	铂族金属的填充量减少了50个百分点	总的来说减少了对于环境方面的影响（在10到40个百分点之间）	Steinfeldt, Petschow & Hirschl 2003
光电池、染过色的光电池，和多晶硅片太阳能电池之间的对比	根据生命周期评价的经济学方面的方法论	染过色的光电池有着更久的能源回收期限，但是它的效率也更低		Steinfeldt, Petschow & Hirschl 2003
纳米碳纤维（CNF）为高分子聚合物加固	美国ecobilan（ecobalance）公司的软件	减轻重量，增加结构强度，改善导电率	没有与过去传统的碳纤维作一个比较	Volz & Olson 2004
在可以自发反应的催化剂中的纳米级别的铂族金属微粒	经济学上投入产出的生命周期评价	铂族金属的填充量减少了95个百分点	总的来说可以减少对于环境的影响	Lloyd, Lave & Matthews 2005
含碳纳米管	物质的流动性分析			Lekas 2005b
德国巴斯夫高速塑料与传统的德国巴斯夫之间的对比	巴斯夫（BASF）生态效益分析	非常显著地增强了流动性，减少了使用注射成型法进行加工的工作时间和这一过程中它所消耗的能源	减少了对于环境的影响（1.5到9个百分点），只有在导致臭氧层空洞方面的影响有所增加	BASF 2005; Steinfeldt et al. 2009
流经电容器的脱盐作用和反渗透技术、蒸馏作用的对比	没有进行评估，只表明了环境方面优势的相关现象	增加了能源使用效率	非常高的能源使用效率	UBA 2006
用纳米级别的二氧化硅（SiO_2）和黑烟末	没有进行评估，只表明了环境方面优势的相关现象	增加了道路的阻力	最高可以减少10个百分点的燃料消耗	UBA 2006
纳米涂布技术和传统的涂层表面处理技术的对比	根据生命周期评价的经济学方面的方法论	在保证了原有功能性的基础之上，必不可少的涂层的厚度变小了	资源使用效率提高了5到8个百分点，挥发性有机化合物的散发减少了65个百分点	Steinfeldt et al. 2007

（续表）

纳米技术的产品	方法途径	技术方面的优势	环境方面的优势	参考文献
苯乙烯综合体、碳纳米管催化剂和含有铁元素氧化物的催化剂之间的比较	根据生命周期评价的经济学方面的方法论	发生反应的方式改变了，发生反应所需的温度降低了，发生反应所需要的媒介物改变了	在化合的过程当中大约可以减少50个百分点的能源消耗量	Steinfeldt et al. 2007
广谱白光发光二极管和量子点，与白炽灯、节能灯之间的对比	根据生命周期评价的经济学方面的方法论	使用寿命更为长久	和普通电子管相比：能源使用效率更加高；和节能灯管相比：只有发光效率被提高了65流明每瓦*	Steinfeldt et al. 2007
有机的发光二极管显示器和利用纳米管场致发射阴极所制成的显示器，对比使用阴极射线管的显示器（CRT）、液晶显示器以及等离子显示器	根据生命周期评价的经济学方面的方法论	能源使用效率得以提高，显示器有了更高的分辨率，显示器的厚度减小了	有更高的能源和资源使用效率，减少了有机电激光显示的原材料投入，在使用阶段的能源使用效率提高到原来的两倍	Steinfeldt et al. 2007
铁酸盐黏合剂和传统的黏合剂之间的对比	根据生命周期评价的经济学方面的方法论	通过使用具有磁性特征的物品，黏合剂的能源使用效率变得更加稳定	能源使用效率增加了12到40个百分点，增加的幅度取决于被黏部分的尺寸大小	Wigger 2007
在包装薄膜、农用薄膜、汽车面板中使用聚丙烯纳米复合材料，和使用传统的薄膜之间的对比	环境方面和成本方面的评估	减轻了重量，增加了PP塑胶原料的伸缩性和材料强度	对农用薄膜来说：减少了7个环境种类之中5个方面的影响（35个百分点）；在包装薄膜和汽车面板的生产过程之中：优势很小或者根本没有	Roes et al. 2007
纳米释放机制和传统的微型释放机制（维生素E）之间的对比	审查生命周期评价	有更高的渗透率和转变率	在提高效率方面的潜力大约有34个百分点	Novartis International AG et al. 2007
使用了纳米纤维做覆盖涂层的汽车空气过滤器和传统的汽车空气过滤器之间的对比	环境方面的评估，翁贝托（Umberto）软件	减少了空气阻力以及与之相关的风扇的功率	风扇的能源消耗减少了8个百分点，但是就整体系统而言，它在环境方面的益处非常小	Martens, Eggers & Evertz 2008
基于纳米技术生产可以软焊的印制电路板的表面抛光剂，对比传统的表面抛光剂	根据生命周期评价的经济学方面的方法论，翁贝托软件	在保证了原有功能性的基础之上，必不可少的涂层的厚度变小了	对比与质量相关的生产过程，可以对环境产生影响的部分因素都有所改善，改善程度从4个百分点到390个百分点不等	Steinfeldt et al. 2009

（续表）

纳米技术的产品	方法途径	技术方面的优势	环境方面的优势	参考文献
基于纳米技术（碳纳米管MWCNT）的导电箔，和传统的金属薄片之间的对比	根据生命周期评价的经济学方面的方法论，翁贝托软件	在保证了原有功能性的基础之上，必不可少的涂层的厚度变小了	环境方面的影响减少了12.5到20个百分点	Steinfeldt et al. 2009
基于纳米技术的混合动力系统城市巴士（锂离子电池），对比传统的使用柴油的城市巴士	根据生命周期评价的经济学方面的方法论预期未来可能性，翁贝托软件	通过使用混合动力系统来减少燃料的消耗量	在未来的行动方案设计时可以在环境方面的影响上减少大约20个百分点	Steinfeldt et al. 2009

来源：Lekas 2005a；Steinfeldt，Petschow & Hirschl 2003；Steinfeldt et al. 2007，2009.
* 流明每瓦（lm/W）是对于一种光源可以产生多少单位的可见光的程度的一个度量。

如表N–1所示，有关生命周期评价的学术研究的结论可以大致表明，单独的纳米科技的应用并不能在很大程度上缓解环境的压力，但是在相对应的优势增加上它是占据着绝对主导地位的。纳米技术方面的创新——特别是在某些特定的方面，其中包括了和印制电路板、太阳能光电板和锂离子电池的能源储存有关联的生产加工——展示出了可以为环境减负的巨大潜力。当然，与此同时，我们也必须要对可能产生的风险进行评估，并制定与之相对应的处理方式，要研究它们在社会经济学方面的影响和益处，这些都需要我们额外地关注，它们都应当与生命周期评价的框架整合为一体，用来为纳米技术提供一个范围更加广泛、也更加具有可持续性的评估工具。

迈克尔·斯泰因费尔特（Michael STEINFELDT）
不莱梅大学

参见：农业——遗传工程化作物；产品和工业设计；工业生态学；室内照明；替代材料；银。

拓展阅读

AIRI (Association of Independent Research Institutes) & the Institute of Nanotechnology. (2006). *Roadmaps at 2015 on nanotechnology application in the sectors of: Materials, health & medical systems, energy, Synthesis report*. Retrieved March 18, 2008, from http://www.nanoroadmap.it/

Bachmann, Gerd; Grimm, Vera; Hoffknecht, Andreas; Luther, Wolfgang; Ploetz, Christiane; & Reuscher, Günter; et al. (2007).*Nanotechnologien für den Umweltschutz* [Nanotechnologies of the environment]. Düsseldorf, Germany: VDI Technologiezentrum GmbH.

BASF. (2005). *Label eco-efficiency analysis—Ultradur high speed*. Ludwigshafen, Germany: BASF.

Battelle Memorial Institute & Foresight Nanotech Institute. (2007).*Productive nanosystems: A technology roadmap*. Retrieved March 20, 2008, from http:// www.e-drexler.com/d/07/ 00/Nanotech_Roadmap_2007_ main.pdf

BINE Informationsdienst. (2002). *Antirefl exiveglas für solare anwendungen* [Anti-reflex glass for solar applications]. Bonn, Germany: Author.

Chemical Industry Vision 2020 Technology Partnership. (2003).*Implementation plan for chemicalindustry R&D roadmap for nanomaterials by design*. Retrieved March 20, 2008, from http://www.chemicalvision2020.org/ pdfs/ChemInd_Nanotech_Impl_Plan_ 9May06.pdf

ETC Group. (2002). *No small matter! Nanotech particles penetrate living cells and accumulate in animal organs*. Retrieved March 19, 2004, from http://www.etcgroup. org/en/node/192

The Institute of Nanotechnology. (2006). *Roadmaps at 2015 on nanotechnology application in the sectors of: Materials, health & medical systems, energy, Roadmaps for nanotechnology in energy*. Retrieved March 18, 2008, from http://www.nanoroadmap.it/

International Organization for Standardization (ISO). (2006). *ISO 14040: Environmental management—Life cycle assessment—Principles and framework* . Geneva: ISO.

Joy, Bill. (2000). Why the future doesn't need us. *Wired Magazine* . Retrieved April 19, 2010, from http://www. wired.com/wired/archive/8.04/joy_pr.html

Klöpff er , Walter; Curran, Mary A.; Frankl, Paolo; Heijungs, Reinout; Koehler, Annette; & Olsen, Stig I. (2007). *Nanotechnology and life cycle assessment: A systems approach to nanotechnology and the environment*. Retrieved April 19, 2010, from http://www. nanotechproject.org/process/assets/fi les/2711/168_nanolca_3.07.pdf

Lekas, Deanna. (2005a). *Analysis of nanotechnology from an industrial ecology perspective, part I: Inventory & evaluation of life cycle assessments of nanotechnologies* . Retrieved December 22, 2010, from http://www. denix.osd.mil/cmrmd/upload/ NANOTECHLCAINVENTORY_PART1.PDF

Lekas, Deanna. (2005b). *Analysis of nanotechnology from an industrial ecology perspective, part II: Substance flow analysis study of carbon nanotubes* . Retrieved December 22, 2010, from http://www.nanotechproject. org/process/assets/files/2720/36_nanotube_sfa_ report_revised_part2.pdf

Lloyd, Shannon, & Lave, Lester. (2003). *Life cycle economic and environmental implications of using nanocomposites in automobiles. Environmental Science & Technology,* 37 (15), 3458−3466.

Lloyd, Shannon ; Lave, Lester; & Matthews, Scott H. S. (2005). *Life cycle benefits of using nanotechnology to stabilize platinum-group metal particles in automotive catalysts. Environmental Science & Technology,* 39 (5), 1384−1392.

Martens, Sonja; Eggers, Bernd; & Evertz, Thorsten. (2008). *Untersuchung des einsatzes von nanomaterialien im umweltschutz [Investigation of the use of nanomaterials in environmental protection]*. Dessau-RoBlau, Germany: Umweltbundesamt.

Merging Optics and Nanotechnologies (MONA) Consortium.(2007). *A European roadmap for photonics and nanotechnologies*. Retrieved March 20, 2008, from http://www.ist- mona.org/pdf/MONA_v14_final.pdf

Meyer, David E.; Curran, Mary A.; & Gonzalez, Michael A. (2009).*An examination of existing data for the industrial manufacture and use of nanocomponents and their role in the life cycle impact of nanoproducts. Environmental Science & Technology,* 43 (5), 1256–1263.

Ministry of Research, Science and Technology, New Zealand. (2006).*Roadmaps for science: Nanoscience + nanotechnologies*. Retrieved March 20, 2008, from http:// www.morst. govt.nz/Documents/work/roadmaps/ MoRST-Nanotechnology-Roadmap.pdf

Möhrle, Martin G., & Isenmann, Ralf. (Eds.). (2008). *Zukunftsstrategien für Technologieunternehmen* [Technology Roadmapping]. Berlin: Springer.

Möller, Martin; Eberle, Ulrike; Hermann, Andreas; Moch, Katja; & Stratmann, Britta . (2009). *Nanotechnologie im Bereich der Lebensmittel* [Nanotechnology in the food sector]. Zürich, Switzerland: Verlag.

NanoKommission. (2008). *Responsible use of nanotechnologies* . Retrieved April 18, 2010, from http://www. bmu.de/english/nanotechnology/general_information/doc/44143.php

National Aeronautics and Space Administration (NASA). (2005).*Nanotechnology program content*. Retrieved March 20, 2008, from http:// www.ipt.arc.nasa.gov/Graphics/ nanotech_nasamissions.pdf

Novartis International AG; Ciba Spezialitätenchemie AG; Öko-Institut e.V.; Österreichisches Ökologie Institut; Stiftung Risiko. (2007). CONANO—COmparative Challenge of NANOmaterials: A stakeholder dialogue project (in German).Retrieved January 11, 2010, from http://www.ecology.at/fi les/berichte/E11.565.pdf

Paschen, Herbert; Coenen, Christopher; Fleischer, Torsten; Grünwald, Reinhard; Oertel, Dagmar; & Revermann, Christoph. (2003).*TA-Projekt Nanotechnologie* [TA Project Nanotechnology]. Berlin:Büro für Technikfo l gen-Abschätzung beim Deutschen Bundestag.

Roco, Mihail C. (2002). *The future of national nanotechnology initiative*. Presentation given to National Science and Technology Council.Retrieved September 9, 2011, from http:// www.nsf.gov/crssprgm/nano/reports/ roco_aiche_48slides.pdf

Roes, Lex A.; Marsili, Enrico; Nieuwlaar, Evert; & Patel, Martin K.(2007). Environmental and cost assessment of a polypropylene nano-composite. *Journal of Polymers & Environment* , 15 (3), 212–226.

Royal Commission on Environmental Pollution. (2008). *Novel materials in the environment: The case of nanotechnology* . Retrieved March 14, 2009, from http://www.rcep.org. uk/reports/27-novel%20materials/ documents/NovelMaterialsreport_rcep.pdf

Steinbeis-Europa-Zentrum & Comite Richelieu. (2006). *Nanomaterial roadmap 2015: Roadmap report concerning the use of nanomaterials in the aeronautics sector.* Retrieved March 14, 2008, from http://www. nanoroad.net/download/roadmap_as.pdf

Steinbeis-Europa-Zentrum & FFG. (2006). *Nanomaterial roadmap 2015: Roadmap report concerning the use of nanomaterials in the auto-motive sector.* Retrieved March 14, 2008, from http://www.nano-road.net/ download/roadmap_ai.pdf

Steinbeis-Europa-Zentrum & Forschungszentrum Karlsruhe. (2006).*Nanomaterial roadmap 2015: Roadmap report concerning the use of nanomaterials in the energy sector.* Retrieved March 14, 2008, from http:// www.nanoroad.net/download/roadmap_e.pdf

Steinfeldt, Michael; Petschow, Ulrich; & Hirschl, Bernd. (2003).*Anwendungspotenziale nanotechnologiebasierter Materialien, teilge-biet 2:Analyseökologischer, sozialer und rechtlicher aspekte* [Potential applications of nanotechnology-based materials, part 2: Analysis of ecological, social and legal aspects]. Berlin: Institut für ökologische Wirtschaftsforschung.

Steinfeldt, Michael; von Gleich, Arnim; Petschow, Ulrich; & Haum, Rüdiger. (2007). *Nanotechnologies, hazards and resource efficiency.* Heidelberg, Germany: Springer.

Steinfeldt, Michael; von Gleich, Arnim; Petschow, Ulrich; Pade, Christian; & Sprenger, Rolf U. (2009). Entlastungseffekte für die Umwelt durch nanotechnische Verfahren und Produkte [Environmental relief effects through nanotechnological processes and products]. Dessau, Germany: UBA-Texte. Retrieved December 28, 2011, from http://www.umweltbundesamt.de/technik-verfahren-sicherheit-e/publikationen/ texte_33_2010_kurzfassung_e.pdf

Taniguchi, Norio. (1974). *On the basic concept of nanotechnology.* Proceedings of the International Conference of Production Engineering. Tokyo: Japan Society of Precision Engineering.

Umweltbundesamt (UBA). (2006). Nanotechnology: Prospects and risks for humans and environment (in German). Retrieved September 9, 2011, from http://www.nanotruck. de/fileadmin/user_upload/Berichte%20 und%20Druckschriften/Literaturliste/Hintergrund papier_Umweltbundesamt.pdf

Volz, Steven, & Olson, Walter. (2004). Life cycle assessment and evaluation of environmental impact of carbon nanofiber reinforced polymers. Submitted to the *Journal of Industrial Ecology* on August 2, 2004.

Wigger, Henning. (2007). *Nanotechnologische und bionische ansätze im anwendungsfeld Kleben und deren potenzielle umweltentlastungsef-fekte* [Nanotechnological and bionic approaches in the application field adhesive bonding and their potential environmental relief effects]. Bremen, Germany: Studienarbeit an der Universität Bremen.

Willems & van den Wildenberg. (2005). *Roadmaps at 2015 on nanotechnology application in the sectors of:Materials, health & medical systems, energy. Roadmap report on nanoporous materials.* Retrieved March 18, 2008, from http://www.nanoroadmap.it/

Natural Gas

天然气

天然气是一个最新被广泛开采使用的化石燃料，而且是全球第三大被广泛应用的能源。自20世纪初期以来，天然气用量增加的原因是开采、加工和运输技术的改善，而且，价格便宜、对环境的污染较小。甲烷是天然气的主要组分，其能够转化为液体天然气便于运输和进出口。开采页岩天然气的方法是存在争议的高压水砂破裂法（常被称作压裂法或水力压裂法）。

在21世纪，天然气被认为是继石油和煤炭之外的第三重要能源。在2010年，天然气占全球能源供给总量的23.8%。自1910年之后，天然气的用量迅速增加，且在1940年之后加快了增长的速度。在1940年—1990年期间，天然气在初级能源消耗量中的比例从5%增加到了22%，表明天然气用量增加幅度要高于同期石油和煤炭。自1990年以来，天然气的相对重要性增加缓慢，但是，预计到2030年将达到全球能源供给总量的26%（data based on BP 2011a）。

天然气的主要成分是甲烷，且经常与其他化石燃料一起被发现。天然气的生产从地下矿井开采天然气开始。天然气的成分与气体矿床类型、深度、位置以及地质有关。加工过程开始于井口，其步骤包括将天然气与石油、冷凝物、水以及其他污染物分离；甲烷是从留下的气液混合燃料中进一步提取出来的。甲烷主要通过气体管道运输到配送站和消费者，或者运输到液化厂生产液化天然气（Liquid Natural Gas, LNG）。当天然气用管道运输价格太高的时候，则通过轮船对液化的天然气进行长距离的运输。在2010年，液化天然气占全球天然气贸易的30.5%（BP 2011a, 4）。自1970年以来，液化天然气所占比重迅速增长，有望在2020年达到37%～38%（Heymann 2006; World Resources Institute 2007）。

统计情况

自1970年以来，世界天然气产量在持续和平稳增加，已从1万亿立方米增加到了

2010 年 3.2 万亿立方米。在 1970 年，在全球化石能源生产总量中，天然气占 19%，石油 49.1%，煤炭 31.9%；而在 2010 年，天然气增加到了 27.4%（石油 38.6%；煤炭 34.1%）。因此，相对于石油，作为能量载体的天然气的重要性明显增加；另外，自 1970 年以来，煤炭的占有率一直维持在 30%，但在 2000 年后却有一个显著的增加（BP 2011a）。能量载体被定义为一种包含不同形式能量的现象（如闪电、风、拦河坝或水流等）或者物质（如石油、煤炭、天然气或铀等），且其能够转化为可利用的能源。

截至 2010 年，美国和俄罗斯是世界上 2 个最大的天然气生产国，其产量分别为 6 110 亿和 5 890 亿立方米（BP 2011a）。自 20 世纪以来，美国天然气的产量迅速增加，在 70 年代初期达到最大值（6 100 亿立方米）。然而，在 70 年代中期，美国天然气的产量开始大幅度的下降，到 80 年代中期，产量为 4 500 亿立方米。随后，天然气的产量又开始回升，2010 年的产量又恢复到了 70 年代初期的水平，但是与 70 年代的 59.6% 相比，美国在世界天然气产量中所占的比例下降了 19.6%。这种下降反映了一个事实，在此期间越来越多的国家开始生产天然气，从而使天然气的总产量增加而且各国所占的比例也在增加。最重要的新生天然气生产国家是俄罗斯。1987 年，俄罗斯天然气的产量超过美国，而且在后来的二十年中一直处于领先地位。美俄两国的天然气产量几乎以同样的速度在发展。在 2009 年，俄罗斯的天然气产量急剧下降了 12.3%（而美国的天然气产量却增加了 2%），但在 2010 年，俄罗斯产量又增加了 11.6%，恢复到

了以前的水平。到目前为止，俄罗斯拥有已探明的最大的天然气储量，其占世界总储量的 23.9%（BP 2011a）。

在 2010 年，除了俄罗斯和美国之外，其他重要的天然气生产国包括加拿大、伊朗、卡塔尔和挪威（分别为 1 598 亿、1 385 亿、1 167 亿和 1 064 亿立方米），其次是中国、沙特阿拉伯和阿尔及利亚。卡塔尔和中国的天然气产量增幅最大，在 5 年内分别增加了 155% 和 96%。根据地域排名，欧洲以及欧亚大陆天然气的产量最高（2010 年为 32.6%），其次是北美洲（26.0%），亚太地区（15.4%），中东地区（14.4%），非洲（6.5%），南美洲和中美洲（5.0%）（BP 2011a 以及图 N.1）。

美国和俄罗斯是世界上最大的天然气生产国，同时也是世界上最大的天然气消费国。自 1970 年以后，美国天然气消耗的份额几乎与天然气生产所占的份额相同，由 1970 年的 60.7% 减少为 2010 年的 21.7%。在 2010 年，美国天然气的总消费量为 6 834 亿立方米（BP 2011a）。俄罗斯在 2010 年的天然气消费量占全球的 13.0%（为 4 141 亿立方米）。从 20 世纪 80 年代到 2000 年，俄罗斯天然气的用量一直维持不变，然而，在此之后的时间迅速增加，到 2008 年其用量增加了近 20%。其他较大的天然气消费国是伊朗、中国（2005 年以来用量翻番）、日本、加拿大、英国、沙特阿拉伯、德国以及意大利。按照地域来看，各地的用量与产量相一致，欧洲及欧亚大陆所占的比例最大（35.8%），其次是北美洲（26.9%）、亚太地区（17.9%）、中东地区（11.5%）、南美洲和中美洲（4.7%）、非洲（3.3%）（BP 2011a）。

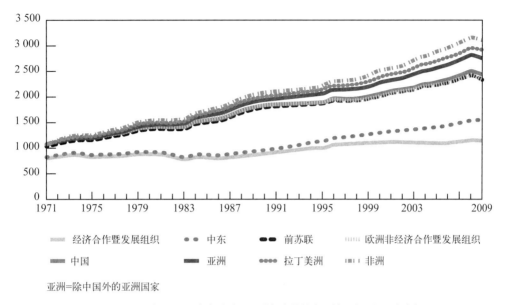

▬ 经济合作暨发展组织	•• 中东
▬ 中国	▬ 亚洲

图例：
经济合作暨发展组织　　•• 中东　　▬▬ 前苏联　　‖‖ 欧洲非经济合作发展组织
中国　　　　　　　　　亚洲　　　•••• 拉丁美洲　　▪▬ 非洲

亚洲=除中国外的亚洲国家

图N.1　1971年—2009年部分地区天然气产量的发展情况（10亿立方米）
来源：国际能源署，世界能源统计年鉴2010，©OECD/IEA, 2012, p.12.

根据美国能源信息署数据，从1940年到2009年，美国居民住宅天然气用量占总消费量的20%～25%。在这期间，美国工业是最大的天然气消费者，但其所占的比例在不断地下降，从1949年的62.0%下降到2009年的32.4%，其中2000年之后下降了7个百分点。仔细审视美国工业天然气用量可见，1970年用量是20世纪40年代后期的3倍，且在1973年达到顶峰，用量为2 900亿立方米；此后，用量大幅度下降，1986年时降为1 830亿立方米；后来又开始回升，在1997年达到第二个峰值（2 740亿立方米）；在2009年，其量又跌到了2 090亿立方米。相反，美国天然气作为发电能源的用量在1973年达到最大值，其后一直在下降；然而，从1986年（用量为730亿立方米）开始又在迅速增加，到2009年增加到1 940亿立方米，几乎达到了工业用量的水平。在2009年，美国商业和运输业天然气用量分别占天然气总消费量的13.6%和2.9%（数据来源为US EIA 2010a, 195）。

历史发展

自19世纪初，煤制合成燃气（第二次世界大战结束后开始有油制燃气）主要在欧洲和北美的许多城市中普及。由于主要用在城镇和城市，这种气体被称为煤气或者城镇燃气。对于20世纪煤气工业而言，煤制燃气向天然气的转变具有十分重要的意义。

天然气生产开始于1910年，属于新开发的主要燃料能源。一般认为，中国是最早发现并使用天然气的国家，早在公元前1000年即开始使用。在1859年，在美国的宾夕法尼亚州天然气与石油一同发现，然而由于天然气无法运输而没有被开采利用（Tarr 1999, 26）。天然气无法运输的原因是缺乏运输管道。在当时，钢铁管道价格昂贵、密封性差，而且勘测井中的气压不足以支撑长距离的运输。

在20世纪初期，在美国的南部发现了巨大天然气田，促进了管道的新一轮研究。在20世纪20年代后期，无缝管道的生产以及利用无缝焊接技术打破了先前技术上的瓶颈，管道运输技术蓬勃发展。几年内，铺设了近2 000千米天然气管道，对路易斯安那州、得克萨斯州和堪萨斯州的天然气田和美国北部及东北部用户进行了有效连接。在欧洲，大范围的引入天然气是在1945年，即第二次世界大战结束后。20世纪50年代及60年代中后期，分别在荷兰、俄罗斯非洲北部及北海发现了大量的天然气田。随着天然气用量的增加，相应的勘探活动也在增加，勘探到的天然气与其消耗量在同步增加。在1980年到2010年间，新勘探到的天然气储量是其每年用量的60多倍（BP 2011a）。在2010年，国际能源署估计可开采资源的总量可能更高："基于传统可开采技术的天然气量等于当今全球120多年的用量"。（IEA 2011, 7）因此，国际能源署希望天然气能够在以后的能源结构中扮演更重要的角色。

与人造气、石油和煤炭相比，天然气在产热、环境可持续发展、生产以及经济性方面拥有许多优势。例如，天然气是高效的产热能源（为煤气的两倍），而且是一种清洁能源，在一定程度上保持了家庭清洁并对人体健康危害较少。从环保的立场来看，与煤和石油相比，天然气燃烧产生的CO_2、有害物质及残留物较少（有利于减轻环境问题）（见图N.2）。在2008年，煤和石油燃烧产生CO_2的量是天然气燃烧释放量的两倍（IEA 2010, 44）。一个特别的问题，就是来自石油和天然气井中天然气的燃烧和排放。在20世纪70年代，石油和天然气井中燃烧产生的温室气体量达到顶峰，但是，现在产生的温室气体对总温室气体的贡献量已经降低了四分之三。现在，天然气释放的温室气体仅占全球化石燃料排放量的1%（Marland, Boden & Andres 2008）。近年来，因其实用性强、经济效益高及环境友好等特点，天然气用量在显著增加。天然气的另一优势是不含有CO，避免了CO中毒事件发生。

天然气用量增加的一个重要因素是，生产成本和运输费用比合成气体低。在使用便宜的天然气之前，美国大部分城镇没有使用过其他燃气。在1965年到1980年期间，西欧国家通过各种项目实现了人造燃气向天然气迅

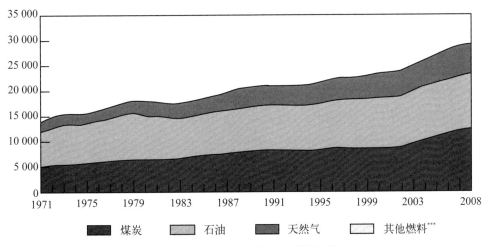

图 N.2　化石能源排放的 CO_2 总量（兆吨）

1971 年到 2008 年全球*能源燃烧释放的 CO_2 总量**

来源：国际能源署，世界能源统计年鉴 2010，© OECD/IEA，p.44.

*全球包括国际航空飞机及船舶所需燃料，比如：忙碌于全球海域的各国船只。

**计算依据美国国际能源署能源平衡和 1996 年政府间气候变化专门委员会（IPCC）修订的指导方针。排放的 CO_2 仅来自燃料燃烧。

***其他燃料包括工业废弃物及不可再生的城市垃圾。

速而系统的转变（如英国实施了一个全国转化项目）。当煤气产业与石油产业发生激烈竞争且煤气所占比例下降的时候，天然气开始登上历史舞台。廉价的天然气使这种趋势发生了逆转，并把城镇的煤气行业转变成了生产和供应天然气的行业。在 1980 年的时候，壳牌经理马尔科姆·皮布尔斯曾描述天然气是"煤气行业的救世主"。在斯堪的纳维亚半岛，天然气的引入使没落的煤气产业重新发展。在 1995 年的 6 月，德国莱比锡城的最后一个煤气公司倒闭。

从煤气向天然气的转变需要更换复杂的系统、新的技术设施以及煤气公司与用户之间的基础设施。延伸管道网和实现用户适应性（一个被称作转变的过程）的耗费巨大。天然气的化学成分及性质与煤气不同。天然气具有更高的有效热量、特有的燃烧性能及燃烧效率，所以所有使用天然气的用户必须更换电气用具。另外，尽管已经存在的煤气输送网能够继续使用，但是天然气的使用仍然需要安装新的更有效的高压管道，而且压气站也需要给消费中心压缩天然气。美国拥有最大的天然气管道系统，共计 548 665 千米（2006），其次是俄罗斯联邦（158 699 千米，2007）、乌克兰（33 327 千米，2008）、阿根廷（28 657 千米，2007）以及中国（28 132 千米，2008）（CIA 2009）。

由于严格的价格管理，在近几十年来，美国的天然气价格一直较低，这促使天然气在 1930 年到 1973 年间大幅度增长。在 1938 年，美国天然气用量占全国能源消耗总量的 10%；1987 年时，达到了 33%。天然气用户在 1930 年时为 1 200 万家，1954 年增加到了 2 800 万家，1978 年达到 4 600 万家（Vietor 1994, 101, 123）。在欧洲的西部地区，在 20 世纪 60 年代开始使用后,天然气用量在显著的增加。在德意志联邦共和国,天然气的销量增加尤为迅速,在1964年达到了20亿立方米、20世纪70年代达到600多亿立方米,而2004年则接近850亿立方米(Heymann 2006, 29)。

液化天然气产量的增加

天然气用量的迅速增长带来了两方面的问题:① 高峰期负荷问题,或者说天然气的需求量随着季节或每天的变化而剧烈变化;② 气体的长距离运输问题,如天然气需要从中东或者北非运输到北美、欧洲和日本的天然气使用中心。第一个问题对美国的影响特别大。到20世纪60年代,售出的天然气中有超过20%是在高峰期使用的,这使天然气生产厂家尝试减少高峰期负荷,且使天然气的生产与销量相一致。在夏天,对于单个公司来说,天然气用量最大的日峰荷是最小峰荷的6倍,而且这个差值预计将会增加(Heymann 2006, 61)。由于受天然气产量和长距离运输的限制,当地天然气的需求量高于供应量,天然气公司将不得不重新储藏天然气。季节性和每天的天然气需求量差异非常大的主要原因是,夏天和冬天、白天和晚上人们对供暖的需求不一样。

为了解决这个问题,许多公司引进了天然气液化调峰工厂,其液体天然气的体积不到气体天然气体积的六百分之一,这使得天然气公司能够大量储存液化天然气。只有冷却到零下162℃,气体天然气才能转化为液体,所以在这样低的温度下安全转化并储存液化气是一种挑战。作为一个早期的努力,在1944年10月,美国东俄亥俄州的克利夫兰天然气公司在使用储罐储存气体时失败,并以灾难告终。造成灾难的原因是泄露的天然气被点燃,引起的巨大火灾使克利夫兰近一平方英里的面积遭到破坏。直到20世纪60年代中期,液化天然气才被成功的应用。在1978年,美国和加拿大共拥有了61家天然气使用高峰调节厂。随着燃气网的扩张及大量存储设施(不仅用于液化天然气)的建立,区域和国家天然气负荷预测和管理代替了局域性的高峰调节(Heymann 2006)。

液化天然气的运输是更重要的问题。在1959年2月,海上第一艘满载液化天然气的远洋航行货轮"甲烷先锋号"(the Methane Pioneer),把液化天然气成功地从美国墨西哥的港湾运输到了英国的肯维岛。"甲烷先锋号" 首航的成功,标志着液化天然气迈出了世界性贸易的第一步。在工业国和天然气生产国的能源公司中出现了淘金热的现象。其中,阿尔及利亚是第一个做出反应的国家,其在1964年开始出口液化天然气,紧接着是美国(从阿拉斯加州发船)和利比亚,分别于1969年和1970年开始出口液化天然气。随后是中东、南太平洋、非洲、南美及加勒比海地区的一些国家。新晋的有潜力出口天然气的国家,像加拿大、喀麦隆及也门,也正在寻找液化天然气出口的机会,以实现使用天然气资源赚钱的目的。然而,许多正在出口的国家,像澳大利亚、印度尼西亚、尼日利亚以及其他等国家,扩大了他们国家的液化设施。自2000年以来,世界上运输液化天然气的船只在大量增加。在2010年底,运输液化气的船只已经达到360艘,其中有237艘是在最近10年内增加的(International Group of Liquefied Natural

Gas Importers 2011, 5-10）。

尽管在1980年—1982年液化天然气的出口量略有降低，但是总体上，液化气的出口量却在持续上升。在1964年，出口的液化天然气仅有10万吨，但在1970年达到了240万吨，1980年为2 270万吨，1990年为5 260万吨，而在2000年时，则高达10.2亿吨（Heymann 2006, 17）。液化天然气的贸易量在持续增加，从2005年1 400万吨增加到2010年2 200吨。自2009年以来增长了21%。据估计，到2012年，液化天然气出口量将增长至30 000万吨。在2000年，参与液化天然气进出口贸易的国家有21个，到2010年时增加到了41个（23个进口国，18个出口国），2015年有望达到52个国家。在2010年，世界上最大的三个液化天然气出口国分别是卡塔尔（5 700万吨）、马来西亚和印度尼西亚（均是2 900万吨）；最大液化天然气进口国是日本、韩国和西班牙，分别为7 100万吨、3 300万吨和2 100万吨（所有数据源于 International Group of Liquefied Natural Gas Importers 2011）。

展望

天然气是一种高质量的能量载体。尽管在主要的初级能源中，天然气所占的比例要低于煤和石油，但是它的重要性将有可能会增加，尤其是它具有环境友好特点。但是，天然气不是一种可持续能源。天然气要经历数百万年的时间才能由植物转化来，然而开采使用时间可能不超过3个世纪。

根据物理学家大卫·路易斯·古德斯坦（David L. Goodstein）研究，世界范围内发现的新天然气矿的比率在1960年达到顶峰，自此之后，其数量一直在下降。尽管如此，自20世纪70年代以来，已经被证实的天然气储量却在稳步增长。勘探技术的进步和勘探的成功，一直使新勘探出的天然气量高于生产量。天然气储量增加，一方面是由于新天然气田的发现，另一方面是已发现的天然气田数量在生产和评估方面的进一步修正和更加准确（IEA 2011, 49）。在已经探明的天然气中，俄罗斯的储量最大，其次是伊朗和卡塔尔。已经证实的天然气资源，大部分位于中东地区。由于资源的消耗，许多国家，如意大利、英国、罗马尼亚，已经达到了天然气生产的最高产量。据专家估计，荷兰和美国两大天然气生产国也应该达到了天然气生产的最高产量。

另一方面，从非传统资源（页岩和甲烷矿床等）中提取天然气的技术进步快速发展，使得全球能源供应得到改善时间要快于预期。据英国石油公司，全球已探明蕴藏的天然气储量等于1.2万亿桶石油当量，足够用60年（Evans-Pritchard 2009）。美国能源部估计，到 2030 年，页岩天然气能够满足一半全国天然气需求。页岩气是通过水力压裂法（通常称作压裂法或者水压裂解法）进行开采。这种方法是指，应用液体作为气源的压力，在一层岩石上引发和扩展断裂的过程。为了刺激页岩气井中的流动气体，水力压裂法是通过钻孔将水压入到储层岩石。页岩气获取会涉及有毒化学物质，而且对环境的影响大于普通天然气。在取代煤炭减少温室气体方面，页岩气潜在贡献已经引起了人们的怀疑，因为有证据显示，页岩气井下生产过程中释放甲烷的量比传统的天然气生产大得多。许多国家，如法国、印度、加拿大联邦的魁北克省、美国的纽约和马里兰州，都限制页岩气的开采（IEA 2011, 61–65）。

在以后的几十年间，虽然天然气在主要能源供给中所占的份额增加缓慢，但将仍然是一种有吸引力的能源。已经探明的天然气能源，其使用时间比石油资源使用时间要长，而且它对环境的影响远小于其他化石燃料。从其他化石燃料向天然气的这个转变，将缓和能源使用的环境平衡问题。但是，天然气使用也是不可持续的，并会引起环境问题，且环境问题可能随着页岩天然气的生产而增加。

马提亚·埃曼（Matthias HEYMANN）
奥胡斯大学

参见：地下蓄水层；生物能源与生物燃料；碳的捕获和固定；煤炭；氢燃料；工业生态学；海洋；石油；太阳能；水（综述）；水能；风能；铀。

拓展阅读

Beltrain, Alain. (1992). The French gas network and new technologies since 1946. *History and Technology*, 8, 263–273.

Boden, Tom; Marland, Gregg; & Andres, Robert J. (2009, April 29). *Global CO_2 emissions from fossil-fuel burning, cement manufacture, and gas flaring*: 1751–2006. Retrieved January 18, 2010, from http://cdiac.ornl.gov/ftp/ndp030/global.1751_2006.ems.

BP. (2011a). *BP statistical review of world energy 2011. Retrieved August 8, 2011*, from http://www.bp.com/sectionbodycopy.do?categoryId=7500&contentId=7068481.

BP (2011b). *BP energy outlook 2030. Retrieved August 8, 2011*, from http://www.bp.com/sectiongenericarticle800.do?categoryId=9037 134&contcntId–7068677.

Castaneda, Christopher J., & Smith, Clarance M. (1996). *Gas pipelines and the emergence of America's regulatory state: A history of Panhandle Eastern Corporation, 1928–1993*. Cambridge, UK: Cambridge University Press.

Central Intelligence Agency. (2009). *The world factbook 2008*. Washington: US Government Printing Office.

Evans-Pritchard, Ambrose (2009). Energy crisis is postponed as new gas rescues the world. *Daily Telegraph*

(London). Retrieved August 11, 2011, from http://www.telegraph.co.uk/finance/comment/ambroseevans_ pritchard/6299291/Energy-crisis-ispostponed-as-new-gas-rescue s-the-world.html

Fooks, Roger. (1993). *Natural gas by sea: The development of a new technology* (2nd ed.). London: Witherby.

Goodstein, David L. (2004). *Out of gas: The end of the age of oil*. New York: W. W. Norton.

Graf, Hans-Georg. (1985). Die Entwicklung der Erdgasversorgung in Deutschland [The development of natural gas supply in Germany]. *In Symposium über die Entwicklung der Erdgasversorgung in Deutschland* [Symposium on the development of natural gas supply in Germany] (No. 9; pp. 53–86). Essen, Germany: Schriftenreihe der FrontinusGesellschaft.

Heymann, Matthias. (2006). *Engineers, markets and visions: The turbulent history of natural-gas liquefaction* . Munich, Germany: Piper.

International Energy Agency. (2010). *Key world energy statistics*. Retrieved August 9, 2011, from http://www. iea.org/textbase/nppdf/free/2010/key_stats_2010.pdf

International Energy Agency (IEA). (2011). *World energy outlook 2011. Are we entering a golden age of gas: Special report*. Retrieved August 9, 2011, from http://www.iea.org/weo/docs/weo2011/WEO2011_ GoldenAgeofGasReport.pdf

International Group of Liquefied Natural Gas Importers. (2011). *The LNG industry 2010*. Retrieved August 9, 2011, from http://www.giignl.org/fileadmin/uer_upload/pdf/A_ PUBLIC_ INFORMATION/LNG_Industry/ GNL_2010.pdf

Kaijser, Arne. (1999). Striking bonanza: The establishment of a natural gas regime in the Netherlands. In Olivier Coutard (Ed.), *Governing large technical systems* (pp. 38–57). London: Routledge.

Lom, W. L. (1974). *Liquefied natural gas*. London: Applied Science.

Marland, G. ; Boden, T. A. ; & Andres R. J. (2008). Global, regional, and national fossil fuel CO_2 emissions. In *Trends: A compendium of data on global change*. Carbon Dioxide Information Analysis Center, Oak Ridge National Laboratory, US Department of Energy, Oak Ridge, TN. Retrieved August 10, 2011, from http:// cdiac.ornl.gov/trends/emis/overview.html and http://cdiac.ornl.gov/trends/emis/tre_glob.html

Peebles, Malcolm W. H. (1980). *Evolution of the gas industry*. New York: New York University Press.

Tarr, Joel. (1999). Transforming an energy system: The evolution of the manufactured gas industry and the transition to natural gas in the United States (1807–1954). In Olivier Coutard (Ed.), *The governance of large technical systems* (pp. 19–37). London: Routledge.

Tussing, Arlon, & Barlow, Connie C. (1984). *The natural gas industry: Evolution, structure, and economics*. Cambridge, MA: Ballinger.

US Energy Information Administration (EIA), Office of Oil and Gas. (2006, January). *Natural gas processing: The crucial link between natural gas production and its transportation to market* . Washington, DC: US EIA.

US Energy Information Administration (EIA). (2010a). Annual energy review 2009. Retrieved August 9, 2011, from http://www.eia.gov/emeu/aer/

US Energy Information Administration (EIA). (2010b). Chapter 3: *Natural gas. International energy outlook 2010*. Retrieved August 9, 2011,from http://www.eia.doe.gov/ /oiaf/ieo/nat_gas.html

Vietor, Richard H. K. (1994). Contrived competition: *Regulation and deregulation in America*. Cambridge, MA: Harvard University Press.

Williams, Trevor I. (1981). *A history of the British gas industry*. Oxford, UK: Oxford University Press.

World Resources Institute. (2007). How does natural gas measure up next to other fossil fuels. Earth Trends Environmental Information. Retrieved August 9, 2011, from http://earthtrends.wri.org/updates/node/188

Natural Resource Economics

自然资源经济学

自然资源经济学的重点是高效使用可再生和不可再生资源，特别强调随着时间的推移对资源的有效利用。由于存在外部性和公共物品，市场可能无法有效地分配自然资源。在这种情况下，经济学家倾向于使用激励政策、使用市场手段而不是政府的命令和控制标准。经济上高效的收益不一定会得到可持续的结果。

经济学是对稀缺资源进行分配的研究。在特定情况下，私有市场会有效地分配资源。经济有效性是指社会从稀缺资源中获得最大价值。当这些条件不满足时，就出现了市场失灵：即市场结果没有实现社会福利最大化、没有得到社会最想要的结果。市场失灵一旦出现，就需要政府（公共部门）改善资源分配。但是，政府失灵也会发生，政府目标也不一定导致资源的有效分配。

外部性、公共物品与市场失灵

自然资源容易受到市场失灵的影响，尤其是外部性和公共物品会导致这种情况发生。如果双方的交易影响到了没有参与交易的第三方，就产生了外部性。例如，汽车司机或汽车公司都不会主动考虑汽车排放对其他人造成的外部成本。此外，清洁的空气具有公众利益——它使所有人受益，而且没有办法能排除任何人呼吸质量改善的空气——所以人们会"免费搭车"（free ride）。"免费搭车"的人就是那些从一项公益物中得到收益而不需付费的人。

在资源有限的世界中，当资源分配得到最大价值的使用时，社会的整体福利就得到最大化。也就是说，没有其他资源利用的组合更能满足社会需求。在这种情况下，就实现了经济高效（economic efficiency）。在其他情况下，当没有外部性和公共物品特点的时候，市场商品和服务功能表现最好。如果这些条件不满足，资源分配的结果就会在经济上无效（inefficiency），导致市场失灵。

具有负外部性的商品会被过度生产和消

费(与社会最优水平相比),因为市场忽视了加在第三方上的成本。同样道理,具有正外部性的商品会生产不足,因为市场忽视了第三方的获益。经济学家A.C. 庇古(A.C. Pigou, 1877—1959)提出,外部效应可以被内部化,通过市场对负外部效应征收使用税、对正外部效应给予补贴而实现。庇古税的外部社会成本内部化降低了生产和消费量,同时也产生收入,用来抵消其他税收,提供了所谓的双重红利。

主流(或新古典)自然资源经济学与经济高效的产出相一致,都不会得到可持续的结果。例如,如果可持续性要求我们为未来留下的石油至少与现在一样多的时候(被称为强可持续),经济高效不会实现石油市场的可持续。即使可持续性允许资金再投资到人为资本(被称为弱可持续性),例如,将今天销售石油的资金投入替代能源或其他形式的财富留给后人,对这样更低要求的可持续,经济高效依然基本无法实现。

珍视非市场产品

人们看重商品的保存和使用。在市场商品或服务中,供求关系决定价格。在一个完全内部化外部效益(连同其他条件)的市场中,这些价格将导致高效利用。但是,很多自然资源不是在市场上交易的,所以它们的价格不由市场决定。清洁空气、生态系统和物种多样性

的价值都是无法进行交易的。经济学家区分了使用价值和非使用价值。使用价值,如山涧捕鱼,可以从观察人们做决定的显示性偏好中进行推断。例如,离捕捞鳟鱼的河流近的房子售价要高于远离河流的房子。使河流里的鱼增加的做法,也可能进一步增加房子的价值。"享乐主义"的方法是种显示性偏好的方法,就是通常通过离自然资源的距离来比较房价。

价格上的差异就表现为人们对接近该自然资源的估价。除了其他的用途,这种方法还被用来比较不同空气质量的地区的房价。另外一种常用的显示性偏好方法是旅行成本方法。游客到国家公园或森林的旅行成本以及相应的到各地的游客人数,这些信息提供了一种方法来估算对某种资源的需求。

但是,对那些我们从来不利用的资源,我们也可以进行估价。这些非实用性价值包括存在价值(existence value),即我们对不会利用的资源进行价值评估。我们即使从来没去过科罗拉多大峡谷,也可以进行估价。同样道理,我们也可以不考虑对人类的用途,而为那些受保护的物种进行估价。进行非实用性估价,我们必须用"陈述偏好"(stated preference)方法。最常用的方法是一种调查方法,叫作"或有估价法"(contingent valuation)。这种方法调查人们对保护非市场资源的支付意愿(Willingness To Pay, WTP),

比如保护科罗拉多大峡谷濒临灭绝物种，以及改善空气质量。与显示性偏好方式相比，陈述性偏好方式会受到假设性的影响；因此，如果想得到真实的信息，调查必须经过精心设计。

公共资源

自然资源通常具有不可私人占有的属性，其可获性是不可控的。在法律上，这些资源被称为"流动性"资源，如地下水和公海海洋渔业，它们的流动性使得产权很难分配和保障。与公共物品一样，很难限制对公共资源（Common Pool Resources，CPR）的使用，但是与私有物品一样，公共资源的使用中存在一定程度的竞争。如果不加以限制，过分利用就会造成加勒特·哈丁1968年提出的"公地悲剧"（the tragedy of the commons）。这样的结果，是由于所有的个体都按照自己的利益驱动去尽可能多地消费（收获或获取）资源，而不是在可持续的水平上利用。这个结果是"囚徒困境"的一种形式，即个体利益与整体利益不相符。

由于没有有效的管理架构，公共资源会被过度利用，最终导致资源枯竭。让各社区或广大消费者自身进行合作，用可持续的方法管理资源是有可能的。2009年获得诺贝尔经济学奖的埃莉诺·奥斯特罗姆认为，这种方式在历史上相对小型的、具有凝聚力的社区是成功的；在这种条件下，合作和实施没有政府干预也是可以成功的。当产权不明晰也没有有效的管理架构时，就需要政府管理。

自然资源分配

传统自然资源经济学注重通过市场和价格来确定经济上的高效配置，如不可更新资源；或者有效使用，如可更新资源。在某些情况下，一些可再生资源如森林和渔业，也可以实现高效和可持续利用。对于不可再生或不可循环资源，比如矿物燃料，高效利用既不会达到强可持续性，也可能不会达到弱可持续性。

不可再生且不可循环资源

不可再生资源是数量有限、能够枯竭的自然资源，比如，矿物燃料和一些矿物质。托马斯·罗伯特·马尔萨斯（1766—1834）曾预言人口增长会超过食物供给。至少自那以来，人们普遍担心自然资源将会被耗尽。虽然马尔萨斯的预言没有成真，但是现代的新马尔萨斯主义者，如多奈拉·梅多斯（Donella Meadows），丹尼斯·L.梅多斯（Dennis L. Meadows）以及约尔根·兰德斯（JØrgen Randers）（2004），使用了相近的推理前提，认为人口增长会造成过度污染，耗尽自然资源。

哈罗德·霍特林（Harrold Hotelling）（1931）第一次提出他的观点后，经济学家一般都持反对意见。当一种自然资源是私人拥有时，追求利益最大化的所有者就会决定它开发利用的速度，以便在时间尺度上使资源的现存价值达到最大化（动态效率）。如果贴现未来收益（对于资源所有者，未来得到的一美元不如现在的一美元价值高），未来被开采资源的价格必定高于现在的价格。所以，随着时间的推移，每个时间段可供销售的量在减少、价格在不断升高。自然资源在下降，但是增长的价格可能会促进对其替代物的开发。

很多地质学家认为，目前世界已经达到或很快超过石油生产顶峰。经济学家则再一次不同意这个观点。即使石油已经达到高峰,一些替代产品也会出现。一种给定的自然资源可以由人造资源所替代(叫作"弱可持续")从而减少或消除对该种资源的长期需求,这种想法是有争议的。1980年,经济学家朱利安·西蒙和生态学家保罗·欧利希(Paul Ehrlich)公开打赌,看到80年代末五类金属实际价格是升还是降。欧利希认为价格会上升,因为世界人口增长和相应的对这些商品金属的需求会增加。西蒙则认为科技发展会部分代替这些商品,因此避免了需求增长和价格的上升。1990年五类金属实际的平均价格有所下降,说明替代品让对这些金属的需求保持平稳或低于1980年水平(Hackett 2006, 117)。但是,很多人质疑技术对自然资源替代的程度,并且认为一些资源是无法用人造资源所替代的,或者某些资源容易被替代,而另外一些则不容易被替代。

不可再生但可循环资源

很多不可再生资源是可回收利用的,比如金属。回收延续了一种不可再生资源的寿命,但是在经济上却不一定是高效的。如果获得和回收旧材料的成本高于开采和加工成本,新(首次使用)材料有可能比回收材料便宜。随着资源的耗尽(剩下的可能开采难度更高,同时也许质量更差需要进一步加工),开采新材料的边际成本(多产出一个单位所形成的成本)会提高。最终,如此情形会导致生产更多的回收材料,因为它会变得相对便宜。

开采新原料通常导致环境破坏。开采活动能毁坏植物和动物栖息地,也涉及有毒化学品使用。有毒物可能渗入地下水,对生态系统和人类健康造成危害。将原材料进行加工直至最终形态,需要主要来自矿物燃料燃烧形成的能源,也会释放有毒物质和其他污染物。市场价格没有将环境成本内部化,会导致对原材料的过度消耗和过度开采,而降低回收利用。

可再生且可枯竭的资源

可再生且可枯竭资源(如森林和水产)是在自然界不断创造和再生的资源,但是如果不精心管理就会耗尽。这些资源具有天然的更新速度,会受到生态系统中现有储存量(种群)的影响,也会受到生物功能性输入(如养分、阳光)的影响。

最大可持续产量(Maximum Sustainable Yield, MSY)是一个平衡点,这时种群数量与最大可输入量达到平衡能够形成最大更新率。当种群数量显著低于生态系统承载能力时,这样的结果就会出现。随着种群数量接近承载能力(例如,种群占据了全部可用的土地),有限的输入日益稀少,就会降低更新率。可持续的收获率可以达到最大可持续产量水平。但是,如果收获率高于这个水平,资源储量最终会面临枯竭。经济上的有效收获率是指每收获一个单位所得的价值(边际产品收益, Marginal Revenue Product , MRP)与收获该单位的成本相等(边际成本, Marginal Effort Cost, MEC)。这样的速度是可持续的。实际上,有效收获率通常低于最大可持续产量,如果以最大可持续产量的速度进行收获,如鱼种群数量变小且更为分散,导致的结果就是多捕一条鱼的成本高于它的价值。

作为公共资源,海洋捕捞渔业——对于

野生海洋捕鱼而言，种群数量无法得到管制，所以，肯定会被"捕捉"——容易形成公地悲剧，因为它们不可能是私人所有。一些保护资源的措施已经形成，包括对可捕捞的总量进行限制，对使用的工具加以限制（比如限制捕鱼用的圈套或渔网的类型），以及制定被收获的资源的最小尺寸和年龄的规则。虽然这些方法保护了资源储量，但却造成了生产成本增加，因此经济上是低效的。

另外一个常用方法是设定收获季节，但是这个方法经常造成"德比"（derby）现象，即所有的占有者都竞相在季节结束之前，尽量多地去收获更多资源。这就促使各方投入更大的设备，造成更加低效的结果，因为过度捕捞引起了成本增加。

个体份额是经济学家喜欢的一个方法。它们可以在经济高效的水平上更加有效地保持收获率，同时避免"德比"现象的出现和过度捕捞。给各方的配额是政府发放或拍卖的，给每一方限定收获资源的量以保证可持续性。个体可溯源配额允许最高效而不是低效的渔民获取许可，以提高整体效率。

新西兰和澳大利亚都为自己的海洋渔业实行了个体可溯源配额制度，且设立了可供捕捞总量（Total Available Catch，TAC）的更低限制，使鱼类种群数量得到恢复。鱼的种群数量增大，反过来也降低了捕捞的难度和成本，捕到的鱼的尺寸和质量也会提高，同时也为渔民提高了收益。加拿大和美国实施了西北大西洋[包括美国东北海岸、加拿大东海岸、圣皮埃尔和密克隆群岛（两个位于纽芬兰南面的法国小岛）及格陵兰岛]捕鱼配额，从那以后，鱼类种群数量逐渐恢复。美国和大西洋海岸各国正在调查海洋分区，以便决定哪些活动在海洋的不同区域可以进行——包括捕鱼、风力发电场、石油钻井、皮艇运动等。

水

水是同时具有可再生和不可再生特点的资源。水可以由自然水循环过程不间断地回收和再利用，然而，用于满足人类需要的地下蓄水层的补给非常耗时，以至于基本上是不可再生的。水资源管理必须考虑水的供给和需求。供给包括地下蓄水层和可以由水坝截获的地表径流。地下蓄水层的水由雨水补给，但是水的提取速度要快于补给。世界上一些水资源压力最大的地区就是这种情况：也门严重依靠基本没有雨水补给的地下蓄水层，而以这样的抽取速度，其水资源会在2025年前枯竭（Naje 2010）。

在历史上，水资源管理是通过供给方面的措施而实现的，即通过修建水坝来截蓄洪水，不然这些水就不能为人类所利用。在一些地方,通过淡化海水的方法将海水变为饮用水,但是由于相对高的成本和能源消耗,这种方法只能作为所有水资源供应的一小部分。

对水的需求主要有三个方面:农业、工业和居民消费者。农业用水占世界总需求的2/3。人口增长增加了对农业产量的需求,从而增加了对灌溉的需求,给已经过度开采的地下蓄水层和河流造成了更大的压力。

对水资源的管理,需要更多可持续的方法。在大多数地区,主要问题是由于政府补贴,水的价格被人为地定得很低。水坝和灌溉系统通常在政府公共财政支持下建成。用水真正的边际成本定价,会促使农业、工业和居民消费者通过监管和维修渗漏、采用更高效的灌溉技术以及节约家庭用水等方法,更加高效地用水。

能源

能源既有不可再生能源也有可再生能源。传统的矿物燃料,如煤、石油和天然气,供应量基本都是有限的,因为它们来自古代有机物质的转化。核能源需要使用铀,其供给也是有限的。可更新能源包括水能、风能、太阳能、氢气和生物质能。

每一种能源都有其优缺点。煤是储量最多、发电成本最低的能源,但是它的使用排放出硫、氮氧化物、汞和碳。开采煤矿也是一项危险的职业,同时,煤矿开采会造成景观破坏,比如山顶采矿。

汽车使用耗油的内燃机。在较小程度上,一些设备用油作为燃料。这些油的使用也产生排放污染,包括二氧化碳,还存在一些安全和环境问题,比如2010年深水地平线钻井平台发生爆炸,造成墨西哥湾石油泄漏。

储藏成百上千年的核废料依然活跃,是核电站的一个问题。在1979年宾夕法尼亚三哩岛部分熔毁、1986年苏联切尔诺贝利灾难以后,几十年没有建新的核电站,最近人们又重新燃起对核能的兴趣。

对排放的顾虑,尤其是与气候变化相关的碳排放,也激发了开发新能源的兴趣。可再生资源产生每单位能源的成本更高,但是它们的成本也在降低。风能是发展最快的替代性能源,成本迅速降到相当有竞争力的水平。但是,在妨碍视线的地方建风力发电厂,引起了越来越多的反对。

尽管太阳能和生物质能基本清洁,但是占地面积大,且自身具有外部性。制造太阳能用的硅板会产生垃圾,甚至燃烧生物质也会产生有毒废物。

据国家研究委员会(2010)的一份报告估算,2005年美国为发电用煤造成的外部损失大约有620亿美元,平均每产生1千瓦时的能量需要3.2美分。然而,这些数字还不包括与气候变化相关的成本。天然气是矿物燃料中外部成本最低的,石油处在煤和天然气中间。风能和生物质能的外部损害比起矿物燃料要低得多,大概每千瓦时0.1美分。核能发电正常运转的外部成本也非常低,但是有辐射污染的潜在危险。

政策

为符合环保法规,大多数能源政策都制定了具体规定。其中,有一项政策规定是,所有美国销售的汽车都必须装有催化式排气净化器。经济学家通常不喜欢规定,而喜欢另外一种方法，即设定排放标准而不是规定符合法律的特定技术，也不给任何企业设定特定的排放量。

指挥与控制

经济学家把监管的传统形式叫作指挥和控制。作为技术标准的最严格形式，要规定标准和每个公司如何实现标准，就像催化式排气净化器的要求一样。宽松一点的标准规定了企业层面的标准，但是允许公司决定用成本最少的方法达到标准。可再生组合标准（Renewable-Portfolio Standard，RPS）就是一个例子，这个方法鼓励利用可更新燃料发电，已在美国大多数州以及英国和智利等国家采用。可再生组合标准要求随着时间的推移，越来越多的能源被其他燃料所替代，但是不同替代物的组合可以是灵活多样的。有一个类似的理念，是由德国倡导的、被世界很多国家普遍采用，叫作回购电价制度（Feed-In Tariff，FIT），它要求设备基于生产成本、以指定价格购买替代燃料。经济学家依然青睐更灵活的方法。

激励措施

激励（Incentive-Based，IB）的措施制定总体标准，但是没有设定每个企业的标准。税收和贸易是激励的主要方法。"绿色"税收在欧洲很普遍，但是在美国没有实行。所以汽油的价格在欧洲要高得多，因为税收里包含了排放带来的社会成本和国家安全成本。美国对高税收非常抵触，相反喜欢用被称作总量控制与交易系统的贸易措施。

最发达的总量控制与交易系统是用在发电的硫排放中，作为1990年美国清洁空气法案修正案的一部分。在这种体制下，政府制定了企业排放硫所需的许可证。至今，这些许可证通常在项目开始之前就发给企业，许可证的数量依排放量而定。企业可以对这些许可证进行买卖。能够以低成本降低排放的企业可以卖出多余的许可证，而成本高的企业购买更多的许可证可能比降低排放更有利。相对于指挥和控制的方法，它可以用更低的成本达到整体排放标准，让有能力的企业以最低的成本降低排放，而让降低排放成本高的企业降得较少。欧洲已经开辟了碳交易市场。然而，到2011年年中，美国立法还没有引进总量控制与交易制度。

21世纪展望

自然资源经济学是主流新古典经济学的延伸。尽管自然资源经济学和它的近亲（环境经济学）都将主流经济学加以拓展，重点关注由于外部性和公共产品所产生的市场失灵，然而生态考虑和可持续性依然没有成为主流经济学的组成部分。

大概从1990年起，生态经济学开始兴起。然而到目前为止，它更多的是生态学而不是经济学。注重高效和社会福利的新古典经济学需要的是美元价值。可是却很少有将美元价值用在生态系统中的尝试。最著名的尝试要数罗伯特·科斯坦萨（Robert Costanza et al. 1997）等人，他们对地球生态系统服务的估价为每年33万亿美元。这种方法是通过推断小的价值变化，如科罗拉多的生态系统，将其推广到全球估算中，因而受到批评。在《生态经济》期刊特刊中，迈克尔·托曼（Michael Toman）（1998）针对科斯坦萨的文章撰文，认为33万亿美元是对无限量地球生态系统服务的严重低估。他更关心的是,我们需要对生态系统不同的部分用不同的数字,这样才能了解哪些是最值得保护的。我们可以预见,人们会继续开展价格评估,并对通用框架进行开发。它会像目前已有坚实基础的成本收益分析(Cost-Benefit Analysis, CBA)一样快速发展。

自然生态经济学多半基于新古典传统,需要数字分析,而生态学以及(从某种程度上)生态经济学却使用物理单位。所以随着更先进的、更被接受的自然资源货币化计量的发展,也需要构建新的工具,以便能被无法货币化的物理测量所使用。健康的生态系统是以标志性物种的存在或者以允许物种迁徙的廊道为特征的。这些物理测量也许不能进行相应的货币转换。

最为人熟知的、评价总体福祉状况的是国内生产总值(Gross Domestic Product, GDP)。一些替代指标比如绿色GDP,也考虑到如下因素,如自然资本的折旧。在这里,自然资源储量被看作是一种资本。达利—科布可持续经济福利指数(Index of Sustainable Economic Welfare, ISEW)表明,一些地区国内生产总值持续上升的同时,可持续经济福利指数在降低。正如生态学家所敦促的,我们可以通过卫星监测来使用更多物理测量。这样的监测可以追踪自然资源的物理储藏量及其增减。

目前,也有不断增加的对经济学多元化(多重方法)的呼声,而不是仅仅使用新古典方法,比如彼得·索德宝(2008)就是这样做的。生态学家推崇不拘一格的方法,以便对一种资源的测量与方法可以不同于其他资源的方法和指标。

自然资源经济学强调经济高效的、但不一定可持续的对自然资源的利用。只要可持续性关乎对待后代的公平或道德,经济学就不可能权衡其可取性,因为这些不是经济学关注的。例如,尽管经济学能帮助确定减少碳排放的收益和成本,但这个目的能否实现也许取决于其他因素。尽管如此,经济学能用最经济有效的方法达到这个目的。通过经济学的手段,只要全球几十亿人能发现好的办法就给以奖励,那么市场就会给替代方法以激励,包括替代能源汽车、树木和海洋碳汇以及很多现在还无法想象的做法。

彼得·施瓦茨(Peter M. SCHWARZ)和
迈克尔·W. 赫伦(Michael W. HERRON)
北卡罗来纳大学夏洛特分校

参见:生物能源与生物燃料;煤;保护价值;鱼;森林产品—木材;森林产品—非木材林产品;绿色革命;氢燃料;工业生态学;本地化食品运动;天然气;自然资源法;石油;太阳能;水能;风能;铀。

拓展阅读

Berck, Peter, & Helfand, Gloria. (2011). *The economics of the environment.* Upper Saddle River, NJ: Prentice Hall.

Costanza, Robert, et al. (1997). The value of the world's ecosystem services and natural capital. *Nature, 387,* 253–260.

Daly, Herman E., & Cobb, John B., Jr. (1994). *For the common good: Redirecting the economy toward community, the environment, and a sustainable future* (2nd ed.). Boston: Beacon Press.

Dewees, Donald N. (2008). Pollution and the price of power. *The Energy Journal, 29* (2), 81–100.

Field, Barry C. (2008). *Natural resource economics.* Long Grove, IL: Waveland Press.

Griffin, James M. (2009). *A smart energy policy: An economist's Rx for balancing cheap, clean, and secure energy.* New Haven, CT: Yale University Press.

Griffin, James M., & Steele, Henry B. (1980). *Energy economics and policy.* New York: Academic Press.

Hackett, Steven C. (2006). *Environmental and natural resources economics.* Armonk, NY: M. E. Sharpe.

Hannesson, Rögnvaldur. (1998). *Petroleum economics.* Westport, CT: Praeger Publishers.

Hardin, Garrett. (1968). The tragedy of the commons. *Science, 162,* 1243–1248.

Harris, Jonathan M. (2006). *Environmental and natural resources economics, a contemporary approach.* Boston: Houghton Mifflin Company.

Hein, Lars. (2010). *Economics and ecosystems: Efficiency, sustainability and equity in ecosystem management.* Cheltenham, UK: Edward Elgar.

Hotelling, Harold. (1931). The economics of exhaustible resources. *Journal of Political Economy* , 31, 137–175.

Keohane, Nathaniel O., & Olmstead, Sheila M. (2007). *Markets and the environment.* Washington, DC: Island Press.

Kumar, Pushpam. (Ed.). (2010). *The economics of ecosystems and biodiversity: ecological and economic foundations.* London, UK: Earthscan.

Meadows, Donella H.; Meadows, Dennis L.; & Randers, Jørgen. (2004). *The limits to growth: The 30-year update.* White River Junction, VT: Chelsea Green Publishing.

Naje, Omar. (2010, October 22). Yemen's capital "will run out of water by 2025." Retrieved January 12, 2011, from http://www.scidev.net/en/news/yemen-s-capital-will-run-out-of-water-by-2025-.html

National Research Council & Committee on Health, Environmental, and Other External Costs and Benefits of Energy Production and Consumption. (2010). *Hidden costs of energy: Unpriced consequences of energy production and use.* Washington, DC: The National Academies Press.

Nordhaus, William D. (1994). *Managing the global commons: The economics of climate change.* Cambridge, MA: The MIT Press.

Ostrom, Elinor. (1990). *Governing the commons: The evolution of institutions for collective action.* Cambridge, UK: Cambridge University Press.

Pearce, David; Barbier, Edward; & Markandya Anil. (1990). *Sustainable development: Economics and environment in the third world.* Aldershot, UK: Edward Elgar.

Perman, Roger; McGilvray, James; Ma, Yue; & Common, Michael. (2003). *Natural resources and environmental economics.* Upper Saddle River, NJ: Prentice Hall.

Pierce, William S. (1996). *Economics of the energy industries.* Westport, CT: Praeger Publishers.

Pigou, Arthur C. (1932). *The economics of welfare* (4th ed.). London: Macmillan and Company.

Rabl, A., & Spadaro, J. V. (2006). Environmental impacts and costs of energy. *Annals of the New York Academy of Sciences, 1076,* 516–526.

Söderbaum, Peter. (2008). *Understanding sustainability economics: Towards pluralism in economics.* London: Earthscan.

Stern, Nicholas. (2007). *The economics of climate change: The Stern review.* Cambridge, UK: Cambridge University Press.

Tietenberg, Tom, & Lewis, Lynne. (2010). *Environmental economics & policy.* Boston: Pearson Education.

Tole, Lise. (2010). Reforms from the ground up: A review of community-based forest management in tropical developing countries. *Environmental Management , 45* (6), 1312–1331.

Toman, Michael. (1998). Special section: Forum on valuation of ecosystem services: Why not to calculate the value of the world's ecosystem services and natural capital. *Ecological Economics, 25*(1), 57–60.

Wilen, J. (2000). Renewable resource economists and policies: What differences have we made? *Journal of Environmental Economics and Management, 39,* 306–327.

Natural Resources Law

自然资源法

自然资源法具有三个基本功能：认定自然中可以占有的部分和使用权的基本条款、促进与资源相关的交易和提供机制，保障和谐利用以及解决无法避免的纠纷。在这些功能中，立法者面对的一个关键问题是，自然的一部分是否可以被确定为一种与其他部分不相关的资源，或者是土地所有权的附带属性。

自然资源法是一系列法律性规则的总体，鼓励和控制对自然的利用，对自然中人们发现有价值的部分尤其如此。大多数社会都制定了规则，从而确定是谁、在哪里、如何利用自然资源。当市场发挥主导作用的时候，社会的立法系统便制定更复杂的法律，超越对自然使用权的界定，来规范商业交易。同样，一个关注环境恶化的社会，也会制定规则限制资源相关的活动以降低环境危害。在这样的社会中，自然资源法可能具有多重目的：鼓励和促进对自然的利用、在公民间促进公平、保证人类活动不过度污染或使自然环境退化。

要理解自然资源法，最重要的是辨认它的主要要素和基本功能。因为立法者制定法律时，他们具有的选择性会用来满足自己特定的条件和需求。美国50个州都制定了详细的各种自然资源法。尽管其他国家的法律与美国的法律不同，但是任何地方自然资源法的基本功能是相同的。所有国家的立法者都会以某种方式制定具体规则来执行这些基本功能。为此，我们可以在不同的法律体系中、在具体的自然资源法中找到共同点。

基本功能

总体来讲，自然资源法发挥着三种基本职能。

第一，它限定了自然资源中哪些部分可以被占有，同时，认定或制定了使用者需要的法律权利（使用权）条款。很多对自然资源的使用，包含了对自然的某些部分进行开采和消费。其他的使用——游憩活动，以及诸如远足和休闲划船对地面的非破坏性使用——多为非消费性的。自然有价值的部分可能位于地下、地表或地上。人类消费的资源既可能是自然可更新的(植物、动物和一些能源),也可能是不可更新的(多数矿物质和矿物燃料)。限定资源利用权利条款的法律,一般规定了什么能用、怎么用、指定使用权的期限与转让、解决资源使用者不可避免的纷争、一旦资源利用活动结束提出清理或恢复任务。自然资源法还包括分配使用权的规定——即规定政府如何认定第一用户获得自然资源的所有权。

自然资源法的第二项职责是促进有关资源的交易。资源使用权经常在私有交易间发生:许可、租赁、销售、运输及其他。通常情况下,私有双方有很大的自由度决定如何组织交易(与政府参与类似的商业交易一样)。自然资源法促进了这类交易,因此,使市场更正规和高效。其中一种途径,是规定交易的合同或契约解释条款,除非交易双方另有安排。例如,法律可能对共同使用的条款做出定义(如开采权、探矿权、水权、狩猎地役权)。法律也可能限定了被广泛接受的特许权协议以及对使用权限期的管理规定(比如,规定一项特定的使用权只有在所有者不间断使用的前提下才有效)。这样,法律就填补了私有交易中合同不完整的空白,并将习惯传统理解融入了私有交易中。如果私有双方愿意,他们通常可以拒绝这些法律条文,背离传统做法,制定他们认为合适的条款。在一些情况下,立法者坚持认为,合同和契约需要包含支持公共政策的特定条款,不需要考虑交易方的愿望。比如,石油和天然气管理规定,所有租赁方要在开采完成时清理井场。

自然资源法的第三个主要任务——一个现在越来越重要的任务——是推动管理机制的形成,使资源利用者(或者其他人)协调资源利用并解决纷争。例如,很多管辖区域的灌溉者都被赋权成立灌溉或水利实体,协调大面积的水资源利用。同样,特定石油和天然气油田上的土地所有者,也被赋权成立了联合管理实体,推进钻井和复原方法(在美国被称作集中一体化安排)。展望未来,自然资源法很可能包含更多的条款,旨在鼓励资源使用者共同努力和共同受益。

土地带来什么?

立法者的主要任务是规定自然的哪些部分可以占有的,并规定使用权的基本条款。自然的一个特定部分应看作是离散资源,比如取水和用水的权利、伐木权、狩猎权、在一个地区的放牧权。另外,对自然某部分的使用权可以被看成是土地所有权的属性,意味着资源所在土地的所有者享有利用该种资源的法律权利。立法者通常同时使用两种概念,既把资源当成土地的一部分,也把它看作是可以独立获取的离散资源。这样,研究一个辖区的法律,就有必要了解哪部分的自然资源属于土地所有者、哪些属于离散资源。

土地所有权几乎总是包括利用土壤的权利、收获多数或所有植物的权利、栽培作物以及参与一些地面利用活动的权利。尽管基于以上基本点,不同立法系统仍然有差异。比如在殖民时期的美国,英国法律规定私营业主不享有特定高大树木的所有权,这些树木被作为官方储备用作船舶桅杆。在当今很多国家,自然保护法(例如英国)同样对特定森林,甚至指定树木进行保护。

除了这些土地和植被的利用，各法律体系对土地连带的部分自然资源的管理，相同之处要少得多。比如，土地所有权可能包括、也可能不包括在地面或地下的开采权——即开采煤炭、金属、石油和天然气以及建筑石料的权利。如果矿产从土地所有权中剥离，那么要么政府保留国家开采矿物的权利，要么它们作为离散资源分配。对矿产资源所有权的重要问题，不同辖区采取了不同的方法。比如，土地所有者可以获得"硬岩"开采的权利(开采煤炭、石料和金属)但是没有权利开采石油和天然气。法律可以限定更详细的划分。比如，英国法律长期以来规定，金、银无论在什么地方都属于王室所有。土地所有者享有拥有其他矿物的权利。同样，也有跟水这种在世界多数地方都很重要的资源相关的条例。土地所有者可以或不可以拥有在其土地上、土地旁或土地下流经的水资源。在美国，这个问题主要由各州的法律来管理。东部地区倾向于赋予土地所有者地表和地下水的使用权，权利由所有的土地所有人共享。而西部地区的法律更常见的是把水作为离散资源，制定不同的规则确定谁可以获得水的使用权，以及如何获得。

同样对野生动物也有类似的法律规定。立法者必须考虑以下问题：土地的所有者拥有土地上的野生动物吗？（在美国，这个问题的答案是否定的，但是在其他地方比如英国答案是肯定的）如果土地所有者拥有地面上的野生动物，那么当野生动物迁徙之后权利会消失吗(通常是这样的，尽管土地所有者也许要为动物逃离造成的后果负责)，或者，立法系统是否将利用野生动物的权利看作是与土地分开分配的资源？这些对野生动物的使用权经常在种类、季节和地理位置上受到严格控制。同样的问题在空间、光和风的利用以及洞穴利用上也会出现。所有这些权利有可能包含或不包含在土地所有者所拥有的一系列权利中。

在这些问题当中，立法者有时要区分某地物理资源的所有权，以及利用或获取资源的法定权利。比如，美国各州规定湖泊和河流里的水是公共资源；土地所有者只有使用权。美国石油和天然气管理法律中，有些州规定地下的石油和天然气属于土地所有者。另外一些州规定只有开采出来的石油和天然气才能够被拥有；土地所有者拿到土地所获得的，仅仅是利用地表钻井和开采的权利。第一眼看上去，这两种方法很不相同：他们要么对石油和天然气有所有权、要么没有。事实上，两种方式的结果相似。所有土地所有者都拥有从他们地上的井里开采出来的石油和天然气。那么，拥有地下石油和天然气的土地所有者，就没有邻家井的相关权利。另一方面，土地所有者如果只有开采权也不受影响。土地所有者依然享有任意获取和保存石油和天然气的权利。为此，这种差别就不那么重要了。

自然资源制度还在土地所有者从土地上驱逐外来人员的能力上有所不同。土地所有者通常会用自己的活动制止干扰行为，或至少重要的干扰行为；这大概是对自然的所有权的主要组成部分。另一方面，如果外来者穿越或利用他们的土地而没有造成干扰，土地所有者可能没有权力将他们赶出去。因此，私有土地可能对公共步行者开放而不需要获得土地所有者同意。在很多社会，公众对没有围起来的私有土地有广泛的权利，包括狩猎、觅食、旅行和放牧。在这些社会中，与资源相关的活动有时被看作是所有大众或村民都能享有的使用权。

立法者在规定土地所有权连带权利的时候，他们通常必须处理溢出效应或外部性。他们必须考虑一个土地所有者的行为是否会损害其他资源利用者。比如，自然资源法通常会规定一个土地所有者以某种方式挖掘土地是否会在物理上损害邻近土地。同样，它也规定了土地所有者改变地表径流和自然排水的自主程度。它还对植被有所规定，不允许种植特定不需要的物种，要求修剪或控制杂草，或对森林或草场管理进行规范。

无论立法者什么时候将自然的一部分当成离散资源，他们都会遇到一个实际的挑战。自然的各部分之间经常是生态上紧密交织在一起的；他们不是完全独立存在的。如果需要法律制定者去定义离散资源的物理边界，这个任务一定要划定边界。比如，一个把水当成离散资源的管辖区必须将连续的水循环分段处理。被植物吸收的降雨应该属于土地所有者。但是土地所有者可以在屋顶水箱系统存水吗？水是属于土地所有者，还是他必须取得单独的资源使用权去收集雨水？同样，土地所有者可以在水形成溪流前获取或保存弥漫在地表的水资源吗？如果是自然界的泉水，或水文上与其他径流分开的、不用就流走的水呢？当水资源紧缺时，立法者必须对此提供答案。如果法律把地下矿物也当作离散资产的话，也会产生同样的问题。哪些矿物包含在土地里、哪些没有？泥煤是矿物质还是土壤的一部分？突出地表的矿物呢？嵌入在低等级矿石岩层的矿物呢？

无论立法者什么时候将自然的一部分定义成离散资源，这些问题必定会出现（当土地所有者自愿提供一种资源并将它单独转让时这些问题也会出现）。立法者面对的问题很容易表述：在生态过程中嵌入越紧密的资源，越难划定土地和离散资源的边界。当法律体系允许一个人第一个获得一种资源来利用它的时候，通常就需要划定边界。比如，采矿权可能给了第一个发现矿藏的人，但是矿藏的法律边界在哪里？矿藏到哪里结束，土地所有者的权利从哪里开始？新矿主有利用地表的附属权利（如，砍伐木材用来支撑矿井）吗？

土地利用

法律一旦确定了属于土地部分的元素，接下来必须解释所有者如何利用土地。这个主题是物业法或土地利用法的范畴；然而也是自然资源法的一部分，因为土地所有者的一系列权利中包含了多种资源。

前面部分提出了与这个话题相关的几个问题。土地所有者能改变自然排水或移除植被吗？所有者能采取侵蚀土地或损害珍稀野生物种的方式耕种吗？更复杂的是这样的客观事实：一个土地所有者的行为可能很容易地破坏其他土地和土地用途。相邻的土地所有者之间的纷争很常见，通常包含不同的基本事实模式：一个土地所有者喜欢密集土地利用（也许更嘈杂、有震感、有气味或影响交通）而另外一个土地所有者在土地利用上更加敏感。这样的纠纷有时包括可更新能源，土地所有者有规律地利用太阳能和风能

资源，他们的利用经常因为邻居对光或风的干扰而受到影响。另外纠纷发生的常见模式是，一个土地所有者的行为与离散的、所有权分开的资源利用有冲突，或者两个离散使用权的所有者相互干扰。

法律必须通过某种途径解决这类纠纷。立法规则可以是清晰和简洁的，给一方以优先权；立法规则也可以是模糊的原则或价值观，是法庭必须用来解决纠纷的参考。总体来讲，立法者倾向于用相对少的办法来解决邻近使用者之间的纠纷。第一个常用的法律方式就是简单地优先考虑第一个到达的土地或资源使用者。第二个方法是对竞争性活动做评估，在某种程度上对更合理或对社会更有益的活动给予优先考虑。第三个方法不总是可行，就是将有争议的资源平均分配——比如，允许含水土层上面的土地所有者按照占有土地的面积分享相应比例的地下水。第四个方法考虑的是争议的一方或另外一方是否可以在活动中调整或和解，减轻或结束纷争。比如，法庭会考虑是否一方可以通过保护性措施减少资源的利用。如果一方能缓解纷争或顾及另外一方的需要，那么法律会坚决主张这样做。

第五，是解决使用者纠纷的老办法——曾经常用的，但是随着工业化的到来被搁置一边的方法——就是把自然当作合法资源利用底线的方法。即，立法者可以规定各方享有土地和离散资源的权利，这样所有者必须使用自己享有的一部分，不能实质性改变其他土地所有者土地上的自然事件。在美国，200年前，法庭通常判定，土地所有者享有各自土地上的"自然事件"，包括风、水和光。如果邻居实质

性地干扰了这些自然事件就定为做错了。这样，水法允许土地所有者利用河水，只要他们没有降低水流的数量和质量。这种法律方法更有利于在敏感土地和耕地上进行新的、污染性工业的利用。毫无疑问，这种以自然作为底线的方法经常被放置一边，这样污染型工厂和铁路才得以发展、这样城市土地所有者才有机会建高楼大厦阻挡空气和阳光。

最后第六，是与其他不同的解决纠纷的方法。除了制定法律直接解决纠纷，立法者可以建立过程和机制，使相互竞争的使用者通过管理机制自行解决纠纷。如前文所说（基本功能），自然资源法可以授权资源所有者形成私有的或准私有的实体、有权利评判纠纷，甚至在争议发生之前就通过限定谁能做什么避免纠纷。这样的安排可以鼓励使用者齐心合力，认识到并且解决竞争性需求，而无须通过法庭解决。另外一个目的可以促进共享的管理安排，经济更加高效，环境更加友好。这样，如湖周边的土地所有者就有权建立一个湖管理实体，解决湖水和湖岸利用的相关纠纷。牧区的土地所有者得到鼓励，建立起放牧管理机构，来解决纠纷，也许还可以进一步在更大的空间范围内安排共同放牧活动。随着时间的推移，考虑到本节中列举的其他方法的成本、延误和不可预知性，立法者会看到，用这种方法解决争议将有越来越多的益处。

分配离散资源

一旦自然的一部分，而不是土地的一部分被定义为离散资源，法律体系必须用某种方式使潜在的使用者能使用资源，这就是自然

资源法的分配功能。一种资源可以被保存下来为公众所用（比如，用河水旅游和捕鱼的权利）。此外，资源还可以通过很多不同的方式分配给个人和企业。

一种分配的长效方式是让资源可供第一个占有或开始使用的人利用。这种先来后到的方式由来已久。这是一种简单的分配方式，不需要复杂的政府组织结构去实施。它也通常受到先到某地理位置的人的欢迎，因为这种方法偏向他们而不是后来者的利益。

作为一种分配方式，先入为主法一经使用就产生了一些可预测的问题。一个人要采取什么样的行为可以被看作是第一个？有个著名的美国法庭判决解决关于一只死狐狸的争议，就提出了这个问题。究竟是先看见狐狸并追到近前的猎人是第一个呢、还是第一个真正捉到它的人算是第一个人？（法庭最后判决的是后者）。在美国西部水法中，规则逐渐发展为只有当一个人从溪流中取了水，并用于有益的用途时才被认为是第一个用水的人；仅仅是取了水还不够，如果水的利用没有益处，水权也不会产生。在矿业法中，只有当一个人立界标明所有权、提交了相关文件，并标明矿藏的价值才算是第一个发现有价值矿藏的人。

第二个先入为主方法出现的问题一定与获取的时间有关，因为通常完成资源获取的行为需要时间。如果获取的时间需要几个月或几年，应如何计算时间？比如从河里取的水，可能运到很多里外用于灌溉或采矿。计时是从获取资源的第一步算起，还是从所有工作都完成算起？在美国西部水法中，很快出现了相关法律，规定只要获取者使用了合理的努力完

成所需的工作,那么水的使用时间要追溯到用水的第一步。

第三,先入为主法相关的问题,一定涉及受到他人干扰时,对使用者的法律保护。美国西部采矿条例通常保护他们实际占有的土地不受干扰。一般地讲,立法者禁止他们认为的不公平竞争。作为政治事件,力图鼓励发现和利用资源的立法者,通常必须给探矿者和其他潜在资源所有者某种程度的保护,使其不受干扰。如果不这样做,那么干扰的风险就会阻止人们去寻找这些资源。

基于先入为主法的资源分配,或可称为历史方法,绝对不是不受到道德或社会反对。一种抱怨就是,政府基本上是无偿将资源出让,而没有给纳税者收入。第二种抱怨是,资源利用者即使是先到的,这个理由也不能特别说明他们就应该得到,或在道德上具有优势。先入为主的原则对工业和创始者有利,但是这种回报很容易变成过分的,特别是当第一个占有者能够对资源进行囤积时。以后的子孙后代就特别吃亏。在全球层面上,就全球资源而言,不利的局面会出现在后发展起来的国家。

这种道德问题,已经出现在关于海洋资源的纠纷中,同时,最近也出现在对地球环境污染的权利冲突中。发达国家通常提倡需要缓解气候变化,因此要采取减少排放的做法,应该从资源利用的历史模式开始。这种政策立场明确承认已有的分配方案,即最早开始发展的国家获取了地球资源的绝大部分。另外一种分配地球资源的方法是基于人头法——地球上的每个人平均分配——不考虑污染前的模式。这种方法对那些人均污染高的国家,

要求降低的程度更大。人均分配法使最先实现工业化的国家失去优势。

立法者将资源分配给初始用户时,对自然资源的制度设计有很多种其他方法,最明显的方法,要么通过以最高价格让市场承担、要么进行拍卖。另外一个分配资源的方式,是基于资源如何利用,或基于潜在用户的特征。这样,资源无论如何被定义,都通过许可证的方式,只提供给为公共利益服务的人。另外,一种资源的分配,还可以基于个人能力或使用者特征。这样,海洋资源优势会分配给需要生存的渔民,特别是那些保留传统捕捞模式的社区。种植园的使用权可能分配给低收入申请者。从事要求严格的娱乐活动(比如漂流和登山)的使用权可能被分配给表现出高超技能的人。很多资源分配方式都偏向于当地使用者,这样可以稳定和保护地方经济。在一些辖区,如果各种资源一起利用最好,立法者会将离散资源捆绑在一起打包分配,比如,在半干旱地区放牧权可以与水的使用权一起发放。

离散资源的使用权

立法者制定离散自然资源的使用规则时,他们面对的主要挑战是规定每项使用权的边界——包含了什么、资源如何被利用以及一种资源的权利条款如何与其他的条款和土地所有者权益相适合?这当中的众多问题经常与特定资源的物理特征或属性相关。有时候,立法者喜欢用严格限定优先权的规定来明确权利,避免纠纷。因此,当挖掘方法干扰了地面利用时,美国矿业法通常赋予地下矿产业主以优先权。这些所有者可以利用地面,甚至在

必须挖掘和采矿时,可以对地面有所破坏。同样,石油和天然气租户也可以合理利用地面,除非受到合同条款限制。采矿权持有者的确面临对自身行为的约束,这些约束近几十年越来越多。比如,他们通常仅能利用地面开采该地的矿物,不能帮助开发其他地面的矿物。同时,他们可能要向地面所有者赔偿所有造成的破坏。

资源利用者的众多纠纷发展出丰富、复杂的法律体系,通常适用于特定的需求,以及对特定资源利用的结果。这样,干旱地区的灌溉者可以跨越相邻的土地,把水送到其他地方使用。水路的公共使用者可以有权进入沿河的私人土地,以便绕开水路上的障碍。美国印第安部落的附属权利,有权在传统捕鱼地将鱼晒干再运输。特定放牧权的所有者在法律上可以建造围栏和浇水设施。另外,资源使用权在很多情境下,必须规定可供利用的范围和强度。比如,一个地区伐木的权利要规定什么树能砍、哪里可以砍及砍伐的方式,对土壤、水以及其他树木的危害。放牧权要确定放养动物的数量和种类、在哪里放牧以及土地所有者(可以是政府机构)是否有权因为干旱而变更放牧等级。

权利的期限与转让

对资源使用权的定义有两个主要问题,持续时间——能持续多久——以及使用权的所有者是否能将它出售或转让。土地所有权通常是(尽管不总是)永久性的,土地所有者可以任意转移所有权。对于离散自然资源,法律更加多样化。自然的离散使用权很少有永久性的。通常的情况是,使用权包括一定

的期限条款(比如,一定年限)。或者使用权持续到资源完全利用,或只要使用权对所有者依然有价值。很多情况下,当使用人将使用权弃置时(通常土地不可能被弃置),资源使用权就不再有效。使用权也会仅仅因为不用或丢失,不再符合资源利用的明确责任而被废弃。比如,美国石油天然气的租赁,通常会无限期地超过原有的年限条款,"只要"租赁者继续开采石油并支付相关费用。一旦生产结束——除非双方另有合约——租赁权即到期。正如这些例子所显示的,使用权的期限通常与该权利的另一重大要素相联系:用或不用的义务,迫使持有者利用资源(土地所有者有时面临相同的职责——如果他们弃置土地不用,他们也同样会失去权利——尽管在土地问题上连续使用的职责不像离散自然资源那么常见)。

对于资源所有者对持有物的转让,法律有时会区分可转让的、用于商业用途的资源使用权,以及不可转让的、更多用于个人或家庭用途的资源使用权。为此,商业砍伐森林的权利是可以转让的,而邻居进入土地采集木柴的权利可能就无法转让。如果资源利用权对该特定土地的使用有利,一些资源利用权利在法律上就被认为是属于土地一部分。举个简单的例子,穿过土地的通行权可能对毗邻土地的利用有益,不然土地就完全封闭了。这个例子中离散使用权(本例子中的路权)多半不能转让,除非受益的土地也同时转让。

当资源可以自由转让时,资源市场活跃。然而,自由转让很容易与立法者的愿望发生冲突,他们坚持认为,资源的利用应该以实现

公共政策为目的。基于接受者的身份或基于公共利益的计算，政府可以决定对资源的分配。他们可能分配水资源来支持当地的耕种社区；他们可能分配捕捞权给自给渔民；或者他们可以规定只有劳动的农民才能拥有农地。如果使用权的获得者可以立刻把他们的权利转移给其他使用者或其他用途，那么这些政策取向可能变得毫无意义。因此要避免这种风险，保护分配制度下的政策目的，立法者常对使用权的后续转让设定限制。他们可能只允许向与原有分配机制相符的个人或用途转让。在美国西部，水权的转让经常要得到政府同意，保证新的用途对社会有益。立法者会继续设定转让限制，以保护地方农业社区。这种对转让的限制问题在于，它干扰市场的资源再分配能力。如果市场不能进行再分配，那么政府必须采取某种其他分配方法（比如，用征用权废弃现有用途，这样将资源解放出来用于政府再分配，或者，如果提前意识到问题，只分配有限定期限的或在特定情况下会终止的使用权）。资源所有者转让资源的权利就这样与规定的使用权要素交织在一起。

政府监管

政府监管资源利用的权利与宪法赋予各个政府的权限、协调各级政府活动的联邦问题以及对保护私有财产规范行为的限制交织在一起。私有财产是有价值的制度，可以促进经济进步与发展，同时加强社会、经济和政治秩序的稳定。同时，私有财产来自政府权力的运行（也就是私有财产本质上是法律的产物）。同时私有财产很容易被所有者用来压制或抑制其他人，使人们赖以生存的土地和水资源退化。特别在美国，由于普遍认为私有财产是以某种方式从法律以外衍生出来的，或存在于监管体系出现之前，这些相互矛盾的现实很难得到理解。除了知识和理念上的冲突，还有这样的经济现实，即当立法者，出于提升共同利益的目的，试图改变法律以明确他们权力的时候，有价值的土地和资源的权利所有者倾向于顽强保护现有权利不受改变。同样，既定的资源使用者（比如灌溉者）即使造成了生态危害，被公众认为是不可接受的，也要顽强地捍卫他们自己的活动。立法者是否能通过法律手段改进私有权利来推动公共利益，取决于政府结构，更重要的是取决于辖区民主的力量和活力。

很多法律制度一直允许资源使用者游离于监管，让自然界自行修复损伤、吸收污染。逐渐地，立法者开始要求资源使用者要清理最糟糕的污染，将土地恢复到类似没有开采前的生态状况。石油和天然气生产者通常要负责填埋矿井，以此减少地下水的污染危险。修复责任也开始被加入到私有交易当中。监管资源活动的私有租赁和合同现在经常要求不仅要移除设备，而且要采取积极的措施，将土地复原到特定状况。

自然资源法深远地影响着人们如何利用自然，特别是市场力量作用下的资源活动。通过重新考虑和改进自然资源法的要素，促进和坚持资源利用与可持续的要素相一致，立法者可以帮助实现可持续的要求。他们可以有效地修改资源利用法的要素，以限制损坏生态的行为，要求资源利用者在资源开采结束时修复自然地区。他们可以改进资源分配与再分配的方法，使资源利用方式促进公共利益。此外，他们可以将资源嵌入到景观监管体系，整合不同资源的利用，以此降低冲突，同时适应改变的自然条件和公共价值。精心设计的法律可以提供框架，使市场力量得以运行，同时也使资源利用模式与发展目的，与健康运行的环境更加和谐。

埃里克·T. 弗雷弗格（Eric T. FREYFOGLE）
伊利诺伊大学法学院

参见：地下蓄水层；保护价值；绿化带；工业生态学；采矿业——金属矿床开采；非金属矿业；自然资源经济学；公园和保护区；水（综述）。

拓展阅读

Bean, Michael J., & Rowland, Melanie J. (1997). *The evolution of national wildlife law* (3rd ed.). Westport, CT: Praeger.

Boelens, Rutgerd; Getches, David; & Guevara-Gil, Armondao. (Eds.). (2010). *Out of the mainstream: Water rights, politics and identity*. London: Earthscan.

Burke, Barlow, & Beck, Robert. (2009). *The law and regulation of mining: Minerals to energy*. Durham, NC: Carolina Academic Press.

Coggins, George Cameron; Wilkinson, Charles F.; Leshy, John D.; & Fischman, Robert L. (2007). *Federal public land and resources law* (6th ed.). New York: Foundation Press.

Daintith, Terence. (2010). *Finders keepers? How the law of capture shaped the world oil industry*. Washington, DC: RFF Press.

Dellapenna, Joseph W., & Gupta, Jouetta. (2009). *The evolution of the law and politics of water*. Dordrecht, The Netherlands: Springer.

Fischman, Robert. (2003). *The National Wildlife Refuges: Coordinating a conservation system through law*. Washington, DC: Island Press.

Fisher, Douglas. (2010). *The law and governance of water resources*. Cheltenham, UK: Edward Elgar.

Freyfogle, Eric T., & Goble, Dale D. (2009). *Wildlife law: A primer*. Washington, DC: Island Press.

Hu, Desheng. (2006). *Water rights: An international and comparative study*. London: IWA Publishing.

Knight, Richard L., & Bates, Sarah F. (Eds.). (1995). *A new century for natural resources management*. Washington, DC: Island Press.

Knight, Richard L., & White, Courtney. (2009). *Conservation for a new generation: Redefining natural resources management*. Washington, DC: Island Press.

Larson, Anne M., et al. (2010). *Forests for people: Community rights and forest tenure reform*. London: Earthscan.

MacDonnell, Lawrence J., & Bates, Sarah F. (Eds.). (2010). *The evolution of natural resources law and policy*.

Chicago: ABA Publishing.

MacDonnell, Lawrence J., & Bates, Sarah F. (Eds.). (1993). *Natural resources policy and law: Trends and directions*. Washington, DC: Island Press.

Maxwell, Richard C.; Martin, Patrick H.; & Kramer, Bruce M. (2007). *Oil and gas law* (8th ed.). New York: Foundation Press.

McHarg, Aileen, et al. (Eds.). (2010). *Property and the law in energy and natural resources.* Oxford, UK: Oxford University Press.

Raymond, Leigh. (2003). *Private rights in public resources.* Washington, DC: RFF Press.

Reeve, Rosalind. (2004). *Policing international trade in endangered species: The CITES Treaty and compliance.* London: Royal Institute of International Affairs.

Schrijver, Nico. (2008). *Sovereignty over natural resources: Balancing rights and duties.* Cambridge, UK: Cambridge University Press.

Tarlock, A. Dan; Corbridge, James N., Jr.; & Getches, David H. (2009). *Water resource management: A casebook in law and public policy* (6th ed.). New York: Foundation Press.

Nickel

镍

镍是一种重要的金属,广泛应用于各种钢材、合金、电镀和电池中。镍分布在硫化物矿床或红土矿床中。硫化物矿床的形成与火山岩和热液过程相关,而红土矿床与超镁铁质岩石的表面风化有关。历史上,镍的生产多以硫化物矿为原料。然而现存的具有经济价值的镍资源多存在于红土矿床。与镍相关的主要环境问题包括空气污染、尾矿处理和温室气体排放。

镍(Ni)是一种重要的金属,主要用于不锈钢、镍基合金、铸件及合金钢中,也有少部分用于电镀及充电电池。具有经济价值的镍资源存在于硫化物型或红土型矿石中。从全球来看,历史上大部分的镍产自硫化物矿。然而大部分已知的镍资源存在于红土矿中。这主要是因为加工红土矿的难度大于硫化物矿。因而历史上,人们更倾向于利用硫化物矿生产镍。然而,为了满足未来对镍的需求,越来越多的红土矿被开采用以生产镍。镍的生产也带来了巨大的环境问题,特别是在镍的冶炼阶

段。对此,世界各地成功地采用了各种不同的方案来解决这个问题。将来,镍可持续发展的主要问题就是解决镍生产相关的环境问题,尤其是空气污染和与气候变化相关的能源消耗问题。

经济性资源

镍普遍存在于硫化矿或红土矿这两种矿石中。硫化矿通常来自火山岩和热液过程,通常含有铜(Cu)和/或钴(Co),也经常会含有贵金属,如金(Au)或铂族金属(PGM)。红土矿形成于地球表层,由超镁铁质岩石(低硅高铁镁的火成岩)强烈风化形成。它主要分布在具有热带气候的赤道附近、澳大利亚中西部干旱地区和东欧的潮湿地区。风化导致形成不同的矿石类型,即褐铁矿、绿脱石和腐泥土/硅镁镍矿/蛇纹石,每种类型都含有典型的镁、铁及二氧化硅杂质。

在19世纪后期,新喀里多尼亚的法国殖民地在全球镍生产中占有主导地位,因为当

地有一个大规模红土矿项目。然而到了1905年，加拿大安大略的萨德伯里盆地因其储量丰富的硫化物镍矿，超越了新喀里多尼亚，在之后数十年间一直是西方世界的主要镍源。

全世界具有经济价值的镍资源估计至少在2亿2千万吨。其中大多数存在于红土矿中，约有三分之一存在于硫化物矿中（Mudd 2010; USGS 2011）。多数国家只有一种类型的矿石，如新喀里多尼亚和印度尼西亚的红土矿，或者是加拿大和俄罗斯的硫化物矿。澳大利亚的这两种矿石资源都非常丰富。镍也是铂族金属开采过程中的重要副产品，特别是在南非。

生产

镍的提炼方法取决于所用的原料是硫化物矿还是红土矿。如以硫化物矿为原料，生产过程主要包括地下或露天开采、粉碎和研磨、精矿浮选、熔化精炼、湿法精炼。而历史上大多数的红土矿一直采用回转窑和电弧炉的湿法精炼。然而，在过去的10年中，多数红土镍矿项目在初始阶段会用高压硫酸浸出釜对矿石进行湿法沥滤，然后再进行湿法精炼。

2010年全球镍产量约为150万吨（USGS 2011）。俄罗斯、印度尼西亚、加拿大、菲律宾、澳大利亚和新喀里多尼亚是最大的生产国。20世纪主要以硫化物矿为原料生产镍，尤其是加拿大的萨德伯里、俄罗斯的诺里尔斯克。但到新的千年时，使用红土矿生产镍的企业占了主导地位，特别是在西太平洋群岛。鉴于红土镍矿资源比硫化物矿更丰富，全球镍供应很可能会继续转向利用红土镍矿资源。

环境问题

无论是硫化物矿还是红土矿，镍的开采和生产是一个密集型的过程。主要的环境问题是空气污染（尤其是二氧化硫与酸雨）、颗粒物、能耗强度、矿山废弃物，尤其是尾矿。历史上，严重的环境影响总是与社会影响关联在一起，如污染的空气和水以及恶劣的生活环境（特别是粉尘）。

在加拿大的萨德伯里地区，冶炼厂造成的大范围空气污染已对该区域产生了不利影响，特别是冶炼厂释放的二氧化硫形成的酸雨。萨德伯里周边的湖泊和湿地因水质恶化（通常酸化和富含金属），生物多样性降低及生态系统功能受到了显著影响。直到20世纪70年代，政府才开始采取越来越严格的标准，以限制污染排放，促使周边区域生态系统的恢复。在此之前，冶炼厂排放的污染都没有受到有效的控制。现代的环境控制措施已使一些距萨德伯里较远的湿地、湖泊和生态系统得到了恢复，然而萨德伯里邻近地区受到的影响仍然很明显。相比之下，俄罗斯的镍生产区域污染减排情况没有萨德伯里的那么显著。

另一个重大问题是，用红土矿生产镍的能耗高于硫化物矿。传统冶炼工艺适用于硫化矿。若要将其应用于红土矿，则会困难许多。冶炼所需的大部分能量是由化石燃料提供的，这也意味着能耗更高的镍红土矿也会释放更多的温室气体。

展望

为了应对气候变化，全球社会就各种方案进行了讨论，如碳排放定价和交易提案。用红土矿生产镍需要更多能耗，也释放更多温室气体。利用红土矿生产镍的比重增加,使得温室气体的减排目标更加难以实现。今后镍生产面临的挑战将是减少污染,同时解决人类和环境的可持续发展问题。

总之,未来几十年中镍资源供应仍很充裕,但提炼镍的环境成本日益增加。这需要进行仔细评估,缓解相关问题,并加强管理。

加文·M. 马德(Gavin M. MUDD)

莫纳什大学

参见:铝;铬;钽矿石;铜;电子产品的原材料;黄金;重金属;铁矿;锂;矿产资源稀缺性;采矿业——金属矿床开采;镍;铂族元素;稀土元素;回收利用;银;钍;锡;钛;铀

拓展阅读

International Institute for Environment and Development (IIED) & World Business Council for Sustainable Development (WBCSD). (2002). *Breaking new ground: Mining, minerals and sustainable development*. London: Earthscan Publishing.

Mudd, Gavin M. (2010). Global trends and environmental issues in nickel mining: Sulfi des versus laterites. *Ore Geology Reviews*, 38 (1–2), 9–26.

Raymond, Robert. (1984). *Out of the fiery furnace: The impact of metals on the history of mankind*. Melbourne, Australia: Macmillan.

United States Geological Survey (USGS). (2011). Minerals commodity summaries 2011. Reston, VA: author. Retrieved September 29, 2011, from http: //minerals.usgs.gov/ minerals/pubs/mcs/

Nitrogen

氮

氮是地球上生命的一个关键成分。大气中氮含量最丰富，但是仅有一些细菌和基于耗能的工业过程才能从大气中获取氮，这两种途径被称为固氮作用。商业、农业极大地依靠工业固氮。而工业固氮向环境投入了比自然条件下更多的含氮化合物，在增加农业产量的同时，也导致了环境破坏。

氮是构成地球上生命的关键成分，存在于氨基酸、蛋白质和核酸（DNA和RNA）中。氮最普遍的存在形式是氮气（N_2），无色无味，多数情况下是惰性气体，占大气体积的78%。不同于碳、氢元素，气态的氮（N_2）极不活跃，不易在大气和小的陆地活跃氮库之间转移。正因为如此，仅有一小部分的氮对地球生命体是可以利用的。通过将氮气（N_2）固定到氨（NH_4）或其他的化合物中，能够与其他重要生物过程相关的化合物起作用，氮才能被生物所利用。固氮主要通过固氮细菌或者是通过以两位德国化学家命名的Haber-Bosch工业过程才能实现。农业产量对维持地球增加的人口

数量非常重要，而缺氮常常是农业产量的一个限制因素。

苏格兰化学家、医生大卫·卢瑟福（David Rutherford）和瑞典药剂师卡尔·舍勒（Carl Scheele）于1772年独立地发现氮元素。在1848年，德国化学家贾斯特斯·冯·李比希（Justus von Liebig，1803—1873）发现氮是植物主要营养元素之一。生物固氮是固氮细菌（如根瘤菌）将大气中的氮转换为氨的过程。这一过程在1888年被赫尔曼·海瑞格尔（Hermann Hellriegel）和马吕斯·W.贝耶尔尼克（Marius W. Beijernick）发现和描述。在工业固氮之前，自然条件下每年大气中90～140 Tg（1 Tg = 10^{12} g或者1兆吨）惰性氮气转化为氮（Galloway et al. 1995）。相对生物学活跃的、能与其他元素反应形成不同的化合物的氮来说，气体氮不易分离、也不易与其他元素结合，因而被认为不活跃的。

利用作物与固氮细菌的共生关系去获得大气中的氮，可追溯到新石器时代（比如豆科

作物),那时为了增加产量,新兴的农业社会开始驯化谷类作物和豆科作物。由于没有这样的共生关系,许多作物(比如谷类)不能向土壤输入氮,却要消耗大量的氮,因而需要补充氮素。在发现氮素和固氮之前,增加作物产量需要靠大量施肥。早期的农业氮源,主要来自当地废弃物(植物、动物和人类)、南美的硝酸盐以及太平洋岛屿上丰富的海鸟粪(含氮丰富的鸟或蝙蝠的排泄物)。几千年来,这些岛屿是海鸟们繁衍栖息之地(Pimentel & Pimentel 2007)。在早期,另外一个合成氮方式是通过煤蒸馏生产硫酸铵。在19世纪,通过补充氮素(即施肥和豆科作物)提高作物产量,支撑了由于工业革命导致的人口指数增长。也正是在这个时候,豆科作物开始大量应用于集约和大规模的农业生产中,每年可将40兆吨氮输入活跃的氮库中。在19世纪晚期,尽管新增可利用氮量很大,但许多科学家认为,这些新输入将难以满足人口的增长。他们认为,世界将没有充足的活性氮,支撑人口的指数增长和武器研究。正是这种关注引发了从大气氮气中进行人工合成硝酸铵的研究。

氮肥施用对农业的影响

在20世纪早期,通过弗里茨·哈伯和卡尔·博施的工作,能够把大气中惰性的氮气通过工业转化形成氨,再转化为肥料、武器和一些其他的民用产品。目前,通过Haber-Bosch工业固氮,每年能把大气中 $80 \sim 95$ 兆吨 N_2 转化为活性氮(Jenkinson 2001；FAO 1997)。这个过程是非常耗能的,生产1吨氨平均消耗35吉焦(GJ; $1 GJ=10^9 J$)来源于天然气的能量(Smil 2004)。尽管估测有相当大的不确定性,

但是碳排放与氮生产($3.6 CO_2$ 相等于每千克氮)、运输($0.1 CO_2$ 相等于每千克氮)和80兆吨的农业氮肥施用($5.6 CO_2$ 相等于每千克氮)密切相关。当前,这些碳足迹贡献量约为每年人为 CO_2 排放量的10%(Yara 2010)。化石燃料其他主要用途包括运输、发电、铁、钢和水泥生产等行业。当前,氮循环受到人为氮源(工业固氮、豆科作物的利用、化石燃料等)的强烈影响。每年人为将氮气转化活性氮的量至少达到150兆吨,大大超过了天然氮的循环量(生物固氮和雷电固氮是 $90 \sim 140$ 兆吨氮/年)(Galloway et al. 2002; Galloway & Cowling. 2002; Schlesinger 2009)。

目前,人类合成的氮80%被应用于农业(Jenkinson 2001)。在贫瘠的土壤中,施入氮肥能够提高作物产量。工业革命后(1850),人口增加了4倍,部分依赖于合成氮肥的广泛使用。1700年—1980年,全球耕地面积增加了466%(Meyer & Turner 1992)。绿色农业革命驱动合成肥的发展,促进了作物产量的增加,转变农业生产方式。1950年—1971年,农作物产量增加了50%,虽然耕地面积有一些减少。尽管单位面积产量增加了,氮利用率始终较低。每施用100单位氮肥,仅有4到14单位能够被人类利用。其他活性氮都被释放到了环境中,引起了一系列大气、水生和陆生系统的问题。

氮肥的环境效应

化肥的施用导致了过量的硝酸盐(NO_3^-)淋失。因为硝酸盐水溶性高,不固定,活性氮流入水体后最终导致富营养化(减少水中溶解氧),造成水生生物死亡。自1850年,由于肥料的使用,在每个大陆进入河流系统中的氮

均超过两倍。例如，在20世纪初，富营养的密西西比河流入墨西哥湾后，藻类大量繁殖，导致水中溶解氧减少，形成了一个"死亡区域"(Turner Rabalais & Justic 2006)。淡水和海洋生态系统的富营养化导致了底栖生物的死亡以及鱼类和甲壳类动物的迁移，影响了渔业生产。世界许多大河已经被氮素径流影响，在沿海产生了许多死亡区域，特别是在北欧、日本以及美国的东部和南部(Turner et al. 2003)。硝酸盐正在污染地下水和饮用水库，这是一个非常值得关注的问题，因为过多的硝酸盐会影响血液中血红蛋白可携带氧能力。

同时，施用氮肥导致肥料粉尘产生和氨挥发，并在大气中积累。工业和运输化石燃料的使用，也向大气排放大量含氮化合物，从而破坏氮循环。这些化石燃料活动造成的氮氧化合物(NO_x)每年向大气贡献超过20兆吨的活性氮，形成大气颗粒物、臭氧和酸雨。由于发展中世界增加能源消耗，这个数量还很可能继续增加(Vitousek et al. 1997)。环保部门，特别是在欧洲和美国，为了减少发电厂和其他大量的NO_x，采取了许多措施来控制排放量。在地球表面，NO_x和NH_4排放引发大量的大气氮沉降。自1860年以来，干、湿(雨)氮沉降增加了10倍，强烈影响了全球天然和人工生态系统。

在陆地生态系统中，活性氮增加量会打破竞争平衡，有利于喜氮作物，使得它们在与毗邻作物竞争时胜出，导致生物多样性的减少。在工业化地区，发现了森林氮饱和，即这些系统已经不能再利用和保存那些沉降氮，而通过径流流失。此外，氮沉降也会增加外来和入侵物种演替，进一步影响生物多样性。

大气中活性氮的增加会影响到气候变化。特别是，由于大气中活性氮的增加，更多活性氮会转换为N_2。这个过程的一个副产品就是氧化亚氮(N_2O)，是全球CO_2升温潜力的300倍。当一氧化氮到达平流层便分解为氧化亚氮，同时导致臭氧消耗反应。当前，过多的氧化亚氮是导致臭氧空洞的主要原因之一。在美国，农业和耕地是N_2O排放的主要原因，这将有可能继续增加。

虽然在陆地硝酸钾钠盐储藏的氮对全球的贡献很小，大气中丰富的氮素几乎能无限制地满足人类需求。能源消耗限制了我们从大气中获取氮的能力。氮素作为动植物和人类必需的营养元素，角色是不可替代的。人们通过化石燃料燃烧、工业固氮和集约的农业活动，已经增加了大气氮储量，同时输入地球表面的可利用氮提高了一倍(Galloway et al. 2003; Schlesinger 2009)。大量的人工氮释放到环境中，导致经济、健康和环境等问题的发生，影响了许多生态系统的可持续性。含氮化合物对环境的影响将继续是研究的热门话题。

与当地的消费匹配的、可替代高投入农业的生产方式，比如有机农业，能控制盲目施用化肥产生的消极影响，同时还继续保持高产。基于可持续农业的作物育种，将是减少作物氮需求的有力工具。此外，作物残余物、动物粪便和农田堆肥的应用能提高产量，且还能再利用废弃物。最后，更有效的利用现存氮源以及提高工业固氮效率，可以降低能源消耗，从而间接减少对环境造成的不利影响。

查尔斯·E.弗劳尔(Charles E. FLOWER)和米克尔·A.冈萨雷斯－梅尔(Miquel A. GONZALEZ−MELER)

伊利诺伊大学芝加哥分校

参见：农业（几篇文章）；苜蓿；粪；施肥／　鸟粪肥；动物粪肥；人的粪便；天然气；石油；肥料；食品（几篇文章）；粮食作物；绿色革命；　钾；磷。

拓展阅读

Food and Agriculture Organization of the United Nations (FAO). (1997). *Current world fertilizer situation and outlook 1994/95-2000/01*. Rome.

Galloway, James N., & Cowling, Ellis B. (2002). Reactive nitrogen and the world: 200 years of change. *AMBIO: A Journal of the Human Environment,* 31 (2), 64–71.

Galloway, James N.; Cowling, Ellis B.; Seitzinger, Sybil P.; & Socolow, Robert H. (2002). Reactive nitrogen: Too much of a good thing? *AMBIO: A Journal of the Human Environment,* 31 (2), 60–63.

Galloway, James N., et al. (2003). The nitrogen cascade. *Bioscience*, 53, 341–356.

Galloway, James N.; Schlesinger, William H.; Levy, Hiram, II; Michaels, Anthony; & Schnor, Jerald L. (1995). Nitrogen fixation: Anthropogenic enhancement- environmental response. *Global Biogeochemical Cycles,* 9 (2), 235–252.

Jenkinson, David S. (2001). The impact of humans on the nitrogen cycle, with focus on temperate arable agriculture. *Plant and Soil,* 228, 3–15.

Meyer, William B., & Turner, Billie L., III. (1992). Human population growth and global land-use / cover change. *Annual Review of Ecology and Systematics,* 23, 39–61.

Pimentel, David, & Pimentel, Marcia. (2008). *Food, energy, and society*. Boca Raton, FL: CRC Press.

Schlesinger, William. (2009). On the fate of anthropogenic nitrogen. *Proceedings of the National Academy of Sciences of the United States of America,* 106 (1), 203–208.

Smil, Vaclav. (2004). *Enriching the Earth: Fritz Haber, Carl Bosch, and the transformation of world food production*. Cambridge, MA: MIT Press.

Turner, R. Eugene; Rabalais, Nancy; Justic, Dubravko; & Dortch, Quay. (2003). Global patterns of dissolved N, P, and Si in large rivers. *Biogeochemistry* 64, 297–317.

Turner, R. Eugene; Rabalais, Nancy; & Justic, Dubravko. (2006). Predicting summer hypoxia in the northern Gulf of Mexico: Riverine N, P, and Si loading. *Marine Pollution Bulletin* 52 (2), 139–148.

Vitousek, Peter M., et al. (1997). Human alteration of the global nitrogen cycle: sources and consequences. *Ecological Applications*, 7 (3), 737–750.

Yara International (Yara). (2010). *Carbon footprint: Climate impact and mitigation potential of plant nutrition*. Retrieved September 30, 2011, from http: //www.yara.com/doc/29465_Carbon%20footprint%20brochure_Web.pdf

Oceans and Seas

大洋与海

约有三分之二的世界人口生活在60千米的海岸线内,并且近一半拥有超过百万人口的城市位于河口区附近。这种定居模式是人们选择海洋来代替农业作为食物和就业资源的结果,同时海洋也提供了交流、运输和贸易通道。现今,规模空前的集装箱货运船定期来往于世界水域,同时大量的国际捕捞船队和石油平台从深海攫取越来越多的不可持续性资源。

地球上的大洋由分布于地球表面四大咸水汇合而成的水体(汇流)组成,每一个汇合水体都占有一个巨大区域。海则是较小的咸水水体。大洋与海的覆盖面积为三亿六千一百万平方千米(占地球表面的70.8%),占生物圈(世界上生命能够生存的区域)空间的98%。地球水量的97.2%为咸水,其余为淡水。蒸发和降水过程构成了大洋与海、大气及陆地间的水循环。称之为水循环的一系列状态(通过水循环,大气中的水蒸气经降水到达陆地和水面,然后通过蒸发和蒸腾最终回到大气中)能够运输并储存化学物质及热量,影响地球的气候,并对土壤补充养分和造成土壤侵蚀。大洋与海的平均盐分含量为3.5%,蒸发和淡水的流入会导致盐分含量偏差。赤道周围的大洋表面温度约为30℃或更高,越向两极温度越低,两极表面海水在–2℃冻结。在表面海水以下,温度很稳定,在深海降至约0℃。

最大的大洋为太平洋,其表面积为一亿六千六百万平方千米,约为其余三大洋的总和:大西洋(八千四百万平方千米)、印度洋(七千三百万平方千米)和北冰洋(一千二百万平方千米)。南冰洋有时也被算作第五大洋,由太平洋、印度洋和大西洋的南部水域组成。大洋的一些部分被称为内海和边缘海。内海——如地中海、哈得逊河、白海、波罗的海、红海和墨西哥湾,是指切入大陆地块的海域。边缘海——如加勒比海与白令海、鄂霍次克海、中国东海、日本海和北海,是指被群岛隔开与大洋分离的海域。

大洋在大陆架地带的深度可达200米,在

洋盆底部可达 3 000 米至 4 000 米，在最深的区域可达 6 000 至 11 000 米。洋床由海洋生物尸体沉积物、从大陆侵蚀的土壤以及红黏土覆盖而成。

在不断变化的风、气压和潮汐作用下，大洋的水体进行循环流动。湾流为北大西洋带来了暖流，使得比世界上其他地区纬度更高的欧洲北部地区，能够有人类生活。在智利和秘鲁、加利福尼亚以及非洲纳米比亚沿岸太平洋和大西洋边缘区域，上升流为海洋表面带来了冷凉、营养丰富的海水，日光与充足养分的结合使这一相对狭窄的大陆架具有丰富的海洋生物。然而，厄尔尼诺（El Niño）（南美洲西海岸异常变暖的表面海水发生的一种不规律的流动）可能会逆转太平洋洋流，并且对陆地和海洋均造成异常的气候影响。

生命起源于海洋，但对于海洋生命形式的科学了解还并不充分。已知的海洋鱼类约有 15 000 种，但据估计仍有 5 000 种待鉴定。对于北大西洋 200 000 种海底物种的估计可能低了 3 或 4 倍。然而，由于缺乏营养物，远海成为蓝色沙漠，大陆架才是丰富海洋生物的所在地，并且热带珊瑚礁是大批物种的栖息地包括了动物和植物。

海洋资源

人类对大洋的利用有以下几种方式：① 作为高速运输通道；② 开发其中的海洋生物；③ 获取海底资源。海洋运输是各大陆之间运送货物最廉价且最重要的方式，但其对海洋生境及生物多样性形成了严峻的环境压力。在 15 世纪之前，大洋代表着各大陆间联系的巨大障碍。在觅食时代（Foraging-era）（旧石器时代，公元前 200 万至公元前 1 万年），移民确实通过穿越托雷斯海峡和白令海峡从非洲和欧亚大陆散布到澳大利亚与美洲。与维京人迁移穿越北大西洋一样，波利尼西亚人在公元前 2 000 年能迁移至太平洋岛屿，同样也证明了早期的海上技术。然而，一种主要文明与另一个大陆联系的可能性在 1435 年被推迟，当时的中国皇帝决定中止中国船队穿越印度洋到达非洲的探险。但哥伦布后来从西班牙至加勒比海穿越大西洋的航行，为与新大陆之间的持续交流开辟了崭新的道路，这种交流造成了巨大的环境冲击。马铃薯、胡椒和番茄被交流至旧大陆；牛、山羊和绵羊以及灾难性的疾病如天花被交流至新大陆，这种生物交流被称作哥伦布交流（the Columbian Exchange）。随着三桅帆船和航海仪器的发展，全球航海业使陆生植物和动物的交换得以实现，这会为接收国带来严重的后果。用于装载煤炭的港口和燃料区沿海岸线和河口延伸，泥浆挖掘机改变了潮流和海岸侵蚀，这些原因造成了海洋栖息地的变化。在 20 世纪，油轮航行几千千米后所排出的压舱水对海洋生态系统造成了严重影响。压舱水排放是对海洋生物多样性最严重的威胁之一，并且会对生态系统造成不可修复的改变。外来物种因其在新环境中没有天敌，会大量繁殖并且导致本地物种灭绝。

自远古时期以来，人类在近岸海洋环境中就进行生产活动。人类捕获鲸鱼、海豹、鱼类、甲壳类和藻类以供食用，采集海藻、盐、海绵、珊瑚和珍珠用于生活的不同方面。现今一些重要的药物，从抗凝血剂到肌肉松弛剂都来源于海洋腹足类动物。

从16世纪起，由于海运革命，捕鲸业和渔业作业走向了遥远的岛屿与大陆。随着这些遥远水域中海洋生物资源的枯竭，这些作业变为大洋性的，首先在北半球、后来在南半球。这些作业造成了一些生物的灭绝，如白令海的斯氏海牛、欧洲和后来美国大西洋的灰鲸以及加勒比海僧海豹。人们相信，对原始生态系统的这些早期人类影响不仅对一些标志物种、对整个生态系统也都很重要，主要是因为当控制生态系统的顶层捕食者被捕尽，生态系统可能经历了结构性转换（regime shifts）（如生态系统从一个稳定状态到另一个状态的迅速重组）。现今，大多数重要的商业鱼类物种已被充分利用或已超出了可持续利用水平。由于如此巨大的渔业压力，许多世界上最宝贵的鱼类资源正在衰退，一些已经局部灭绝。最有名的案例是在1991年崩溃的纽芬兰鳕鱼渔业，其

不仅对生态系统造成了巨大且有可能无法挽回的损害，也造成了加拿大大西洋省许多人特有的生存手段的消失。

海底矿产的商业开发只是开始，预计随着21世纪的发展进程，开发会急剧增加。海底的能源以石油和天然气的形式存在，矿产包括在海洋中发现的氯化钠（盐）、锰、钛、磷酸盐和黄金。这些具有重要价值的金属存在于所谓的海底巨大硫化物矿床上。当海水通过渗透性的海洋地壳、过滤到被岩浆加热的岩石下，这些硫化物矿床就在海底形成了。挖掘所需原料、带至海面、分检出价值矿物、再将无价值矿物返还到海底，这一系列过程被认为对海洋生态系统的破坏尤为严重（Drew 2009）。

潮汐与波浪发电是备受瞩目的能源形式。美国东北海岸、新西兰、朝鲜半岛和英国都将沿海地段与可持续风力适当结合，显示了具有经济意义的能源生产潜力，但是如何实现具有经济意义的潮汐与波浪发电是一项挑战。据估计，全球沿海波浪发电总潜力高达1太瓦（Falnes 2007），相当于现存所有发电站的发电总量。

工业化社会的发展增加了污水和其他废物向海洋的排放，同时也产生了石油泄漏现象。

在2010年，墨西哥湾深水地平线（Deepwater Horizon）钻井平台的爆炸，造成了灾难性的石油泄漏，导致了美国有史以来最严重的环境灾难。2011年3月日本沿海地震造成了毁灭性的海啸，导致估计约14 000人丧生（尽管实际总数可能会更高），成千上万人无家可归，受创的日本福岛第一核电站向海洋中泄漏了大量放射性物质。

港口与集装箱货船

港口城镇是海上运输系统的节点。3 000年前，地中海的第一批港口城镇很发达。一个港口城镇可能拥有自己的本土船队，关键的特点在于它是内陆与海运贸易的中枢。港口城镇因此倾向于利用自然资产和战略优势：前者包括多种类型运输（陆地、河流和海洋运输）的便利、接近生产腹地和市场，后者包括诸如对水路的控制等。港口城镇是一个国家的经济命脉，因此出于财政和军事目的，在历史上一直被严格管控。有时这些城镇会获得全部或部分主权，如意大利城邦和汉萨同盟城镇，或者控制了属地政权，如16—18世纪的荷兰，但通常来讲它们是由较大的属地政权所控制。随着19世纪航运的增加，港口城镇需要的劳工越来越多，城镇沿码头扩张变得臃肿堵塞，而且污染加重。然而，在19世纪后半期，燃煤轮船交通的扩张使严格的时间安排成为可能，并且表现出了极端重要性。为了给轮船提供便利，建造了新的燃料补给港和专用的码头设施。只要燃料补给港未能遍布海洋陆缘，风力驱动的船只便优胜于蒸汽船，但最终蒸汽轮船占据了越来越多的海上航线，因此，到20世纪初，一艘驶往澳大利亚的速度缓慢的帆船成为

最后一艘。

后来，到了柴油机被引进的时代，至20世纪50年代煤炭不再使用。在当时与航空业的竞争中，客船失去了海运载客的优势，但开启了船运货物的新纪元，超出了对船东损失的补偿。在20世纪前半期，人们以提供最佳货运设施和更快的港口周转时间为目的来设计船舶。阿根廷肉类工业和加那利群岛的香蕉贸易需要冷藏船，石油工业导致了油轮产生。到20世纪60年代，一场设计革命引进了通用的船运集装箱，即一种可冷藏或可改造并且合乎标准尺寸的金属箱，因此为船运提供了便利的储存场所。集装箱货船成为贸易全球化的交通工具，形成资源产地、改制和包装以及消费之间的链环。

为了实现最佳装卸效果，一度繁杂的海洋港口系统被最大限度地缩减至由几个世界型港口组成的系统，这几个港口是几条大型集装箱航线的节点。2011年全球四大航运港分别为新加坡、上海、香港和深圳——全都在东南亚。世界十大港口在表O–1中列出。为这一系统服务的是若干较小港口的支线和数量繁多的陆地运输业，以保证各个集装箱能够到达其最终目的地。

全球化集装箱系统的环境影响是巨大的。虽然，这一系统确实促使经济系统合理化，但这取决于丰富且廉价能源的获得性，例如，东南亚虎虾在加利福尼亚的餐馆被最终消费前，要运至德国进行包装，在此之前还要运至摩洛哥由廉价劳动力剥壳，这一系列费用都会被忽视。

集装箱货船的总体趋势表明，规模经济使更大型船舶的建造有利可图。低燃料成本

表 O–1　根据总的货物吞吐量和集装箱运输量排名的世界十大港口

港　口	排　名	总货物吞吐量/ (百万吨/年)	集装箱运输量 (TEU/年*)	备　注
新加坡港, 新加坡	1	471(2009)	25 000 000(2009)	处理20%的世界航运集装箱和50%的 世界原油年供给量
上海港, 中国	2	368(2009)	28 000 000(2009)	从2001年至2006年上海3个主要的集 装箱港口面积翻了两番
香港港, 中国	3	245(2007)	23 000 000(2007)	少数由私营部门经营和资助的国际港 口之一
深圳港, 中国	4	199(2007)	21 000 000(2007)	邻近香港,位于珠江三角洲。被认为是 39家航运公司的所在地
釜山港, 韩国	5	243(2007)	11 900 000(2009)	东北亚最大的港口。迅速成为世界最 大港口之一
鹿特丹港, 荷兰	6	385(2009)	9 800 000(2009)	欧洲最大的港口。拥有到达世界各地 超过1 000个港口的定期航运
迪拜港, 阿拉伯联合酋长国	7	130(2007)	10 600 000(2007)	中东最大的港口。阿里山港,迪拜两个 主要港口之一(另一个正转变为邮轮 码头),是世界上最大的人造港口
高雄港, 中国台湾地区	8	149(2007)	10 200 000(2007)	台湾地区最大港口,提供了超过100艘 船只的泊位
汉堡港, 德国	9	140.4(2008)	9 700 000(2008)	欧洲第二大港口。由4个大型集装箱 码头和额外的40多个各种类型的货物 码头组成
洛杉矶港, 美国	10	59.4(2007)	6 750 000(2009)	美国最大的港口,69千米长,横跨加利 福尼亚的圣佩德罗湾。该港口是世界 上第一个为停靠或等待的船只提供减 排电力替代系统的港口

来源: ship-technology.com 2011 和 Container Transportation 2011.

*一个标准集装箱的尺寸40英尺 ×8英尺 ×8英尺(12.2米 ×2.4米 ×2.4米)相当于两个 "20英尺等量单位", 即 TEU。因此, 一个处理10 200 000 TEU/年的港口大约每年能处理5 100 000个40英尺集装箱。2011年世界最大的运输船 Emma Maersk号, 船东估计容量为11 000TEU(5 500个40英尺箱), 然而一些其他计算估计为14 770 TEU(7 385个40英尺集装箱)。

随着一些世界港口形成了几条大型集装箱航线的节点, 曾经错综复杂的海洋港口系统变得脉络清晰。2011年的世界五大航运港口均在东亚——新加坡(目前最大)、上海、香港、深圳和釜山, 其中釜山港正迅速成为世界最大港口之一。

就是航运公司的最大利益, 因此航运公司会建造能够装载最多产品, 但所需燃料最少的巨型船只。马士基航运集团在2011年定购了新型的 "3E" (规模经济、能源效率和环境绩效)级船只。这些船将于2015年在韩国建造完成, 在上海和鹿特丹之间的单向航程中, 估计每个集装箱将会减少2.5吨二氧化碳的排放(Environmental Leader 2011)。这无疑是能源绩效的一项改进与奇迹, 但如此数量并不能解决处于第一位的全球船运货物的可持续性问题。

海洋法与海洋权力

大洋与海长久以来都是依法管理。在1609年,荷兰法学家、历史学家和神学家雨果·格劳秀斯(Hugo Grotius)在其著作《海洋自由论》(《公海》)中,制定了第一部国际海洋法法则。他认为海洋是取之不尽、用之不竭的公共财产,应对所有人开放权限。在理论上,所有主要欧洲海军国家都遵守了这些法则,最后这些法成为使用所有大洋与海的指导原则。大部分国家声称对领海或沿海水域拥有主权,但允许商船自由通行。与这一原则相悖的一个特例,是提供北海与波罗的海之间通道的丹麦松德海峡。在国际条约签订和补偿之后,丹麦政府才在1857年废止了松德海峡的通行费和检查权。

起初一个加农大炮的射程被定义为领海的范围,但在19世纪初,3海里(5.5千米)作为领海范围被逐渐认可并被纳入国际条约。二战后,美国总统哈里·杜鲁门主张,对北美大陆架的经济利益取得更广泛的开发权以防备日本,智利和秘鲁主张设立沿海200海里(370千米)的专属渔区以防备美国金枪鱼渔民。很快冰岛也随之要求驱逐冰岛海域的英国渔民。石油和渔业是这些要求的主要经济动机。1958年美国召开了第一届海洋法国际会议,对海洋法建立了新的共识。会议将领海范围延伸至12海里(22千米),但没能达成一致。1960年召开第二届大会也没有取得进展。20世纪60和70年代,状况发生了戏剧性变化。鱼类资源供给受限和枯竭的现象更为明显。由国际机构对资源管理

的尝试被证明在很大程度上是无效的。许多沿海发达国家和发展中国家感受到了来自远海国家大型船队与日俱增的威胁。与此同时,控制深海海底矿物资源的问题,提高了发展中国家对海洋财富进一步合理分配的需求。第三届国际会议从1974年持续至1982年,终于达成了一项国际公约。主要成就在于沿海国家通过对于200海里"扩展经济区"(Extended Economic Zone, EEZ)的权利声明,沿海国家可拥有该区域所有的矿产和生物资源。该公约由157个国家签署,而美国、英国和德国对海床矿产资源的条款表示反对。扩展经济区代表了自19世纪殖民主义以来,对领土管辖权最大的一次再分配。

选择200海里作为管辖权的界限,与生态系统,甚至与矿产资源的分布无关,仅仅只是一个国际谈判的结果。无论此公约有怎样的缺陷,它都为沿海国家提供了对其区域内资源的管理权。短暂的历史表明,实行扩展经济区除了有利于这些国家经济利益之外,也促进了他们对自然保护的兴趣。

管理与保护

鉴于海洋法只是为大洋与海相关事务的国际监管提供了一个大致框架,各个国家也制定了影响海洋的复杂政策与机构。近年来,已制定了两项与海洋环境有关的政策:海岸带综合管理(Integrated Coastal Zone Management, ICZM)和海洋保护区(Marine Protected Areas, MPA)。那些具体的政策仅是处理诸如从流域和沿海开发、到就其本质利用海底之类的问题,未能解决人们力图管

理、保护和开发海洋环境时面临的所有挑战。这是制定海岸带综合管理的缘由。自20世纪80年代，海岸带综合管理已发展成为一个关注沿海和近海管理的交叉政策，但在大多数国家仅在有限范围内被执行。海洋保护区特指在全世界范围内限制人类接近的区域，以保护海洋生境。通常珊瑚礁、脆弱的产卵区以及海洋生物多样性的热点（hot spots）被选为生物保护区。但截至2011年，只有不到1%的海洋受到有限的政策保护。在世界上大部分地区，大洋与海仍然遭受开放和无限制的人类活动影响，海底世界保留了最后的处女地，很大程度上还未被人类开发。

波尔·霍尔姆（Poul HOLM）
都柏林三一学院

参见：渔业；河流；水能；水（综述）。

这篇文章由编辑改编自波尔·霍尔姆的"大洋与海"一文 [Shepard Krech III, J.R.Mc Neil & Carolyn Merchant (Eds.), the Encyclopedia of World Enviromental History, pp.957—962. Great Barrington, MA: Berkshire Publishing (2003)]。

拓展阅读

Anand, R. P. (1982). *Origin and development of the law of the sea: History of international law revisited*. The Hague, The Netherlands: Nijhoff .

Borgese, Elizabeth Mann. (1998). *The oceanic circle: Governing the seas as a global resource*. New York: United Nations Publications.

Braudel, Fernand. (1996). *The Mediterranean and the Mediterranean world in the age of Philip II*. Berkeley and Los Angeles: University of California Press.

Carlton, James T.; Geller, Jonathon B.; Reaka-Kudla, Marjorie L.; & Norse, Elliot A. (1999). Historical extinctions in the sea. *Annual Review of Ecology and Systematics, 30*, 515–538.

Chaudhuri, K. N. (1985). *Trade and civilisation in the Indian Ocean: An economic history from the rise of Islam to 1750*. Cambridge, UK: Cambridge University Press.

Chaudhuri, Kirti N. (1990). *Asia before Europe: Economy and civilization of the Indian Ocean from the rise of Islam to 1750*. Cambridge, UK: Cambridge University Press.

Cicin-Sain, B., & Knecht, R. (1998). *Integrated coastal and ocean management: Concepts and practices*. Washington, DC: Island Press.

Container Transportation. (2011). *Emma Maersk*. Retrieved February 22, 2011, from http: //www.container-transportation.com/ emma-maersk.html

Day, Trevor. (1999). *Oceans*. Chicago: Fitzroy Dearborn Publishers. Drew, Lisa W. (2009). The promise and perils of seafloor mining: Can minerals be extracted from the seafloor without environmental impacts?

Retrieved May 4, 2011, from http: //www.whoi.edu/oceanus/viewArticle.do?id=62986

Environmental Leader. (2011, February 22). Shipping fleet "to cut emissions in half." Retrieved February 22, 2011, from http: //www.environmentalleader.com/2011/02/22/shipping-fleet-to-cutemissions-in-half/

Falnes, Johannes. (2007). A review of wave-energy extraction. *Marine Structures, 20* (4), 185−201.

Garrison, Tom S. (1995). *Oceanography: An invitation to marine science* (2nd ed.). Belmont, CA: Wadsworth Publishing.

Horden, Peregrine, & Purcell, Nicholas. (2000). *The corrupting sea: A study of Mediterranean history.* Oxford, UK: Oxford University Press.

Houde, Edward, & Brink, Kenneth H. (2001). *Marine protected areas: Tools for sustaining ocean ecosystems.* Washington, DC: National Academy Press.

McPherson, Kenneth. (1993). *The Indian Ocean: A history of people and the sea.* Mumbai, India: Oxford University Press.

Mills, Eric L. (1989). *Biological oceanography: An early history, 1870–1960.* Ithaca, NY: Cornell University Press.

Reid, Anthony. (1993). *Southeast Asia in the age of commerce, 1450–1680.* New Haven, CT: Yale University Press.

Roding, Juliette G., & van Voss, Lex Heema. (Eds.). (1996). *The North Sea and culture (1550−1800).* Hilversum, The Netherlands: Verloren Press.

Ship-technology.com. (2011). The world's record-breaking container ports. Retrieved February 22, 2011, from http: //www.shiptechnology. com/features/feature75321/

Thorne-Miller, Boyce, & Earle, Sylvia A. (1998). *The living ocean: Understanding and protecting marine biodiversity* (2nd ed.). Washington, DC: Island Press.

Parks and Preserves-Marine

海洋公园和保护区

人们依靠海洋生态系统获得了许多利益,这就需要通过管理实践来确保海洋生态系统的可持续发展。海洋公园和保护区为保护生态系统提供了一个前景光明的方式,禁渔的保护区已经获得了极大的生态系统效益。但要实现全球的海洋保护目标,保护区的建设步伐还需要加快。

海洋有着一些地球上最重要和最具生产力的生态系统。我们依靠这些生态系统来获得食物、维持生计、游憩休闲、挖掘矿物、合成新的化学化合物,它们还留下了相应的文化遗产;海洋还提供了世界上最大的碳汇。全球人口在饮食中获得的动物蛋白平均有15.7%来自野生和养殖的海鲜(在一些地区有更高的百分比),渔业捕捞和水产养殖业在2008年为4 490万人提供了就业机会(FAO 2010)。但是如果不妥善管理人类活动的话,这些生态系统的可持续性,即其在未来继续为人类提供这些利益的能力可能会受到损害。

海洋生态系统的平衡正面临日益增加的威胁和压力,包括鱼类和其他海洋生物的无节制的捕捞、破坏海底和使栖息地退化的人类活动(例如,采矿、石油开采、海底电缆铺设、破坏海底的渔具)、人在陆地和海洋上活动产生的污染及气候变化的影响,如海洋温度、酸度和循环的变化。随着我们对海洋有了一些新的利用方式,如波浪、潮汐和离岸风能捕获,以及沿海和近海新型水产养殖,海洋面临的威胁和压力可能会在未来的几十年中不断增加。2008年的一项研究表明,即使是世界上最偏远的海洋角落也受到了人类带来的影响,并且海洋区域中有近一半面积受到多方面压力的影响(Halpern et al. 2008)。

海洋公园和保护区的特定区域至少禁止一部分海洋活动,来确保海洋资源的可持续发展。这些区域通常被称为海洋环境保护区(Marine Protected Area, MPA),其最常见的是限制或禁止钓鱼捕捞,也可能限制或禁止其他的活动,如游憩、矿物或石油的开采。相应的规定可以有很大的不同,也可能提供永久性的、暂时的或季节性的保护。当所有的捕捞和自然资源的开采被禁止时，这些地区通常被称为海洋保护区或严格禁止区。通常海洋保护区仅允许一些游憩活动，比如潜水和划船，但是有些地区禁止除科学监测要求之外的任何人进入。

海洋环境保护区管理方可以建立一系列的目标，包括保护生物多样性、恢复栖息地和增强渔业。他们还为海洋环境保护区外部未受保护的地区管理不善提供保险。例如，如果一个海洋环境保护区禁渔的面积非常大，这一举措就能保护那些为捕鱼海域提供子孙后代的成年鱼，防止该海域之外的区域因过度捕捞而造成渔业崩溃。此外，海洋环境保护性区域可以作为科学研究的对照观测点，以显示禁止和允许某些人类活动对海洋产生的影响。

评估全球海洋保护

保护区可持续资源管理的重要性并不是最近才被认识到的。陆地保护区以此作为一种方式来促进可持续发展已经有几十年了。对于海洋保护，我们既可以认为是先于陆地上的保护也可以认为是相对落后的。几个世纪以来，在许多地区的传统渔业团体，尤其是在大洋洲，会在特定地区临时或永久地停止捕捞（也

被称为禁渔）并以此确保在未来的渔业丰收（Johannes 1978）。然而，殖民主义终结了很多地区对部分海域的传统占用权，也使许多海域不再得到保护。

相比于陆地，海洋需要保护的程度较为不明显，因为在水中评估生态系统状态的难度要远大于在陆地上，尤其是那些远离陆地的海域。海洋渔业曾被认为是无穷无尽的，但是随着20世纪越来越多的渔业崩溃，人们清楚地认识到海洋资源并非取之不尽，人们正快速地消耗许多鱼类资源（Roberts 2007）。这一觉醒，伴随着越来越多的人认识到海洋生态系统所受的影响，开始在20世纪60年代和70年代出现，并在21世纪被更广泛地接受。所以，从被保护面积的比例的角度来说，国家级的海洋保护区要远远滞后于陆地上的保护区。

在1975年，海洋公园和保护区的第一次国际会议在东京举行，呼吁建立海洋环境保护区良好的监测和代议制。然而，海洋保护区的建立一直是缓慢的。之后，包括在2002年可持续发展峰会、2003年第五届世界公园大会、2006年第八届生物多样性保护公约缔约方会议，都签署了相关的国际承诺书，要求签署国在2012年以前留出10%到30%的海域作为海洋环境保护区，而这几乎是我们无法达

到的目标（Wood et al. 2008）。

在世界范围内，大约有 6 000 个海洋环境保护区，覆盖了 420 万平方千米的海洋，占世界海洋总面积的 1.17%（Toropova et al. 2010）。大多数的海洋环境保护区靠近海岸，包含了 4.32% 的大陆架区域与 2.88% 的国家管辖的水域（即国家的专属经济区，从海岸延伸 200 海里）。这些地区中的极少部分是严格禁止区，2008 年，全球只有 0.08% 的海洋（或 0.20% 的国家管辖海域）设立了严格禁止区（Wood et al. 2008）。此外，海洋保护对不同生境或不同类型地区不具有代表性，保护力度也并不相同。保护的显著差距体现在近海水域和一些温带地区。

大部分的海洋环境保护区的面积较小，全球有超过一半的保护区面积小于 5 平方千米（Wood et al. 2008）。另一个极端是目前世界上有 11 个海洋保护区面积超过 10 万平方千米，总的来说占据了全球海洋保护区总面积的 60%（Toropova et al. 2010）。这些少数大型的海洋保护区对全球海洋保护情况的预估贡献与其面积是不成比例的，同时掩盖了其他地方缺少或完全缺乏海洋环境保护区的事实。

无论如何，如果要实现更多的海洋环境保护的国际目标，设立大型海洋保护区的趋势是必要的。从 2003 年到 2011 年全球海洋保护区的总面积增加了 150%，但即使是以这样的速度，我们也无法达到生物多样性公约制定的在 2012 年达到 10% 的海洋保护区目标。2010 年，190 个国家中只有 12 个国家的海洋环境保护区覆盖率大于 10%，相比之下，陆地区域已经达到 10% 至 20% 甚至更大的保护区覆盖率（Toropova et al. 2010）。

海洋环境保护区和海洋可持续发展

海洋环境保护区如何有助于海洋的可持续性发展？这些区域主要解决因为自然资源开采造成的对海洋环境的威胁，即捕鱼和渔业造成的影响，如物种栖息地的退化以及物种被轮船螺旋桨意外卷入而死。虽然海洋环境保护区不能减轻那些问题在边界以外地区的威胁，如污染，但其为更具自我恢复力的生态系统提供了保护。研究已经发现，在珊瑚礁栖息地的海洋环境保护区保护一个比较完整的食物网，可能会使珊瑚礁生态系统比未受保护的具有更强的自我恢复力。例如在加勒比海的研究表明，在海洋环境保护区中更完整的草食鱼类种群能促进珊瑚礁更好的自我修复生长（Mumby et al. 2007），此研究支持着那些认为未被捕捞的食草动物种群能为珊瑚礁提供一定恢复力，以抵御类似飓风之类干扰的理论研究（Mumby, Hastings & Edwards 2007）。

海洋环境保护区中鱼类、无脊椎动物和海藻群落的科学研究为保护区可持续发展的益处提供了认识。某些最全面的分析综合了海洋保护的影响并聚焦于海洋环境保护区中的一部分——严格禁止区，这类保护区禁止所有捕捞及其他开采活动。一个全球性的分析机构审阅了上百篇关于海洋保护区研究的科学出版物的同行评议，发现了海洋保护区对生活在保护区边界的鱼类、无脊椎动物和海藻进行保护具有极为显著的效果。对分布在 29 个国家的 124 个海洋保护区的研究发现，对比于相似区域的非保护区，平均来说，海洋保护区具有的海洋动物和海藻的生物量高 446%、在给定区域内个体数量要多 166%、个体体量大

28%、物种密度高21%（Lester et al. 2009）。

这些生态系统带来的益处从热带到温带地区都是一致的，各种规模的海洋保护区也是类似的。尽管在小面积的保护区鱼类生物量翻倍的绝对影响，要比大面积保护区鱼类生物量翻倍小得多，但是小海域也能带来很大的生态效益（Lester et al. 2009）。然而重要的是，并非所有的物种都从海洋保护中获利。那些保护区渔业主要捕捞的物种往往会呈现明显的增加。相反地，一部分物种，尤其是作为那些捕捞物种主要食物的物种，因为捕捞物种在保护区内数目逐渐增多，其数目就会下降。

世界上大部分的海洋环境保护区不是完全保护的海洋保护区；相反，许多海洋环境保护区允许一些捕捞或其他可能危及生态系统可持续发展的活动，虽然这些保护区对沿海人口的生计、文化和传统具有一定重要性。研究比较了严格禁止区、部分保护的区域、小部分保护和完全没有保护的区域，发现严格禁止区的鱼类和无脊椎动物数量的确比部分受保护的海洋保护区多（Lester & Halpern 2008）。部分保护的区域相比未受保护的地区能获得一定的益处，但不及严格禁止区得到的益处。

虽然大多数海洋环境保护区的益处记录在针对被保护区域本身的科学研究中，海洋环境保护区的可持续发展的利益并不总是限制在其范围之内。在某些情况下，通过保护保护区内丰富多样的生态群落，我们可以在相邻的未受保护的地区得到益处。自然保护区内高密度的鱼类和无脊椎动物使得一部分个体活动范围超出保护区，这一过程称为"成年外

流"，而这些鱼和动物就会被当地渔业活动捕获。越来越多的证据表明，"外流"普遍发生，并且确实可以给当地渔民带来好处，其增加了当地渔民的收获和促进了渔业的可持续性（Halpern，Lester & Kellner 2010）。

此外，许多海洋物种成年时期的活动距离相对较短而幼体时期因为随着洋流飘移且不容易被捕捞而能活动到更远的距离。因此，保护区内较大的个体可以成为保护区以外地区重要的物种幼体的来源，甚至是一些看起来非常遥远的地方。最大限度地发挥幼体输出的潜在益处需要广泛的建立海洋环境保护区来保护输入的"源"物种。最后，海洋环境保护区可以通过生态旅游带来收入，从而给当地经济和居民社区带来好处；保护重要的栖息地如红树林和海草床，从而防护洪水和风暴潮，还能保留下具重要的文化和精神意义的地区。健康、可持续的海洋生态系统能够为人们提供一系列的利益，同时保护区为维护多样化服务起到重要作用。

海洋环境保护区的未来

虽然海洋环境保护区被视为一个海洋的管理和保护的实验性方法，但它们不是万能的，仅仅一个保护区不能保证海洋资源的可持续发展。有三个海洋管理中的新兴方向认识到了海洋环境保护区的优越性和局限性，因此将它们置于更多样化的方式之内。

首先，海洋环境保护区的建设更应该成为一个大量的海洋环境保护区互相连接的网络，而不是单独的区域。这个网络允许保护的特定物种和栖息地冗余，并通过对物种幼体源和低洼地的保护来增加渔业的成果，这往往比

单一大面积的保护区在处理人类需求和海洋保护的矛盾上更具灵活性。

第二,海洋环境保护区被纳入海洋空间规划和海洋功能区划中,像陆地上的一样,对特定区域赋予不同的功能用途。

第三,海洋环境保护区是海洋管理[即海洋生态管理(Ecosystem—Based Management, EBM)]的更全面方式方法中一个重要组成部分。海洋生态管理要考虑所有的活动影响,并从海洋生态系统、不同活动的累积影响、生态利益之间的权衡、系统组成内部和成分之间的联系中获得利益。因此,海洋生态管理是海洋管理一个更全面的方法,将海洋保护区嵌套在这一内容中使得海洋长期可持续性发展的前景更为光明(Halpern, Lester & McLoed 2010)。

莎拉・E.莱斯特(Sarah E. LESTER)
加州圣巴巴拉大学
基尔斯・格罗莱德・克拉瓦特
(Kirsten GRORUD−COLVERT)
俄勒冈州立大学

参见:碳的捕获和固定;渔业;大洋与海;国家公园和保护区;荒野区域公园和保护;水(综述)。

拓展阅读

Food and Agriculture Organization (FAO) of the United Nations. (2010). *The state of the world fisheries and aquaculture 2009*. Rome: FAO Fisheries Department.

Halpern, Benjamin S., et al. (2008). A global map of human impact on marine ecosystems. *Science, 319*, 948–952.

Halpern, Benjamin S., Lester, Sarah E., Kellner, Julie B. (2010). Spillover from marine reserves and the replenishment of fished stocks. *Environmental Conservation, 36*, 268–276.

Halpern, Benjamin S., Lester, Sarah E., McLeod, Karen L. (2010). Placing marine protected areas onto the ecosystem-based management seascape. *Proceedings of the National Academy of Sciences of the United States of America, 107*, 18312–18317.

Johannes, Robert E. (1978). Traditional marine conservation methods in Oceania and their demise. *Annual Reviews in Ecology and Systematics, 9*, 349–364.

Lester, Sarah E., et al. (2009). Biological effects within no-take marine reserves: A global synthesis. *Marine Ecology Progress Series, 384*, 33–46.

Lester, Sarah E., & Halpern, Benjamin S. (2008). Biological responses in marine no-take reserves versus partially protected areas. *Marine Ecology Progress Series, 367*, 49–56.

Mumby, Peter J., et al. (2007). Trophic cascade facilitates coral recruitment in a marine reserve. *Proceedings of the National Academy of Sciences of the United States of America, 104*, 8362–8367.

Mumby, Peter J.; Hastings, Alan; & Edwards, Helen J. (2007). Thresholds and the resilience of Caribbean coral reefs. *Nature, 450*, 98–101.

Partnership for Interdisciplinary Studies of Coastal Oceans (PISCO). (2007). *The science of marine reserves* (2nd ed.). PICSC. Retrieved May 26, 2011, from http: //www.piscoweb.org/node/510.

Roberts, Callum M. (2007). *The unnatural history of the sea*. Washington, DC: Island Press.

Toropova, Caitlyn; Meliane, Imèn; Laffoley, Dan; Matthews, Elizabeth; & Spalding, Mark. (Eds.). (2010). *Global ocean protection: Present status and future possibilities*. Brest, France: Agence des aires marines proté gées; Gland, Switzerland, Washington, DC, and New York: IUCN WCPA; Cambridge, UK: UNEP-WCMC; Arlington, USA: TNC; Tokyo: UNU; New York: WCS.

Wood, Louisa J.; Fish, Lucy; Laughren, Josh; & Pauly, Daniel. (2008). Assessing progress towards global marine protection targets: Shortfalls in information and action. *Oryx, 42*, 340–351.

Parks and Preserves-National

国家公园和保护区

国家公园是政府为了保护自然和文化资源以及为公民提供游憩娱乐场所而预留的大面积土地。国家公园保护运动在美国19世纪后期才开始，但很快在全世界范围内得到支持。在21世纪初，已经有超过100 000个国家公园保护区，总面积达上亿英亩。

国家公园为保护国家重要的自然和文化资源以及提供公众欣赏自然和休闲的场所而预留的大片土地。大多数历史学家认为在1872年建立的黄石公园是世界上第一个国家公园——历史上第一次有大面积的土地因为全体人类的利益而被保护，这也是保护和民主的理念的重要体现。美国历史学家和作家华勒斯·斯特格纳（Wallace Stegner）有句著名的话，国家公园是"我们曾经有过的最好的主意"。如今，美国有很多国家公园，而世界上几乎所有国家都建立了国家公园。

开端

在19世纪，美国人最初对自然保护的兴趣促使了黄石公园和其他国家公园的建立。对一些标志性自然特征的保护，比如黄石国家公园的野生动物、河流、峡谷和地热特征；优胜美地峡谷；加利福尼亚的巨红杉以及大峡谷的保护，都被视为是爱国主义和民族主义的重要表现，这就相当于对旧世界的欧洲和其他地区文物的保护。从这方面来说，国家公园通常被称为"美国皇冠上的宝石"。对国家公园的兴趣也被认为是受到过度工业化的驱使——城市化、商业化和唯利主义的大规模趋势，都导致了浪漫主义运动的兴起和人们对自然的向往。国家公园也代表了人们日益增长的对居住地和美国边远地区消失的关注，体现了保护重要自然资源，如森林、野生动物和水资源的必要性。

这种早期的对自然、保护区和国家公园的关注体现在19世纪对环境保护的几次倡导和呼吁中。例如艺术家和人类学家乔治·凯特林（George Catlin）见证了大群的水牛和美国土著人在19世纪初从美国边疆地区消失，因而公开提倡"国家公园，包含能体现自然的野性和清新之美的人与兽"。对于自然的保护，亨利·戴维·卢梭（Henry David Thoreau）提出一系列的"国家保护区"。乔治·帕金斯·马什（George Perkins Marsh）针对普遍的环境退化及其对人类福利的影响提出相应的应对措施，并在他1864年出版的极具影响力的书——《人与自然》中表示，美国一些大型的区域应尽可能地保持其原始的条件。19世纪末，国家公园之父约翰·缪尔（John Muir）提出对传统的美国唯物主义自然观的反对，认为需要保护国家公园，并写道："每个人都需要美，就如同需要面包一样，每个人都需要一个地方去玩耍就如同需要祈祷一样。"

管理

在黄石国家公园建立后的几十年间，国会在怀俄明州、爱达荷州和蒙大拿州建立了一些重要的国家公园，包括优胜美地国家公园和红杉国家公园（均位于加利福尼亚州）。但直到1916年才建立了机构来管理这些地区。在此期间，最初的国家公园由美国骑兵管理，以防止偷猎，并为游客提供基础设施和服务。国会在1916年建立了国家公园管理局，其任务是"保护风景和自然历史遗迹以及其中的野生动物，并且将它们以一种能不受损害地传给后代的方式提供给人们来欣赏"（National Park Service Organic Act. 1916）。

自一个多世纪前黄石公园建立以来，许多国家公园相继建立了。早期的国家公园只是"保留"了美国西部广阔的公共领地。包括雷尼尔山国家公园（华盛顿州），火山湖国家公园（俄勒冈州），冰川国家公园（蒙大拿州）和洛基山国家公园（科罗拉多州）。还有更多的国家公园都在1906年文物法案的规定下建立，这个法案允许总统指定国家机构来保护具有重大科学文化价值的区域。许多这样的地区最终被指定为国家公园，包括弗德台地国家公园（科罗拉多州）和大峡谷国家公园（亚利桑那州）。后来，美国东部地区设立了国家公园，但这些地区往往相对较小，因为他们不得不依赖私人土地的购买，富裕的个人和家庭的捐赠，包括阿卡迪亚国家公园（缅因州）和大烟山国家公园（田纳西州和北卡罗来纳州）。国家公园系统的规模和多样性，随时间增长迅速发展。1933年，所有联邦政府拥有的公园、纪念园以及相关的历史古迹都从其他联邦机构转移到国家公园管理局中。从20世纪60年代初开始，新类型的公园开始出现。大型城市公园在几个主要的都市区域建立，如纽约盖特威国家游憩区和旧金山海湾地区的金门国家游憩区。这些公园建立的目的是确保城市居民能进行户外游憩和享受国家公园。

国家海岸和湖岸区也同样建立起来，以解决国家沿海岸线地区的公共户外游憩区稀缺的问题，包括濒临大西洋的科德角国家海岸、濒临太平洋的雷耶斯国家海岸、濒临墨西哥湾的帕德雷岛国家海岸以及苏必利尔湖上的彩岩国家湖滨区。国家公园系统的最新成员是国家遗产保护地，即通常包含有很少公共土地或不是公共土地，但联邦、州和地方政府、私人企业以及非营利性机构进行协作以确保重要的自然和文化资源的保护的地理区域。

扩张

国家公园系统的规模在具历史意义的

1980 年的阿拉斯加国家利益的保护法案
（Alaska National Interests Lands Conservation
Act, ANILCA）之后增加了一倍以上。该法案在
国会被争辩多年，致力于改善对这个国家"最后
的边疆"的数百万英亩的公共土地的现状。保
护法案划定 4 400 万英亩的公共土地作为新的
国家公园和保护区。这类新的保护区保留并承
认土著美国人的传统权利，并允许这些群体有
权继续使用这些地区以维持传统的生活方式。

美国国家公园系统现在包括近 400 个地
区共计约 8 400 万英亩的区域。其中 58 块是
国家公园，其余的为国家保护地、历史古迹和
公园、海岸和湖岸区、国家游憩区、国家步道和
河流、战地以及其他类别。国家公园系统的单
位是具高度的生态多样性、文化多样性、地理
多样性并在除了两个州之外的所有州均有分
布。国家公园系统对美国人和海外游客来说
是一个主要的游憩目的地，每年可接纳近 3 亿
人次的游客（National Park Service Public Use
Statistics Office 2010）。

挑战

国家公园面临着许多挑战性的管理问
题。1916 年国家公园管理处组织条例要求国
家公园被保护的同时也要用于游憩活动。国
家公园的知名度使得要找到这些经常相互冲
突的目标之间的平衡变得更难。在保证国家
公园资源不受严重影响以及游客体验活动质
量的前提下，究竟国家公园能够容纳多少和什
么类型的公共使用呢？随着其经济价值愈发
明显，国家公园的保护有时会受到挑战。有一
个历史上著名的案例，在优胜美地国家公园的
赫奇赫奇山谷在 20 世纪初被筑坝拦截以作为
旧金山市的供水水库。但是，大多数对国家公
园侵扰的提案都不被通过，包括大峡谷国家公
园的科罗拉多河大坝的建议。

国家公园保护的其他挑战包括国家公园
有限的规模和保护自身不断发展的意义。尽
管一些国家公园包括数百万英亩，但往往是不
完整的生态系统，只包含了流域和野生动物生
活范围的一部分。此外，公园的边界并不能保
护国家公园免受空气和流入其中的水污染，以
及全球气候变化带来的威胁。保护的概念也
挑战着公园管理者和公众。最初保护自然的
特性观念，如通过防止火灾或消除如狼、美洲
狮等掠食者来保护森林和标志性的野生动物，
已经逐渐被更现代的理念所代替：即保障自
然过程的延续。

世界各地

随着国家公园的实践理念蔓延到世界各
地，许多国家已经根据其文化和自然景观建立
了公园。美国第一个国家公园建立后不久，澳
大利亚皇家国家公园（1879）和加拿大班芙国
家公园（1885）成为世界第 2 和第 3 个国家公
园。在其他国家，因为缺少大片公共土地而形
成了国家公园的其他模式。例如，日本的国家
公园，可追溯到 20 世纪 30 年代，其允许传统的
农业和林业等活动。同样，英国国家公园最早
建立于 20 世纪 50 年代，主要是在私人土地上，
并且经常包含城镇和村庄。

在国际层面上，国家公园在最近的几十
年里备受关注。在 1972 年——美国黄石公园
建立 100 周年，联合国教育、科学及文化组织
（教科文组织）正式通过了世界遗产公约。基
于美国国家公园的观念，世界遗产公约是一个

国际性条约,要求参与国确认和保护重要的自然和文化遗产。在2010年的6月,187个国家已经批准了公约,911个遗产被列入世界遗产名录（World Heritage Centre 2010）。

世界各地的公园和保护区通过对保护区世界数据库（WDPA）的跟踪并在"联合国保护区名录"定期报告。最初的列表创建于1962年,是联合国国家公园和同级别保护区的名单,包含超过1 000个保护区域。比如2003年,有超过102 000个区域被认定——从留出主要用于科学研究的"严格的自然保护区",到主要用于可持续使用的"资源管理保护区"。列入联合国保护区名录的受保护土地超过45亿英亩,约地球陆地表面的12%。其中有10亿英亩的土地被国际自然保护联盟（IUCN类别II）列为国家公园,受到生态系统保护与游憩管理。

新的国家公园和相关区域的指定将继续满足保护世界环境和人类中范围广阔的自然和文化多样性的需求。然而,随着人口扩大到乡村和不发达地区,这将变得越来越难。国家公园的创建和管理需要依靠政府和当地社区之间强有力的伙伴关系。随着国际旅游的持续增长,国家公园将在发展以旅游业为基础的经济中发挥越来越重要的作用。这为国家公园提供了经济来源,但这使得公园管理者面临挑战,他们必须确保这些区域能得到充分的保护。

罗伯特·曼宁（Robert MANNING）和
劳拉·安德森（Laura ANDERSON）
佛蒙特大学

参见：保护的价值；生态旅游；绿化带；山地；海洋公园和保护区；荒野区域公园和保护；户外游憩；旅游；合理利用运动。

拓展阅读

Alaska National Interests Lands Conservation Act of 1980, Pub. L. No. 96–487, 94 Stat. 2371.

Chape Stuart, Blyth Simon, Fish Lucy, Fox Philip & Spalding Mark. (2003). *2003 United Nations list of protected areas*. Gland, Switzerland: UNEP-WCMC.

Heacox Kim. (2001). *An American idea: The making of the national parks*. Washington, DC: National Geographic.

Nash Roderick. (2001). *Wilderness and the American mind* (4th ed.). New Haven, CT: Yale University Press.

National Park Service Organic Act of 1916, 16 USC. 1, 39 Stat. 535.

National Park Service Public Use Statistics Office. (2011). Homepage. Retrieved March 23, 2011, from http: // www.nature.nps.gov/stats/ index.cfm.

O'Brien, Bob. (1999). *Our national parks and the search for sustainability*. Austin: University of Texas Press.

Runte Alfred. (1997). *National parks: The American experience* (3rd ed.). Lincoln: University of Nebraska Press.

Sellars Richard. (1997). *Preserving nature in the national parks: A history*. New Haven, CT: Yale University Press.

World Heritage Centre. (2010). World Heritage List. Retrieved October 8, 2011, from, http: //whc.unesco.org/en/list.

Parks and Preserves-Wilderness Area

荒野区域公园和保护

荒野对于人类生存十分重要，但是在全世界范围内它们正遭受着侵害和退化。许多国家通过法律途径如建设国家公园来保护荒野，但就连这些被保护的荒野现在都已经受到了威胁，旅游和游憩活动在其中扮演着不明确的角色。它们对具有高保护价值的地区造成影响，但在某些情况下，它们也可能屈从于财政和政治支持。

荒野在人类看来就是没有人类的地方。在历史文献中，无论是浪漫的还是宗教的，引用荒野的诗文都是将其作为一个自然至高无上而人类渺小和暂时存在的地方。1964年美国荒野法案将它定义为"不受人类限制，在那里人类本身只是一个访客而不会留存的地区"。欧洲在亚洲、美洲和澳洲的殖民扩张期间，早期的农场主、牧场主和基础设施工程师将荒野看作是一个需要克服的障碍。当然，一些国家的土著居民却有一个截然不同的视角。大部分适于人居的区域已经被转换为各种初级产业区。荒野的存在是短暂并逐渐减少的，但重要性却在增强。

荒野地区的立法和命名

目前，荒野地区只存在于生存条件过于苛刻或不可达并难以支持大规模人类永久居住的地区，或在那些有限的通过各种形式的正式保护给予有效法律保护的地区。前者包括深海、极端干旱沙漠、极地地区和最高的山峰等。所有这些地区都越来越容易用于军事目的、石油和矿产的勘探和生产、工业捕鱼，甚至旅游，但任何一种情况下都需要有专业设备。所有这些活动会产生显著的环境影响，随之降低荒野的质量。被法律划定保护的荒野地区，包括那些不允许设公共入口的地区，以及荒野的低影响游憩和保护的公共土地管理部门。荒野地区的法律制定的目的是保护它们免受采掘业、基础设施发展和机动车主导的游憩活动的影响。在实践中，已经有许多命名和管理的争论。许多这些管理问题也更广泛地存在于国家公园和其他更高级别的保护区。

万斯马丁（Vance Martin）和艾伦沃森（Alan Watson）的一则国际评论（2002）将美国、芬兰、澳大利亚、加拿大、南非、斯里兰卡与俄罗斯列为拥有正式的国家或州级荒野立法的国家；新西兰、津巴布韦和意大利通过行政区划来识别荒野；而许多其他国家通过他们的保护区项目在实践中进行保护荒野和荒地。在美国有超过600个荒野地区，总面积约430 000平方千米。芬兰的荒野地区，占地共15 000平方千米，居住着传统萨米的驯鹿民族。在澳大利亚和加拿大，荒野的立法只存在于部分省份和地区。在俄罗斯，被称为科学保护区（zapovedniks）的地区一直被作为荒野管理，尽管近年来有着少量的旅游业。在这些以及其他许多国家，大多数的荒野地区是国家公园产业的子部分。而只有在美国，有大量生态意义的区域被其他公共土地管理机构控制的指定荒野地区。由于人口分布在世界各地，剩余的荒野地区只能以零散的土地形式存在，在不同的任期和管辖权范围内，有着不同等级的实际保护。

在许多发展中国家的政府和发达国家的行业协会，有时错误地认为荒野是一个纯粹的西方政治建设，是一种为富有的都市人保留游乐场地的奢侈品。例如，他们认为，在欧洲只剩余很少的荒野，但人类社会仍然成功地生存。然而，这忽略了富有的北欧国家对世界其他地区的生态和经济上的依赖，从其他地区购买食品和其他农产品，并获得免费的生态系统服务，如保护生物多样性和持续提供清洁的空气与水。

我们能承受荒野地区的消失么？

即使在有明确的荒野地区并立法保护它们的发达国家，随着人口和资源的需求不断膨胀，对于世界是否仍然可以"供养"荒野一直存在争论。然而这是一个政治而非经济问题。购买所有高生物多样性的世界剩余荒野地区的总成本，以目前货币价格来看，比美国软饮料方面的年消耗还要低。就是说，世界是买得起荒野的。但大多数的荒野是不卖的。它是由政府控制，并保护它、利用它或者忽视它，这取决于各自的经济和政治权力基础。

一个更根本的问题是，我们是否能承受荒野地区的消失。我们依赖于相对不受干扰的自然生态系统，来清洁不断地从我们的城市中产生的污浊空气和水。

如果一个城市的空气不能长期地由风从荒野带来的清洁空气进行补充，住在那里的人们便无法生存，就像人们被关在一个车库里，并只剩下汽车尾气可以呼吸一样。如果城市河流没有流到海洋并通过降雨流入水域上游，在那些城市的人们将被工业废水和粪便的混合物毒死。

荒野地区，特别是海洋、热带草原和森林，能够吸收大气中的碳以减轻人类引起的气候变化。把大气中的碳排出的唯一现实方式，就是让它回到土壤中。目前最经济和最有效的途径就是保持区域内大面积的原生植被，并让植物保持土壤肥力。而当前世界大多数国家农业和林业上的做法通常是降低土壤有机质含量，将碳从土壤释放到空气中。因此荒野有助于减轻人类活动地区气候变化的影响。

荒野地区能提供遗传多样性，以支撑我们的食品、纺织和制药行业。植物和动物提供我们用来生产几乎所有药物所使用的特殊化学品。即使新的合成药物也需将它们的设计归功于天然类似物。野生植物和动物物种也提供遗传物质，使我们能保持主食作物和畜禽新品种的选育，因为老品种不断消失于新害虫和疾病。这就是为什么医药和农业公司在"生物勘探"的权利方面花费如此之巨，是为了研究荒野地区而获取具有潜在价值的物种机会。

在20世纪末，一些经济学家计算人类社会从自然环境获得的商品和服务的递归财务价值，他们发现这个值要比整个全球经济至少大一倍，即每年数十万亿美元（Costanza et al. 1997）。最重要的是他们所谓的"生态系统服务"——清洁的空气和水，遗传材料等，这些多数都在很大程度上依赖于荒野。因此，荒野是我们不可失去的。

鉴于我们有能力保护荒野地区却不能承受失去它，行业游说者有时建议我们可以"可持续地使用它"。这是一个误导命题，它有两个原因。首先，我们已经每时每刻在利用荒野，使地球适合人类居住。我们呼吸的每一口空气、饮用每一滴水都依赖荒野。第二，可持

续发展的概念，可以用来作为一个软借口来避免环境科学的硬事实，而这取决于规模。在全球范围内，有大量的区域，人类的经济在消耗自然环境：城镇和城市、矿山和工厂、测井区域和大部分农田。因为，作为生物的一种，我们人类完全依赖于自然环境，我们能继续生存下去，只要有环境未被消耗的地方即荒野。

以当地的规模、少数的低材料需求的人类，的确可以生活在稍微改造过的自然环境中，同时能提供经济和环境服务。这是生存的经济基础。我们可以有一个较大的生活在城市并吃着集约农业生产的食物的工业化人口。可是，我们不能把荒野地区也占据了。在这种情况下，从提供一个人类可以继续生存环境的意义上来说，荒野必须保持作为世界的荒野，作为一个整体来保持"可持续性"。

荒野的威胁

保护区以外的荒野在高影响的人类使用下不断被损耗和退化。例如，伐木工业不断侵犯生长缓慢的森林，不论是在温带还是热带地区。随着人口的不断增长，农业和畜牧业加强并扩张到以前的荒野地区。新的矿藏和石油储量被发现和开采。即使是最大的淡水河流和湖泊，也被消耗和污染了。海洋生态系统，即使是最偏远的如南极海底的区域，也被密集的工业捕鱼所影响。这样的活动在世界目前经济运营中是"一切照常"的。他们被支持、鼓励并经常由国家政府资助，通过从土地使用权到公共基础设施等进行安排。然而在这个过程中，他们在减少世界上最终赖以生存的荒野。

即使在保护区内，荒野也受到一定的损耗，

虽然损耗的速度较低。在许多发展中国家，公园保护只是写在纸上而没有被实地落实，并且公园受到持续的非法入侵。在发达国家和发展中国家，石油和采矿业为了得到在公园的内部开采权利而不断游说，经常声称他们可以做到不破坏荒野与公园的保护价值。然而，真实世界的石油和采矿操作，通过道路网络和地震测线，有毒的尾矿或钻井化合物的排放，加之人、卡车、直升机和重型设备的侵入，造成了巨大的影响，所有这些都对荒野造成无法弥补的损害。

旅游与游憩

大多数国家的国家公园被常规地用于游憩以及保护。这类使用的影响相对较小并易于管理。公园管理机构必须维持政治支撑和营运资金，独立的游憩中心也是这样的机制之一，这已成为现代政治的一部分（Buckley 2009）。

商业旅游的影响介于采掘业和个人游憩之间。国家公园，特别是世界遗产地区，是国内外游客的主要旅游景点。商业旅游向这些游客销售的是运输、住宿和活动等。例如，整个澳大利亚旅游业的至少四分之一，将其业务主要选在包括私人和公共土地的自然区域。再如哥斯达黎加和厄瓜多尔等国家，几乎整个旅游业都在自然基础上建立。

在世界范围，几乎所有的商业游客的住宿和基础设施都建立于公园外部的私有土地上，公园的机构控制保护区内部的人类活动。即使在每年有数以百万计游客的公园，这些工作也做得不错。

在一个更小的规模下，有的私有土地主以运营旅游住宿的形式进行养护储备。然而，

这种形式在某些方面不同于公共保护地区。私人地主利用自身的资产办企业，他们没有必要为全球保护和公共保护区的目标作贡献。在私人的自然保护区，旅游收入需要用来支付保护管理、基础设施以及市场营销。而在公园里，国家的纳税人会支付这些费用。

商业地产开发商将公有公园和荒野看作是获利的机会。如果他们可以在著名的公园内建立旅游住宿，那么景点、基础设施、经营管理成本、营销等都成了政府补贴。此外，如果开发商能够对特殊公园的专有权进行协商谈判，他们可以在没有竞争的情况下提高价格并降低服务质量。这为开发商产生效益，但它强加给公园管理机构不公平的支出，同时对不富裕的访客，对其他旅游供应商和区域产业，和对支持整个人类的荒野地区都是不公平的。因此，这种经营模式既不可承受也不可持续。

用以推动这种方法的概念是"合作"，这是另一个被误解的术语。旅游经营者想利用公共园林资源，在公园管理实践中有发言权。他们不把公司资源提供给公园机构，然而他们也未能给出他们管理自己的企业的说法。他们在生意场上不提出合作。旅游房地产开发商认为，他们可以为公园赚钱。然而，旅行开发商抱怨他们已支付公园的费用，如门票。旅游房地产开发商是在赚钱，但挣得的钱不为公园机构所用。

在高达百分之八十的司法管辖区，如南非和加拿大魁北克，一些公园机构通过游客来获取他们大部分的运作资金，但他们是直接向个人收取费用的。一些机构也与旅游经营者有商业交易，但这些只占总成交量的二十分之一左右，而这些交易可能还不能覆

盖消费。在一些美国国家公园存在民营饭店，但这些都是拓荒时代的遗产。这里还有露营地和其他设施被特许经营，但严格遵守公园的管理条例。

在公园内提供酒店住宿的建议将有助于保护，这是根本没有证据支持的。许多这样的酒店都通过各种机制存在，但公园有关部门收到很少的经济回报并受到相当大的附加风险（Buckley 2010）。这样的发展亦没有公开的政治支持。通过对美国、加拿大、澳大利亚和南非等国家的公园游客进行广泛调查，事实表明大多数人不希望酒店设在公园。他们喜欢有机会以一个廉价的方式去公园——露营。公园机构、户外运动的倡导者和设备制造商认为从长远角度来看，公共保护区的私人休闲的使用在荒野保护方面可能是有政治重要性的，因为它可以提供一个支持保护的选区。目前，户外游憩实际上是否显著地增加了更广泛的对保护的政治支持尚不清楚，如前所述，要通过

那些在保护地球生态系统的功能方面认识到荒野的重要性。然而，随着人口的不断扩大，亚洲与拉丁美洲高度密集的新兴工业化国家的日益富裕，他们的资源需求相应增加，对荒野的压力继续增加。在这种情况下，所有的政治支持是有价值的。底线是（它真的是一个三重底线）社会、经济以及环境——这是拓荒时代一个古老的真理："荒野是世界的希望。"

拉尔夫・C.巴克利（Ralf C. BUCKLEY）

格里菲斯大学

作者注：这篇文章的一部分之前已公布在 *Online Opinion*（http://www.onlineopinion。com.au/view.asp?article= 10145）并被昆士兰国家公园协会时事通讯引用。

参见：保护价值；生态旅游；绿地；山地；公园和海洋保护；公园和民族保护；户外游憩；旅游；合理利用运动。

拓展阅读

Buckley, Ralf C. (2009). *Ecotourism: Principles and practices*. Wallingford, UK: CAB International.

Buckley, Ralf C. (2010). Private tourism in public parks. In Yi-Chung Hsu (Ed.), *Visions and strategies for the world's national parks* (pp. 1–12). Shoufeng, Taiwan: National Dong-Hwa University.

Costanza, Robert; d'Arge, Ralph; de Groot, Rudolf; Farber, Stephen; Grasso, Monica; Hannon, Bruce; et al. (1997). The value of the world's ecosystem services and natural capital. *Nature*, *387*(6630), 253–260.

Hendee, John C., & Dawson, Chad P. (2002). *Wilderness management* (3rd ed.). Golden, CO: WILD Foundation and Fulcrum Publishing.

Lockwood, Michael; Worboys, Graeme; & Kothari, Ashish. (2006). *Managing protected areas: A global guide*. London: Earthscan.

Martin, Vance G., & Watson, Alan. (2002). International wilderness. In John C. Hendee & Chad P. Dawson (Eds.), *Wilderness*.

Management (3rd ed., pp. 49–99). Golden, CO: WILD Foundation and Fulcrum Publishing.

Pest Management Integrated, IPM

有害生物综合管理

有害生物综合管理是选择和使用最适宜的方法来控制害虫、病菌和杂草的决策支持系统。在有害生物综合管理防控措施中，综合考虑了生产者、社会及环境的成本和收益。由于是在整个农业生态系统范围内理解害虫生态情况，提出防控方法，因而有害生物综合管理能够促进农业的可持续发展。

有效的有害生物防治是可持续生产食品和纤维的关键。有害生物综合管理（Pest Management Integrated, IPM）提倡同时使用多种防虫方法，以便能更有效地保护作物。根据有害生物综合管理的定义，有害生物是任何与人类的利益、经济、健康、舒适或偏爱发生冲突的生物体。按照此定义，有害生物可能是无脊椎动物或脊椎动物（如昆虫、螨、线虫、啮齿动物、鸟类等），致病性微生物（如病毒、细菌、植物原生质、真菌等）或竞争性和寄生的植物（即杂草）。从农业的角度来看，在田间、果园、蔬菜或观赏植物花园以及温室，当一个生物体危害这些作物或这些作物的产物（如种子、鳞茎、

块茎等），并造成经济损失时，那么它就是有害生物。据估计，有害生物对全世界六大主要田间作物（小麦、水稻、玉米、马铃薯、大豆和棉花）造成的经济损失高达68%。而有害生物防治可减少这一经济损失到原收益的32%，这是一个仍然很大但可容忍的水平（Oerke 2006）。

有害生物防控的一种方法是使用化学农药。在2001年，全球约花费320亿美元用于购买除草剂、杀虫剂和杀菌剂（真菌或细菌），其中约70%用于农业。在这一年，仅美国就花费了110亿美元（Kiely, Donaldson & Grube 2004）。除了上述化学药剂的成本外，还有对环境和人类健康影响的成本（Pimentel et al. 1992）。在工业化农业生产中，尽管用于有害生物防治的化学品的效果是有限的，且不计其环境和健康影响成本，这些化学品的费用亦占了作物生产成本的相当比例。

有害生物综合防治历史

近19世纪末，随着世界范围内农业学院

农业昆虫学、植物病理学和杂草科学等学科的兴起，农业有害生物、它们对作物生产的经济影响评估及其防治方法的研究得到大力发展。20世纪早期的几十年中，学术研究中心和实验站的农业昆虫学家研究有害生物生物学，并开发病虫害防治的新方法，逐渐形成了有害生物综合防治的概念。

有害生物综合防治的历史可追溯到农业的起源。由于没有单一的控制方法来减少有害生物对农作物的肆虐，农民使用多种手段来对付它们。最常用的物理或机械方法有烧、水浸、粉碎及人工捉拿等。在使用的耕种方法中，采用合理种植时间和种植密度以及选择健康的种子，也有防治有害生物的作用。早期的化学控制是使用农药，例如硫以及难闻的液体，并产生了不同的效果。

尽管功效一般，这些方法经常被一起使用，成为一种综合控制系统。19世纪末期，人们发现了更有效的药物。在首批使用的药物中，有巴黎绿（Paris green）和伦敦紫（London purple）。随后，其他含砷化合物和生物农药促进了化学防治方法，并成为种植者和专家们首选的控制害虫的方法。

19世纪末到20世纪中叶间，昆虫学家开发了针对害虫生命系统弱点的控制程序。生态学原理开始成为有害生物防治的基础。虽然对宿主植物的抗虫性和控制耕种方法感兴趣，但是所使用的主要方法还是耕种和生物控制，以及扩大使用尤机和生物农药。在1945年，DDT用于农业，使杀虫剂在有害生物防治的使用上达到顶峰。随后又涌现出很多有机合成杀虫剂，成为病虫害防治的主流，但却忽视了它们潜在的生态影响。

DDT曾大量用于对付加利福尼亚州柑橘园中柑橘矢尖蚧的爆发。之后的1946年，当吹棉蚧再次大规模爆发时，这些广谱杀虫剂和生物控制方法的抗性问题就显现出来。自1888年以来，因从澳大利亚引入了澳洲瓢虫（Rodolia cardinalis），所以美国加利福尼亚州柑橘上吹棉蚧的量维持在很低水平，成为第一个证据充分的、极为成功的生物防治的案例。

DDT等广谱杀虫剂除了杀死害虫外，还常常杀死能控制害虫种群数量的其他本地物种。对害虫天敌的破坏导致了各种生态后果。次生有害生物种群能以具有危害作用的数量大爆发。在许多情况下，应用杀虫剂会导致其靶标害虫以更大和更有害的规模死灰复燃。此外，许多害虫对杀虫剂产生抗性，需要更频繁地施用较高剂量的杀虫剂，或者换用效果更为强大的杀虫剂。抗性、主要有害生物的死灰复燃、次生有害生物的爆发，加上单纯使用化学控制方法本来就有的环境和健康危害，促使研究人员寻找其替代方法。最有希望的替代方法，是通过生态原则的应用、设计和使用化学防治与其他控制方法相兼容的控制系统，这种方法即为有害生物综合防治。

有害生物综合管理

最初，将有害生物综合防治狭义定义为"生物和化学控制相结合的综合性有害生物防治应用"（Stern, Smith & van den Bosch 1959）。1961年引入了有害生物管理的概念，扩大了综合防治的范围，包括了基于作物、有害生物及其天敌的生态学而采用的所有控制措施。

澳大利亚生态学家在作物保护方面推出了"管理"这个词，以更好反映在有害生物种群调节上的人为干预。在自然界中，动物种群通常是由其所处环境中的生物（如食物供应、捕食者、寄生虫、疾病等）和非生物（如天气、气候、土壤条件、水分等）因素所"控制"。"有害生物综合管理"这一表述于1968年首次出现在印刷物中，从而成为基于良好的生态学原理而保护农作物的一个代名词。

有害生物综合管理系统包括所有可用的控制方法（通常被称为"控制策略"）和管理策略（即基于作物生产形态环境和有害生物生态学优化控制策略的计划）。有害生物综合

管理系统的设计应根据需要，然后确定满足这些需要的最佳方法（见图P.1）。

害虫和天敌的识别

走在农田中，往往可以看到作物受伤的迹象。这些迹象与危害生物的关联是显而易见的。例如，蝗虫出没会留下咀嚼过的叶片，切开一个被虫蛀的苹果，会露出娇嫩蛾的幼虫。然而，更多的时候症状与危害生物的关联并不那么明显，可能需要作物保护专家的专业知识才能识别。在进行有害生物综合管理系统设计时，正确识别有害生物是一个关键。只有正确识别有害生物，综合管理系统才可以获知它们的危害潜力、发展速度、虫群取样方法

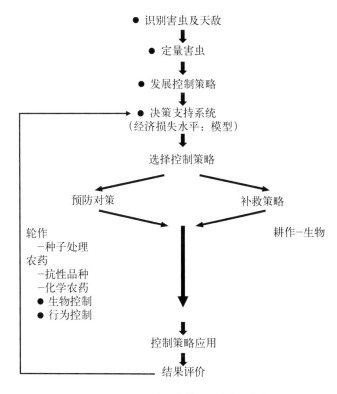

图P.1 病虫害综合管理系统的设计步骤

来源：作者.

及当前控制建议等丰富信息。

1. 有害生物状况的量化

综合管理系统的开发和实施需要了解有害生物和天敌的种群密度、植物的伤害水平及对作物产量的影响等定量信息。取样、监测和巡察都有助于针对具体情形而确定最佳应对方法。对大多数有害生物来说,从作物上提取害虫的采样程序已得到开发。捕虫网、beating cloths 以及更精细的真空网是大田作物中昆虫种群采样中最常见的设备。诱捕装置被用于监控方法中,以检测果树害虫的存在。诱捕是基于性引诱(信息素)或紫外线(UV)灯的诱惑。在作物生长季节,农场工人或外聘专家在农田巡察,以决定是否需要采取补救防控措施。

上述采样程序提供了害虫或其天敌数量的间接测量方法。在使用这些方法获得的数据之前,需要以绝对抽样方法对其进行校准,因为后者能更准确地反映该地区害虫或天敌的数量。在实施有害生物综合管理项目过程中,采用相对抽样方法,而绝对方法用于研究以校准相对方法。在大量学术文献中,已对采样方法和揭示采样数据的统计方法进行了研究(Kogan & Herzog 1980; Pedigo & Buntin 1994; Southwood &

Henderson 2000)。

2. 决策支持系统

在有害生物综合管理中,“管理”是指一系列基于生态原理和经济考虑的规则。有害生物综合管理的基干内容是经济损失水平(Economic Injury Level, EIL)和经济阈值(Economic Threshold, ET)对偶概念,其由美国加州大学昆虫学家于 1959 年首次提出(Stern, Smith & van den Bosch 1959; Higley & Pedigo 1996; Norris, Caswell-Chen & Kogan 2003)。经济损失水平是指能够使作物受损的有害生物种群密度,此时作物受损的经济价值至少等于为防止这种损坏进行处理的费用。而经济阈值的定义是,为必须采取控制措施以防止害虫数量超过经济损失水平值时的有害生物种群数量。因此,经济阈值比经济损失水平值低。当有害生物种群数量低于经济阈值时,采取对策不会给种植者带来任何经济利益。对大多数害虫而言,确定其经济损失水平值需要实地考察。与之相反,对杂草和植物病害的控制决策则主要依赖于对作物和当地历史记录的损失评估。

为了防控所有有害生物,更先进的决策支持系统使用了基于计算机的预测模型。在这些模型中,多数都需要每日的最高和最低气温,以计算平均温度的积温。昆虫的季节性发育(即它们的物候)是随温度而变化的,因此基于平均温度的积温模型,可大致预测害虫发展达到能损害作物阶段的日期(Coop 2010)。

控制策略

很多害虫连年发生危害的概率很高。关于这些"主要害虫"的信息,为管理者提供了包括有害生物综合管理控制策略的预防措施的选项。耕作控制、寄主植物的抗性、行为控制、遗传控制以及经典的生物防治,都是最常用的有害生物综合管理预防手段。

在田间作物或果园定苗时,耕作控制是常规农艺程序的一部分。整地可以包括极少耕地以便保存水分、减少杂草及土壤流失,但是这也为土栖捕食者(以断根蠕虫为猎物)提供了庇护。对于一年生作物而言,株行距可能因害虫及其天敌而影响作物定植速度。也许最有效的耕作控制策略是轮作。例如,玉米和大豆的交替耕种已被用来对付玉米根虫,因其无法在大豆根系生存。然而,当根虫群体进化产生适于大豆生存的新品种时,这一策略就会逐渐失效。

经典的生物控制是从外来入侵物种的原产地引入其自然天敌。由于缺乏有效的寄生者或其天敌来调控种群规模,外来入侵昆虫往往在它们的新家成为严重的农业害虫。经典生物控制对于外来害虫和杂草的入侵一般都有效。一个例子是紫红蚧(*Parlatoria olivae*)的控制。这个物种的起源被确定为巴基斯坦和印度北部。以紫红蚧为寄主的两种寄生蜂经确认后被引入加利福尼亚州,对这一害虫产生了明显的控制作用。

寄主作物自身的抗性是利用植物对植食性害虫的自然防御,是一种环境友好的控制策略。植物进化形成物理(如多毛的、具刺、韧性组织)和化学(如有毒生物碱、香豆素、酚酸化合物等)的两种防御机制,以保护自己免受害虫和植物病原体的侵害。当人们培育产量更高的粮食作物或汁液更多、颜色更鲜艳的水果作物的过程中,它们便渐失去了这些自然防御能力。在商业作物品种中,育种和植物保护专家力求恢复这些自然防御能力。抗性性状被引入许多大田、牧草、水果等作物。一个例子是使用抗蚜虫的苜蓿品种防治苜蓿彩斑蚜。

行为控制是基于化学(嗅觉和味觉)和物理(视觉)的刺激能影响昆虫食物选择或交配行为的知识。有效的行为控制剂是雌性昆虫发出的性信息素或引诱剂,雄性昆虫循此来找雌性昆虫交配。在环境中充满信息素的气味,会导致雄性昆虫失去寻找的方向,干扰它们的交配。在美国西部地区,该方法已被用于控制大型苹果和梨园的溺爱蛾。

遗传控制是通过诱导雄性不育使正常的生殖过程中断。最广泛使用的技术是用X射线辐射使大量的雄性昆虫不育。这些不育的雄性昆虫仍与雌性交配,但所产的卵难以孵育出幼虫。在富裕的加利福尼亚州圣华金河谷,昆虫不育技术(the Sterile Insect Technique, SIT)已成功地用于控制棉红铃虫危害。

转基因生物是20世纪90年代新引入的一种控制策略。此方法是将外源基因导入作物基因组中,以提高其对害虫的抗性或使它们耐受用于去除杂草的除草剂。虫害管理最常使用的是用于生产内毒素的苏云金芽孢杆菌

（Bt）的基因。该基因已被导入主要作物，包括大豆、棉花和玉米。使用转基因生物的风险是基因溢入作物的野生近缘种或杂草，从而使害虫产生 Bt 抗性。

尽管认真使用预防性策略，害虫种群仍可能脱离控制而达到破坏性水平。在这种情况下，可能有必要采取补救控制策略，包括化学和生物杀虫剂以及物理方法。有害生物综合管理并不等同于有机农业。在一个有害生物综合管理系统中，如果在既定的预防控制策略调节下，如害虫种群数量仍超出预定，则化学防治是一个可用的补救控制策略。在美国，目前注册的杀虫剂有 70 类约 600 种。在一个有效的有害生物综合管理系统中，应首选使用足以控制靶标害虫，但对其天敌的危害低及对环境影响小的高选择性杀虫剂。

寄生蜂和昆虫病原体等生物农药为一种生物控制剂，且大规模生产和应用于病虫害的补救控制。生物杀虫剂的例子包括用于控制鳞翅目害虫的寄生赤眼蜂（*Trichogramma minutum*）的卵，以及寄生线虫（*Steinernema feltiae*）、苏云金芽孢杆菌等众多类似菌株，也可以感染鞘翅目、鳞翅目和双翅目的幼虫。生物杀虫剂通常可与生物控制及其他大多数较理想的有害生物综合管理策略兼容。

施行补救控制措施时，需依据作物情况和应用类型来确定和校准所使用的喷雾器、喷粉器、播撒机等设备。施用杀虫剂时重要的一点是避免其漂移，以保护相邻的农田、自然植被、溪流、湖泊等不受污染。

在开发和实施有害生物综合管理项目的阶段，有必要认真评估所有的控制策略的后果，允许适当地调整方案和考虑替代品。评估之后，种植者将结果提供反馈给最初制定和测试有害生物综合管理项目的推广和研究专家。

控制策略和生态基础

有害生物综合管理中的"综合"是指：① 一整套可用来控制有害生物的策略；② 多种有害生物类群（有害的节肢动物和脊椎动物、植物病原体、杂草等）与作物及它们彼此间相互作用的影响；③ 基于有害生物管理的农业单元尺度，可从一块农田到整个生态系统。

有害生物综合管理项目的发展阶段，本质上与这些因素综合紧密相连。根据上述三个因素，所用的有害生物综合管理措施将有所不同。依据农业和生态尺度的不同，主要有三个综合层次。

层次 1：一块农田内为控制主要有害生物策略的综合，相应的有害生物综合管理系统的发展主要依靠物种和种群生态学。

层次 2：多种有害生物影响与多块农田及周围植被相应的控制策略的综合，相应的有害生物综合管理系统基于种群和群落生态学。

层次 3：多种有害生物及农业生态系统背景下的控制策略的综合，此时制定有害生物综合管理系统的理论基础则为种群、群落、生态系统生态学等。

截至 2010 年底，使用的有害生物综合管理策略基本都处于第一层次的综合。具体操作规模为单块农田。靶标有害生物则是一个或少数几个与经济最为相关的物种，人们围绕这些主要有害生物来确定综合管理策略。

20 世纪 90 年代初，区域有害生物综合管理得到发展,并率先应用于管理美国西部三个州和不列颠哥伦比亚省西部的溺爱蛾。区域有害生物综合管理针对的也是主要有害生物。控制主要有害生物后,由于自然存在的拟寄生物和天敌的调节作用,也就提高了对次生有害生物的控制。主要有害生物成功控制的关键取决于大片区域内的大多数种植者采用同样的战术。如在区域性溺爱蛾病虫害综合管理项目中,主要控制策略为用饱和信息素及释放不育雄性昆虫进行交配干扰。

要内容处在生产者水平。生态、人口、经济和社会的压力,要求在更大的尺度上进行有害生物综合管理的规划与实施。将大田作物视为一个区域生态系统的组成部分,最大程度地利用生态系统的自然元素,使有害生物综合管理上升至第2和3层次的综合。通过减少耗能和环境风险控制策略的使用,病虫害综合管理有助于环境更友好的可持续农业的发展。

马科斯·科根 (Marcos KOGAN)

俄勒冈州立大学

农业的可持续发展

自1968年提出以来,有害生物综合管理已取得显著进步。最初,工作聚焦于一块农田,证明了有害生物综合管理的可行性,且主

参见: 农业 (几篇文章); 纤维作物; 食品 (几篇文章); 绿色革命; 蜜蜂; 昆虫的益处; 昆虫的害处。

拓展阅读

Coop, Len. (2010). IPM pest and plant disease models and forecasting for agricultural, pest management, and plant biosecurity decision support in the US. Retrieved October 19, 2010, from http: //uspest. org/wea/

Dent, David. (1991). *Insect pest management*. Wallingford, UK: C.A.B. International.

Gurr, Geoff; Wratten, Stephen D.; & Altieri, Miguel A. (2004). *Ecological engineering for pest management: Advances in habitat manipulation for arthropods*. Ithaca, NY: Cornell University Press.

Higley, Leon G., & Pedigo, Larry P. (Eds.). (1996). *Economic thresholds for integrated pest management*. Lincoln: University of Nebraska Press.

Kiely, Timothy; Donaldson, David; & Grube, Arthur. (2004). Pesticides industry sales and usage 2000 and 2001 market estimates. Washington, DC: US Environmental Protection Agency.

Kogan, Marcos, & Herzog, D. C. (Eds.). (1980). *Sampling methods in soybean entomology*. New York: Springer-Verlag.

Kogan, Marcos, & Jepson, Paul. (Eds.). (2007). *Perspectives in ecological theory and integrated pest management*. Cambridge, UK: Cambridge University Press.

Norris, Robert F.; Caswell-Chen, Edward P.; & Kogan, Marcos. (2003). *Concepts in integrated pest management*. Upper Saddle River, NJ: Prentice Hall.

Pacific Northwest Insect Management Handbook. (2010). Introduction. Retrieved December 9, 2010, from http: //
uspest.org/pnw/insects?00INTR01.dat

Pedigo, Larry P., & Buntin, G. David. (Eds.). (1994). *Handbook of sampling methods for arthropods in agriculture*. Boca Raton, FL: CRC Press.

Oerke, E. C. (2006). Crop losses to pests. *Journal of Agricultural Science,* 144 (1), 31‒43.

Pimentel, David, et al. (1992). Environmental and economic costs of pesticide use. *BioScience,* 42, 750‒760.

Prokopy, R., & Kogan, Marcos. (2003). Integrated pest management. In Ring T. Cardé & Vincent H. Resh (Eds.), *Encyclopedia of insects* (pp. 589–595). New York: Academic Press.

Southwood, T. R. E., & Henderson, P. A. (2000). *Ecological methods* (3rd ed.). Oxford, UK: Wiley-Blackwell.

Stern, V. M.; Smith, R. F.; & van den Bosch, R. (1959). The integrated control concept. *Hilgardia*, 29, 81‒101.

Petroleum

石 油

我们正生活在一个石油时代。石油和天然气为人们提供了三分之二的能源以及生产大多数化学制品、塑料和其他现代生活用品的原料。从历史上来看，石油产业和经济活动一直密切相关，近期全球能源可获得性的动荡（或许是石油峰值）被认为是引发许多财政问题的关键因子。

"石油"(petroleum）一词通常是指天然的液态和气态碳氢化合物，包括石油、天然气和液化天然气。有时候这个词也被用于单独描述石油。这些化学物质与煤炭和其他的一些低质量固体燃料一起被统称为矿物燃料。虽然天然气常与石油伴生，但是它还有其他一些来源，包括煤层和富含有机质的页岩层。我们所说的石油实际上是指一个碳氢化合物大家族，它们的物理和化学属性反映了它们不同的起源，尤其是它们不同程度自然发生过程。

石油是一种用途极广的资源，人们可以从其制品中获得燃料、塑料、沥青、氮肥、轮胎、油漆以及大量的有机化学品（包括阿司匹林和二甲苯）等。石油具有独特的性质，包括高能量密度和可运输性。但是根据20和21世纪石油重要性，石油的未来供应已经成为一个令人担忧的问题，需要我们认真研究潜在需求和供应能力之间的关系。

起源和碳氢化合物的比较

大多数石油和天然气的起源要追溯到两个地质时期，即九千万和一亿五千万年前。一些小的淡水植物和海洋植物（浮游植物）繁茂生长，然后汇入厌氧菌（无氧的）盆地，例如，极深的裂谷性湖泊。这些有机物质被雨水带来冲积物覆盖，使它们免于氧化，并经受数千万年高压和高温作用(Tissot & Welt 1978)。植物物质常常由成百上千碳原子连接而组成，其可被地质能量破坏或"裂解"成8个碳原子（辛烷）的长度（理想状态）。如果裂解发展到最大程度，碳键将会被完全打破成为一个碳的长度，并被4个氢分子包围（天然气，又称甲烷）。石油和天然气通常会从烃源岩层中向上迁移，在不透水的"盖岩"下面的储藏层中汇聚。在一个可开发储层中，大量的石油和天然气很可能会因处置不当而释放进入大气中。从地质学的角度来看，石油是一种稀有物质，因为能够生成和保存石油许多复杂地质条件都是非常罕见的。

石油大致可以分为传统型和非传统型。传统型的石油是指各种各样的液体和气体燃料。这些物质是从地质沉积物中获得的，通常用钻探技术勘查和开采，通过借助它们自身的压力、抽吸或者通过向储藏层注入天然气、水或者（有时候是）其他物质而产生的额外的压力，而将它们输送到地面。我们所称的"石油"实际上是指多种多样不同形式的材料，其密度可以从740千克/立方米到1030千克/立方米。非传统型的石油包括页岩油、沥青砂和其他以固态开采的沥青，以及煤床、致密砂岩、页岩和一些其他以气态开采的甲烷沉淀物——这种开采常常需要经过特殊技术（诸如碎岩）处理。

在理论上，氢气是最有效的燃料，但是在某些方面来看，天然气却是最理想的燃料，氧化氢比氧化碳能释放更多的能量和较少的二氧化碳，而且甲烷也比氢更容易被获取、储存和输送。当天然气被置于储存桶时，一些较重的成分会变成天然气凝析液，其可以直接使用也可以进一步精炼。

与碳氢化合物相比，碳水化合物已经被部分氧化，而不是强效燃料。例如，由玉米制作的乙醇燃料（甲烷），其每公升包含的能量只相当于每公升汽油的70%。天然气凝析液的能量浓度也比较低，每单位体积的能量相当

于石油的75%。石油的用途在于它可以与氧气结合而释放能量。他的分子链越短、氢碳原子比越高，也具有更大能量密度。

石油的用途

石油可能是当代文明最重要的资源，超过了阳光、清洁水和土壤。石油的大规模生产技术和使用最早在美国和加拿大兴起，然后传遍了全世界。几乎所有国家的粮食生产、经济和文化都极度依赖石油。现在，世界和大多数工业国家（例如美国、英国、德国、日本和巴西）经济运行所需能源的三分之二依赖传统型石油，与20世纪中叶的使用比例相同。对于多数国家来说，财富生产和石油产业之间形成了强烈相关性（Hall & Klitgaard 2011）。在一些高度发达地区，例如，北美洲、欧洲和东亚地区，人们所做的每件事情几乎都是以廉价石油为基础的。人们在哪儿居住和工作、如何谋生、在工作场所的工作成效如何、有多少业余时间以及如何支配、购买食物和其他生活日用品价格以及教育程度如何——所有这一切都强烈地与廉价石油的充足供应相关。例如，一加仑石油的能量相当于一个人一天食物的能量，大约一天8桶石油可以承担一个大学生的教育成本，每天10加仑石油的能量当量可以满足我们日常经济活动所需的商品和服务。在较早时期，这样的能源财富水平，仅社会精英阶层才能拥有，通常由奴隶或契约制仆役来提供。有研究者推论，根据每个人每天消耗3600卡热量，按照21世纪石油消耗量，这样的一个人工劳动力大约相当于1加仑石油能量的10%，即一个人相当于一台汽油发动机工作效率的20%。

对大量矿物燃料使用的高度发达国家的人工劳动产出进行计算表明，1个人（在欧洲和日本）可以相当于30个辛勤劳作的工人（在美国，最大的石油消费国，1个人则相当于100个劳动力）在"砍伐树木和运输水"，在耕种、运输和烹饪食物，在制作、运输和输入消费品，在一起工作，在提供完善的医疗和卫生服务，在走亲访友以及到远方度假（Cleveland et al. 1984, Hall et al. 1986, Hall & Klitgaard 2011）。换个角度讲，1个北美人早上洗热水澡所消耗的能量，远比地球上2/3的人整天人均消耗量还要多（Hall, Powers & Schoenberg 2008）。

特别是石油对人类交通和所需货物和设备的运输，作为供暖、烹饪和工业的燃料尤为重要。石油是肥料、塑料、大部分化学品和各种各样现代产品的主要原料。不发达国家正在变得像发达国家一样依赖石油，因为发展和石油的使用息息相关。有人说我们生活在一个信息时代或者后工业时代，更多的人认为用"石油时代"来形容我们所处的时代更为准确，因为石油已经成为我们的经济和我们所做几乎所有事情的基础。

石油的质量

石油是一种神奇的燃料，运输相对容易而且用途广泛。它的能量密集，开采能量消耗较低，而且环境影响也较小。通常，人们首先开发"高质量"的石油，即较大储量的短链"轻油"资源，因为较大的油矿更易于发现和开采。轻油更珍贵，而且开采和精炼时需要能量较少。而随着时间推移，我们转向"低质量"资源——意味着我们开始了储量小、处于地层深处、离岸和费力的资源的开采。无论质

量如何，首先是发现石油，然后建立油田、进行采油，这样一个过程通常需要几十年时间。

储藏在地下的石油一点也不像石油罐中黏稠的液体，它看上去更像是被石油浸透了的砖块。需要压力缓慢地将石油汇集到一个采油井。石油通过储藏层流向集油井的速度取决于石油本身的物理和地质下垫面性质，也取决于给予石油的压力。起初，这种压力来自井中的天然气体。然后，随着油田的开采，如此的压力由不断向储油结构中注入气体和水来形成。自20世纪20年代以来，在开采过程中，使用被称作EOR（促进石油采集）的去垢剂、二氧化碳和水蒸气来增加产量。

过快的抽取石油会造成含油层（即储油层）压实或油流断碎，都会降低产量。因此，我们能否获得最大石油生产取决于以下几个因素：在我们到达的区域发现大型油田的能力、我们对开采和开发进行投资的意愿以及我们不会过于快速采油的意愿。随着油田枯竭，在那些老的油田，即通过自然驱动机制（比如天然气压）能够开采出来石油的油田，现在必须以能源集约型的次生和强化技术才能开采。因此，发现和开采石油的技术进步就成了一场与高质量资源衰竭的竞赛。

石油资源质量的另一个方面是，石油储量通常是由它们的确定程度和开采难易程度来决定的，可分为"确定的"、"很可能的"、"有可能的"或"推测性的"。此外，还有些非常规的资源，如重油（例如，加利福尼亚州克恩河油田和委内瑞拉的大型矿床）、深水石油（例如，巴西图皮油田）、加拿大的含油砂和科罗拉多州的页岩油，储量都非常丰富，但是开采需要消耗大量能源。世界上剩余的石油储

量很大，但是随着最好油田的开采和枯竭，剩余油田的质量正在下降。现在找到一个新油田的困难越来越大，因为这些新油田会很小、储藏更深、更远离海岸或质量更差，因而也需要更多的能源才能将它们开采和加工成我们可以使用的资源。新一期的《可持续性》杂志（截至2011年9月还在印刷，由查尔斯·霍尔编辑）刊发文章，证明能量投资回报（EROI）正在逐步降低。在未来某个时刻，也许产出一桶石油会消耗一桶石油的投入。到那个时候，石油时代将会结束。

石油储量

对常规石油资源现存储量的估算，主要是基于地质学家和熟悉某特定地区的人仔细考量后给出的意见。"最终可开采量"（URR，经常被写作EUR）这个词是指对一个油田、一个国家或全世界石油总量的估算，包括估算时已经开采出的石油（见表P–1）。

很明显，2000年美国地质调查局的较高估算反映了经济学家的观点，即价格信号能够促进技术进步，从而促进低等级石油的开采，而早期保守的估算应该得到修正。而美国地质调查局的地质学家做出的则是较低的估算。

即便是较低的估算也来自几位知名分析师，包括杰·拉赫雷（Jean Laherrere），他们中很多人是在石油行业有长期工作经验的退休

表P-1　以年代顺序排列的已公布世界石油可开采量估算

来　　源	可开采量估算*	来　　源	可开采量估算
美国地质调查局,2000（高）	3.9	内林,1978	2.0
美国地质调查局,2000（中）	3.0	尼尔森,1977	2.0
美国地质调查局,2000（低）	2.25	福林斯比,1976	1.85
坎贝尔,1995	1.85	亚当与科比,1975	2.0
马斯特斯,1994	2.3	林登,1973	2.9
坎贝尔,1992	1.7	穆迪,1972	1.9
布克奥特,1989	2.0	穆迪,1970	1.85
马斯特斯,1987	1.8	壳牌,1968	1.85
马丁,1984	1.7	威克斯,1959	2.0
内林,1982	2.9	麦克诺顿,1953	1.0
霍尔布蒂,1981	2.25	威克斯,1948	0.6
迈耶霍夫,1979	2.2	普拉特,1942	0.6

*开采量以万亿桶为单位估算。

来源：Hall et al. 2003.

在过去几十年中，世界现有石油可采量的估计值变化差距极大，低到6千亿桶，高到3.9万亿桶。自1959年以来，这类估计已经大致稳定下来，除了美国地质调查局在2000年做出的更乐观的估测外。这些估计中包含了已经开采的1.1万亿桶石油。

石油地质学家。他们认为，最终可开采量不会超过2.3万亿桶，也许更少。其他的估算，比如美国和欧洲能源机构(EIA和IEA)越来越倾向于拉赫雷的低估算值。长期数据分析表明，在世界上，以前每发现一桶石油，现在采出了两到四桶。逻辑上，要发现和开采更多的石油似乎需要更多地去钻井；事实上，发现石油与天然气几乎与钻井速度不相关，至少在美国是这样，因为确定下一个钻井的适当地点需要时间。

长期利用模式

美国地质学家马里昂·金·哈伯特(Marion King Hubbert, 1903—1989)，研究出了石油开采的著名模型，提出了长期以来石油的发现和生产遵循的是一个单峰的、接近对称的钟形曲线。峰值出现在最终可开采量被开采到一半的时候(他后来认为可能存在一个以上峰值)。这个假设似乎主要是基于哈伯特的直觉，但是却不是一个糟糕的猜测：他在1956年预测美国石油开采的高峰会出现在1970年，其预测得到证实。哈伯特还预测美国天然气的开采峰值会出现在1980年左右，也获得成功。但是，天然气开采在那之后又出现了恢复迹象，由于"非传统燃料"和"页岩气"的开发，2010年出现了第二个高峰。他估计，全球石油开采的高峰会出现在

2000年左右。事实上，石油生产直到2005年还在增加，正如地质学家科林·坎贝尔(Colin Campbell)预测的那样，貌似进入了"起伏高原"阶段。在过去的10年中，一些"新哈伯特主义者"利用哈伯特模型的各种变形，对全球开采峰值进行了预测。预测峰值到来时间不同，从一项预测的1989年(1989年预测值)到多数预测的21世纪第一个10年，甚至有一项预测称会晚至2030年[这些预测和数据都包含在Hall和Klitgaard(2011)所著一本书中]。这些研究多数认为，全球最终可开采量大约为2万亿桶，同时石油开采峰值会出现在所有资源开采50%的时候。相比之下，美国地质调查的低估算值也有2.3万亿桶(这份报告声称，该数值有95%的可能被高估了)。

美国物理学家阿伯特·巴特利特(Albert Bartlett)使哈伯特曲线左侧与实际开采量一致，同时将世界最终可开采量总量曲线分别控制在2、3和4万亿桶。高预测值先验假设是基于具有大量最终可开发石油。所得预测峰值将会出现在2004年到2030年。研究矿物燃料对环境影响的研究员亚当·勃兰特(Adam Brandt)(2007)提出，哈伯特曲线对大多数峰值后国家(post-peak nations)是相当不错的预测工具，因为

在大多数石油生产国已经发生了。其他最近的哈伯特型分析（Kaufmann & Shiers 2008; Nashawi, Malallah & Al-Bisharah 2010）认为，峰值会出现在2013年—2014年，与坎贝尔和拉埃勒勒尔的对最终可开采量的估算低值相符，除非发现比目前看起来更多的可开采石油。如果是这样的话，峰值可能会移动10年或20年。自2008年以来的全面经济萧条可能已经将峰值推后了。

石油时代前半期的生产是逐年增长的。在石油时代的后半期，石油将会持续显示重要性，但是供应量会逐年下降，可能在顶部会呈现一个"起伏高原"，并由储量依然丰富的天然气加以补充。这会将前后两个阶段分开，同时减缓（石油减产）影响大约10年左右。一些分析家如查尔斯·霍尔（Charles Hall），认为不可能找到液体生物能源替代品，来填补传统石油供给和需求之间越来越大的缺口。例如，考虑到需求的规模，即使投资和时间有可能得到保障，寻找生物替代能源在1990年就应该开始了。如果全球石油产量下降，随之而来的"廉价石油终结"将会造就非常不同的经济环境。

在2005年，全世界传统石油产量的实际数据的确表现出一个峰值，或至少是一个"起伏高原"，可能是一个生产高峰。这是令人震惊的，因为它发生在石油价格上涨的时代。为什么全球石油产量在递减，或至少不再像几十年前一样，以每年3%的速度递增？主要原因是，石油产量的大部分来自非常大的油田（所谓的"大象"），而自从20世纪60年代开始，我们基本没有发现"大象"。目前这些大型油田在老化、产量下降。如《石油

评论》的编辑克里斯·斯科瑞堡斯基（Chris Skrebowski）所说，全球400个最大规模的油田有四分之一产量在下降，同时要用新发现的油田（多数规模不大）去弥补"大象"下降的部分，这看上去是不可能的。

能源投资收益

能源投资收益（EROI或EROEI）是指获得的可用能源与得到它所消耗能源的比值。如果分子与分母得出的单位数量相同（应该是相同的），那么这些数量单位无论是每桶石油消耗的桶数，还是每千卡消耗的千卡数都不重要，因为结果是以比例的形式表示的。美国发现石油的平均能源投资收益已经从1919年超过每千焦投资获得1 000千焦的收益下降到2011年的5∶1。美国生产石油的能源投资收益已经从20世纪70年代的30∶1下降到2011年大约10∶1（Guilford et al.）。在世界其他很多石油产地，如挪威和中国，也存在类似的能源投资收益下滑情况。这是不断加剧的石油资源耗尽，带来的能量收益降低的结果，也是发掘和开采更深和离岸更远的石油资源而增加了能源成本的结果。该产出比多半反映出的是从半个世纪或更老的油田开采石油，因为新发现的重要油田几乎没有。不断提高的每桶石油（或天然气）的边际成本，是货币成本不断增加的主要因素之一。

1992年的全球石油和天然气能源投资收益（至少公开交易的部分）大约是23∶1，1999年上升到约33∶1，自那时起已经下降到2005年的大约18∶1。对美国和全球而言，能源投资收益主要反映出的是钻探的努力成果，因此，更多地钻探就会降低能源投

资收益 (Hall & Cleveland 1981; Guilford & Hall)。如果比例持续线性下降几十年，那么每获得一桶石油就需要一桶石油的能量。更可能的情况是，下降的过程不是线性的，而是每生产一桶石油的能量消耗会持续增加。这就会对我们的经济造成极大的影响：能源投资收益需要通过一些活动完成，比如驾驶卡车，远远不止从地下提取出燃料而已。这正如《石油峰值、EROI、投资和无法预测的未来经济》一书的作者所解释的一样 (Hall, Powers & Schoenberg 2008)。他们还认识到，我们维持所谓文明的运行所需要的最小能源投资收益是不确定的，但是大概介于5：1和10：1之间。

石油峰值及能源投资收益下降带来的影响

在很多调查者眼中，现代社会和它的经济完全依靠石油。如果出现石油峰值和能源投资收益的严重下降，影响将会是巨大的。对于很多人来说，包括查尔斯·霍尔、他的一些同事以及本文末拓展阅读部分列出的作者，表明石油峰值已经到来了或将在几年内而不是几十年内到来的证据，在科学界是显而易见的。此外，剩余可开发石油的能源投资收益如果不是急速下降也是在迅速下降。很明显，这些因素对我们的经济有着潜在的巨大的影响，事实上，这些影响似乎已经在2011年发生了。经济增长已近结束，例如，美国50个州政府的46个存在财政困难，大多数欧洲国家政府和美国联邦政府不得不限制支出应对巨额亏空，很多养老计划失败，多数大学面临财政问题等，这些都是全球石油生产停滞增长的反映 (Murphy & Hall 2011)。如果这些都像大卫·墨菲和查尔斯·霍尔所认为的那样紧密关联，那么我们需要非常严肃地反思我们的愿望、目标、宗旨，也许最为重要的是，如何去分享经济蛋糕剩下的部分。

石油的替代品

世界上的碳氢化合物不会被耗尽，石油也许不会很快被用完。困难的是去获得廉价的、高质量的石油，因为剩余的大多是低等级碳氢化合物。而在财政、耗能、政策，特别是环境方面，它们都可能带来高成本。如果传统石油变得不那么重要，社会会出现更大的机遇去投资不同的能源，即一种能使我们第一次摆脱对碳氢化合物依赖的能源。

现阶段，我们还没有发生能源短缺，因为煤炭、天然气及核原料的储量还相当丰富。但是，我们的确遇到了液体燃料 (基本上就是石油) 的严重短缺。21世纪，有传统石油的替代品，就是非传统石油、液化天然气和乙醇。这些可以在精炼之前或之后与石油混合，丰富我们的液体燃料储备。截至2011年，它们贡献了全球大约10%的液体燃料。但是，成本也是巨大的。虽然在加拿大、委内瑞拉和其他地区油砂 (基本上是"欠火候"的传统石油) 储量丰富，且加拿大正在开采，但是，它们的能源投资收益非常低，也许只有3：1。这类"欠火候"燃料的可用量可能会在一段时间内受到限制，不是受储量的限制，而是受到加工时所需的水、天然气和土地的限制。截至2011年，乙醇和液体天然气 (Natural Gas Liquid, NGL) 提供了全球约10%液体燃料。然而，与相应的石油相比，这些燃料只含有大约70%

（乙醇）到73%液化天然气的能量，所以官方数据包含了这些燃料（以桶计算）与石油的桶数，某种程度上夸大了它们的重要性。乙醇的另一个问题是，至少在美国（最大种植者），种植、收获以及从玉米中蒸馏乙醇所需的能量几乎与燃料产生的能量相当，因此乙醇提供很少或不能提供净能量（Murphy & Hall 2011）。因此，这些石油的替代品的质量比石油低得多。页岩油的储量非常大，但基本是"蒸过火的油"。人们尝试过多种方式去开发它们，但是因为经济和其他因素，都以失败告终。在1970年，当油价达到4美元每桶的时候，它们理应在经济上是可开发的。2011年，当油价在80～90美元一桶时，它们依然没有被开发。为什么呢？随着石油价格的上升，社会其他商品和服务的价格也会上升，包括开发页岩油和其他替代品的成本。这是一个普遍的原因，表明了要获得真正的石油替代品非常困难。

除了石油和天然气外，世界主要能量来源是煤，约占25%的份额。水力发电和木材是从目前太阳能中得到的可再生能源，其分别提供10%全球能源供应量。"新的可再生能源"，包括风电和光电，供应量远小于1%，而且增长幅度不像石油那么快（尽管计算的是它们自身贡献的百分比）。因此，石油和天然气用量的年度增长要远大于来自新能源的增量，至少截至2011年是这样的，而且它们没有代替矿物燃料，只是对能源结构加以补充。19世纪70年代以来，在美国、欧洲和全世界，这些能源结构并没有发生很大变化。

未来展望

21世纪初期，液态和气态石油依然是我们经济和生活的基础。鉴于目前的使用量，石油特别重要：因为它的独特性能，包括非常高的能量密度和可输送性，可以促进经济高度一体化；也因为它的未来供应令人担忧。问题的关键不是石油实际上已经用光，而是供给和潜在需求之间的关系。除非有大规模的全球经济衰退，石油需求将继续增加，因为人口、基于石油的农业和经济（特别是亚洲）在持续增长。自1900年以来的多数年份，石油供应以每年2%或3%的速度增长，这个趋势已于2005年停止，且大多数研究者认为继续增长的可能性不大。石油峰值，就是一个油田、一个国家或整个世界石油产量达到顶峰而后下降的时刻，这已不是一个理论科学家或忧心忡忡的公民所争论的抽象问题，而是1970年在美国真实发生的问题，也是从那以后在大约60个其他石油出产国（一共95个）已经出现的问题。几位知名地质学家认为，这个问题已经在全球出现。

面对这种新的能源现状，人类有几种可能采取的方法。在理想情况下，我们可以形成一套新的能源技术，包括较低能源密集型的经济，可以使我们的文明像我们知道的那样（或像我们希望的那样）进化和继续发展。同样，一定有足够的太阳能可以维持人类文明的发展。问题是如何使用足够的能源收益（即EROI）来捕获它。我们如何能渡过难关，很大程度上取决于我们现在如何进行投资。从能源的角度，我们在社会中的投资一般有三种类型：第一种是获取能源本身的投入；第二种是维护和更新已有设施的投入；第三种是基于具体情形的扩张。换句话说，在想到扩张经济之前，我们首先至少要对运行现行经济所需的能源进行投资，同时也要对现有的设施维护进行投资——除非我们希望接受现在已经出现的熵驱动退化。投资者必须接受这样的现实，第二种以及特别是第一种所需的投资常会使第三种投资越发受限。不管我们是否继续依赖日益稀缺的石油，还是开发新的替代品，从历史上看要获取经济赖以运行和发展的能源，所需的资金和能源投入是非常少的，但是这种情况会发生极大的变化。如果真有可能的话，技术进步也不可能使我们回到已经习惯的能源低投入的时代。

我们面临的主要问题是"最好第一"原则的结果。很简单，人类的特点就是首先用最优质的资源，无论是木材、鱼类、土壤、铜矿或者这里所说的矿物燃料。这是因为经济激励是要首先利用最高质量、最低成本（无论在能源还是资金方面）的资源，正如200年前英国经济学家大卫·李嘉图（David Ricardo，1722—

1823）所提出的那样。

在美国平原，印第安人完全依靠野牛获取他们的食物、住宿、衣服、工具和他们的文化。他们理解和认识到了这一点，投入了大量的时间通过舞蹈、故事的方式来感谢甚至膜拜野牛，以及他们对伟大的神灵和野牛本身的感谢。当代美国人（以及欧洲人、亚洲人、太平洋岛民和几乎所有的人）同样都依赖于石油，但是我们的文化演变成将我们的富足归功于人类创造、创新、企业家精神、市场经济和其他的因素。虽然这些因素起到了一定作用，但是根基和一切的起因是我们对石油不断增加的利用，这个因素很少被理解和认识。即使是现在，政治领导人往往会因为最近的经济低迷受到指责，而在很大程度上，经济萎靡的原因是由于石油开发的增长几近停滞。无论石油的未来会如何，也许会减少，但不能全面认识它在我们全球社会和世界经济中的重要作用将会造成灾难。

查尔斯 A. S. 赫尔（Charles A. S. HALL）
纽约州立大学，雪城

参见：地下蓄水层；生物能源与生物燃料；煤炭；地热能源；氢燃料；工业生态学；天然气；自然资源经济学；太阳能；钍；铀；水能；风能。

作者注：这篇文章修改自查尔斯·霍尔和克里特戈德（2011）的《国家的能源与财富：了解生物经济》，纽约：施普林格出版社出版。书中有更多的支持性材料。我感谢圣·巴巴拉家庭基金会对本文背后研究的支持，以及英国国际发展部对纽约州立大学在国际能源收益率以及对发展中国家的启示这类相关问题的研究。

拓展阅读

Bartlett, Albert A. (2000). An analysis of US and world oil production patterns using Hubbert-style curves. *Mathematical Geology* 32, 1–17.

Brandt, Adam R. (2007). Testing Hubbert. *Energy Policy* 35 (May), 3074–3088.

Campbell, Colin J., & Laherrère, Jean H. (1998). The end of cheap oil. *Scientific American* 278, 78–83.

Cleveland, Cutler J.; Costanza, Robert; Hall, Charles A. S.; & Kaufmann, Robert. (1984). Energy and the United States economy: a biophysical perspective. *Science* 225, 890–897.

Energy Information Administration (EIA). (2000). Long term world oil supply. Retrieved September 25, 2011, from http://www.eia.gov/pub/oil_gas/petroleum/presentations/ 2000/long_term_supply/index.htm

Gagnon, Nate; Hall, Charles A. S.;& Brinker, Lysle. (2009). A preliminary investigation of energy return on energy investment for global oil and gas production. *Energies* 2 (3), 490–503.

Guilford, M. C.; Hall, Charles A. S.; O' Connor, Peter; & Cleveland, Cutler J. (in press). A new long term assessment of EROI for US oil and gas discovery and production. *Sustainability.*

Hall, Charles A. S. (Ed). (in press). Special issue: New studies of EROI (Energy return on investment). *Sustainability.*

Hall, Charles A. S.; Cleveland, Cutler J.; & Kaufmann, Robert.(1986). *Energy and resource quality: The ecology of the economic process* .Wiley Interscience.

Hall, Charles A. S., & Cleveland, Cutler J. (1981). Petroleum drilling and production in the United States: Yield per eff ort and net energy analysis. *Science* 211, 576–579.

Hall, Charles A. S. ; Lindenberger, Dietmar; Kummel, Reiner; Kroeger, Timm; & Eichhorn, Wolfgang. (2001). The need to reintegrate the natural sciences with economics. *BioScience* 51, 663–673.

Hall, Charles A. S., & Klitgaard, Kent. (2011). *Energy and the wealth of Nations: Understanding the biophysical economy*. New York: Springer.

Hall, Charles A. S.; Tharakan, Pradeep; Hallock, John; Cleveland, Cutler J.; & Jefferson. Michael. (2003). Hydrocarbons and the evolution of human culture. *Nature* 426, 318–322.

Hall, Charles A. S.; Powers, Robert; & Schoenberg, William. (2008). Peak oil, EROI, investments and the economy in an uncertain future. In David Pimentel (Ed.), *Biofuels, solar and wind as renewable energy systems: Benefits and risks*. Dordrecht, The Netherlands: Springer.

Hubbert, M. King. (1962). *Energy resources (A report to the Committee on Natural Resources)* . Washington, DC: National Academy of Sciences.

Kaufmann, Robert K., & Shiers, L. D. (2008). Alternatives to conventional crude oil: When, how quickly, and market driven? *Ecological Economics* 67, 405–411.

Murphy, David; Hall, Charles A. S.; & Powers, Robert. (2010). New perspectives on energy return on (energy)

invested (EROI) of corn ethanol. *Environment, Development and Sustainability* 13, 179–202.

Murphy, David, & Hall, Charles A. S. (2011). *Energy and the wealth of nations: Understanding the biophysical economy*. New York: Springer.

Nashawi, Ibrahim Sami; Malallah, Adel; & Al-Bisharah, Mohammed. (2010). Forecasting world crude oil production using multicyclic Hubbert model. *Energy Fuels* 24, 1788–1800.

Tissot, B. P., & Welt, D. H. (1978). *Petroleum Formation and Occurrence*. New York: Springer-Verlag.

United States Geological Survey (USGS). (2000). US Geological Survey world petroleum assessment 2000. Retrieved September 25, 2011, from http://pubs.usgs.gov/dds/dds-060/

Phosphorus

磷

磷是生物有机体的一个重要元素。现代农业中大部分磷酸盐是通过施肥添加到土壤里，补充了自然侵蚀造成的流失，但有时会引发富营养化（即当已腐烂的植物和藻类耗尽水中的可溶性氧时，会造成鱼类和其他动物死亡）。磷储存量是有限的，所以为了维持磷资源的可持续性，需要进行农业、行为、废弃物以及水体管理。

磷（P）元素的原子数为15，是一种人类、为人类提供食物的植物和动物以及所有其他生物的一种必需元素。它是生物的一个组分，存在于骨骼、DNA、能量运输三磷酸腺苷分子（ATP）和构成细胞膜的磷脂中。工业，特别是现代农业，需要从磷矿产资源获得大量的磷。因为磷是一个有限的资源，因而这些产业都担心磷的可持续供应问题。

在1669年，德国炼金师亨宁·布兰德（Hennig Brand）发现了磷，但是磷在农业上的重要性，直到19世纪早期德国化学家贾斯特斯·冯·李比希的研究工作才被发现。研究表明，磷是植物从土壤中获得的第二个最重要的营养元素，仅次于氮。当我们购买肥料时，肥料包装上显示的三个数字是氮（N）、磷（P_2O_5）和钾（K_2O）的质量百分比，简称为NPK。例如，肥料上写的20–12–5 NPK指的是12% P_2O_5。由于P_2O_5有22%的磷，这个配方的肥料将有2.64%的磷。人体骨骼大约占了人体总磷量的85%（平均约0.55千克），是由60%的磷矿石组成。骨骼含有11%的磷。每个人每天吸收和排出1.0～1.5克磷。

在传统农业中，土壤中的磷来自构成土壤矿物的风化，而这些磷常随河流分布到低洼地区。在现代农业条件下，防洪工作将大部分的天然磷截留于水库淤泥中或者冲到海中。现代高产农业需要的磷要远远高于通常天然条件下磷的供应量，主要是因为植物磷吸收量的增加和现代农业方式土壤矿物质的风化和流失。此外，含磷元素的农产品是在远离农田的地方消费，使得含磷食物废弃物和人类粪便不能像传统农业那样在农田附近循环回收。

加拿大教授瓦茨拉夫·斯米尔(2000)估测，在作物和残体的1 200万公吨磷中，仅有400万吨来自自然风化。高浓度肥料才保证了农田磷元素的平衡。

生产和应用

通过开采磷矿石，我们获得了施肥中使用的磷。于19世纪晚期，在南太平洋靠近厄瓜多尔的海岛上，开采最多资源是海鸟粪(鸟屎)。由于这些资源被消耗尽了，人们才发现陆地磷矿石。大部分矿床是在海洋中经历几百万年的生物化石，但也有一些是火成岩。磷矿石是氟磷灰石、羟磷灰石或者其他类似矿石的混合物。这类混合物通常被发现与其他矿物质比如沙和黏土混杂在一起。许多矿床也被镉或铀等有毒物质所污染。在一个被称作选矿的过程中，磷矿石与其他矿物或岩石分离，然后磷矿石通过化学过程形成化肥或者其他化合物。例如，羟磷灰石能与硫酸反应，产生磷酸和副产品石膏(硫酸钙)。磷酸能与氨反应，生成固体沉淀物(比如磷酸铵)，可以直接用作肥料。石膏包含了最多的有毒污染物，常常堆积起来储存，被称为"石膏堆栈"(Gyp Stacks)。研究者正在积极地寻找一种安全、有益的石膏使用方法。

在欧洲，开采磷矿的大约80%直接用于肥料生产，另外10%用于动物饲养。磷的主要非食用用途是作为清洁剂，占使用总量的7%。清洁剂中所添加的磷被称为"增洁剂"。它们的功能是与钙和其他矿物质一起形成一种称为"复合物"化学结构，用于减少洗衣机洗衣过程中的问题，比如减少去垢剂与矿物反应，而这种反应会降低去污剂的有效性和形成肥皂泡沫。

专业应用占据了剩下的3%。把磷添加到饮用水中，在容器金属表面形成化合物，防止管道材料腐蚀。这可以减少水的铅污染和铜污染。将磷酸添加到一些碳酸饮料中，会产生酸味。

所有用途(包括生物)都涉及了自然中磷的一般存在形式，比如磷酸根离子(PO_3^{3-})。在工业生产中，单质磷合成多种化合物进行生产。白磷(P_4)用在火柴和照明弹中，但由于它毒性极强，因此采用非结晶态的红磷来代替白磷。许多有机磷化合物(即含磷元素的有机化合物)毒性极强，因此用于制造化学武器、杀虫剂或者除草剂，后者的一个例子就是著名的草甘膦。

世界磷矿大规模生产开始于二战结束，1988年达到顶峰。从1944年到1954年，年产量平均增加了12.6%。在1968年之前，增长率一直很高，年均产量增加10.8%。1958年—1968年期间，正好是给世界带来了生产效率较高粮食品种的"绿色革命"，而这些品种需要增加施肥和灌溉才能达到它们的生产潜力。然而，1988年后的5年，世界磷矿产量急速下降，年均下降6.4%，净下降28%。这里有两个主要的原因。一个是发达国家的农民意识到他们使用化肥量超过了植物的需要，因此它们的生产变得更有效。第二个原因是随着苏联的解体，不重要农田不再用来生产(Smil 2002)。从1992年开始，全球磷矿石生产虽有些波动，但年均增加2.3%；在2008年，达到了1988年的高峰(USGS 2009)。

美国磷矿石产量在1939年左右开始加速，早于世界产量在1980年达到顶峰。从1940年—1980年，年均增长率是6.7%。从此，年均产量减少2.1%，净减少了43%。

储量

"资源"的定义是任何一种当前或未来可以进行经济开采的矿物（"经济开采"指矿物开采和销售获得利润的过程）。这些资源中部分被勘探为"后备矿区"（reserve base），即考虑到采用及超过当前的技术和经济条件，在经济上有开采潜力的矿区。最后，"储量"是指在当前条件下，后备矿区可以进行经济开发的部分。按照当前的速度，预计全球磷储量足够使用一千年。但是，A.J.G.诺兆尔特（A. J. G. Notholt）、R.P.谢尔登（R. P. Sheldon）和D.F.戴维森（D. F. Davidson）(2000)指出，"全球总储藏量包括了那些取决于大幅改善技术、采用新技术以及更良好经济环境的商业开发矿藏。例如，2/3已知磷矿资源由富含碳酸盐的磷矿组成，但令人满意的商业开发技术尚待开发"。

与石油相比，世界磷矿储量分布更为不均匀。4个国家（摩洛哥和西撒哈拉、中国、南非和美国）占有了不到81%的世界储量及2/3的产量（见表P–2）。摩洛哥和西撒哈拉具有世界最大的磷矿，获得了"磷沙特阿拉伯"的称号。中国也有大量的磷矿，但是中国用高关税限制出口。过去一个世纪，美国向世界供应了1/4的磷，但80%来自一个叫波恩谷的露天矿，位于佛罗里达州西部的坦帕市。美国还有一些其他重要的磷矿区，比如加利福尼亚北部海岸的磷矿。但是它们相当难以利用，不能归类于"后备矿区"储量基础，其原因包括环境问题或者海底位置问题，也可能两者都有。

根据当前储藏量除以当前年产量计算一种资源的开采寿命，我们来评价矿产储量的意义。但是，这种方法忽视了一些因素，比如产量的变化、新资源的发现或者技术和经济的变化，这些因素都可能将资源从一类转化成另外一类。虽然如此，它提供了一种粗略的方法来预估计划使用量。通过这种估量，基于2008

表P–2　2008年磷矿产量和资源数据

国　　家	矿产量/(吨/年)	储量/吨	储量寿命/年	储量基础/吨	储量基础寿命/年
摩洛哥和西撒哈拉	28	5 700	204	21 000	750
中国	50	4 100	82	10 000	200
南非	2.4	1 500	625	2 500	1042
美国	30.9	1 200	39	3 400	110
约旦	5.5	900	164	1 700	309
其他国家	49.9	2017	40	8 150	163
世界总量	166.7	15 417	92	46 750	280

注：磷矿大约含磷13%。

来源：USGS 2009.

　　本表所示数据由美国地质调查所搜集，记载了2008年磷矿产量和储量情况。储量寿命和储量基础寿命的计算，是2008年磷矿储藏量（reserves）和储量基础 (reserve base) 除以当年产量而获得。例如，用2008年世界可利用储量（15 417吨）除以当年产量（166.7吨），则储量寿命为92年。

年的数据，美国储量将只能持续到2047年。当然，美国可以从摩洛哥进口（正在进行），摩洛哥的储量寿命还有两个世纪（基于2008年数据）。但是，摩洛哥为了满足美国的需求，它需要大量提高产量，如此又会减少储量寿命。因此，我们应该考查世界总量数据，其表明磷矿资源寿命不能支撑一个世纪了。这并不意味着到22世纪世界将没有磷可用，但是可能无法像现在这样便利和便宜地供应了。若以2008年的储量为基础，磷矿资源将会在3个世纪内耗尽。若不得不挖掘储量基础（reserve base），成本费用有可能显著增加，而这个费用现在已经有所增加。这将使得农民不得不购买更加昂贵的肥料，甚至在21世纪的摩洛哥，会有一半农民没有肥料。此外，磷矿石价格已经开始快速增加了。2007年到2008年，在美国的平均价格翻了一番（USGS 2009）。因全球经济衰退价格回落之前，磷矿石价格还会有所增加。

在2050年—2110年之间，预计地球人口会达到94亿，比2010年增加40%，作为肥料的已有磷资源将会耗尽。同时，人民越来越富足，比如中国，会增加肉类的消费。生产1千克的牛肉需要超过30千克的谷物，会使牛肉生产成为一种低效的肥料投入（除非所有的肥料和食物生产的废弃物都是可循环利用的）。

这些变化将显著增加对肥料需求的压力。在短期内，磷肥消费预计年均增加0.7%～1.3%（Liu et al. 2008）。同时，磷矿的纯度正在减少，从1980年的32.7%降到1996年的29.5%，这是资源枯竭的一个征兆（Liu et al. 2008）。虽然可能发现新矿藏，但是在过去的一个世纪里，这样的发现也是极端不均匀的。这段时间内只有4个主要的新发现，且都在两个地方：北加利福尼亚和西非。而且，这些矿藏多数不属于具有资源性储藏矿。这些数据表明，发生危机的可能性很大。

美国地质勘探局数据对全球可利用供应已经进行了一个完整的、定期公开评估。然而，最近土壤肥力和农业发展国际中心（International Center for Soil Fertility and Agricultural Development, IFDC）的史蒂文·J.万·考文伯格（Steven J. Van Kauwenbergh）（2010）进行了一个新的评估，认为储量是美国地质勘探数据的3.8倍，主要原因是增加了摩洛哥和西撒哈拉储量的估测。根据土壤肥力和农业发展国际中心的数据和当前的使用速度，储藏量还能支撑90年。假如事实如此，当前资源稀缺的紧迫处境可能会有所缓和。无论如何，磷矿最终还是要耗尽的，因为它是有限资源。核查磷的资源数据是非常必要的，可以判断它是否满足将来的需求。假如是可持续农业系统，那么期望时间就不仅是1个世纪，可能是5个世纪，或者是无限期的。

损失控制措施

磷的加速使用，还有缺乏回收（与天然过程相比）利用，意味着大部分使用中的磷都会迅速消失在环境中。其中大部分磷是通过侵蚀农田含磷丰富的土壤、动物饲养的富磷粪便和排放生活废水流入了地表水。淡水中，磷有利于藻类和其他水生植物生长。之后，当植物和藻类死亡，它们会分解和消耗水中的溶解氧，杀死鱼类和其他生物。这个过程被称为富营养化。最后，磷与氮通过河流一起流入海洋，产生类似的效应，形成"死亡区域"。方圆数十米的海岸区域水体溶解氧耗尽。世界各地都可见到这样的区域，在河流的入海口最为常见。例如，世界最大的区域之一，就是在密西西比河墨西哥湾入海口，每年"死亡区域"面积都会达到数千平方英里。

假如没有产生"死亡区域"，磷肥可以增加海中的生物生产力。当阿斯旺水坝建在埃及尼罗河上时，它阻止了天然养分流向地中海，导致埃及的沙丁鱼渔业崩溃。随后，农业肥料的施用量增加及其污水排放系统的安装，弥补了许多天然养分，从此渔业又复活（Nixon 2003）。

不同于能源，磷没有替代品，但可以循环。从20世纪80年代开始，工程师就发展了微生物污水处理，可以从水中回收80%的磷。磷集中在污泥的副产品中，能被转化成肥料。这个过程需要克服一些处理其他类型污泥中污染物一样的问题。正在开发的更新的技术，能将污泥中的磷酸集中到矿物鸟粪石中（磷酸铵镁）。

虽然污水废物很多，但是它只能使10%左右的磷从我们的系统中损失。最大的流失来自农业径流，而水土保持措施可以减少流失。免耕农业是一种正在实施的土壤保持方法。它代替了会增加侵蚀的耕作，这个方法使用抗除草剂的转基因作物，而化学除草剂能够限制杂草生长。

第二大磷流失量也可能代表了提高再循环量的最佳时机。集中动物饲养（常称为"工业农场"）产生大量的动物粪便。大部分粪便返回农田，但是不是所有都能退回农田。比如，在美国只有一半的粪便才能被有效利用。一些被大量施入农田，但是不能被植株利用，然后流进水体造成富营养化。

减少磷需求会延长磷供给时间。一些农民继续过度施用磷肥，增加了不可避免的磷流失。饮食改变，即许多人缩减肉食消费将帮助减少磷消费。最后，人口增加的影响是公认的。在更遥远的将来，人类也许再一次被迫依靠磷的自然侵蚀，作为我们系统的主要输入。虽然磷资源还能用许多年，但那时未来一代将最终面临践行集约节约和循环利用的需要，就像中国和日本的传统农业所做的那样。假如更多的磷能被循环利用和储存，磷开采量就会减少，社会调整所需的时间就会延长。

大卫·A. 瓦卡里（David A. VACCARI）

史蒂文斯理工学院

参见：农业（几篇文章）；施肥/肥料；食品历史；绿色革命；鸟粪肥；动物粪肥；人的粪便；非金属矿业；氮；磷；回收利用；土壤。

拓展阅读

Cordell Dana, Drangert Jan-Olof, White Stuart. (2009). The story of phosphorus: Global food security and food for thought. *Global Environmental Change*, 19, 292–305. Retrieved March 25, 2010, from www. phosphorusfutures.net

European Fertilizer Manufacturers' Association. (2000). *Phosphorus—Essential element for food production.* Retrieved April 3, 2011, from http: //www.efma.org/documents/file/publications/Understanding%20 Phosphorus%20and%20its%20Use%20in%20Agriculture%20(2000).pdf

Liu Yi, Villalba Gara, Ayres Robert U; Schroder Hans. (2008). Global phosphorus flows and environmental impacts from a consumption perspective. *Journal of Industrial Ecology*, 12 (2), 229–247.

Nixon Scott W. (2003). Replacing the Nile: Are anthropogenic nutrients providing the fertility once brought to the Mediterranean by a great river? *AMBIO: A Journal of the Human Environment, 32* (1), 30–39.

Notholt A J G, Sheldon R P; Davidson D F. (Eds.). *Phosphate deposits of the world, Vol. 2. Phosphate rock resources.* Cambridge, UK: Cambridge University Press.

Organisation des Nations Unies pour l'alimentation et l'agriculture. (2006). *Utilisation des engrais par culture au Maroc.* Rome: Author.

Smil Vaclav. (2000). Phosphorus in the environment: Natural flows and human interferences, *Annual review of energy and the environment.* In A. J. G. Notholt; R. P. Sheldon; & D. F. Davidson (Eds.), *Phosphate deposits of the world, Vol. 2. Phosphate rock resources* (pp.53–88). Cambridge, UK: Cambridge University Press.

Smil Vaclav. (2002). Phosphorus: Global transfers. In Ted Munn (Ed.), *Encyclopedia of global environmental change: Vol. 3. Causes and consequences of global environmental change* (pp. 536–542). Retrieved January 8, 2010, from http: //home.cc.umanitoba.ca/~vsmil/pdf_pubs/EGEC-1.pdf

United States Geological Survey (USGS). (2009). *Phosphate rock statistics and information: Mineral commodity summaries.* Retrieved January 8, 2010, from http: //minerals.usgs.gov/minerals/pubs/commodity/ phosphate_rock/mcs-2009-phosp.pdf

Vaccari David A. (2009). Phosphorus: A looming crisis. *Scientific American, 300* (6), 54–59.

Van Kauwenbergh Steven J. (2010). World phosphate rock reserves and resources. Muscle Shoals, AL: International Fertilizer Development Center (IFDC).

Platinum Group Metals

铂族金属

铂族金属是一种具有重要环境影响力的金属，因为它们在化学和物理技术领域有着广泛应用，例如污染控制、催化剂、燃料电池、电子工业和医疗方面。在历史上，全球大部分的产量来自南非的布什维尔德杂岩体，其次是俄罗斯的诺里尔斯克塔尔纳赫地区，这些地区的铂族金属生产，主宰着其他各地的经济资源。这种金属未来的生产将会直接受到环境、社会和经济因素的制约。

铂族金属（Platinum Group Metal, PGM）具有一系列独特的化学和物理性质，并越来越多地被用于各种与环境相关的技术领域，例如车辆废气控制系统中的催化转换器、提高效率的化学过程催化剂、氢氧燃料电池、电子元件以及一系列的医疗专业用途等。铂族金属的经济利润巨大而且可能满足几十年的需求。然而，可持续发展问题如经济效益、水资源、社会影响、能源、气候变化将会带来潜在的制约。

经济地质学

关于铂族金属的应用有三个方面的考虑因素：第一是金属本身的地质状况；第二是在世界上具有经济价值的资源；第三是开采生产流程的步骤。

地质概况

铂族金属是由重亚组的铂（Pt）、铱（Ir）、锇（Os）和轻亚组的钯（Pd）、铑（Rh）、钌（Ru）组成的。黄金（Au）经常出现在铂族矿中，但是品位很低。鉴于大多数铂族金属矿石是硫化物，镍（Ni）和铜（Cu）也就包含其中了。铂族金属矿石根据其经济重要性可被广泛划分为三种类型：

（1）与岩浆侵入和层状礁有关的层状矿床（例如，南非的布什维尔德杂岩体、津巴布韦大堤、美国蒙大拿州的斯蒂尔瓦特杂岩，主要金属是铂族金属和少量的铜和镍）。

（2）苏长岩侵入体，其中陨石冲击对矿床的形成有重要作用（例如，加拿大的萨德伯里大盆地，一个含有少量铂族金属的镍—铜矿床）。

（3）与断裂构造有关的镍—铜矿床（例如，俄罗斯的诺里尔斯克塔尔纳赫地区，一个富饶的镍—铜—铂族金属矿床，以及中国金川的微量铂族金属的镍—铜矿）。

具有经济价值的资源

具有经济价值的铂族金属资源巨大，南非的布什维尔德杂岩体占据主导地位，其位于约翰内斯堡西北100千米和东北300千米的区域。该地区铂族金属的三大矿脉是麦仁斯基矿脉、上部第二组铬铁矿矿脉（UG2）和普拉特矿脉。其他具有经济价值铂族金属矿区包括俄罗斯西伯利亚北部的诺里尔斯克矿区、美国蒙大拿州的斯蒂尔瓦特杂岩、加拿大安大略省的萨德伯里盆地以及中国的金川。

关于铂族金属的可开采量和资源经济价值的不同的估算，很明显，由于现在不断的勘探、开采和科技进步，任何一种估算都有可能低估。据美国地质调查局数据，2010年全球的铂族金属的储藏量是66 000公吨，其中南非具有经济价值的储藏量高达63 000公吨（USGS 2011）。

关于铂族金属具有经济价值资源和地质可开采资源的争论具有挑战性，而且观点迥异。2010年，南非地质学家格兰特·考索恩估算，鉴于南非的布什维尔德杂岩体矿井只有2千米的开采深度，铂、钯以及铂族金属的总量大约是61 200兆吨。根据公司正式公布的矿石储存量和矿产资源，澳大利亚环境工程学者加文·马德对全球2009年铂族金属储存量的估算是89 200公吨。

在过去10年里，常常看到铂族金属矿能保持甚至增加他们资源量。根据布什维尔德杂岩体的地质情况，随着持续进行的地质勘探和开采，新的具有经济价值的资源会继续填补被利用铂族金属资源，这样，具有大量资源的状况将会继续维持多年。

生 产

南非是世界上最大的铂族金属生产国，其次是俄罗斯和津巴布韦，加拿大和美国也生产少量的铂族金属。近年来，铂族金属的年产量大概是500公吨，其中40%是铂，35%是钯，其余的主要是铑、钌和铱（USGS 2011）。

生产铂族金属的基本步骤是采矿、碾磨、冶炼和精炼，与铜和镍等贱金属的加工过程类似。世界上大多数的铂族金属矿采用地下开采的方式（尽管少数矿山使用大型露天开采），破碎和浮选是碾磨的初步加工阶段，熔化后形成富含铂金属的冰铜，最后再进行湿法冶金和电解精炼。有些铂族金属矿井已经很深，接近2千米，其他大部分矿井深度为300米～600米。

可持续发展问题

充足的铂族金属资源将会保证未来几十年的供应量。铂族金属的中长期的可持续发展不会受制于有限的地质资源（如石油峰值），但是会有许多其他的问题。

布什维尔德杂岩区的主要问题是经济利益共享，尤其是在后种族隔离时代的南非，亟待解决的问题是纠正传统的社会和经济不良因素，解决诸如水质、沙尘和温室气体排放、气候变化等环境问题，以及保证能源和供应问题。在布什维尔德地区，电力推动了采矿业，煤炭发电为南非提供主要的电力，从而导致了发电和气候变化之间的联系。再生能源技术，如基底负载太阳热能，将会促进基于环境保护的铂族金属生产的发展。

在南非，从采矿（尤其是黄金和铂族金属）中产生的经济财富并没有在社会中被很好地分配。在种族隔离时代，采矿收益被少数与南方白人紧密联系的主要矿业公司所控制，然而，大多数的南非黑人则处于贫困状态。政府的后种族隔离政策，旨在分散矿井的所有权以及促进由矿产资源带来的经济和社会利益的平均分配，在有这样社会经济弊端的条件下，这是个严峻的挑战。

考虑到南非是一个半干旱和干旱国家，水资源的保护是一个重要的环境问题。铂族金属矿业的发展将会给水资源的分配和可持续发展造成压力，无论是地表水还是地下水以及矿山废弃物引起污染问题（如酸性矿山废水）。因此，人们有必要对水资源利用进行认真治理，在可能条件下积极循环利用和加强监管。

矿山废弃物也需要认真管理，包括尾矿和废石，因为不当的处理会导致严重的影响，如酸性矿山废水、灰尘、微粒甚至是尾矿溃坝事故[例如，1974年巴福肯尾矿坝灾难，300万公吨尾矿漏出和进入环境，导致了17人死亡，直达埃兰兹河25千米处（Van Niekirk & Viljoen 2005）]。

一系列环境技术的发展，例如车辆和燃料电池的催化转换器应用，将会促进铂族金属的需求增长。尽管目前全球有充足的铂族金属资源能满足未来几十年的需求，人们仍需要在采矿和生产方面开展系统工作来减轻影响，确保真正可持续发展。铂族金属未来的供应很可能会受到这样一些因素的制约：经济利益分享、水资源的影响、电力供应和与之相关的温室气体排放和气候变化政策。

加文 M. 马德（Gavin M. MUDD）
莫纳什大学

参见：铝；铬；钶钽铁矿；铜；电子产品的原材料；黄金；重金属；铁矿石；铅；锂；矿产资源稀缺性；采矿业——金属矿床开采；自然资源经济学；镍；稀土元素；回收利用；银；钍；锡；钛；铀。

拓展阅读

Cabri Louis J. (Ed.). (2002). *The geology, geochemistry, mineralogy and mineral beneficiation of the platinum-*

group elements. Montreal: Canadian Institute of Mining, Metallurgy and Petroleum.

Cawthorn R Grant. (2010). The platinum group element deposits of the Bushveld Complex in South Africa. *Platinum Metals Review* ,54 (4), 205–215.

Curtis Mark. (2008). Precious metal—the impact of Anglo Platinum on poor communities in Limpopo, South Africa. Johannesburg, South Africa: ActionAid.

Glaister Bonnie J, Mudd Gavin M. (2010). The environmental costs of platinum-PGM mining and sustainability: Is the glass half-full or half-empty? *Minerals Engineering* , 23 (5), 438–450.

Gordon Rob B, Bertram M, Graedel Thomas E. (2006). Metal stocks and sustainability. *Proceedings of the National Academy of Sciences* , 103 (5), 1209–1214.

Mudd Gavin M. (2010a). Platinum group metals: A unique case study in the sustainability of mineral resources. *Proceedings of the 4th International Platinum Conference: Platinum in transition—boom or bust* (pp. 113−120). Sun City, South Africa: The Southern African Institute of Mining and Metallurgy.

Mudd Gavin M. (2010b). Global trends and environmental issues in nickel mining: Sulfides versus laterites. *Ore Geology Reviews* , 38 (1–2), 9−26.

Rajak Dinah. (2008). "Uplift and empower": The market, morality and corporate responsibility on South Africa's Platinum Belt. *Research in Economic Anthropology* , 28 , 297−324.

Van Niekirk H J, Viljoen M J. (2005). Causes and consequences of the Merriespruit and other tailings-dam failures. *Land Degradation and Development* , 16 (2), 201−212.

Vermaak C F. (1995). *The platinum-group metals—a global perspective.* Randburg, South Africa: Mintek.

United States Geological Survey (USGS). (2011). Minerals commodity summaries 2011. Reston, VA: author. Retrieved September 29,2011, from http://minerals.usgs.gov/ minerals/pubs/mcs/

Poaching

偷　猎

　　偷猎，这一非法猎捕动物的行为，已经成为许多野生物种数量下降的一个主要因素。一个复杂的、多层面的问题是涉及偷猎的法律往往难以执行，并且忽略了依赖于野生动物生存的人的需要。为了创造一个可持续发展的文化，在管理过程中，对当地居民应给予更多的考虑。

　　偷猎是指非法猎捕或者杀害野生动物的行为。偷猎之所以广泛存在，是因为这一行为能够获取肉类以及众多商业产品，如皮毛、犀牛角、象牙和来自野生动物身体部位的医药产品。偷猎是世界各地野生动物中许多物种可持续发展的重大威胁，并已经成为许多物种数目下降的突出历史因素，特别是那些在使用和贸易中有较高需求的物种。

野生动物法的历史演变

　　从本质上讲，偷猎的定义是与管理野生动物的法律制度相联系的。在古罗马法律规范中，认为野生动物为"无主物"（*res nullius*）或"无人的财产"，即野生动物不能被人所拥有。在中世纪的英格兰，仅有皇室、贵族和富有的地主拥有使用野生动物的权利。野生动物因此被称为"国王的游戏"，而大部分的人口——无地和少地的农民，被法律禁止狩猎绝大多数的大型哺乳动物，如鹿。这些赋予欧洲上层地主或统治阶级对野生动物所有权的历史过程促成了偷猎概念的产生，即偷盗了仅由上层阶级依法享有的狩猎和消费野生动物权利的这一行为。作为这一历史过程的一部分，一个巨大的分歧出现在合法的"狩猎"和非法"偷猎"之间，并被广为影响的社会规范、传统和责任所支撑。

从猎人到偷猎者

　　在17世纪到18世纪期间，随着欧洲人逐渐在世界其他地区建立殖民地，特别是在非洲和亚洲的热带地区，他们将其依法管理野生动物的传统带到了其他非欧洲地区的社会中。19世纪末殖民初期，在拥有着不可计量的野生动物种群数的非洲,诞生了第一部正式的野生动物法。在此之前,人们通过一系列对狩猎进行限制的当地习俗和传统,对野生动物进行管理。例如,有些动物物种经常被保留给酋长或宗教领袖使用,在许多地方有禁止猎杀孕期动物的传统。像在世界上其他地区一样,狩猎也是非洲多数地区生活和文化的一个重要组成部分。

在欧洲殖民地地区形成的新政权,逐步实施了一系列关于在什么情况下野生动物可以被捕猎和利用的规定。这样,当地习惯的方法,如利用网和坑狩猎,变成了违法的行为,而狩猎变得依赖于枪支。但是,非洲本地人却被法律禁止拥有枪支。野生动物的狩猎受到政府控制,政府建立了销售和许可证制度,且仅限于欧洲人具有合法狩猎权。正如百年前在欧洲发生的那样,在这些新的法律制度下,本地的狩猎行为变成了"偷猎"。

偷猎和野生动物保护

这些具有历史意义的过程使得当地的狩猎行为变为犯罪行为,其导致的重要结果是,野生动物从一种能由本地人口使用和管理的资源,变为了一种限制本地传统使用形式的资源。于是,当地社区失去了对他们赖以生活的资源的控制,并与那些作为一种自然资源的野生动物隔离开来。实际上,如果没有充分的法律事实,野生动物会成为政府的财产。在世界的许多地方,这种情形多年来对野生动物的保护和管理结果具有深远的影响。

偷猎是野生动物数目下降的一个原因

20世纪间,在法律或监管意义上,随着野生动物被更集中地控制,各种市场需求使得对野生动物保护的压力增大,而对野生动物不断增长的市场需求,成为一些人违反法律从事偷猎的强烈动机。

野生动物提供了许多有价值的商业产品,这往往成为非法猎取和贸易的原因。在19世纪60年代,因为野生猫科动物(如美洲虎、豹和老虎等)成为广泛偷猎的目标;因为虎骨在传统中药材中的价值,目前在全亚洲老虎继续承受着沉重的偷猎压力。同样,犀牛角也可用作中药,在阿拉伯还可制成匕首的手柄,是另一个极有价值的商品。在20世纪60年代和70年代,在非洲各地,成千上万的犀牛,主要是黑犀牛(*Diceros bicornis*),被非法猎杀以满足市场的需要。象牙也是一个很有价值的产品,其多年来已被用作成百上千的钢琴键、雕刻和印章。在20世纪70年代和80年代,象牙价格上升,全副武装的商业偷猎引发了象群数量的急剧下降,其中超过一半被杀害的非洲大象用于象牙贸易(Bonner 1993)。

偷猎中一个最普遍的形式是获取动物的肉。野生动物肉在非洲被称作丛林肉,而在非洲、亚洲和拉丁美洲的大部分地区,丛林肉贸易是野生动物被过度利用和数目下降的主要原因。例如,在刚果盆地大部分地区,畜牧业生产量是非常低的,野生动物提供了蛋白质的主要来源。在多数地区,虽然野生动物是国家的合法财产,也有相关法律规范狩猎行为,但在非洲中部(以及亚洲大部分地区)这些法律几乎没有得到执行。偷猎是一个广泛存在的、没有争议的活动,并且是日常生活、当地生计和区域性商业的一个正常组成部分。

在这样的情况下，野生动物很快被视为一个"开放"的资源，意味着野生动物基本上是无人拥有的，因为狩猎野生动物的当地人没有任何法律权利来管理这些野生动物如何被使用，而主张对野生动物拥有所有权的政府，实际上并没有执行这些权利。开放的资源往往被快速开发和耗尽，当资源没有明确的所有权或产权时，人们往往急于获取这些资源的经济价值。

对可持续发展的影响：政策与实践

在本质上，偷猎的性质和动力与控制野生动物使用、管理和所有的产权紧密相连。在以下两个因素结合时，由于偷猎而导致野生动物数量下降的速度往往是最快的：对野生动物产品（包括肉类）极高的商业或市场需求，以及对规范野生动物的使用和使用者权利的法律执行不力。由于野生动物广泛分布在偏远的乡村地区，在野生动物保护中，实施限制或规范狩猎的法律几乎是最具挑战性的工作。在这些区域，监督野生动物的利用是很困难的；对于当地人与野生动物混杂生活的区域，尤其如此。

例如，印度保护老虎面临的主要挑战是，通过偷猎获取老虎骨头来供给中国市场。这种偷猎导致老虎数量近年来持续下降，尽管印度政府一贯做出高标准的承诺要保护老虎。但问题是，对居住在老虎栖息地的国家公园附近的当地人而言，几乎没有支持老虎保护的动机。因为老虎的大多数经济利益（如公园旅游收入）都归于政府或私人公司；而当地人却要承受老虎捕食家畜、造成居民死亡的损失。对于当地人来说，死老虎可以带来大量的财富，而活老虎只是一种危险的滋扰。在这样的背景下，从当地人的角度来看，偷猎比保护能获得更多报酬。因为当地人不支持国家法律和政策，政府一直未能防止偷猎。

非洲的大部分地方都有相似的案例。偷猎是由如下的现实所驱动的：第一，当地人杀死野生动物以供自己使用或出售肉或其他产品而获益；第二，政府一般的执行法律对狩猎限制和规范的能力非常有限；第三，野生动物破坏农作物、捕食家畜、造成居民死亡，从而给当地人带来损失，因而当地人更愿意减少或灭绝野生动物种群。

在非洲的一些国家，特别是非洲南部地区，如纳米比亚和津巴布韦，已经进行了重要的法律改革，极大地减少了偷猎行为并促进更可持续的野生动物管理。改革的关键是，给当地居民和农村社区合法使用和管理他们的土地上野生动物的权利。这意味着社区和土地所有者可以制定当地的限额，针对野生动物应该如何使用执行自己的规则，还能向第三方，如有名望的狩猎用品提供商，销售他们的使用权利，以获得收入。在当地这样的管理体制下，野生动物从当地的责任转化为当地的经济资产。防止过度狩猎的动机就此产生，因为当地土地所有者从野生动物可持续利用中获得了利益。

这些改革与世界各地基于社区的保护试验，凸显了关于减少偷猎和促进野生动物保护法律改革的重要性。在印度和尼泊尔，都大力提高了当地居民在有老虎、犀牛和其他物种的国家公园的收入份额，以激励当地人阻止偷猎和支持保护。在非洲，许多措施还致力于与当地社区分享经济利益并在野生动物管理中给予当地人更大的话语权。

　　然而，发展更可持续的野生动物管理方法，仍然面临着重大的挑战。在刚果盆地，以获取丛林肉的偷猎正导致野生动物数目锐减。正如市场对野生动物的需求，人们对丛林肉的传统偏好仍然很高；同时，法律和正式管理机构的作用仍然很小。在许多国家，赋予当地居民在野生动物管理的话语权，需要有挑战性的政治改革，部分原因是因为政府领导人希望保留野生动物所有权而非转让给当地社区。在野生动物具有经济价值而法治薄弱的国家中，政府官员往往自身都是最

猖獗的偷猎者的一员。为了减少野生动物非法使用，使其利用达到更可持续的水平，这些挑战的解决需要形成发展政策改革措施和创新性的地方项目，来激励当地人杜绝偷猎并支持野生动物保护。

弗莱德・尼尔森（Fred NELSON）
马里阿斯利计划

参见：畜牧业；丛林肉；冲突矿产；保护价值；食品安全；森林产品——非木材林产品；营养失调；自然资源经济学；国家公园和保护区。

拓展阅读

Adams William Mark. (2004). *Against extinction: The story of conservation*. London: Earthscan.

Bonner Raymond. (1993). *At the hand of man: Peril and hope for Africa's wildlife*. London: Simon & Schuster.

Gibson Clark C. (1999). *Politicians and poachers: The political economy of wildlife policy in Africa*. Cambridge, UK: Cambridge University Press.

Mackenzie John M. (1988). *The empire of nature: Hunting, conservation and British imperialism*. Manchester, UK: Manchester University Press.

Marks Stuart A. (1984). *The imperial lion: Human dimensions of wildlife management in central Africa*. Boulder, CO: Westview Press.

Nasi Robert, Brown David, Wilkie David, Bennett Elisabeth, Tutin Caroline; van Tol Gijs, et al. (2008). *Conservation and use of wildlife-based resources: The bushmeat crisis*. Technical Series No.33. Secretariat of the Convention on Biological Diversity, Montreal, and Centre on International Forestry Research, Bogor, Indonesia. Retrieved April 29, 2010, from http: //www.cbd.int/doc/publications/cbd-ts-33-en.pdf

Nelson Fred. (2010). *Community rights, conservation and contested land: The politics of natural resource governance in Africa*. London: Earthscan.

Suich Helen, Child Brian, Spenceley Anna. (2008). *Evolution and innovation in wildlife conservation: Parks and game ranches to transfrontier conservation areas*. London: Earthscan.

Potassium

钾

在肥料和化学工业中，钾以其衍生形式（作为开采矿物的碳酸钾）被广泛使用。与美国一起，许多快速发展的经济体，如中国、印度和巴西，大量依靠钾肥来满足日益增长人口的食物的需求。现在对钾肥工业的预测相当积极，特别是基于食物生产上对钾的需求。

钾是一种质软和银灰色的金属，是所有生物的必需、含量丰富的元素。钾是七种最常见的元素之一（排在氧、硅、铝、铁、钙和钠之后），其重量组成了地壳的2.4%（Los Alamos National Laboratory n.d.）。元素的极端活泼意味着易与其他元素发生反应，形成化合物。多数钾以长石和云母结晶的形式存在，其由钾、铝、硅和氧组成。长石被空气中的二氧化碳转化而形成碳酸钾，钾盐被古代海洋蒸发遗留下来。其他的含钾化合物，包括钾盐、钾矿、无水钾镁矾、光卤石，其存在于充分发育水体中，比如湖泊或者海床。也有一小部分钾存在于海洋中。估计全球以氧化钾形式存在的钾化合物有2 100亿吨，其中约有160亿吨被认为是可回收的（The K+S Group n.d., 1）。

应用和生产

碳酸钾是指被开采的含钾物质和制造的化合物，而最常见的碳酸钾是氯化钾（International Potash Institute n.d., 17）。钾与氮、磷在肥料中被大量使用，对土壤质量非常重要。钾元素可以促进养分吸收、加快植物生长、增加产量、提高水分利用率和减少病虫害（Rehm & Schmitt 2002）。钾广泛使用于水稻、大豆、甘蔗、玉米、棕榈树、橡胶、香蕉、橘树和咖啡种植中（Stone 2009）。钾对土壤肥力至关重要，且无可替代。

钾也应用于清洁剂、制陶业和制药业（Stone 2009）。由于一场核事故暴露了放射性碘，碘化钾也可以用于防治甲状腺肿瘤（National Research Council 2004）。肥料和化工是需用大量碳酸钾的两大产业。在2009年，美国肥料工业购买了85%碳酸钾，化工工业购买了其余部分（US Geological Survey, 2010, 122）。世界超过95%的钾是用于制造肥料，其余的用于化工业（De Oliveira 2007）。

钾在世界各地均有分布，但是在2008年和2009年，加拿大、俄罗斯和白俄罗斯的产量最高（US Geological Survey 2010, 123）。世界最大的钾矿是在加拿大萨斯喀彻温省，该省钾化合物产量占世界的30%（Wist, McEachern & Lehr 2009, 3）。加拿大超过95%的钾产量用于出口，是一个利润丰厚的产业（Stone 2009）。中国、德国、以色列、约旦和美国有数量较小但是非常重要的钾矿（US Geological Survey 2010, 122）。在美国，新墨西哥州和犹他州的钾储量最大。

随着全球人口增长和相关食物需求增加，碳酸钾化合物和肥料的需求也相应增加。中国是一个正在快速发展的国家，也是世界最大的钾化合物进口国。中国、美国、印度和巴西是世界主要钾化合物消费国家，具有重要的农业产业，但是国内磷矿供应不足。近年来，马来西亚和印度尼西亚也提高了钾的消费水平。

环境影响

钾盐开采的增加导致了相关废物产品的增加。钾肥生产需要开采钾矿。开采钾矿会在周围土壤和水源中产生盐分，如果不妥善处理，钾（矿）废弃物对环境是一个潜在的威胁（Lottermoser 2010, 313-314）。

例如，钾矿开采的盐残留渗漏到地表水和地下水中，对德国北部的山地产生了负面影响（Maksimovi, Butler & Memon 2002, 507）。由于大量钾矿在地下开采，比一般盐矿开采会产生更

多的废弃物（Lottermoser 2010, 313-315）。开采钾矿造成的盐水（盐的液体废弃物）会注回地下蓄水层或者海洋，或净化和释放到当地的河流或者泵回地下。尽管大多数地区通常都会监控过度的污染，但像如此的废弃物处理会威胁到当地水质和野生生物。碳酸钾残渣是固体副产物，也可能会储于地下。

钾矿开采也采用被称为溶解开采的方法，当矿藏储于地下深层时，开采成本就会很高，而且要达到这样的深度很有挑战性。用溶解开采法，需要在矿层钻孔，然后将溶液注入钾矿床。当溶液与沉积物混合后，将溶液泵回地面进行加工。因为需要将溶液加热到很高的温度，溶解开采法比较耗能，而且成本较高（International Potash Institute, 17）。为了防止泄漏和溢出，除了可视化检查，还使用了监视和检测系统。尽管规定了最大许可的溶解开采量，但盐溶液渗漏仍会大量污染土壤和水体。

地壳由富含矿物质的岩石组成，尤其是碳酸钾多在沉积岩存在。钾岩是岩盐和钾盐的混合，常用于碳酸钾的开采。碳酸钾开采主要使用传统法和溶解开采法，通常后者对环境的影响比前者小。虽然伴随的环境影响通常是地区性的，但是这种影响包括空气（粉尘、温室气体和挥发性有机物）和水体（渗漏）质量下降、土壤干扰（通过矿石开采和废物处理）以及社会干扰（景观改变、噪声污染和野生动物栖息地变化）。在2001年，11个加拿大生产商的温室气体总排放量（二氧化碳当量）大约有2 350 000公 吨（Natural Resources Canada 2004, 8）。

加拿大溶解开采钾主要依靠电力和天然气提供能量来源。在2000年—2001年，加

拿大总能量平均消费364千瓦时,天然气平均消费242千瓦时,总电力消费120千瓦时(Natural Resources Canada 2004,9-12)。

展望

在2007年—2008年,全球经济危机导致2009年钾肥总需求下降,整个行业生产萎缩39%,水运降低43%、消费萎缩9%、贸易量下降51%(Stone 2009)。加拿大作为最大的钾矿生产国,工业受到沉重打击,表明钾矿开采业对于全球市场低潮和波动的敏感性。一些公司暂时关闭等待需求回暖。预测表明,钾矿需求将会增加,一些国家,包括加拿大、中国、以色列、约旦和德国等,在计划扩大钾矿生产量。新的钾矿资源也将在阿根廷、刚果、埃塞俄比亚共和国和老挝等国家开采(US Geological Survey 2010,123)。

钾矿生产商有信心,随着农产品需求的不断增长将提高碳酸钾的需求。特别是在中国和印度,随着人们开始从谷物消费转变为基于蛋白质的饮食消费,需要对这些饮食习惯的改变进行监控(Stone 2009)。肉类需求的增加,需要更多的钾肥为牲畜饲料。在将来,生物燃料消费潜力将是一个积极的工业指标,种植粮食、甘蔗和棕榈等作物也会需要更多的钾肥。由于传统燃料变得越来越昂贵,生物燃料替代品的需求可能会增加。美国已经承诺,2015年消费150亿加仑由玉米提炼的乙醇、2022年消费360亿加仑的可再生燃料(Stone 2009)。作为回应,为了满足将来对乙醇需求的激增,巴西还计划增加甘蔗产量。

黛安娜·巴尔拉杰(Dianne BALRAJ)和
J.安德鲁·格兰特(J. Andrew GRANT)
皇后大学

参见: 农业(几篇文章);生物能源与生物燃料;咖啡;施肥/肥料;食品(几篇文章);粮食作物;温室气体;氮;非金属矿业;磷;水稻;橡胶;土壤;甘蔗;废物处理。

拓展阅读

Almada Sergio, Haugen Harvey, Hernandez Hector, Luli Dori, Sasi, Sarath, Zhang Lei. (2010). Modeling of a novel solution potash mining process. Retrieved August 3, 2011, from http: //people.math.gatech.edu/~salmada3/Report_Final.pdf

De Oliveira, Luiz A M. (2007). Potassium. Retrieved May 30, 2011, from http: //www.dnpm.gov.br/enportal /conteudo.asp?IDSecao=170&IDPagina=1093

International Potash Institute. (n.d.). Potash production. Retrieved May 30, 2011, from http: //www.ipipotash.org/udocs/Chap-1potashproduction.pdf

The K+S Group. (n.d.). Global potash deposits. Retrieved August 3, 2011, from http: //www.k-plus-s.com/en/wissen/rohstoffe/

Los Alamos National Laboratory. (n.d.). Potassium. Retrieved May 29, 2011, from http: //periodic.lanl.gov/19.shtml

Lottermoser Bernd. (2010). *Mine wastes: Characterization, treatment, and environmental impacts*. New York: Springer.

Maksimović Čedo, Butler David, Memon Fayyaz Ali. (2002). *Advances in water supply management*. London: Taylor & Francis.

National Research Council. (2004). *Distribution and administration of potassium iodine in the event of a nuclear incident*. Washington, DC: National Academies Press.

Natural Resources Canada. (2004). Energy benchmarking: Canadian potash production facilities. Retrieved August 3, 2011, from http: //dsp-psd.pwgsc.gc.ca/Collection/M144-30-2004E.pdf

Rehm George, Schmitt Michael. (2002). Potassium for crop production. Retrieved May 29, 2011, from http: //www.extension.umn.edu/distribution/cropsystems/dc6794.html

Stone Kevin. (2009). Potash. Retrieved May 30, 2011, from http: //www.nrcan.gc.ca/mms-smm/busi-indu/cmy-amc/2009revu/potpot-eng.htm

United Nations Environment Programme (UNEP). (2001).

Environmental aspects of phosphate and potash mining. Retrieved August 3, 2011, from http: //www.elaw.org/system/files/PotashMining.pdf

US Geological Survey. (2010). Potash. Retrieved May 30, 2011, from http: //minerals.usgs.gov/minerals/pubs/commodity/potash/mcs-2010-potas.pdf

Wist William, McEachern Rod Joseph, Lehr Jay H. (2009). *Water softening with potassium chloride: Process, health, and environmental benefits*. Hoboken, NJ: John Wiley and Sons.

R

Ranching

牧　场

　　牧场是一个养殖牲畜及生产相关产品的低集约强度的产业。全球殖民扩张影响了畜牧业，谷物喂养牲畜取代了放牧，促进了产业的专业化和联合。可持续发展取决于土地、作物和水资源管理，也取决于社会价值以及可使用的牧场和盈利情况。

　　牧场是一个动物牲畜养殖系统，其中牲畜或其他草食动物草料来自广阔的牧场或草地。牧场是可为草食动物提供可食性植物的草地、灌木丛地和林地。放牧是以市场为导向的，然而一些人认为放牧是一种形式的田园主义（饲养牲畜的经济活动），但是传统的放牧畜牧系统是以生存导向性、流动性以及牧场依赖性为特征的。世界经济的变化使两者结合联系得更加紧密，使得传统的牧民提高了定居性和更多地为市场生产提供产品，也使得牧场主在社会和经济上变得边缘化。

　　作为一种低集约强度的农业经济，牧场养殖的本质就是收集人类不食用的植物饲养牲畜，将植物转换成人类有用的产品，如用作贸易的肉类和奶制品。放牧的可持续发展既取决于对土地、植物和水资源的精心管理，也取决于牧场的利用度、对企业的情感以及基于规模的畜牧生产的盈利能力。

牧场经营的特点

　　"ranch"这个词来源于西班牙语"*rancho*"，在新大陆这个词被修改为"ranch"，用来形容一种带有牲畜养殖特性活动的产业。在欧洲伊比利亚半岛，由于市场的发展和土地所有制的变化，放牧从田园形式演化而来，但是在世界大部分地区，放牧是与19世纪到20世纪的殖民扩张历史相关联的。

　　牧场对劳动力和基础设施的需求较低，因此，很少的人就可以经营广阔的牧场。放牧是一种土地使用行为系统，因而牧民们可以扩展到自己感兴趣土地的边界和管理它们。欧洲殖民者们把牧场引入许多地区，包括北美和南美洲、澳大利亚、新西兰和非洲，在这些地区，牧场仍然是经济活动的重要组成部分。放牧的效用进一步扩展：在19世纪，随着帝国的扩大，来自欧洲的没有继承权的贵族后代们随着帝国的开拓移民并定居来到北美西部、澳大利亚和非洲部分地区，牧场为他们提供了一种可接受和可行的生活方式。

自20世纪中期以来，标准化和单一牲畜的养殖是商业化牧场行业的标志。牛和绵羊一直是最常见的牲畜，虽然有些牧场也有其他牲畜，如水牛、山羊、大羊驼、牦牛、骆驼等。肉类、毛皮、羊绒、药用部位、牛奶和奶酪都可能是牧场的产品。在美国，绵羊的养殖在20世纪早期达到高峰后，开始衰退。然而，对于新墨西哥州和亚利桑那州的美国原住民印第安人和西班牙裔牧场，绵羊放牧生产的羊毛和羊肉仍然对经济和文化具有重要意义。牧场狩猎是一种基于牧场的，捕获本土和外来野生动植物的活动，其猎物包括鹿、驯鹿、麋鹿、野牛、鸸鹋及鸵鸟等。在狩猎中，可交易的产品包括狩猎机会、狩猎获得的肉类、羽毛、鹿角或专用皮革。自20世纪后期以来，在新西兰放牧鹿生产的鹿茸已经成为一个重要的商业活动。

虽然牧场是移民文化和当地具体环境的集合，每一个牧场都是独一无二的，但是，在美国，一个典型的养牛场都有一个低矮的平房和拥有地契区域(deeded acres)，其常位于水旁或者便于水利开发的土地。这块拥有地契的土地包括可灌溉的草场、畜牧生产循环用地、干草生产地以及农田等。公共土地得到许可也允许放牧，以提供必要的广阔牧场。但是，在不同的地区，土地制度会有很大的差别，例如，得克萨斯州在同意加入联邦政府时，与联邦政府达成了协议，这个州几乎没有公共土地。在美国西南部和加利福尼亚州，由于先前西班牙和墨西哥政府授予了社区和个人土地，造成了不同的土地财产所有权模式。同样在美国西南部，印第安人保留区还维持着不同放牧活动和土地所有权。而在墨西哥、阿根廷和哥伦比亚，大量的土地通过赠予或受贿的方式变成私人所有。后来，在土地改革运动中，这些土地又被中央政府通过各种方式收回。土地所有制度、牲畜的饲养活动，甚至土地所有者的目标，都有很大的差别。像传统的牧民一样，牧场主适应了他们获得牧场的环境和占有模式(见图R.1)。

规模及其他经济因素

在降雨量充沛且稳定的地区，在相对小面积上即可放牧许多动物。但牧场通常都是在干旱地区，在那里数百英亩牧场，每年才可能维持一头牛生活。因而，养殖活动非常分散，使得畜群能够自在地寻找草料和水源。由于牧草质量和数量随空间和时间而改变，在一个普通的牧场年养殖周期中，包括按照季节把牲畜集中在不同的区域，即季节性迁徙放牧。同样，在传统游牧移动性的影响下，在美国、澳大利亚和其他国家，牧场主也常常把自己牧场租赁、交换或出借给其他遭受旱灾的同伴们。

在干旱的北美西部地区，自20世纪中叶以来，商业化牲畜饲养和肉类市场的发展深刻影响了牧场生产活动。自20世纪30年代以来，美国市场上可出售谷物的过度丰富，驱动了大规模商品化谷物喂养牲畜的产生和发展。

谷物饲养牲畜的生产在不同的等级进行，反映了每个等级专业化可节省的成本及在每一个等级所需的资源、管理和财务技能的种

图R.1　牧场

　　虽然这张照片拍摄于几十年前，但它展示了在美国内华达州西部地区土地的使用、归属和现代牧场活动的全方位信息。在图片中，契约牧场的财产包括近景的灌溉牧场和草地。左边是苜蓿园，而右边是用来存储过冬或是出售的干草垛。在中间区域，是从邻居租借的私人土地，用于冬天牲畜放牧。在图片中，中景显示的土地由美国政府机构——美国土地管理局控制，其拥有美国西部低海拔地区的大量公共土地。按照牧场主和政府放牧管理机构商定的租赁时间表，这块土地也可以用来在冬天、秋天和春天放牧。

类。每一等级有不同的所有制形式和规模效率，但是效率随着等级提高而增加。例如，在一个典型的牧场，由于低水平和分散性养殖的制约，每年仅能养殖 1～300 头牛犊，而在饲养场一个饲养员可能饲养几千头牲畜。在干旱的北美，牧场主处于等级的低端，其放牧的牛群每年出生牛犊，在牛犊断奶后，这些牧场主可能继续饲养它们，也可能出售给其他更专业的生产商。在断奶后，这些牛犊再被饲养 1 年，那么它们就被称为养肥待屠宰的小公牛（stockers），它们的主人也被称为牧场主。刚断奶的动物和养肥待屠宰的小公牛，一般都在饲养场进行某种类型的人工喂养。虽然一些牧场主可能拥有或投资饲育场或租赁了饲育场一部分空间，但是饲育场通常是由饲育场经营者拥有。他们购买牲畜动物，然后喂养 100～150 天。这些动物大约在一岁或一岁半时被屠宰，并出售给加工商和商店的零售商。垂直一体化生产，即由一个实体控制多个生产过程环节（例如，从出生、断奶、饲养场饲养、超市出售），即使有也很少发生。而在牧场层面就开始的整合尤其少见。

　　现代美国大型牧场主经受着这个行业的兴衰影响，形成了包括跨国的、投机性的和企业投资的"谷物制造商"（merchants of grain），其在1979年得到丹-摩根认定，如嘉吉、大陆、路易达孚、邦吉和安德烈公司。与此同时，美国消费者受到业界和政府方面的熏陶，青睐谷物喂养畜肉的风味和样式。几十年来，牧场主一直是价格的承受者，而非定价者。由于可替代小牛来源的出现，如中西部农场用低成本农业剩料饲养小牛，饲养和包装作业在成本上占据了主导地位，使得牧场主用非牧场收入来补贴牧场经营。

美国拥有世界上最大的肉牛养殖业。产自加拿大和墨西哥的牛犊和为屠宰而养肥的小公牛，被船运送至美国的产粮大平原。在靠近中西部产粮区的大型饲养场里，这些动物被集中喂养直至达到屠宰重量。在2009年1月1日，美国大约有3 200万头肉牛，其中1 390万头来自饲养场（USDA 2010）。在其他国家，谷物饲养也是牲畜养殖的一部分，特别是在那些饲料谷物过剩和嗜好高脂肉类的国家。虽然谷物饲养的规模在不断扩大，例如，澳大利亚的牛肉大约仅有三分之一是谷物喂养的，而澳大利亚和南美的大部分肉牛是草或牧场喂养的。谷物喂养经营的可持续性是值得怀疑的，因为谷物生产是显著的高耗能产业，饲养场必须与生物燃料生产商争夺粮食谷物；而且，限制活动空间的动物饲养极受争议，还牵涉到细菌抗生素耐药性问题。

放牧的影响

几乎所有的生态学家都承认，在过去的历史长河中，过度的放牧损坏了河道，改变了植物群落，造成了水土流失，而直到今天还明显存在，这是大家的共识。而且，一些科学家认为，由于牲畜啃食，牧场条件还在继续下降；但有一些科学家则认为，自20世纪以来，在公共牧场控制放牧时间和牲畜数量的放牧方式，已使得牧场条件稳定且在缓慢改善。对牧场条件，牧场主、政府管理部门和公众往往有相当不同的看法。即使在政府土地管理部门内部，对于牧场条件也缺乏共识，当年轻的、城市出生的、受过教育的新职员替代了有更多农村背景的政府退休人员时，尤其如此。尽管所有人都同意，引进物种、野生动植物管理、对野生马的处理、气候变化、引水水源导流和形成野火环境的改变，对牧场有重大的影响，但这些因素和牧场活动的关系仍然存在争论和需要进一步研究。

放牧对生态的其他影响来自在世界范围内牧场主为了满足牧场生产而改变了水源和植被。这些改变的方式包括打井、水的分流和消费、筑路、清除（包括焚烧、除草剂和其他方式）树木和灌木和安装围栏等。这些改变对生态影响通常没有种植业那么严重，牧场在适当的条件下可以继续为众多的野生动植物提供栖息地以及集水区。但是牧场环境已经不能被称为原始环境，而且这个词对美国人来说也是不切实际的。

在美国，尽管有一些大型牧场和畜牧企业，但还是有大量的牧场家庭，拥有少量畜群（平均40头牛）；然而，拥有100头牛或更多数量的牧场运营占到了所有的牛肉业务的9%和牛肉库存的51%。尽管个人主义盛行，牧场主们还是有许多共同的价值观、信仰、总体实践和经营目标。有研究表明，在世界上许多地方，牧场主从牧场经营中获得大量社会资本，并且能够长时间持有它们。他们非常珍视自己的牧场主身份及其价值，包括牧场生活、享受优美环境、把牧场留给自己的孩子以及畜牧业生产过程中的自主经营。尽管牧场主也出售土地或改变职业来增加资金，但它们经常被贴上执着而顽固的标签，而他们的生活方式在一些人看来也是过时的。

在美国，大牧场的经营因地区而异，并保留了西班牙和墨西哥传统的元素，就像在其他国家的大牧场一样，他们也受到欧洲北部和南部地域地区的影响。也许是因为牧场放牧是如此紧密地与几个国家的殖民历史交织在一起，其当地的放牧形式往往被认为是文化遗产的一部分。澳大利亚和新西兰的"羊站"（sheep station）、阿根廷潘帕斯草原的芬卡（finca）和美国的牧场，是人类征服广袤"原野"而努力的标志符号，既得到赞美、也饱受指责。

牧场的生物保护意义

在许多国家，曾经的放牧场现在变成关键的生物多样性保护区，也越来越引起娱乐休闲业和房地产业的兴趣。在许多环保主义者看来，牧场是保护可观的私有土地成为集水区和野生动物栖息地的一种方式，以便使其提供生态系统服务。然而，这有赖于牧场社区的可持续发展。为了维持牧场文化和物质基础设施，需要牧场主发挥关键作用。出售牧场会形成一个负反馈循环：每个牧场的消失都可能成为下一个牧场出售的导火索。

而一个假定的转折点是，在一个区域内，当超过一个临界点时，牧场就丧失了维持生存的能力。还可用另一种说法来描述这种现象，即当破坏超过某一个阈值时，牧场社区的恢复就很难了。

牧场主必须正确对待复杂的土地所有制结构，包括利用政府和私人的土地来为他们的牲畜寻找足够的空间和草料，创造一个相互依存的网络构架。维持牧场需要私人、公共土地所有者和管理者之间的合作，而最好的情况是牧场主们之间的密切合作。例如，在美国西南部的熔岩区（Malpai）边疆集团的农场主们，使用一个共享的放牧区（称作"草料银行"）以增加土地抵御干旱的能力。他们鼓励用保护地域权（部分土地所有权自愿转移给一个土地保护信托，以换取金钱或其他利益）来稳定私人的土地使用权。该集团与州和联邦机构长期合作，以保持获得广阔牧场的使用权和广泛管理活动的执行权，例如对明火的管理。改善牧场经营的研究和教育，以及牧场经营和保护目标的兼容性，也是Malpai边疆集团和更大规模的"良好景观"运动努力的关键目标。自2000年以来，美国西部"良好景观"运动势头正劲。

牧场可持续经营有赖于维持广阔草地的能力、促进保护和生态系统服务生产活动，以及利用牲畜盈利的能力。牧场主们通过自己的努力，例如，跨过产权边界重新连接牧场，使放牧具有更强的流动性；稳定私有土地的所有权；与政府管理土地机构建立良好关系等；都是至关重要的。在美国"良好景观"运动中，牧场经营强调畜牧业生产与景观和自然保护的兼容性。最近关于放牧动物肉类有益人类健康的研究文献，对饲养场动物激素和亚剂量抗生素喂养的担心、对动物福利的关注等，都促进了对牧场生产肉类和奶制品不断增长的需求。提供生态系统服务，例如改善野生动植物栖息地、自然观光旅游和减少火灾隐患等，都有助于增加牧场主的收入来源。在一些地区，牧场碳汇交易也为牧场的收入做了贡献。有些人可能会认为，放牧业是很难可持续发展的农业。不过，根据最近的研究，至少在一万年前反刍动物的驯养就开始了。任何一个事物持续时间能够如此之久，那么就有理由认为，它是一项能长期持续的活动，是一个具有后续力量的活动，是一个具有生态系统优势的活动。

保罗·F.斯塔尔（Paul F. STARRS）
内华达大学里诺校区
林恩·亨特辛格（Lynn HUNTSINGER）
加州大学伯克利分校

参见：农业（几篇文章）；苜蓿；畜牧业；保护区价值；牧场；绿色革命；动物粪肥。

拓展阅读

Blench, R. (2001). *Pastoralisms in the new millennium* (FAO Animal Production and Health Paper 150). Retrieved February 4, 2010, from http: //www.fao.org/docrep/005/y2647e/y2647e00.htm#toc

Brunson, Mark W., & Huntsinger, Lynn. (2008). Ranching as a conservation strategy: Can old ranchers save the new West? *Rangeland Ecology and Management, 61* (2), 137–147.

Evans, Simon M.; Carter, Sarah; & Yeo, Bill. (Eds.). (2000). *Cowboys, ranchers, and the cattle business: Cross-border perspectives on ranching history.* Boulder: University Press of Colorado.

Fuhlendorf, Samuel D., & Engle, David M. (2001). Restoring heterogeneity on rangelands: Ecosystem management based on evolutionary grazing patterns. *Bioscience, 51* (8), 625–632.

Gressley, Gene M. (1971). *Bankers and cattlemen.* Lincoln: University of Nebraska Press. Heathcote, Robert L. (1983). *The arid lands: Their use and abuse.* New York: Longman.

Holmes, John. (2002). Diversity and change in Australia's rangelands: A post-productivist transition with a difference? *Transactions of the Institute of British Geographers, 27* (3), 362–384.

Huntsinger, Lynn; Forero, Larry; & Sulak, Adriana. (2010). Transhumance and pastoralist resilience in the western United Huntsinger, Lynn, & Hopkinson, Peter. (1996). Sustaining rangeland landscapes: A social and ecological process. *Journal of Range Management, 49* (1), 167–173.

Huntsinger, Lynn, & Starrs, Paul F. (2006). Grazing in arid North America: A biogeographical approach. *Sécheresse, 17* (1–2), 219–233.

Jordan, Terry G. (1993). *North American cattle ranching frontiers: Origins, diff usion, and differentiation.* Albuquerque: University of New Mexico Press.

Knight Richard L, Gilgert Wendell C, & Marston Ed. (Eds.). (2002). *Ranching west of the 100th meridian: Culture, ecology, and economics.* Washington, DC: Island Press.

Maestas Jeremy D, Knight Richard L, Gilgert Wendell C. (2003). Biodiversity across a rural land-use gradient. *Conservation Biology, 17* (5), 1425−1434.

Marshall Howard W, & Ahlborn Richard E. (1980). *Buckaroos in paradise: Cowboy life in northern Nevada.* Washington, DC: Library of Congress.

Morgan, Dan. (1979). *Merchants of grain.* New York: Viking. Perevolotsky, Avi, & Seligman, No'am G. (1998). Role of grazing in

Mediterranean rangeland ecosystems—inversion of a paradigm. *Bioscience, 48* (12), 1007−1017.

Slatta Richard W. (1990). *Cowboys of the Americas.* New Haven, CT: Yale University Press.

Squires Victor. (1981). *Livestock management in the arid zone.* Melbourne, Australia: Inkata Press.

Starrs Paul F. (1998). *Let the cowboy ride: Cattle ranching in the American West.* Baltimore: Johns Hopkins University Press.

Starrs Paul F, & Huntsinger Lynn. (1998). The cowboy and buckaroo in American ranch hand styles. *Rangelands, 20* (5), 36−40.

Stegner Wallace E. (1954). *Beyond the hundredth meridian: John Wesley Powell and the second opening of the West.* Boston: Houghton, Mifflin.

Torell L Allen, & Bailey Scott A. (2000). Is the profit motive an important determinant of grazing land use and rancher motives? In T. Schroeder (Ed.), *Proceedings, 2000 Annual Meeting of the Western Agricultural Economics Association,* Vancouver, British Columbia, Canada.

US Department of Agriculture (USDA), National Agricultural Statistics Service (NASS). (2010). 2010 agricultural statistics annual. Retrieved May 3, 2011, from http: //www.nass.usda.gov/ Publications/Ag_ Statistics/2010/index.asp.

Yung Laurie, & Belsky Jill M. (2007). Private property rights and community goods: Negotiating landowner cooperation amid changing ownership on the Rocky Mountain front. *Society & Natural Resource, 20* (8), 689−703.

Rare Earth Elements

稀土元素

稀土元素实际上是相对丰富的资源，但由于它们一般与其他元素混合在一起且含量很低，对它们的开采和提炼通常不具经济价值。但是，由于稀土元素在磁性材料、照明系统、太阳能电池以及其他新式电池等的应用，它们已成为清洁可持续能源产品的重要组成部分。稀土元素现在技术进步方面变得越来越重要。

稀土元素（Rare Earth Elements，REE），也称稀土金属，统称起来也叫镧系元素——以其第一个成员镧元素命名。它们的原子序数从57至71，但是，由于钪（原子序数为21）和钇（原子序数为39）具有与稀土元素相似的属性并且常常存在于同一种矿物中，因此也被归为稀土元素。具有讽刺意味的是，稀土元素其实是地壳中含量相当丰富的元素，但在被发现时，由于很难鉴定，人们一度认为其非常稀有。稀土元素起初被称为"土"的原因是：与发现含有它们的氧化物矿物类似的石灰岩、氧化镁以及其他矿物在那时都是

以"土"这个词来描述的。由于不稳定性，其中钷元素是唯一一种无法从地壳中轻易获得的稀土元素。

基本特性

稀土元素具有可塑性（能够被拉成丝）和延展性（可以被锻造成各种形状），属于相对较软的金属，其硬度随着原子序数的增加而增加。在任何气体中和高温下，稀土元素遇火易燃。这些元素具有高熔点和高沸点，且在紫外线下具有强荧光现象；具有光泽，常常呈结晶状。稀土元素易于快速氧化，致使新形成的白色和金属色切口，会立即失去光泽而变为灰色。在与其他元素的化学反应中，稀土元素易于被还原或失去电子。为了应用，合金中的稀土元素常常被磁化。

稀土元素易在酸中溶解，但是由于它们从不单独存在，且总与其他元素结合在一起，因此它们的提取需要各种各样酸溶液和化学反应。

开采和提取

不能望文生义地认为稀土元素就很稀少。含量最多的稀土元素铈、钇、镧和钕,与大家所熟知的工业金属元素镍、锌、锡、钨和铅等一样丰富。铥和镥是两种最稀少的稀土元素,但它们的含量几乎是金的200倍。然而,稀土元素含量的稀少也足以满足经济性提取的需求。稀土元素重要矿藏与稀有的几种火成岩伴生。

许多主要的贵重金属都以单一矿物形式富集,意味着从岩石中分离它们是一步法工艺。最终产物是一种通常被传送到熔炉用于金属萃取和提炼的浓缩物。例如,从闪锌矿中萃取锌元素,使用的是一种标准的处理技术,该技术使得新发现锌矿的开发变成一种常规流程。

而稀土元素必须采用多矿物相的逐级分离法进行萃取。但是,主矿石和采矿副产品(通常具有放射性)的频繁变化,使这种方法在经济上不可行。当感兴趣的元素存在于两种或更多矿物相中时,那么每种都将需要一种不同的萃取工艺,因此,矿物的加工过程相当昂贵。对于此行业来说幸运的是,稀土矿床常常含有两个或两个以上的含稀土相,因此具有竞争的优势。帕斯山(Mountain Pass)[加州克拉克山脉(the Clark Mountain Range)附近的一个氟碳铈矿]是一个美国单一矿相稀土矿床的例子。

被分离后的含稀土元素的矿物,包含着需要进一步分离和提炼的多种元素。不像化学上简单的金属硫化物那样,含稀土矿物非常复杂,需要通过几十种化学反应进行萃取和提炼,才能分离不同稀土元素和去除杂质。

具有放射性的钍,通常是含稀土矿物中最不希望看到的杂质。放射性矿物很难开采和安全处理,使得管理和处置放射性物质的费用成为许多稀土矿物经济开采的严重障碍,尤其是含相当多钍元素的磷铈镧矿。在20世纪80年代间,对放射性矿物使用了强化监管,使许多磷铈镧矿资源退出了稀土元素市场。

由于不存在两种一样的稀土矿石,因此没有用于稀土元素萃取并把它们精炼成可运输和利用的稀土化合物的标准方法。一个新稀土矿必须采用一个独特顺序的优化过程进行广泛的测试,其费用要远远高于标准的或贵重金属的提取操作。

各具特色的稀土元素

每一种稀土元素都有其独特的历史和特定的属性,使得它们在多种行业中具有应用性(见表R–1)。

在1879年,通过对采自斯堪的纳维亚的矿物进行频谱分析,瑞典化学家佛雷德里克·拉斯尼尔森(Lars Fredrik Nilson)和他的团队发现了原子序数为21的钪(Scandium,Sc)。虽然在马达加斯加和挪威存在已知的钪矿床,但目前钪的开采仍局限于乌克兰、俄罗斯以及中国。在澳大利亚昆士兰州已有了新的提炼方法,但是矿源的不确定性仍制约着钪的工业应用。钪铝合金能用于航空航天零部件、运动设备和高强度照明设备。

弗里德里希·维勒(Friedrich Wohler)于1828年分离出了原子序数为39的钇(Yttrium,Y)元素,但是,是卡尔·阿克塞尔·阿列纽斯(Carl Axel Arrhenius)于1787年就发现了这种

表R-1 稀土元素一览

元素和符号	原子序数	地壳丰度（百万分率）	主要商业用途
钪（Sc）	21	26	航空航天部件、体育设备和高强度照明设备
钇（Y）	39	31	荧光粉、激光器和超导体
镧（La）	57	34	引爆剂、玻璃、照明设备和催化剂
铈（Ce）	58	60	催化转换器、光学器件、制备氢气和荧光粉
镨（Pr）	59	9.5	合金、玻璃和照明设备
钕（Nd）	60	33	磁性材料、玻璃和激光器
钷（Pm）	61	痕量	β 射线源和核电池
钐（Sm）	62	8	磁性材料、核能和催化剂
铕（Eu）	63	痕量	激光器、医疗甄别和荧光粉
钆（Gd）	64	6.2	照明设备和燃料电池
铽（Tb）	65	1.2	荧光粉、燃料电池和声呐
镝（Dy）	66	5.2	磁性材料和数据存储器
钬（Ho）	67	1.3	磁性材料、光学器件和激光器
铒（Er）	68	2.8	激光器、合金、玻璃和光学器件
铥（Tm）	69	0.5	激光器、超导体和X射线
镱（Yb）	70	3	激光器
镥（Lu）	71	0.5	影像和光学器件

新的含钇矿物，并以其发现地——瑞典小镇伊特比——将其命名为硅铍钇矿。钇是一种化学上与稀土元素类似的过渡金属，并且通常与稀土元素相伴存在于矿床中。在工业应用中，钇主要用于荧光粉的生产。荧光粉是一种应用于许多产品中——包括阴极射线管和发光二极管（light-emitting diodes, LED）——的发光物质。钇还被用于制造激光器和超导体。

原子序数为57的镧（Lanthanum, La）为镧系元素的第一个元素，具有镧系元素的最基本特性。在1839年，镧元素由瑞典化学家卡尔·古斯塔夫·莫桑德尔（Carl Gustav

Mosander）于硝酸铈的试样中发现。几十年后，俄罗斯德米特里·门捷列夫（Dmitri Mendeleev）获得镧元素结晶。镧元素与其他一些稀土元素一起，由独居石和氟碳铈矿生产。镧化合物被用作引火元件、玻璃和照明设备中的添加剂以及催化剂。镧是少数具有医学用途的稀土元素中的一种——碳酸镧可用于治疗肾衰竭。

铈（Cerium, Ce）是稀土元素中含量最丰富的一种元素，原子序数为58，于1803年分别在瑞典和德国被发现。铈元素发现者之一的瑞典人永斯·雅各布·贝采利乌斯（Jöns

Jakob Berzelius）用已发现的以罗马神话谷类女神命名的谷神星为其命名。除了含量丰富外，铈最独特的性质是其超长的液态范围——2 648℃（795℃～3 443℃）以及独特的允许低能量结构转换的电子结构。铈元素的两个最重要的来源是氟碳铈镧矿和独居石。铈可被用在催化转换器、光学抛光、氢气制备和荧光粉中。

镨（Praseodymium，Pr）原子序数为59，其名称来自希腊语词汇，意思是"绿色"和"双胞胎"。1885年，通过一次产生不同颜色盐类的钕镨混合矿物化学反应，奥地利化学家卡尔·奥尔·冯·韦尔斯巴赫（Carl Auer von Welsbach）发现了镨。最初由于难以纯化，镨的早期应用受到限制。镨被广泛应用于高强度金属合金、玻璃产品和照明设备生产。

钕（Neodymium，Nd）（原子序数60）的名称来自一个希腊语词汇，意思是"新的"和"双胞胎"。它于1885年与镨元素一起被韦尔斯巴赫发现。由于难以获得纯钕样品，因此钕最初应用于玻璃中时一般显成橙色或暗红色调，而不是其天然的紫色。因为具有高比热容（改变物质温度所需的能量总量）特点，所以钕常被用于深低温冷却，其最引人注目的应用在于磁合金、玻璃和激光器的生产。

钷（Promethium，Pm）（原子序数61）的独特之处是其具有放射性。在1945年，美国橡树岭国家实验室首次生产出了钷。另外，也发现了痕量的作为天然裂变副产品的钷。钷可被用作 β 射线源，也被用于核电池生产。

钐（Samarium，Sm）的原子序数为62，于1879年被法国化学家保罗·埃米尔·勒科克·布瓦博德朗（Paul Emile Lecoq de Boisbaudran）从铌钇矿中分离出来。在地壳最丰富的元素中，钐排位第40。钐最常见的矿物来源是独居石和氟碳铈镧矿。钐的工业应用包括磁性材料（钐是排在钕之后的第二大永磁稀土）、核能发电和催化过程。钐同位素可用于杀死癌细胞的药物生产。

铕（Europium，Eu）的原子序数为63，其名字源于欧洲大陆，于1901年首次被法国化学家尤金·德马塞（Eugène-Anatole Demarcay）从受污染的钐中分离出来。作为世界上最大的稀土来源之一，中国的白云鄂博氟碳铈镧矿矿区含有异常丰富的铕。铕的用途在于铕氧化物的磷光现象和铕吸收中子的能力。铕用于激光器，并已经应用在遗传性疾病的医疗甄别中。它还广泛应用于三色电视显示器，并具有超导性能。

钆（Gadolinium，Gd）的原子序数为64，在核能应用中尤其适合中子吸收。与其他稀土元素相比，钆在干燥的空气中不易被氧化。1880年，瑞士化学家让-夏尔·加利萨·马里尼亚（Jean Charles Galissard de Marignac）在钕镨混合物和硅铍钇矿的样品中发现了来自钆的光谱线，但分离到纯钆还极为困难。钆存在于独居石和氟碳铈镧矿中，具有医学中子疗法和医学成像的用途，并且具有能增强金属可加工性的冶金性能。由于其显著的绿色磷光特性，钆也被广泛利用。

铽（Terbium，Tb）的原子序数为65，其韧性足以用刀切割。铽当时作为氧化钇中的一种杂质在1843年被瑞典化学家莫桑德尔发现，并且他原以为铽是存在于以镝和钆为主要成分的矿物中的一种杂质。铽在燃料电池和磁力设备，如声呐中具有潜在的用途，但是全球供应的绝大多数铽则被用于高效照明领域。位于中国南方的离子吸附黏土矿控制着世界上最丰富的铽供给。

镝（Dysprosium, Dy）的原子序数为66，极易磁化且是良好的中子吸收剂。它于1886年被保罗·埃米尔·勒科克·德·布瓦博德郎（Paul Émile Lecoq de Boisbaudran）鉴定出来，但直到1950年研制出钠离子提取方法时才被分离出来。它主要用在数据存储设备和磁性材料中，在工业应用中钕磁铁具有抗腐蚀性。据预测，在诸如混合动力车领域的应用将会用尽目前全球镝的供应量。

钬（Holmium, Ho）的原子序数为67，磁性极强。钬的名字来源于斯德哥尔摩的拉丁名称（Holmia），于1878年被索里特通过光谱仪鉴定出来。它存在于独居石矿砂中，并且由于难以提取，因而削弱了其潜在技术的经济可行性。钬可用于磁性材料、光学器件和激光器中。

铒（Erbium, Er）的原子序数为68，与其他几种稀有元素一同存在于硅铍钇矿中，其最初在瑞典发现。卡尔·古斯塔夫·莫桑德尔鉴定出了铒，但是直到20世纪初才被分离出来。铒可用于医学激光器和合金，并可用作玻璃和光学器件的着色剂。

铥（Thulium, Tm）的原子序数为69，是天然镧系元素中丰度最低的元素。1879年，瑞典化学家克莱夫在检查稀土元素中的杂质时发现了铥。独居石砂中含有铥，但含量太低导致的高成本和稀缺性影响了对其应用的研究。铥可用于激光器和X射线源，而且还具有作为超导材料的潜在应用。

镱（Ytterbium, Yb）的原子序数为70，可从硅铍钇矿、磷钇矿和独居石中提取出来。镱在中国南方的离子吸附黏土中的含量尤其丰富，但仍相当稀缺。镱的稀缺限制了它在激光器之外领域的应用，但是由于它的低导电性能使得它显示出可改进某些合金质量的潜力。

镥（Lutetium, Lu）是镧系元素中密度最大、最硬并且具有最高熔点的元素。虽然镥与其他元素——这些元素的电子结构填充在原子d轨道的支壳层——并列于元素周期表的d区，但传统上与镧系元素一道，将它作为一种稀土元素。20世纪初，镥被当作氧化镜材料中的瑕疵而被一些学者发现。很难从独居石中分离镥，并且镥是最稀缺和最昂贵的稀土元素之一。它可用于医学图像和光学图像中。

稀土供给与可持续性

一场2010年的航运纠纷发生后，中国作为供给全球稀土量95%的国家，扣留了发往日本的货物，因此人们认识到对于全球经济而言，有必要找到额外的稀土金属来源。中国也已表明，为了实施稀土生产和提取过程中的环境控制，计划限制稀土的开采。中国对稀土的垄断造成了供给紧张，为了国际贸易安全需要多元化的供应。

在美国，在2010年12月被授予环境许可证后，莫利矿业（Molycorp）（加州派斯山矿所有者）开始推进被关闭设备的扩展和更新。由于成百上千加仑放射性污水泄漏到附近河流中之后受到的环境法的限制以及稀土价格降低，该矿于2002年被关闭。莫利矿业的重新运营将是中国之外的稀土矿物的供应，并将指数级增加美国国内用于工业和开发的稀土矿物供应量。2010年12月，美国能源部（The United States Department of Energy，DOE）发布了一份更新的关键材料战略报告，概述了可持续能源产业中的关键稀土元素（镝、钕、铽、铕、钇）。作为所有清洁可持续能源产品的重要组成部分，包括制造磁性材料、磷光性高效照明系统、光电半导体电池（太阳能电池）和新式电池等，这些稀土元素都是必不可少。在美国能源部报告中，将增加研发、回收利用和国内生产确定为稳定、取代和降低对不稳定供应或危害环境的提取技术依赖

的手段。

道格拉斯・普列辛斯基（Douglas PLACHCINSKI）
美国注册规划师协会

参见：铝；铬；钶钽铁矿；冲突矿物；铜；电子产品的原材料；黄金；重金属；铁矿石；铅；锂；矿产资源稀缺性；采矿业——金属矿床开采；非金属矿业；镍；铂族元素；回收利用；银；钍；锡；钛；铀。

拓展阅读

Bradsher Keith. (2010, October 29). After China's rare earth embargo, a new calculus [J]. *New York Times*. Retrieved February 2, 2011, from http: //www.nytimes.com /2010/10/30/business /global/30rare.html?_r=2

Emsley John. (2001). *Nature's building blocks: An A–Z guide to the elements* [M]. Oxford, UK: Oxford University Press.

Greenwood Norman N, Earnshaw Alan. (1997). *Chemistry of the elements* (2nd ed.) [M]. Oxford, UK: Butterworth-Heinemann.

Gschneidner Karl A, Jr., & Eyring, LeRoy. (Eds.). (1978). *Handbook on the physics and chemistry of rare earths* [M]. Amsterdam: North Holland Publishing Co.

Hammond C R (2004). The elements [A]. In David R. Lide (Ed.), *CRC handbook of chemistry and physics* (81st ed.) [M]. Boca Raton, FL: CRC Press.

Haxel Gordon B, Hedrick James B, & Orris Greta J. (2002). Rare earth elements—Critical resources for high technology (US Geological Survey Fact Sheet 087-02). Retrieved February 2, 2011, from http: //pubs.usgs.gov/fs/2002/fs087-02/

Leigh G Jeffery. (Ed.). (1990). *Nomenclature of inorganic chemistry: Recommendations 1990* [M]. Oxford, UK: Blackwell Scientific.

Schumann Herbert, & Fedushkin Igor L. (2006). Scandium, yttrium & the lanthanides: Organometallic chemistry [A]. In Robert H. Crabtree et al. (Eds.), *Encyclopedia of Inorganic Chemistry* [M]. New York: John Wiley & Sons.

United States Department of Energy (DOE). (2010). Critical materials strategy: Summary. Retrieved February 2, 2011, from http://www.energy.gov/news/Documents/Critical_Materials_Summary.pdf

Recreation, Outdoor

户外游憩

　　地球上的自然资源给人类提供了大量的户外游憩活动机会：远足、游泳、钓鱼、打猎、露营等。在许多国家，这些活动都取决于作为这些游憩用途的公共土地。但户外游憩会导致土壤板结和侵蚀、植被被践踏和野生动物受到干扰，从而影响脆弱的自然资源。户外游憩的未来取决于自然资源的保护。

　　数千年来人类参与过各种形式的户外游憩。例如，有记录的最早的奥运会可以追溯到公元前776年，当时希腊帝国的代表齐聚一堂，参加跑步比赛。但是在美国和其他西方国家，人们对户外游憩产生的广泛兴趣和积极参与是一个相对较新的现象，这与第二次世界大战后明显出现的休闲时间、出行机会和财富的增加有关。

公园和公共土地

　　在美国，公共土地的收购和保护为户外游憩的未来发展提供了平台。在公众意识到公共场地是被认为需要的阶段之前，村庄公共用地由于各种各样的原因被放置一旁。在1634年建设的波士顿公园通常被认为是美国的第一个公园，虽然它最初不是为游憩设计的。19世纪末的公共土地保护方面出现了一些重大发展。大型城市公园，如纽约市中央公园、华盛顿岩溪公园和旧金山金门公园被纳入美国的城市中。在州级层面，于1892年建立的纽约阿迪朗达克公园的目标是"永远的荒野"。在联邦层面，黄石公园于1872年被确立为美国第一个国家公园。最早的森林保护区和野生动物保护区也在这段时间设立。其他国家的公园及相关区域的早期例子包括澳大利亚皇家国家公园（1879）和加拿大班芙国家公园（1885）。

　　这些新的公共土地出现后就需要规定它们应该如何被管理。在20世纪，一些美国法律确立了公共土地的户外游憩的重要性。这段时期设立的四个户外游憩相关的机构，美国森林管理局、美国国家公园管理局、土地管理局、美国鱼类和野生动物管理局是今天户外游憩机会的主要供应方。国家公园管理局自创建于1916年以来，就有一个明确的使命，即在它所管理的广阔的国家公园系统内提供"公共享受"。然而，其他机构的游憩功能直到几十年后才得到官方认可。到1960年，《多重利用持续产生法案》规定户外游憩是美国森林管理局用地的一个官方用途，与木材、水域、牧草、鱼类和野生动物等其他用途同等重要。几年后，国会授权1946年创立的土地管理局进行类似的工作。1997年，美国鱼类和野生动物管理局的法规认可了在国家野生动物保护区内依靠野生动物进行游憩活动的合理。

在20世纪60年代，出现了更多的法律为公共土地提供保护，并创造了更多的户外游憩机会。在1964年，《荒野法案》因为"美国人民的使用和享受"为联邦土地的荒野地区提供保护。1968年，《国家道路系统法案》鼓励城市和偏远景区步道的发展。同年，《国家荒野和自然景观河流法案》从"显著的风景、休闲、地质、鱼类和野生动物、历史、文化或其他类似价值"方面为河流提供保护。

因为户外游憩而提供对公园和公共土地的保护不是美国独有的。例如，在澳大利亚的保护区网络向公众提供户外游憩机会。联邦储备由国家公园的主管来管理，而其他国家公园则是单独由澳大利亚各州和地区管理。同样，在加拿大，一个大规模的国家公园系统是受加拿大公园政府机构保护的，以达到"公众理解、欣赏和享受"的目的。在世界各地，国际自然保护联盟已将10亿亩土地作为国家公园土地（IUCN类别II）管理，用于环境保护和户外游憩。

在其他国家，公众不那么依赖于户外游憩公共土地的供应。例如，在芬兰和其他北欧国家有"每个人的权利"或"自由行走权"的传统允许私人土地上的游憩活动。在苏格兰，2003年的《土地改革法》正式通过私人土地应负有允许休憩活动的责任。

长距离步道是进入户外游憩区的另一种方式，并且世界上许多国家均有建设。在美国的两个长距离步道，美国东部的阿巴拉契亚山脉步道和西部的太平洋山脊步道，是最早被确定的国家级风景步道。闻名于世的秘鲁安第斯山脉印加步道，引领徒步旅行者一直抵达马丘比丘遗址。在日本，东海自然步道延伸约1 700千米（1 000英里），穿越一系列与步道结合的自然保护区。黎巴嫩的山间步道覆盖440千米（275英里），穿过许多城镇与村庄。

行政和经费

在美国，20世纪后半叶的一些事件反映了国家对户外游憩的关注在增长。其中最显著的事件之一是1958年户外游憩资源调查委员会（the Outdoor Recreation Resources Review Commission, ORRRC）的建立。该委员会成立的原因是后二战时期带来了人们对户外游憩需求的增加，而户外游憩机会极为缺乏。美国国会要求委员会确定当前和未来美国人民户外游憩的需求，确定游憩资源，并提供有助于满足户外游憩需求的政策和计划。在委员会的建议下，户外游憩局于1963年成立。这个新的机构协调联邦游憩计划、协助州内游憩项目、赞助户外游憩研究、促进各州之间的区域合作，并参与国家游憩规划制定。此外，该局负责管理新创建的土地和水资源保护基金（Land and Water Conservation Fund, LWCF）。通过外大陆架地区石油和天然气的租赁销售的其中一部分进行补贴，基金为联邦机构、州和地方政府的户外游憩规划和户外游憩区的划定和发展提供经济支持。要得到土地和水资源保护基金的经济支持，州政府必须准备相关计划，即州立范围的综合户外游憩计划（Statewide Comprehensive Outdoor Recreation Plan, SCORP），来显示它们在游憩设施、资源和项目计划上的优势。

1985年，第二个国家委员会"美国户外游憩总统委员会（PCAO）"又一次考察了美国人民的户外游憩需求。该委员会确定了一些影响户外游憩活动趋势，包括人口统计、技术和运输的变化。该委员会主要强调就近游憩机会的重要性，并鼓励当地以及国家针对户外游憩采取行动措施。在世界其他地区，公园的资金来源主要是中央政府和门票收入。

户外游憩活动

户外游憩资源调查委员会进行了一系列的全国调查，开始更好地了解在美国休闲游憩的参与度。原来的国家游憩调查（National Recreation Survey, NRS）被国家游憩和环境调查（the National Survey on Recreation and the Environment, NSRE）取代；自1960年以来这些调查每五到十年进行一次。大量的户外游憩活动一直广受美国民众的欢迎，其中包括野餐、自驾游、观光、步行和慢跑。近几十年来，参与自然研究、拍摄和观测的人数一直在增

加。在21个世纪的头10年（Cordell 2008），据统计约有2.03亿美国人参加了各种类型的自然户外活动。

自20世纪50年代，一直追踪国家游憩趋势的另一项调查是钓鱼、打猎和野生动物相关游憩的全国性调查。1991年到2006年之间的野生动物游憩趋势分析显示，人们对狩猎和钓鱼的参与略有减少，但野生动物的观赏性游憩是增加的。游客访问也多发生在主要的联邦公园和户外游憩机构。截至2009年底，国家公园和国家森林每年分别接待超过2.85亿和2.06亿的观光客（NPS 2010；USFS 2010）。

美国是第一个追踪国家户外游憩活动趋势的国家，其他国家（包括加拿大、丹麦、挪威、芬兰和瑞典）也已经在最近几年进行全国户外游憩活动的调查。这些调查的内容有很大的差别，使国际之间对照比较困难。同样的，有些国家（包括澳大利亚、德国、以色列、日本、波兰、俄罗斯和西班牙）对他们的公民进行了普通休闲相关活动的调查。然而，这些调查是多样且不是特别关注于户外游憩活动的。目前，欧洲研究界正着力研究如何能更好地整合这些游憩调查。

当代的问题和挑战

户外游憩的普及引发了一些当代的问题和挑战。例如，户外游憩活动会造成对脆弱的自然资源的影响，包括践踏植被、土壤板结和侵蚀、水污染、干扰野生动物。户外游憩的未来依赖于对公园及其相关地区的保护，且户外游憩必须最终是可持续发展的。高强度的户外游憩和不适当的游憩活动的开发也威胁到户外游憩体验的质量。一些公园和户外游憩

区会在某些时候太拥挤，这也会降低公园环境
质量和户外游憩体验质量。一些户外游憩活
动还会互相冲突，例如：机动和非机动车游憩
活动、狩猎和野生动物观赏、垂钓和滑水、滑雪
和滑雪板。这些相关问题需要得到管理部门
的进一步关注。

劳拉·安德森（Laura ANDERSON）和
罗伯特·曼宁（Robert MANNING）
佛蒙特大学

参见：生态旅游；海洋公园和保护区；国家公
园和保护区；荒野区域公园和保护；旅游。

拓展阅读

Cordell, H. Ken, et al. (2004). *Outdoor recreation for 21st century America.* State College, PA: Venture Publishing.

Cordell, H. Ken. (2008). Th e latest in trends in nature-based outdoor recreation. *Forest History* Today, Spring 2008, 4–10.

Cushman, Grant; Veal, A. J.; & Zuzanek, Juri. (2005). Free time and leisure participation: International perspectives. Oxfordshire, UK: CABI Publishing.

Hammitt, William, & Cole, David. (1998). *Wildland recreation: Ecology and management.* New York: John Wiley & Sons.

Manning, Robert. (1999). *Studies in outdoor recreation: Search and research for satisfaction.* Corvallis: Oregon State University Press.

Manning, Robert. (2007). *Parks and carrying capacity: Commons without tragedy.* Washington, DC: Island Press.

Moore, Roger, & Driver, B. L. (2005). *Introduction to outdoor recreation: Providing and managing natural resource based opportunities.* State College, PA: Venture Publishing.

National Park Service (NPS). (2010). National Park Service public use statistics office. Retrieved July 12, 2010, from http: //www.nature. nps.gov/stats/

United States Forest Service (USFS). (2010). National visitor use monitoring program. Retrieved July 12, 2010 from http: //www. fs.fed.us/recreation/programs/nvum/

Zinser, Charles. (1995). *Outdoor recreation: United States national parks, forests, and public lands.* New York: John Wiley & Sons.

Recycling

回收利用

回收和再利用是创建更加可持续的材料市场的不可或缺的组成部分。回收利用对很多材料来说既有积极的经济影响，也有正面的环境影响，有助于延缓自然资源的消耗、保存能源、减少浪费。在消费者、企业和政府面对未来的同时，相关的立法和教育在提高全球回收利用率中也起到了重要的作用。

过去100年中，全球对材料的消费成倍增长。这种趋势还会随着人口大国的工业持续发展而继续，比如中国和印度。对产品的大量需求需要增加产量，这经常伴随着更大的环境压力，表现为能源利用、废物和排放的增加。一些问题如原材料短缺、监管和共同责任的推进给企业、消费者以及立法者以压力，开始着手解决建立一个更加可持续的资源市场。通向可持续资源市场的一个重要机会就是在生产中利用二级材料（即，回收利用）。回收利用对于很多材料来讲，在经济和环境上都具有积极影响。

环境上，二级回收尽管在过程中也抵消了回收的一部分影响，但是它防止了不可更新资源的耗尽，避免了开采和获取资源的有害结果（Chapman & Roberts 1983）。对多数材料来说，资源耗尽和有害开采为回收利用提供了强大的动力（见图R.2）。例如，图右侧的塑料进行初级生产（从原始材料和/或矿石开始）时需要的能源是二级生产（从回收材料开始）的两到三倍。通过利用二级材料可以节省55%的钢和铜，以及81%的铅。对轻金属来讲，节约能源的需求更加迫切。与其他材料相比，镁是初级生产和二级生产中产生的能量差距最大的金属之一，分别为：280 MJ/kg和10～20 MJ/kg（Keoleian et al. 1997）。

幸运的是，这种能量优势也为二级生产创造了强有力的经济激励。增加循环材料的利用有重要的战略意义。它可以节约成本，因为多数扔掉的东西要比他们的初级形态便宜得多，而且很多金属都含有其他有价值的合金成分。比如，2011年美国金属市场原铜的价

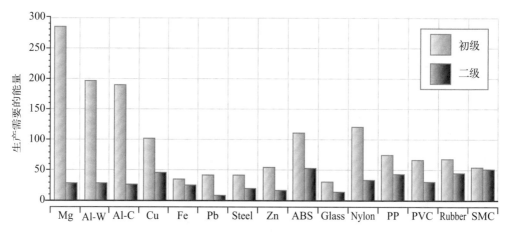

图R.2　初级和二级生产能量

来源：Keoleian et al. 1997.

解释：Mg：镁；Al-W：锻铝；Al-C：铸铝；Cu：铜；Fe：铁；Pb：铅；Zn：锌；ABS：丙烯腈—丁二烯—苯乙烯（一种常见的塑料）；PP：聚丙烯（一种广泛使用的聚合物）；PVC：聚氯乙烯（另一种广泛使用的聚合物）；SMC：片状模塑料。

格（3.42美元/磅）比精炼厂二级废铜平均高出0.54美元/磅（2011）。

除了比回收资料更贵和更耗能源，很多初级原材料也非常稀有，同时产地也极少。很多材料在资源枯竭前只有不到45年的开采时间。材料稀缺是需要考虑的重要方面，因为减少的石油储备推动了对可更新能源的利用，消耗其他稀有资源，如电池里的锂，以及太阳能光伏发电中的硅、铟、碲和镉。应该避免用更稀有的材料替代石油技术，除非足够的循环和回收设备可以到位，用于资源回收。几种材料主要产于一个国家是很麻烦的事情，如果这地区易受到自然灾害或社会政治动荡的影响。自然或人为灾害可能破坏很多资源的供给和可获性，造成生产者价格灾难性的上涨，比如20世纪70年代的钴危机。

回收率

尽管存在稀有的问题和可能的经济和能源节约，全球范围内所有材料的回收利用率并没有提高。回收率通常表示为两种方法，其主要差别在于分母是消费或是生产（见以下等式）；另外一个重要的差别是"旧"和"新"废品的差异。旧废品是从废弃的和寿命末期的产品中收集的，而新废品（又叫作"即时报废"）是从制造和生产中产生的。尽管两种废物利用都对初级生产有所抵消，寿命末期材料回收更加具有挑战性，因为：① 需要更多的收集工作；② 制成产品后所需的材料与其他材料融合在一起；③ 寿命末期加工产生污染。

$$回收利用率 = \frac{旧废品 + 新废品}{表面消费}$$

$$或 \quad \frac{旧废品 + 新废品}{初级生产 + 二级消费}$$

图R.3显示了美国、日本和一些欧盟国家的城市固体垃圾（Municipal Solid Waste，MSW），铁、铜、玻璃和纸2004年的回收利用率。毫无疑问，像铜和铁这样更加有价值的材料通常比玻璃和纸，或比含有很多材料的混合城市垃圾回收利用率更高。特别是，铜的回收利用率在40%～89%之间，平均为69%，而纸的回收利用率为11%～83%，平均为49%。尽管最近欧盟法律规定了特定的回收目标，这些国家并没有全面实现整体最高的回收利用率。这些指令包括设定目标，增加电子废弃物和电器设备（Waste Electronic and Electrical Equipment, WEEE）、废旧车辆（End-of-Life Vehicles, ELV）、电池、包装材料的回收，以及减少垃圾填埋的指令（European Parliament Union 2000）。

每个国家的回收利用率主要由现有的第二产业设施决定，低回收率并不代表所有材料最后都到了垃圾填埋场。很多国家向其他地方出口垃圾循环利用，对经济、环境和社会影响既有好的一面也有坏的一面。这些方面，尤其是电子垃圾，是近几年媒体报道的重点，下面在电子垃圾一节中进一步讨论。

不同材料或产品分类的回收率取决于复杂的社会、经济和环境互动。比如，汽车电池的回收率几乎是100%（见图R.4）。这是因为，这些电池含铅，是一种因为毒性问题广为人知的材料（García-Lestón et al., 2010），因此将它们弃置于城市固体垃圾或填埋场是非法的。汽车业有很高的回收率，因为很多部件可以重复利用和重复制造，也因为含有大量有价值的金属，比如钢、铝和铜。全球的汽车回收基础设施也很好，形成了一个收集和专为处理大量回收而建的加工设备网络体系。很多扔到城市固体垃圾的材料是可分解的，可以被回收用作堆肥，因此比起其他材料有较高的回收利用率。包装材料，比如钢和铝罐，为节省初

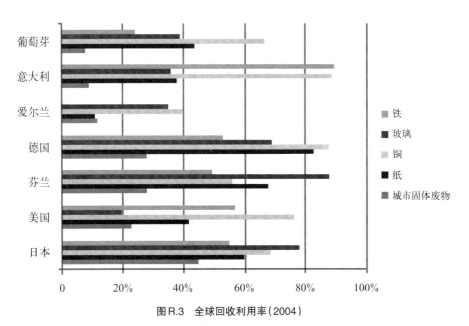

图R.3 全球回收利用率（2004）

来源：The Global Development Research Center 2007.

2004年一些经合组织国家回收利用率，见链接：http://maps.grida.no/go/graphic/recycling-rates-for-selected-oecd-countries; Environmental Protection Agency (2007); UNEP (2004)。

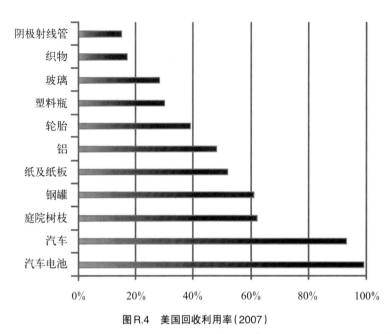

图 R.4　美国回收利用率（2007）

来源：Environmental Protection Agency 2007; Coca Cola Recycling Institute 2007; Dahmus & Gutowski 2006.

级材料成本，同时这些金属再熔较简便，也有较高的回收利用率。由于杂质相对少，回收的钢材和铝罐可以在熔炉里融化，加入必要量的合金成分或初级金属，用于生产。

其他包装材料如纸、塑料和玻璃比起金属材料回收率要低很多，因为很难合成回初级产品。回收的纸张通常比初级品的纤维短，因此性能欠佳，比如撕裂强度和洁白度（Abubakr, Scott & Klungness, 1995）。玻璃和塑料常常是经历了化学变化的，因此不能简单地再熔化。这些城市固体垃圾污染程度高，与其他产品混合也是如此。轮胎通常是"降级循环"的。降级循环是一种材料被回收用作低价值产品。轮胎被打碎或磨碎用作水泥、混凝土和沥青等产品的填充物，比如道路。像旧电视机、电脑显示器这样的电子垃圾含有阴极射线管正在成为城市固体垃圾流越来越多的组成部分。它们很难回收利用，因为必须首先

去掉塑料外壳才可以接触到有玻璃的部分。而且，部分玻璃含有铅，毒性也是再利用所担心的问题。

以上回收利用率也会起伏不定，随着时间的推移，因潜在的经济和立法而剧烈变化，美国多数材料总的回收利用率在50%以下徘徊，一些旧废弃物的回收利用率不到以上数字的一半。这是值得关注的，因为旧废弃物不但可能面临更大的收集和利用的挑战，而且与新废弃物相比，处在寿命末期的废弃物要多得多。这类生命末期的材料，依然在目前还在使用的产品中存在，或者被消费者保存着（Sullivan 2005）。同时，新废弃物品被扔掉或填埋的可能性非常低，而研究表明至少34%的生命末期产品目前没有得到回收（International Aluminium Institute 2005）。更麻烦的是这些回收利用数字基本停滞不前或下降（见图 R.5）。要扩大回收范围，必须去除或降低阻碍回收

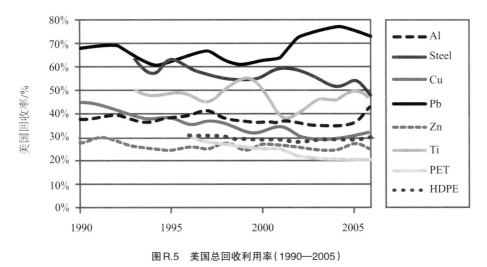

图R.5　美国总回收利用率（1990—2005）

来源：Kelly 2004.

解释：Al：铝；Cu：铜；Pb：铅；Zn：锌；Ti：钛；PET：聚对苯二甲酸乙酯（大多数塑料瓶）；HDPE：高密度聚乙烯（如牛奶罐）。

和加工二级材料的因素（Goodman et al. 2005；Wernick & Themelis 1998）。

回收的阻碍

很多不同的障碍妨碍了对回收或废旧材料的更多利用，有一些列在了下面：

- 收集的高经济和环境成本（Porter 2002；Calcott & Walls 2005）。

- 不确定的产品需求（Li 2005；Gaustad，Li & Kirchain 2006）。

- 不确定的可用废旧物品（Toto 2004）。

- 价格波动（Lee，Padmanabhan & Whang 1997）。

- 废料周围组织的不确定性（Peterson 1999）。

- 消费者参与有限（Morgan & Hughes 2006；Watts，Jones & Probert 1999）。

- 监管不足，不能有效地激励参与或不切实际（Porter 2002；Kulshreshtha & Sarangi 2001；Reuter，van Schaik & Ignatenko 2006）。

- 回收的产品质量低（Vigeland 2001）。

- 一些回收产品缺乏市场（Gesing 2004；Woodward 1997）。

收集是回收利用极其重要的部分。无论从经济还是环境角度，将消费后垃圾运送到处理设备进行材料利用，是整个回收利用过程中不可缺少的部分。运输废物消耗的矿物燃料，以及排放的温室气体，经常抵消了通过回收再利用节省的环境成本。对回收者来讲，运输和后续的加工也可能使回收者亏本。这是很多种废物回收率依然低的主要障碍。

不确定性是所有企业都面临的现实，回收者和材料回收设施也不例外。由于二级加工者面对各种操作不确定性，出现了很多加强回收材料利用的经济制约因素（Peterson 1999；Khoei，Masters & Gethin 2002；Rong & Lahdelma 2006）。特别是，根据生产链中的不同位置，不确定性来源于反复无常的需求、回收材料不稳定的可用性、这些材料的价格和它们组成的变化。由于市场为基础的固有的供应链反馈机制，这些不确定性使距离消费者最远受到的影响也最大，比如材料生产者和回收者（Lee，Padmanabhan & Whang 1997）。

尽管很多商品材料的价格有所波动，但是二级或回收材料的价格变动更大。部分原因是，不同种类的废物材料在不同区域和地点价格不同。美国金属市场（American Metals Market，AMM）跟踪了 14 个美国和 2 个加拿大城市的废品价格，同样的废品在同样的时间价格可以相差 46%。地区价格差异的原因多种多样，比如，靠近城市的废品经销商通常有更大量的可消费品供应，比如钢罐、铝罐和塑料包装。他们因此可以对这些回收材料提供更低的价格。美国中西部废品经销商可以获得大量汽车类混合废料，因此可以提供更低的价格给铜铝散热器、汽车回收过程的粉碎塑料以及钢和铝。废品价格与回收材料的可获得性紧密相连，所以随着废品几年来被越来越多地出口到迅速工业化的国家，比如中国和巴西，价格波动也在增加。

在生产过程中回收材料的组成，被认定为最重要的不确定性来源（Subramanian 2000；Rong & Lahdelma 2006）。考虑到二级生产者使用的多种回收材料，再乘以几十种相关的组成成分，很明显，成分的不确定性难以保证质量，因此对回收材料的使用产生了很强的抑制作用。同时，一些研究（Daigo et al. 2005；Hatayama et al. 2007）提出了质疑，认为重复循环使用一种资源会使该资源退化，使其越来越难以再利用。这是由于回收材料流的聚集造成的。聚集就是重复循环的某些元素或化合物的积累。很多回收材料流都显示出积累效应：回收钢材中的镍、铜、铬；再生铜中的铁、镍、铋；回收塑料中的镉；回收铜中的铅；回收玻璃中的铝、碳和碳化硅；回收铸铁中的锰、镍和锌。对回收和拆解的研究（Johnson & Wang 1998）指出了跟踪和减轻再生材料中杂质元素积累的挑战。

回收材料流中的积累机制各不相同。很多材料，特别是金属，含有特意添加的合金成分，在最终产品中得到理想性能。在产品制造过程中通过焊接、铆钉、钉子、黏合剂等方式将材料结合在一起。切割出的成分，通常是钢切削工具切割的铁，可以通过制造获得。其他来源包括生命末期加工，如粉碎、切碎和除漆。在收集过程中很多材料也成为混合物。

电子垃圾

电子垃圾，或称"e-垃圾"的回收，逐渐引起关注，因为大量新型电子产品（计算机、手机、笔记本电脑、显示器、打印机、MP3 播放器等）的使用寿命不断终结。目前，处理回收这些废旧电子产品的设施不足。由于低廉的人工和松散的环境管制，这类垃圾的出口，通常至发展中国家，简单且具有经济吸引力，使得电子垃圾的回收变成一个复杂的社会、经济和环境问题。出口的电子垃圾有一些得到了再利用和/或安全地回收，而一些电子垃圾在非正规部门得到回收，通常对环境有害。毒性问题是电子垃圾中多种成分特别关注的问题。印刷电路板中含有铅、镍和铍；电池含有镍和镉；塑料外壳含有溴化阻燃剂；液晶显示器含有汞。研究表明，一些这类材料——特别是铅——如果放在一个模拟填埋的环境中有可能发生严重的浸出（Musson et al. 2006）。非正式部门回收也会造成这些毒素向空气和水中释放，同时也对拆解和溶解这些部件的工人造成伤害。

电子产品变化迅速，消费者个性化需求以及产品多功能的作用逐步增强，基本无法预测未来电子垃圾需要怎样的生命末期管理，也无法预计未来最划算和环境最友好的方式。这样看来，绿色电子委员会2009年的报告《闭环——设计电子产品加强再利用/回收价值》中最惊人的发现之一就是：产品尺寸和特征（比如手机）变化太快，无法将回收过程标准化，从而普遍利用的、通过深拆废旧电子产品进行再利用或回收的范式将无法适用。相反，这些产品可能必须经过相当大的设计改变使它们可以轻易被丢弃，同时对环境的影响降到最低（"去污染"），或者它们必须利用自动化的，或火冶的方式处理——无论哪一种方法都对产品中涉及的能源，以及稀有材料的开发能力有所限制。

管理回收开发制约因素的战略

为了增加回收利用率，社会方面的作用不可低估。提高循环回收系统参与度的因素（比如教育、改进的可获性等）是提高整体回收利用率的基石，特别对于铝来讲（Watts, Jones & Probert 1999）。一些收集和运输回收材料的困难，可以通过鼓励个人在收集前分拆和分拣物品的方式得到缓解，就像现在西方很多国家所做的那样。家庭分拆和材料回收设施（Material Recovery Facilities, MRF）的环境和经济效率在地理和社会经济度量上有很大差别，比如，家庭之间距离、收入的高低、教育水平以及年龄都影响着回收系统的成败（Hornik 1995; Berglund 2006）。

共同责任是另外一个社会学方面，可以对降低材料利用的环境负担产生深远的影响（Esty & Porter 1998）。消费者对绿色产品的需求、即将执行的管制以及来自拥护集团的压力，都为企业降低环境影响提供了推动力。通过企业召回生命末期产品、为回收利用进行产品设计、加强制造和生产中对二级材料的应用，这些将对回收再利用产生巨大的影响。

政策通过从城市（如处理费），到州（如给企业利用回收材料予以补贴），到联邦（如欧洲废旧汽车决议），再到全球（如政府间气候变化专门委员会），各级立法也对影响回收系统起到了重要的作用。比如，2005年美国饮料瓶的回收率大约为35%，有押金或瓶费的州回收率可达61%，而没有的州平均回收率只有24%（见表R–2）。建立回收利用为基础的社会基本法于2000年在日本确立，这是另外一

表R-2　美国饮料容器回收利用率(%)

		铝　罐	PET瓶	玻璃瓶	总　计
11 个有押金的州	碳化	79	71	73	76
	非碳化	49	35	36	37
	平均	76	44	64	61
39 个无押金的州	碳化	35	14	12	24
	非碳化	35	14	12	24
	平均	35	14	12	24
美国全部	碳化	45	27	29	37
	非碳化	42	22	21	29
	平均	45	24	28	35

来源：Porter 2002；McCarthy 1993.

"有押金的州"是美国对消费者使用每个容器收取少量费用的州：通常是 5 美分（比如马萨诸塞州、康涅狄格州和爱荷华州）空瓶退还后费用可退回。

个立法成功的案例。这项法令给日本的市政府提供了指导来降低垃圾总量，使得很多市政府要求家庭对自己的家庭垃圾进行分类（与路边或 MRF 分类不同）。来自日本环境部的数据显示，家庭垃圾分类使垃圾总量大量降低，同时也为市政府节约了大量成本。

增加回收利用的操作策略包括：① 高效的混合计划；② 重新设计合金容纳更多废品。无论混合和重新设计通常都要继续进行昂贵的摸索尝试。然而，专门处理不确定性组成的数学方法可以降低甚至有时排除这种重复性工作（Gaustad 2009; Gaustad，Li & Kirchain 2007）。企业可以利用不同的其他操作办法来处理由于非期望因素的积累造成的对回收利用的负面影响。稀释初级废物是最常用的方法：它对回收利用有负面作用，因为所需的稀释在成分上决定了回收率的上限。降级循环是另一种处理高度污染二级材料的常用方法。它可以使回收的材料使用率提高，但是对循环经济有着负面影响。

其他目前处理积累问题的方法多为技术性的。物理分离技术通常用于废品流，通常是那些粉碎性废品（Wilson，Veasy & Squires 1994）。比如，大多数的汽车报废，都要经过某种粉碎过程才能被卖到二级熔炼商手中。在采用下文中说明的、更先进的物理分离技术之前，一般将废品分成小部分的分离，通常用到各种筛选的方法。除漆过程也是一个常用方法，废品经过加热除去表面的漆、纸和塑料商标以及其他外皮。磁分离是一种利用装有钕（钕铁硼）磁铁的传送带将非铁和铁废品组成部分相互分离的办法。

空气分离也是一种常见的物理分离方法。传送带系统经常用吸入方法将重量轻的材料如塑料、橡胶和泡沫吸走。这些轻质部分通常被称作"粉碎残留"，且通常被填埋

（Gesing 2004）。浮沉分离法把含水的泥浆，运用重力的原理将不同密度的非铁质材料分离型的三步法是：将过程中得到的部分一开始浸于水槽（比重为1），将大多数非金属部分分离（塑料、泡沫、木头等）。（比重是指一种物质相对于参照物的密度，通常为水的密度）然后，用2.5比重的水槽分离镁和比重更高的塑料。要控制水槽的比重，需要加入磁铁矿或硅铁粉。第三个水槽的比重为3.5，用来分离出铸造和锻造的铝金属，只留下更重的金属成分，如铜、锌和铅。

最常用的技术就是简单的稀释，目的用于从回收的金属中去掉杂质。在稀释过程中要加入不同的成分（通常是无机盐）化学品和气体，从而① 降低氧化；② 使某些成分迁移至浮渣或熔体的顶层；③ 提高熔体的流动性或润湿性，有助于内含物的分离；④ 除去氢气和氮气；⑤ 除去钙、锶、钠、镁和锂（Utigar et al. 1998）。每项策略都有成本和废品利用之间的权衡。理解这种权衡对确定这些潜在方法的价值有决定性的作用。

展望

由于环境问题、气候变化问题以及矿物燃料匮乏和价格的变动不断出现，消费者、企业、立法者以及政府面临越来越大的压力，去建立一个更可持续的材料市场。回收和再利用程度的提高，是促进这场变革的主要战略和机遇。然而，材料市场正如多数市场一样，也受到供求关系的经济学所控制，很多材料的回收在经济上仍然不可行。同时，要考虑到一些材料的回收利用在环境上并无益处。重新回收带来的益处被回收、运输和加工的能源以及排放负担抵消了。展望未来，依然有大量机会能够提高很多材料的回收利用，有望对环境和经济产生正面影响。技术的研发在加工回收材料流的过程中对再生和产出的优化将会继续，同时推动建立新的二级工业设施。法规的不断提出和实行也将大大影响当地的回收利用率。

加布里埃尔·高斯达德（Gabrielle GAUSTAD）
戈利萨诺可持续发展研究所
罗彻斯特理工学院

参见：铝；钶钽铁矿；铜；电子产品的原材料；黄金；重金属；工业生态学；铁矿石；替代材料；矿产资源稀缺性；采矿业——金属矿床开采；非金属矿业；自然资源经济学；银；锡；钛；废物处理。

拓展阅读

Abubakr Said; Scott Gary; & Klungness John. (1995). Fiber fractionation as a method of improving handsheet properties after repeated recycling. *TAPPI Journal*, 38, 123–126.

American Metal Market. (2011). *Non-ferrous scrap prices*. Daily Pricing Bulletin.

Berglund Christer. (2006). The assessment of households' recycling costs: The role of personal motives. *Ecological Economics*, 56 (4), 560–569.

Calcott, Paul, & Walls, Margaret. (2005). Waste, recycling, and "design for environment": Roles for markets and policy instruments. *Resource and Energy Economics, 27*, 287–305.

Chapman, P. F., & Roberts, Fred. (1983). *Metal resources and energy*. London: Butterworth and Co.

Coca Cola Recycling Institute. (2007). *Aluminum beverage container recycling rates*. Retrieved August 23, 2010, from http: //www. container-recycling.org

Dahmus, Jeffrey B., & Gutowski, Timothy G. (2006). Material recycling at product end-of-life. In *Proceedings of the 2006 IEEE International Symposium on Electronics & the Environment conference record: 8–11. May 2006, Scottsdale, AZ [sic] USA* (pp. 206-211). Piscataway, NJ: Institute of Electrical and Electronics Engineers.

Daigo, Ichiro; Fujimaki, Daisuke; Matsuno, Yasunari; & Adachi, Yoshihiro (2005). Development of a dynamic model for assessing environmental impact associated with cyclic use of steel. *Journal of the Iron and Steel Institute of Japan (Tetsu-to-Hagane), 91* (1), 171–178.

Environmental Protection Agency. (2007). *Municipal solid waste generation, recycling, and disposal in the United States: Facts and figures for 2007*. Washington, DC: Author.

Esty, Daniel C., & Porter, Michael E. (1998). Industrial ecology and competitiveness. *Journal of Industrial Ecology, 2* (1), 35–43.

European Parliament Union. (2000). Directive 2000/53/EC of the European Parliament and of the Council of 18 September 2000 on end-of life vehicles. *Official Journal of the European Communities, 269*, 34.

García-Lestón, Julia; Méndez, Josefina; Pásaro, Eduardo; & Laffon, Blanca. (2010). Genotoxic effects of lead: An updated review. *Environment International, 36* (6), 623–636.

Gaustad, Gabrielle. (2009). *Stochastic methods for improving secondary production decisions under compositional uncertainty*. Cambridge: Massachusetts Institute of Technology.

Gaustad, Gabrielle; Li, Preston; & Kirchain, Randolph. (2006, March). Raw material usage strategies under conditions of uncertain alloy demand. San Antonio, TX: The Minerals, Metals, and Materials Society.

Gaustad, Gabrielle; Li, Preston; & Kirchain, Randolph. (2007). Modeling methods for managing raw material in alloy production. *Resources Conservation & Recycling, 52* (2), 180–207.

Gesing, Adam. (2004). Assuring the continued recycling of light metals in end-of-life vehicles: A global perspective. *Journal of Materials, 56* (8), 18–27.

Goodman, Jennifer, et al. (2005). Aluminum beverage can recycling rate rising. Retrieved August 23, 2010, from http: //www.aluminum.org

Green Electronics Council (GEC). (2009). *Closing the loop: Electronic design to enhance reuse/recycling value, final report*. Portland, OR: Author.

Hatayama, Hiroyuki; Yamada, Hiroyuki; Daigo, Ichiro; Matsuno, Yasunari; & Adachi, Yoshihiro. (2007).

Dynamic substance flow analysis of aluminum and its alloying elements. *Materials Transactions, 48* (9), 2518–2524.

Hornik, J., Cherian, J., Madansky, M., & Narayana, C. (1995). Determinants of recycling behavior: A synthesis of research results. *Journal of Socio-Economics, 24* (1), 105–127.

International Aluminium Institute (IAI). (2005). *Aluminum for future generations: Sustainability update 2005.* Retrieved August 28, 2010, from http: //www.world-aluminium.org/cache/fl 0000132.pdf

Johnson, M. R., & Wang, M. H. (1998). Economical evaluation of disassembly operations for recycling, remanufacturing, and reuse. *International Journal of Production Research, 36*, 3227–3252.

Kelly, Timothy, et al. (2004). Historical statistics for mineral and material commodities in the United States. Reston, VA: United States Geological Survey.

Keoleian, Gregory A.; Kar, K.; Manion, M.; & Bulkley, J. (1997). *Industrial ecology of the automobile: A life cycle perspective.* Warrendale, PA: Society of Automotive Engineers.

Khoei, Amir R.; Masters, Ian; & Gethin, David T. (2002). Design optimisation of aluminium recycling processes using Taguchi technique. *Journal of Materials Processing Technology, 127*, 96–106.

Kulshreshtha, Praveen, & Sarangi, Sudipta. (2001). "No return, no refund": An analysis of deposit-refund systems. *Journal of Economic Behavior & Organization, 46*, 379–394.

Lee, Hau L.; Padmanabhan, Vasantha; & Whang, Seungjin. (1997). The bullwhip effect in supply chains. *Sloan Management Review, 38* (3), 93–102.

Li, Preston. (2005). *Strategies for aluminum recycling: Insights from material system optimization.* Cambridge, MA: Massachusetts Institute of Technology.

Matos, Grecia R., & Wagner, Lori. (1998). Consumption of materials in the United States, 1900–1995. *Annual Review of Energy and the Environment, 23*, 107–122.

McCarthy, James E. (1993). *Bottle bills and curbside recycling: Are they compatible?* (C.R.S. report for Congress). Retrieved August 28, 2010, from http: //ncseonline.org/nle/crsreports/pollution/plgen-3.cfm

Morgan, Fred W., & Hughes, Margaret. (2006). Understanding recycling behavior in Kentucky: Who recycles and why. *Journal of Materials, 58* (8), 32–35.

Musson, Stephen E.; Vann, Kevin N.; Jang, Yong-Chul; Mutha, Sarvesh; Jordan, Aaron; & Pearson, Brian, et al. (2006). RCRA toxicity characterization of discarded electronic devices. *Environmental Science & Technology, 40* (8), 2721–2726.

Peterson, Ray D. (1999). *Scrap variability and its effects on producing alloys to specification.* San Antonio, TX: The Metals, Minerals, and Materials Society.

Porter, Richard C. (2002). *The economics of waste: Resources for the future.* Washington, DC: RFF Books.

Reuter, Markus A.; van Schaik, Antoinette; & Ignatenko, O. (2006). Fundamental limits for the recycling of end-of-life vehicles. *Minerals Engineering*, *19* (5), 433–449.

Rong, Aiying, & Lahdelma, Risto. (2006). *Fuzzy chance constrained linear programming based scrap charge optimization in steel production*. Turku, Finland: University of Turku.

Subramanian, P. M. (2000). Plastics recycling and waste management in the US. *Resources, Conservation and Recycling*, *28*, 253–263.

Sullivan, Daniel. (2005). *Metal stock in use in the United States, Fact sheet 2005–3090*. Reston, VA: United States Geological Survey.

Toto, DeAnne. (2004, February 16). Elementary economics: Slumping industrial production and demand from China is pinching aluminum scrap supply. *Recycling today*, 33–35.

United Nations Environment Programme (UNEP). (2004). *Recycling rates for selected OECD countries*. Retrieved August 23, 2010, from http: //maps.grida.no

Utigard, T. A.; Friesen, K.; Roy, R. R.; Lim, J.; Silny, A.; & Dupuis, C. (1998). The properties and uses of fluxes in molten aluminum processing. *Journal of Materials*, *50* (11), 38–43.

Vigeland, P. (2001). *Aluminum recycling: The commercial benefits, the technical issues, and the sustainability imperative*. Paper presented at the Metal Bulletin's 9th International Secondary Conference, Prague, Czech Republic.

Watts, Beverley M.; Jones, L. A.; & Probert, Jane. (1999). Market barriers to the recycling industry: The effectiveness of a market driven waste management strategy in the UK. *Eco-management and auditing, 6* (2), 53–60.

Wernick, Iddo K., & Themelis, Nickolas J. (1998). Recycling metals for the environment. *Annual Review of Energy and the Environment, 23*, 465–497.

Wilson, R. J.; Veasey, T. J.; & Squires, D. M. (1994). The application of mineral processing techniques for the recovery of metal from post-consumer wastes. *Minerals Engineering, 7*, 975–984.

Woodward, Roy. (1997). Where next wrought aluminium alloys? *Aluminium today, 21*, 21–23.

Rice

水　稻

　　水稻是世界约一半人口的最重要食物。它几乎占全球禾谷类生产量的1/4(仅次于玉米)。虽然自20世纪60年代以来产量大大提高，但这主要是因为遗传修饰和化学杀虫剂，以及由化石燃料生产的化肥的使用，因此引起了对21世纪水稻生产可持续性的疑问。

　　水稻是世界约一半人口的最重要食粮，提供了全球禾谷类产量的约23%。根据联合国粮农组织数据，在1961和2009年间，世界水稻生产从2.15亿吨提高到6.787亿吨，产量从每公顷1.878吨提高到4.2吨(FAO 2011)。这些与小麦和玉米生产和产量的相应增加，是为什么20世纪60年代广为惧怕的世界饥荒从未发生的主要原因。世界约91%的水稻产于亚洲。2009年，5个最重要的水稻生产国依次是中国、印度、印度尼西亚、孟加拉国和越南，它们共占全部水稻种植的71%(FAO 2011)。

起源与生态

　　水稻是唯一能在积水中生长的主要禾谷类作物，虽然水稻不需要积水。几个品种甚至能承受完全淹没或以不同方式适应它。因此，它唯独适应于经常伴随亚洲季风的周期性严重洪水泛滥。在全世界有2个驯化物种和大概26个野生种。驯化物种是亚洲栽培稻(*Oryza sativa*，以下称水稻)和非洲栽培稻(*O. glaberrima*)。水稻在亚洲进化，并分为两个亚种：籼稻(*indica*)和粳稻(*joponica*)。籼稻品种在南亚占优势，粳稻在亚洲东部占优势。目前两者在全世界分布。非洲栽培稻原产于非洲西部，现在仍然位于那里。非洲和亚洲驯化种都有相同的野生祖先：普通野生稻(*O. rufipogon*)是生长在池塘和水沟的植物。北美本地野生稻是一个独立的属：菰属(*Ziziana*)。

　　水稻很可能在几个地方和几次从其野生祖先被驯化，约7千年以前开始于从印度北部恒河上游河谷到孟加拉国、缅甸和泰国以及横跨中国南方区域。看似可能是籼稻——粳稻分化发生在接近东南亚的不同小环境，其中粳稻品种出现在低地、籼稻出现在较高地区，当时在这些地区发现了分化。原产于孟加拉国的奥斯稻（aus）和阿曼稻（aman）品种有许多性状表现为介于两个亚种之间。一旦被驯化，水稻就从亚洲季风区较湿地区扩散到东南亚，主要替代了像现在幸存于巴布亚新几内亚的基于芋头的栽培体系。

籼稻和粳稻亚种间的主要区别是前者较高和做熟成饭时分开的较细籽粒。粳稻植株茎矮，籽粒较短、宽以及做熟成饭时较黏。但是，在两个亚种中都有很大差异，这些差异包括风味、质地、产量和生长习性。生长习性的区别包括水稻是否浮动、能否在淹没中存活、到成熟所用的时间长度以及其生长周期是否对光周期敏感。"浮动"意思是随着水深增加茎能够快速伸长，因此防止植物在深水中被淹死，有些浮动水稻一天能够延长20厘米，至整个高度几米。术语"光周期敏感"意思是籽粒产生的开始受日照长度控制的倾向。"淹没"意思是整个植株被水覆盖，不仅仅是较低部分。虽然所有水稻都能忍受1～3天淹没，有些能忍受长达12天，但它们不像浮动水稻那样伸长。这些称为"深水稻"集中于深水或浮动水稻而改良生产能力的研究甚少。

栽培

水稻栽培体系根据农田是否为永久或改变、有界限（有高起的边界容水）或无界限灌溉、雨水浇灌或受洪水影响、所用工具以及水稻品种而不同。描述水稻栽培体系的最普遍方法是根据人工和资本集约化程度。

首先，最不集约的体系是刀耕火种。这种古老体系可在全世界与许多作物相关的地方见到，通常不需要除一把斧头、一根尖头棍（小手铲）和火种以外的工具。水稻的刀耕火种体系在从喜马拉雅山偏远山区到大洋洲仍然出现。刀耕火种制的水稻栽培中，在旱季将一片森林或竹子砍掉并晾干，临到下雨时烧掉。然后将种子点播到灰或地下。土地拥有者两三年后可能回来保护并收获作物。然后，农田被遗弃10到15年。一般对刀耕火种而言，产量与人工投入以及实际种植面积高度相关，但与当考虑恢复土地时所需的整个土地相关很低。当刀耕火种体系中可用土地受到更固定耕作体系或其他类型用地限制时，再生长就不完全，肥力耗尽，并且土壤侵蚀普遍。

第二个体系是高地栽培。它比刀耕火种更集约并包括在永久农田直接播种，通常在坡地上。工具是锄头，还可能有犁。农田无边沿保水。产量低并常见土壤侵蚀。

第三个系统是雨水浇灌农业。使用平整、有边沿和搅碎土壤使其呈泥浆状的农田（搅碎土壤使其呈泥浆状是当农田湿的时候搅拌土壤使被搅拌层底部形成相对不透水细土层，可保水）。虽然有时称为"低地栽培"，但这种系统出现在各种从山区坡地到河三角洲的高地。然而，水稻品种是具有很好抗旱性但水淹耐受性差的"高地"类型。工具包括犁和牵引犁之类，通常是由水牛或牛牵拉，但越来越多的是耕作机或拖拉机。插秧需要较多的水并且产量低，但缩短了到收获的时间。这种类型的栽培能长期保持高水平生产力。

第四种体系是出现在上升的水可以许多星期淹没农田的泛滥平原的雨水浇灌农业。

整地与雨水灌溉的低地栽培相同,但作物不同,对水位升高期间数量占优势的浮动或深水水稻,通常在水退下之后用另一个要收获的作物接替。

第五个系统是灌溉的低地栽培,这包括与雨水浇灌低地栽培相同的整地,但使用高地水稻品种并增加配水系统的建造和操作。该系统占世界总生产的大多数,并且占与绿色革命(即能使农民单位土地面积和单位人工大幅度提高食物产量的农业技术)相关联的近期扩大面积的大多数。几乎所有的增产研究都放在了高地水稻和这种栽培类型。

特性

像小麦和玉米一样,水稻是一种禾本科植物,其种子或果实(籽粒)长在顶端。但不像小麦和玉米,水稻的每一个籽粒都由一个薄壳包围。在下面,裹上一层棕色糠,其下面是熟悉的白色、含淀粉的胚乳。水稻通过在接近根部割断然后分离种子而收获。这些带壳种子叫作稻谷(paddy,这也是水稻种植地方的术语)。对高地水稻讲,稻谷重量一般约是植株干重的一半。按重量计的稻谷组成是约20%的壳、11%糠和约69%的胚乳。碾成米时,在有用籽粒中回收到的胚乳约是稻谷重的55%,但可能低到30%。因此,水稻比小麦和玉米生产更少与整个种子重量相关的可食重量。

仅将壳去掉的大米是糙米,去掉糠的糙米是熟悉的白米。由于糠的油分,糙米最长只能储存约6个月,做熟它还需要像白米的4倍时间。但是,碾米副产品没有废品。干茎是普通的用稻草盖屋顶材料,并能切碎作草料。稻壳通常用作做饭燃料、填枕头和床垫。稻糠能榨制食油或用作牲畜和家禽的高质量饲料添加剂。

前景与可持续性

在灌溉稻田的高地水稻栽培,长期是世界耕作中人工最集约的类型,但就增加的能量投入完全由农场自身增加的产出支撑而言,它是可持续的。水中的藻类为水稻植株固氮、田间的水环境,曾为大量也为人类饮食作贡献的家禽、鱼和两栖动物提供了生境,现在不再如此。水稻生产的世界性增加主要是由于提高产量,而不是增加栽培面积。从1961年到2009年,世界水稻产量从每公顷1.87公吨提高到4.33公吨。这很大程度上反映出选择育种所培育并设计对化肥特别是氮增加用量更有响应的,高产新品种的广泛使用和害虫控制化学方法使用的增加。这些种子来自农场外育种场所。藻类自然固氮不足以提供所需额外的氮，并且杀虫剂经常使有用动物、家禽和鱼群体减小。

制造的化肥和杀虫剂需要能量。西方最常用天然气进料和加热过程生产的1千克氮肥代表着约78兆焦耳能量，用中国所用靠煤的较低效方法，它代表得还多些。另一种常用化肥过磷酸钙每千克代表了约383兆焦耳的能量。1983年，在绿色革命高峰期，旁遮普农业大学推荐对高产水稻的每公顷氮肥用量55千克和过磷酸钙75千克，每公顷预计稻谷产量3 200千克，这么多稻谷每公顷会产生约17 500兆焦耳食物能量，仅化肥能量消耗会有13 800兆焦耳，意味着作物实际依靠将化石燃料转换为食物。

对未来，提高产量自身是不够的。现在对农业发展必须包括可持续性，这有着全世界性共识。对化石燃料的依赖必须降低，仍将依靠绿色革命起始阶段产生增益的选择育种和其他方法，但自1996年以来，提供将完全不同的物种基因进行转化的直接遗传修饰，也有更大的作用，任何地方还没有种植遗传修饰的禾谷类作物为人类直接消费，但它们广泛用于饲料和食品加工原料，主要是大田玉米和大豆。2009年11月，中国政府批准了预为人类消费的转基因Bt水稻，阻抗在全中国流行的稻螟，在降低对化学杀虫剂需要的同时，期望增产约8%。

2000年以来，就总吨数而言，世界最重要食物增收是通过提高种植面积的玉米。原因是遗传转化修饰、预用作饲料、从玉米面到玉米糖的食品加工配料或生物燃料的大田玉米的使用得到了提高。这对水稻生产有直接影响，因为玉米产量的提高大部分在中国。1960年，中国的玉米生产为1.062亿吨，2009年为1.641亿吨。这段时间，水稻（稻谷）产量也有提高，但速度慢得多：从1.898亿吨到1.967亿吨（FAO 2011）。中国现在是第二大玉米生产国，在美国之后。2009年11月，与中国政府批准Bt水稻的同时，还批准了植酸酶玉米，这种玉米含有能让用玉米饲养的猪，更好地利用食物的磷，既提高了猪的生长速度又降低了它们排泄物中一个重要水土污染源磷酸盐的含量。玉米不是为人类消费计划，但猪肉是。

与需要寒冷的小麦不同，水稻和玉米两者都耐热。但水稻栽培约需要玉米用水的三倍。因此，水稻的未来将与玉米密切相关，但只与小麦间接相关。水稻将继续在农民能指望在夏季洪水环境中种植，但是，水稻需要用既昂贵又耗能的地下水或地面水库和河流灌溉的地方，可能更多地被玉米取代。每公顷或每单位成本生产更多食物已不再是一个问题，这是一个食物需求、经济学、对降低化石燃料使用的需求、生产从生物质衍生的替代燃料的能力、作物对整个食物链影响，以及很重要的是转基因作物对人类直接或间接消费的最终安全性之间复杂相互作用的问题，结果根本不确定，确定的是很多取决于它。

默里·J.立夫（Murray J. LEAF）
达拉斯得克萨斯大学

参见：农业（几篇文章）；苜蓿；生物能源与生物燃料；施肥/肥料；纤维作物；食品历史；食品安全；粮食作物；绿色革命；球根类作物。

拓展阅读

Barker, Randolph; Herdt, Robert W.; & Rose, Beth. (1985). *The rice economy of Asia*. Washington, DC: Resources for the Future.

Lansing, J. Stephen, & Miller, John H. (2003, May 7). Cooperation in Balinese rice farming. Retrieved May 25, 2011, from http://www.santafe.edu/media/workingpapers/03–05–030.pdf

Molle, Francois, & Srijantr, Thippawal (Eds.). (2002). *Thailand's rice bowl: Perspectives on agricultural and social change in the Chao Phraya Delta. Studies in contemporary Thailand no. 12* (Erik Cohen, Series Ed.). Bangkok, Thailand: White Lotus Press.

Randhawa, M. S. (1980–1986). *A history of agriculture in India*. New Delhi: Indian Council of Agricultural Research.

United Nations Food and Agriculture Organization (FAO). (2011). FAO stat database gateway. Retrieved July 15, 2011, from http://faostat.fao.org/site/291/default.aspx

Stone, Glenn Davis. (2004). Social constraints on crop biotechnology in developing countries. AgBioForum , 7 (1 & 2), 76–79.

Rivers

河　流

地理学家路易斯·芒福德发现，所有伟大的历史文明都是沿大河两岸的天然大通道而繁荣兴盛，当今世界就是这一发现的回响。世界上的河流在人类各种活动的影响中也首当其冲。但污染和生境丧失（水利工程中两个主要副作用）以及气候变化，对农业、制造业、城市供水和野生动植物保护都带来了前所未有的挑战。

根据一般的定义，河流是指在河道（正如其拉丁词根 *ripa*，顾名思义为河岸）范围内的水流。更确切地说，河流形成了从高海拔向低海拔运输水、土壤、岩石、矿物和丰富营养碎屑的主干排水系统。从更广泛的意义上来讲，河流是全球水循环的一部分：河流收集了降水（雪、雨夹雪、冰雹、雨），并运输回湖泊和海洋，即蒸发和云的形成重新开始的场所。以重力和日光为能量，河流侵蚀其周围的陆地、冲刷山脉、磨削岩石、形成遍布地壳的冲积平原。作为水和营养物质的运输者，河流还为鱼类、海绵、昆虫、鸟类、树木和许多其他生物提供复杂的生态位。

同样地，河流作为人类重要的淡水来源，不仅为人类自身，也为牲畜提供饮用水补给。猎人们发现，河边是追寻海狸、鸭子、鹿、羚羊、大象、狮子和成百上千其他小型和大型猎物的理想之地。采集者也会通过河流获得具有丰富营养的植物和草药。同时，冲积平原的肥沃土壤孕育了农业与园艺，当利用灌溉技术能够从河道分流和拦蓄水流时，就催生了更多其他成就。河流本身就蕴涵了其他多种自然资源（包括鱼类和软体动物），可为人类提供可靠的食物；而且，河流通常作为贸易通道，将远隔万里的人们以商业网络的形式连接起来。

虽然没有普遍公认的流域大小、流量和河道长度的统计资料，但可依据这些特性比较河流规模大小。亚马孙河构成了世界上最大的集水流域，约700万平方千米，排在其后的是与其相距甚远的刚果河（370万平方千米）和密西西比河—密苏里河（320万平方千米）。在流量方面，亚马孙河以约180 000立方米/秒再次居首，其次分别为刚果河（41 000立方米/秒）、恒河—雅鲁藏布江（38 000立方米/秒）和长江（35 000立方米/秒）。尼罗河是世界上最长的河流，约6 650千米，紧随其后的是亚马孙河（6 300千米）和密西西比河—密苏里河（6 100千米）。从面积—流量—长度综合考量，其他较大的河流包括鄂毕河—额尔齐斯河、巴拉那河、叶尼塞河、勒拿河、尼日尔河、黑龙江、麦肯齐河、伏尔加河、赞比西河、印度河、底格里斯河—幼发拉底河、纳尔逊河、黄河、墨累—达令河和湄公河。对于黄河和恒河—雅鲁藏布江而言，突出之处在于它们巨大的每年河道沙土沉积量，使其极易发生严重水灾。还没有约定标准，多大规模、长度或容量才能算作一条河流，但较小的河流通常称为小溪、溪流、小河或河。无论大小，作为组成更大水系一部分的河流被称为支流、分支或支系。

虽然河流在大小、形状和容量方面差异巨大，但大多数河流具有某些共性。一条典型河流的源头在山地或丘陵地区，由那里的冰川、融雪、湖泊、泉水或雨水所孕育。在源头附近，由于落差巨大或河流流经山谷的狭窄处，激流和瀑布很常见。当离开高山地区之后，河水流速变缓，河道开始蜿蜒、分叉或交汇。随着河流支流水系形成，冲积平原也会扩大。当河流到达河口时，通常河道比降很小，河流变得迟缓，导致泥沙沉降，堵塞河道。当河流进入湖泊、海或大洋之前，沉积物常常以扇形沉积，形成了典型的冲积三角洲。

独特的气候和地理条件决定了河流的年流量格局（水量的季节变化），但是，通常雨养型热带河流，其通年各季的流量比融雪供给的温带河流更稳定。如果一条河流始终或几乎一直有水流，被称作常流河，反之被称作间歇性河流或暂时性河流。在干旱地区，由水流冲刷而形成了河道，如果这些只是偶尔有水，则被称作旱谷或干涸峡谷。对水文学家来说，洪水一词指的是河流的年洪峰流量期，无论其是否淹没了周边地带。从通常意义上讲，洪水是河流溢出岸堤的代名词。1887年，黄河发生了巨大洪水灾害，造成近100万中国人丧生。1988年，恒河——雅鲁藏布江发生洪水，使孟加拉国2 000万人一度无家可归。2010年印度河发生洪灾，在巴基斯坦开伯尔——普赫图赫瓦省、旁遮普省和信德省造成1 500多人丧生，并使约600万人失去家园。在2010年至2011年，澳大利亚昆士兰发生一系列严重水灾，迫使费茨罗伊河、伯内特河、康达迈恩河、巴朗河和玛丽河沿岸70多个城镇和城市中200 000人疏散。

河流的人类操纵

在任何时间内，河流仅仅包含了地球总水量的极小一部分，但是，河流和湖泊、地下蓄水层及泉水是人类和许多动植物淡水的主要来源。因此，河流与定居农业、灌溉作物和早期城市生活的出现密切相关。在公元前4 500年前后，沿着当今伊拉克的底格里斯河和幼发拉底河冲积平原，形成了从苏美尔到巴比伦王国的美索不达米亚（字面意思为两条河流之间的地区）伟大文明。正如希腊历史学家希罗多德（Herodotus）说过的一句名言，埃及是"尼罗河的礼物"。就像印度河产生了最早的西南亚文明一样，黄河孕育了早期的华夏文明，秘鲁沿海的河谷塑造了安第斯山脉的城市化生活。地理学家路易斯·芒福德（Lewis

Mumford）略显夸张地指出，"所有伟大的历史文明兴盛，都得益于天然大河通路上人员、制度、发明和商品的流动"（Mc Cully 1996, 9）。

在人类历史的大部分时期，对河流的控制操纵是很轻微的，主要在于改道或拦蓄河水以供灌溉农作物。然而，即使是这种不太显著的改造，也会带来严重的环境后果。在干旱地区，盐渍化是一个常见的问题。除非适当排水，否则在灌溉区域，土壤和水中天然存在的极少量溶解盐会缓慢积累。随时间推移，这种盐分的积累最终会使该区域大多数农作物不能生长。另一个常见问题是泥沙淤积，由于农民和牧民在河谷砍伐森林或过度放牧，导致侵蚀土壤在河流下游沉积。随着泥沙在河底沉积，河床被抬升至地表之上，极易导致洪水泛滥。

正像罗马、巴格达、北京和其他欧亚城市仍然存留的引水渠、运河和供水系统所展现的那样，古代的罗马、穆斯林和中国工程师都对水力学工程技术十分精通。但是，河川工程学作为一门数理科学，最初于公元1500年至1800年时在欧洲出现。当意大利工程师通过测量宽度、深度和流速，推导出了能够计算在任何特定时间、河流中流动的水量计算公式时，才形成了该领域的重大进展。从此之后，水利专家懂得了如何"驯化"河流，即能够更精确地操纵控制河岸、河床和流速，以达到控制洪水、围垦土地和促进航运的目的。因此，在控制和利用河流方面，比以前有了更高的成功率。

现今控制河流的方法与过去非常相似——首先建造水坝和河堰、加固河岸并且矫直（通常加宽）河道——但在过去的两个世纪中，材料和技术有了极大的改进。现代水坝设计目的是用来蓄水、控制最小航道深度（通常与水闸共同运作）、发电或是三位一体。加固河岸有助于使水流处于特定的河道中，从而能够减少洪水的发生频率，使原来的漫滩得以开发供农业、城市、工业或其他目的使用。河道矫直使河道坡度更大，因而流速更快；减少河流的总长，还能使港口之间的货物运输更加便利。总之，这些工程学措施将多变且自由流动的水流转变成可预测的能量、货物和水（"水库河"）的传送者。现今，正如密西西比河和莱茵河为企业和消费者运输货物，科罗拉多河和里奥格兰德河为农民和私房住户输送水一样，尼罗河和长江正在为工业和城市发电。

水利工程的环境后果

通过扩大耕地面积、减少洪水发生、促进贸易和发电，河川工程学促进了两岸经济增长，但也对河边环境造成了破坏性影响。形成的问题可分为两种互相关联的类型：一类是危及了河水清洁（水污染），一类是减少了河道和冲积平原中的生存空间（生境丧失）。这两类问题通常都会导致河流生物多样性的降低。

水污染

水污染可被分为三大类：营养污染、化学污染和热污染。最常见的营养污染物为来自未处理的人类污水中的粪便和施用磷肥、氮肥的农田径流。当这些有机物质流入湖泊或河流中，就会成为浮游植物（自由漂浮的藻类）的食物，而这些浮游植物是水中溶氧的巨大消耗者。一旦河流移动缓慢，且"水华"规模足够大、频率足够高，那么河流会逐渐富营养化（氧气耗尽），给需要溶氧呼吸的生物带来不利的影响。波河和恒河就是受水污染和化肥污染的实例。

危害性最大的化学污染物包括重金属（锌、铜、铬、铅、镉、汞和砷）和氯化烃类，如多氯联苯（PCB）和DDT。这些物质可造成生物富积，即这些物质没有经过代谢而从简单生物传递到更复杂的生物，沿生物链的移动而浓度不断增加。默西河、莱茵河、哈得逊河、俄亥俄河和顿涅茨河是受工业和化学污染影响的实例。

河流沿岸大量的核能、煤炭或石油发电厂会带来热污染问题。来自发电厂冷却设备的热废水人为提高了水温，高温进而影响了能够在河床生活的物种类型。罗纳河和莱茵河是受热污染影响的实例。

世界上大多数被操控的河流大致可被标示为"农业性的"，因为这些工程项目大部分都是为了土地开垦（洪水控制），并且水库的大部分蓄水也是用于灌溉农作物。然而，随着全球工业化的发展，化学污染物不断增加，成为河流系统的单项最大威胁。确实，在工业污染物面前，几乎没有河流能够幸免。现今，一条河流的洁净或肮脏程度，更多的是由生活在其沿岸居民的平均收入来决定，而非其流域内的农场和工厂数量。在过去的50年中，富裕国家已投资了城市和工业清洁工厂，且水质已相应改善。贫穷国家负担不起这些

技术性修复，只能眼见河流继续恶化。

生境丧失

通过消灭生物和创造不宜供给营养和繁殖的环境，水污染损害了河流的生物稳定性，但是，水利工程项目本身导致了河流大部分生境丧失，应为生物多样性的下降负主要责任。天然（"未驯化"）河流包含了大量不同的生态位：源头和支流、主河道和辅助河道、深水潭和岛屿、河岸和河床、沼泽和回水区等。河道为生物迁移提供了纵向通道，而河边则提供了通往邻近沼泽和冲积平原的路径，在那里，生物可以找到营养和繁殖场所。冲积平原孕育着乔木、灌木和芦苇，而这些植物有助于稳固河岸，并为其他生物提供阴凉与庇护。一条河流的流域具有复杂的生命网络，从简单生物如真菌、细菌、藻类和原生动物，到复杂的生物如扁虫、蛔虫和轮虫，再到软体动物、海绵、昆虫、鱼类、鸟类和哺乳动物等。

水利工程会以对许多物种有害的方式改变一个流域的天然结构。水坝和河堰阻碍了河流的纵向通道，使生物难以充分利用河道的生存空间。洄游鱼类尤其受到了严重打击，因为其生活史要求其从河流源头游至三角洲并且返回。最有名的是，哥伦比亚河、莱茵河以及许多其他河流筑起水坝后，大马哈鱼消失。加固的河岸有着类似的影响：它们切断了河流的河道与其冲积平原之间的联

系, 剥夺了许多生物的觅食和繁殖场所。随着河流失去了全部或部分的天然河道、河床、河岸、岛屿、回水区、沼泽和冲积平原, 它会变成狭窄且单一的、而非宽阔多样的生物场所。通常这会导致其所供养的物种在数量和类型上的急剧下降。

除了减少河流的天然生存空间总量, 水利工程也能引发某些物种在数量上的急剧增加, 造成生态失衡。斑马贻贝——一种藻类啃食者和快速繁殖者——从里海的家园迁移至美国和欧洲的工业河, 沿途取代了当地的软体动物物种。同样地, 在20世纪30年代中期, 阿斯旺水坝建成之后, 感染了致命血吸虫(肠内寄生虫)的蜗牛开始在尼罗河的新灌溉渠中大量繁殖, 导致埃及农民和渔民身体虚弱和死亡。

作为对环保人士和其自身内部改革者[如吉尔伯特·F. 怀特(Gilbert F. White)]的回应, 工程师们在过去30年开发了新的且更精密的河流操控方法。现在更值得关注的是, 随着河床和河岸的加固和疏浚, 原始的河流廊道得以保留。水坝和河堰提供了(或改造了)鱼梯, 使鱼类更易迁徙。更多的冲积平原被完整保留。有时河流还会重新蜿蜒和交织, 从而更好地复制了曾经在河岸普遍存在的自然条件。尽管如此, 具有争议的2007年长江三峡大坝工程——有史以来最大的水坝建设项目——提醒我们, 过去的环境不友好的做法在今天仍被广泛运用。

大多数气候学家预言, 全球变暖对全世界的河流系统造成了深远影响。高山, 如阿尔卑斯山和喜马拉雅山, 或许每年初春积雪就开始脱落。较高的蒸发率可能使一些地区年降雨格局发生显著改变。较高的水温可能会使一些河流不适于大马哈鱼和其他冷水鱼类居留。上升的海平面或许会部分或完全淹没荷兰、孟加拉国和其他三角洲地区。在不同地区, 这些变化对河流的影响可能不同, 但相同的是, 都会给农业、制造业、城市供水和野生动物保护带来前所未有的挑战。

马克·雪奥克(Mark CIOC)
加利福尼亚大学圣克鲁兹分校

参见: 地下蓄水层; 水坝和水库; 冰川; 大洋与海; 废物处理; 水(综述); 水能; 湿地。

拓展阅读

Cowx, Ian G., & Welcomme, Robin L. (Eds.). (1998). *Rehabilitation of rivers for fish: A study undertaken by the European Inland Fisheries Advisory Commission of FAO*. Oxford, UK: Fishing News Books.

Czaya, Eberhard. (1983). *Rivers of the world*. Cambridge, UK: Cambridge University Press.

Giller, Paul S., & Malmqvist, Bjorn. (1998). *The biology of streams and rivers*. Oxford, UK: Oxford University Press.

Goubert, Jean-Pierre. (1986). *The conquest of water: The advent of health in the industrial age*. Princeton, NJ: Princeton University Press.

Harper, David M., & Ferguson, Alastair J. D. (Eds.). (1995). *The ecological basis for river management*. Chichester, UK: John Wiley & Sons.

Hillel, Daniel. (1994). *Rivers of Eden*. New York: Oxford University Press.

Mauch, Christof, & Zeller, Thomas. (Eds.). (2008). *Rivers in history: Perspectives on waterways in Europe and North America*. Pittsburgh, PA: University of Pittsburgh Press.

McCully, Patrick. (1996). *Silenced rivers: The ecology and politics of large dams*. London: Zed Books.

Moss, Brian. (1988). *Ecology of freshwaters: Man and medium*. Oxford, UK: Blackwell Scientific Publications.

Nienhuis, Piet H.; Leuven, Rob S. E. W.; & Ragas, A. M. J. (Eds.). (1998). *New concepts for sustainable management of river basins*. Leiden, The Netherlands: Backhuys.

Przedwojski, B.; Blazejewski, R.; & Pilarczyk, Krystian W. (1995). *River training techniques: Fundamentals, design and applications*.

Rotterdam, The Netherlands: A. A. Balkema. Rand McNally and Company (1980). *Rand McNally encyclopedia of world rivers*. Chicago: Rand McNally.

Rogers, Jerry R. (Ed.). (2009). *Great rivers history: Proceedings of the history symposium of the world environmental and water resources congress 2009*. Reston, VA: American Society of Civil Engineers (ASCE).

Roots Crops

球根类作物

球根类作物，例如马铃薯（*Solanum tuberosum*）、木薯（*Manihot esculenta*）、甘薯（*Ipomea batatas*）、山药（*Dioscorea rotunda* 和 *D. alata*）和芋艿（*Colocasia esculenta*），是世界上许多地区的主要作物。它们含有相对较低的蛋白质，但是供应大量的碳水化合物。这些作物生长速度快，即使在极低的养护管理水平下，也可以长得很好，而且采挖后处理简单，化肥和农药使用量低。这些作物一小部分还被加工成工业原料，包括酒精。

在许多地方的食谱中，球根类作物是主食，在当地的食物供应中与小麦和水稻一样重要。它们一般被称作热带球根作物，表明它们的起源。根据联合国粮农组织统计，2010年世界球根作物的总产量是765百万吨。从2001年开始，世界球根作物的产量从688百万吨稳定增长，平均年增长率是1.1%。球根类作物包括马铃薯、木薯（在一些西班牙语国家也被叫作树薯）、甘薯、山药和芋类（主要是芋艿，也称作芋头）。

在球根类作物生产的过程中，相对较少的投入就可以获得较多的食物以提供能量，也就是说它们有非常高的能效比（能效比是作物生产过程中单位能量投入后所收获的能量）。甚至在低的生产技术条件下，例如在非洲的大部分地区，中美洲和南美洲、亚洲以及太平洋地区的生产条件下，每公顷球根作物所能产生的能量都非常高。例如，每公顷木薯的年产量是25吨，这个产量世界上许多创新型的农民都可以达到，而每公顷木薯提供的能量超过任何的淀粉类食物。每公顷25吨的木薯产量提供的食物，可以满足100个成年男性150天的能量需求。然而，球根类作物的粗蛋白含量很低，木薯粗蛋白含量仅为1%，而含量较高的甘薯、山药和芋艿也仅为3%～4%。

在人类的饮食结构中，球根类作物也提供大量的碳水化合物和膳食纤维。多数球根作物消费者生活在热带地区，而这里的球根类作物可以周年生产，这对于满足世界上数万家庭的食品供应非常关键。球根类作物在很大程度上确保了世界的食品安全，并在许多热带国家，有助于保持社会安定和保证充足的食品供应。

栽培和消费

几个世纪以来，在中南美洲、西非、东南亚和巴布亚新几内亚人民的生活中，球根作物的生产和消费占有重要地位。追溯到几千年前，安第斯山脉的几个部落，种植许多品种的马铃薯作为他们的主食。这些民族也发展了一些球根植物的贮藏技术，包括窖藏和干藏，这极大地确保了食物的供给。500年前，尼日利亚、贝宁、多哥和象牙海岸地区，基于山药植株的特性，发展了一种山药种植年历。在当时，这种山药年历对于保证食物供给非常重要。当日长达到一定时间时，山药植株开始生长。10个月以后，当地上茎枯萎时，球茎就可以收获了。部落中的长者规定在某一天开始收获山药，从而防止了过早的采收，过早的采收会造成山药的减产，从而导致一年中的其他时间食物供应不充足。有的时候会举行比赛，看谁能种出最大的山药。有的时候，单个山药块茎可以达到60千克。

大约9 000年前，在靠近普诺的秘鲁高地马铃薯第一次被驯化成功。现在，马铃薯的主产区在欧洲、北美和亚洲的温带地区，这些地区马铃薯年产量占全球（333百万吨/年）的75%。在这些地区，马铃薯的生产是高度机械化的。由于高效农业和精湛的生产技术，这些地区马铃薯产量可以达到30～40吨/公顷/年。在这些地区，马铃薯的销售和加工技术也是非常先进的。在温带地区，马铃薯主要通过蒸煮、烘烤、做成泥或者煎炸食用，比如说法式炸薯条、马铃薯片；也可以加工成工业产品，比如酒精和淀粉。在欧洲国家，以每人每年马铃薯的消费量来计算，从法国的55千克，英国的102千克到白俄罗斯的180千克。在中南美洲、亚洲、非洲和大洋洲的热带地区，马铃薯产量仅占世界马铃薯总产量25%。在这些地区，人们把马铃薯煮或者烤着吃，或者做成土豆泥。

木薯和甘薯起源于巴西东北部，山药起源于西非，芋芺起源于东南亚，而现在这些球根作物的主要生产地和消费地在非洲、中南美洲、亚洲和大洋洲的热带地区。世界木薯的总产量是237百万吨、甘薯是130百万吨、山药是53百万吨，芋芺是12百万吨。在世界上，10亿人以这些球根作物作为他们的主食，主要是蒸煮、烘烤或者做成泥。木薯常常加工成成品，由于新鲜的球根容易腐烂，并且在一些苦味的品种中存在有毒的化合物。在西非的一些国家，新鲜的木薯通过磨碎、发酵和烘干被加工成一种叫作"Gari"的食物。所谓苦味的品种含有有毒的生氰（也即产生氰的）化合物，通过处理可把氰化物减少到安全水平。在世界上的其他地区，只种植甜味的木薯品种，这些品种氰化物的含量很低。在非洲的其他地区，比如尼日利亚、刚果民主共和国、加纳和乌干达，球根植物的消费量超过了325千克/人/年。在巴布亚新几内亚、所罗门群岛、萨摩亚、汤加和库克群岛等南太平洋国家，球根作物的消费量超过了225千克/人/年。

非洲球根作物产量高达215百万吨，占世界总产量的28%。非洲是世界上最大的木薯、山药和芋芋生产地，木薯年产122百万吨（占世界总产量的51%）、山药51百万吨（占世界总产量的96%）、芋芋10百万吨（占世界总产量的83%）。尼日利亚是世界上生产和消费球根作物最主要的国家。尼日利亚球根作物产量占世界总产量的70%，平均每人每年消费球根作物约为440千克。世界上80%的甘薯（104百万吨）产于中国，主要用于鲜食，或者加工成粉条及其他食品。中国生产的甘薯，大约20%被加工成动物饲料，主要用于喂猪和家禽。甘薯叶富含营养元素和膳食纤维，在一些国家也可以食用，或者用作为动物饲料。

紫薯是维生素A的重要供应者。在非洲和亚洲，儿童食谱中缺乏维生素A会导致夜盲症、生长迟缓，增加发育不健全的孩子的比率，降低生育能力。在全世界，维生素A的缺乏影响了127百万学龄前儿童。甘薯研究者通过选育适应性广的紫薯品种，分发给维生素A缺乏地区的农民种植，很好地解决了这个问题。一些国际组织也提供资金资助这种类型的研究和这些改良的无病植株材料的推广。

在世界各地，木薯、甘薯、山药和芋芋一般由农户以自给或者半自给的方式生产和消费，这些农户的生产投入低、技术水平不高，产量一般处于每年每公顷7～10吨的中等水平。这些家庭相对贫穷，劳动力缺乏和固定资产投入不足，他们最大生产投入是家庭成员的劳动力。他们耕种的土地主要是通过传统的土地所有权的租赁方式获得。尽管生产水平低，当地球根作物的生产系统一般来说仍然是有效和可持续的。

球根作物容易感染病虫害。在1845年和接下来的6年间，在爱尔兰爆发的、由一种气传真菌（*Phytophthora infestans*）引起的马铃薯晚疫病，导致了大规模饥荒，许多人饿死，许多人被迫离开家园。在1993年，芋叶疫病摧毁了萨摩亚的芋芋生产。非洲和亚洲的木薯花叶病毒病经常导致产量的显著下降。甘薯象甲会导致全球甘薯产量的巨大损失。在非洲，山药甲壳虫是山药的一种重要害虫。

全球贸易

除了马铃薯和一小部分甘薯，国际贸易中新鲜的球根作物较少。超过90%的木薯、山药和芋芋的鲜食发生在生产国。采挖后的腐烂率高是销售新鲜球根作物的一大障碍。尤其是木薯和芋芋，采挖后几天就开始腐烂，但是马铃薯、甘薯和山药的腐烂率低一些。在许多国家，冷冻木薯、芋芋和山药在国内消费和出口也是比较普遍的。

与马铃薯相比，木薯、甘薯、山药和芋芋的加工技术水平比较低。这主要是由于球根植物的生产和消费国一直都是发展中国家，这些国家的基础设施和市场营销体系的投资水平和可支配收入水平低。随着可支配收入的增加，发展中国家球根植物加工品的加工和销售水平有望提高。

在全球范围内，一小部分球根作物被加工成工业产品。一些商业发达的国家，球根作物原材料可以转化为高附加值的产品，例如葡萄糖浆。其他的产品包括高质量的木薯粉，在巴西，它和小麦粉混在一起用于烤面包。加勒比海地区的人们将新鲜的木薯加工成一种叫"farine"的木薯粉，用于做面包和蛋糕。另外，木薯条可以做小吃，干的木薯球可以喂动物，木薯可以加工成木薯淀粉，木薯燃料乙醇可以用于汽车发动机。对于泰国和印尼的小企业来说，干的木薯球是出口创汇的主要产品。泰国的这类产品大部分出口到中国，小部分出口到日本、韩国和欧共体。

生物燃料的生产

在巴西、马来西亚、菲律宾、泰国、中国、印度和尼日利亚，木薯是重要的生物燃料来源，其产品称作木薯燃料乙醇，可添加到汽油中用于汽车发动机。尼日利亚的一项研究显示，一公顷的木薯可以生产 3 945 升木薯燃料乙醇。农民销售木薯用于生产燃料乙醇得到的回报要超过用于食品的。

一场支持木薯生产乙醇和支持木薯作为食物的两组人之间的争论由来已久。反对木薯作为燃料生产的人声称，用木薯生产乙醇对于世界上面临饥饿和贫穷的人来说，就是一种重要食物来源的浪费。此外，一些农业科学家认为，从长期来说，用于木薯燃料乙醇生产的单一的木薯耕作模式是不可持续的。对环境的负面影响包括森林采伐和生物多样性的丧失（像巴西，木薯的大量生产一般要求开垦新的土地）、土壤结构的恶化和土壤持水力的下降。在周边地区，可以得到的用于食物的新鲜木薯量减少，可能导致主食价格上涨，这对贫困家庭的生活产生很大的影响。

一些几乎都是来自发展中国家的、生物能源的提倡者则认为，便宜的燃料有利于经济的发展，而且用木薯来生产生物能源增加了当地的就业机会，由于不再进口燃料，也节约了外汇。而对于木薯燃料酒精生产过程带来的环境损害的提法，这种提法就是没有说服力的了。

展望

国际热带球根作物协会是一个非营利组织，主要使命是促进球根作物栽培方法、品种改良、利用和产量提高方面的研究和技术开发。该组织于1967年在特立尼达岛上的西印度大学成立。这个组织的成员遍布全世界，每三年举办一次世界范围的研讨会，研讨会往往选择在球根作物生产出现问题的热带国家举行。

在可以预见的未来，球根作物仍然是超过10亿人的主食。球根作物具有如此大作用，主要得益于这些植物在世界上广泛分布、容易生产、生产和消费体系的高度的可持续性，同样的付出可以获得较多的食物，独特的产品品质，广受消费者欢迎的口味，并且与主要粮食作物小麦和水稻相比，球根作物在价格和易于获得方面存在优势。

萨蒂什·钱德拉（Satish CHANDRA）
澳大利亚，国际热带薯类作物协会

参见：农业（几篇文章）；生物能源与生物燃料；食品安全；谷物；水稻和甘蔗。

拓展阅读

Chandra, Satish. (2006). Proceedings from the Fourteenth Symposium of the International Society for Tropical Root Crops: Paper 104: *Tropical root crops: Strategies for sustainable development and food security.* Thiruvanathapuram, Kerala, India: ISTRC.

Chandra, Satish. (Ed). (1984). *Edible aroids.* Oxford: Oxford University Press.

Cock, James H. (1985). *Cassava: New potential for a neglected crop.* Boulder, CO: Westview Press.

Crissman, Charles, et al. (2003). Proceedings from the Thirteenth Triennial Symposium of the International Society for Tropical Root Crops: Paper 8: *Trends in potato and sweet potato sectors in sub-Saharan Africa and their contribution to the Millennium development goals.* Arusha, Tanzania: ISTRC.

Food and Agriculture Organization of the United Nations (FAO). (2011). FAOSTAT. Retrieved June 18, 2011, from http: //faostat.fao.org/default.aspx

Food and Agriculture Organization of the United Nations (FAO). (2001–2009). *FAO production yearbook.* Rome: FAO.

Hartman P. (2003). Proceedings from the Thirteenth Triennial Symposium of the International Society for Tropical Root Crops: Paper 1: *Root and tuber crops and economic growth: The case of sub-Saharan Africa.* Arusha, Tanzania: ISTRC.

Horton, Douglas. (1987). *Potatoes: Production, marketing, and programs for developing countries.* Boulder, CO: Westview Press.

International Society for Tropical Root Crops (ISTRC). (2011). Homepage. Retrieved June 15, 2011, from http: //www.istrc.org/

Miege, J., & Lyonga, S. N. (Eds.). (1982). Yams-Ignames. Oxford, UK: Clarendon Press.

Onwueme I C. (1978). *The Tropical Tuber Crops: Yams, cassava, sweet potato, and cocoyams.* New York: John Wiley & Sons.

Sanni, Lateef O. (2006). Proceedings from the Fourteenth Symposium of the International Society for Tropical Root Crops: Paper 13: *The Tropical Tuber Crops: Yams, cassava, sweet potato, and cocoyams.* Thiruvanathapuram, Kerala, India: ISTRC.

Westby, Andrew. (2006). Proceedings from the Fourteenth Symposium of the International Society for Tropical Root Crops: Paper 12: *Issues in post-harvest development of roots and tuber crops.* Thiruvanathapuram, Kerala, India: ISTRC.

Rubber

橡 胶

为了不同的目的，人类已经使用橡胶已超过2 000年，然而在19世纪后期和20世纪初，自行车和汽车的发明提升了它的重要性。到20世纪50年代，合成橡胶开始和天然橡胶竞争；在21世纪初，橡胶产业的争论焦点是如何循环利用这种必不可少的产品，目前橡胶已经被禁止燃烧和填埋。

在1760年和1940年间，橡胶从一种微小的稀奇之物发展成一种重要的全球性产业。橡胶已经成为现代人生活的中心，并且是战争中的关键物资。这种转变不是在一个国家单一的技术突破或努力的结果，而是全球范围内技术进步和商业发展逐渐累积的结果。

在克里斯托弗·哥伦布（Christopher Columbus）登陆之前，乳胶在中南美洲已经使用了。约在15世纪，乳胶是通过切割某些树的树皮而获得，然后再被加工成球和胶鞋。尽管哥伦布和随后的探险家看见了这种橡胶球，他们不了解这种陌生的材料有任何意义。在

18世纪30年代一次去秘鲁探险的过程中，法国科学家查尔斯德·拉·孔达米那（Charles de la Condamine）偶然发现了橡胶，首次提出了橡胶的潜在用途，例如，可以作为防水布。他把它叫作橡皮（Caoutchouc）[来自当地的名称"Cahuchu"，意思是哭泣的木材（Weeping wood）]。弗朗索瓦·弗雷诺（François Fresneau）是一位居住在法属圭亚那卡宴的法国工程师，也促进了橡胶的使用，而且他还在1763年发现了作为橡胶溶剂的松节油的价值。橡胶第一个重要的用处（追溯到1769年）是被用于擦去铅笔的痕迹。在18世纪80年代和90年代，橡胶包裹的材料对球类的发展起到了至关重要的作用，吊裤带也在1803年出现。在19世纪20年代，发生了两个重要的突破。在1820年，英国商人托马斯·汉科克（Thomas Hancock）发明了均质器，用均质器可以更好地处理橡胶，在其后20多年的时间里，他又持续对橡胶产业进行了革新。同时，在1823年，苏格兰化学家查斯·麦金托什（Charles

Macintosh）用从煤焦油中提取的碳水化合物溶剂取代了弗雷诺发现的松节油，把橡胶溶液作为胶水，夹在两层布之间。用防水材料生产的高质量的雨衣不久以"麦金托什"而闻名。在1834年，汉科克和麦金托什联合在曼彻斯特成立了查尔斯·麦金托什有限公司（Charles Macintosh & Co），并成为国际上领先的橡胶公司。

橡胶的硫化

尽管汉科克和麦金托什做了很多努力，在19世纪30年代，橡胶仍然是一种有问题的材料。当天气变冷时，橡胶（或者涂橡胶的材料）变得很硬，而在热天时又变得很黏，甚至可以融化。在1839年，美国发明家查尔斯·古德伊尔（Charles Goodyear, 1800—1860）找到了解决这个问题方法，即把橡胶、硫黄和铅粉（用于加速反应的过程）一起加热，来生产一种较硬的材料，以抵抗温度变化的影响。古德伊尔把加热的这个过程叫作橡胶的硫化（vulcanization，它起源于"Vulcans"指希腊火神），汉科克之后重复了这个过程，并且改进了工艺。甚至在今天，纳撒尼尔·海沃德（Nathaniel Hayward）早期的工作对于古德伊尔发明的贡献，以及汉科克的行为是否应该受到指责，仍然是有争议的。但是，这一切已成为现实，橡胶的硫化奠定了现代橡胶工业的基础。首先，硫化橡胶的使用相当普遍，例如靴子、套鞋和气垫。硬橡胶（ebonite），一种通过延长橡胶硫化时间生产的硬材料，作为一种早期的塑料，在生产盒子和珠宝方面是非常重要的。

在1888年，苏格兰的兽医师约翰·邓禄普（John Dunlop）发现了充气轮胎以后，橡胶变成了一种重要的原材料。邓禄普重新提出了充气轮胎[在1846年，充气轮胎已经被苏格兰工程师罗伯特·威廉·汤姆森（Robert William Thomson）申请了专利]，考虑用在自行车上。在1895年，爱德华和安德烈·米其林兄弟（Édouard & André Michelin）继续推进，把自行车轮胎的理念用于汽车，从而开创了现代社会橡胶的最主要功用。几乎所有领先的橡胶企业都建立在这一时期，包括建立在1880年的B.F.古德里奇（B. F. Goodrich），1889年的邓禄普，1889年的米其林（Michelin），1892年由一些老的企业和后来命名为尤尼罗伊尔（Uniroyal）联合成立的美国橡胶（US Rubber），1898年的古德伊尔（Goodyear）（与查尔斯·古德伊尔没有什么关系）以及成立于1900年的费尔斯通（Firestone）。到1910年，俄亥俄州的阿克伦已经成为美国轮胎工业的中心。

远东地区的橡胶

当米其林兄弟发明汽车轮胎时，橡胶的唯一来源是从亚马孙河流域某种发掘的野生树木上收获的黏性物质（乳胶）。对于亚马孙河一带的橡胶贸易商来说，用于自行车轮胎增加的橡胶需求使得当地经济富有和发达，其象征就是1896年建造在巴西马瑙斯市的奢侈的歌剧院。然而，在亚马孙河流域建立橡胶种植园是不可能的，因为如果成片种植，叶疫病会侵染那里的橡胶树，而单单从野生的树木上收获橡胶，明显也无法持续供应。解决办法是在马来半岛和荷属东印度群岛（现在的印度尼西亚）建立种植园。在19世纪70年代后期，英国统治者通过从巴西购买种子（民间传说这些种子是走私的，是不正确的），在锡兰岛建立了种植园，但是真正的突破是在19世纪90年代后期。在当时，主要的经济作物咖啡价格下降以后，橡胶树便在马来半岛开始种植。

合成橡胶

工业上合成这种重要的天然产物是一个大胆的创新，花费了许多年才取得成功。在1882年，英国化学家威廉·蒂尔登（Willam Tilden）首次合成橡胶，但是由于它是从松脂得来的，不具有经济价值，不仅价格昂贵，而且数量稀少。在1910年，当时橡胶价格昂贵，英国、德国、俄国和美国都做了许多尝试生产合成橡胶。拜耳（Bayer）从丙酮得到的"甲基橡胶"最为成功，在第一次世界大战期间，就被德国用作橡胶的取代物。由于英国政府计划限制从马来半岛和锡兰出口橡胶，1925年时，合成橡胶再度引起了人们的关注。20世纪30年代，苏联、德国和美国，开始生产合成橡胶。苏联企业利用酒精生产出一种不牢固的合成橡胶（叫顺丁橡胶），并在1932年，在雅罗斯拉夫尔和沃罗涅什建立了第一个合成橡胶厂。到1940年，产量已经达到了4万到5万吨。德国公司I. G. 法尔本（I. G. Farben）[是1925年，由拜耳公司和巴斯夫公司（BASF）以及赫斯特公司（Hoechst）联合成立的]发展了一类新的叫作共聚物的合成橡胶。其中一种共聚物适用于轮胎，另外一种非常耐油，适用于垫片和汽油软管。德国的纳粹党人在1933年掌权，更加渴望用合成橡胶取代天然橡胶。10年之内，I. G. 法尔本就建立了3个工厂，德国生产了成千上万吨的合成橡胶。战后，来自德国工厂的资料（也包括在苏联的，当时被驱逐的德国化学家）促进了美国和苏联工厂的技术进步。

美国的橡胶产业起初停滞不前，但是珍珠港事件以后，远东的种植园停止供应美国市场，这个产业开始迅速发展。当时，大多美国产的合成橡胶是由政府控制的，叫作丁苯橡胶（Government Rubber-Styrene, GR-S），是以石油为原料生产的。但是，其中一些用由玉米提炼的酒精为原料，以平息一些农业团体的游说。由于天然橡胶价格的快速上涨，以及1950年6月朝鲜战争的爆发，二战以后继续开放大部分橡胶种植园的决策被证明是正确的。在这一时期，许多的技术进步被引入，例如，在低温条件下的聚合以及一些矿物油的添加，增加了丁苯橡胶与天然橡胶的竞争力。结果，在1953年—1955年之间，橡胶产业被国会私有化。

目前的橡胶产业

在20世纪50年代初期，西德采用美国以汽油为原料的技术生产合成橡胶。几十年间，在英国、意大利、法国、日本，甚至在天然橡胶的原产地巴西，都建立了合成橡胶的工厂。大约在20世纪60年代，合成橡胶的产量超过了天然橡胶。尽管面临来自日本的竞争，美国的合成橡胶产业一直保持领先。然而，在轮胎生产方面，美国没有能够意识到1949年米其林公司引入辐射轮胎的重要性。

1973年的石油危机对美国的工业有严重的影响。由于原材料的价格是油价的四倍，合成橡胶的生产遭受重创。辐射轮胎（只能用天然橡胶生产）减少了汽车的油耗，在20世纪70年代销量飙升，但是费尔斯通的辐射轮胎被认为是不安全的，不得不召回。20世纪80年代，所有阿克伦的橡胶种植园关闭，古德里奇和尤尼罗伊尔合并了轮胎产业，并且把这部分卖给了米其林，费尔斯通被日本公司普利斯通（Bridgestone）接管。由于20世纪70年代的石油危机，天然和合成橡胶形成了一种不稳定但持久的共同体。现在看来，这种形式都不会完全消失。无论采用什么形式，只要我们开汽车、乘飞机，甚至仅仅在公路上漫步，橡胶依然是很重要的。

再生橡胶

部分由于橡胶制品生产过程中的浪费，在硫化橡胶被引用后不久，它的回收利用（历

史上也叫作再生）就已经出现了。在再生过程中，先研磨硫化橡胶，然后通过化学处理逆转硫化的过程。在1881年，查普曼·米歇尔（N. Chapman Mitchell）发明了酸法，但是更普遍使用的是1899年由亚瑟·马克思（Arthur Marks）发明的碱消化法。在20世纪40年代，在合成橡胶被大规模引入之前，再生橡胶非常重要，在天然橡胶价格昂贵时，它占据了所有橡胶消费的大约50%。例如，在20世纪20年代中期，在战时甚至达到更高的比例。1943年，美国消费的所有橡胶中65%是再生橡胶。在1950年，朝鲜战争进一步推动了合成橡胶的使用，20世纪50年代合成橡胶的比例居高不下。然而，在20世纪60年代中期，合成橡胶的生产急速下降。在20世纪初，绝大多数小批量生产的合成橡胶主要用作人工草皮的支持物。这种快速的下降有几个原因。由于技术的进步，橡胶产业更需要使用优质的橡胶，尤其是轮胎。尽管再生橡胶有缺点，并可以用于许多其他方面，但是用于轮胎，再生橡胶不如天然橡胶和合成橡胶。20世纪60年代初期，辐射状轮胎的快速普及助推了天然橡胶的使用，这也使得橡胶轮胎的回收利用越发困难。自从20世纪40年代，许多种类的合成橡胶都可以再生，越来越多的橡胶种类使橡胶制品的分类很费时间，因此也不经济。另外，许多其他用途的橡胶制品在使用过程中被污染，例如医院的橡胶手套。然而，以前普遍使用的燃烧轮胎的方法，在许多国家被禁止，接着又禁止了轮胎的填埋，大量的废旧轮胎堆积如山。据估计，世界范围内有超过10亿个旧轮胎。这些轮胎的堆积不仅是橡胶的浪费，而且也是有毒的，它

们经常会意外地起火，产生大量黑色的烟雾。橡胶行业正在再一次考虑再生橡胶最好的处理方法（例如利用液氮使橡胶更容易研磨），但是到目前成功的案例很少。

彼得·J.T.莫里森（Peter J. T. MORRIS）
伦敦科学博物馆

参见：森林产品——非木材林产品；工业生态学；替代材料；回收利用；废物处理。

拓展阅读

Barlow, Colin. (1978). *The natural rubber industry: Its development, technology and economy in Malaysia.* Oxford, UK:Oxford University Press.

Blackford, Mansel G., & Kerr, K. Austin. (1996). *BFGoodrich: Tradition and transformation, 1870–1995.* Columbus: Ohio State University Press.

Coates, Austin. (1987). *The commerce in rubber: The first 250 years.* New York: Oxford University Press.

Dean, Warren. (1987). *Brazil and the struggle for rubber: A study in environmental history.* Cambridge, UK: Cambridge University Press.

French, Michael. (1990). *The US tire industry: A history.* Boston: Twayne.

Herbert, Vernon, Bisio, Attilio. (1985). *Synthetic rubber: A project that had to succeed.* Westport, CT: Greenwood Press.

Korman, Richard. (2002). *The Goodyear story: An inventor's obsession and the struggle for a rubber monopoly.* San Francisco: Encounter Books.

Loadman, John. (2005). *Tears of the tree: The story of rubber—a modern marvel.* Oxford, UK: Oxford University Press.

Love, Steve, & Giffels, David. (1999). *Wheels of fortune: The story of rubber in Akron.* Akron, OH: University of Akron Press.

Morris, Peter John Turnbull. (1989). *The American synthetic rubber research program.* Philadelphia: University of Pennsylvania Press.

Morris, Peter John Turnbull. (1994) Synthetic rubber: Autarky and war// Susan T I M, Peter J T M. *The development of plastics* (pp.54–69). Cambridge: Royal Society of Chemistry.

Schidrowitz, Philip, & Dawson, T. R. (Eds.). (1952). *The history of the rubber industry.* Cambridge, UK: Heffers, for the Institution of the Rubber Industry.

Slack, Charles. (2002). *Noble obsession: Charles Goodyear, Thomas Hancock and the race to unlock the greatest industrial secret of the nineteenth century.* New York: Hyperion.

Weinstein, Barbara. (1983). *The Amazon rubber boom, 1850–1920.* Stanford, CA: Stanford University Press.

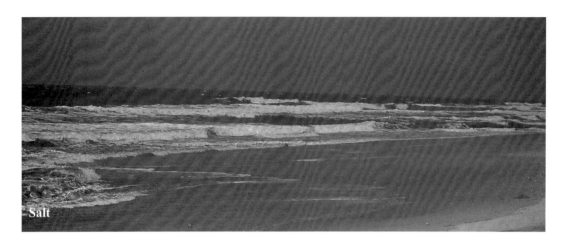
Salt

食　盐

食盐是人类和动物得以生存的必要条件,是一种不可再生的资源,且在地球表面和海洋里有几乎取之不尽的盐。食盐工业上主要用作生产氯和烧碱的原料。虽然食盐的生产过程对环境的负面影响微乎其微,当用于生产诸如聚氯乙烯产品,或处理这些产品的废弃物时,盐中的氯和钠则会对环境产生危害。

食盐是酸碱中和而成的一种盐,其化学成分是氯化钠(NaCl)。按重量计算,它是由40%的钠和60%的氯组成的。钠是一种极不稳定的银白色金属,当与水接触时会发生剧烈反应。而氯是一种绿色的有毒气体。然而,当这两个元素结合在一起,则形成稳定的白色物质。它广泛存在于自然界中,对于人类和动物的生存至关重要。虽然食盐是一种不可再生资源,但是在地壳和海洋中它几乎取之不尽。

工业革命后,食盐作为日用品的比重越来越小,而作为工业原料则日益重要,必须进行勘探、开采和加工制造副产品。食盐的开采和生产一般不会对环境产生任何重大不利影响。但食盐的组成元素本身是有毒的,工业上用食盐生产氯,用以生产聚氯乙烯(PVC),会带来了一些环境问题。

历史

已知人类对食盐的利用可以追溯到公元前6 000多年。最近的证据表明,早在公元前6 050年,新石器时代的人将富含盐分的泉水煮沸以提取其中的食盐。在中国的陕西省,从湖中提取食盐的历史至少可以追溯到公元前6 000年,这一地区是有据可查的最古老的制盐场所。从公元前3 000年的古埃及墓葬中发现的丧葬祭品中含有食盐,比如腌制的鱼和鸟。在矿物中食盐就是岩盐halite,该词来自希腊文字 hals。奥地利的城市哈莱因(Hallein)和哈尔施塔特(Hallstatt)也因其盐矿而得名。哈尔施塔特的名字来自曾在此采盐的哈尔施塔特凯尔特人。自大约公元前400

年前开始，他们就开始在此制盐，并和希腊进行贸易，供应咸肉。从盐的德语单词（*Salz*）衍生出来的城市名有萨尔茨堡（Salzburg，盐市）和萨尔察赫河（Salzach，盐湖）。

食盐在人类历史发展的图景中形成了一条独特的线索。这条线从需求、稀缺到供应充裕和生活的享受。因为食盐是人类（及所有哺乳动物）生存所必不可少的，自早期的定居文明开始，人们就面临着如何获取食盐的问题。当前词典含有很多带"盐"的词条，说明了盐的历史重要性，如"to salt away（储存）"、"eat a man's salt（受人款待）"、"salt of the earth（精英人士）"、"below the salt（居下席）"、"an old salt（很有经验的人）"、"with a grain of salt（半信半疑的）"等。历史学家认为，最早的道路就可能是为了运盐而修建，最早的城市也是食盐贸易中心。在古代，盐是国家税收的主要来源。罗马军团的薪俸是食盐（*salarium*），工资的英文单词（Salary）即衍生于此。盐是如此珍贵，几个世纪以来，至少在贵族圈里，盐瓶是高贵和奢华的象征：客人座位安排，其和盐瓶间的关系都具有仪式和礼仪方面的特殊意义。

在政治领域，莫罕达斯·甘地（Mohandas Gandhi）在1930年4月带领着他的78名忠实的追随者从位于印度古吉拉特邦艾哈迈达巴德附近的家出发，经过400千米徒步到达阿拉伯海。这一行动常常被认为是印度摆脱英国统治、争取自由的奋斗的开始。为抗议英国对进口食盐进行征税，甘地和他的随从到达海边时即开始自己煮盐。这种非暴力不合作运动鼓舞了成千上万的平民，将印度的独立运动从个人斗争提升为民族斗争。

食盐的使用

食盐最为大众所熟悉的用途无疑是在厨房和餐桌上。它突出了肉的鲜味，带出了蔬菜的独特滋味，给平淡无奇的淀粉平添了魅力，使精致甜点的味道更醇厚，甚至使西瓜和其他水果的味道芳香更长久。迄今尚未发现有其他调味品可以代替食盐。

几千年来，盐用作价廉物美的食品防腐剂，特别是肉类和鱼类。由于具有吸湿性（从空气中吸收水分的能力），盐使肉脱水，从而防止细菌的生长。它还能减缓氧化过程，防止肉腐化。盐也用于蔬菜的腌制或卤制。例如，在生产德国泡菜和韩国泡菜时，在白菜上撒盐将多余的水分吸出是最关键的步骤。在室温下自然发酵产生的酸和盐一起防止了氧化现象的发生。

自18世纪中期以来，工业用盐已远远超过了食品用盐。法国化学家尼古拉斯·勒布朗（Nicolas Leblanc）（1791）和比利时化学家厄内斯特·索尔维（Ernest Solvay）（1861）发明了利用食盐生产苏打的工艺，他们永远改变了我们对普通食盐的看法。苏打或碳酸钠是一些基础工业所必需的化工产品，如化肥、洗涤剂、染料、玻璃制造等。在勒布朗和索尔维工艺发明之前，苏打是从天然矿床中开采的，如美国的怀俄明州或肯尼亚的马加迪湖。廉价的电力使得氢氧化钠（烧碱）和氯可以进行工业生产。这两种重要的无机化工品是塑料、纸浆和造纸、纺织、肥皂和洗涤剂等行业所必需的。

根据美国地质调查所的报告，盐的直接和间接用途约为14 000种。2009年美国消耗的食盐约为4 600万吨（这是所得到最近的公布数据)。按最终用途比例列示如下：

- 化工行业40%
- 除冰 38%
- 杂货店和其他零售8%
- 农业4%
- 食品加工4%
- 水处理2%
- 一般工业2%
- 其他2%

由于海水中含有丰富的盐，并且获取这些资源的成本相对较低，通过电解食盐生产化工原料和中间产品就成为一种流行的方法。氯碱行业利用食盐生产氯气和副产品氢氧化钠(烧碱)是食盐的主要用途。在美国，食盐电解法生产苏打的方法已经被更便宜的天然苏打所取代。然而，在新兴经济体中，大量的合成苏打仍然通过食盐电解法生产。氯气和烧碱是用途众多的第一代工业化学品。

氯的用途种类庞杂：用于消毒和净化；用于生产塑料和聚合物、溶剂、农药、医药；用于作为制造终端产品的中间体(在最终产品中并不包含氯)。在全世界氯用于自来水消毒，是防御水传播微生物的终极防御措施。在秘鲁、中国、印度、非洲曾经流行的霍乱说明恶劣的卫生条件所带来的毁灭性后果也证明氯气消毒的重要性。氯还在数千种产品的生产中起着重要作用。依赖于其独特性能，这些产品囊括了家用清洗用品(如漂白剂和消毒剂)、防弹背心、计算机硬件、硅芯片和汽车配件等诸多领域。

氢氧化钠用途广泛，主要用于纸浆生产和造纸，生产氧化铝、肥皂和洗涤剂、石油制品和化工产品。其他方面的应用还包括水处理、食品、纺织、金属加工、采矿、玻璃制造等。其中纸浆和造纸业消耗的氢氧化钠最多，用于制浆和漂白，脱色和水处理。

其他国家食盐的使用情况目前还没有现成的数据。然而，可以说其他位于温带地区的工业化经济体，其食盐的使用情况或多或少是相似的。而热带地区的国家或工业化程度较低的经济体，其食盐的使用模式显然会大不相同。例如，气候温暖的区域就不需要除冰；在发展中国家将食盐作为工业原料的需求要低很多。

食盐生产

多数国家都有一定生产食盐的能力，以满足本国的需求。盐是最早利用太阳能蒸发海水生产的矿物日用品之一。

海洋是盐的最大来源。据美国地质调查局的数据，全球海水的总量估计约为3亿2千900万立方英里，其中所含盐分约为4.6×10^{16}吨。因此，每立方英里海水的含盐量比全球食盐年产量的一半还要多。所以海洋中的盐几乎是取之不尽的。此外，陆地上还有因古代海洋后退，海水蒸发而形成的盐矿。同时，一些地区还有一些内陆咸水体和地下天然含盐卤水体。

因加工过程不同，盐主要有四种类型：① 从地表或地下开采石盐矿而来的矿盐；② 利用太阳能蒸发海水、内陆咸水而得到的晒制盐；③ 将净化后的卤水进行机械蒸发得到的真空锅盐；④ 开采地下岩盐矿床溶液的卤盐。

根据2010年美国地质调查局公布的数据，以及来自113个国家公布的或估计的数据，世界上食盐的总产量约为2亿7千万吨。中国是最大的产盐国，年产量约为6万吨，约占全球产量的22%；美国产量为4万5千吨，占比将近17%。其他的重要产盐国依次是德国、印度、加拿大和澳大利亚，产量分别是1万6千5百吨、1万5千8百吨、1万4千吨和1万1千5百吨。

环境影响和物质流分析

虽然全球的食盐储量丰富，且不会出现短缺现象，但它却是一种不可再生资源。自从食盐得以开采或以其他方式进行生产的那一刻起，在生产、加工、运输和消费的各个环节都不可避免地存在着食盐的消耗。同时，盐的物质流并没有随着其最终消费而结束，而是最终沉积在环境、垃圾填埋场、灰烬或物质循环中。

关于盐的物质流转，世界各个用盐地区并没有太多已公布的数据。1992年，美国内政部矿务局公布了一项关于盐的物质流转方面的研究报告。虽然该项研究仅局限于美国，但是其调查结果也可用来说明全球的情况。根据可获得的数据进行估计，已消耗的食盐大约有四分之一填埋在垃圾场，约有四分之三散失到了环境中。散失到环境中的部分可进一步划分为许多子类别，其中化工废水和除冰径流约占了其总重量的70%。垃圾填埋场中的塑料、玻璃和纸所含有的盐分几乎是其总重量的90%。

由于价格低廉，盐是道路除冰的首选。这样盐会腐蚀机动车、桥面以及道路上没有保护层的钢制构建和钢管等，此时，地表径流、行驶车辆造成的飞溅及风的作用也影响到了路边的植被、土壤的肥力及地表水。有证据表明，在其使用高峰期，环境中盐分的含量有所增加。但是根据美国内政部的调查，春雨和融雪可稀释钠离子浓度，减少其潜在的危害。一些用盐进行道路除冰的国家正在尝试利用诸如甜菜汁等作为替代品。不管怎样，管理当局已意识到这个问题，并开始实施一些措施使环境免受路盐的负面影响。然而目前还没有经济实用的替代品。氯化钙、醋酸钙镁、盐酸和氯化钾可以在除冰、化工和食品调味等方面代替食盐，但成本比较高。

马克兰德·德赫贾（Makarand DEHEJIA）
可持续能源和产业联盟，LLC

参见： 水淡化处理；食品历史；矿砂；采矿——非金属；海洋；沙子与二氧化硅；太阳能。

拓展阅读

Adshead, Samuel Adrian M. (1992). *Salt and civilization*. London: Macmillan.

Brewer, Ebenezer Cobham. (1970). *Brewer's dictionary of phrase & fable* (Centenary ed.). (Revised by Ivor H. Evans). New York: Harper & Row.

Kostick, Dennis S. (1993). *The material flow of salt*. Washington, DC: US Department of the Interior, Bureau of Mines.

Kurlansky, Mark. (2002). *Salt: A world history*. London: Jonathan Cape.

Multhauf, Robert P. (1978). *Neptune's gift: A history of common salt*. Baltimore and London: Johns Hopkins University Press.

United States Bureau of Mines. (1980). *Mineral facts & problems. Bureau of Mines bulletin 671*. Washington, DC: US Department of the Interior.

United States Geological Survey (USGS). (2009). US Geological Survey Minerals Yearbook—2009. Washington, DC: US Geological Survey, US Department of the Interior.

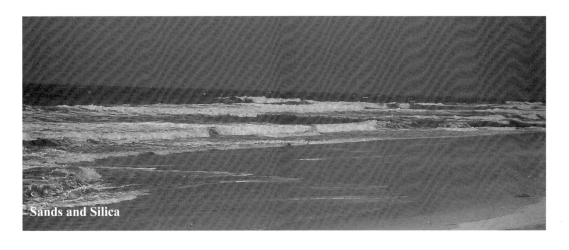
Sands and Silica

沙子和二氧化硅

沙是一种常见的、自然形成的天然物质。它有许多工业用途，也是二氧化硅（SiO_2）和硅元素（Si）的来源。尽管吸入二氧化硅的细微颗粒可引发一种呼吸道疾病——矽肺，沙子和硅的开采和利用还是可持续的，因为它们存量极为丰富且无毒。其开采对环境的影响仅是改变了当地的地形，在应用环节上的影响则主要源于光伏电池生产过程中所使用的各种化学品。

沙由岩石风化而成，是直径介于 0.063～2毫米的颗粒。河里的水流夹带着沙子将其流送到大海，沿海岸堆积形成海滩。风将沙子吹起、搬运形成沙丘。深埋的沙子最终岩化形成沙岩，是沉积岩中最常见的一种类型。二氧化硅是一种天然形成的物质，是沙的主要成分，以矿物形式存在。

沙和沙岩

沙可能是小块岩石，也可能是单晶矿石，如石英，其化学式为 SiO_2，称为二氧化硅。石英是大多数沙石里含量最丰富的矿物质，也是地壳岩石里含量第二丰富的矿物，且化学性质稳定又耐磨损。岩石风化新近形成的沉积物中，长石是很常见的。因为它是地壳中最常见的矿物，但其化学稳定性不如石英，在地球的表面会逐渐分解。沙被水冲刷的时间越久，石英的比例越大，其外观越白，单个颗粒也越圆润。

沙和沙岩往往是很好的蓄水层，因为他们通常可以透水且不污染地下水。他们的高渗透性也使其成为良好石油储蓄层。在加拿大和委内瑞拉，油沙和沥青沙是宝贵的石油天然资源。

开采与生产

采沙通常对环境的影响很小。沙通常采自地表未固结的露天矿床、近地表沉积层或捞自浅水域。采沙通常仅会带来有限的、局部的物理影响，如地表扰动或暂时性排水阻塞。采捞也可能破坏淡水和海洋生态系统，造成鱼类资源枯竭。在未固化的沙岩陡坡采沙还可能引发山体滑坡。

沙岩通过挖掘的方式进行开采，是一种常用的建筑材料。如果其中富含石英，沙岩会很坚固，既抗化学侵蚀，又易切割成形。

在2009年，世界工业用沙石产量约为1亿零6百万吨（Dolley 2009）。这些材料虽然普通，但运输成本昂贵，因而沙石通常在其最终使用地附近采掘。2009年美国是最大的沙石生产国，接下来是意大利、德国、英国、澳大利亚、法国、西班牙和波兰（Dolley 2009）。

使用

沙子有很多用途。它是陶瓷、玻璃、建筑砖、混凝土和板上芯片的重要组成部分。它可用作研磨料，水力压裂工艺的填充材料，水过滤。沙子是土壤的重要组成部分。沙质土壤排水性好，是花生、桃子、西瓜的理想种植地。全球沙和二氧化硅的需求稳定。因替代品、回收利用和产品重新设计（自从20世纪90年代以来，许多国家的玻璃器皿的平均重量减少了25%～40%）而使沙子的需求量有所减少，但是这种减少又被经济增长抵消了（Dolley 2009）。

沙子富含二氧化硅，因为其中的石英和其他矿物都含有二氧化硅。硅藻土同样富含二氧化硅，因为它由各种化石硅藻形成。这些硅藻是单细胞藻类，细胞壁含有不定形的二氧化硅（非晶硅）。硅藻土用于水过滤、炸药制造，也可用作吸收剂、杀虫剂、水培生长的基质。

二氧化硅

在生物圈中，硅藻、放射虫和硅质海绵利用二氧化硅形成硬质骨架。一些高等植物为二氧化硅置换形成坚硬的植物化石。硅是一些草本植物如水稻的重要营养。

在地球表面自然生成的二氧化硅有多种形式，石英晶体和硅藻只是其中的两种。燧石、玉髓和不定形硅也都由二氧化硅组成。燧石是由微晶组成的沉积岩，其中往往含有一些小化石。史前人类经常用燧石制作石头工具。玉髓是一种隐晶硅，因构成的晶体非常小，用光学显微镜都看不到。玉髓有多种颜色和纹理，一些品种可作为准宝石出售。玛瑙是一种具分层形态的玉髓。蛋白石是一种可作为宝石的不定型硅。

环境中最常见的二氧化硅晶体形式是 α-石英，它具有许多有用的特性。它具有压电性，这意味着其在受力（机械压力）时能产生电流。相反，施加电场会使石英晶体变形，施加交流电（AC）电场将导致晶体以相同的频率发生弹性变形，这使得它可在非常精确的时间间隔内开关石英钟的电路和机电换能器（促动器）中的电流。此外，α-石英还具有化学稳定性。化学质地纯正的大块 α-石英晶体存在于结晶花岗岩中。在较低的压力下，随着温度的升高，α-石英可转变为 β-石英、鳞石英、方石英同质多形体（具有相同成分但晶体结构不同的矿物），方石英同质多形体存在于陶瓷中。随着压力的增加，α-石英可转变为柯石英，然后是超石英。石英多型体的密度由低到高的顺序为：鳞石英 < 方石英 < 石英 < 柯石英 < 超石英。

二氧化硅在常温下的溶解度很低。25℃时，α-石英的溶解度约为百万分之6（ $\times 10^{-6}$ ）（Langmuir 1997, 243）。二氧化硅在自然水域中的过饱和现象很常见。在25℃时，在沉淀为不定形二氧化硅前，其浓度可达 117×10^{-6}。当 pH 值低于9时，二氧化硅溶解于溶液中形成硅酸（H_4SiO_4），这时二氧化硅的溶解度与 pH 值无关。当 pH 值大于9时，二氧化硅溶解形成硅离子，溶解度也随着 pH 值的增加而增加。在海水中，二氧化硅浓度的中间值为 1×10^{-6}（Langmuir 1997, 246），在海洋中平均的滞留时间约为 7 900 年。海洋中二氧化硅的低浓度和较短的滞留时间是由于放射虫、硅藻生物和硅质海绵的生物吸收所造成的。

使用

富含石英的沙和硅藻土是宝贵的二氧化硅资源，可用于制造陶瓷、波特兰水泥、玻璃和光学纤维。天然石英水晶可以长得很大，是矿物收藏的常见标本。巴西是天然石英晶体的最大出口国，常用于制作电子设备的振荡器。大多数电子和光学制造需要单晶体硅，在这些方面天然石英大都为合成石英所代替。

玻化石英（玻璃状或者不定型的）被广泛用于光学制造中。因为它对紫外线几乎透明并且价格便宜。它可用于制作眼镜、窗玻璃、太阳能电池盖和棱镜，还可用于制造远距离通信所需的光纤。这些纤维有玻璃同心层，其内层的折射率高于外层。这种结构的纤维外表面将光反射，使其沿光纤长轴进行传播，且没有损耗。这样，光纤可用作波导管，具有传输损耗低、信号容量高（信息密度或带宽）的特点，成为下一代电信网络的首选材料。由于玻化石英是电的绝缘体，因此玻化石英薄膜可用

作半导体的涂层。

二氧化硅也用来制造元素硅。作为半导体，硅成为现今全球经济极其重要的一个组成部分。产生硅时需要将二氧化硅放在装有木炭或煤的熔炉里，加热到 1 900℃以上，使碳与二氧化硅反应形成冶金级硅和二氧化碳（CO_2）。冶金级硅的合金用于生产电工钢或制造汽车零部件。高纯硅可通过多种工艺生产，如区域熔炼。高纯硅可用来制造晶体管、集成电路的硅片（比如电脑芯片）、太阳能光电板（PV）等。现今，超过90%的太阳能光电板由硅制成。硅也可用来制造各种硅树脂，即一些易造型、化学性质稳定、不透水的聚合物。硅树脂用于防水，嵌缝和铸模，也应用于各种高温润滑脂和蜡。液体硅树脂也被用作"环境友好"的干洗剂。

可持续性评估

沙子对人体健康和环境几乎没有危害，是一种常见的天然材料。很细微的沙子颗粒吸入人体时可导致矽肺及其他呼吸道问题，因此在喷沙过程中需要戴过滤口罩。由于沙子是由两种地壳中含量最为丰富的元素硅（Si）和氧（O）组成，因此在全球范围内沙子过度开采和消耗的风险很低。然而，在一些被贫硅岩石如石灰岩所覆盖的地区，很难发现富含二氧化硅的沙子。

多数情况下沙、沙岩和二氧化硅的开采利用是可持续的。这是因为其原材料极为丰富，利用技术简单、廉价，加工过程不会消耗异常大量的能源和水，使用过程或废弃物处置也不

会释放毒物质到环境中。然而，用作半导体晶体硅的生产和使用是唯一的例外。根据2003年光伏电池使用寿命周期的研究，与硅光伏电池相关的最大环境风险是制造过程中使用的气体——砷化氢和磷化氢（EPRI 2003，V）。生产过程中，诸如重金属之类的有毒元素意外泄漏也会带来风险。若光伏电池如期回收，相关废弃物处置的风险就会较低。然而，若光伏电池处置不当，可导致镉等有毒重金属的泄漏，致使当地地下水和地表水受到污染。

太阳能光伏电池是一种零碳排量的能源，可替代化石燃料，其带来的好处远大于风险。在多晶硅光电板有效使用期间，其产生的能量比生产他们消耗的能量多4至20倍（Sherwani，Usmani & Varun 2010）。利用回收的二手光电板进行生产，其消耗的能量可节约2/3（Kuehnen 2008）。回收利用可节约能源、降低成本，因此太阳能光伏电池的回收率很高，也减少了环境风险。

约翰·C.艾尔斯（John C. AYERS）
范德堡大学

参见：地下蓄水层；电子产品的原材料；宝石；矿砂；采矿业——非金属矿床开采；回收利用；食盐；太阳能。

拓展阅读

Beall, George H. (1994). Industrial applications of silica. *Reviews in Mineralogy and Geochemistry*, *29* (1), 469–505.

Dolley, Thomas P. (2009). Silica. *Minerals Yearbook*. US Department of the Interior, US Geological Survey. Retrieved May 17, 2011, from http: //minerals.er.usgs.gov/minerals/pubs/commodity/silica/ mcs–2011–sandi.pdf

Dyar, M. Darby; Gunter, Mickey E.; & Tasa, Dennis. (2008). *Mineralogy and optical mineralogy*. Chantilly, VA: Mineralogical Society of America.

Electric Power Research Institute (EPRI). (2003). Potential health and environmental impacts associated with the manufacture and use of photovoltaic cells. EPRI, Palo Alto, CA, and California Energy Commission, Sacramento, CA. 1000095. Retrieved May 17, 2011, from http: //www.energy.ca.gov/reports/500–04–053. PDF

Kuehnen, Eva. (2008, May 15). Solar firms team up on recycling to beat regulators. Reuters. Retrieved June 16, 2011, from http: // www.reuters.com/article/2008/05/15/us-solar-recycling-idUSL12 9055920080515? feedType=RSS&feedName=environmentNews

Langmuir, Donald. (1997). *Aqueous environmental geochemistry*. Upper Saddle River, NJ: Prentice Hall.

Sherwani, A. F.; Usmani, J. A.; & Varun. (2010). Life cycle assessment of solar PV based electricity generation systems: A review. *Renewable and Sustainable Energy Reviews*, *14*, 540–544.

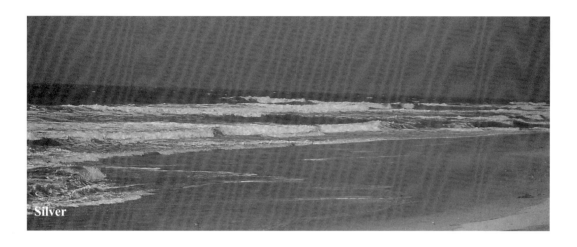
Silver

银

无论是用于硬币、摄影胶片还是电子产品、装饰品，银已经成为历史上一种重要的金属。银可以作为一种初生矿物通过开采获得，也可作为其他金属（如铅和铜）矿物副产品获得。目前，很难估计全世界的银矿储量，也很难了解银的供应是否能一直满足人们的需求。

银（Ag）是一种具有白色光泽的金属，与金有相似物理和化学性质。在古代社会，银发挥着货币的重要功能，但是工业革命和技术的兴起使银具有了更多的用途。银主要用于各种化学制品和工艺中（如硝酸盐、氧化物、摄影术等）。银也被用于硬币和珠宝首饰、医药消毒剂和牙科治疗、电镀和涂层、各种金属合金和化工设备及催化剂，以及电子器件和部件。银的化学符号Ag是源于银的拉丁语单词 *argentum*。

经济地质学

银的化学性质和矿物多样性的发现（特别是硫化物中）使其可以从各种各样的矿藏，包括粗银得以获取。银常常与铅、锌、铜、锡、镍或金矿石共生。世界上最大的银矿通常与铅矿或铜矿在一起。

矿藏类型

银可以从各种各样的经济矿藏提取，它们包括：

● 粗银矿（Primary silver ores）。在这类矿石中，银是最主要的成分。这类矿藏主要分布于墨西哥的弗雷斯诺市、帕丘卡、圣费尔南多，加拿大安大略省的前钴区。这类银矿一度占据了全球总产银量的10%。典型的矿石品位从50到3 000克每吨不等（g/t）。

● 铅（锌）矿石［Lead（±zinc）ores］。在这些矿石中，铅和/或锌是主要的金属成分。银和含铅矿物有着紧密的伴生关系［因此才会有含银铅（argentiferous lead）的说法］。这些矿石在全世界都有着广泛的分布，大约占到了全球产银量的50%，但是其中银的矿石品位在不同的矿藏中的差别很大。典型的矿石品位从10到500克每吨不等。

- 铜（金）矿藏［Copper（±gold）ores］。铜是其中的主要金属，同时含有含量不等的金和银。这些矿石在全世界也有着广泛的分布，大约占到了全球产银量的30%。典型的矿石品位从1到50克每吨不等。

- 其他矿石（Miscellaneous ores）。其中的主要金属可能是金、锡或者是镍，同时含有含量不等的银。

经济资源

估计全球银矿资源的经济效益是极具挑战性的，主要是因为有不同的矿藏类型和银矿品位。美国地质调查局估计全球有超过50万吨银的经济储备（USGS 2011），尽管仍有新的银矿在不断地被发现之中（例如1990年，在澳大利亚的坎宁顿发现了新的银矿），同时那些著名的矿山和地域中银的发现也在不断扩大（特别是在美国中部和南美地区）。根据有关公司对于2010年的矿石储量和矿产资源的正式报告，澳大利亚环境工程学者加文·穆德（Gavin Mudd）估计，仅澳大利亚的铅—锌—银矿藏中就至少储备有10万吨白银，在铜—金—银矿中大约有34 000吨白银，在金—银矿中有不到1 000吨的白银。比起美国地质调查局对于澳大利亚的白银储备只有69 000吨的估计，加文·穆德的估计数字说明了澳大利亚仍有雄厚的含银经济矿藏。

生产方式

银从铅或铜矿石的浮选中提炼获取，先将银矿浓缩，再将浓缩物使用火法冶炼，最终在产生的矿泥中分离和提炼银。银也能通过与汞合并或使用氰化物的加工工艺浸出来提炼（这一方法正广泛运用于金的提炼中）。或者，可以使用盐酸、硫代硫酸钠或氯化钠溶解银。与废铁接触产生富银的水泥，然后将其熔炼。

2010年的全球银产量总计达22 000吨，意味着按照这样的生产速率，目前的全球银矿储备可以维持至少20年的银的供给，虽然银的需求量正持续增长。鉴于由产银带来的收入所占的比重较之其他金属更低，人们对于各类银矿的关注度往往较小，除非这一矿藏中的银的品位较之其他金属要高得多。这样一来，银的回收率通常变化幅度很大，因为人们的目光主要集中于主要金属（例如金、铜或铅），尽管更高的价格有时会刺激更高的银回收。

可持续发展问题

在不同的工业部门和消费产品对银有不同的需求量，有时其中的差距甚至非常之大。采矿业满足了其中的大部分需求（70%），产品和废料的回收大约满足了20%的需求，剩下的一些来自库存（特别是政府投入在银上的金融资产）。

银本身通常是对人体无毒无害的，因为它不能被我们的胃肠道消化吸收。大剂量的硝酸银或含银氟化物的胶体（微粒结合）的摄入则会引起组织损伤和剧烈腹痛的症状。然而，氯化银对于细菌有致毒性，使得它成为一种有效的杀菌杀毒剂。银的一个极具崛起潜力的应用领域是纳米技术，但有人对其在潜在优势下的未知风险表示担忧。

预测银的需求和供应模式是困难的。数码照相技术减少了传统摄影对于银的需求，然而日新月异的电子技术对银的需求也越来越大。大部分银都是作为诸如铅或铜的副产物提炼得到的，常带有投机性。对于银的供需关系的仔细监测和评估才能保证它的可持续发展。

加文·M.穆德（Gavin M. MUDD）
莫纳什大学

参见：铝；铬；钶钽铁矿；铜；电子产品的原材料；黄金；重金属；铁矿石；铝；锂；锰；矿产资源稀缺性；采矿业——金属矿床开采；纳米技术；镍；铂族元素；稀土元素；回收利用；钍；锡；钛；铀。

拓展阅读

Argentum argumentum: The dulling of nanotech's silver lining. (2006, December 1). *The Economist*. Retrieved September 6, 2011, from http://www.economist.com/node/ 8369911

International Institute for Environment and Development (IIED) & World Business Council for Sustainable Development (WBCSD). (2002). *Breaking new ground: Mining, minerals and sustainable development.* London: Earthscan, for IIED and WBCSD.

Raloff , Janet. (2008, November 30). Nanosilver disinfects — but at what price? *ScienceNews*. Retrieved September 9, 2011, from http://www.sciencenews.org/view/generic/id/38913/ title/Nanosilver_ disinfects_%E2%80%94_but_at_what_price%3F

Raymond, Robert. (1984). *Out of the fiery furnace: The impact of metals on the history of mankind.* Melbourne: Macmillan.

United States Geological Survey(USGS). (2011). Minerals commodity summaries 2011. Reston, VA: author. Retrieved September 29, 2011, from http://minerals.usgs.gov/ minerals/pubs/mcs/

Soil

土　壤

　　土壤自身就是一种生态系统,在氮磷钾元素的循环中起到关键作用,并为其他生态系统提供着十分重要的分解作用。虽然土壤退化的发生是由于复杂的自然过程而导致的,但纵观历史,尤其是在二战之后,随着更多贫瘠土地用以开垦种植,并伴随有毒化学品的使用,以及环境污染和有毒废物影响,人类对土壤的影响,已经使土壤侵蚀以一种不断增长的态势加剧。

　　土壤一般位于地球表层1至2米,其中蕴含了极为丰富的生物。对于环境而言,土壤比任何其他事物(或物质)更为重要。土壤是终极的生态系统,它结合其他生态系统中的所有元素,并进行对大多数其他生态系统而言极为重要的分解功能。为了结合土壤这个核心,许多学科研究方面都涉及土壤,但一般研究土壤的研究生往往来自地球科学、农业经济学(农业为适应大田作物生产和土壤管理而形成的一个分支学科)以及生态学。土壤科学(土壤学)的分支学科包括起源和分类、地质学、土

壤肥力与作物生产力、化学、微生物学、物理学以及侵蚀与保护。概括地说,此项学科至少从三个观点出发研究土壤:在地质上其作为地球表面的一部分、在生态上其作为一种生态系统、从农学上其为植物生长的介质。

　　土壤作为一个地质层以及一种生态系统,其承载着人类强烈的印记。事实上,即便是在亚马孙荒野中,只要科学家做出更多的分析,人为(人类长期使用土壤后遗存的效果)的印记就会更多地被发现。现如今人类活动比其他任何一种地表进程(例如河流、风和冰川)都造成了更为巨大的地貌变化,其中人为因素而造成的最大的景观变化就是水土流失。

环境中的土壤

　　土壤圈(土圈)源于其他的地球"圈",并与之相互影响:岩石圈(地球外部的固体组分,由岩石、地壳和地幔的最外层组成)、水圈(地球的水系包被,包括各种水体和大气中的水蒸气)、大气圈(地球的气体包被)和生物圈

（可供生物生存的地球部分）。每个生物地球化学循环（该术语涉及化学元素的分配和循环以及生态系统中生物与非生物部分之间的混合）都有一个主要的汇（作为存储装置或处理机制的一个实体或一项进程），还具有许多转化过程，这些都依赖于土壤。土壤对于氮磷钾元素的循环至关重要，而生态系统的生产力会因土壤固氮细菌的缺少而大大降低。二氧化碳作为全球气候变暖的罪魁祸首，需要牢记的是：全球土壤固定的碳比在大气中循环的碳要多，而这一点已被许多研究人员所认同。土地使用的转变可以加速土壤碳到大气中的二氧化碳的转移，但也能阻止大气中二氧化碳进入土壤。因此，土壤在引起和防止全球变化中有着非常重要的作用，可这一点有时却被人们所忽略。

土壤的水体过滤和水文循环功能也同样重要，水文循环是指大气中的水蒸气通过降雨落入地面或者水面而后又以蒸发和蒸腾形式返回大气的一系列过程。水渗入土壤成为植物用水主要的来源，亦或渗透过土壤进入地下水。该个循环中的许多过程可以过滤并净化水体。这些特性使得人类利用土壤作为天然污水处理厂以去除众多土壤污染物。例如泥炭之类的有机土是一种湿地土壤，其主要组成是有机物质，在全球尺度上起到了节省个人、企业和政府数十亿美元的生态系统功能。但不幸的是，有机土和形成有机土的湿地却因人类开发土地另作他用而在世界各地迅速消失。

土壤的定义和成因

在某种意义上说，土壤可以简单地被认为是一层矿物和有机聚集体，覆盖着大部分的地球大陆表面。但冰川、沙漠和岩石路面是基本无法种植植物的，也根本不能称之为土壤。土壤具备质地（砂粒、黏粒和粉粒）、结构（这些质地相互连接成聚集物，我们称其为"土壤自然结构体"）、有机质（凋亡植物和死亡动物）、微孔和大孔中的气体和水，以及无数多与陆上生态系统并驾齐驱的生命形式；而且土壤具有特别重要的分解作用。在自然界中，土壤生态系统目前仍有很多不解之谜。

许多像风化、粒子位移以及有机物增加或移除的过程，在一段时间内作用于土壤，便形成不同的土壤层或者土壤区，人们可以通过颜色、质地、结构和化学物质的差异来进行横向区分。一般情况下，土壤剖面从上往下可分为O、A、E、B和C层。O层在森林和湿地土壤中尤为多见，该层主要由部分分解的植物体组成。在多数土壤中A层是最上面的矿物层，其富含有机质，结构利于通风和渗透，并有较高的肥力。E层为淋溶层，里面发生着养分离子和有机物质的渗漏。下一层是B层，发生着黏土和风化矿物的累积或转化。最后，C层是由矿物风化而产生的土壤的母质层。一种土壤可以包含上述所有层，或者例如由O层组成的有机土或泥炭之类只有一层，但它们仍被称为土壤。

科学家通过分析并基于土壤不同特性及复杂的形态（形式和结构）以及起源将土壤进行了分类。土壤成分是指由地质过程（与地球形成或地表特征相关）形成的产物，包括化学和生物风化以及土壤介质形成后所经过的历史和时间。就此而言，可以将土壤理解为受其形成因子控制的、有生命的生态系统：$S = f(cl, o, r, p, t, \cdots\cdots)$，其中土壤（$S$）可表达为是一个与气候($cl$)、生物体($o$)、地貌($r$),母质($p$)、时间($t$)或其他可能因素(如等式中省略号所示)相关的函数(f)。这种因子方法把土壤看作为整个生态系统的一部分,并且该方法认同土壤会随时间而演变。

由于土壤特殊的形成机制,人们研究了某种单独的因素(以上五种因素之一)所造成的土壤变化,比如说地貌因素。举例来说,我们将横跨斜坡的土壤称为"系列"或"土壤地形系列",而沿着斜坡的土壤可由坡峰一直向下到坡肩、坡背、坡脚和坡根。造成斜坡土壤变化的原因是坡度和位置,并由此导致侵蚀、沉积、排水和风化的差异。这些与地形和其他因素相关的序列,加之土壤的水平层次的多样化,给出了一系列用以划分组别的特征。该系列提供了估计例如像表土沉积物掩埋和土壤侵蚀造成表层截断等土壤变化的基准。

土壤分类

土壤分类具有悠久历史,大多数农业社会,包括罗马、希腊、阿兹台克和玛雅,都会对土壤进行分类。农耕民族依赖于土壤状况的好坏,成功的农民能够知道经过一段时间哪些地区作物产量好或者产量滞后。例如位于尤卡坦半岛的玛雅当地居民,在大量潜在的耕地的基础上进行传统的土壤分类。该分类包括七个主要耕地类群(类别)和其他许多修正类群。这些类群名称通常表示土壤地形、质地或颜色的特点,但传统的土壤类群不仅仅是单纯的描述,其具有重要的意义。每个分类群能很好地适用于特定的土壤类型,对作物具有丰富意义,尤其是玉米作物。

许多当代土壤分类系统都起源于19世纪后期由所谓的土壤学之父瓦西里·V.道库恰耶夫(Vasily V. Dokuchaev)领导的俄罗斯起源分类学派。其基本思想认为土壤作为一种特殊的实体,是由一些主要因子和许多成土过程形成的。这种想法传至德国土壤科学家K.D.格林卡(K. D. Glinka),继而又被地质学教授C.F.马伯特(C.F Marbut)于20世纪20年代引入美国。虽然许多国家都有自己的土壤分类标准,但最常使用的两个分类是由美国农业部和联合国粮食和农业组织制定的。美国农业部根据与五大成土因素相关的土壤特征,将世界土壤划分为12种主要土纲。

新成土、始成土、旱成土、灰烬土、冰冻土和有机土这六种土纲的定义简单明确。新成土是土的少年期,而始成土已经发育,但仍不成熟。这两者形成现代沉积土,例如漫滩、陡峭活跃的山坡或是沙滩,它们共同占据了地球土壤表面的25%以上。旱成土在干旱的环境中形成,占据了将近12%的地球土壤表面。它们由盐或碳酸盐构成,并在尚未盐渍化的地方往往因农业灌溉而迅速盐渍化。最初许多大河文明(灌溉农业为主的社会)是在旱成土和新成土上耕作的。灰烬土形成于近期的火山物质,其覆盖了不到1%的地球地表。冰冻土有深色的有机表面且形成于冰冻土,其几乎涵盖了9%的地球土壤表面,包括阿拉斯加大部分地区。有机土是由有机质形成的泥炭和淤泥,它们覆盖了仅约1%地球土壤表面。

另外六种土纲松软土、淋溶土、老成土、灰化土、转化土和氧化土,则需要较多的阐述。松软土是世界上营养和有机质最丰富的土壤,大约覆盖了地球土壤表面的7%左右。它们形成于一些热带石灰岩地区,但主要是形成于南、北美洲以及欧亚大陆中部和中西部的草原和干草原。尽管城市扩张蔓延到这些主要农业用地的明显区域，但是由于它们的肥沃，其大部分的土地面积都被用于种植。淋溶土一般形成于温带和混合落叶的森林，其覆盖了近10%的地球土壤表面。这类土也十分肥沃，并且底土富含养分和黏粒，但缺乏像松软土那样的深色有机表层土。老成土覆盖约8%的地球土壤表面，其类似于淋溶土具有丰富的黏粒底土，但由于较为激烈和较长时间的风化，使他们更具酸性，且有机质和养分都较低。淋溶土零星分布于世界各地，而老成土颜色更红且被更严重地淋溶，其更多位于亚热带地区，如美国东南部、中国南部和印度。地中海气候往往有被称为"terra rosa"的土壤，这通常是淋溶土和老成土。灰化土是另一种酸性林土，但它们往往形成于亚热带沙原（例如佛罗里达州）或寒温带针叶（北部）森林（例如西伯利亚）中。这是颜色最丰富的土壤，具有黑色有机质的表土将灰白色的沙质土层覆盖，而沙质土层又将红色和黄色的富含铁和铝的土层覆盖。它们只占约2.5%的地球表面的土壤，但在美国的6个州，包括阿拉斯加和佛罗里达州，已经宣布其为本州的土壤。转化土约占了2.5%地球土壤表面。他们是最有活力的土壤，因为它们是由高度膨胀的黏土为主，这些黏土可自我犁耕并通过脱水和水化收缩膨胀。它们广泛散布于在世界各地的黏土地区，例如印度、中美洲、非洲和美国。氧化土通常是富含黏土的红色土壤，其中含有高度风化的铁和铝的氧化物。其覆盖了地球约7.5%的土壤表面，但只存在于热带或作为温带地区的古热带气候残余土壤。氧化土集中位于例如亚马孙、东南亚和非洲中部等热带雨林地区。

土壤肥力

土壤作为一种生长介质，使得地球上几乎所有的植物得以生存。因此土壤肥力是极为重要的，许多因素都会影响土壤肥力，包括养分供应、有毒元素、质地、结构以及健康的微生物生态系统。植物需要从土壤中获得较多的6类大量元素：氮、磷、钾、钙、镁和硫。同时也需获得少量的8种微量元素：铁、锰、铜、锌、硼、钼、氯和镍。这些营养物质来自土壤母质中矿物的风化，或从其他植物体中回收利用，还有一些来自大气沉积、风蚀颗粒和火山灰（在火山爆发喷出到空气中的固体矿物）。

在土壤中黏土和有机质是土壤养分的仓库。它们通过风化和矿化方式来存储和释放养分，它们将养分离子附着于靠近溶液的表面或表面附近。若土壤中生态系统发达，这些营养物质能最有效地被植物吸收。而其中最重要的是被称为"菌根"的一类土壤真菌，其与植物共生，可增加植物对营养物质的吸收，且只要少许碳化合物作为回报。例如作为重要热带作物的木薯，其丰富的菌根可使其在缺磷土壤中正常生长。

一些元素和营养物质，例如铝或镁，它们有时可达到过高的水平。例如，蛇纹石是一种可以抵御镁中毒水平的一种岩石，并可形成荒地或参差不齐的、可忍耐大量该元素的植物群落。

土壤侵蚀历史

我们可以通过回顾历史上三次重大浪潮及其发生过程，了解人类活动所引起的土壤侵蚀。第一次浪潮始于公元前2000年青铜时代的中国、中东和南亚地区人类在其居住的平原地区向外扩张。第二次浪潮始于15世纪欧洲在世界各地的扩张，开拓了旧世界的农民从未遇见的新土地。由于殖民者已适应了在欧洲温和气候和较缓坡度的环境中他们自己的耕作方式，水土流失从这些殖民地一直蔓延到其他新开垦的土地。二战结束后，第三次浪潮伴随着农业对于贫瘠的土地的巨大扩张而开始，特别是雨水频繁且伴有陡坡的热带地区，一些世界上最高侵蚀率的土地便源于此。三次浪潮都有一个相似点：拓荒的农民来到了一片他们并不熟知的土地，而这片土地往往又比他们以前所熟知的土地更易被侵蚀。

土壤退化：展望未来

导致土壤退化的原因有很多，且具有累积性，它们取决于自然地貌的形成和过程，以及人为影响。例如，天然土壤侵蚀是由风和水通过不同的时间和空间尺度的效应而对土壤产生的复合结果，而这个结果可能会由于土壤自身对侵蚀的固有抵御力、土地植被覆盖量或坡度和坡长的差异而有所不同。

人类活动引起的侵蚀往往发生得更快，并能使高地土壤不能被用于农耕，而下游平原则泥沙堆积。造成退化猛增的一个显著原因是土地使用的加剧：更多的耕作、更多被开垦的地区、更多的灌溉，总而言之就是更多贫瘠土地被用于耕种种植，而导致更多的有毒化学品的使用以及更多的石油开采。特别是氮肥等化学品的大量使用，虽能提高收获量，但同时也造成了土地被大面积污染，特别是来自金属冶炼、石油和其他有毒废物的污染。尤其是在二战后，土壤污染的进程不断扩大，并在20

世纪70年代随着重工业蔓延到发展中国家。

联合国第21号议程（于1992年里约热内卢联合国环境与发展会议中通过的一项有关全球伙伴关系的议程）强调了土地退化问题以及水土保持的需求。在会议的带动下，研究人员于20世纪90年代早期至中期进行了研究和估算，全球耕地面积的23%已经退化到了限制其生产率的程度。随后一些国际多边协定开始包括了可被用于促进可持续土壤利用的规定，虽然这些规定有些范围过大。有关土壤的主要全球性文书包括了1994年联合国防治荒漠化公约（其中194个国家于2011年签署）、1995年生物多样性公约、1995年联合国气候变化框架公约和1997年的京都议定书（和其后续协定）。

欧盟为欧洲议会起草了一项提议，要求理事会于2006年建立土壤保护的框架，并将土壤问题纳入合并到其他相关部门的政策中去。在诸多其他方面的考虑中，其强调了防止土壤受到威胁（自然发生的以及由人类活动引起的），以及基于污染场地的识别和修复来减小该威胁。该指令提案也考虑土壤能进行环境、经济、社会和文化功能的限度。然而，要使这样一个框架得以行之有效，需在土壤保护的制定、国际和欧共体政策的执行以及公众对土壤的保护意识的增加这三方面的整合（European Union 2006）。到2010年，已形成了足够的共识来推动该架构的前进。

全球水土保持走势将取决于各国政府和企业制定的规则、条约和法律，其可有效解决自然和人为引起的土地退化，如养分流失、盐渍化、水涝、污染和土地开发（城镇和郊区扩张）。从根本上而言，每个进程可以移除或限制农业生产或土壤固定二氧化碳能力，污染空气过滤，栖息地提供以及氮、水和其他生物地球化学循环等一些其他生态系统功能的用土。生物圈的未来在很大程度上取决于我们如何有效地维持地球的土壤圈，从而使土壤能履行其固有功能。

蒂莫西·比奇（Timothy BEACH）
乔治敦大学

本文改编自蒂莫西·比奇"土壤"一文 [Shepard Krech III, J.R. McNeil & Carolyn Merchant (Eds.), *the Encyclopedia of world Enviromental History*, pp. 1129—1137. Great Barrington, MA: Berkshire Publishing (2003).]。

参见：农业（几篇文章）；粪；施肥/肥料；绿色革命；鸟粪肥；动物粪肥；人的粪便；河流；水（综述）；湿地。

拓展阅读

Amundson, R., Harden, J., & Singer, M. (Eds.). (1994). *Factors of soil formation: A fiftieth anniversary retrospective* (Special Publication No. 33). Madison, WI: Soil Science Society of America.

Beach, Timothy. (1994). The fate of eroded soil: Sediment sinks and sediment budgets of agrarian landscapes in southern Minnesota, 1851–1988. *Annals of the Association of American Geographers, 84* (1), 5–28.

Beach, Timothy. (1998) Soil catenas, tropical deforestation, and ancient and contemporary soil erosion in the Petén, Guatemala. *Physical Geography, 19* (5), 378–405.

Bennett, H. H., & Chapline, W. R. (1928). Soil erosion: A national menace (USDA Circ. No. 33). Washington, DC: USDA.

Birkland, P. W. (1998). *Soils and geomorphology* (3d ed.). New York: Oxford University Press.

Buol, S. W., Hole, F. D., McCracken, R. J., & Southard, R. J. (1997). *Soil genesis and classification* (4th ed.). Ames: Iowa State University Press.

Butzer, K. (1976). *Early hydraulic civilization in Egypt.* Chicago: University of Chicago Press.

European Union. (2006). Proposal for a directive of the European Parliament and of the Council establishing a framework for the protection of soil and amending Directive 2004/35/EC. Retrieved November 30, 2010, from http: //eur-lex.europa.eu/LexUriServ/LexUriServ.do?uri =CELEX: 52006PC0232: EN: NOT

German Advisory Council on Global Change. (1994). *World in transition: The threat to soils: Annual report.* Bonn, Germany: Economica Verlag.

Harbough, W. (1993). Twentieth-century tenancy and soil conservation: Some comparisons and questions. In D. Helms & D. Bowers (Eds.), *The history of agriculture and the environment* (pp. 95–119). Berkeley and Los Angeles: University of California Press.

Hillel, D. (1991). *Out of the earth: Civilization and the life of the soil.* Berkeley and Los Angeles: University of

California Press.

Hooke, R. L. (2000). On the history of humans as geomorphic agents. *Geology*, *28*, 843–846.

Hughs, J. D. (1994). Sustainable agriculture in ancient Egypt. In D.

Helms & D. Bowers (Eds.), *The history of agriculture and theenvironment* (pp. 12–22). Berkeley and Los Angeles: University of California Press.

Jenny, H. (1941). *Factors of soil formation*. New York: McGraw-Hill. Lowdermilk, W. C. (1953). Conquest of the land through seven thousand years (Agricultural Information. Bulletin No. 99).Washington, DC: USDA.

Mann, C. C. (2002). 1491. *The Atlantic*, *289* (3), 41–53.

McNeill, J. (2000). *Something new under the sun: An environmental history of the twentieth-century world*. New York: Norton.

National Research Council. (1993). *Soil and water quality*. Washington, DC: National Academy Press.

Pimentel, David, et al. (1995). Environmental and economic costs of soil erosion and conservation benefits. *Science*, *267*, 117–123.

Reich, P., Eswaran, H., & Beinroth, F. (2003). Global dimensions of vulnerability to wind and water erosion. Retrieved February 14, 2003, from http: //www.nrcs.usda.gov/technical/worldsoils/landdeg/papers/

Soil Survey Staff . (1998). *Keys to soil taxonomy* (8th ed.). Washington, DC: USDA Natural Resources Conservation Service.

Tanji, K. K. (1990). The nature and extent of agricultural salinity problems. In K. K. Tanji (Ed.), *Agricultural salinity assessment and management* (American Society of Civil Engineers Manuals and Reports on Engineering Practice No. 71) (pp. 1–17). New York: American Society of Civil Engineers.

The twelve soil orders. (n.d.). Retrieved February 14, 2003, from http: //soils.ag.uidaho.edu/soilorders/index. htm

United Nations Food and Agriculture Organization (FAO). (1996). *Our land, our future*. Rome: United Nations Food and Agriculture Organization and United Nations Environment Programme.

United Nations Food and Agriculture Organization (FAO). (1998). *World reference base for soil resources*. Rome: United Nations Food and Agriculture Organization and International Society of Soil Science.

Van Andel, T. H. (1998). Paleosols, red sediments, and the old Stone Age in Greece. *Geoarchaeology*, *13* (4), 361–390.

Wild, A. (1993). *Soils and the environment: An introduction*. Cambridge, UK: Cambridge University Press.

Yaalon, D. H. (2000, September 21). Why soil — and soil science — matters? Millennium essay. *Nature*, *407*, 301.

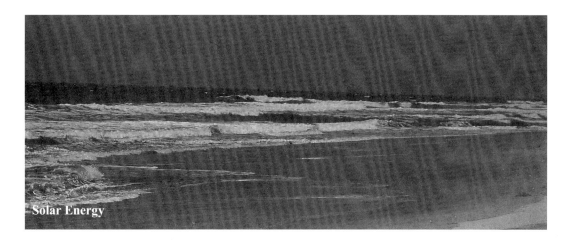

Solar Energy

太阳能

太阳能是世界上最重要的自然资源之一。如果没有太阳能,化石燃料和农作物都不可能存在。太阳能已经被利用了几千年,并且这项技术被持续发展。而在过去太阳能发电主要应用在阳光充足的沙漠地区,而能源收集、储存盒传输的创新可以允许它被应用在过去认为不实际的地方和用途。

太阳辐射使植物进行光合作用,这将产生我们所有的食物(直接产生植物,间接产生动物)以及现代文明的能源基础化石燃料。同等重要的,太阳辐射驱动大气循环并且加热海洋和大陆,从而在不同的地区产生不同的气候。因此每一个文明都完全依赖太阳能本身的存在。

太阳能可以定义为一些用来提高一定区域吸收的太阳辐射来加热水或者来产生电力的技术。有意识的被动的太阳能采暖在古代就有。在北半球的房子通常都建有面向南方或者西南方的庭院和窗户来吸收阳光。公元1世纪时罗马人开始利用玻璃窗使得房屋更容易变热。玻璃使阳光进入但是保持热量,这是普通温室的基础原理。然而,在全世界的大部分地区,玻璃直到19世纪才变得常见。

当今最好的被动式太阳能房屋结合了正确的方向和阴影以及厚墙和屋顶隔热层。窗户覆有一层很薄的可以透过或者挡住特定频率辐射的材料。在特定的气候和构造,这样的措施可以显著地减少加热和/或者降温的需求。

太阳能的可用性

在一定区域可利用的太阳能可能对最终的能源生产有着巨大的影响。低云层和长日照的地区是最好的。在美国西南部的每平方米的可利用太阳能可以达到8千瓦小时,是东北部的四倍。

在太阳能充分的地区,比如洛杉矶、凤凰城、拉斯维加斯、南欧、印度、伊朗和中国,现代的大规模能源装置已经或者正在建造并且输送到城市电网。这些地区不仅有可观的太阳能资源,同时也靠近强大并已被建造的电网。

被动的太阳能不仅用来加热一定的空间。玻璃和塑料可以用来建造太阳能热水器，这种技术已经十分普遍，尤其是在欧洲和亚洲。在没有便宜化石燃料可以用来烧水的发展中地区，净水器是一种十分重要的利用太阳能的方式。蒸馏设备，甚至是把水装在透明的塑料瓶中放在太阳下，是低成本的净化水的方式。

聚焦式的太阳能

第一个连接到商用电网的太阳能项目是聚焦式的太阳能系统(Concentrated Solar Power, CSP)。这些项目利用凹面、塔或者盘子来聚焦阳光，产生过热蒸汽使传统的涡轮发电机发电。凹面的太阳能—电能转化的效率峰值只有20%，电力塔23%，盘子式29%。整个一年的太阳辐射转化电能的效率，凹面大约11%～16%，塔大约百分之7%～20%，盘子式大约12%～15%(NREL 2008)。

尽管太阳能凹面的效率相对较低，它仍是最成熟的商用技术。事实上，直到20世纪90年代末加利福尼亚州巴斯托附近的莫哈韦沙漠的9个使用抛物凹面的太阳能发电厂，占到了全世界聚焦式太阳能发电90%以上的装机容量。这些发电厂在1984年到1990年之间，它们的总容量为354兆瓦，每个发电厂的容量从14到80兆瓦(NREL 2010)。其他的凹面式CSP发电厂包括在埃及、伊朗、摩洛哥、西班牙、希腊和印度的小型发电厂。大型的项目在伊朗、摩洛哥

北部、埃及、墨西哥和印度的拉贾斯坦邦已经完成。

这些较大的设备可以减少白天和夜晚、晴天和阴天间的能量波动。凹面、塔和盘子式设备安装了通过太阳能阵列保持热量的材料，并且储存起来之后用于涡轮机发电。常用的材料有水、油或熔岩。储能材料显著提升了光电板的效率，因为发电厂在夜里也可以发电。许多现代的发电厂同时包括次级的油或者天然气的锅炉来产生发电涡轮需要的蒸汽。

光伏

法国实验物理学家埃德蒙·贝克勒尔(Edmund Becquerel)发现了当电解槽放于阳光下发电增加的现象。对于这一称为光伏(PV)的现象的研究一直很少，直到19世纪70年代发现通过硒在光线下使光电导增加的现象，使第一个光伏电池可以被制造出来，它暴露在越强的光下可以产生更多的电力。尽管早期的光伏电池效率很低，不能应用于实际的用途，它还是可以使科学家研究这一现象的细节。在1918年波兰的化学家扬·丘克拉斯基(Jan Czochralski)提出了如何产生大的硅(Si)晶体。

实用的光伏电池板的关键技术突破发生在1954年，新泽西州美利山的贝尔实验室生产了光电转化效率达到4.5%的硅电池，仅仅几个月后他们将这一效率提升到了6%。到了1958年3月，当Vanguard Ⅰ成为第一个光伏供电的卫星，霍夫曼(Hoffman)电子已经

生产出效率为9%的电池。在1962年，第一个商用的通信卫星Telstar，搭载了14瓦的光伏能源，仅仅两年之后，Nimbus达到了470瓦（Perlin 1999）。在20世纪最后40年，光伏电池成为了迅速扩大的卫星产业中不可或缺并且十分成功的一个组成部分。光伏阵列成为了驱动通信卫星、气象卫星、地球观测卫星和间谍卫星的能源。然而地面上的应用仍是不常见的，尽管RCI实验室的大卫·E.卡尔森（David E.Carlson）和克里斯托弗·R.朗斯基（Christopher R.Wronski）在1976年生产了第一个非晶硅光伏电池。更便宜的可替代能源阻碍了光伏电池板的广泛应用。

尽管在那时它们并没有实际的被广泛应用，光伏电池在发电方面仍然有很明显的优势。它们没有移动部件（因此维护成本很低），在大气压力和温度下安静地运行，很小的环境影响和本质上的模块化。光伏仅仅在满足以下条件的情况下才可以应用于地面的商业用途：① 转换效率接近或超过10%；② 光伏模块（通常由四块光伏电池组成）和阵列（由10个左右的阵列组成）的造价大幅度的降低，这发生在1975年到1995年之间。光伏发电装置的价格持续降低。三种最常用的太阳能板是高纯度的单晶、多晶电池和薄膜。单晶是巨大对齐由原子组成的板，而多晶电池由更小的晶体夹片制成，这是更容易制作的。薄膜板由将材料沉积在衬底上制成，衬底通常是玻璃。单晶是理论上最高效，同时，也是最难制造并且成本最高的，多晶电池是更常见并且更便宜的，但是效率更低。单晶和多晶电池通常由硅制造，而光伏薄膜由非晶硅或者砷化镓或者碲化镉等物质制成。薄膜是非常便宜的，但因为效率低并没有被广泛应用（NREL 2010）。

实验室和实际现场测试的效率仍有差距，高纯度单晶、多晶电池和薄膜也是。理论上单晶的效率为25%，而实验室里获取的效率为23%（NREL 2010）。透镜和反射器可以被用来将阳光集中在很小的区域，使效率超过30%。对光谱不同部分敏感的堆叠电池可以使理论峰值达到50%。薄膜电池在几个月后仅仅能转换3%，而采用多层不同材料的薄膜的多结非晶硅电池至少可以转化8%。在研究发展中的电池包括基于纳米晶材料和便宜的导电聚合物薄膜的光电设备，这些技术可以使其从各个角度采光，并且可以被塑造成发电的窗户。这些进展可以带来更高的效率。

由于效率提高的原因，全球电池和模块的出货量也很大的提升。在20世纪90年代，以高峰兆瓦计算，出货量从大约43峰值兆瓦提升到了288峰值兆瓦，同时价格下降了250%。最大的光伏电池生产商是德国的Q–Cels公司、美国的第一太阳能（First Solar）和中国的无锡尚德（Suntech）。美国2008年的装机容量达到了1.1峰值千兆瓦，自2000年以来增加了两倍。全世界2008年的装机容量增加到13.9千兆瓦，而2000年时大概只有1千兆瓦。在2008年，全球94%的太阳能发电量与电网连接，在美国这一比例为71%（NREL 2010）。

未与电网连接的光伏装置可能并没有被调查和报告。休闲用途（主要指露营和划船）、家庭用太阳能系统（远程发电比昂贵的接入电网更受欢迎）、在贫困国家乡村的发电和应用于水泵是较为普遍的应用。新型的光伏发电应用依然继续在发展，包括公路标志和传感器、气象传感设备和照明系统。聚焦式的太阳能烤箱和净水设备是一些更简单的应用。

光伏产能每年的增长率达到155%，引起了很多对于它持续应用于发电的乐观预期。在20世纪初，美国能源部设定了2010年达到1百万屋顶光伏设备并且发电3峰值千兆瓦的目标，日本计划在2010年安装10倍于1999年安装的屋顶光伏设备。不过，在2008年，美国已安装的屋顶设备容量仅达到218兆瓦，很明显没有达到目标（NREL 2008）。

无论最终的进展如何，一个关键的事实是：太阳能辐射转化利用的潜能是可持续能源中最大的。它将会彻底改变地面的电力供应，正如它已经广泛地应用于空间设备。太阳能辐射的能量转化仅仅处于发展初期。净能源受益、成本、耐用性和光伏电池效率的持续发展，加上热电厂效率的发展，将使它们在不远的将来成为家用和电网供应的最佳选择。

瓦茨拉夫・斯米尔（Vaclav SMIL）
曼尼托巴大学

参见：煤；海水淡化；产品与工业设计；制冷与供暖；氢燃料；产业生态学；天然气；石油；水能；风能

拓展阅读

Butti, Ken, & Perlin, John. (1980). *A golden thread: 2,500 years of solar architecture & technology*. Palo Alto, CA: Cheshire Books.

Dracker, Raymon, & De Laquill, Pascal, III. (1996). Progress commercializing solar-electric power systems. *Annual Review of Energy & the Environment*, 21(37), 102.

Goetzberger, Adolf; Knobloch, Joachim; & Voss, Bernhard. (1998).*Crystalline silicon solar cells*. (Rachel Waddinton, Trans.) Chichester, UK: John Wiley & Sons.

National Renewable Energy Laboratory (NREL). (2008). Solar power and the electric grid. Retrieved January 15, 2011 from http://www.nrel.gov/analysis/pdfs/45653.pdf

National Renewable Energy Laboratory (NREL). (2010). 2008 solar technologies market report. Retrieved January 15, 2011 from http://www.nrel.gov/analysis/pdfs/46025.pdf

Perlin, John. (1999). *From space to Earth: The story of solar electricity*. Ann Arbor, MI: Aatec.

Soybean

大 豆

大豆是世界上最古老和最重要的作物之一。它们因作为食物、饲料或工业材料的多用性、独特的组成、营养价值和健康益处而受重视。尽管像安全性和消费者对转基因大豆的接受，以及单一栽培潜在危险的问题必须澄清，但技术进步有望保持大豆的连续生存能力。

自20世纪50年代以来，大豆作为世界上最重要农业商品之一而出现，每年产量稳定增加。1955年，世界大豆产量仅约2千万公吨，2009年，全球产量增加到2.44亿公吨，主要生产国是美国、巴西、阿根廷、中国和印度。同一期间，美国的大豆产量从约1千万公吨增加到9.1千万公吨（USDA 2009）。

大豆科学

大豆属于豆科（*Leguminosae*）植物，栽培种为*Glycine max*（大豆），一年生，其植株浓密，高度在0.2～2.0米，其果实是一种3～5个簇生的多毛荚，每个荚有3～8厘米长，含2～4粒种子，种子从球形到卵形，大多数种子为黄色，但也能是绿色、深棕色、紫黑色或黑色。

大豆有独有的组成，干大豆平均含大约40%蛋白质、20%油、35%碳水化合物和5%灰分。因此，大豆在所有禾谷类和豆类物种中蛋白质含量最高，在所有食用豆类中油含量第二高，在花生之后。大豆与亚麻籽被归类为油料种子，而不是豆类植物，如豌豆、菜豆或扁豆（Liu 1997）。

起源与引种

历史和地理证据表明，大豆起源于中国北方，在该区栽培始于约5 000年前。大豆当时被中国人称为菽，现在称大豆或黄豆，被认为是与水稻、小麦、大麦和粟类一起的五谷之一。大豆在以后的记载中反复提到。中国人逐渐从大豆中开发了包括豆腐、豆奶、豆芽、豆酱、酱油等许多有营养的食物，所以大豆对中国文化和文明做出了重大贡献（Wang et al.

1997）。

约 1 100 年前，大豆栽培与制备大豆衍生食品的方法逐渐引进到日本、朝鲜和其他亚洲国家。这些国家的人们接受中国人制备大豆食物的方法、添加他们自己的创新，因此将大豆组成了他们的文化和传统。日本纳豆和印度尼西亚豆豉就是两个很好的例子。

大豆特性

大豆生产在全世界快速和可持续增长有几个原因：第一，大豆比其他任何作物能在每公顷土地上生产更高量的可食蛋白质，同时还生产大量可食油；第二，与豆科的其他成员一样，大豆因其与根际根瘤菌特有的共生而有能力固氮。因此，大豆可以是一个良好的轮作作物，即被以前作物耗尽氮的土地能种向土壤返回氮的大豆。大豆也能适应于许多土壤和气候；第三，大豆有多种可能的最终用途，广义地讲，大豆能用作人类食物、动物饲料和工业材料。每年生产的大豆，大多数被人类史上从未见过的工业化规模压榨，并用己烷提取油溶剂作为食用（Liu 2005）。剩下约含 50% 蛋白质的脱油豆饼通常经烘烤并作为各种家畜和鱼饲料，作物的很小部分加工成许多类型的传统和现代大豆食物。油和蛋白粉都已被探索作为许多工业用途，包括涂料、塑料和黏合剂。最值得注意的是，大豆油已用作生产替代基于石油运输燃料的生物柴油的原料。

健康益处

大豆产品含大量有生物活性的植物化合物，如异黄酮类、皂苷类、植酸类、植物甾醇类、胰岛素抑制剂和多肽（如露那辛）。医学研究将大豆消费与几种慢性病的预防与治疗联系到了一起，暗示大豆植物化合物在降低胆固醇、心血管病预防、糖尿病症状预防、骨质丢失预防和癌症预防中起作用。结果，对大豆新的高价值利用也做了探索，进一步的生物技术研究已集中在用大豆生产保健食品（提高营养成分以外好处的食物）和工业材料的新方法上。一个例子就是异常高含维生素 E 或 Ω-3 脂肪酸的转基因大豆，这两种成分都已知有益于健康。

技术进步

像其他农作物一样，大豆植株易受许多细菌、真菌、病毒和寄生物（如胞囊线虫）侵害。它们暴露于杂草和各种类型的环境胁迫，如盐或碱性土壤、干旱和寒冷温度。为使大豆生产可持续，在过去的 30 年间已取得一些研究进展和突破，现仍在继续努力。

植物育种和遗传工程进展已使得培育高耐除草剂、抗虫和改变了化学组分的大豆新品种成为可能。在几个转基因（也称为遗传修饰或 GM）作物中，耐草甘膦大豆是当前世界上种植最多的转基因植物。例如，2007 年，美国种植的大豆中有 91% 是转基因大豆（Bonny 2008）。一项转基因大豆与传统大豆的比较显示，转基因耐草甘膦大豆既能简化杂草控制，又有很大的种植灵活性。种植转基因大豆也很能适合水土保护耕作。

但是，像任何其他技术发展一样，转基因大豆也有一些缺点，是激烈争辩的话题。有对这种技术的反对（Herring 2008），消费者接受 GM 大豆可能是一个真正问题。要权衡 GM 植物的优缺点，需要评价环境、经济、科学和食物安全问题的组合。转基因大豆对农民的成功，导致了更多草甘膦替代其他除草剂的使用，这又反过来降低了草甘膦的有效性。过量使用抗除草剂作物可能导致杂草抗性的进化，这是最高的农业冒险。另外，美洲转基因大豆的广泛使用引起了向一些地区出口的问题。就食物安全性忧虑而言，对遗传工程化植物是否对人类消费安全、是否有可能因疏忽而向食物引入过敏源的了解还不够。

还有相当多对单一栽培践行的争论。用转基因大豆，单一栽培在现代、工业化规模耕作变得很普遍，特别是在巴西。支持者争辩说单一栽培能在较少土地上获得高产，耕作效率能因标准化而大大提高。反对者声称单一栽培损害生态系统、多样性和土壤肥力，并且招致病害攻击（Schlesinger & Noronha 2006）。很广义地讲，单一栽培践行的支持者倾向于认为，如果没有单一栽培，现代农业就不可能，数百万（如果不是数十亿）人依靠以这种方式生产的食物。反对者声称单一栽培不可持续，并导致需要越来越激烈的病虫害控制手段，包括遗传修饰作物和化学杀虫剂。

在有关大豆生产和可持续性的许多其他方面也取得了进步，这些包括基因组构图、共生固氮、高产、耐旱或耐寒冷大豆育种、保护性农业、养分资源综合管理和病虫害综合治理（Harada & Xia 2004；Sikora et al. 2008）。也已通过用传统和遗传工程技术提高一些酶的遗传表达量，为提高大豆光合作用效率做出了努力，这反过来提高了产量。

21世纪展望

大豆是世界上最古老作物之一，它们有独特组分和一系列老的和新的用途。过去的30年已经看到了大豆生产和最终利用的多项突破。在21世纪的世界上，大豆已变成人类和动物最重要的食油和蛋白质资源和一个重要可再生工业材料资源，这又反过来很大程度上取决于正在为解决对新技术（如转基因大豆）和现代耕作实践担忧和潜在风险以及使大豆生产可持续所做的努力。

刘克顺（Keshun LIU）
美国农业部

参见：苜蓿；生物能源与生物燃料；纤维作物；食品历史；粮食作物；绿色革命；氮；有害生物综合管理；水稻。

拓展阅读

Bonny, Sylvie. (2008). Genetically modified glyphosate-tolerant soybean in the USA: Adoption factors, impacts and prospects. A review. *Agronomy for Sustainable Development, 28,* 21–32.

Harada, Kyuya, & Xia, Zhengjun. (2004). Soybean genomics: Efforts to reveal the complex genome. *Breeding Science, 54,* 215–224.

Herring, Ronald J. (2008). Opposition to transgenic technologies: Ideology, interests and collective action frames. *Nature Reviews Genetics, 9,* 458–463.

Liu, KeShun (1997). *Soybeans: Chemistry, technology, and utilization.* Gaithersburg, MD: Aspen Publishers.

Liu, KeShun (Ed.). (2005). *Soybeans as functional foods and ingredients.* Champaign, IL: AOCS Press.

Schlesinger, Sergio, & Noronha, Silvia. (2006). Brazil is naked! The advance of soybean monoculture, the grain that grew too much. FASE (Federation of Social and Educational Assistance Organizations), Brazil. Retrieved May 23, 2011, from http://www.scribd.com/ doc/26788507/Brazil-is-naked-The-advance-of-soybean-monoculture-the-grain-that-grew-too-much

Sikora, S.; Blazinkov, M.; Babic, K.; Sudaric, A.; & Redzepovic, S. (2008). Symbiotic nitrogen fixation and sustainable soybean production. *Cereal Research Communications, 36,* 1483–1486.

US Department of Agriculture (USDA), Economic Research Service.(2009). Oil crops outlook. Washington, DC: OCS–09 g.

Wang, X., et al. (Eds.). (1997). *Zhong Guo Da Dou Zhi Ping* [Chinese soybean food products]. Beijing: China Light Industry Publisher.

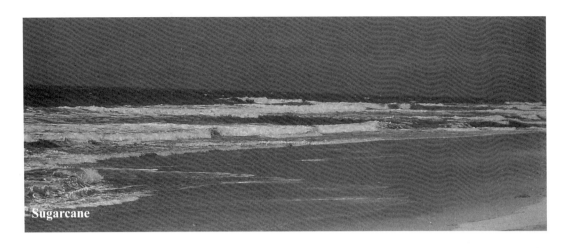
Sugarcane

甘　蔗

甘蔗可一次种植后多次收获,是一个重要的糖与生物酒精来源,后者是一种以能量有效的方式从制糖或甘蔗茎秆榨出糖汁的副产品,生产可再生替代燃料。有些甘蔗植株残留物和副产品还可用作动物饲料、肥料、制造业和能量生产。

甘蔗(甘蔗属*Saccharum*亚种的杂交种)是在世界热带和亚热带地区广泛栽培的高大多年生禾本科植物,因为其茎秆在收获时含10%～15%蔗糖。蔗糖用于糖和酒精生产。甘蔗是一种C₄植物,意思是在光合作用期间创造4个碳分子。它还有高光合作用能力或速率,是最大生物量生产者之一(并且正在培育高生物质能源甘蔗)。这种植物属于禾本科(*Poaceae*)、黍亚科(*Panicoide*)。野生甘蔗(*Saccharum officinarum*,秀贵甘蔗)原产新几内亚。大多数商业甘蔗品种是秀贵甘蔗的杂交种。

甘蔗被认为是　种可持续作物,因为即使连续长期栽培后,作物的产量也不降低。最终产品糖和酒精的主要元素是光合作用时固

定的碳,大多数其他因素能返回田间,糖和酒精生产的植物残留物和副产品可作为肥料维持土壤肥力。

甘蔗栽培面积在增加,2008年整个世界产量是24 400万公顷的收获面积上的17.43亿吨(FAO 2010)。巴西是世界上最大的甘蔗生产国,是世界产量的1/3,接下来是印度、中国、泰国、巴基斯坦和墨西哥。

甜菜(*Beta vulgaris* L.)是另一个糖源,其硕大的根含14%～29%重量的蔗糖。甜菜的商业生产在19世纪始于欧洲,最大的甜菜生产国是法国,接下来是俄罗斯、美国和德国。世界总糖产量约1.6亿吨,世界糖产量的70%来自甘蔗、30%来自甜菜。主要糖出口国是巴西、印度、泰国和澳大利亚。

作为欧洲殖民地一个重要作物,甘蔗在植物园种植。结晶糖约在5世纪在印度发明并传到中国、阿拉伯和欧洲。17和18世纪期间,来自加勒比海的糖,与来自欧洲的制造商和来自非洲的奴隶,形成了三角贸易的一个组成边。

栽培

甘蔗是一种单一栽培作物(一个作物种植很大面积),包含连续种植,其意思是每年在同样土地上种植。甘蔗通过种植上面有芽的茎切段而繁殖。除有些发达国家外,机械种植不普遍。甘蔗栽培最佳温度在20℃到35℃之间。因为甘蔗抗强风,所以能在受台风、飓风和旋风干扰的地区例如日本的冲绳岛和加勒比海种植。较低温度、干旱期或两者能触发蔗糖在植物中的积累。巴西有最大潜力的地面增加蔗糖生产,有人估计在巴西高原中部西拉多贫瘠未用地区可开发出5千多万公顷。

蔗糖植株的茎秆能长3~4米高。种植后9到14个月后,用手或收割机收获蔗糖茎秆。只将甘蔗茎秆移出田间,然后送到制糖厂。甘蔗收割是劳力密集型工作,收获前,农民经常放火烧掉连接茎秆的叶子,这种做法会降低茎秆内糖的质量。由于空气污染,许多政府开始禁止农民焚烧他们的收获物。绿色收获包括机械收获能将顶部、叶子、茬子和根作为残留物留在田间。因此,残留物中大多数养分返还给农田并被下一个作物的植株吸收。此外,一部分植物氮可通过来自生活在植物组织内的共生固氮细菌固氮而来。有些地区在收获时去掉甘蔗植株顶部并用作动物饲料。一旦种植,甘蔗可收获几次,因为称为截根苗的新茎秆能从甘蔗茬中长出来。

加工与副产品

在制糖厂精炼糖的过程中,甘蔗渣、滤饼、锅炉灰渣和糖浆将作为副产品利用。甘蔗渣是压缩机内压榨甘蔗后剩下的纤维残留物,甘蔗渣的主要成分是纤维素。大多数甘蔗渣作为制糖厂燃料被烧掉,这提高了制糖厂的能源自给。多余的甘蔗渣用作发热发电燃料生产电和热能。它也可能用作造纸的纸浆或经压缩做家具板材。

滤饼或滤泥是另一个加工残留物。它包括矿物质如钙、镁、氮(这不是矿物质—译者注)、磷、钾和硅。因此,滤饼可典型用作肥料或堆肥材料。含矿物质的锅炉灰也能用作肥料。糖浆是一种糖汁,是结晶糖制造过程中从粗糖分离出的最终产品。糖浆的主要元素是蔗糖和还原糖,如葡萄糖和果糖。这是一种发酵工业的原料,能进一步加工成味精或朗姆酒。酒精生产溢出的残留物酒糟能作为肥料撒到田间。

替代性能源利用

生物酒精是一种从农业原料生产并与汽油混合(酒精—汽油混合燃料)用作运输燃料的可再生能源。就甘蔗的情况而论,生物酒精由糖浆或压榨的糖汁制造。巴西种植的甘蔗约一半用于生产生物酒精。平均1公顷大小的甘蔗田能生产6千升酒精(这假设从1公吨甘蔗茎秆能生产80公升酒精,并且一块农田每公顷能生产75公吨甘蔗)。

在美国,玉米已被用作生物酒精生产,木薯也是可能的作物。但是,玉米和木薯淀粉在酒精发酵能够发生之前,需要额外的糖化加工将其变成糖。此外,因为甘蔗渣用作燃料,所以从甘蔗生产酒精不需要外部能源供应。有些研究提示,甘蔗是生物酒精生产的最经济和最有环境优势作物之一。

安藤早太郎(Shotaro ANDO)

日本国家畜牧与草原研究所

参见：农业（几篇文章）；畜牧；生物能源与　原；氮；茶。
生物燃料；可可；咖啡；施肥/肥料；食品历史；草

拓展阅读

Alexander, Alex Getchell. (1985). *The energy cane alternative*. Amsterdam: Elsevier Science.

Bakker, Henk. (1999). *Sugar cane cultivation and management*. New York: Kluwer Academic / Plenum Publishers.

Better Sugar Cane Initiative Limited. (2010). BSI Public Consultation Standard Version 2. Retrieved July 13, 2010, from http://www.bonsucro.com/standard/assets/BSI% 20Public%20Consultation%20Standard%20 Version%202%2812%29a.pdf

Cheesman, Oliver D. (2004). *Environmental impacts of sugar production: The cultivation and processing of sugarcane and sugar beet*. Oxfordshire, UK: CABI Publishing.

Food and Agriculture Organization of the United Nations (FAO).(2010). *Crop production*. Retrieved May 11, 2010, from http://faostat.fao.org/site/567/default.aspx#ancor

James, Euan K. (2000). *Nitrogen fixation in endophytic and associative symbiosis*. Field Crops Research, 65, 197–209.

James, Glyn. (Ed.). (2004). *Sugarcane* (2nd ed.). Oxford, UK: Blackwell Science.

Ponting, Clive. (2000). *World history: A new perspective*. London: Chatto & Windus.

União da Indústria de Cana-de-açúcar [Brazilian Sugarcane Industry Association]. (2010). The virtual mill. Retrieved July 13, 2010, from http://english.unica.com.br/virtual-mill/

Zuubier, Peter, & van de Vooren, Jos. (2008). *Sugarcane ethanol*. Wageningen, The Netherlands: Wageningen Academic Publishers.

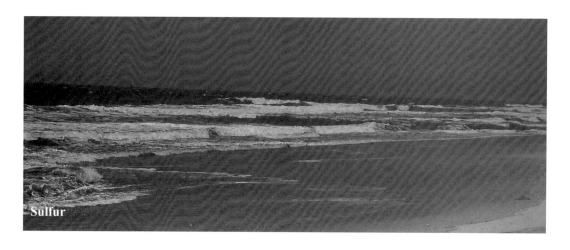

Sulfur

硫

　　硫元素具有悠久人类利用历史，对人类文明进步至关重要。硫酸是最常用的衍生形态，可用于制造肥料。一个国家的硫酸消费可看作是其商业繁荣的一个相对指标。硫能引发环境问题是因为化石燃料会释放有毒气体二氧化硫。

　　硫（S）是世界上排名第16位的丰富元素，通常是以硫酸盐和硫化物的形式存在（Kutney 2007，1）。硫的主要工业生产形式是硫酸，一个重要的工业和化肥原料。原油和天然气包含了大量的硫，从硫化矿石中提取燃料（Apodaca 2011，159）。历史上，硫用于燃烧（硝石、木炭）。13世纪到14世纪，硫（火药关键成分）成为中国、日本、欧洲和奥斯曼帝国最重要的武器制造用料（Kutney 2007，6–8）。德国化学家贾斯特斯·冯·李比希如此描述硫对社会的重要性："我们可以非常精确地用一个国家硫酸的消耗量，来评判它的繁荣程度"（Kutney 2007，7）。

　　硫的使用带来了许多环境问题，其中之一就是无色气体二氧化硫的排放。二氧化硫是一种硫的氧化物，它通过工业设施、汽车、飞机、轮船、农场设备、发电机等运行过程使用化石燃料而排放（US EPA 2011）。二氧化硫的大量排放是毁灭性的，人们暴露在该气体中，会引发鼻喉灼烧灼感、呼吸困难和气管堵塞等症状（ATSDR 1999，1）。

　　在2009年底，国际海事组织（the International Maritime Organization, IMO）批准了一个更严格的关于船用燃料中硫含量的提议（Ober，2010，1）。在2010年6月份，美国环境保护署提高国家环境空气质量标准中关于二氧化硫的要求，目的是为改善公众安全（US EPA 2011b,1）。引进一种较清洁的超低硫柴油（ULSD）将有望于减少污染，由于其含硫量较少，相比低硫柴油减少了97%（Fisk 2010，5）。在石油精炼过程中，通过去除硫元素来生产超低硫柴油。这个技术可以保护环境、节约能源并提升经济效益（UE DOE 2011，1）。在2011年，美国大部分柴油站都是提供超低硫柴油。

美国产生的硫酸比其他任何化学产品都多，是全球最大的生产商，而加拿大紧随其后是第二大生产商（Ober 2010，1）。在美国，有29个州和美属维尔京群岛生产硫，其中路易斯安那州和得克萨斯州产量约占国内产量的45%（Apodaca 2011，158）。美国国内的生产能力仅能保证其66%的需求。在2010年，美国大约91%的硫用于硫酸衍生物的生产，其中60%用于农业化学品、24%用于炼油。美国主要从加拿大、印度和墨西哥进口硫酸。

从2007年开始，需求量增加导致硫价格上涨，特别是印度和中国的肥料制造对硫需求有较大的增加（Ober 2010，1）。在石油、天然气和硫矿中，硫储量丰富；由于化石燃料的大量使用，硫的供给充足。从石油冶炼和天然气处理厂回收硫是硫的另一重要来源。由于有些国家没有像石油和硫矿等那样的硫储藏，因而世界上多数国家的供给并不需要依靠本国生产。比如，中东的硫矿可能在美国和加拿大加工。在2007年，美国国内的硫消费量增加了10%、出口增加了3%，价格增加了220%

（Ober 2010，3–4）。美国的需求也反映在上涨的价格和从加拿大、墨西哥、委内瑞拉的进口量上。

美国硫产量从2009年开始增加（Apodaca 2011，158–159），世界产量也在增加，这一趋势预计会直接延续到21世纪。随中东石油产量和加拿大含油砂产量的增加，硫产量有望得到增加。在加拿大，大约有三分之二的硫是在艾伯塔省的天然气和油砂中生产的。对硫和硫酸的需求预测，一般都是正面的。在巴西、中国、埃及、摩洛哥和沙特阿拉伯，都有可能扩大肥料生产。由于硫酸和肥料生产的直接联系，只要有作物生长需要肥料，硫酸就会有需求。

黛安·巴尔拉杰（Diane BALRAJ）和
J. 安德鲁·格兰特（J. Andrew GRANT）
皇后大学

参见：农业（几篇文章）；施肥/肥料；温室气体；矿砂；非金属矿业；天然气；氮；石油；磷；钾；沙子和二氧化硅；土壤。

拓展阅读

Agency for Toxic Substances and Disease Registry (ATSDR). (1999, June). Sulfur dioxide. Retrieved June 4, 2011, from http: //www.atsdr.cdc.gov/tfacts116.pdf

Apodaca, Lori E. (2011, January). Sulfur. Retrieved June 4, 2011, from http: //minerals.usgs.gov/minerals/pubs/ commodity/sulfur/mcs-2011-sulfu.pdf

Fisk, Greg. (2010). Does diesel have a future in the fishing industry? Retrieved September 17, 2011, from http: //seagrant.uaf.edu/map/fisheries/docs/asg-52dieselfuel.pdf

Kutney, Gerald. (2007). *Sulfur: History, technology, applications and industry*. Toronto: ChemTec.

Ober, Joyce A. (2010, September). Sulfur. Retrieved June 4, 2011, from http: //minerals.usgs.gov/minerals/pubs/

commodity/sulfur/myb1-2008-sulfu.pdf

US Department of Energy (DOE). (2011, August 7). Ultra-Low Sulfur Diesel. Retrieved September 17, 2011, from http: //www.afdc.energy.gov/afdc/vehicles/diesel_low_sulfur.html?print

US Environmental Protection Agency (US EPA). (2011a, March 31). Sulfur dioxide. Retrieved June 4, 2011, from http: //www.epa.gov/oaqps001/sulfurdioxide/

US Environmental Protection Agency (US EPA). (2011b, March 30). Sulfur dioxide: Regulatory actions. Retrieved June 4, 2011, from http: //www.epa.gov/oaqps001/sulfurdioxide/actions.html#jun10

T

Tea

茶

茶（茶树）是一种原产于中国和印度的树种。根据处理方法的不同，茶主要有三种类型：红茶、绿茶和乌龙茶。尽管茶叶的价格从20世纪90年代以来就不断地在上涨，世界茶叶市场的未来，仍取决于那些以茶为主要消费的低收入和中等收入国家的居民收入，但茶叶所声称的健康益处，可能会增加其在高收入的小众市场的消费。

茶来自原产于中国和印度的茶树（*Camellia sinensis*）。现在主要有三种用于商业用途的茶叶品种：中国茶、阿萨姆（印度东北部）茶和柬埔寨茶，每一种茶都以它们最初的商业种植的地区命名的。中国茶树是一种耐寒，有着百年寿命的3米高的灌木。阿萨姆和柬埔寨的茶树品种有高大的单杆树与40年的商业寿命。通常情况下，茶树通过频繁的修剪来保持低矮，以便于采摘（即采摘茶叶）。虽然茶树可以在各种农业气候条件下生长，但最好的茶树生长在海拔1 000米和2 000米之间的地区。

作为农场产品的新鲜绿色茶叶被送去加工处理制成"成茶"，便成了国际贸易产品。除非新鲜茶叶在6小时内得以处理，否则茶叶品质就会受损。制茶企业然后将不同来源的茶叶混合，制成包装好的茶叶，提供消费者饮用。大约每5千克新鲜茶叶可以制成1千克成茶。人们通过专门的处理方法将新鲜茶叶变成三种茶叶品种：红茶、绿茶和乌龙茶（Forrest 1985）。

要制作红茶，得先将新鲜茶叶在架子上铺开晾干，然后将茶叶放进专门的机器里打破茶叶细胞、释放油腺细胞，然后便成为了一颗颗蜷曲的成茶疙瘩。它们接着被送入发酵室里，薄薄地铺开，吸收几个小时的氧气。再让这些茶叶在爆热、干燥的空气中暴露15到30分钟，这就将它们变成了黑色。红茶占到了全球茶叶产量近四分之三，大多由东非国家和南亚国家提供。

绿茶较之红茶的处理工序更少。新鲜茶叶采摘之后即可进行加热烘蒸。由于没有经过发酵就直接干燥,茶叶保持了绿色的色泽。在按等级进行归类之后,茶叶就被装进内衬铝箔箱子里。绿茶占据了全球茶叶出口的三分之一,主要从中国出口,还有一小部分由日本、越南和印度尼西亚出口。

传统的乌龙茶是由中国南部从一种特殊的茶树(chesima)制作而成的。它具有宽大的叶片和独特的味道。乌龙茶的制作过程与红茶相似,但是它的发酵时间更短。乌龙茶在世界的茶叶市场上只占有很小的份额。

虽然所有用热水冲泡的饮品都冠之以"茶",但只有茶树才真正当得起这个名称。用草药和浆果制成的茶应称为浸泡液。有许多植物的叶片能像茶叶那样冲泡饮用。例如,巴拉圭茶通常被称为yerba maté,是从一种主要分布在阿根廷,巴西和巴拉圭的冬青树的树叶中制成的。北卡罗来纳州的土著美国人过去常常从另一种类似冬青树的树叶中制作一种被称为yaupon的茶。特立尼达茶叶则是从甘椒或五多香果树的叶子中制成。另一种流行的洋甘菊浸泡液(其更科学严谨的拉丁文名为Matricaria recutita),它来自一种树枝平均不到一米高的植物,主要生长在欧洲和亚洲温带地区。

茶叶的生产、贸易和价格

茶叶既可以在热带地区也可以在温带地区生产。由于茶树生长在高海拔地区,故而它不会与其他作物的生长形成竞争冲突。全球几乎85%的茶叶生产集中在亚洲,非洲占到了全球茶叶产量的13%,余下的茶叶生产分布在中东和拉丁美洲国家。世界上最大的茶叶生产国非中国和印度莫属,它们分别占到

了全球茶叶贸易35%和25%的份额,之后是肯尼亚(8%)和斯里兰卡(7%)。2009年,全球的茶叶产量达到了近400万吨,比之20世纪70年代和20世纪80年代,茶叶的产量分别增长了4%和3%,比之过去的20年,增长了不到2%。全球茶叶产量中的四成左右属于国际贸易,肯尼亚(22%)、中国(19%)、斯里兰卡(18%)和印度(12%)一共占据了全世界四分之三的茶叶出口。英国过去曾是最大的茶叶进口国,在20世纪60年代,它占据了全世界几乎40%的茶叶进口贸易份额,而这其中的大部分又被重新出口贸易。但是到了2010年,英国的茶叶进口量已经下跌到了8%左右。同年,茶叶的进口霸主被俄罗斯所取代,它占据了世界茶叶进口的12%,紧随其后的是美国(11%)、英国(8%)、巴基斯坦(6%)和埃及(5%)(ITC 2011)。

茶叶既可由小农独立生产,也可以集体大规模生产。大多数茶园是由生产大批量的茶叶的大公司所有,成茶的产量通常超过1 000公吨(有时会达到10 000公吨)。茶园既雇佣永久性劳动力,也雇佣季节工。在那些国家,被雇佣到茶园工作的条件被人们普遍认为要优于被雇佣至其他地方工作的条件;再考虑到大多数茶园为跨国公司所拥有,他们会坚持国际标准和有关工资和就业条件的审查要求。而且,制定劳动标准的国际劳工组织和许多国际和当地的非政府组织和宣传团体(例如国际劳工权利基金会)都在监管茶园的工作条件。

不同于大多数原料商品的价格是在未来的交易中才正式确立,茶叶的价格是在拍卖会(茶叶生产国的)上确立的。大约全球三分之一的茶叶出口订单是在交易会上完成的。印

度有六个拍卖会,但最大的两个茶叶拍卖会是在斯里兰卡的科伦坡和肯尼亚的蒙巴萨。其他一些茶叶生产国的拍卖会分别在孟加拉国的吉大港、印尼的雅加达和马拉维的林贝举办。科伦坡和蒙巴萨拍卖交易的茶叶大多用于出口,其价格(特别是蒙巴萨的)则被认为是世界茶叶价格的风向标。

20世纪70年代—80年代在茶叶消费国举办的茶叶拍卖会中,除了一度是全世界最具影响力的伦敦拍卖会,其余的都不甚成功。直至20世纪70年代前期,伦敦承办了世界主要的茶叶拍卖,但伦敦的最后一次茶叶拍卖举办于1998年6月29日,至此,319年的历史传统落下了帷幕。自从东印度公司在1679年的第一次拍卖会举办以来,伦敦就承办了其所有的拍卖会。自从1864年以来,除了战争期间的短暂中断,每周都会有至少一次的茶叶拍卖。

在东非茶叶贸易协会的主持下,肯尼亚茶叶拍卖制度始于1956年11月的内罗毕。它最初只是交易小批量的次级茶叶,但由于生产商和买家兴趣的增加,拍卖会于1969年搬到蒙巴萨并开始交易优质品级的茶叶。蒙巴萨拍卖会在1992年10月26日迎来了它的转折点,当时随着外汇管制的放松,交易开始以美元进行。较之先前其他以当地货币进行主要茶叶拍卖交易相比,这种变化或许解释了为什么蒙巴萨的茶叶拍卖会会成为世界上主要的茶叶拍卖会。

茶叶价格一直比其他大宗商品的价格波动小。从20世纪90年代大多数时候以及20世纪初的每千克2美元开始上涨,直到2009年以来,茶叶的价格一直平均在每千克3美元不到点(几乎所有的商品价格都遵循类似的模式)。由于茶叶贮藏久了会降低它的品质(不像其他商品,诸如咖啡和稻谷),茶叶价格还会受到季节性周期性的影响(即,新茶的价格会影响到陈茶的售价)。质量受损就是茶叶为什么要在拍卖会上交易的主要原因:这样买家就可以清楚地知道他们购买的每一批茶的售价为何会有不同。

全球茶叶市场并没有受到其他商贸交易正遇到的各类贸易障碍的制约。虽然一直没有联合国明文支持的国际茶叶协议(不像是可可、咖啡和橡胶之类的交易物资)但有两个志愿的供给约束计划(Wickizer 1951)。第一个计划是由于1920年间茶叶价格的急剧下跌而诞生的,由印度人和斯里兰卡人(后来又加入了锡兰人)倡导,并在1920年到1921年间为人们所使用。第二份限制计划在1930年生效,出于和第一份计划相同的原因由多个国家共同发起。一份五年期的国际茶业贸易协议于1933年4月签署,由印度、印度尼西亚和斯里兰卡共同支持,以通过出口配额来支持茶叶价格。这份协议是以回应经济大下调期间茶叶价格的滑铁卢；茶叶的价格在1927年到1932年间下跌了70%（Sarkar 1972）。

茶叶市场的展望

由于大部分茶叶都是由低收入和中等收入国家消费的，对茶叶市场的长远展望主要依托于这些国家国民收入的增长。联合国粮食和农业组织（2010）估计，到2020年全球茶叶的需求的增长不太可能超过每年1个百分点，这与上一个10年的茶叶消费增长率没有什么太大的差别。茶叶消费的增长主要寄希望于来自苏联国家的贸易进口的增长。在供应端，联合国粮食和农业组织寄希望于中国、肯尼亚和越南以增加他们的茶叶出口。

因为茶叶的竞争对于诸如可口可乐之类的软饮料和咖啡，它的消费模式将取决于相关产业的增长。有些增长很可能会发生在细分市场，例如有机茶叶和冰茶，这两者的消费人群大多来自高收入国家。茶叶的另外一个发展方向是基于它对健康的助益，这意味着，随着消费者越来越注重健康，他们将越有可能饮用更多的茶。这可能是特别适用于绿茶，它经历较少的处理工序，因此被认为是更自然的饮料。

约翰·巴菲斯（John BAFFES）

世界银行

参见：农业（几篇文章）；可可；咖啡；毒品的生产和贸易；甘蔗。

拓展阅读

Food and Agriculture Organization. (2010, May 12–14). Mediumterm outlook for tea (19th Session of the Committee on Commodity Problems, Intergovernmental Group on Tea, New Delhi).

Forrest, Denys. (1985). *The world tea trade: A survey of the production, distribution, and consumption of tea.* Cambridge, UK: Woodhead-Faulkner.

International Tea Committee (ITC). (2011). Annual bulletin of statistics. London: ITC.

Sarkar, Goutam K. (1972). *The world tea economy.* Delhi: Oxford University Press.

Standage, Tom. (2005). *A history of the world in six glasses.* New York: Walker & Company.

Wickizer, Vernon D. (1951). *Tea under international regulation* (2nd ed.).Stanford, CA: Food Research Institute.

Thorium

钍

近期核工业不断扩张,以前所未有的速度消耗着铀储量,这重新引发了人们对于核扩散及核污染风险的担忧。在未来几十年间,铀的持续供应前景堪忧。更多地利用钍作为核燃料,可以缓解对核能可持续发展的担忧。但钍的使用也必须考虑其可持续利用。

钍(Th–232)是一种放射性元素,广泛存在于地壳中,通常存在于各种含铀和稀土元素的岩石中。具有开采价值的钍储量至少和作为传统核燃料的铀一样多,有些估计甚至认为其供应量是铀的三倍(OECD & IAEA 2010)。世界上钍矿主要分布在澳大利亚、美国、土耳其、印度和委内瑞拉(Thor EA 2010, 51)。

Th–232是不可裂变的,意味着它的原子核不能分裂。然而它可转变为可裂变的,这是极其重要的,因为裂变是核能的关键。利用增殖反应堆或加速器驱动的次临界反应堆(the Accelerator–Driven Subcritical Reactor, ADSR),Th–232可转换为可裂变的铀233(U–233)。为

了抑制气候变化,全球核工业已经进入了一个急剧扩张的时期,而钍以其具有的优势成为更具吸引力的铀替代品,以确保能源安全,改善日益脆弱的能源环境。

促使钍增产的因素

世界经济的发展预示着在不久的将来,钍的使用将有所增加。2009年,印度与美国签署了一项双边核能合作协议(123协议),该协议将大大满足新德里对核能的需求,其中大部分以钍为核燃料。事实上,印度是迄今全球最大的以钍为核燃料的民用核能国家。虽然有益于铀的可持续利用,印度的核能扩张计划还是引起了人们对核扩散的担忧,因为其所依赖的是增殖反应堆(WNA 2011)。

针对印度对钍的利用,英国开创了一项新技术,加速器驱动的次临界反应堆,从而不再需要独立的增殖反应堆。加速器驱动的次临界反应堆可将自身产生的钍燃烧形成U–233,从而消除了钍扩散的风险。而且

加速器驱动的次临界反应堆还可焚烧燃料循环过程中生成的其他废物。而用传统的钍和铀的反应堆，这些废物必须封存数百年。因此，一些人认为加速器驱动的次临界反应堆既能解决核安全和核废料问题，又能解决铀的可持续供应，但加速器驱动的次临界反应堆技术尚处于起步阶段。加速器驱动的次临界反应堆的实物模型将在2015年完成开发和试运行，但是第一个加速器驱动的次临界反应堆上线预计要到2025年（Thor EA 2010, 7）。

钍和铀的对比

Th–232是解决铀供应、核废料和核扩散等问题的潜在方案。由于核工业不断扩张，铀的供应量预计将以越来越快的速度减少。而钍的供应量大于铀。在目前的实践中，钍产生的废料比铀少，因为几乎所有的Th–232都可以在反应器中充分燃烧，因此不必进行浓缩。铀燃料则完全不同，常见的做法是将铀矿石中0.7%裂变部分（U–235）分离出来，将其余99.3%不可裂变的部分（U–238）丢弃。为了分离少量的U–235铀，矿石不仅需要既耗时又消耗资源地进行浓缩，而且还会产生大量的U–238废料（Thor EA 2010, 8）。然而，需要注意的是U–238可在增殖反应堆中转换为可裂变钚（P–239）。这就像Th–232能转换为可裂变的U–233一样。虽然U–233和P–239都可用作核武器的燃料，但是P–239更常用。因此，铀的核扩散风险要高于钍。

加速器驱动的次临界反应堆技术可以消除核扩散的风险。这是因为所有裂变燃料及其生成的可裂变副产品，都在反应堆里充分燃烧了；换句话说，未经授权的人员无法获得这些可裂变的核燃料。然而，传统的钍反应堆需要一个增殖过程，因而会产生大量的钚废料，而这正是制造核武器的主要原料。

钍的未来展望

除了印度和英国预计扩大钍的开发利用，加拿大、中国、法国和美国的各家公司在2009年签署了研发协议，也将引导大规模的投资转向这一领域。根据世界核协会的观点，从长期看钍拥有相当大的发展潜力。它是核能可以长期、可持续发展的一个重要因素（WNA 2011）。

凯西·库姆斯（Casey COOMBS）
犹他大学

参见：采矿业——金属矿床开采；铀；废物处理。

拓展阅读

Australian Atlas of Minerals Resources, Mines & Processing Centres. (2009). Thorium. Retrieved June 2, 2011, from http://www.australianminesatlas.gov.au/aimr/commodity/ thorium_09.jsp

International Atomic Energy Agency (IAEA). (2005). *Thorium fuel cycle: Potential benefits and challenges.* Retrieved May 30, 2011, from http://www-pub.iaea.org/mtcd/publications/ pdf/te_1450_web.pdf

Massachusetts Institute of Technology (MIT). (2009). *Update of the MIT 2003 future of nuclear power: An interdisciplinary MIT study*. Retrieved September 23, 2010, from http: //web.mit.edu/nuclearpower/pdf/nuclearpower-update2009.pdf

Organisation for Economic Co-operation and Development (OECD) & International Atomic Energy Agency (IAEA). (2010). *Uranium 2009: Resources, production and demand*. Paris: OECD Publishing.

Thorium Energy Amplifier Association (ThorEA). (2010). *Towards an alternative nuclear future: Capturing thorium-fuelled ADSR energy technology for Britain*. Retrieved May 16, 2011, from http: //www.thorea.org/publications/ThoreaReportFinal.pdf

World Nuclear Association (WNA). (2011). Thorium. Retrieved June 1, 2011, from http: //www.world-nuclear.org/info/inf62.html

Tin

锡

锡是人类文明史上最古老的金属之一，主要用于焊锡和青铜一类的合金。锡矿开采会给环境的可持续性带来威胁。在刚果民主共和国，由于非政府组织和宣传团体呼吁开采部门，提高企业在开采锡和其他自然资源时的社会责任感和管理实践，社会冲突与腐败之间的联系受到了持续关注。

锡（Sn）是一种银灰色的金属，当其暴露在低于18℃的环境中时会变成白色。与其他元素（例如锌94×10^{-6}；铜63×10^{-6}；铅12×10^{-6}）相比，锡在地壳中的存在丰度较低（2×10^{-6}）（United States Geological Survey 2011b, 1）。锡石是含有锡的矿物，纯的金属锡价格昂贵且易毁坏，因此锡多使用在合金中，或者作为钢制品的保护涂层（University of Wisconsin n.d., 1）。主要的锡合金是焊锡（约33%锡，其余是铅）、青铜（5%～10%锡，其余是铜）、轴承合金（锡、铅和铜）和锡腊（90%～95%锡，其余是铜和锑）。

历史和生产

早在公元前3 500年，人类已经使用锡和铜生产青铜（Casarett, Doull & Klassaan 2007, 969）。在古代，米索不达米亚人、埃及人、南美人、腓尼基人、希腊人和罗马人都使用过青铜（University of Wisconsin n.d., 1）。现在，锡在合金（如青铜）生产中非常重要。一些种类锡涂抹于船体，可防止船体上面滋生海洋植物。大约34%的锡以合金形式在电子和工业生产使用（WHO 2005, 1939）。由于无毒性特点，20%～30%的锡用于镀层，从而防止食品和饮料包装罐的腐烂。研究发现，人体内锡处于痕量水平，它对人体生理功能的重要性仍然不明确（Bastin n.d., 1）。锡也用于烹饪设备（例如：烤盘、食品储存容器）、电子产品和化工产品的生产（Chin 1999, 1）。

英格兰开采锡石已经长达数百年。然而，目前锡的供应主要来自东南亚地区（University of Wisconsin n.d., 1）。至2006年，世界锡矿的储量是亚洲占57.6%（中国26.7%，马来西亚 16.8%，印尼 11.3%，泰国 2.9%），美洲占 31.9%（巴西 12.9%，秘鲁 11.3% 和玻利维亚 7.3%），俄罗斯占 5.0%，澳大利亚占 2.5%，其他国家占 2.9%（Rodrigues 2007, 1）。

在 20 世纪 40 年代的全球锡产量中，玻利维亚和刚果民主共和国分别位列第一和第二。到 1979 年，马来西亚成为锡的主要生产国，提供总产量的 31%（Chin 1999, 1）。现在，由于马来西亚许多锡矿已被开采殆尽，目前，马来西亚多数锡矿用于以满足国内需要。此外，因为国内生产成本的上升和全球锡的价格下降，马来西亚厂家锡的出口面临障碍。战争和地区动荡已经把刚果在全球锡产量的份额降低到 4%。到 2006 年，印尼（38.9%）和中国（37.2%）主导世界锡的产量（Rodrigues 2007, 1）。随着国内对金属的需求增大，中国很快就会减少精炼锡的出口。

美国是最大的二手锡生产国，即通过回收报废的锡合金进行锡的生产（WHO 2005, 1948）。自 1993 年以来，美国没有开采锡矿，但是，对锡元素却有强烈的需求，主要用于电气设备和网络（28%）、易拉罐和容器（19%）、建筑物（13%）、运输系统（12%）和其他商业产品（28%）（United States Geological Survey 2011a, 1–2）。美国锡的主要供应商是秘鲁（55%）、玻利维亚（16%）、中国（8%）和印度尼西亚（8%）。除印度尼西亚和中国外，秘鲁、玻利维亚、巴西和刚果，锡矿的开采也颇具规模（United States Geological Survey 2011a, 171）。

由于消费增长和供应较少（投资缺乏所致），锡供应量仍然较低。因此，在未来数年中，锡的价格应该会保持较高水平。随着更多大规模矿床的开采，2013 年锡的产量有望得到提高。

可持续发展问题

锡矿开采会产生大量荒地，损坏排水系统和污染自然环境，导致环境退化（Chin 1999, 1）。为防控这些不利后果，相关法律，要求通过环境修复工程、清理废弃物和直接投资所在社区，以减轻锡矿开采带来的影响。

在发展中国家，锡矿开采与暴力冲突有关联。在刚果，武装组织利用几种不同类型的自然资源进行融资。戈马的木炭、贝尼和伊图里的木材以及各地区的大麻，这些都是武装组织开采、种植和销售的自然资源（Center on International Cooperation 2009, 1）。在刚果，胡图族反叛组织解放卢旺达民主力量（FDLR）利用矿业为他们的活动筹集资金。危险问题是，解放卢旺达民主力量的武装指挥官们会控制锡矿和金矿，即用暴力控制资源丰富的地区。刚果军队也无法置身其外。为了收集非官方的"税收"，指挥官将派出自己的下属非法占据矿场，从而为个人利益建立支持同盟（Center on International Cooperation 2009, 2）。非政府组织和一些倡导团体宣扬刚果的采矿业需要透明度和问责制，并呼吁矿业公司和政府确保矿物质不是被非法持有者或反叛集团控制。

全球见证（Global Witness）是一个总部在英国的跨国非政府组织，其关注重点在于自然资源腐败开采问题。他们呼吁，开采刚果矿产的采矿公司要以确保没有犯罪事件与资源开采联系在一起（Center on International Cooperation 2009, 3）。"全球见证"建议实施认证计划、第三方观察员和定期审计。2009年，国际锡研究所（一个代表锡行业的组织）提出了"供应链"模式，以监控和促进与刚果政府合作期间的尽职调查和有效管理。这个倡议致力于实现这些目标。然而，物流是一个问题，这需要监管大量的刚果矿物（例如：锡、金、钨、钶钽铁矿等）。矿山经常位于偏远地区。监控者容易受武装组织的贿赂、胁迫和其他形式的操纵。

自然资源的开采和贸易（如锡）对于推动一些国家经济发展至关重要（如刚果）。在矿业项目中，为提高尽职调查、透明度、问责制和其他形式的良好管理，所做的努力也要着眼于维持现在与未来对刚果的投资。因此，这些努力需要增加政府机构（如安全部门和法律部门）介入（Center on International Cooperation 2009, 3）。最近，这些原则已在全球矿业和暴力冲突治理的倡议中得到运用。在2011年5月，经济合作与发展组织部长级理事会正式接受了《受冲突影响国家和高危地区可靠矿物质供应链尽职调查指南》（Global Witness 2011a, 1）。政府、工厂和民间团体的协同努力创造了这些标准，以处理自然资源与冲突之间的关系。在2010年，类似的尽职调查被刚果联合国专家小组和联合国安全埋事会认可。

像其他自然资源（如钻石）一样，锡矿也存在造成冲突商品的风险。在2011年3月，刚果东部最大的锡矿摆脱了武装组织的非法占有。这一地区还有需要进行净化活动的潜力（Global Witness 2011a, 1）。至今，刚果和卢旺达政府都没有遵守经合组织尽职调查的规定。

未来努力需要确保锡元素产业部门遵守规定。虽然投资者在刚果会遇到挫折，且担忧锡矿石与武装组织有关联，但是他们依然会向这个国家投入大量资金。2010年，由于全球锡元素价格上涨，出现了新的矿山和冶炼厂，且把现有的业务扩大至澳大利亚、玻利维亚、加拿大和泰国（United States Geological Survey 2011a, 2）。

目前，关于锡金属市场的预测是积极的。这主要是受到一些期望的影响，即全球经济衰退停止，中国、欧洲、日本和北美电子产品及家用电器销量在增加，那么对锡元素的需求量也将增加（United States Geological Survey 2010, 1）。

戴安娜·巴尔拉杰（Dianne BALRAJ）和
J. 安德鲁·格兰特（J. Andrew GRANT）
皇后大学

参见：铝；铬；钶钽铁矿；铜；电子产品的原材料；黄金；重金属；铁矿石；铅；锂；矿产资源稀缺性；采矿业——金属矿床开采；镍；铂族元素；稀土元素；回收利用；银；钍；锡；铀。

拓展阅读

Bastin, Sandra. (n.d.). Minerals in the diet. Retrieved September 18, 2011, from http: //www.ca.uky.edu/hes/ fcs/ factshts/FN-SSB.028lg.PDF

Business Wire. (2011, May 24). Deficit of tin supply blamed on lack of investment according to Merchant Research & Consulting, Ltd. Retrieved September 18, 2011, from http: //www.businesswire.com/news/ home/ 20110524006181/ en/Deficit-Tin-Supply-Blamed-Lack-Investment-Merchant

Carlin, James F. (2008). Tin. Retrieved June 1, 2011, from http: // minerals.er.usgs.gov/minerals/pubs/ commodity/tin/myb1-2008-tin.pdf

Casarett, Louis J.; Doull, John; & Klassaan, Curtis D. (2007). *Casarett and Doull's toxicology: The basic science of poisons.* New York: McGraw-Hill.

Center on International Cooperation. (2009, August). Mining and conflict in the eastern DR Congo. Retrieved June 1, 2011, from http: //www.cic.nyu.edu/peacekeeping/archive/congo/docs/Mining DRC.pdf

Chin, Rebecca Lau Wuan. (1999, July). Tin mining in Malaysia — Present and future. Retrieved May 31, 2011, from http: //www1.american.edu/ted/tin.htm

Global Witness. (2011a, May18). Opportunity for change in eastern Congo's mines must be seized now. Retrieved June 1, 2011, from http: //www.globalwitness.org/sites/default/files/library/Press%20release%20 final.pdf

Global Witness. (2011b, May 26). Electronics, auto makers should commit now to due diligence standards to end trade in conflict minerals. Retrieved June 1, 2011, from http: //www.globalwitness.org/sites/default/ files/library/CP%20OECD%20DD%20eng.pdf

Rapp, George Robert. (2009). *Archaeomineralogy.* New York: Springer.

Rodrigues, Antonio Fernando. (2007). Tin. Retrieved May 31, 2011, from http: //www.dnpm.gov.br/enportal/ conteudo.asp?IDSecao=170&IDPagina=1093

United States Geological Survey. (2010, July). Mineral industry surveys. Retrieved June 7, 2011, from http: // minerals.usgs.gov/minerals/pubs/commodity/tin/mis-201003-tin.pdf

United States Geological Survey. (2011a). Mineral commodity summaries: Tin. Retrieved June 1, 2011, from http: //minerals.er.usgs.gov/minerals/pubs/commodity/tin/mcs-2011-tin.pdf

United States Geological Survey. (2011b). Tin: Statistics and information. Retrieved June 1, 2011, from http: // minerals.usgs.gov/minerals/pubs/commodity/tin/

University of Wisconsin. (n.d.). Tin. Retrieved May 31, 2011, from http: //www.chem.wisc.edu/deptfiles/ genchem/lab/ptl/Elements/Sn/Sn.html

Vallero, Daniel A. (2008). *Fundamentals of air pollution.* Burlington, MA: Academic Press.

World Health Organization (WHO). (2005). *Tin and inorganic tin compounds.* Geneva: WHO Publications.

Titanium

钛

在第二次世界大战之后，钛推动了航空航天和军工行业的技术进步。由于其比重低且强度高、持久性和防护特性，钛的用途已扩展到工业、汽车和商业领域。在一些国家，由于当地居民和政府对环境和社会经济问题的关注，钛矿开采部门已面临阻力。尽管存在这些担忧，对钛生产和消耗的预测整体上还很乐观。

钛（Titanium，Ti）在最丰富的结构金属中排名第四，位于铝、铁、镁之后（Lütjering & Williams 2007，2）。在含量最丰富的元素中，钛位列第九，主要存在于锐钛矿、板钛矿、钛铁矿、白钛石、钙钛矿、金红石和楣石等矿石中。在这组矿物中，尽管钛铁矿和金红石最为常见，但钛铁矿、白钛石和金红石的经济价值最显著（USGS 2011）。钛铁矿大致上提供了全球钛消耗量的91%（Gambogi 2011，175）。

历史和生产

英国牧师和矿物学家格雷戈尔（William Gregor）在1791年发现了钛（Lütjering & Williams 2007，2）。在1795年，德国化学家克拉普罗特（Martin Heinrich Klaproth）用希腊神话中泰坦一词为其命名。1910年，美国化学家马修·阿诺德·亨特（Matthew Arnold Hunter）对钛的成功分离标志着钛产业的开端（International Titanium Association 2007a，14）。

钛矿一般通过露天开采法挖掘（Gambogi 2009，1）。钛铁矿广泛存在于中国和澳大利亚。澳大利亚、南非和印度的金红石储量最为丰富（Gambogi 2011，174–175）。海滩砂泥中含有大量的钛铁矿和金红石沉积物，大部分金红石采自澳大利亚海滩（International Titanium Association 2007a，4）。美国从南非进口的钛最多（49%），其次是澳大利亚（29%）、加拿大（14%）和莫桑比克（3%）。

经过加工后，钛将以各种各样的形状出现，包括但不限于锭、坯、棒、板、海绵钛和粉末等形状（Donachie 2000，5）。转化钛矿需经过多种步骤。在成为钛锭之前，二氧化钛矿石必须首先经纯化过程转化为海绵钛（Donachie 2000, 27–30），钛锭则随后被转化成如坯、棒、板、片、带或其他初级制品等轧材。钛的生产是一个昂贵的过程，包括精炼、加工和成型（Seong, Younossi & Goldsmith 2009, xv）。

用途

钛的最常见形态是二氧化钛（Titanium dioxide, TiO_2）。在美国，颜料生产商以这种二氧化钛白色颜料消耗了约95%的钛。金红石中含有93%～96%的二氧化钛，钛铁矿中的含量约44%～70%，而白钛石中二氧化钛的含量高达90%（USGS 2010）。基于二氧化钛的纯净度、折射率、颗粒大小以及导致不透明度和亮度的表面特性，其常被用于绘画颜料、纸张和塑料制品中。剩余的5%的钛精矿被用于焊条、贴面板以及生产碳化物、化学制品和金属制品（Gambogi 2011, 174）。虽然钛也应用在高尔夫球杆和自行车中，但其的高成本使得此类商业应用减到最少（Donachie 2000, 1）。

金属形态的钛可抗腐蚀并在强度方面受到重视；易于焊接；耐稀硫酸、稀盐酸、大部分有机酸、氯气和氯化物溶液的腐蚀（Los Alamos National Laboratory 2011, 1）。钛被用于铝、钼、锰和铁等合金中。可以发现，钛与钢的强度一样（但比钢轻45%），是铝强度的两倍（但比铝重60%）；在所有结构金属中具有最大的强度–重量比。这些特性使钛成为建造军用和民用航空器（例如：飞行器的燃气涡轮发动机）的重要原材料。20世纪40年代，德国语言学家威廉克罗尔（Wilhelm Kroll）给出第一个大规模分离钛的方法，从而激发了对此金属最初的军事和商业兴趣（International Titanium Association 2007b, 12）。二战后，尤其在欧洲、美国和日本，对于钛应用研究迅速增长（Lütjering & Williams 2007, 2–4）。20世纪50年代至80年代间，来自军事和航空航天领域的钛需求有所波动（Lütjering & Williams 2007, 10–12）。在20世纪60年代，钛应用迅速上升，尽管70年代至80年代间有所波动，但钛消耗整体呈现上升趋势（International Titanium Association, 2007b, 12）。

20世纪70年代初，钛在工业方面的应用呈现上升趋势，例如，在发电厂钛管材、化学加工工业以及石油和天然气工业（International Titanium Association 2007b, 13）。在汽车行业中，钛被用于高性能汽车和赛车中，并在眼镜架、照相机、手表、珠宝、体育设备等商业中普遍应用。凭借最近开发的一种成本效益好的电化学方法，在有色编码外科手术工具到高伪装性能的航天器和潜水器等的生产，可以采用有色钛而不是添加价格昂贵且容易产生裂缝的涂漆层（Munro, Cunningham & Jerkiewicz 2011）。作为屋顶和覆盖层的一部分，钛也被应用于建筑。截至2006年，所有钛产品中约50%是非航天航空物品。目前，钛已成为一种具有广泛用途的资源。

可持续发展问题

在美国，当钛金属废料的价格高且回收行为受到鼓励时，钛金属得到了循环利用（Goonan 2010, 9）（到2011年为止，难以获得或无法访问世界其他地方钛回收利用的数据）。对于钛锭的生产而言，回收利用废钛更加经济。在2004年，从旧废料中回收的钛约2 700吨，然而，新产生的钛废料则达到23 000吨。废弃的飞行器和热交换器的零部件可产生旧废料。半制造过程和加工过程可产生新废料，比如从航天板块上切下的碎边和切屑（Goonan 2010, 11–12）。废料还可来源于切屑、切片、切柱和切块，并且所有这些都可能被再熔化（Donachie 2000, 27）。2005年之后，每年估计将有200架飞机报废，这些废弃飞机将作为钛废料的常规来源。只要钛市场持续壮大，钛回收再利用也将继续（Goonan 2010, 12）。

钛的开采不是毫无争议的，这其中包括一些国家对环境和社会经济问题的担忧。肯尼亚政府向澳大利亚Base Titanium有限公司在夸莱地区的一项工程授予许可，并给予部长级的支持（Mudi 2011, 1），此许可使该公司具有使用夸莱的Mukurumudzi河河水的权利。该项工程定于2013年年中动工，除能使肯尼亚成为一个重要的矿产生产国外，也将使肯尼亚通过税收和出口获得收益。但一些利益相关方担心，在矿物分离过程中产生的有毒物质及其随后产生的环境干扰，可能会破坏沿海水域，并且农民的再安置也可能会导致社会经济性问题。这个问题很复杂，因为该工程将为肯尼亚青年创造就业机会并给国家带来收入，但同时也有可能将导致环境恶化和居民迁移。

未来

目前，钛矿产业有很强的发展势头。与2009年比，美国2010年钛消耗量增长了约10%（Gambogi 2011, 174）。美国的矿业公司已将它们的业务扩展到佛罗里达和弗吉尼亚州。莫桑比克的莫马采矿项目扩大了50%。当前，美国的钛储量接近枯竭，因此国内没有新矿山开发，就会增加进口（Gambogi 2009, 5–6）。在2009年，全球金融危机使各种飞行器项目延迟，从而降低了美国钛产量（Gambogi 2009, 1）。然而，全球二氧化钛需求量预计将增加，尤其是亚洲市场将有大幅增长。此外，从2009年到2029年，全球飞机产量预计每年增长3.3%，也将驱动钛在工业中的消耗和需求（Gambogi 2009, 5）。

戴安娜·巴尔拉杰（Dianne BALRAJ）和
J. 安德鲁·格兰特（J. Andrew GRANT）
皇后大学

参见：铝；铬；钶钽铁矿；铜；电子产品的原材料；铅；锂；矿产资源稀缺性；采矿业——金属矿床开采；镍；铂族元素；稀土元素；回收利用；银；钍；锡；铀。

拓展阅读

Abuodha, J. O. Z. (2002). Environmental impact assessment of the proposed titanium mining project in Kwale District, Kenya[J]. *Marine Georesources & Geotechnology*, *20* (3), 199–207.

Donachie, Matthew J. (2000). *Titanium: A technical guide*[M]. Materials Park, OH: ASM International.

Gambogi, Joseph. (2009). Titanium. Retrieved June 1, 2011, from http: //minerals. usgs.gov/minerals/pubs/ commodity/titanium/ myb1-2009-titan.pdf

Gambogi, Joseph. (2011, January). Titanium mineral concentrates. Retrieved June 1, 2011, from http: //minerals. usgs.gov/minerals/pubs/commodity/titanium/ mcs-2011- timin.pdf

Goonan, Thomas G. (2010). Titanium recycling in the United States in 2004. Retrieved June 1, 2011, from http: //pubs.usgs.gov/circ/circ1196-Y/pdf/ Circ1196-Y.pdf

International Titanium Association. (2007a). Titanium facts. Retrieved June 2, 2011, from http: //www.titanium. org/chinese/English/PDF%20Files/tifacts.html

International Titanium Association. (2007b). Titanium facts. Retrieved June 2, 2011, from http: //www.titanium. org/chinese/English/PDF%20Files/tiultimatechoice.html

Los Alamos National Laboratory. (2011), Titanium. Retrieved June 1, 2011, from http: //periodic.lanl.gov/22. shtml

Lütjering, Gerd, & Williams, James Case. (2007). Titanium[M]. New York: Springer.

Mudi, Maureen. (2011, April 29). Titanium mining finally set to begin. Retrieved June 3, 2011, from http: //allafrica.com/stories/201105020316.html

Munro, Andrew; Cunningham, Michael; & Jerkiewicz, Gregory. (2011). Spectral and physical properties of electrochemically formed colored layers on titanium covered with clearcoats[J]. *ACS Applied Materials & Interfaces*, 3 (*4*), 1195–1203.

Seong, Somi; Younossi, Dbaid; & Goldsmith, Benjamin W. (2009). Titanium: Industrial base, price trends, and technology initiatives. Arlington, VA: Rand Corporation.

United States Geological Survey (USGS). (2010, October 22). Titanium. Retrieved June 1, 2011, from http: // minerais. usgs. gov/mineral/pubs/commodity/titanium/stat/

United States Geological Survey (USGS). (2011, April 8). Titanium. Retrieved June 1, 2011, from http: // minerals.usgs.gov/minerals/pubs/commodity/titanium/

Tourism

旅　游

　　旅游业是一个价值数万亿美元的全球性产业，有着重要的社会、经济与环境影响。这些影响包括国际旅行的传播影响和单个目的地的局部影响。旅游目的地以城市和风景点居多，其相应的影响是有限的。相反，在国家公园和偏远地区，由于管理在细节上的差异，旅游业对保护区和当地社区有深远影响。

　　旅游可以简单地定义为人们基于充足的自由支配时间和资金而享受的旅行。旅游是一个价值数万亿美元的全球性产业，销售产品包括交通、住宿、食品和活动。正如在任何行业部门，营利性企业对于社会和环境问题的关注并不一定与个体消费者相一致，而消费者的实际行为也不一定符合企业本身的意图。

　　旅游业遍布全世界。总有一些旅行者极具财力，所以几乎任何地方都是人类可到达的旅行之处。太空飞行、北极潜艇、有人引导的攀登珠穆朗玛峰等均可成为可消费的游客体验。但是所谓的极限旅游，只能作为构成

旅游行业的一小部分。到目前为止，该行业大多数产品是相对简单的家庭度假，其中只有一部分产品是从商业旅游供应商处购买。旅游地理、甚至探险旅游，也仅仅只有一部分是由标志性目的地构成，更多的是由经济强国的大城市构成，因为这些地区也是大多数游客的来源。

　　近几十年来，通过常用的、相对便宜的航空旅行，旅游路径和区域得到了极大扩展，但并非总是如此。由于燃料价格和对气候变化担忧的不断增加，如此旅行可能不会持续太久。多边机构如联合国世界旅游组织，一直在统计国际旅行，但其结果受到不同国家的相对面积大小的影响。在欧洲、东南亚或美洲中部一个短途旅程都可能是跨国的，而从美国或中国国内的一地到另一地的旅行只算作国内旅行。例如，在中国每年约有20亿人次的国内旅游。

　　由于游客需求、活动规模以及涉及的生态系统和社会类型的不同，旅游对社会和环境

的影响以及旅游业管理也有很大的不同。例如许多旅游酒店和度假租赁资产、城镇或城市在很大程度上是一体化的,因而在基础设施需求和社会经济特征方面,它们的影响仅表现为很小变化。在其他地方,例如在沿海或山区,大型旅游胜地别墅区(分别)与码头和滑雪缆车形成一体化格局,随之产生的废弃物、基础设施建设和二次游览都会对环境产生重大影响。不论度假村建在保护区或荒野地区内还是与其直接相邻,都可能对濒危动植物物种和生态系统产生重大的生态影响(Godde, Price & Zimmerman 2000;Buckley 2004 & 2009)。在某些情况下,特别是一些沿海和岛屿的度假村,将污水排放到附近的珊瑚礁地区,会迅速降低旅游地对商务旅游客户的吸引力。另外,游客们往往意识不到滑雪胜地对小型的、隐藏的高山哺乳动物的影响,但后果可能是非常严重的。

在自然保护区,即使是小规模的旅游业务也会产生重大环境影响(Buckley 2004 & 2009)。大多数国家的国家公园机构允许个人游客在公园中进行各种形式的户外低影响休憩活动,通常会严格控制时间、地点、设备、团体大小以及个人行为,往往还要附加各种相关费用。在许多国家也允许小规模的、移动的、引导旅行的经营者,即旅游服务提供商,在取得资质后提供划船和徒步等旅行活动。不同活动间以及私人和商业用途之间的使用类型间的冲突,经常引发争论。也有少数公园提供固定地点的游客住宿区,通常是露营地,但某些公园会有小旅店甚至酒店。这些可能是由公园服务处直接运作、通过租赁特许租赁人经营,或在少数情况下,直接由拥有优先权私

人土地拥有者经营。在一些国家也有一些私人保护区通过旅游业成功获得资助(Buckley 2011)。类似的情况也适用于社会的影响。许多人表示,虽然旅游业能为较不富裕的地区和国家经济提供发展机会,但在此过程中社会也发生了变革。研究人员已经广泛地研究了变革的程度和机制、社会影响的类型以及旅游规划中的社区参与。在许多情况下看来,旅游业和大部分的新兴经济发展点类似,产生了不平等现象并加速了传统、本土化社会结构的衰退。但是,也有案例表明,旅游业复兴了当地居民对本土的或传统文化的兴趣,包括服饰、舞蹈、语言、文物、民族植物学和传统医学知识。

直到最近,在富裕国家,国际旅游业被看作是一个良性发展的工具,因为与农业生产、森林或矿产品相比,其产生不公平贸易的风险较小。事实上,这种观点仍然是由多边的和国家的,包括公共的和私人的旅游组织推动。但是,随着国际上对气候变化关注的持续增加,以及石油供应萎缩和价格上升,依靠短假、长途运输、国际航空旅行的旅游业模式在经济和环境上都显得不可持续。这可能是近年来游轮旅游增长的一个催化剂,尽管西方的婴儿潮一代的年龄增长也是一个基本的驱动力。然而游轮产生大量的废物排放和大规模的社会影响,但为其停靠的码头带来的经济效益却微乎其微。一些旅游目的地试图发展"软流动性选项",主要是为游客使用低影响的当地交通方式如自行车或公共汽车提供机会。迄今为止,这项活动非常不成功,但如果当地居民自己采取相同的低影响交通方式,就会使这种交通方式变得更加普遍。

尽管国际旅游业易受经济衰退、社会变革、时尚流行、政治动荡、恐怖主义、流行病等各种因素的影响，但是它是一个庞大而极具弹性的领域。此外，占据了旅游业大部分的国内旅游业没有出现在国际旅游业的统计中，但其对区域经济的贡献很大。国内旅游业往往不为国际旅游业受到的冲击影响。只要政治局势基本保持稳定，当地的基础设施仍能工作，人们都还是会外出旅行，包括短途探亲和工作之余的休憩等，这些都支撑着旅游业。

拉尔夫·巴克利（Ralf BUCKLEY）
格里菲斯大学

参见：保护的价值；生态旅游；绿化带；山地；自然资源经济学；公园保护（几篇文章）。

拓展阅读

Buckley, Ralf C. (Ed.). (2004). Environmental impacts of ecotourism. Wallingford, UK: CAB International.

Buckley, Ralf C. (2009). *Ecotourism: Principles and practices*. Wallingford, UK: CAB International.

Buckley, Ralf C. (2010). *Adventure tourism management*. Oxford, UK: Elsevier.

Buckley, Ralf C. (2011). *Conservation tourism.* Wallingford, UK: CAB International.

Godde, Pamela M.; Price, Martin F.; & Zimmerman, Friedrich M. (Eds.). (2000). *Tourism and development in mountain regions*.Wallingford, UK: CAB International.

Jafari, Jafar. (Ed.). (2000). *Encyclopedia of tourism*. London: Routledge.

Weaver, David, & Lawton, Laura. (2002). *Tourism management* (2nd ed.). Brisbane, Australia: John Wiley.

U

Uranium

铀

铀是原子弹和核反应堆的主要燃料。它的应用深刻地改变了人类历史的进程。核能在减缓气候变化、提高世界能源安全等方面具有巨大的潜力。但要在全球实现这些可持续性的目标，就必须对有限的铀资源及核安全风险（如2011年3月损毁了日本福岛第一核电站的海啸）进行相应有效的管理。

铀（U）是一种放射性金属元素，存在于地球的岩石、土壤和海洋中，通常浓度很低。具有开采价值的铀浓度在0.01%（纳米比亚的极低品级矿）和20%（加拿大的极高品级矿）的范围内（WNA 2010c）。世界上超过一半的具有开采价值的铀矿存在并产自加拿大、澳大利亚和哈萨克斯坦这三个国家（OECD & IAEA 2010, 17, 45）。铀具有三种天然的同位素，其含量分别为：U–238（99.284%）、U–235（0.711%）、U–234（0.005 5%）。其中U–235是最为人所知的可以生产高品质能源的铀同位素。它的原子核通过裂变可释放出巨大的能量，从核反应堆输送到覆盖全球的电网中。尽管2011年3月的海啸摧毁了福岛第一核电站，截至2011年4月，全球共有443座核电站，产生的电力约占全球的14%（WNA 2010b）。然而核电产业的未来仍具有不确定性。一些国家（包括德国、意大利、日本）已经宣布暂停未来核电设施的安装或关闭现有工厂。然而，2011年4月联合国国际原子能机构（UN International Atomic Energy Agency, IAEA）在维也纳总部召开的会议上，多数国家还是决定，他们待安全检查后再做决定。具体而言，非约束性国际核安全公约（Convention on Nuclear Safety, CNS）的72个缔约方中，有61个国家与会代表在维也纳承诺将开展现有核设施的安全审查，并再次检查相关的安全措施，以应对未来的"极端的外部事件"，如海啸（IAEA 2011）。

铀：起源与发展

铀发现于18世纪后期。当时人们对其在

核链式反应中释放能量的潜力还知之甚少。在随后的几年中，该元素被用于多种用途，包括生成X射线、多色釉、照相墨粉（Hammond 2000, 4–32）。虽然这些用途至今仍很普遍，然而到第二次世界大战前的那些岁月中，人们对铀性能的理解发生了巨大变化。

1938年，意大利、德国和法国的科学家发现在中子轰击下，铀原子可发生裂变。来年，科学家们发现初始裂变释放的能量可产生足量的中子裂解相邻的铀原子核，导致自持链式反应，生成无与伦比的能量。

自从铀的裂变性质被发现以来，其主要的用途有两个：军事武器和民用核能生产。其第一个用途，作为军事武器，在1945年8月6日美国于日本广岛投下第一颗原子弹时得到了明证。3天后，第二颗原子弹落在邻近的长崎。核弹头杀死了逾20万的城市居民。其产生的破坏性此后再没有看到，直到2011年3月日本发生的海啸。在海啸中，超过2万5千人死亡或失踪，成千上万人流离失所。福岛受损核反应堆释放的放射性物质，使数以万计的人处于巨大的辐射风险之中（GOJ 2011）。

虽然只有两枚核武器用于战争，然而在测试中试爆的核弹超过了2 000枚，已生产的核武器超过26 000枚。几乎所有的炸弹制造和测试都发生在西方（美国及其盟国）和东方（苏联及其盟国）的冷战期间，从20世纪40年代晚期一直持续到1991年。冷战期间的军备竞赛催生了两个国际条约，以规范核武器的开发和测试：一个是旨在限制核武器扩散或传播给未授权人的"核不扩散条约（NPT）"；另一个是旨在禁止一切核爆炸的"全面禁核试验条约（CTBT）"。自1998年以来，印度、巴基斯坦、朝鲜三个国家已测试了6个核武器。这三个国家都不是核不扩散条约或全面核禁试条约的成员。现今已知拥有核武器的八个国家是：美国、俄罗斯、英国、法国、中国、印度、巴基斯坦和朝鲜。人们普遍认为以色列也有核武器（CTBTO 2010）。

铀裂变还可用于民用或商业核电站发电。核电厂建设始于20世纪50年代中期，如今世界各地都有分布。目前，处于商业运营的核反应堆共有443座，分布在29个国家。其中美国的数量最多，有104座；其次是法国59座和日本54座。在建核电站有64座，分属于15个国家。待建的核电站超过150座。虽然较之其他任何国家，美国拥有最多的核反应堆，但是其发电量仅约占美国总发电量的20%。日本核电力比重稍大一些，约占30%。在2011年海啸之前，日本的核电比例按原计划将在2017年时至少增加至40%。然而，目前日本核电发展前途未卜，这取决于核电安全的调查结果。事实上，日本中部的滨冈核电厂已于2011年5月关闭，直到其抵御海啸的能力得以进一步提高。较之美国和日本,法国电力近80%都来自核能。日本和法国核电的高比重原因之一是其国内缺乏大宗的能源储备,如石油、天然气、煤;另一个原因是,法国和日本反对国内核电发展的公众舆论并不如美国那么强烈(IAEA 2010; NEI 2011; WNA 2010b)。然而,鉴于福岛核事故,日本和法国核电站的公众支持率已经降低,尽管法国并未关闭任何一座核电站。

核燃料循环:概念和问题

铀必须经过几个制备阶段才能成为生产电力的核反应堆燃料。每个阶段都必须采取安全防范措施,以保护自然和人文环境。首先,铀矿从地层中挖出,输送到工厂;在那里进行研磨、化学处理和提纯,形成一种称为黄饼(U_2O_8)的粉状物质。在这一过程中,矿工必须保护自己,以免吸入和摄入致癌的放射性粉尘和氡气。

接着,黄饼卖给不同的核电公司,将其转化为浓缩的六氟化铀(UF_6)。在此过程中高度可裂变的同位素U–235从低裂变性同位素U–238中分离出来。大多数核反应堆需要的U–235浓度为3%～5%,属于低浓缩铀(LEU),因为它的U–235含量小于20%。相比之下,核弹头需要的浓缩度至少为85%,属于高浓缩铀(HEU)。在铀浓缩阶段,核电厂所购买的全部“黄饼”都必须用以生产与其反应堆规定浓度精确匹配的浓缩铀。这是防止高浓缩铀这种核武器主要成分扩散的预防措施。

一旦浓缩到所需水平,铀就可用于制造核反应堆的燃料棒。这些燃料棒可在反应堆堆芯中用于发电。当燃料棒用于发电时,必须

采取一些安全措施以防止事故的发生,如反应堆熔毁和辐射泄漏。虽然在三哩岛、切尔诺贝利和福岛发生的三起核事故尤其引人注目,但是32个国家的核反应堆累计超过14 000年的商业运行中,运行期间的事故鲜有发生。到目前所讨论步骤为止还都属于核燃料循环的“前期”阶段。

“后期”核燃料循环包括:隔离、再加工处理或核燃料循环中废弃物的处置。这些废弃物包括:采矿中产生的废石、尾矿、贫铀(即浓缩过程后的余铀),以及使用过的核燃料。核燃料循环的“后期”过程中存在着独特的环境和人类安全风险,如铀燃料棒燃烧会生成武器级钚,这也可能是最容易发生核扩散的阶段。

核燃料循环存在两种类型:开放式的和封闭式的。如果贫铀和使用过的燃料不再回收就是开放式的燃料循环。“一次通过”式反应堆就属于此种类型,其中浓缩燃料燃烧产生的可裂变废物不再重复利用,而是经处理后长期储存。需要注意的是目前还没有可用的储存核废料的永久设施,在内华达州尤卡山已拟议建造一个这样设施。目前,全球多数核废物不是储存在相应的核电站,就是运输到临时存储点。与开放式循环相反,封闭式燃料循环将废物(如乏燃料和贫铀)进行回收。“增殖”反应堆就是在这样一个封闭的燃料循环中进行的。这种反应堆产生的核裂变材料(如钚239)较之其所消耗的可裂变材料更多。

铀矿采后的景观变迁

历史上最常见的两种铀矿开采方式是露天开采和地下开采。这两种方法都需要从地

层中开采大量的矿石。由于只有一小部分矿石是铀（通常仅占0.01%～20%），而且裂变铀U–235又只占其中的0.07%，因此积累了大量的废矿和尾矿。这些堆积如山的废弃尾矿必须运到存储地。那里将不仅含有放射性粉尘、氡气、砷，还需要可以抵御千百年洪水、塌方、地震和海啸的侵袭（Diehl 2004）。目前有许多不合格的储存点，被称为遗留点。这些遗留点存在于世界各地，这是因为铀矿采集的大部分历史时期里，监管体系或安全标准不足（IAEA 2007）。许多这样的储存点正在利用公共资金进行修复或清理，比如犹他州摩押尾矿2亿美元的清理项目就是其中的一个例子（DOE 2010，1）。为避免产生新的遗留点，一些国家尝试着在开矿或扩产之前强制进行环境评估（如澳大利亚、加拿大），对已经运营中的矿区进行监督（如哈萨克斯坦），努力减少水资源消耗（如纳米比亚），建立更严格的环境辐射保护制度（如中国）（OECD & IAEA 2010，11）。

　　在最近5年中，原位浸出法（ISL）已经成为占主导地位的采矿方法。原位浸出法与两种传统的采矿法有很大不同。它不是从地层中挖掘矿石再运到矿厂，而是将浸出液通过矿井系统注入矿床，再将分离出的铀抽出。虽然原位浸出法不会产生大量的有害废矿和尾矿，但的确会在矿床里留下残余的浸出液。因此，必须采取预防措施以保证浸出液不污染地下水源。虽然原位浸出法目前仅用于砂岩地层中铀矿的开采，但是其比重有望超过露天开采和地下开采。最近在哈萨克斯坦、澳大利亚、中国、俄罗斯、美国和乌兹别克斯坦，原位浸出采矿法的应用不断增多（OECD & IAEA 2010，52–53）。

铀生产的三个浪潮

　　自20世纪40年代以来，世界铀生产受到政治、经济和社会因素的影响，经历了三个重大时期。

　　从20世纪40年代中期一直持续到60年代中期是铀矿密集开采的初始阶段。铀的现货价格（立即付款立即交付的黄饼报价）在1953年达到高峰，约为每千克铀200美元。全球产量在1959年达到高峰，约为5万吨（Neff 1984，88）。美国和苏联之间的核军备竞赛推动了这一时期铀矿的持续挖掘。在美国，由杜鲁门总统在1946年10月28日成立的原子能委员会（the Atomic Energy Commission, AEC），是铀的唯一买方。为鼓励铀矿开采，原子能委员会提供了大量的奖励和补贴（Leach 1948）。在这20年间，美国的铀开采主要集中在科罗拉多高原。

　　约在同一时期，苏联从横跨东德和捷克共和国的厄尔士山区中开矿提铀。作为这些铀的唯一买方,苏联用各种方法来刺激铀的生产,包括强迫犯人劳动和用金钱激励的方法(Heitschmidt 2003)。

在此期间,商业核能项目也开始成长起来,但其对铀的需求增长并不如预期。世界各国,尤其是美国和苏联,开始积累了足够的核武器储备,对铀的需求开始减少。军事需求减少和民用需求延缓,导致了铀严重的供大于求,带动其销售价格和产量下降。

铀矿开采的第二浪潮从20世纪70年代中期一直持续到80年代末,现货价格从1975年一路飙升,到1977年达到的新峰值,约为275美元/千克铀。全球铀产量在1979年达到顶峰,约为7万吨。日益成熟的民用核能技术及20世纪70年代石油危机的驱动了这次上涨行情。石油危机促使政治领导人开始考虑石油的替代能源。每年6万吨至6万5千吨的高产量,从20世纪70年代末一直持续到80年代末。之后年产量急剧下降到3～4万吨。一直到2005年,这个产量都被认为是基准产量(OECD & IAEA 2010, 87)。

在第二波浪潮期间,两起核反应堆事故使得铀生产出现了下降。第一起事故发生在1979年3月。当时,在宾夕法尼亚哈里斯堡的三哩岛核电站的部分反应堆发生了熔毁,释放出的放射性气体进入了大气。根据1979年以来的独立研究,三哩岛周围与反应堆熔毁直接相关的癌症发病率并没有显著上升(Kemeny 1979; Talbott et al. 2003)。三哩岛核灾难,连同施工进度延误和成本超支,使得美国自20世纪70年代末开始长达超过30年禁止兴建新的核电厂(MIT 2009, 8)。1986年4月发生了第二起核事故,在如今的乌克兰切尔诺贝利

核反应堆爆炸了。事故产生的大气放射性物质扩散到了欧洲的东部、北部和西部。至少有60人死于爆炸,大约有50人死于辐射暴露带来的疾病,多达4 000多人最终死于与辐射相关的疾病(IAEA, WHO & UNDP 2005)。切尔诺贝利事故后不久,铀的全球生产和现货价格都因公众对于核能的恐惧而出现大幅下跌。

福岛核事故后也马上出现了现货价格下跌的情况,虽然程度没那么严重。从那以后,价格开始回升到灾难前的水平,预计还将继续上升。原因有两个:目前全球铀仍然供不应求,一些新兴国家(如中国)的未来需求旺盛(Matta 2011)。

三哩岛、切尔诺贝利和福岛的核事故使公众意识到了核能的潜在危险。公众舆论在许多场合下影响了继续建设核电站的政治决策。这反过来又影响了铀的产量,因其未来需求过于受公众舆论和政治决策的影响,采矿公司都不太愿意把有限的资源投放到资源勘探和开采中。

铀生产的第三次也是最近的一次浪潮始于2005年左右,其现货价格开始攀升。全球有四个因素影响了铀的供需:第一,印度、中国和韩国先后宣布了兴建数量可观的新反应堆计划。在全球范围内,中国首当其冲。在2009年,中国拥有全部在建项目的将近一半。预计到2035年中国大部分的新增产能将投入生产(US EIA 2010, 80);第二,美国重新开始了其核电站扩张的势头(NEA 2009)。应该注意的是,这上述四个国家的核电增长前景显示了全球对能源安全和减少温室气体排放的关注正在不断增加;第三,全世界现有核电厂中有很大一部分随时准备着补充燃料;第

四，也是最后一个原因是世界上最大铀矿产地中的两个，加拿大的雪茄湖铀矿区和澳大利亚Ranger铀矿区被淹，引发对短期供应不足的担忧。这也进一步放大了上述三个因素造成的需求影响。其结果是2007年现货价格直线飙升到354美元/千克铀，在2008年底又稳定于116美元/千克铀。这刺激了新铀矿的勘探，并增加了现有矿区的产能。2009年的产量20年来首次超过了5万吨。尽管受福岛核灾难的影响，产能增速有所减缓，但是产能预计还将持续增长，以供应不断扩容的核电站（OECD & IAEA 2010, 97）。

可持续的选择？

以现货价130美元/千克铀计算，全球具有开采价值的铀矿储量为5 404 000吨（tU）。自从20世纪40年代和50年代大量开采铀矿以来，已开采的铀估计共有2 415 000吨，将近全球可采储量的二分之一。按2008年全球核电站的用量（59 065 吨），铀储量预计可持续使用100年。然而，到2035年，全球核电站的年度铀需求量预计在87 370吨到138 165吨之间，这将提前数十年耗尽已知的铀储量（OECD & IAEA 2010, 10）。

面对不断扩大的核工业，有几个方案可解决全球未来核燃料的供应问题。

一种可能是通过探明地壳中估计为10.4百万吨未发现的铀来增加供应。经合组织/国际原子能机构（2010, 27）将未发现的资源定义为"根据已发现的矿床，与区域地质测绘总结出的地质知识，预计存在的资源"。目前尚不清楚对这些储备资源进行开采从经济上是否可行。

另一种可能性是开发经济上可行的技术，从海洋里提取具有商业规模的铀。海洋中铀的供应量约为40亿吨，几乎无穷尽。然而，在可预见的未来，开发海洋中的铀还不大可能（OECD & IAEA 2010, 11, 32）。

第三种可能是使用钍作为核燃料，可采用的方法有两种：第一种方法是在增殖反应堆燃烧非裂变天然钍（Th–232），以产生裂变铀U–233。U–233可用于制造燃料棒，用于封闭燃料循环反应堆；第二种方法通过应用加速器驱动的次临界反应堆技术，将钍作为核反应堆的燃料，它不需要增殖反应堆将钍Th–232转变为铀U–233。钍的利用可能是一个保护全球铀储量的可行方法，原因有两个：首先，可采钍的储量接近铀（OECD & IAEA 2010, 32–33）；其次，钍无须进行浓缩，因为几乎所开采的Th–232可全部用在反应堆中，而天然铀中的U–235只有0.7%是可用的。第一个技术，利用增殖反应堆生产U–233作为基本核燃料尚未成为主流。这是因为从Th–232中生产U–233棒成本太高，并且此过程中存在核武器扩散的风险。目前，只有在印度进行了大规模的使用。相比之下，加速器驱动的次临界反应堆技术作为一个核燃料来源，在英国越来越受到人们的关注。第一个加速器驱动的次临界反应堆预计将于2025年开始运转（ThorEA 2009–2010）。

目前，应用最广泛的方法是从核燃料循环处理中回收废物，尤其是乏核料和贫铀。有两种方式可以回收乏核料。第一种方法是将最初裂变过程中产生的武器级钚（P–239）进行废物利用，将其与铀相混合。这种P–239/U混合物，被称为混合氧化物燃料（MOX），需要专门的再处理及燃料制造设施，目前用于全球6%的在用核电站中。据估计，混合氧化物燃料在2008年节省了1 972吨铀或世界产量4.5%的铀（OECD & IAEA 2010, 92–93）。回收乏燃料的第二种方法是将通过反应堆后剩余的铀经过再处理，因其中96%的铀仍可裂变。由于转换、浓缩和制造设施的成本高昂，再生铀作为循环燃料只有少量使用，不到2009年铀产量的1%。目前，仅有英国、法国和俄罗斯少数几个国家进行常规的再生铀生产（OECD & IAEA 2010, 92–94）。

贫铀是另一种可回收的核燃料废品，它产生于最初的铀浓缩过程。一旦经过再浓缩后，贫铀可用来代替浓度为3%～5%的低浓缩铀。目前贫铀的全球储量估计约160万吨，可产生约45万吨的等效天然铀。按2006年的消耗量，这足够全球核电站运行7年（NEA 2007）。但全球贫铀再浓缩还很少实施。只有在铀浓缩设施的产能提高，运行成本降低，贫铀再浓缩在经济上才具可行性。

增殖式反应堆和一次通过式反应堆的选择一直是激烈争辩的热点。增殖式反应堆技术的支持者认为这种反应堆对铀的使用效率，是燃料一次通过式反应堆的60至100倍（WNA 2010a; ANS 2005, 1）。而反对者则认为增殖式反应堆的成本过高。且事实上，增殖式反应堆是专门设计用来制造武器级钚（或者利用Th–232产生武器级U–233），以重新用于反应器中。这正是封闭循环反应堆被评论家反复批评的核扩散风险。美国和其他多数拥有民用核反应堆的国家都选择了燃料一次循环反应堆，因为其价格便宜，且降低了未经授权的个人获取P–239的风险。然而，

研发基金正致力于开发更安全和更便宜的封闭式燃料循环，希望有朝一日能设计出既经济可行又安全可靠的设施（NAS 2008, 56; MIT 2009, 16）。

未来展望

自2010年以来，美国能源信息署、经济合作与发展组织和国际原子能机构就预计核工业最早将在2015年开始强劲增长，也许到2035年产能将增加一倍（US EIA 2010, 80; OECD & IAEA 2010, 102）。福岛核事故后，在全球范围对现有核设施进行安全审查，对防范"极端的外部事件"如地震和海啸的安全措施进行重新检查。受这些因素的影响，核工业的增长预测将有所修订，但是快速发展的新兴国家日益增加的铀需求，应能确保其持续增长。

铀可以结束战争、也可以发动战争，可以给千百万人供应电力、也可以引起千百万人反对将其作为日益增长的能源。要使核能在世界各国减少温室气体排放、减缓气候变化、解决能源安全等方面扮演重要角色，则必须对铀资源和核燃料循环风险进行相应的管理。虽然这肯定不是一件轻而易举的事，发挥核能在21世纪及其后的适宜作用还是可以实现的。争论各方具有相互妥协、相互学习的意愿是至关重要的。

凯西·L.库姆斯（Casey L. COOMBS）
犹他大学

参见：煤炭；采矿业——金属矿床开采；太阳能；钍；水能；风能。

拓展阅读

American Nuclear Society (ANS). (2005). Fast reactor technology: A path to long-term energy sustainability. Retrieved September 24, 2010, from http: //www.ans.org/pi/ps/docs/ps74.pdf

Comprehensive Nuclear-Test-Ban Treaty Organization (CTBTO). (2010). Nuclear testing. Retrieved October 8, 2010, from http: // www.ctbto.org/nuclear-testing/

Department of Energy (DOE). (2010). Audit of Moab Mill tailings cleanup project. Retrieved September 24, 2010, from http: //www. ig.energy.gov/images/OAS-RA-L-10-03.pdf

Diehl Peter. (2004). Uranium mining and milling wastes: An introduction. Retrieved August 30, 2010, from http: //www.wiseuranium. org/uwai.html

Government of Japan (GOJ). (2011). Current situation and the Government of Japan's response, 6 May 2011. Retrieved May 10, 2011, from http: //reliefweb.int/node/400601

Hammond C R. (2000). Handbook of chemistry and physics: The elements. New York: CRC Press.

Heitschmidt Traci. (2003). The quest for uranium: The Soviet uranium mining industry in eastern Germany, 1945–1967. Santa Barbara: University of California.

Institute for Energy and Environmental Research (IEER). (2005). Uranium: Its uses and hazards. Retrieved September 1, 2010, from http: //www.ieer.org/fctsheet/uranium.html

International Atomic Energy Agency (IAEA). (2007). Uranium mining legacy sites and remediation: A global perspective. Retrieved October 11, 2010, from http: //www.iaea.org/OurWork/ST/NE/NEFW/documents/RawMaterials/CD_TM_Swakopmund%20200710/13%20Waggit4.PDF

International Atomic Energy Agency (IAEA). (2010). Power reactor information system (PRIS). Retrieved October 11, 2010, from http: //www.iaea.org/programmes/a2/index.html

International Atomic Energy Agency (IAEA), World Health Organization (WHO), & United Nations Development Programme (UNDP). (2005). Press release: Chernobyl: The true scale of the accident. Retrieved January 6, 2011, from http: //www.iaea.org/newscenter/focus/chernobyl/pdfs/pr.pdf

International Atomic Energy Agency (IAEA). (2011). Nuclear Safety Convention meeting commits to learn lessons from Fukushima nuclear accident. Retrieved May 6, 2011, from http: //www.iaea. org/news center/news/2011/cnsmeetingends.html

Kemeny J G. (1979). Report of the President's Commission on the accident at Three Mile Island: The need for change: The legacy of TMI. Retrieved January 6, 2011, from http: //www.threemileisland. org/downloads/188.pdf

Leach Paul Jr. (1948). Uranium ore: How to go about finding and mining it. *Engineering and Mining Journal* 149 (9), 75–77.

Matta Jaya. (2011). DJ interview: Uranium energy: Prices to rally despite Japan crisis. Retrieved May 10, 2011, from http: //www. morningstar.co.uk /uk /markets /news feeditem. aspx?id=138501958094799

Massachusetts Institute of Technology (MIT). (2009). Update of the MIT 2003 future of nuclear power: An interdisciplinary MIT study. Retrieved September 23, 2010, from http: //web.mit.edu/nuclearpower/pdf/ nuclearpower-update2009.pdf

National Academy of Sciences (NAS). (2008). Review of DOE's nuclear energy research and development program. Retrieved September 4, 2010, from http: // books.nap.edu/openbook.php?record_id= 11998&page=57

Neff Thomas L. (1984). The international uranium market. Cambridge, MA: Ballinger Publishing.

Nuclear Energy Agency (NEA). (2007). Management of recyclable fissile and fertile materials. Paris: Organisation for Economic Co-operation and Development.

Nuclear Energy Agency (NEA). (2009). Nuclear energy data. Paris: Organisation for Economic Co-operation and Development.

Nuclear Energy Institute (NEI). (2011). World statistics: Nuclear energy around the world. Retrieved May 10, 2011, from http: //www.nei.org/resourcesandstats/nuclear_statistics/worldstatistics/

Organisation for Economic Co-operation and Development (OECD) & International Atomic Energy Agency (IAEA). (2010). Uranium2009: Resources, production and demand. Paris: Organisation for Economic Co-operation and Development.

ReliefWeb. (2011). Countries + disasters: In-depth profiles, updates and reports on countries and disasters: Japan tsunami. Retrieved May 10, 2011, from http: //reliefweb.int/taxonomy/term/128

Ringholz Raye C. (2002). Uranium frenzy: Saga of the nuclear West. Logan: Utah State University Press.

Talbott Evelyn O, Youk Ada O, McHugh-Pemu Kathleen P, Zborowski Jeanne V. (2003). Long-term follow-up of the residents of the Three Mile Island accident area: 1979–1998. *Environmental Health Perspectives*, 111 (3), 341–348.

Thorium Energy Amplifier Association (ThorEA). (2009–2010). Towards an alternative nuclear future: Capturing thorium-fuelled ADSR energy technology for Britain. Retrieved May 16, 2011, from http: //www. thorea.org/publications/ThoreaReportFinal.pdf

US Energy Information Administration (US EIA). (2010). International energy outlook 2010. Retrieved September 3, 2010, from www.eia. gov/oiaf/ieo/index.html

US Environmental Protection Agency (EPA). (2002). Facts about uranium. Retrieved September 15, 2010, from http: //www.epa.gov/superfund/health/contaminants/radiation/pdfs/uranium.pdf

World Information Service on Energy (WISE). (2006). WISE uranium project: Uranium mining and milling. Retrieved August 28, 2010, from http: //www.wise-uranium.org/stk.html?src=stkd01e

World Nuclear Association (WNA). (2010a). Fast neutron reactors. Retrieved September 22, 2010, from http: //

www.world-nuclear.org/info/inf98.html

World Nuclear Association (WNA). (2010b). Nuclear power in the world today. Retrieved September 11, 2010, from http: //www. world-nuclear.org/info/inf01.html

World Nuclear Association (WNA). (2010c). Supply of uranium. Retrieved September 11, 2010, from http: //www.world-nuclear. org/info/inf75.htm

Zoellner Tom. (2009). Uranium: War, energy, and the rock that shaped the world. London: Viking Penguin.

Waste Management

废物处理

　　人类总是在制造垃圾。在历史上,垃圾曾被丢在身后、扔在街上、倒在河里、用土掩埋、堆积沤肥、焚烧和回收利用。对废弃物产生、收集、清理和回收等复杂问题,已经取得了全球性的进展。然而,为了保护资源和减少污染,寻找一个处理固体废弃物的方式仍是一个持续不断的挑战。

　　在世界范围内,多年来固体废物(废弃物、生活垃圾或者是碎屑)随处可见,又难以处理,常常引起污染。但是,除了浪费之外,许多因素综合形成一个废物问题,既涉及感观、也涉及人们的生活环境问题。垃圾管理的最大问题是在城市。废弃物也有社会和文化意义,社会保留和丢弃了什么,在很大程度上是对社会本身的诠释以及它们体现在物质材料上的价值观。

工业革命之前

　　公元前10 000年,人类开始放弃游牧生活。各个部落一边随着猎物迁移、一边把垃圾扔在身后。在城镇里,居民不能忍受这样的习惯,但花费了很长时间才形成了有效处理垃圾的方法。在古特洛伊,食物垃圾和人粪尿有时被堆在房屋地板上或者随便倾倒在街道上。当恶臭难以忍受时,人们就用泥沙将废物覆盖。在街道上,猪、狗、鸟和啮齿动物会吃掉有机废物。在特洛伊,每百年碎屑堆积厚度约1.5米,而在另外一些文明的城市中,每百年堆积物厚度可达4米。

　　尽管古代许多城市的公共卫生令人担忧,但仍存有一些进步的标记。公元前2 500年,位于印度河流域的摩亨佐-达罗,中心式规划建立了内置家庭垃圾斜槽和清扫工服务机构。在公元前2100年建立的埃及利奥坡,特权阶层的居住区已进行垃圾收集,并被倾倒进尼罗河。约在同一时期,克里特岛海王之家的浴室与下水道连接;到公元前1500年时,岛上还专门设置了垃圾处理场。

　　有时候,宗教对强制实施卫生管理能起到重要的作用。约在公元前1600年,摩西

（Moses）写了一本卫生管理条例：犹太人需在远离他们生活区的地方进行垃圾掩埋。犹太法典要求，无论如何缺水，都需天天清洗耶路撒冷街道。

在那个古典时期，废弃物问题甚至也困扰着文明高度发达的雅典。约在公元前500年，希腊组织了西方世界第一个城市垃圾处理场，而且雅典理事会开始强制执行一个条例：要求清扫工处理城墙外1.5千米范围内的垃圾。此外，雅典还发布了首个著名的公告，禁止在街道上乱扔垃圾，并建立了堆肥坑。

在新大陆，古玛雅也会把有机废弃物在垃圾场堆积，并用破碎的陶器和石头填满。据记载，在公元前2世纪中国，有"卫生警察"负责清除动物和人类尸体，有"交通警察"负责打扫街道。

由于庞大和高密度的人口，古罗马面临其他地方前所未闻的卫生问题。按照当时的标准，垃圾收集和处理管理良好，但是无法满足城市的需求。一般垃圾收集局限于政府举办的活动，业主则需要负责清扫毗邻的街道——尽管法律没有强制执行。富有的罗马人有奴隶去处理垃圾，此外，一些独立清洁工靠收取费用来收集垃圾和排泄物，然后变为肥料出售。当罗马政权衰弱时，城市环境质量就恶化了。

在中世纪，由于瘟疫，西欧地区出现了非城市化现象，人们就不用遭遇人口密集城市出现的垃圾问题。尽管中世纪的住所和居住条件简陋，但随着新城市形成，健康问题也引发了更大关注。直到12世纪末，城市街道开始了铺路和清扫。

人们从农村迁往城市的过程中，也涉及猪、鹅、鸭子和马的迁移。在1131年，年轻的菲利普国王死于没有看管的猪引起的骑马事故，因此巴黎通过了一条禁止猪随意乱跑的法律。但是，作为清洁工的动物仍可以在街道活动。在中世纪和文艺复兴时期，伊斯兰城市和中国公共场所的管理要好于欧洲。

工业时代的垃圾问题

在18世纪60年代，随着工业革命开始，城市卫生条件更为恶化。这种情况首先在英国发生，然后是整个欧洲大陆。没有能力为移往工业中心的人口提供住房，导致了城市的严重拥挤和卫生问题。在1843年末，曼彻斯特的许多地方212个人仅有一个厕所。不管怎样，英国最早建立了市政服务来处理这些问题（也有研究发现，18世纪维也纳建立的一个垃圾处理系统是最早的记录）。虽然服务范围和质量很容易被夸大，但是在19世纪初，英国和其他地区的最大工业城市已初步建立了基本的公共设施和公共卫生机构。

公共卫生学的兴起是至关重要的。19世纪早期，霍乱流行病惊恐了英国，到19世纪20年代末，人们面对慢性痢疾和其他一些地方病时就觉得正常了。1842年济贫法委员会的爱德温·查德威克（Edwin Chadwick）在《大不列颠劳动人口卫生条件报告》总结道：传染病与肮脏的环境条件密切相关。直到20世纪，当微生物理论确定细菌是传播传染病的罪魁祸首时，基于肮脏或有毒的疾病学研究成为改善环境卫生最重要的推动力。

当欧洲在工业革命带来的痛苦中挣扎时，美国才作为一个国家出现。因此，欧洲许多关于卫生的经验没有及时在美国得到应用。早期的美国是高度分散的,较小的集镇和城市不用面对伦敦和巴黎那样巨大的垃圾问题,没有引起重视的习惯也没有影响到这些社区。在17世纪晚期,尽管在大多数城镇已经制定了简略卫生法规,但是在街道上倾倒废物和垃圾现象随处可见。在1634年,波士顿官方禁止居民在公共登陆点附近倾倒鱼和垃圾。1657年,新阿姆斯特丹的市民通过了禁止在街道倾倒垃圾的法案。

总的来说,工业化前的美国卫生状况取决于各区域的具体条件。一些地方官员高度重视城市清洁,遵循了环境卫生管理的基本原则,而另一些人却忽视了这个问题。个人或者私人清洁工通常收集垃圾。卫生局发展缓慢,人手不足,权力有限,直到1866年,纽约市才成为美国第一个建立系统公共卫生条例的城市。

在工业革命期间,固体废弃物在美国城市中成了一个严重的问题。拥挤的城市产生了大量的垃圾,煤矿开采留下了堆积如山的矿渣。猪和火鸡为寻觅食物在一些城镇的大街小巷中穿梭,马在街道上恣意排泄,河流、湖泊和海洋则成了城市垃圾池。

据波士顿当局估算,清洁队在1890年收集了近35万车的垃圾、灰尘和街道废物。在芝加哥市,225支清洁队日均收集近1 500立方米的垃圾。在1900年,曼哈顿清洁工人平均每天要收集555吨的垃圾。由于水果和蔬菜供应的季节性变化,7月和8月份每天垃圾达到1 000吨。100多年来,美国城市每年产生固体废物垃圾超过22.6千万吨,有些年份高达35千万吨。这意味着美国每人每天制造2千克垃圾。

全球废物流

虽然不仅仅是美国有垃圾问题,但是在城市固体垃圾的许多种类中,美国却是一个主要的制造者。欧洲的固体废物成分差异很大,有机物和废纸占了绝大部分。这两类垃圾至少占了城市垃圾的50%,而玻璃、塑料和金属超过13%。总的数据表明,整个欧洲包装材料垃圾要远远少于美国(Carra & Cossu 1990, 5;European Commission 2001)。

富裕是一个制造垃圾的强大驱动力。例如,在以色列、沙特阿拉伯和阿拉伯联合酋长国高收入经济区,废弃的轿车、家具和包装材料被公开遗弃。在亚洲地区,纸和塑料垃圾在东京和新加坡最多,而北京和上海非常少(部分原因是已回收利用)。在印度次大陆,有机垃圾和惰性物质垃圾占绝大部分,人们每天制造的垃圾相当少。非洲城市与此相似,有机物废弃物占据主要成分。拉丁美洲的大部分垃圾也是有机物,但是其垃圾数量要高于非洲。

19世纪,美国废弃物主要来源于厨房、木头和煤灰、碎屑和马粪等,但是现在的垃圾包括了许多难以替代和可回收垃圾的混合物,还有一些比世界其他地区更多的各种有毒物质。在美国所有现代垃圾中,废纸、塑料、残羹剩饭和庭园修剪废物占了最大比例。2009年美国产生了243吨的城市固体废物,其中纸屑28.2%、塑料12.3%、厨房垃圾14.1%、庭院垃圾13.7%(US EPA 2010)。固体废物的回收处理给地方经济造成巨大的压力,特别是当财政收入紧张的时候,这时政府的工作重点会因为政治变动而改变,同时来自政府其他部门的支持也会转向别处。然而,固体垃圾经济有非正规的一面,即很难在财政决算表上体现出来。在那些具有成千上万的中低收入人群的国家，收集、分类和买卖废弃物常常是他们主要收入来源，也正是他们将更富裕人群的废弃物转化成自己的生计。

公共和私人废弃物管理

固体废弃物处理（或者不当处理）方式对其收集和处理的成功极其重要。从19世纪晚期开始，美国市政府关注的一个主要问题是谁应该为提供服务负责，比如垃圾收集和处理。许多年以来，一个问题是公共服务和私人服务哪个更好。在19世纪80年代至20世纪60年代期间，公共管理服务占主导地位。在21世纪初，随着私有化趋势的增加，美国的固体废物处理领域形成了一个服务商的混合系统。不管何种系统，北美当地政府都保留了主要的管理和监督垃圾处理的责任。在加拿大，采取的措施比美国更倾向于分权管理。

最近实施的废物综合管理系统（系统将实施部分或全面处理选择）需要公共和私人双方合作才能完成。美国环境保护署在推进废弃物综合管理时，建议联邦政府在把废物管理提到国家议程和扩大监管功能方面发挥重要作用。

自19世纪60年代以来，在解决废弃物问题方面，美国联邦政府发挥了一个更重要的角色，强调了国家解决环境问题的意义。1965年《固体废弃物处理法案》是第一部认识到固体废弃物是国家问题的重大联邦法案。自此，许多新的法律陆续出台，关注的对象涉及了循环利用、资源恢复、废物的能源转化、危险废弃物以及除了城镇固体废弃物之外其他更多的传统问题。

在美国实施固体废弃物综合管理系统的同时，西欧对此的努力已处于世界领先水平。西欧各国政府被要求依据预防废弃物为核心一体化模型，设计自己管理系统。公共部门多年来一直处于这些项目的中心，同时私有公司也逐渐增加了废弃物管理服务工作。即使在政府已经规范运行项目的西欧地区，私有公司也在不断取得进展。在许多国家，按照最高水平上来看，改善固体废物管理的立法还不够充分，私营部门增加了与政府部门在开展废弃物经营方面竞争性。

特别是自20世纪60—70年代以来，固体废弃物收集和处理的私有化被证明是政府服务的一种替代方法，这是一种外部采购服务的形式，常常被视为城市摆脱困难市政服务的一种形式。在全世界，私人收集和处置一直都是固体废弃物混合服务的一个部分，然而，一个相对新的动向是国际性的大型固体废物处理联合企业的形成。例如，在美国，从20世纪90年代到21世纪，大部分工业增长归因于整合，在此过程中，一些公司也成了国际性企业。

收集实践

随着废弃物数量和种类增加，更大数量人口需要服务，环卫工人服务范围增加，全球固体废物的收集变得很困难，但从来就没有"最佳"的收集方法。1900年之前，美国的一些城市垃圾收集没有进行分类，而另外一些城市则按照来源分类。历史上，垃圾收集多在商业区进行，而较少在偏僻区域或者贫穷社区进行。随着越来越多的富裕郊区增加，城市垃圾收集也从市区扩展到上层和中层阶级社区的邻近地区。

第二世界大战后，特别是在美国和欧洲，使用了垃圾收集车和转运站(作为收集垃圾堆放点)，这些技术极大地改善了垃圾收集问题。但是，许多年来，世界许多地方垃圾收集还依靠手工。不管方法如何，垃圾收集都是困难的，因为它花费巨大，且无法平等地服务所有居民，特别是穷人。据估计，美国固体废弃物管理费用的70%～90%是用于收集。同样，其他地区也有高或者更高的垃圾收集率，比如非洲(Melaosi 2008, 243)。

在世界各地，废弃物收集都是一个艰巨的任务。在一些城市，比如尼泊尔的加德满都，没有任何正规的垃圾处理系统。在墨西哥城，国家政府控制了收集和处理系统，不允许私人承包运作。在拉丁美洲，尽管不能确定是否在违章建筑区有适宜的服务，但是像布宜诺斯艾利斯、圣保罗、里约热内卢、加拉加斯、圣地亚哥和哈瓦那等大城市的垃圾处理还是相当好的。私人处理垃圾在美国19世纪60年代是比较流行的，同时也在拉丁美洲的几个大城市存在。

欧洲的情形差别很大。在西欧和斯堪的纳维亚地区，回收垃圾是频繁的和高度机械化的；在东欧地区，大部分住房是多户的家庭公寓，服务质量不平衡。如同欧洲那样，在亚洲/太平洋地区的工业化国家或地区，如澳大利亚、新西兰、中国香港、日本和新加坡等，城市的垃圾处理是机械化和资本密集型的。而在发展中国家，垃圾清理是依靠人工的，但一些大城市是例外，常常进行机械收集。在最贫穷的国家，垃圾收集率不会超过50%，也没有覆盖穷人居住区。

垃圾处理私有化也在一些国家开始实施。最有趣的是在东亚和太平洋地区，妇女常常经营家庭垃圾，给收集服务付费，分离可以利用成分，然后卖给私人废物收集者。在南亚和西亚地区，劳资纠纷和民事骚乱经常影响市政服务。在非洲大部分地区，市政府通过机动车辆、动物拉车、人力车和手推车来清理垃圾。在许多发展中地区，垃圾中转站没有普遍建立，收集可靠性常常较低。

处置选择：垃圾填埋场和焚烧炉

现代垃圾填埋场起源于20世纪20年代英国，在20世纪30年代，美国人在纽约市以及加利福尼亚的旧金山，尤其是夫勒斯诺，进行了尝试。垃圾填埋场由系统的沟壕组成，固体废物与泥土交替放置。沟壕上有一层泥土覆盖，以便臭气不能散发，啮齿动物和其他虫兽也就不能进入。新的垃圾填埋场利用塑料衬套阻碍淋溶，用监控设备检测甲烷排放和各种其他的污染物。

在20世纪50年代到60年代，工程师和废弃物管理者认为，垃圾填埋场是最经济和安全的垃圾处理方式。到70年代，专家开始怀疑垃圾填埋场是否能满足城市未来的发展，不仅是因为土地的缺乏，还因为城市居民抵制和逐渐增加的环境硬性标准。随着一些居民拒绝他们住宅附近区域作为整个社区的垃圾填埋场，NIMBY综合征("不要在我的后院")蔓延全国。垃圾填埋场名副其实地变成了害虫和老鼠的天堂，威胁到地下水质，产生引起臭氧空洞的甲烷气体以及其他各种各样的有毒物质。有时候，在当地少数居民区内倾倒垃圾被认为是环境种族歧视的一种表现。在20世纪80年代，在美国城市环境正义运动感召下，将危险或者潜在危险废弃物设施选址在有色种族居住邻近地区，激发了生态民粹主义形成。最初，那些用有强烈的种族和阶级色彩的不公正，去看待社会和环境的眼光，依然在美国存在，但同时对于多余设施的目的性配置增长了，且超过了邻避主义（NIMBYism），这样的关注在其他地方也表达了同样的担忧。

在20世纪90年代早期的严厉联邦法律颁布之前，美国超过75%的城市固体废弃物都是被填埋的，这种直接填满废弃物量在新世纪到来之际到达了顶峰。同时，在20世纪80年代末和90年代，美国填埋场数量显著减少了，从1989年的8 000个减少到2000年的2 200个。据估算，在2005年时，大约还有1 600个填埋场（Melosi 2008, 247）。除了选址问题外，减少的最大原因是90年代《资源保护和恢复法案》（1976）中D部分，其对掩埋城市固体废弃物强制设置了严格的国家标准。结果，填埋场虽然更新更大了，但仅有较少的能满足新标准的要求，而那些较小的和较老的只好停止运作了。

在美国，由于缺乏填埋场地点，尤其是在东部和部分中西部地区，几个州不得不出口垃圾。在2000年，纽约州是最大的垃圾出口者，年均输出5.6百万吨垃圾，其次是新泽西和密苏里州（约1.8百万吨）和马里兰州（1.55百万吨）。而宾夕法尼亚州是最主要的垃圾进口者，年均输入垃圾约9.8百万吨，其次是弗吉尼亚（3.9百万吨）和密歇根（3.1百万吨）（Zero Waste Ameica n.d.）。

北欧与南/东欧国家的垃圾填埋方式有明显的区别。在一些北欧国家，填埋方式与美国类似，约一半垃圾被填埋；在希腊、西班牙、匈牙利和波兰，收集的垃圾几乎全部被填埋。在欧洲，许多填埋场是小且不归政府管理的类型，不过正在采取措施使其向大的区域类型转变。与美国不同的是，邻避主义不会影响填埋场的选址。

在东亚和太平洋地区，填埋是最省钱和最典型的垃圾处理办法。但是最近几年，在澳大利亚、日本和新加坡等国家垃圾填埋成本急剧增加。在发展中国家，多选择露天倾倒，而不是填埋。在南亚、西亚和多数非洲国家也是如此。埃及和南非试图改善填埋方式，但这一目标尚未取得成功。拾荒者在露天垃圾场工作，寻找能再使用或买卖的东西，这样的活动有时依靠市政组织管理，有的则是自发的。虽然大多数地区严格禁止向海洋倾倒垃圾，但一些区域还经常发生这样事情。

在拉丁美洲和加勒比海地区特别是大城市，垃圾填埋场（多为私有）的使用逐渐普及。然而，这些垃圾填埋场更像是受管理的垃圾堆，而不是清洁的填埋场。例如，在墨西哥，有近100个的受管理的垃圾处理场，但仅约10%（大多在北部）能称为清洁填埋场。在拉美，垃圾拾荒者四处可见，虽然为防止他们进入垃圾倾倒场，有关方面进行了多种尝试，但都没有成功。

在众多替代方法中，焚烧一直最受青睐。1874年，第一个市级系统垃圾焚烧在英国诺丁汉试运行。2年后，阿尔弗雷德·弗莱尔（Alfred Fryer）在曼彻斯特建成了一个改进的"垃圾焚毁炉"，并且在随后几十年的技术开发中，英国一直保持领先地位。英国是第一个试图将废物燃烧产生的热量转化为蒸汽发电的国家。在1885年,美国建造了第一个"焚烧炉"。

在19世纪晚期和20世纪早期,人们开发了两种燃烧装置:第一种是大规模燃烧装置,主要用于减少废弃物的总量;第二种是最早由英国发明的"废弃物—能源转换"装置,其目的是将产生的蒸汽用于发电,或者作为热源直接卖给消费者。随着20世纪70年代能源危机发生,废物能源转换模式在美国渐渐流行起来,但是没能获得广泛支持,同样,焚烧方式也没有普及。

尽管焚烧能大量减少垃圾量,但是技术成本和长期的空气污染使之与清洁填埋场相比并不具备竞争优势。20世纪90年代,由于垃圾填埋费用的增加以及焚烧也可形成更清洁的能源生产,垃圾焚烧具有了更大的竞争优势,又兴盛了一段时间。然而,在美国国内,对垃圾焚烧方式的兴趣很快消失。在2000年,美国有102个"废物—能源转换"装置,到2005年仅剩88个(Melosi 2008, 250)。在世界范围内,垃圾焚烧的发展也是一波三折。由于高昂的成本,除了对医疗垃圾进行焚烧外,非洲国家很少使用任何焚烧和废物能源转换装置,拉丁美洲的情况与此相似。在亚洲,现代焚化装置技术仅在工业发达国家的城市使用。在这方面,日本处于领先地位,仅东京就有13个焚烧炉。由于逐渐减小的填埋场空间和密集的人口,促使日本走在焚烧炉的使用和开发的前沿。在发展中国家,由于进口的焚烧炉,导致了许多问题的产生。在杀死病原体所需高温和垃圾湿度太大的条件下,有些装置无法运行,会造成了严重的空气污染。

自英国取得早期成功后,欧洲国家在垃圾焚烧方面参差不齐。北欧国家,特别是瑞典,进行了大规模焚烧并用于能源生产。在1990年,西欧居民垃圾的2%～80%用焚烧处理(Carra & Cossu 1990, 6)。在2008年,欧盟废弃物的5.4%被焚烧,45.7%被回收利用(Eurostat 2010)。填埋空间的不足和对能源的需求,促使一些地方采取垃圾焚烧方式,但是总是引发争议。酸性气体的排放、重金属、二噁英和汞等问题引起了巨大反响,迫使欧盟强制施行严格的焚烧排放标准。老式的不能生产能源的焚烧炉正在被淘汰。

欧洲国家热衷于用焚烧残留物生产副产品,例如,使用粉煤灰铺路。欧洲还率先开发了垃圾衍生燃料。在这方面,东欧的经验不太成功,主要因为使用老式的焚烧装置,且无法对其进行更新换代。

循环和回收

在循环利用替代填埋和焚烧方面,美国要晚于欧洲。循环利用作为一种单独的处理方法于20世纪80年代出现,曾经被认为是一种降低资源消耗的草根方式和对"抛弃型社会"的消费的抗议。1989年,美国约有1 600个社区开展了某种形式的路边回收服务;2005年,这个数字超过了8 500个(Melosi 2008, 252)。在加拿大,安大略省于1983年建立第一个路边回收项目,到1987年全国至少有41个社区开展了这样的项目。据美国环境保护署估算,1996年有5 200万吨(1990年3 100万吨)的材料用于循环和堆肥,而没有进入填埋场和焚烧炉,最典型的循环材料是铝罐、电池、废纸和纸板以及庭院修剪下来的树枝。美国环境保护署估算表明,2009年产生的2.43亿吨固体废弃物中,约8 200万吨被回收或填埋(US EPA 2010)。

在20世纪80年代晚期,美国的回收利用率仅为10%,因而提高循环利用率是许多社区及美国国家的主要目标。在1988年的美国环境保护署固体废弃物报告中,提出1992年全国循环利用率要达到25%。在20世纪90年代末,美国环境保护署提出2005年城市固体废弃物循环利用目标至少为35%,并号召人均每天减少产生2千克固体废弃物。在20世纪90年代末,北美实际的循环利用率是20%～25%(Melosi 2005, 222–223)。据美国环境保护署估算,美国2009年的循环利用率约为34%(US EPA 2010)。

尽管过去几年美国在循环利用方面取得了巨大进展,但是与其他工业化地区相比,它还是落在了后面。德国和丹麦实行了更为积极的回收利用政策。例如,丹麦对65%的废弃物进行了回收利用。在西欧,广泛流行的、最独特回收利用方式之一是"生产者责任制",即由生产者负责对包装材料和有关产品进行适当处理。在欧洲南部和东部及世界其他地方,废弃物回收利用的水平不均衡。在拉丁美洲和加勒比海地区,材料回收和循环利用项目,遍布于所有大城市和多数中等规模的社区。在较小的城镇和农村区域,废弃物大部分是有机的,堆肥是回收利用的唯一方式。一般来说,集中堆肥在拉丁美洲却没有取得成功。相反,在澳大利亚、日本和新西兰,后院堆肥更加普遍。在亚洲,大量家庭用

有机废物来饲养动物。曾经在亚洲发展中国家非常盛行的大型堆肥厂——包括最先在印度投入的那些,现在已经闲置不用或无法满负荷运转。

在东亚和太平洋地区,正规和非正规的垃圾源头分类及回收项目都在进行。垃圾处理程度最高的是澳大利亚、新西兰、日本、韩国和中国香港等国家和地区繁荣的城市地区。在中国和越南,城市和国家部委也对废弃物的回收项目和循环利用有所资助。

非正规的垃圾捡拾遍布全世界,特别是在发展中国家。在一些地区,例如,非洲及南亚和西亚等地,有许多拾荒者、收购人、交易者和回收者,形成了非正规网点,代替了正式的垃圾处理公共体系或者私有企业。相对于高度工业化的地区,发展中世界的材料回收呈现出不同的形式。在低收入区域或者失业人群中,以及在资源稀缺的地方,材料回收是生存所必需的。在工业化区域,物质回收是为了减少经济增长中的浪费以及降低环境成本。

古往今来,废弃物问题都是生活的一部分。面对全世界废弃物的产生、收集、清理和材料回收等复杂问题,已经取得了跨越式的进展。为了保护资源和减少污染,找到处理固体废弃物的方式仍是一个持续不断的挑战。

马丁·V.梅洛西(Martin V. MELOSI)
休斯顿大学

参见:工业生态学;替代材料;自然资源经济学;有害生物综合管理。

拓展阅读

American Public Works Association. (1970). *Municipal refuse disposal*. Chicago: Public Administration Service.

American Public Works Association. (1975). *Solid waste collection practice*. Chicago: American Public Works Association.

Armstrong, Ellis L.; Robinson, Michael C.; & Hoy, Suellen M. (Eds.). (1976). *History of public works in the United States, 1776–1976*. Chicago: American Public Works Association.

Bonomo, Luca, & Higginson, A. E. (Eds.). (1988). *International overview on solid waste management*. London: Academic Press.

Carra, Joseph S., & Cossu, Raffaello. (Eds.). (1990). *International perspectives on municipal solid wastes and sanitary landfilling*. London: Academic Press.

Diaz, Luis F.; Savage, George M.; Eggerth, Linda L.; & Golueke, Clarence G. (1996). *Solid waste management for economically developing countries*. Vienna: International Solid Waste Association.

Engler, Mira. (2004). *Designing America's waste landscapes*. Baltimore: Johns Hopkins University Press.

European Commission DGXI.E.3. (2001). *European packaging waste management systems, Main Report* (final report). Retrieved July 17, 2011, from http: //ec.europa.eu/environment/waste/studies/packaging/epwms.pdf

Eurostat. (2010). Waste statistics. European Commission. Retrieved July 12, 2011, from http: //epp.eurostat. ec.europa.eu/statistics_explained/index.php/Waste_statistics

Gandy, Matthew. (1993). *Recycling and waste: An exploration of contemporary environmental policy*. Aldershot, UK: Ashgate Publishing.

Grover, Velma I.; Guha, B. K.; Hogland, William; & McRae, Stuart G. (Eds.). (2000). *Solid waste management*. Rotterdam, The Netherlands: A. A. Balkema.

Gunnerson, Charles G. (1973, June). Debris accumulation in ancient and modern cities. *Journal of the Environmental Engineering Division, ASCE 99*, 229–243.

Hawkins, Gay, & Muecke, Stephen. (Eds.). (2003). *Culture and waste: The creation and destruction of value*. Lanham, MD: Rowman & Littlefield.

Hickman, H. Lanier, Jr. (1999). *Principles of integrated solid waste management*. Annapolis, MD: AAEE.

Jensen, Derrick, & McBay, Aric. (2009). *What we leave behind*. New York: Seven Stories Press.

Kharbanda, Om Prakash, & Stallworthy, Ernest A. (1990). *Waste management: Towards a sustainable society*. New York: Auburn House.

Melosi, Martin V. (2001). *Effluent America: Cities, industry, energy, and the environment*. Pittsburgh, PA: University of Pittsburgh Press.

Melosi, Martin V. (2005). *Garbage in the cities: Refuse, reform and the environment, 1880–2000* (Rev. ed.).

Pittsburgh, PA: University of Pittsburgh Press.

Melosi, Martin V. (2008). *The sanitary city: Environmental services in urban America from colonial times to the present* (Abridged ed.). Pittsburgh, PA: University of Pittsburgh Press.

Neal, Homer A., & Schubel, Jerry R. (1987). *Solid waste management and the environment: The mounting garbage and trash crisis.* Englewood Cliffs, NJ: Greenwood.

Pollock, Eugene. (1985, December). *Wide world of refuse.* Waste Age, 16, 89–90.

Rathje, William L., & Murphy, Cullen. (1992). *Rubbish!* New York: Harper Perennial.

Rose, Phyllis. (1988). Solid waste. In Norman R. Ball (Ed.), *Building Canada: A history of public works* (pp. 245–261). Toronto: University of Toronto Press.

Savas, E. S. (1977). *The organization and efficiency of solid waste collection.* Lexington, MA: D. C. Heath.

Scanlan, John. (2005). *On garbage.* London: Reaktion Press.

Slade, Giles. (2006). *Made to break: Technology and obsolescence in America.* Cambridge, MA: Harvard University Press.

Small, William E. (1970). *Third pollution: The national problem of solid waste disposal.* New York: Praeger Publishing.

Strasser, Susan. (1999). *Waste and want: A social history of trash.* New York: Metropolitan Books.

Thomson, Vivian E. (2009). *Garbage in, garbage out: Solving the problems with long-distance trash transport.* Charlottesville: University of Virginia Press.

Tillman, David A.; Rossi, Amadeo J.; & Vick, Katherine M. (1989). *Incineration of municipal and hazardous solid wastes.* San Diego, CA: Academic Press.

United Nations Environment Programme, Division of Technology, Industry, and Economics (UNEP DTIE). (2002). Newsletter and technical publications: Municipal solid waste management. Retrieved April 30, 2011, from http: //www.unep.or.jp/ietc/estdir/pub/msw/

United States Environmental Protection Agency (US EPA). (2010). Municipal solid waste generation, recycling, and disposal in the United States: Facts and figures for 2009. Retrieved May 1, 2011, from http: //www.epa.gov/osw/nonhaz/municipal/pubs/msw2009-fs.pdf

Zero Waste America. (n.d.). Statistics: Waste & recycling: Data, maps, & graphs. Retrieved May 1, 2011, from http: //www.zerowasteamerica.org/statistics.htm

Zimring, Carl Abraham. (2005). *Cash for your trash: Scrap recycling in America.* New Brunswick, NJ: Rutgers University Press.

水（综述）

在21世纪，无论是在农业、工业、能源、娱乐或是消费等方面，全社会都在努力开展水资源管理。可持续目标包括濒危物种保护、野生动植物资源维护，以及在没有人类的干预下让生态系统发挥自有的功能。在水的诸多用途当中，有一些能相互补充，也能与环境保护相互补充，而另一些则无法这样做，例如营养和病原体都可通过水来输送。对公民和水管理者一样，水权的界定和分类将成为未来可持续发展的首要挑战。

人类对自然水文原始的、大规模和不断加剧的干预，如获取水资源、改变水的流向以及改善水的质量，使人类健康得以改善、寿命得以延长，并且使人类在居住地点选择、人群数量规模和生活舒适等方面的需求得以实现。在1700年至1900年间，人类从地下蓄水层、河流和湖泊中提取的淡水量从110立方千米增加到580立方千米，增长了5倍。在之后的100年，撷取水量增长了9倍，达到5 190立方千米，超过了地表可用流量的10%。虽然这样

的水可以被重复使用，但是不同用途的水需要的质量、数量和水流特性不同。在21世纪，为了保证多重目标实现，全社会正在应对如何管理水资源的问题。与环境相关的目标包括濒危物种保护、提供休闲娱乐和狂野自然体验以及使自然生态系统提供人类原本不得不自己提供的服务。

物理和生物环境

由太阳能引起蒸发所驱动的海水和淡水的持续性交换，被称为水文循环。随着蒸发，水分在高层大气中冷却、凝结，并且以雨或雪的形式降落。尽管大多数蒸发和降水出现在海洋地区，但云汽也被风带向内陆，补给了河流和地下蓄水层，也使得地球陆地生物繁衍生息。随着水分再次蒸发，又进入了下一轮循环。

水的关键物理性质使它能够发挥核心作用。物质可以溶解或悬浮在水中。这使得流水将这些物质从一个地方输送到另一个地方。

河流携带营养物质从高山到谷地，再到冲积平原的土壤中。有毒物质和病原体也同样存在于水中，成为人类和其他物种疾病的一个常见来源。

水分蒸发后留下了许多矿物质。除非有新的水流补充，否则留下的矿物质浓度逐渐变高，导致剩下的水不适合再用。通过位置提升（落下的水驱动水电涡轮机）和水分子加热（蒸发过程将能量从液体水转移到大气中），给水赋予了能量。但是，水中的能量同样可以引发洪水，造成世界上最具毁灭性自然灾害之一。由于水分子的氢末端带正电、氧末端带负电，液态水分子会使它们正极和负极排列起来，聚集一起。这一属性可以使水从植物的根部流到叶部，起到溶剂的作用。最后，冬天水面结冰自上而下，鱼类和其他生物可在未结冰的水体深处生活，这使得更长寿、更复杂的生物和食物网得以形成。

地球上水的起源仍旧是一个谜。它可能来自地球首次形成时的漂浮岩石碎片，或者以覆盖冰层流星撞击干旱、年轻地球的形式渐渐形成。现在，地球水覆盖的面积是陆地面积的两倍。全球97%的水存在于大洋中，2%处于极地和山地冰川中。在剩下的水当中，有95%位于地下蓄水层，其余的存在于湖泊、内海、表层土壤、大气本身、活体生物以及河流当中。一句具有讽刺意味的短语"像天气一样可预测"，总结了水的存储和流动的多变性：干湿交替、干旱和洪水都很常见，但它们确切发生的时间和强度都是无法预测的。

与其规模大小不符，淡水生态系统容纳了世界生物多样性的很大一部分。虽然仅占据地球表面积的1%，但是淡水水体为地球上40%的鱼类提供了家园，有12%的动物物种生存于此。据联合国粮农组织估计，在目前捕获率条件下，仅有大约15%的已开发利用的海洋物种能在长期内维持增加趋势（FAO 2011, 8）。

在湿地地区，土壤普遍处于水分饱和状态，生物也都适生于这种饱和土壤条件，成为世界上生物生产力最高的地区之一。它同样为人类提供了有益的服务，诸如过滤水、减缓和拦截洪水以及作为鱼类和野生动物的栖息地。如今污水处理设施模拟了湿地中的生物过程，即浓缩和加速了从淡水中分解和去除固体及病原体这一自然过程。

灌溉

人类对水的主要利用还是灌溉，占据了淡水消耗总量的70%。如今，40%的农作物生产得到灌溉（Sundquist 2007）。灌溉农业可以追溯到公元前4 000年美索不达米亚的苏美尔人。公元前3 200年，埃及人在尼罗河边挖掘了灌溉水渠。公元前700年，暗渠——将水从地下蓄水层输送到耕作区域的深埋渠道——在波斯地区已被很好建造。在大约公元前500年前，生活在马里布（如今的也门）的赛巴人建立了一座大型农业分水坝。在北美，公元前200年前，居住于现今亚利桑那州的霍霍坎部落建造了大量的灌溉水渠，能够从希拉河和索尔特河引水。到1900年，全球大约4千万公顷面积的土地被灌溉。这个面积在20世纪增加到2.7亿公顷，增长了7倍。随着"绿色革命"高产品种引进，需要大量且良好调节的水分输入，在1950年之后灌溉发展尤为显著。

灌溉水渠造成的环境影响,包括减少了河道生态过程和河岸(达到或接近河岸)湿地的可用水量以及改变了河岸地带(这些地方建有大量引水工程)。沿着灌渠,还会发生进一步的环境影响,干旱陆生生态系统转变成流水系统,陆地栖息地被破碎化,陆地动物迁徙路径受阻。虽然灌渠可以养育野生动物,但水渠水流状态主要是为农业生产而设计,而非该地区的自然水文过程,这为当地的水生生物来了适应性的挑战。虽然灌溉农业能够增加一个地区总体的生物生产力,在干旱地区尤其如此,但它也会减少一个地区的生物多样性,因为农民把田地专用于种植几个或单个粮食作物品种(称为单一作物制)。

在土体中盐分天然存在的地区,高强度的灌溉会导致土壤盐渍化。随着灌溉用水上升到表面,被蒸发和蒸腾,盐分发生聚集,最终导致植物根域土壤的贫瘠化。美索不达米亚地区和南美洲许多早期农业文明的毁灭,可能与当地土壤盐渍化有关。今天,全世界大约20%的灌溉面积含有高量的盐(Munns 2004)。

水力发电

水车是人类最早的机器之一,在早期的希腊、埃及和中国文明中都曾被应用。最早的水车是用来磨碎谷物和将一条河里的水提升到另一渠道。几个世纪后,其他应用相继出现,到1800年,欧洲水车数量超过500 000辆。直到1882年,世界上第一座水电站在威斯康星州的福克斯河上建立,水力发电将水的运动直接转换成机械运动。在工业化时代,电力需求不断增长,导致了全球大型水坝建设时代的开启。在1900年,大约700座高于15米的水坝被委托建设,其中220座位于英国。中国是大坝建设的引领者:在1949年新中国成立的时候,已经有23座大中型水坝;到1990年,大坝数量超过了80 000座(Fu 2007)。尽管世界上水坝的确切数量尚不清楚,但根据世界水坝委员会的数据,高于15米的水坝大约有45 000座(WCD 2000)。全球低于15米的水坝数量更不清楚,但是,估计会达到数百万座(Smith 1971, WCD 2000)。

最大的水电站,如长江三峡大坝,形成的水库极大地改变了河流生态系统,并转移了大量人口。以上这些大型水坝,使河水由流动变为固定,河岸栖息地被水淹没。水库沿岸往往非常贫瘠,因为植物和动物不适应由水力发电、农业、城市、下游环境和游憩需求所决定的不断变化的水位高度。水坝阻挡了泥沙流,使其在水库内淤积,底栖动物的栖息地被改变或消失,冲积平原营养物质沉积减少。大坝还阻碍了洄游鱼类的通道。由于水库截取洪流,水坝将河流的主河道与附近的湿地分隔,减少了各自在另一个生态过程中的贡献。由于静水持续暴露于阳光下,导致水库水温升高,当温水被释放时,会使下游鱼类产卵栖息地退化。

水电站和大坝对环境已产生了许多深远的间接影响。水力发电为推动工业革命提供了大部分的能源。在1900年代初，美国40%的电力是由水力发电形成。到2010年，水力发电提供了美国大约7%的电力和世界上16%的电力（Egan 2011）。大型水坝/水库系统使广大地区从未开发的湿地生态系统变换到农业生态系统。到1980年，主要由于中央大峡谷湿地向农业用地转变，加州已经损失了91%的原始湿地。这显著减少了众多鸟类、陆生和水生物种的栖息地和种群数量。

运输

河流自古以来就作为商业运输通道。为了水道的高度稳定和拓展范围，许多近代文明建立起水坝和水渠。许多河流，包括密西西比河和莱茵河，都已被疏浚和校直以便能够允许具有更大吃水深度、更大装载量的驳船通行。河流中的障碍物，如水下岩石、树枝和树干等，也被清除出河道。疏浚河道的环境影响包括，干扰水底（河床）区域的生物活动，减少每年洪水事件，提升洪水的速度和强度，减少淹没和部分淹没物体提供的掩盖和保护。在整个20世纪，由于改善运输而受到改造的河流数量急剧增加。

在扩展人类居住范围和增加边疆地区经济活动中，运河也起着至关重要的作用。运河使建筑材料和机械能够运送到边疆地区，同时也使作物和自然资源能廉价并迅速运回城市中心。中国历经2 500年之久的大运河超过1 600千米，使得大规模农业和其他产业能够在远离自然河流的区域产生。于1825年建成的北美580千米的伊利运河，使纽约港和五大湖得以联系，促进了快速向西扩张和美国工业的增长。

防洪

由于强降雨和/或快速的融雪，洪水会自然发生，很少有灾难性的溃坝而引发的洪水。全世界每年约有10 000起洪水发生。现代历史上有记录的最严重的洪水，发生在1887年中国的黄河。该场洪水吞没了11个大型城镇和数百个村庄，导致100万人死亡。2010年，在巴基斯坦的开伯尔-普赫图赫瓦省、旁遮普省和信德省的印度河发生洪水，造成超过1 500人死亡，约600万人无家可归。

洪水的环境影响表现在许多方面，包括将高地的沉积物和养分输送到冲积平原；暂时链接河流和附近的湖泊与湿地，使水生物种得以重新分布；将河流改道，并与一些其他或新渠道连接。洪水能使土壤肥沃，并有助于森林生长。防洪堤（限制洪水的岸堤）在保护洪水泛滥会直接影响到的区域的同时，常常会增加洪水量，导致下游灾害程度加剧。堤坝也改变了当地依赖洪水的生态过程。在20世纪90年代，恢复上游湿地和森林成为基于减缓下游洪水的洪水管理的一部分。

城市用水

古罗马人为他们建造了地上水渠工程深感骄傲，在公元前300年这些沟渠每天为罗马市民输送超过150万升的水。罗马城市还装备了大量的管道系统，可以把水从水渠输送到居民住宅和浴室，同样还有一个能将污水废物从家中排出的管道系统。今天,大约87%的城市居民能够获得淡水供应,62%具有卫生设施(WHO & UNICEF 2010)。

纵观人类历史,人们利用河流将废弃物运走,这增加了下游被污染的风险。影响水质的污染物可以分为生物污染物和化学污染物,自工业时代开始,后者的重要性日益增长。尽管一些古代社会,比如中国,采取从人类饮用水中分离废弃物的措施,但直到19世纪中期,人们对于历史上许多瘟疫和人类与水的关系之间的联系还只有模糊的了解。与水相关的疾病,如伤寒、霍乱和疟疾,让全球付出了沉重的代价。就在1885年,芝加哥超过80 000人死于霍乱疫情。流行病学的发展(在大型人口中的疾病研究)也开始出现在这一时期。在1854年,约翰·斯诺医生将伦敦的霍乱暴发与一口公用水井联系起来,该井水来自泰晤士河,处于未经处理的城市污水排放口的下游。他的发现引发了在英国和其他地区开展污水处理设施的研究。

20世纪,在欧洲和北美东部地区,随着城市向水体中释放越来越多浓缩的生物和工业废物,致使环境严重恶化。生物的影响包括,随着活体微生物成倍繁殖并消耗生物废弃物,导致河流中溶解氧的减少。水体缺氧会造成鱼类种群的大规模死亡。

工业和农业活动

产生的污染物,一般不能通过自然过程被分解。微量元素(包括重金属)、农药、石油和石油副产品,可能从采矿和农业作业中淋溶出来,或从金属电镀、化工、炼油或其他设施中泄漏流出。他们会使鱼类和其他水生物种受到损害或死亡。一些元素包括汞和砷会沿着食物链积聚,达到一定浓度后会对食用污染水域中鱼类的人和鸟产生危害。

环境用水

自20世纪70年代以来,工业化国家采取重大措施来减少进入河流和湖泊的工业污染,其中包括美国《1972年清洁水法案》的通过。以1990年在莱茵河支流又捕获到的大西洋大马哈鱼为象征,距上次捕获已有22年之久,表明欧洲和北美水道的环境健康状况得到了改善。对于发展中国家而言,其水道仍处于未经处理的工业和城市废水的环境压力下,而且两者的数量还在继续增加。

在国际上,1971年的《关于特别是作为水禽栖息地的国际重要湿地公约》或《湿地公约》提出了"国际重要湿地"名录,到2011年,这个名录包含了1 951个湿地,占地1.9亿公顷(Ramsar Convention on Wetlands 2011)。全世界越来越多的国家公园系统,也为在其边界内的水生生态系统提供了保护。

在水的诸多用途中，有些彼此补充、有些也与环境保护互补，而另一些则并非如此。解决水权问题——它们是什么，谁拥有它们，它们如何转移——在未来几年，对公民和水管理者都将是一个重要挑战。

布伦特·M.哈达德（Brent M. HADDAD）
加利福尼亚大学圣克鲁兹分校

参见：地下蓄水层；水坝与水库；水淡化处理；渔业；冰川；海洋公园和保护区；大洋与海；河流；水能；湿地。

拓展阅读

Cech Thomas V. (2003). *Principles of water resources: History, development, management, and policy.* New York: John Wiley & Sons.

Dahl Thomas E. (1990). Wetlands losses in the United States: 1780s to 1980s. Washington, DC: U.S. Department of the Interior, Fish and Wildlife Service. Retrieved September 12, 2011, from http: //www. npwrc.usgs.gov/resource/wetlands/wetloss/

Egan John. (2011). Clean and green hydropower needs to maintain its share in US electricity mix. Retrieved September 19, 2011, from http: //www.marketwatch.com/story/clean-and-green-hydropowerneeds-to-maintain-its-share-in-us-electricity-mix-a-navigatingthe-current s-of-change-webcast-on-industrialinfo-com-2011–07–13

Food and Agriculture Organization of the United Nations (FAO). (2011). The state of world fisheries and aquaculture 2010. Rome: FAO.

Fu Shui. (2007). A profile of dams in China. Retrieved September 19, 2011, from http: //www. internationalrivers.org/china/three-gorgesdam/profi le-dams-china

McCully Patrick. (1996). *Silenced rivers: The ecology and politics of large dams.* London: Zed Books.

McNeill John R. (2000). Something new under the sun: An environmental history of the 20th century. New York: W.W. Norton.

Munns Rana. (2004). The impact of salinity stress. Retrieved September 19, 2011, from http: //www.plantstress. com/Articles/salinity_i/salinity_i.htm

Ramsar Convention on Wetlands. (2011). Ramsar list of wetlands of international importance. Retrieved September 12, 2011, from http: //www.ramsar.org/cda/en/ramsar-documents-list/main/ramsar/1–31–218_4000_0

Smith Norman. (1971). *A history of dams.* London: Peter Davies.

Sundquist Bruce. (2007). Chapter 1: Irrigation Overview. In *The earth's carrying capacity: Some related reviews and analysis.* Retrieved September 16, 2011, from http: //home.windstream.net/bsundquist1/ir1.html

United Nations Environment Program (2000). Report of the International Task Force for Assessing the Baia Mare Accident.

Wolf Aaron T, Natharius Jeffrey A, Danielson Jeffrey J, Ward Brian S, & Pender Jan K. (1999). International river basins of the world. *International Journal of Water Resources Development 15* (4), 387–427.

World Commission on Dams (WCD). (2000). *Dams and development: A new framework for decisions-making*. London: Earthscan.

World Health Organization and United Nations Children's Fund (WHO and UNICEF). (2010). Progress on sanitation and drinking-water: Update 2010. Retrieved September 19, 2011, from http: //www.unicef.org/ media/files/JMP-2010Final.pdf

Water Energy

水　能

早在公元前1世纪，人类就已经利用水能。此后，人类又靠聪明才智发明了新的、更高效的能源生产方式：起初是涡轮驱动发电、热电或者水力发电，直到现在的潮汐发电和生物燃料。然而，有一点恒久不变：水是能量产生方式中的基本要素。理解水和能源之间的关系对于人类可持续发展至关重要。

人类文明依水而生，淡水资源的分布和可利用性决定了人类的定居地理（Wolf 1999）。毫无疑问，水是人类最重要的自然资源，同时水对于我们的自然环境和生态健康至关重要。在人类消耗的淡水资源中，约有8%用于生活用水，如饮用水和卫生设施用水，约有22%的淡水资源用于工业生产；剩余70%用于农业生产（UNESCO 2003）。不同地区的用水数据不同，在诸如美国这样的高收入国家，较多的水资源被用于工业生产（59%），较少的水资源被用于农业生产（30%），而低收入国家农业用水可高达82%（UNESCO 2003）。

然而，在统计中，人们容易遗忘水的一个重要用途是能源生产。传统意义上，人们认为水电或者潮汐能是水和能源之间的主要联系。但是，所有的能量转换和供应都需要水，而能源供应和需求的形态决定了对水的需求。事实上，没有哪种能源生产形式在生产循环的过程中离得开水。最直接地来看，煤矿开采、石油开采、汽油精炼都需要水，发电和传输电则需要水作为冷却剂（USDOE 2006）。显然，水也是水力发电的关键输入，水力发电在全球电力供应中占20%（WEC 2010, 21）。简言之，能源生产离不开水。这两种资源在我们的经济中都是十分重要的：深刻理解如何可持续地利用这两者对于人类在未来的生存至关重要。

近年来，水在能源生产中的重要性不断得到彰显。例如，在美国1999年的干旱灾害中，那些依赖水的行业（包括发电厂）报告，它们很难取得足够的水来满足生产需要。在2003年，西欧地区发生了一次严重干旱，由于在附近的湖中无法取到足够的冷却水，法国的一座核电站完全关闭，另外两座核电站也相应降低了生产能力。此外,在2004年,当雪山水电系统(Snowy-Hydro Scheme)的水位降低到最低需求以下时,一个澳大利亚的水电设施被迫限制了发电量。气候变化(包括更加频繁严重的干旱和高温)的急迫影响将会加剧为能源生产提供足够淡水供应的严峻局面,而这种情形又将降低现代社会对于此类气候事件的应变能力。因此,我们必须理解和解决以下几个问题:水如何被用于能源生产、水用于能源生产而带来的相关问题以及在能源生产中可持续的利用水的问题。

能源生产中水的限制性

虽然地球表面的70%以上被水所覆盖(其中淡水所占比例少于3%),但是2.5%的淡水被冻结在冰川中,并不容易被人类获取利用。事实上,在地球淡水资源中,仅有0.5%可以被人们从地下蓄水层、湖泊、河流和湿地中获取利用(联合国教科文组织2003)。此外,和所有的自然资源一样,淡水在全球的分布并不均匀,很多国家正在面临极度的水资源短缺或"水胁迫(water stress)"。例如,澳大利亚正面临着发达国家中最严重的水资源短缺,而另一方面,10个国家(巴西、俄罗斯、中国、加拿大、印度尼西亚、美国、印度、哥伦比亚、刚果民主共和国)却占有地球60%的淡水资源(WBCSD 2009)。缺乏淡水这种重要的资源给人类带来的痛苦是巨大的,然而,目前,超过10亿的人口难以获得饮用淡水,约24亿人口没有基本的卫生设施(UN 2008)。到2050

年,世界人口预计将达到90亿,而人均用水量每20年会上升一倍,因此,我们可以预见,现在已经很稀缺的水资源将会变得更加稀缺(WEC 2010,9)。

地表水和地下水都可被用于能源生产,但是能够返回的水的量却依据能源生产所使用技术、设备规模和效率的不同而不同。被消耗的水(从水源提取而并不返回的那部分)和被返回的水(即最终被返回水源那部分水,正如在水能所带来的环境影响一节所述,返回水温度通常会比水源稍高一些,其化学元素含量也会变化)也会有明显的差别。比如,在美国,热电厂用作冷却的淡水几乎和用于农业灌溉的水量一样多,但是这些水绝大部分都返回到了水源中,可以被重复利用。相反,灌溉用水的80%由于蒸发或者输水损失而被消耗,不能被重复利用(USDOE 2006,17)。

然而,尽管被用于能源生产的水通常是被返回而没有被消耗掉,事实上,仍然需要储存大量的水以备提取。这就存在一个问题:供应量必须满足需求量,而包括能源部门在内,所有部门对于水的需求量都在上升。比如,在美国,目前预测表明,在2005年到2030年之间,生活用水增加的85%来自能源部门,因此,能源部门成了水消耗增长最快的部门(Carter 2010, 11)。在全球范围内,未来40年用于发电的耗水量将增长一倍多(WEC 2010)。当我们考虑到我们现在面对的困难(即如何协调日益严峻的水资源短缺,和为当前人口提供充足食物和电力的需求)时,上述预测数据令人忧虑。

使用水生产能源的环境影响

气候的变化和可持续能源的发展推动了新型能源技术的发展（包括第一和第二代生物燃料和使用煤气和页岩气、焦油砂、光伏、风能和潮汐能发电）。然而，对于"更绿色环保的"可替代的能源的推动，可能会对全球的水资源的质量产生十分严重的负面影响。此外，

世界能源领域的重建正在引发一些问题，即在哪些地方和有多少水可以被用作能源生产。而那些用水需求量增加的地区往往也是那些已经遭受水资源短缺之苦的地区。正如世界能源理事会在2010年报告中所述，"减缓气候变化的政策促进了对更清洁低碳能源供应的探索……也增加了农业用水和燃料生产用水的紧张和竞争"（WEC 2010, 10）。在本节后的表W–1中，总结了在发电时不同的能源

表 W–1　能源生产与水资源可利用量和水质的关系

能 源 类 型	涉 及 水 量	对 水 质 影 响
能源的开采和生产		
石油和天然气的开采	钻探、完井和压裂用水	影响浅层地下水的水质
石油和天然气的生产	大量受污染的废水	废水可能对地表水和地下水产生影响
煤和铀矿开采	采矿可以产生大量的水	尾矿和排水可能对地表水和地下水产生影响
发　　电		
热电（化石燃料、生物能源、核电）	地表水和地下水用于冷却和清洗	热和空气排放影响地表水和生态
水力发电	蓄水池因为蒸发损失大量水	可能对水温，水质和生态产生影响
光伏发电和风能	运行中不消耗水，少量的水用来清洗设备	
冶炼和加工		
传统的炼油和天然气	炼油和天然气需要水	最终用途可能影响水质
生物燃料和乙醇	培养和冶炼需要水	炼油废水—水处理
合成燃料和氢气	合成或蒸汽重组需要水	废水处理
能源的运输和储存		
能源管线	水力测试需要水	废水需要被处理
煤浆管道	煤浆运输需要水；不能循环	最终的水质很差；需要处理（需要消耗很多的能源）
能源的驳船运输	河流的水流和等级影响能源的交付	溢出或意外可能影响水质
石油和天然气的储存仓	储存仓的采浆需要大量的水	泥浆处理影响水质和生态

来源：USDOE 2006, 17.

技术对于水量和水质的影响,显而易见,几乎所有的能源生产方式对水资源都有着不利的影响。

水力发电和潮汐能的能源生产

当前,水被用作能源生产中的一个组成部分,而在最初水与能源相关的应用中,流水就是一种能源。最早的利用水生产能源的方式是水车,这已被公元前 1 世纪帕撒罗尼迦的安提帕特所提及(Lewis 1997, 7)。1 000 年以后,这种简单的装置在欧洲的部分区域已经很普遍:据在 1086 年《末日审判书》(the Domesday Book)记载,在英格兰南部和东部有 5 624 个水车,平均每 350 人就有一个(Smil 2004)。水车通常的配置方式是,将流动的水通过倾斜的木质水槽引流到木质桨叶上,这些桨叶被固定在一个坚固的轴上,而轴与上方磨盘相连接。

水车之后的又一发明是水轮机。在 19 世纪 80 年代后期,水轮机与发电机结合用以发电。在 1882 年,威斯康星州建造了第一个美国水力发电站(Smil 2004)。大约一个世纪后,由水驱动的涡轮机提供了全球将近 20% 的电力。世界能源组织预计全球三分之二具有经济可行性的水力发电潜力尚待开发(WEC 2010, 21)。这种能源生产方式有很多优势。例如,水坝通常可被用来调控洪水,作为水库用来抵御干旱,并且水力发电是一种可更新的能源生产方式。

然而,水力发电站可能会对环境带来很多不利影响。例如,水坝可能导致一系列问题:上游和下游水生生物多样性的大幅减少、在干旱气候下巨大水库蓄水量因蒸发而损失、

水草对热带水库的入侵、水库中溶解氧的减少和硫化氢毒性的累加、严重的泥沙淤积等。然而具讽刺的是,因为植物的腐烂,温暖气候下的大型水坝同时也是温室气体的重要排放源。也许,在主要河流上修建水坝而导致的大量(通常情况下)贫困人口的移民,这一问题是水电站设施给人们带来的最明显也是最富争议的影响。在 20 世纪,至少有 4 000 万人因为修建水坝而移民(在一些估计中甚至达到了 8 000 万人),而在 20 世纪 90 年代的前期,每年有 300 个新的大型水坝开始施工,每年移民人数高达 400 万(Jackson & Sleigh 2000)。中国和印度两个国家建造的大型水坝占全球总数的 60%,因此也造成了最多的移民:中国移民超过 1 000 万,印度至少 1 600 万。

热电生产

水力发电站使用流水固有的动能发电,而热力发电技术使用蒸汽来推动涡轮机而发电。这些发电站通过多种能源获得热能,包括煤、核能、天然气、石油、生物质能源、聚焦式太阳能和地热能等。无论使用哪种能源,热力发电这种技术都需要将从涡轮排出的蒸汽冷凝,这个过程需要水。老式的热电站使用开放循环式的冷却系统,需要抽取大量的水。在美国,热力发电站每天抽取大约 230 亿升水(2005 年数据,在 Carter 2010, 12 中引述为 61 亿加仑),虽然其中大部分水都可返还水源,但是引入和排放如此大量的水可能对环境产生严重的影响,对于水生生物来说,尤其如此。从 20 世纪 70 年代以来,大多数的热电站都使用了封闭循环的冷却设备,即水被泵入一个通过冷却塔或者冷却池的封闭循环系统。封闭

式冷却系统所需水量不到开放式冷却系统所需水量的5%，不过在封闭循环中几乎所有用水都因为蒸发而损失（USDOE 2006, 19）。

焦油和沥青"砂"

除了水力发电和热力发电，水和能源的相互作用还主要存在于石油和天然气的开采与生产。特别值得关注的是非传统能源，比如煤床甲烷、重油和沥青（通常被称为"焦油砂"或"油砂"）。被水层覆盖之后变成沥青薄膜的沙粒组成了沥青砂。沥青是由多种高分子量的烃类复杂混合物组成，通常呈深棕色或者黑色，并且能够自然形成。在储存的地方，沥青通常是非流动性的，需要被开采和加工成精制原料后，才能被用于发电（Timoney 2011, 564）。全球沥青储量大约43%在加拿大，其余大部分（40%）在委内瑞拉东部。开采沥青是一项十分盈利的行业。2006年，在加拿大阿尔伯特省，人们对沥青的投资就达到了140亿美元（Timoney 2011, 566）。一些沥青沉积物可以在地表开采，相对而言这样对水资源的影响比较小，然而绝大多数沥青矿藏位于距地表超过75米深的碳酸盐岩中，这种情况下，人们就必须要求助于原位开采法。原位开采的主要方法是蒸汽辅助的重力泄油，即将蒸汽通过油井注入储层中，而压力和热能使得沥青和水分离。开采过程正如加拿大生态学家兼油砂研究员凯文·蒂莫尼（Kevin Timoney）所描述，"炙热的液体迁移到油井，并且被携带到地表，稀释到冷凝物中，并通过管道被输送到加工设施"（2011, 564）。原位提取法中其他的方法包括："循环注蒸汽开采法""水平段注空气技术"和"气相抽提法"。这些不同的提取方法对于水资源的影响程度各有不同，但是所有的方法都会消耗大量的水，导致返还水源的水量小于提取量以及其流量也会降低。例如，到2010年，加拿大阿萨巴斯卡河流域实际用水总量将达到5亿立方米每年（15.9立方米每秒），而其中92%的水量被用于焦油砂的开采（Alberta Environment 2007, 456–457）。可以这样形象的表示，5亿立方米的水相当于20万个奥林匹克运动会游泳池的水量。开采过程对水资源最大影响可能是污染，因为提取过程中会产生诸如苯、酚和砷等污染物，因而所有的沥青提取方法都会导致严重的慢性水体污染。

生物燃料

或许最有名的"渴望"能源供应类型是生物燃料，它自20世纪90年代以来得到了全球范围内的重视。相比于传统化石燃料，生物燃料的支持者们提出了三方面优势：① 生物燃料是一种"更清洁""更环保"的替代能源，并且温室气体排放少；② 生物燃料是一种更"有保障的"替代能源，因为用于生物能源的主要原料（如木材、农作物、农业废弃物）易于获得；③ 最后，随着石油和煤的价格相对升高，生物燃料是一种更经济的替代能源。近几年，关于生物燃料产品及其对环境的影响，以及对于食物价格和食品安全的可能影响，已经得到了很多详尽的评估。生物燃料生产对于淡水资源供应的影响得到了格外的关注。计算表明，在 2008 年，在用于生产初级能源的淡水中，生物能源的生产占了近 90%（Gerbens-Leenes 2008）。在 2011 年世界能源理事会（the World Energy Council）关于全球能源供应的水需求报告中认为，"生物能源的生产和使用是否（为国际能源供应）增加了价值备受质疑"（WEC 2010, 18）。使用生物燃料的经济和环保优势，取决于生物能源生产对当地环境的适宜性和生产系统的全球效率准确的评估。

展望未来

在未来的几十年，人口增长和社会经济的变化预示着能源需求的快速增加，在亚洲和中东地区，尤其显著。同时，由于气候变化使水的可使用性和可获得性变得更加不稳定，对水资源的需求也会在这段时间上升。一个明显结果是，各部门间（尤其是在能源领域）对水资源的竞争将会加剧。水和能源在我们的经济和社会中的重要性，意味着这两种资源的管理都需要更具战略性和可持续性。由于寻求更多可持续手段这一需求，已经有了一些令人激动的热电联产设施的兴起，从而使得发电站的生产和海水淡化得以结合，以便由更丰富的海水提供冷却水。类似地，科学家们在研发利用藻华的新形式能源运输方式，这种方式不需要淡水资源并且对环境影响很小。此外，政府和工业组织提高了对于水和能源之间关系的认识，并且对一些能源形式给水资源带来的负面影响有所警觉。为了达到"水和能源共赢"这个目标，很多政府正在寻求更加全面的价格安排，以便保证水的价格反映了它的稀缺价值，并且这种价格安排也使得将水用于能源生产的负面影响得以改善。如果我们能够正确定位水价，那么创新、别出心裁的想法和产业都会随之而来。

卡伦·赫西（Karen HUSSEY）

澳大利亚国立大学

参见：地下蓄水层；生物能源与生物燃料；水坝与水库；水淡化处理；食品安全；地热能；氢燃料；矿砂；采矿业——金属矿床开采；非金属矿业；天然气；海洋；石油；河流；太阳能；铀；水（综述）；风能。

拓展阅读

Alberta Environment. (2007). *Current and future water use in Alberta.* Edmonton: Alberta Environment. Retrieved September 15, 2001, from http://www.4shared.com/get /K4jHF84b/WFL-Current_Future_Water_

Use-f.html

Berger, T. (1994). The independent review of the Sadar Sarovar projects 1991–1992. *Impact Assessment,* 12 (1), 3–20.

Carter, Nicole. (2010). Energy's water demand: Trends, vulnerabilities, and management. CRS Report for Congress, Washington DC: Congressional Research Service.

Dalla Marta, Anna; Natali, Francesca; Mancini, Marco; Ferrise, Roberto; Bindi, Marco, & Orlandini, Simone. (September 2011). Energy and water use related to the cultivation of energy crops: A case study in the Tuscany region. *Ecology and Society.* Retrieved September 14, 2011, from http://www.ecologyandsociety. org/issues/view.php?sf=61

Gautier, Catherine. (2008). *Oil, water and climate: An introduction.* Cambridge, UK: Cambridge University Press.

Gerbens-Leenes, P. W.; Hoekstra, A. Y.; & van der Meer, Theo H.(2008). *The water footprint of bio-energy: Global water use for bio-ethanol, biodiesel, heat and electricity.* Research Report Series No. 34, The Netherlands: UNESCO-IHE Institute for Water Education. Retrieved September 14, 2011, from http://www. utwente.nl/ctw/wem/organisatie/medewerkers/hoekstra/reports/report34.pdf

Hussey, Karen, & Pittock, Jamie. (September 2011). *Accounting for, and managing, the energy-water nexus.* Special Issue of Ecology and Society .

Jackson, Sukhan, & Sleigh, Adrian. (2000). Resettlement for China's Three Gorges Dam: Socio-economic impact and institutional tensions. *Communist and Post-Communist Studies , 33* (2), 223–241.

Lewis, M. J. (1997). *Millstone and hammer: The origins of water power. Hull,* UK: University of Hull Press.

Pimentel, David. (2003). Ethanol fuel: Energy balance, economics, and environmental impacts are negative. *Natural Resources Research 12* (2), 127–133.

Smil, Vaclav. (2004). Water energy. In Shepard Krech III, J. R. McNeill, & Carolyn Merchant (Eds.), *Encyclopedia of World Environmental History* (pp. 1303–1305). Great Barrington, MA: Berkshire Publishing.

Timoney, Kevin P. (2011). Water issues in Canada's tar sands. In Quentin Grafton & Karen Hussey (Eds.), *Water Resources Planning and Management* (pp. 563–582). Cambridge, UK: Cambridge University Press.

United Nations Educational, Scientific and Cultural Organization (UNESCO). (2003). *Water for people, water for life.* UN World Water Development Report. London: UNDR with Berghahn Books.

US Department of Energy (USDOE). (2006). *Energy demands on water resources: Report to Congress on the interdependency of energy and water,* December.

Wolf, Aaron T. (1999). Criteria for equitable allocations: The heart of international water conflict. *Natural*

Resources Forum 23 (3).

World Business Council for Sustainable Development (WBCSD).(2009). Water facts and trends. Retrieved September 11, 2011 from http://www.wbcsd.org/DocRoot/ lD1tMGiLZ7NL9mBOL2aQ/ WaterFactsAndTrends-Update.pdf

World Energy Council. (2010). *Water for energy*. Retrieved September 11, 2011, from http://www. worldenergy.org/

Wetlands

湿　地

　　湿地提供了重要的生态系统服务功能,如栖息地、食物、游憩机会和饮用水等。关于湿地的定义仍存在争议,但政府在立法和政策中所采纳的定义,在确定管理、保护和恢复的范围中是至关重要的。

　　几十年来,湿地已成为立法者、土地利用规划和管理者以及非政府环境保护组织关注的焦点。这反映了他们对湿地提供的生态系统服务(例如,自然资源、洪水调蓄和休闲游憩等)的认识加深,其对于景观尺度上的可持续发展是非常重要的(景观尺度是指湿地所处的环境,其中不同景观组成部分相互作用)。这种关注意味着,人们认识到了人类社会已经在有意和无意地破坏湿地、使湿地退化的历史已有数百年,而在某些地方甚至达到数千年。

什么是湿地?

　　作为一个术语,湿地涵盖了广泛范围的环境条件。这个范围的边界仍然是有争议的,不同的行政区域采用不同的定义。最宽泛的定义可能是在1971年签署国际湿地(尤其是水禽栖息地)公约中采用的定义。该公约是历史最悠久的国际环境条约之一,因为是在伊朗的拉姆萨尔市签署的,一般称为拉姆萨尔公约。该公约1.1条对湿地的定义是,"天然或人工、长久或暂时的沼泽、湿原、泥炭或水域地带(浅水湖泊、河流、泛洪区等),包括静止或流动的淡水、半咸水或咸水水体,以及海洋和低潮时水深不超过6米的浅海水水域"(Ramsar Convention 1971)。

　　该公约对缔约方规定了一定的义务,包括每个国家指定保护点列入拉姆萨尔国际重要湿地名录,并对其管辖范围内的所有湿地采用科学使用的原则(科学使用在这里被解释为要求湿地管理可持续,这是不同于美国西部反环保运动中的相同名称)。出于保护列入重要湿地范围环境的目的,一些国家可能将与湿地毗邻的河岸和海岸带与岛屿或退潮时海水深度超过6米地带也一起并入湿地中(Ramsar

Convention 1971)。

虽然公约定义中有些术语指特定类型的湿地(如沼泽),但其含义比某一国语言有更广泛的解释。重要的是,拉姆萨尔公约明确适用于人工湿地(事实上,大量的人工湿地因为它们作为鸟类栖息地的价值出现在拉姆萨尔名录上)和间歇性湿地。一些间歇性湿地是定期、以预测的湿地面貌呈现,如加利福尼亚的春季(春天)池塘;其他的可能是不定期的干涸或涨水,如澳大利亚的湿地,其可能在一个世纪内只有一次或两次涨水。后者包括一些世界上最丰富的湿地,通常是在干旱和半干旱地区的干涸湖泊。这些湖泊的涨水促进了大量的生物活动,包括给大量的水鸟提供短暂的生存支持。公众很少把这些干旱区湿地视为湿地,然而它们对维持生物多样性的主要组成部分非常重要。在这些地方,因为水隐藏在地表下,常常不太可能被认为是湿地,也经常不受湿地政策和立法的保护。各方后续的会议都在国际湿地公约中明确表示“喀斯特和其他地下水文系统也包含在湿地的定义中”(Ramsar Convention 1971,Resolution VI.5)。

在可持续发展的讨论中,为什么地下水很重要? 首先,地下水资源为世界大部分人口提供日常饮用,并且随着人口的增长,地下水会变得更重要。地下水是一个国际交易商品,如瓶装“自然”矿泉水,已经在西方社会中被人们认为是生活中必不可少的。然而,由于污染,我们已经对许多地下蓄水层造成了破坏,如果人口继续增加,没有足够的污水处理和工业排放控制的规定,那么对地下水的威胁也将继续增加。

第二,我们已经意识到,地下水为多样的生物提供了重要的栖息地。在很深岩石的微小裂纹和空隙中,以及在多样化动物栖息的洞穴系统和岩石颗粒缝隙中,都会发现细菌群落。尽管早在19世纪,我们就知道地下水生动物群(stygofauna)的存在,但只是在过去的几十年中,我们才发现这种多样性和高度特化的地下动物群在全球范围是普遍存在的(Humphreys 2006)。地下水生动物群的典型特征,或者说其特殊处,包括无色和没有眼睛。这一动物群正因为水污染和水减少(即暂时或永久的水位下降)而面临威胁。地下水不仅是栖息地,它也为地球表面许多生态群落供水,如喷泉、森林和灌木丛。我们现在才开始了解地下水辐射的生态系统范围和它们对地下水供应变化的敏感性。

在许多地方,人们仍然认为地下水的供应是无穷无尽的,因此他们很少考虑其可持续性。所以地下水的提取率可能超过补给率,这将导致水资源被耗尽。在某些情况下,古老的地下水被提取,水资源被大量开采,要在人类发展的时间尺度内得以恢复是不可能的(例如,21世纪在澳大利亚中部的采矿作业中提取的水是几千年前的降雨,然后在地下蓄水层经历着长期缓慢的旅行）。

最后，在特定的位置，地下水能成为当地经济支柱的重要旅游景点。对维护那些像巨大的洞穴或温泉和间歇泉之类的景点而言，可持续发展是非常重要的。

湿地的重要性

长期以来，人类社会已经直接依赖于湿地资源而生存。但由于技术发展越来越大规模地排水和改变湿地，使得当地居民社区迁移或被迫适应环境的改变。湿地越来越多地被视为废弃地，并且湿地的破坏被认为是符合公共利益，这经常被称为湿地开垦，即要把湿地改造成更好的地方。那些以前对湿地依赖的认知被忘却或忽视，直到20世纪中期，我们才对湿地价值有一个重新的认识。在拉姆萨尔公约的序言中，认识到"湿地的基本生态功能是作为水文状况格局的调节者，是某些独特植物和动物（特别是水禽）赖以存活的生境"［牛津英语词典（The Oxford English Dictionary）（2010）把状态格局（regime）定义为"一个系统遵从和维持的一组物理条件和影响"。因此，水文状态格局包括降雨模式（即降雨量和降雨时间分布）和系统中输入和输出水量之间的关系］。

湿地的定义是如此广泛，以至于在制定法律保护其重要的生态功能和栖息地价值上变得困难。一个热带潮间带红树林和一个高山喷泉除了都可以被描述为湿地之外，很少有共同点。尽管公约的许多签署国都同意推动所有湿地的明智利用，很多关于湿地的法规也试图具有广泛适用性，但实际上能适用的湿地比拉姆萨尔公约所定义的完整湿地类型还要少。

湿地提供许多重要的水文功能，包括通过集水（流域）区调节水的流量，例如，在流域上游湿地就如同海绵吸收水，然后以相对均匀的速率随着时间释放。这些湿地的消失可能会给下游带来更大变化幅度的水量。在高流量时期，冲积平原湿地能够调蓄洪峰。填充和开发这些湿地，会把洪水引到包括发达地区在内的其他地方。在历史上，人类集聚地多集中在冲积平原，因为它提供了肥沃和易于开发的农业土地；并且，这些冲积平原往往是贸易和交流网络的一部分。失去冲积平原湿地调蓄洪水的能力和扩大人口，意味着更多的生命和财产处于洪水危害的风险中。海岸、红树林和盐沼吸收波浪能量，保护岸内地区免受侵蚀和风暴破坏。潮间带湿地的消失或遭到破坏，会给沿海地区带来更大风险的自然灾害。这些湿地提供的保护并不是绝对的，但是极为重要的。2005年，湿地的消失导致密西西比三角洲在卡特丽娜飓风中受到更大损失（相比于湿地存在的情况），而红树林的消失导致2004年亚洲海啸强大的破坏力。在提供大量的栖息地方面，湿地比工程化装置更具优势，而当湿地被破坏时，它具有潜在的自我修复能力。

湿地的作用不仅仅只是如同海绵，它还具有吸收一系列污染物的过滤能力。因此，湿地保护政策的卖点之一便是，湿地是"景观的肾脏"。尽管湿地持续保护水域水质，但这宝贵功能的实现是需要成本的。许多湿地的一个重要属性是大量细菌种群的存在，包括在植物根区的反硝化细菌种群。肥料和污水中的氮可以返回到大气中，其他污染物被吸收和保留在湿地中，这具有潜在相反的后果。

拉姆萨尔公约强调湿地重要的栖息地价值。湿地环境往往不适于大多数陆地物种，但湿地物种通过进化适应了湿地环境，并能繁衍生息。因此湿地生物主要种群仅存在于湿地生境中并构成了独特的生物多样性环境。保护生物多样性是可持续发展的一个关键要求，更深入的研究湿地保护是极为紧迫的，特别是其作为鱼类和鸟类的栖息地具有极高的价值。

在 20 世纪 50 年代后期，当河口和近海渔业生产力与沿海湿地之间的联系被人们认识时，它成了公众对湿地的价值和立法保护的看法转变的一个主要因素。在全球范围内，河口和近海渔捕捞是渔业的重要组成部分，为许多人提供就业机会和食品。

在西方，这些渔业也是主要的休闲游憩资源，受到许多居民和政治活动家的高度评价。在湿地保护政策前期准备中，钓鱼休闲活动已经成为主要影响因素，其使得人们积极反对危害特定地区环境的发展。对湿地在可持续渔业中的重要性，现代研究已经提供了大量的支持。虽然有些早期模型间的联系现在被认为过于简单化，但是湿地对渔业的重要性被广泛接受，而不仅仅是渔民。现代的观点来自对海洋环境的研究，但是世界各地人民早已明白湿地对淡水渔业的重要性。

与湿地最相关的两组鸟类是水禽（鸭、鹅和天鹅）和岸禽类鸟（涉禽），两种鸟类都拥有巨大的数量，并且两组鸟类都包含迁徙类候鸟或游牧的物种。从历史上看，水禽和一些岸禽类鸟都被作为重要的食物而遭到猎杀，这种情形仍然在世界的一些地方发生。同时，也存在相当多的对水禽的游憩猎杀行为。对于保护被水禽（尤其是迁徙类水禽）使用的湿地，这些游憩捕猎者起到了至关重要的作用。在某些地方，游憩捕猎者的数量巨大而且非常活跃，主要职责是维持保护倡议，并产生相当可观的经济效益。但是，在有些地方，捕猎不太受欢迎，其被鸟类学研究和生态旅游所取代。

自 20 世纪后期，人们开始逐渐认识到湿地在全球地球化学循环中的重要性，其在地球上运输着化学元素。特别要说明的是，泥炭地是一个主要碳蓄存库，泥炭地的排水会导致其底层物质的氧化，能大幅增加大气中的二氧化碳的量。最为广阔的泥炭地位于北部高纬度地区；少数不那么为人所知的是热带雨林下的深层沉积物，目前正受到被转化为农业用地（如水稻种植和棕榈种植园）和火灾的威胁。

许多与生态过程相关的湿地价值发生在景观尺度上。虽然保护个别湿地区域是必要的，但这些湿地区域必须从整个汇水流域上下游甚至更大的尺度上来看待。例如，对候鸟的保护，需要保护它们整个的栖息地迁徙路径。

湿地迁徙鸟类的迁徙可能在不同季节之间横跨数千千米，一些水鸟甚至在南北半球之间旅行。现代的技术进步使卫星能通过遥测跟踪鸟类个体，以便于更好地了解迁移。比如记录斑尾塍鹬飞行的日期，代号为E7，追踪从新西兰北部开始，斑尾塍鹬在那里度过了南半球的夏天，之后通过一个中转站——亚洲北部黄海，最终抵达它们在阿拉斯加的繁殖区。值得注意的是，在北半球的夏季快要结束时，它们要不停地飞行11 680千米直接飞回到新西兰（Woodley 2009）。保护斑尾塍鹬和其他水鸟的迁徙将需要国际合作。鉴于世界上的沿海地带现状和发展的经济价值，这将是一项重大的任务。

湿地的消失和退化

人类活动造成了湿地大量的消失和严重退化，影响了其可持续发展。湿地的定义特征是，它们是湿的，至少湿度能维持足够的时间，以确定系统的物理和生物属性。湿地水文的改变（包括排水、洪水的时序和流量的调控、流速的改变、水的开采、水质化学性质和温度的变化）将影响物种组成和生态进程。通过排水和调控水文调节以便于农业集约化使用有着悠久的历史，并已影响到大量的湿地。"开垦"通过排干湿地的水并填埋，以满足一定的用途，也影响了很多湿地。在20世纪，一个常见的场景是湿地被用来处理城市垃圾，然后最终被改造成运动场地。污染已经引起湿地的退化，无论是在集流区域（及以上）的尺度，还是在特定区域。在大尺度、水体富营养化（其中许多湿地暴露于农业过剩的肥料和城市径流）以及农业投入品和工业化学品之下。在某些区域，点源排放及如漏油等重大事

故的影响，对湿地来说是毁灭性的。

对生物多样性的一个主要的威胁是入侵物种的扩散，我们可以将其视为生物形式的污染。湿地并不能抵御外来物种的入侵，它们正承受着世界上最严重的入侵干扰。全球最严重的入侵种之一是水葫芦——凤眼莲，它能像地毯一样覆盖水体，阻塞运河灌溉和排水，并在将死亡时制造厌氧环境，引起动物的大量死亡。

未来的威胁

尽管各国政府（超过150个国家签署了拉姆萨尔公约）和很多群体都广泛认同推进湿地可持续利用的重要性，但威胁仍然继续。人口的迅速增长对淡水有很大的需求，如果没有严谨的解决措施，那么对淡水的需求将很可能超过其可持续供应的能力。通过引水来提供生态用水以维持湿地是极其有限的，并且全球人口的持续城市化对可利用土地带来压力，沿海地带的开发很可能是难以抵挡的。2006年韩国新万金的大力开垦工程，导致很多当地依赖从潮间带滩涂贝类收获维持生计的人流离失所，它还破坏了水鸟迁徙在东北亚地区最重要的栖息地之一。尽管有环保主义者发起全球抗议活动，但新万金将不会是大规模湿地消失的最后一个例子。人口的增加将会对全球粮食资源带来压力，反过来对增加可利用的水和土地也带来压力。强化对湿地的农业利用，引水用于灌溉和新农业排水都会持续。特别是在发展中国家，污染仍然会是一个大问题，而入侵物种的蔓延并没有削减的迹象。

许多人主要关注的一个问题是大气中的温室气体增加的后果。二氧化碳浓度的增加将改变物种的相对丰富度和湿地的生产力。

温室气体的增加也极有可能会导致气候变化。温度的升高会影响物种的丰富度和分布,而降雨和风暴调节的改变可能对许多湿地产生重大影响。沿海湿地将承受海平面上升的后果。在许多地方,"海岸压缩作用"可能会发生,因为人工障碍物(河堤、住房、工业或基础设施发展)或自然地形阻碍了沿海群落向内陆迁徙。然而,群落向陆迁徙在一些广阔的沿海地区(例如,在北极和澳大利亚热带地区)以及其他湿地增长,将能够与海平面上升相抗衡的地区还是有可能的。海平面在地质时期一直发生着改变,而群落总是能够迁移,但人类发展造成的这么多的异化海岸线意味着大自然将不再能照顾自己。

改造湿地的一个原因是为了尽量减少给人类带来的疾病风险。虽然我们早就不认同湿地释放的瘴气是造成疾病原因的观念,但湿地作为传播人类疾病的昆虫媒介却是确凿无疑。随着人口不断增加,人口活动范围和湿地昆虫活动范围有所重合,气候变化影响了昆虫和疾病出现的概率,人们越来越多地受到压力,最后不得不因为健康原因抽干湿地或对湿地喷涂杀虫剂。

恢复、修复和创造

随着对湿地管理的主动性增强,大量过去被人类活动破坏的湿地正在被恢复和修复。在许多情况下,各国政府都规定,这些做法可以作为审批新发展项目的补偿。

尽管制定和实施恢复的目标仍存在问题,而且在许多时候都很难有结果,但毫无疑问的是随着越来越多的经验积累,我们能够更好地规划未来的计划。在世界上许多项目中的大多数是独立的,常常是针对几个小点,但人们也正在考虑大型景观规模的项目。例如,在佛罗里达大沼泽地和两伊边境的底格里斯—幼发拉底河三角洲(阿拉伯人和他们独特文化的家园)(Thesiger 1964;Maxwell 1957;Zedler 2006)。

人类在建立人工湿地方面有着悠久的历史,无论是在园林景观传统中有意为之或意外造成(例如,碎石开采的结果或挖煤塌陷)。一些我们认为重要的湿地也是人工造成的,如英格兰东部的诺福克湖区是中世纪的泥炭开采的结果。建立人工湿地以进行废水管理是目前全美的一个热点。这些系统可以去除污水中的营养物质,并且它们的规模范围可以从服务单一住宅区的数米见方的微型芦苇沼泽,到服务于社区或工业厂房的更大系统。湿地已经被建在多层公寓大楼的屋顶。不是所有制定政策的部门都接受这种利用湿地的方式,但这已在各种各样的条件下获得成功。这表明,在未来湿地在发展可持续的郊区中会越来越重要。而这些人工湿地将被用于减少废水中的营养物质,而且它们将被更好地管理,实现审美和栖息地的价值,并有助于增加社区的吸引力。虽然这些系统会导致蚊子繁殖,从而为人类带来威胁,并受到越来越多的关注,但这可以通过合理管理来解决。

保罗·亚当(Paul ADAM)
新南威尔士大学

参见:农业(几篇文章);保护的价值;施肥/化肥;绿化带;昆虫的益处;昆虫的害处;氮;河流;土壤;水(综述);水能;合理利用运动。

拓展阅读

Batzer, Darold P., & Sharitz, Rebecca R. (Eds.). (2006). *Ecology of freshwater and estuarine wetlands*. Berkeley: University of California Press.

Callaway, John C., & Zedler, Joy B. (2004). Restoration of urban salt marshes: Lessons from Southern California. *Urban Ecosystems, 7*, 107–124.

George, Martin. (1992). *The land use, ecology and conservation of Broadland*. Chichester, UK: Packard Press.

Giblett, Rodney J. (1996). *Postmodern wetlands: Culture, history, ecology*. Edinburgh, UK: Edinburgh University Press.

Hey, Donald L., & Philippi, Nancy S. (1999). *A case for wetland restoration*. New York: John Wiley and Sons.

Humphreys, William F. (2006). Aquifers: The ultimate groundwater dependent ecosystems. *Australian Journal of Botany, 54*, 115–132.

Hunt, Janet. (2007). *Wetlands of New Zealand: A bitter-sweet story*. Glenfield, New Zealand: Random House.

Kingsford, Richard. (Ed). (2006). *Ecology of desert rivers*. Cambridge, UK: Cambridge University Press.

Marshall, Curtis H.; Pielke, Roger A.; & Steyaert, L. T. (2003). Wetlands: Crop freezes and land-use change in Florida. *Nature, 426*, 29–30.

Maxwell, Gavin. (1957). *A reed shaken by the wind*. London: Longmans.

Mitsch, William J., & Gosselink, James G. (2007). *Wetland ecosystems*. Hoboken, NJ: John Wiley and Sons.

Mitsch, William J.; Gosselink, James G.; Anderson, Christopher J.; & Zhang, Li. (2009). *Wetland ecosystems*. Hoboken, NJ: John Wiley and Sons.

National Research Council. (2001). *Compensating for wetland losses under the Clean Water Act*. Washington, DC: National Academy Press.

National Wetlands Working Group. (1988). *Wetlands of Canada*. Ottawa, Ontario: Environment Canada.

Oxford English Dictionary. (2010). OED Online. Retrieved October 12, 2011, from http: //www.oed.com/view/Entry/161266?redirect edFrom=regime

Perillo, Gerardo; Wolanski, Eric; Cahoon, Donald R.; & Brinson. Mark M. (Eds.). (2009). *Coastal wetlands: An integrated ecosystem approach* (1st ed.). Amsterdam: Elsevier.

Polunin, Nicholas V. C. (Ed). (2008). *Aquatic ecosystems: Trends and global prospects*. Cambridge, UK: Cambridge University Press.

Ramsar Convention. (1971). Convention on Wetlands of International Importance especially as Waterfowl Habitat. Ramsar (Iran), 2 February 1971. UN Treaty Series No. 14583. As amended by the Paris Protocol, 3 December 1982, and Regina Amendments, 28 May 1987.

Rieley, J. O., & Page, S. E. (Eds.). (1997). *Biodiversity, environmental importance and sustainability of tropical peat and peatlands*. Tresaith, UK: Samara Press.

Shine, Clare, & de Klemm, Cyrille. (1999). *Wetlands, water and the law: Using law to advance wetlands conservation and wise use*. Gland, Switzerland: IUCN Environmental Law Centre.

Silliman, Brian R.; Grosholz, Edwin D.; & Bertness, Mark D. (Eds.). (2009). *Human impacts on salt marshes: A global perspective*. Berkeley: University of California Press.

Teal, Mildred, & Teal, John. (1964). *Portrait of an island*. New York: Atheneum.

Thesiger, Wilfred. (1964). *The marsh Arabs*. London: Longmans.

Vileisis, Ann. (1997). *Discovering the unknown landscape: A history of America's wetlands*. Washington, DC: Island Press.

Williams, Michael. (Ed.). (1991). *Wetlands: A threatened landscape*. Oxford, UK: B. Blackwell.

Willott, E. (2004). Restoring nature, without mosquitoes? *Restoration Ecology, 12*, 147–153.

Woodley, Keith. (2009). *Godwits: Long-haul champions*. North Shore, New Zealand: Raupo.

Zedler, Joy B. (2001). *Handbook for restoring tidal wetlands*. Boca Raton, FL: CRC Press.

Zedler, Joy B. (2006). Wetland restoration. In Darold P. Batzer & Rebecca R. Sharitz (Eds.), *Ecology of freshwater and estuarine wetlands* (pp. 348–406). Berkeley: University of California Press.

Wind Energy

风　能

人类已经使用风能数千年。从原来利用风推动帆船，到现在越来越多地利用风力涡轮机来发电。风能是一种可持续并且无排放的能源，但是大规模地利用风能发电依然有很多挑战。

只有很少一部分的太阳辐射（小于2%）驱动了地球的大气运动。昼夜的变化，不同季节里日照（太阳光线暴露）的不同，日照对不同类型地球表面的加热（被植物覆盖的土地和荒地，山地和水面）意味着风的频率和速度在平静的风到暴风旋流（例如暴风雨、龙卷风、飓风）有很大的不同。古文明中的帆船，毫无疑问是第一次将风能转化成可利用的动能。在21世纪，世界上最古老的能源之一风能，已成为最有前途的一种可持续能源；风力发电已经成为可持续能源中发展最快的一种能源方式。

人类对于风车的第一次纪录是在首次提到水轮（water wheels）1 000年以后：伊朗历史学家和地理学家马苏第（al-Masudi）记录了

公元947年在Seistan（现在的伊朗东部）利用简单的垂直轴风车为花园灌溉提升水。欧洲第一次的记录出现在12世纪的最后几十年。随后风车的发展在时间上和空间上都并不均衡。

风车和它的应用

最早的垂直设计在近东地区很多世纪都基本没有改变，正如欧洲的水平机器。这些风车的主轴通常都由四个对角的叶片来驱动，并且整个风车必须要面对风向。这种早期的风车在大风中不稳定，易在暴风中损坏，并且他们的高度很低限制了风车的效率。不过，不像在中国和印度基本没有利用风能，风车成为欧洲主要的旋转动能的来源。

水车、碾磨风车和抽水机是风能主要的应用方式（荷兰的排水磨机是水泵最突出的应用）。其他常见的应用包括粉碎研磨、造纸、切割和金属加工。这种小风车后来逐渐地被塔型风车和smoke风车所取代。这种机器只需要顶部来面对风向,并且在 1745 年英国人利用扇尾使得帆可以自动地转向。扇尾捕捉流过帆的风,并且调整塔顶部的齿轮环直到帆与风向成直角。在这个发明一个多世纪前荷兰人首次使用了相对高效的叶片设计,提升了升力同时降低了阻力。但是真正的螺旋桨型,符合空气动力学的轮廓并且带有很厚的前缘的叶片,直到 19 世纪晚期才被英国人发明。

美国人为多风的西部大平原的开发增加了利用小型机器为蒸汽式火车头、居民和牲畜供水的需求。这些风车由装有很多细窄的叶片或者板条的固体或者组合式的轮子构建,并且它们多数配有离心式或者侧叶片式的调速器和独立的舵。

风车的重要性在 19 世纪后半叶达到了巅峰:在 1900 年大约 30 000 台风车为北海周边的国家提供大约 100 兆瓦的动力,并且在 19 世纪后半期,美国销售了数百万台小型的美式风车。

风电

很多在 20 世纪持续使用的机器被与发电机连接,来为家用供电或者储存在铅酸电池中。电网的快速发展终结了风力发电的短暂时期,关于把风能转化为电能的研究越来越少,现场测试变得更少,直到 1970 年石油输出国组织(the Organization of Petroleum Exporting Countries, OPEC)突然使原油价格翻了两番,才重燃了对可持续能源研究的兴趣。

现代风力发电

现代第一次风能热潮由美国的税收抵免在 20 世纪 80 年代发起。到了 1985 年美国的风机达到了 1 000 兆瓦的装机容量,并且世界上最大的风力发电场(637 兆瓦)在加利福尼亚州的 Altamont Pas 建立。低负荷因素、糟糕的涡轮设计和 1985 年税收抵免的到期结束了第一次热潮。更好的涡轮设计,为低速优化的叶片和更大尺寸的涡轮引领了 1990 年左右开始的风能快速发展。新机器的平均容量由 20 世纪 80 年代的 40 到 50 千瓦上升到了 10 年后的 200 千瓦。2011 年,公用事业规模的风力涡轮机装机容量范围是从 50 千瓦到 2.5 兆瓦,并且还有达到 7 到 10 兆瓦的海上风电设备运行(USDOE 2009)。最大的风机的叶片超过 100 米(超过一个美式足球场的长度)。大多数的现代风力涡轮机装有三个由塑料制成的叶片,一个由钢铁制成的塔,以及一个限制在高风速时能量输出的装置,防止涡轮机的损坏。德国、丹麦和西班牙是这次发展传统的领导者,不过中国迅速地成为领导者。在 2010 年,中国以 42.2 万千瓦超过了美国,成为世界上装机容量最大的国家（Global Wind Energy Council 2011）。

全球的装机容量在1985年达到1 000兆瓦，在1998年达到1万兆瓦（相当于1968年核电的装机容量），2008年达到12万兆瓦（World Energy Council 2010）。因此风力发电被视为最有发展潜力的可持续能源，在可靠性和单位成本方面远超过其他的太阳能基础发电技术。一些专家认为，在一些好的十分理想的多风地区，即使是没有补贴的风力发电，也已经可以与化石燃料发电竞争，甚至比煤电或者天然气发电更便宜，因此我们应该积极探索更多的风力发电潜能。一些计划预计世界上10%的电力需求将由风力发电提供。这并不是一个适度的目标，因为在2000年风力发电只提供小于0.5%的电力需求。

大气的运动大约只需要2%的由地球接收到的太阳能，如果仅仅这些能量的1%被用来发电，全球的容量大概是35太瓦。如果全世界多风区（在离地面80米的高度平均风速超过6.8米/秒）20%的风能被利用，这些能源可以满足7倍于全球的能源需求（Archer & Jacobson 2005）。从实际上挖掘这一潜能最

主要的问题是风在时间和空间上不均匀的分布。许多多风的地区远离能源消耗集中的区域（例如海上风电厂），同时很多人口稠密有巨大电力需求的地区，有着漫长的无风或者低风速的季节性时间，因此对风能的利用是完全不适合的，或只是有一些的不适合。几乎整个美国东南部，意大利北部和四川，中国人口最密集的省份，都属于后一类。风的间歇性意味着它不能被用于基本负荷发电。它的波动只是不可预测性的，而且峰值的时候与需求的峰值很少一致。不可避免的是，这些现实与高效的商业应用相矛盾。大型涡轮机的选址和建立传输线路是另一个问题。风力涡轮机的海上选址可以有效地减少或消除这些影响。

瓦茨拉夫·斯米尔（Vaclav SMIL）
曼尼托巴大学

参见：生物能源与生物燃料；煤；地热能；氢燃料；天然气；自然资源经济学；石油；太阳能；水能；铀。

拓展阅读

Archer, Cristina L. & Jacobson, Mark Z. (2005). Evaluation of global wind power. *Journal of Geophysical Research* , 110 , D12110.

Braun, G. W., & Smith, D. R. (1992). Commercial wind power: Recent experience in the United States. *Annual Review of Energy and the Environment*, 17 , 97–121.

Global Wind Energy Council. (2011). Regions. Retrieved September 29, 2011, from http://www.gwec.net/index.php?id=9

McGowan, J. G., & Connors, S. R. (2000). Windpower: A turn of the century review. *Annual Review of Energy and the Environment*, 25 , 147–197.

Pasqualetti, M. J., Gipe, P., & Righter, R. W. (2002). *Wind power in view: Energy landscapes in a crowded world*. San Diego, CA: Academic Press.

Reynolds, John. (1970). *Windmills and watermills*. London: Hugh Evelyn.

Smil, Vaclav. (1994). *Energy in world history*. Boulder, CO: Westview.

Smil, Vaclav. (2003). *Energy at the crossroads*. Cambridge, MA: The MIT Press.

Sørensen, Bent. (1995). History of, and recent progress in, wind-energy utilization. *Annual Review of Energy and the Environment*, 20, 387–424.

Stockhuyzen, F. (1963). *The Dutch windmill*. New York: Universe Books.

US Department of Energy (US DOE). (2009). Wind power today. Retrieved September 28, 2011, from http:// www1.eere.energy.gov/windandhydro/pdfs/44889.pdf

Wolff, Alfred R. (1900). *The windmill as prime mover*. New York: John Wiley.

World Energy Council. (2010). 2010 Survey of energy resources. London: World Energy Council. Retrieved September 29, 2011, from http://www.worldenergy.org/documents/ ser_2010_report_1.pdf

Wise Use Movement

合理利用运动

在20世纪80年代和90年代，以美国为基地的合理利用运动推进了反环境议程，引发了对政府为中心的保护主义官僚体制的强烈反对。它促进了自然资源的地方性控制，并强化了私有财产权利。合理利用这个词来自早期保护运动；这个词还继续被环境主义者作为自然资源管理的一个普遍标志所使用。

合理利用运动是主要活跃于20世纪80年代末至90年代中期的一项美国社会运动，该运动反对乡村土地和自然资源的占有，特别是对美国西部联邦土地的占有。运动参与者试图突破自然资源的政府保护政策和削弱负责森林、草原和矿物等经营管理机构的职能，并且他们支持强化私有财产权利，将其作为经济和社会福祉的基础。他们提倡自然资源应该由当地社区成员开发利用，认为应该由当地人对其自然资源管理进行决策。在环境与可持续发展取得了实质性合法地位的时代，合理利用运动由于对环境主义的强烈抨击而引发关注。从这个意义上讲，可以将合理利用看作是一场反环保运动，看作对以政府为中心的保护官僚体制一种抵制（Deal 1993; Helvarg 1998）。

尽管美国本土以外也存在产权运动，但是这里讨论的合理使用运动是一种美国现象。这场运动的意识根源来源于20世纪70年代和80年代的山艾反抗运动，目的在于取消很多美国西部土地的联邦所有权。自由企业保护中心的罗恩·阿诺德（Ron Arnold）被公认为是合理利用运动的领袖人物。合理利用这个词来自美国早期的保护运动，特别是来自吉福德·平肖（Gifford Pinchot），他曾于1905年至1910年担任美国林务局第一任局长。作为可持续资源管理的一个普遍标志，这个词与平肖的原有理念一致："保护就是基于人类长远的利益，而对地球及其资源的合理利用。"这个词的可塑性和模糊性使不同的人和组织撷取此项运动议程的不同方面，而使自己的利益和身份与运动结合起来。很明显,这一理念的初衷是环境的有效利用,这种利用与合理利用运动的政治纲领没有什么关联。

美国政治生态学家詹姆斯·麦卡锡(James McCarthy 2002,1295)用下面的话定义了合理利用运动的起源:

> 这场运动主要是阶级之间的联盟,这些阶级在某些产权丧失及其与联邦土地关系的恶化中损失最大:如小型独立生产者和大型开采企业……合理利用运动是上千个国家、州和地方团体的广泛联盟。这个运动第一次以这个名字出现是在1988年的"多重利用战略会议"(Multiple-Use Strategy Conference)上,有近200个主要是位于西部的组织参加,包括自然资源工业企业和贸易联合会、专门打环保制度官司的法律事务所以及游憩组织。

有证据显示,这场运动反映了开采企业(采矿、能源、木材和牧场)的集体利益而不是草根情绪,所以运动又被形象地称为"草根营销"(astroturfing)或代表了草根认可的假象(Sanchez 1996)。合理利用运动的确从他们的对立面以及被定义为城市、精英和传统环境主义者的意识形态和政治主张那里,得到了财政和政治支持,但是这种运动的现实意义远远超出了他们那些反对政府的议程。运动主张文化连续性、社区自我决策管理以及当地乡村社区对美国西部公共土地的优先使用权。正如麦卡锡(2002,1291)所说:

> 合理利用运动没有将保护联邦土地上的生产当作自身的目的,也不是单纯为了国家经济。相反,它强调,在联邦土地

上发展自然资源工业应该是主要为了维持当地乡村社区的发展……因此,合理利用运动提出了一个非常简单的、基于地理学声明:认为美国公众对联邦土地不享有平等权利;这些权利是具有地域性的。使用土地的合法申请者应该是那些能提供多种证据的人,包括土地所有权历史延续性、在该乡村社区的居住权、联邦土地的生产性使用以及对地方经济的贡献。

尽管这些特定的法律争论还没有被纳入主流思想或政策,合理利用运动议程的一些主张在过去20年得到越来越多的响应。特别是,在环境政策制定过程中,降低国家权力机关法律地位,并应赋予当地居民及社区优先地位。尽管如此,也不能把合理利用运动当成自由化视角下推论性或实质性改变的原因、不能当成公共土地利用政策中以天然生产业为核心,还不能当成地方参与者对决策权的潜在主张。平民论(即对精英和国家官僚机构的批评)、关于人类有能力运用智慧克服环境约束的技术乐观主义、开发自然资源用于短期经济利益的意愿,这些都是合理利用运动发生前就存在的。然而,合理利用运动却煽动了这些情感,它"呼吁当地知识、当地权利和'常识',而非专家认识",并促进了其法律地位的提高(McCarthy 2002,1283)。

合理利用运动目前已经结束了,但是它所反映的思想以及所推崇的立场却依然广为传播。最重要的是,在现今时代,合理利用运动凸显了对可持续发展重要的方面缺乏共识,特别是包括国家应有的作用、对个人和社区权利的适当限制、资源保护和资源开发的结合,以及通过环境保护运动形成跨阶级、跨地区的

持久政治联盟的潜力。

斯蒂文・沃尔夫（Steven WOLF）

伦敦帝国学院；康奈尔大学

参见：保护的价值；森林产品——木材；森林产品——非木材林产品；绿化带；采矿业——金属矿床开采；非金属矿业；自然资源经济学；自然资源法；国家公园和保护区；牧场；户外游憩；土壤。

拓展阅读

Arnold, Ron. (1987). *Ecology wars: Environmentalism as if people mattered.* Bellevue, WA: Free Enterprise Press.

Arnold, Ron, & Gottlieb, Alan. (1993). *Trashing the economy: How runaway environmentalism is wrecking America.* Bellevue, WA: Free Enterprise Press.

Baldwin, Pamela. (2010). *Pollution issues.* Retrieved January 12, 2010, from http: //www.pollutionissues.com/Ve-Z/Wise-Use-Movement.html

Brick, Philip D., & Cawley, McGreggor R. (Eds.). (1996). *A wolf in the garden: The land rights movement and the new environmental debate.* Lanham, MD: Rowman & Littlefield Publishers.

Deal, Carl. (1993). *The Greenpeace guide to anti-environmental organizations.* Berkeley, CA: Odonian Press.

Environmental Working Group. (2009). Natural resources: Public lands: Who owns the West? Retrieved January 13, 2010, from http: //www.ewg.org/featured/5

Gottlieb, Alan M. (1989). *The wise use agenda.* Bellevue, WA: Free Enterprise Press.

Helvarg, David. (1998). *The war against the greens: The "wise-use" movement, the new right, and the browning of America* (2nd ed.). San Francisco: Sierra Club Books.

Jacobs, Harvey. (1998). The wisdom, but uncertain future, of the wise use movement. In H. Jacobs (Ed.), *Who owns America? Social conflict over property rights* (pp. 29–44). Madison: University of Wisconsin Press.

McCarthy, James. (2002). First world political ecology: Lessons from the wise use movement. *Environment and Planning A, 34* (5–8), 1281–1302.

Sanchez, Samantha. (1996). How the West is won: Astroturf lobbying and the "wise use" movement. *The American Prospect, 25,* 37–42.

索 引 （黑体字表示本卷的篇章条目）